南都学坛：南阳师范学院人文社会科学学报

『汉代文化研究』论文集

（第一辑）

《南都学坛》编辑部 编

大象出版社

图书在版编目(CIP)数据

"汉代文化研究"论文集. 第1辑/《南都学坛》编辑部编. —郑州:大象出版社,2013.9
ISBN 978-7-5347-7811-7

Ⅰ.①汉… Ⅱ.①南… Ⅲ.①文化史—中国—汉代—文集 Ⅳ.①K234.03-53

中国版本图书馆CIP数据核字(2013)第213560号

主　　编　刘太祥
副 主 编　李法惠
编　　辑　刘太祥　李法惠　谭笑珉
　　　　　张天景　张今歌　岳　岭

出 版 人　王刘纯
责任编辑　孙　波
责任校对　马迎娟　安　涛
书籍设计　付锬锬

出版发行　大象出版社(郑州市开元路16号　邮政编码450044)
　　　　　发行科　0371-63863551　总编室　0371-63863572
网　　址　www.daxiang.cn
印　　刷　新乡市豫北印务有限公司
经　　销　各地新华书店经销
开　　本　880×1230　1/16
印　　张　25.25
字　　数　741千字
版　　次　2013年11月第1版　2013年11月第1次印刷
定　　价　52.00元

印厂地址　新乡县翟坡镇兴宁村
邮政编码　453000　　　　　电话　(0373)5635065

前　言

汉代文化是中国文化发展的第一座巍峨的山峰，而河南南阳汉代文化更是光彩夺目。无论在社会科学、自然科学或思维科学方面，都在我国古代史上留下了重笔浓彩、奇文华章，显示出明显的先进性、丰富性。《南都学坛》（南阳师范学院人文社会科学学报）开辟的“汉代文化研究”栏目，是我国高校学报中唯一一家对汉代文化进行全方位研究的学报，1991年荣获河南省新闻出版局颁发的“首届社科类期刊栏目设置优秀奖”，2008年、2010年连续被全国高等学校文科学报研究会评为优秀栏目。在办刊过程中，《南都学坛》坚持不懈地办好“汉代文化研究”栏目，保持栏目的连续性、特色性、学术性，逐步形成了自己独特的编辑风格。

一是栏目设置早，历史长，期数多，发文量大，连续出版，发展前景广阔。《南都学坛》立足南阳，扎根中原，汲取传统文化之精华，把深入探讨汉代历史文化作为自己的学术追求。1981年创刊，1986年就开辟了“南阳汉代画像石研究”栏目，1989年拓展为“东汉文史研究”，1994年更名为“汉代文化研究”，至今已出版142期，各期连续编号，中间刊物进行过多次调整，三易主编，但这个栏目从未中断过。迄今为止，共发表论文500余篇，涉及汉代社会、政治、经济、军事、科技、文学、艺术、文化、考古等领域的研究，已逐步形成了以汉代历史文化为主题的学术研究园地，突破了地域的限制，开阔了学术视野，拓宽了稿源，扩大了学术反响。

在办刊过程中，始终坚持着“保持栏目的连续性、特色性、学术性，以特色求质量，以特色求发展”的编辑宗旨，不仅能够保持和弘扬特色，而且与时俱进，及时更定栏目的名称，促进栏目的可持续发展。近年来，不断出土的简牍帛书和汉代画像资料，为汉代历史文化研究注入了新的生机，也为《南都学坛》“汉代文化研究”栏目的发展和创新提供了良好的契机。

二是该栏目荟萃了汉代文化研究的优秀成果，吸引了一大批国内外的专家学者，已成为全国汉代文化研究的学术阵地。著名的秦汉史专家高敏、朱绍侯、袁祖亮、王子今、卜宪群、黄留珠、王云度、孙家洲、刘晓路等，都曾为该栏目撰稿。还刊发了曹旅宁、吕志峰、王玉金、王永平、向晋卫、郭炳洁、蒋文燕等一批后起之秀的创新之作。该栏目刊发的文章涉及汉代的诸多领域，大多重视考古资料与文献资料的结合，经学与文学、史学交叉研究，综合运用考据与理论阐释的方法，特别重视汉代文化学术研究新领域的开拓，引起学术界关注，引领学术研究。这些在学术上有创建的研究成果，比较全面地展示了汉代文化的风采，不仅弥补了汉代文化研究方面的缺失，而且扶持了众多学有专长的青年学者,对推动全国的汉代文化研究起到了不可低估的作用,极大地丰富了汉代文化研究视野、研究领域,将汉代文化研究推向了纵深处。

三是栏目所发文章转载率高、学术反响好。该栏目在学术界已产生了较大影响,所发的文章有较高的转载率。在发表的500余篇文章中,被《中国社会科学文摘》、《新华文摘》、《高等学校文科学术文摘》和人大报刊复印资料转载(摘)100多篇,占发文总量的20%多。其中有不少文章是被全文转载,有的文章还被两家以上的权威学术文摘刊物全文转载或者论点摘编,这说明"汉代文化研究"所发表的文章,不仅数量多而且质量高,可谓硕果累累,洋洋大观,在海内外汉代文化研究领域,已占有重要位置,产生了广泛影响,提高了《南都学坛》乃至南阳师范学院的知名度,为汉代文化研究做出了重要贡献。

自2003年以来,《南都学坛》的转载率在全国师范学院学报中一直位居第一,2012年《南都学坛》的转载量位居全国师范大学学报第10位。据2012年度中国人民大学"复印报刊资料"转载学术论文指数排名,在综合性期刊(1450种)排名中,《南都学坛》居第83位,在高等院校主办的人文社科学报(1150种)排名中居第41位,入选人大"复印报刊资料"重要转载来源期刊,并入选中国社会科学院CHSSCD(中国人文社会科学引文数据库)来源期刊。

四是栏目发挥资源和学科优势,打造特色品牌,专家评价高,社会影响大。南阳是东汉光武帝刘秀的故乡,有"帝乡"、"南都"之美誉,先后出现了许多历史文化名人。南阳汉代文化遗迹遗物丰富。尤其是现有的南阳汉画馆是全国最大的汉画馆,馆藏的汉代画像石居全国之首。丰富的历史文化资源,得天独厚的地理环境,为学术研究原生态的开发提供了有利条件,这为"汉代文化研究"栏目开掘稿源提供了有力支撑。南阳师范学院设有汉代文化研究中心。该中心是河南省高校重点社科研究基地,现有教授5名、副教授10名、博士生4名,在年龄、职称、知识结构等方面,形成了汉代文化研究的学科梯队和学术群体。几年来,他们先后承担了国家和省社科规划项目6项,发表论文80余篇。这一学术群体为"汉代文化研究"栏目的建设奠定了学术和人才基础。

"汉代文化研究"栏目自开设以来,受到了社会各界和众多专家学者的普遍好评和关注。1988年第5期《高等学校文科学报文摘》曾以"《南都学坛》开辟富有地方特色的栏目"为题对该栏目进行报道。1989年河南省教育厅主办的《高教园地》第3期也以"《南都学坛》地方特色浓郁,社会反响良好"为题,盛赞开辟这个栏目是卓有远见的,"已受到日本汉画研究界学者们的关注"。1991年5月11日《中国教育报》第2版曾以"坚持正确政治方向,利用文化名城优势,南阳师专学报办出特色"为题,对《南都学坛》作过报道。2003年5月23日、2004年10月21日《光明日报》分别以"品牌意识:学报发展的希望"和"生生不息的汉文化研究"为题肯定了该栏目。2004年第6期《高等学校文科学术文摘》也发文赞扬该栏目。龙协涛教授主编的《中国人文社科学报核心期刊概览》一书"学报特色栏目集锦"中也对该栏目进行了介绍。中国社会科学院历史研究所所长卜宪群研究员在2011年11月24日《中国社会科学报》发表《以质量求生存,以特色求发展》一文赞扬该栏目学术质量高,特色鲜明。全国高校学报研究会原理事长武京闽教授也发文《南都学坛:特色发展的成功学报》称赞该栏目办出了特色,办出了影响。著名历史学家高敏、朱绍侯、晁福林、王子今、孙家洲等人也高度评价该栏目并积极为该栏目撰稿。2008年该栏目出版100期以及2011年《南都学坛》创刊30周年时收到众多专家的题词、贺信和赞扬文章。全国秦汉史学会会长、著名历史学家王子今教授为该栏目主持人。《南都学坛》主编刘太祥亲自担任该栏目责编。

该栏目发表的文章产生了良好的社会效益，有100多篇获得省、市级科研成果奖励，多篇文章被南阳市人民政府、市社科联、市文化局在制订南阳建设文化大市、发展汉文化旅游产业等决策中采纳。

品牌的力量带动了期刊质量的提升。《南都学坛》1995年、2000年在河南省首届、第二届高校学报"三优"评比中获优秀学报一等奖；1999年至今，连续4次被中国人文社科学报学会授予"全国社科百强学报"称号并被评为中国人文社会科学学报核心期刊，连续5次被河南省新闻出版局评为"一级期刊"并荣获河南省期刊二十佳提名奖；2004年、2011年在河南省学报评估中，均被评为省高校优秀哲学社会科学学报。

"路漫漫其修远兮，吾将上下而求索。"《南都学坛》"汉代文化研究"栏目已经出版142期，一个有着百期积淀的栏目，有很多的成功经验，也有很多艰难的探索，展望未来，栏目建设任重道远，这些都是我们坚持不懈、持之以恒的动力，也是我们在办刊之路上扬帆远航的起点。基于此，我们从创刊以来所刊登的汉代文化研究论文中，精选出了44篇优秀学术论文汇编成集，以飨读者。这不仅是对"汉代文化研究"栏目百期历程的回顾，也是对我们继往开来的鞭策。同时也借此向所有支持、关爱本刊的领导和朋友表示由衷的感谢！尤其是向给我们惠赐稿件的作者和关注我们的读者表示崇高的敬意！你们将永远是鼓舞我们奋进的巨大动力！

《南都学坛》（南阳师范学院
人文社会科学学报）编辑部
2013年6月

目　录

汉代思想与风俗

汉画与简牍

汉代政治与制度

第9卷第4期
1989年10月

略论秦汉中央三级保卫制

朱绍侯*

【摘　要】　秦汉建立了以保卫皇帝为中心任务的中央三级保卫制，以郎中令(光禄勋)为首的皇帝贴身侍卫，以卫尉为首的皇宫保卫军——南军，以中尉(执金吾)为首的京师及三辅保卫军——北军。这三级保卫制互相协作，互相制约，保卫着以皇帝为中心的中央政府的安全。

【关键词】　秦汉；皇帝；贴身侍卫；南北；北军；中央政府

秦汉都是封建君主专制中央集权制政权，皇帝具有至高无上的权力和地位。所谓秦汉中央三级保卫制，就是以保卫皇帝为中心任务的三个范围的保卫制度，即以郎中令(光禄勋)为首的皇帝贴身侍卫，以卫尉①为首的皇宫保卫军——南军，以中尉(执金吾)为首的京师及三辅保卫军——北军。这三级保卫制互相协作，又互相制约，保卫着以皇帝为中心的中央政府安全。在秦汉中央三级保卫制中，南军、北军最为重要。故在秦汉时期，谁要控制皇权，谁就要控制、掌握这三级保卫机构，特别要控制南军和北军。秦时的赵高，就是以郎中令的方便条件，控制了皇权，并演出了"指鹿为马"的闹剧。汉初吕后篡权，命吕产为相国居南军，吕禄为上将军居北军，掌握了南北军的实权。陈平、周勃、刘章欲推翻吕氏，也是首先夺取南北军的军权。《汉书》卷4《文帝纪》载，汉文帝以藩王入主中央，在即皇帝位的当天晚上，"拜宋昌为卫将军领南北军，张武为郎中令行殿中"。宋昌原为代国卫尉，张武为代国郎中令，都是文帝由代国带来的亲信，这样文帝就完全控制了中央的三级保卫权。汉武帝为了加强中央集权，确保中央的安全，又扩大了南北军和他的侍卫队伍。王莽篡汉，也是首先抓中央三级保卫机构的控制权，任命他的亲信甄邯、甄丰、平当为卫尉、执金吾，王莽还直接掌握了调拨中央军队的大权②。刘秀建立东汉，光禄勋、卫尉、执金吾等官职，始终都是由他的亲信重臣李通、贾复、朱浮、张湛、姚期、寇恂、阴识、窦融等人所担任。东汉末年宦官专政，小黄门蹇硕为上军校尉，成为西园八校尉的统帅，目的也是控制中央三级保卫制的大权。以上史实足以说明秦汉中央三级保卫机构的重要性。下面准备简要论述一下秦汉中央三级保卫制的具体情况。

* 朱绍侯(1926—　)，男，辽宁省新民县人，河南大学历史系教授，中国秦汉史学会副会长，主要从事秦汉史研究。

① 据《初学记》卷12"卫尉"条引《齐职仪》记载，卫尉"自王莽及后汉并省之，至献帝复置"。此说不确。按：王莽时只将卫尉改名太尉，而未取消。查《东汉九卿年表》自光武至灵帝均置卫尉。

② 《汉书》卷99上《王莽传》："哀帝驾崩……太皇太后即日驾之未央宫……诏尚书诸兵符节，百官奏事，中黄门、期门兵皆属焉。"

一、皇帝的贴身侍卫

秦汉时期皇帝贴身侍卫的首领是郎中令(光禄勋)。《汉书·百官公卿表》对郎中令的职掌与属员有明确记载:“郎中令,秦官,掌宫殿掖门户,有丞,武帝太初元年更名光禄勋。属官有大夫、郎、谒者,皆秦官。又期门、羽林属焉。”上引资料说明,郎中令的职掌是保卫宫殿门户,属官有三种,这些都是从秦朝延续下来的制度。汉武帝时改郎中令为光禄勋,又统领期门、羽林等禁卫军。这条资料简要地说明皇帝的贴身侍卫自秦到汉,由郎中令到光禄勋的演变概况。但是,由于这条资料过于简略,因而它并没有说明这种变化的全部内容,也没有说清大夫、谒者、郎及期门、羽林各自不同的职务,更没有说清郎中令与其各种属官的不同统属关系,这就有待于进一步研究、探索。

郎中令,顾名思义,它应该是郎官的首领,与郎官有直接统属关系,所以我们就首先探讨郎官及其职务问题。

《汉书·百官公卿表》注引臣瓒曰:“主郎内诸官,故曰郎中令。”所谓“郎内”即“廊内”,即在宫殿廊内值勤侍卫之官,故称郎官。《初学记》卷12“光禄卿”条引《齐职仪》云:“秦置郎中令,掌宫殿门户及主诸郎之在殿中侍卫。”这就说明郎中令的职掌是保卫宫殿门户,主管郎官在殿中侍卫工作。《史记·刺客列传》说:“秦法群臣侍殿上者,不得持尺寸之兵,诸郎中执兵皆陈殿下,非有诏不得上。”这条资料对于秦时郎官在殿下持兵器值勤情况给予了有力的印证。西汉初年,郎中令及郎官的基本任务,大概也是这样。

《汉书·百官公卿表》还提到了郎官的职务和郎官的名称及级别:“郎,掌守门户,出充车骑。有议郎、中郎、侍郎、郎中,皆无员,多至千人。议郎、中郎秩比六百石,侍郎比四百石,郎中比三百石。”这条资料有一点是不准确的,即议郎并不负有值更守卫的任务,即所谓“唯议郎不直中”①或者说议郎“不属署、不直事”②。这里说的“不属署”,是指不归三署领导,是在郎中令的直接领导下,承担议政任务。

在东汉,郎官仍是执戟守卫。《后汉书·百官志》说:“光禄卿一人,中二千石。”本注曰:“掌宿卫宫殿门户,典谒署、郎更直,执戟宿卫门户。”这里有个失误,即“谒署”乃“谒者”之误,而且谒者与郎官不同,并不负有“更直、执戟宿卫门户”的任务。《汉书·百官公卿表》说:“谒者掌宾赞受事,员七十人,秩皆六百石,有仆射,秩比千石。”这里所说的“掌宾赞受事”,是指谒者在接待宾客的仪式上做主持司仪,并接受宾客的奏议事项。谒者的首领为仆射,秩级为比千石,一般谒者为六百石,员额七十人,这大概是秦及西汉的制度,东汉时情况有些变化。据《后汉书·百官志》记载:在谒者仆射之下,有常侍谒者五人,比六百石,本注曰:“主殿上时节威仪。”还有给事谒者(简称谒者),秩四百石,灌谒者,秩三百石。灌谒者实际是见习谒者,见习满一年后,就升任为给事谒者。给事谒者的职务是:“掌宾赞受事及上章报问,将大夫以下之丧,掌使吊。”据此可知,东汉的给事谒者,相当于西汉的谒者,故本注曰:“本员七十人,中兴但三十人。”东汉的谒者比西汉人数减少了,秩级降低了,而职责却增加了③。谒者在东汉末发展为独立机构,称为外台,与尚书台、御史宪台鼎足而立,合称三台,控制着东汉后期的政治实权。

郎中令对郎官、谒者的领导,是通过三署进行的。即三署直接管郎官、谒者,三署是郎中令的下属机构。《后汉书·和帝纪》注对三署有明确解释:“三署,谓五官署,左、右署也。各置中郎将以司之。”《初学纪》卷12“光禄卿”条注引《汉官》对三署及其长官的职掌更有较为全面的记

① 《后汉书·百官志》本注曰:“凡郎,皆主更直,执戟宿卫诸殿门,出充车骑,唯议郎不在直中。”

② 《汉官仪》:“议郎十二人,秩比六百石,不属署,不直事。”

③ 据安作璋、熊铁基先生考证:汉代还有大谒者、中谒者、中谒者令等官职。从《汉书》卷74《魏相传》的行文看,大谒者地位相当高,掌奏议,很明显属于谒者职务。中谒者随军打仗,与谒者职务不同,可能是战时临时职务,中谒者令可能是宦官职务。

述:“郎中令属官,有五官中郎将,左、右中郎将,曰三署。署中各有中郎将。议郎、侍郎、郎中,皆无员,多至千人,主执戟卫宫陛。……谓之郎中令者,言领诸郎而为之长。”这条资料既说明了郎中令与三署的统领关系,也说明了三署与郎官的统属关系,从其职掌来看,郎中令与三署完全相同,这就清楚说明,郎中令是通过三署来领导郎官的。从官秩级别来看,三署长官五官、左、右中郎将均为比二千石①,较中二千石的郎中令低二级,仅此足以说明三署长官的地位是十分重要的,郎中令离开三署长官就变成了“空军”司令。

根据《初学记》注引《汉官》的资料来分析,三署成员及其职务完全相同,其实三署各有分职。据《汉旧仪》记载:五官中郎将“主五官郎中”,左、右中郎将“主谒者,常侍侍郎”,注云:“左主谒者,右主常侍侍郎。”这就完全说清了三署的分职情况。

从五官中郎将,左、右中郎将都是比二千石的官职来看,三署是平行机构,无高低之分。但从三署的属员来看,五官署的郎中为比三百石,左署的谒者为四百石,右署的常侍侍郎秩比四百石。据此则五官署的属员官秩最低,右署次之,左署最高,不过从年龄来分析,好像五官署地位较重。据《后汉书·和帝纪》注引《汉官仪》说:“郡国举孝廉以补三署郎:年五十以上属五官,其次在左右署。”汉代有重高年的习惯,五十岁以上的孝廉应为德高望重者,其官秩级别不应低于左、右署,上述的矛盾情况,我认为反映了由秦至东汉三署地位有微末的变化,而总的趋势是五官署地位越来越重,这不仅表现为五官列为三署之首,而且还有个史实证明在东汉末年五官中郎将地位最尊。建安十六年汉献帝任命曹操世子曹丕“为五官中郎将、置官署,为丞相副”②。毫无疑问,这一任命是迫于曹操的压力,是对曹丕的特殊照顾,但是,五官署如果原来没有较尊贵的地位,也不可能一下子把五官中郎将提为副丞相。在这里需要说明的是,曹操让曹丕担任皇帝贴身侍卫之首的五官中郎将,是为了加强对汉献帝的控制,这和秦汉时期凡是想控制皇权者,必须控制中央三级保卫机构的规律是一致的。

据《汉书·百官公卿表》记载,在郎中令之下,还有“车、户、骑三将,秩皆比千石”。三将的正式名称应该叫郎中车将、郎中户将、郎中骑将。车将主管车辇,下属有左、右车郎;户将主管门户,下属有左、右户郎;骑将主管骑乘,下属有左、右骑郎。三将各有专职,保卫宫中及皇帝出行时的安全③。据《后汉书·百官志》本注曰:东汉中兴,省车、户、骑三将。

郎中令还有所谓“以文属焉”的挂名属官,即各类大夫。《汉书·百官公卿表》云:“大夫掌议论,有大中大夫、中大夫、谏大夫,皆无员,多至数十人。”这段文字对于大夫的职务及大夫的等次都说得很清楚。其中除谏大夫以外,说的都是秦和汉初的制度。但至武帝时有了新的变化。武帝于元狩五年“初置谏大夫,秩比八百石。太初元年更名中大夫为光禄大夫,秩比二千石,太中大夫秩比千石如故”。这段文字说明谏大夫是武帝时设置的,而中大夫在武帝时改为光禄大夫,秩级提高至比二千石,唯有太中大夫的名称和秩级都没有变化。如按武帝改制后的秩级排列,应为光禄大夫、太中大夫、谏大夫。光禄大夫地位最尊。《后汉书·百官志》则把光禄大夫列为首位,又增加一个中散大夫。谏大夫改为谏议

① 《北堂书钞》卷62引《汉官仪》:“五官,左、右中郎将,秦官也,秩比二千石,凡郎官皆主更直,执戟宿卫。”

② 《三国志》卷1《武帝纪》。又卷2《文帝纪》也有“建安十六年为五官中郎将副丞相”的记载。

③ 《汉书》卷19上《百官公卿表》在“有车户骑三郎”之下,注引如淳曰:“主车曰车郎、主户卫曰户郎。”由于注文简略难以表达其全意。其实际意思应该是:车将主车,下属有车郎,户将主户卫,下属有户郎,还应该补上:骑将主骑,下属有骑郎。在此之下,注文又引《汉仪注》曰:“郎中令主郎中,左右车将主左右车郎,户将主左右户郎也。”这条注也十分简略,使人对文意难以理解,其原意应为郎中令主车户将,车将主左右车郎,户将主左右户郎,再补上骑将主左右骑郎,意思就完整了。

大夫,反映了东汉的变化情况①。对于大夫的职务,《后汉书·百官志》也有个综合说明:“凡大夫、议郎皆掌顾问应对,无常事,唯诏令所使,凡诸国嗣之丧,则光禄大夫掌吊。”由此可见,大夫的职务与郎官不同,只是接受皇帝的临时性差遣,而没有持戟宿卫的任务,正因为如此,所以大夫与郎中令(光禄勋)并没有直接统属关系。

从郎中令及其属官郎、谒者、大夫的职务来看,由秦到西汉初年,皇帝的贴身侍卫实属文官性质,郎官虽有“执戟宿卫”、“出充车骑”的任务,但实质是仪仗从,而不是战斗队伍。到了汉武帝时代,随着皇权的不断加强,郎中令所属的贴身侍卫的力量就显得过于薄弱,于是决定改郎中令为光禄勋,并组建期门、羽林两支禁卫军,以加强皇帝贴身侍卫的武装力量,而与南北军的力量保持平衡。

对于期门、羽林的组建及其任务,《汉书·百官公卿表》都有明确的记载。

> 期门,掌执兵送从,武帝建元三年初置,比郎,无员,多至千人。有仆射,秩比千石。平帝元始元年更名虎贲郎,置中郎将,秩比二千石。
>
> 羽林,掌送从,次期门,武帝太初元年初置,名曰建章营骑,后更名羽林骑。又取从军死事之子孙,养羽林官教以五兵,号曰羽林孤儿。羽林有令、丞。宣帝令中郎将,骑都尉监羽林,秩比二千石。

根据上引文字可以看出以下几个问题:一、期门、羽林都是建立在武帝时期,这反映了汉代宫廷武装的壮大。二、期门、羽林的任务是“执兵送从”、“掌送从”,都是皇帝出行时的武装护卫。护卫的次序是期门在前,羽林在后。三、羽林初名建章营骑,知是骑兵,期门没有明言其兵种,其实是步兵。四、期门的首领初为仆射,秩比千石,平帝后期门更名虎贲,首领为中郎将,秩比二千石。羽林的首领初为令、丞,秩级不详,大概不会超过千石。宣帝时命中郎将、骑都尉监管羽林,秩比二千石,期门、羽林首领地位的提高,说明期门、羽林的作用也不断提高。

东汉时期,期门、羽林仍保持下来,而编制更为完备。虎贲中郎将秩二千石,主虎贲宿卫,下有左右仆射、陛长(六百石)、虎贲中郎(比六百石)、虎贲侍郎(比四百石)、虎贲郎(比三百石)、节从虎贲(比二百石)。羽林中郎将秩二千石,主羽林,掌宿卫侍从。下有羽林左监(六百石),主羽林左骑;羽林右监(六百石),主羽林右骑;羽林郎,秩比三百石。从《后汉书·百官志》的文意来推断,羽林的地位似乎高于虎贲,这大概是由羽林的兵种决定的,骑兵动作迅速,攻击力强,容易引起皇帝的重视。

最后再说一下期门、羽林名称的由来问题。据《汉书·东方朔传》记载:“建元三年微行,始出北至池阳,西至黄山,南猎长阳,东游宜春……八九月中与侍中、常侍、武骑及待诏陇西,北地良家子能骑射者,期诸殿门,故有期门之号。”这条资料对于期门名称的来由及人员组成,已经交代得非常清楚,不需赘解。所要说明的是,从期门选择的对象为“能骑射者”,容易被误解为骑兵,其实是步兵,因为期门的主要任务是在殿内值勤,“执戟以卫陛下”②。

羽林的得名有两种说法。《汉书·宣帝纪》注引应劭曰:“天有羽林大将军之星,林喻若林木之盛,羽翼之子养羽林。”据此羽林乃星名。林为形容茂盛,羽为羽翼之子,意指从军死事之子孙。《汉仪注》引师古曰:“言其如羽之疾,如林之多。”据此羽林则指行动迅速的骑兵。总之,这两种说法都隐喻这是一支保卫皇帝安全的强大骑兵。

自从期门(虎贲)、羽林建立后,皇帝的扈从兵力加强了,与南军、北军形成三足鼎立之势,而期门、羽林的素质又远远优于南军、北军,南北军

① 《后汉书》卷25《百官志》:“光禄大夫比二千石。”本注曰:“无员”(《汉官》曰:三人)。“太中大夫千石。”本注曰:“无员”(《汉官》曰:“二十人秩比二千石”)。“中散大夫六百石。”本注曰:“无员”(《汉官》曰:三十人,秩比二千石)。“谏议大夫六百石。”本注曰:“无员”(《汉官》曰:“三十人”)。上引《后汉书·百官志》及本注的文字与《汉官》不同,一说“无员”,一说有定员,一说秩级低,一说秩级高,反映出后汉时期大夫官职前后变化情况。

② 《汉书》卷68《霍光传》注引师古曰。

的成员主要来源于三辅和各郡国的服役农民①，而期门郎、羽林郎主要来源于善骑射的六郡良家子②。汉政府对期门、羽林又给予很好的军事训练，教以五兵（弓矢、殳、矛、戈、戟），而且还要“悉通孝经”，这是一支确保皇帝安全，在军事上、思想上都过硬的军队。它们不仅保卫皇宫，有时也外出参战（征西羌、伐匈奴），这两支军队也为国家培养出很多能征善战的将领，如赵充国、李广、冯奉、甘延寿等，都出身羽林而列为名将。

二、皇宫保卫军——南军

南军是秦汉中央三级保卫制中的中间环节，处于第二道防线，其地位十分重要，特别是在汉武帝之前，期门、羽林军尚未建立之时，皇帝的贴身侍卫郎官并没有军事实力，其地位更为重要，野心家只要控制南军，则皇权已在掌握之中。期门、羽林建立之后，情况稍有缓解，但其对皇宫的保卫，对皇帝的安全仍处于举足轻重的地位。

南军的统帅是卫尉。《汉书·百官公卿表》对卫尉的职掌及其属员有明确而简要的记载：“卫尉，秦官，掌宫门卫屯兵，有丞，景帝时更名中大夫令，后元年复为卫尉（补注：王先谦曰《王莽传》改卫尉为太卫），属官有公车司马、卫士、旅贲三令、丞，卫士三丞（补注：先谦曰：公车司马、旅贲止一丞，不与卫士同，别言之），又诸屯卫候，司马二十二官皆属焉。长乐、建章、甘泉卫尉，皆掌其宫，职略同。”上引资料说明，卫尉的职务在秦汉时期都是掌管宫门驻屯的卫兵，也就是管理皇宫的安全保卫工作，在景帝时卫尉一度改名中大夫令，王莽时曾改名太卫，但其职务没变。卫尉的副手是丞，属官有公车司马、旅贲、卫士三令、丞。公车司马的职务据师古注引《汉官仪》云：“掌殿司马门，夜徼宫中，天下上事及阙下（四方贡献），凡所征召，皆总领之，令秩六百石。”据此可知，公车司马的职务是掌管司马门、宫中巡查及总领传达、征召事宜。所谓司马门，据《史记·项羽本纪》引裴骃集解云：“凡言司马门者，宫垣之内，兵卫所在，四面皆有司马，主武事，总言之，外门为司马也。”简言之，司马门即皇宫的外大门，是出入皇宫的必经之路。公车司马掌管司马门的守卫，可知其地位之重要，故居三令丞之首位。卫士是皇宫卫队的主力，人数最多，故有一令三丞。旅贲的任务，据《汉官仪》记载“为奔走之任也”，可能是负有往来联络的任务。此外，卫尉的下属还有屯司马、卫司马、候司马共22个卫队。屯是驻屯，卫是守卫，候是侦查巡逻，这表明22个司马各有职司。不过，其职务都与守卫皇宫有关。在长乐、建章、甘泉三宫，又设有专职卫尉。据王先谦《汉书补注》考证，长乐卫尉、建章卫尉均设于武帝时期，甘泉卫尉设于宣帝时期。长乐宫为皇太后所居，建章宫是皇帝享乐的地方，甘泉宫为皇帝的离宫，故专设卫尉以加强保卫。

卫尉的官府（卫尉寺）设在宫内，卫士值勤都住在宫墙下的“区庐中”，这都是根据保卫皇宫的需要而安排的，便于对皇宫卫队的调动和指挥。

据《后汉书·百官志》记载，在东汉南军仍由卫尉统率，卫尉卿中二千石，有丞一人比千石。属官有公车司马令一人，六百石，“掌宫南阙门，凡吏民上章，四方贡献及征诣公车者”，其职掌与西汉基本相同。公车司马下有丞、尉各一人。“丞选晓讳，掌知非法，尉主阙门兵禁，戒非常”。据此可知，丞属文职，故选能知避讳、掌管违法之事；尉属武职，主管阙门卫兵，戒备非常。

卫尉的属官有南宫卫士令、丞、北宫卫士令、丞各1人，秩六百石。南宫卫士令掌南宫卫士，计有员吏95人，卫士537人；北宫卫士令掌北宫卫士，计有员吏72人，卫士472人。

与南北宫卫士令平行的官职，还有左、右都候各1人，秩六百石，右都候有员吏22人，卫士

① 《通考》卷150《兵考一》：“南军卫士调之郡国，而北军士卒调之左右京辅。”

② 六郡，指陇西、天水、安定、北地、上郡、西河，因地处边区经常与少数民族接触，强悍善斗，便弓马骑射，有很强的战斗力。

416人；左都候有员吏28人，卫士383人。左、右都候的职掌是：“主剑戟士，徼循宫及天子所有收考。”即主管宫内巡查、押送皇帝所要治罪的犯人。

卫尉的下属还有宫掖门司马，计有七门、七司马，秩比千石。南宫南屯司马主平城门，有员吏9人，卫士102人。据《古今注》考证，“建武十三年九月始开此门”。宫门苍龙司马主东门，计有员吏6人，卫士40人。玄武司马主玄武门，计有员吏2人，卫士38人。北屯司马主北门，计有员吏2人，卫士38人。北宫朱爵司马主南掖门，计有员吏4人，卫士124人。据《古今注》考证：“永平二年十一月初作北宫朱爵南司马门。”东明司主东门，计有员吏13人，卫士180人。朔平司马主北门，计有员吏5人，卫士117人。

综上所述，东汉的卫尉共统辖三令、两都候、七司马。共有员吏即卫士长佐（正副队长）258人，卫士2447人，其中公车司马令所统辖的员吏、卫士的人数，因史无明文，无法统计，但仅此也足以说明，这是一支实力雄厚的皇宫卫队。

根据上引《后汉书·百官志》及其本注、注文所反映的情况来分析，东汉卫尉所领导的卫队——南军，与西汉相比较，有增有减，其中南宫南屯司马、北宫朱爵司马很显然是光武、明帝时增设的。另外，《后汉书·百官志》在本注中明确说：“中兴省旅贲令、卫士丞一人。”据此可知东汉对南军又有所削减。总起来说两汉南军卫士的人数大体相当。

在秦汉时期，南军对皇宫的保卫制度是相当严格的。对此《后汉书·百官志》也有清楚的记载：“凡居宫中者，皆有口籍于门之所属宫名两字，为铁印文符，案省符乃内之，若外人以事当入，本宫长史为封棨传，其有官位出入，令御者言官。”这就是说，凡居住宫内的人，在宫门都登有名籍，并有铁印文符为凭证，验符后方准入内，若外人入宫，本宫的长史发有棨传（文书）为证，其有按官位入宫者，御者向卫士说明其官位，然后才准入宫，这些手续都是为了确保皇帝的安全。

在这里还要说明一下，卫尉与郎中令（光禄勋）职掌的区分问题。由于卫尉的职务是“掌宫门卫屯兵”，郎中令的职务是“掌宫殿掖门户”，故对两者关系容易混淆不清。王应麟在《玉海》卷137《兵制二》中就把卫尉的兵卫与郎中令（光禄勋）的郎卫都列入南军的项目之下，而且说“南军有郎卫有兵卫，掌出入宫禁，为宿卫”。其实这种说法是错误的，因为郎中令（光禄勋）的郎卫从来不属于南军。郎中令（光禄勋）与卫尉都位列九卿，其官秩都是中二千石，互相没有统属关系。汉武帝在光禄勋之下增设期门、羽林军，正是为了使中央三级保卫制的贴身侍卫、南军、北军的力量得到平衡。《汉旧仪》对光禄勋与卫尉的职责划分得非常清楚：“殿外门舍属卫尉，殿内门舍属光禄勋。”再明确点说就是光禄勋属员郎卫，负责殿内的警卫侍从；卫尉的属员兵卫负责殿外、皇宫内的警卫。卫尉不管殿内之事，光禄勋不管殿外之事。在期门、羽林建立之后，这种关系也没有改变。在皇帝出行之时，光禄勋的属员郎卫则要随行保驾，但仍属贴身侍卫，卫尉的下属兵卫，则出从车骑，是在郎卫（包括期门郎、羽林郎）的外围护驾。总之，不论在宫内或宫外，郎卫与兵卫都是既要互相配合，又有严格的分工，在互相协作、互相制约之下，来保卫以皇帝为首的中央政府的安全。

三、京师及三辅保卫军——北军

北军是秦汉中央三级保卫制中的外围，其保卫的范围广，包括京师及三辅地区，故其兵力雄厚①。《玉海·兵制二》：“汉宫城内为南军，宫卫屯兵属焉，卫尉主之；京城门外为北军，京辅兵属焉，中尉主之。”又引《补兵表》曰：“三辅之兵，中尉主之。有大事发兵屯卫，事已辄罢，征伐四夷，不轻用也。”又云：“南军则卫士是也。北军在未央宫北，为军垒垣，置中垒校尉，以一校尉守之，有事屯兵其中，事已辄罢，武帝时有诸校尉，则常屯矣。”上引资料说明南军、北军防卫地区的划

① 《汉书》卷1《高帝纪》：“十一年七月发中尉率三万人，为皇太子卫军霸上。”一次就发中尉三万，可知其兵力之多。

分，及北军由临时驻屯未央宫北到长期驻屯的变化，并从中知道北军统帅是中尉，北军防守范围包括京城（宫城内除外）和三辅地区①。但是，这些记载比较简略，还没有说清中尉（北军）的职责和其下属的情况。《汉书·百官公卿表》对此有简明的交代："中尉，秦官，掌徼巡京师，有两丞、候、司马、千人。武帝太初元年更名执金吾。"（王先谦补注曰："王莽传改名奋武，属官有中垒、寺互、武库、都船四令丞。都船、武库有三丞；中垒两尉，又式道左右中候、候丞及左右京辅都尉、尉丞，兵卒皆属焉。"）上引文字是介绍中尉由秦至王莽的变化情况，其中武帝时是个关键，以后除王莽一度更名奋武外，执金吾则成为京师守卫军统帅的定称。中尉（执金吾）的助手比郎中令、卫尉都多，有两丞、候、司马、千人，说明中尉防务繁重，实力雄厚，而其下属共有四大机构。中垒是北军的主力，故有两尉主持。寺互职务不详。都船，《汉书·百官公卿表》注："治水官也。"武库主管军需器械，事务繁忙，故与都船都设三丞。还有主管皇帝护驾清道及回宫持麾送至宫门的式道左中右三候及三辅（京兆、左冯翊、右扶风）都尉、尉丞的兵卒都归中尉管辖。在上述机构中，除寺互初属少府，中属主爵中尉，后属中尉，稍有变化外，其他一直统属于中尉。

上文说北军的变化武帝时是个关键。这个关键不仅是中尉改称执金吾，而是在北军中增设八校尉，以加强北军的兵力②。所谓八校尉，即中垒校尉掌北军垒门内外及四城③，屯骑校尉掌骑士，步兵校尉掌上林苑屯门屯兵，越骑校尉掌越骑，长水校尉掌长水、宣曲胡骑，胡骑校尉掌池阳胡骑，射声校尉掌待诏射声士，虎贲校尉掌轻车。所谓八校尉，即八个兵团。共有四个兵种，其中有骑兵四个团，步兵两个团，弩矢兵一个团，轻车一个团。很显然汉武帝所建立的是一支以骑兵为主，具有各兵种联合作战能力的强大综合兵团，这支综合兵团，不仅负有保卫京师的重任，而且可以对外远征。在八校尉中，由于胡骑校尉不常置，故也称七校尉。

在东汉时期，执金吾的职掌虽然没有变化，但是，其属官却大大减少，权势有所削弱，据《后汉书·百官志》记载：执金吾"掌宫外戒司非常水火之事。"注引胡广曰："卫尉巡行宫中，则金吾徼于外，相为表里，以禽奸讨邪，月三绕行宫外及主兵器。"上引资料说明东汉执金吾的职掌与西汉基本相同。执金吾下设丞1人，比千石，是其助手，直属员吏29人，另有缇骑200人，执戟520人，他们的任务是"舆服导从"，实际是皇帝出行时仪仗队（当然也是卫队）。执金吾之下，还有武库令、丞各一人，主管兵器。西汉时的式道左、中、右三候，东汉初只留一人，又不常置，后又让郎官兼任，不再属执金吾。更值得注意的是，东汉时还撤销了中垒、寺互、都船令、丞、尉及左右京辅都尉等机构和官职，执金吾实际已被架空。

东汉时执金吾的权势虽被削弱，但京师及三辅地区的保卫兵力并未削弱，而是把守卫京师的重任分别交给了城门校尉和北军中候。

据《后汉书·百官志》记载："城门校尉一人，比二千石。"本注曰："掌洛阳城门十二所。"城门校尉之下，有司马一人，秩千石，十二城门每门设候一人，秩六百石。城门校尉共统属多少兵力，史无明之，不便臆测。

东汉时守卫京师兵力最强、权势最大的应是北军中候，其职务是"掌监五营"。这五营是屯骑校尉营，有员吏128人，领士700人。越骑校尉营，有员吏127人，领士700人。步兵校尉营，有员吏73人，领士700人。长水校尉营，有员吏57人，领乌桓胡骑720人。射声校尉营，有员吏

① 《汉书》卷6《武帝纪》：元鼎六年"发中尉河南、河内卒征西羌"。按汉时河南、河内、河东称三河，知三河卒也隶属中尉。

② 《西汉会要》卷32《职官二》徐天麟按："中垒校尉掌北军，则知八校尉皆北军也。"

③ 按《汉书·百官公卿表》所记中垒校尉"掌北军垒门内外掌西域"有误。王念孙在《读书杂志》四《汉书第三》对此有准确的考证："西域当为四城，谓掌北军垒门内外及四城之事也。《汉纪·孝惠纪》云'中垒校尉掌北军垒门内外及掌四城'，是其证。四西城域，字相似，又涉下文西域而误耳。据《汉纪》则外字当属上读，旧本《北堂书钞·设官部十三》引此云'掌北军垒门内外'亦以外字上属。《太平御览·职官部》三十八、四十并同。"

127 人,领士 700 人。据《后汉书·百官志》本注的解释,东汉的北军中候实际是由西汉的中垒校尉演化来的。西汉的中垒校尉下辖八校尉。东汉时,胡骑并入长水,虎贲并入射声,故成为五营。这五营仍是步、骑、弩、车的综合兵种,共有员吏 521 人,士兵 3526 人,其兵力仍是相当强大的。

以上介绍了执金吾、城门校尉、北军中候的情况。现在需要说明的问题是,东汉时的城门校尉、北军中候是否仍归执金吾领导?从《后汉书·百官志》对执金吾、城门校尉、北军中候作平行排列叙述情况来分析,特别是在每个官署之后,都点明“右属金吾”、“右属城门校尉”、“右属北军中候”的情况看,尽管执金吾秩二千石,城门校尉秩比二千石,北军中候秩六百石,但执金吾对城门校尉、北军中候已无直接统属关系。谈到官秩的高低问题,还有一个情况值得注意,即“掌监五营”的北军中候其官秩只有六百石,而其下属五营校尉却都是秩比二千石,这毫无疑问是历代统治者所惯用的以小制大、以低制高的手段。不过,官秩六百石的北军中候所以能“掌监五营”恐怕还是打的执金吾的旗号,因为官秩二千石的执金吾,在名义上仍是北军统帅,北军中候顾名思义仍属北军,因此他可以代表执金吾“掌监五营”。

四、秦汉中央三级保卫制的演变趋势

前三节论述了秦汉中央三级保卫制的职掌及其下属机构的简要情况。根据以上情况,秦汉中央三级保卫制的发展可以划分三个阶段。第一个阶段为秦及西汉初期,这一阶段的特点,是皇帝贴身侍卫实力较弱。郎中令统率下的郎卫集团,基本上属于文官系统,郎官的“执戟宿卫”,实际是仪仗队,没有军事战斗实力,所以对中央的保卫,主要依靠南军和北军。第二阶段是汉武帝至王莽时期,而汉武帝是最关键时期。随着中央集权制的加强,汉武帝加强了中央三级保卫机构的实力。首先是改郎中令为光禄勋,在光禄勋的属下增设了期门军和羽林军,使皇帝的贴身侍卫也拥有强大的军事实力。《玉海》的作者王应麟,由于把期门、羽林误认为属于南军,所以认为汉武帝建立期门、羽林是为了抵消北军的实力,在卷 137《兵制二》中说:“恐中尉之权太重,又于光禄勋置羽林、期门,而后南北二军之势始均。”其实羽林、期门不属于南军。汉武帝建立期门、羽林,不仅为抵制北军,而且也包括抵制南军,是为了保持中央三级保卫机构力量的均衡。其次汉武帝也扩大了南军的实力。武帝初,卫尉统率下的南军卫士曾达到 2 万人,经过裁减尚保留 1 万人①。以后又于长乐宫、建章宫、甘泉宫增设专职卫尉,以加强对三宫的保卫,皇宫卫队又有增加,大概在武帝时期南军卫士的总数不会少于 2 万人。据《汉书》卷 73《韦玄成传》记载,至元帝时,仅诸庙寝园祭祀,就用卫士 45129 人。

汉武帝是一位雄才大略的皇帝,他加强中央三级保卫机构的实力,当然不会只从保卫皇帝安全着想,而且还要考虑加强中央对地方的控制,因此他又决定在北军中增设八校尉,以加强中央的兵力。由于八校尉是以骑兵为主,包括步兵、弩矢兵、轻车兵的综合军团,因此它不仅是一支保卫京师的驻屯军,而且也是一支具有远征能力的野战军。汉武帝为了确保京师安全,又于长安十二城门增设屯兵②。可以这样说,秦汉的中央三级保卫制,在武帝时已达到相当完善的地步。

第三阶段是东汉时期。在秦汉时期,以皇帝为中心的中央政府的安全,离不开中央三级保卫机构,中央政府为加强对地方的控制也离不开中央三级保卫制,而对皇帝和中央威胁最大的也是中央三级保卫制,而三级保卫制中最难控制的则是南军和北军。因此皇帝对于如何控制南军、北军也是煞费苦心。有时皇帝为了加强对南军、北军的控制,特设卫将军以统领南北军,但是,卫将军统领南北军,权势又过于强大,皇帝也不放心,

① 《汉书》卷 6《武帝纪》建元元年“秋七月诏曰:卫士转置送迎二万人(郑氏曰:去故置新常二万人),其省万人”。

② 《汉书》卷 6《武帝纪》:“征和二年七月初置城门屯兵。”又《汉书》卷 19 上《百官公卿表》记载有“十二城门候”,即指此。

甚至引起猜疑,故在汉代卫将军一职总是时设时省,设免无常。再如武帝增设八校尉、十二城门屯兵,以扩大北军实力,这同时也引起皇帝的不安。按说十二城门兵应归执金吾的下属城门校尉统领,但汉中央却经常使太师、丞相司直及拥有特进头衔的重臣来领导①。到了东汉时期,刘秀更进一步削弱北军统帅执金吾的权势,他把武帝时增设的八校尉,缩减为五校尉并交给秩仅六百石的北军中候领导,从而架空了执金吾。光武帝所以采取这样的措施,也是由于执金吾的权势太大。据《后汉书·百官志》注引《汉官》说,执金吾的队伍"缇骑舆服导从,充满道路,群僚之中,斯最壮矣"。《后汉书》卷10上《光烈阴皇后纪》记载着一个故事,说刘秀当皇帝前曾至长安,"见执金吾车骑甚盛,因叹曰:仕宦当作执金吾"。中国封建皇帝具有无上权威,当了皇帝以后的刘秀,对于执金吾的威势岂能无动于衷?所以削弱执金吾的实权,也属意料中事,采用六百石的北军中候来"掌监五营",实属两得之事,既削弱了执金吾的权势,又保证了皇帝对京师保卫兵力的控制。

东汉末年,宦官专政,皇权旁落。宦官为了加强对中央的控制,增设西园八校尉,即上军校尉、中军校尉、下军校尉、典军校尉、助军左校尉、助军右校尉、左校尉、右校尉。上军校尉为西园八校尉的统帅,由小黄门蹇硕担任,宦官完全控制了中央的军权,皇帝的贴身侍卫也为宦官所代替。中常侍所统领的黄门侍郎、黄门令、小黄门、黄门署长、中黄门官从仆射、中黄门,大长秋所统领的中宫仆、中宫谒者、中宫尚书,完全把皇帝包围起来。据《后汉书·百官志》记载:中常侍的职务是"掌侍从左右,从入内宫,赞予众事,顾门应对给事";小黄门的职务是"掌侍从左右,受尚书事,上在内宫,关通中外及中宫以下知事";中黄门官从仆射的职务是"居则宿卫直守门户,出则骑从夹乘舆车"。按宦官的原来职务,属于内宫杂役,在东汉末年,则"关通中外",执掌宫中一切大权。《后汉书·灵帝纪》记载:"熹平四年改平准,使宦官为令,自是诸内曹令丞悉以阉人为之。"从此,宦官控制了宫中一切事务,皇帝成了宦官的傀儡,原来是保卫皇帝的侍卫,现在变成了控制皇帝的工具。189年四月,灵帝死,刘辩继位,何太后临朝,大将军何进辅政。为控制皇权,何进杀蹇硕。八月,宦官张让又杀何进,虎贲中郎将袁绍引兵入宫,诛杀宦官2000余人,结束了宦官专政的局面。宦官所控制的中央三级保卫机构也被摧毁。从此汉献帝失去了过去皇帝所应有的严密保护,一任军阀们的摆布与控制,东汉的中央集权已彻底垮台,而陷入军阀混战之中。

---

① 《汉书》卷81《孔光传》:以太师"领城门兵"。卷98《元后传》:"成都侯商以特进领城门兵。""红阳侯立位特进领城门兵。"又据卷66《刘屈厘传》:"会夜,司直田仁部闭城门。"据此可知丞相司直亦可领城门兵。

第9卷第2期
1989年4月

东汉的乡里社会及政治的变迁

[日]东晋次*

【摘　要】 东汉的乡里社会由豪族的乡里统治与父老秩序并存和角逐的"豪族的里共同体"向豪族作为里共同体的中心将父老秩序置于自己支配之下的"豪族共同体"转化。士大夫豪族阶层在全国形成政治共同体,成为魏晋国家政治的统治阶层。

【关键词】 东汉;乡里社会;豪族的里共同体;豪族共同体;政治变迁

一

日本的东汉研究一直是围绕两个兴趣中心展开的。其一是汉武帝时代之后,随着豪族势力与日俱增,乡里的社会关系变化方式及豪族的乡里统治与皇帝统治体制间关联的问题。其二是在东汉历史的展开中谋求探索魏晋贵族制社会形成过程的问题,其主要意义是探索来自东汉后期的政治变迁并被看为魏晋贵族集团渊源的清流势力的形成过程。

关于第一个中心课题,采取汉末古代说立场的宇都宫清吉认为:由于在一君万民的体制中豪族对乡村的异质统治体制("武断于乡曲")的出现,古代帝国趋于崩坏并转而向中世纪式的分封割据的豪族社会——魏晋南北朝过渡[1]。就是说,豪族的乡村统治与皇帝统治之间具有不可调和的矛盾。东汉是这一矛盾扩展和深化的时代,豪族阶层对古代帝国体制的征服可看成是这一阶层在继之而来的社会中作为主角而成长发展的过程。针对宇都宫的见解,多田狷介做了如下的反论。即基本矛盾存于皇帝与小农之间。在皇帝的统治下,豪族们恰如假作及佣作之盛所显示的那样,以不触及乡里的政治体制的方式扩大了自己的势力范围,皇帝统治与豪族的乡里统治之间并无决定性的矛盾[2]。此外,增渊龟夫以独特的共同体论阐发了自己的观点。他认为,"尽管乡邑的秩序一直为豪族所维持",但两汉社会的构造正是那样"自律的秩序"与皇帝的统治既相互协调又相互对立的关系[3]。

以上诸说的共同处是他们都看到了豪族在乡里统治势力的增大。其不同之处是有的认为豪族的乡村统治与皇帝统治相互冲突是导致东汉王朝崩坏的主因,有的则坚持豪族与皇帝统治未必相互矛盾,而且豪族时而起到了支撑皇权的作用。近年来,籾山明对豪族问题的学说史进行了整理。他一方面支持宇都宫的把豪族看作古代帝国的不可调和的势力的观点,一方面又指出宇都宫未能具体说明豪族对乡里支配的实态。他还提出应搞明增渊"自律的秩序"一说的具体

* 东晋次,日本三重大学教授。

的内部构造这一建议[4]。就是说,东汉豪族与乡里庶民之间具有何种关系?皇帝统治体制的变化及汉朝的崩坏与豪族的乡里统治究竟有何种关联?如果豪族确是像宇都宫所说的那样推翻了古代帝国的话,就必须详细说明豪族在使古代帝国变异和崩坏并创立魏晋贵族制社会时具体经历了何种步骤。

以上所述也与第二个研究兴趣相关,因为尽管魏晋贵族社会在东汉社会展开中渐趋形成这一事实是毋庸置疑的,但如果认为东汉仅促成了清流势力这一贵族集团的源流并仅由东汉后期的政治来寻源的话,则欠妥当,至于西汉以来地方的经济及社会的力量不断增长的豪族经过何种方式摇身变为政治上的统治阶层这一问题,有必要一边使之与第一个问题关联,一边由东汉政治史的全貌来进行考察。针对前面的两个问题,我希望在下面提出一种看法。

二

多田狷介据"'亚洲式共同体'与其体内孕育而成的私有的抗争"之观点对秦汉至隋唐进行了分期。他将西汉、东汉、魏晋南北朝分别称为"里共同体"、"豪族共同体"、"贵族共同体",用以标示共同体的各发展阶段。他指出,豪族较他者更占有优越的私产,他们以共同体统治者和支配者的身份对农民进行了赈恤和压榨[5]。多田的论文则着眼于指出共同体各阶段的性质并以其为基础进行了大致的分期。因此,各共同体的内部构造的特征及它们相互间的过渡并未得到十分的说明。较这些更具体的定型性研究由河地重造做的。

河地说:"父老式统制中即便已包含着豪族存在这一制度的乡里也仍应称做'父老的里共同体'。与此相对,随着阶层分化的进展和国家保护的后退,占据地方统治权的豪族的社会支配力则成了再生产的决定因素。基于这一变化的共同体则最好称为'豪族的里共同体'。"前者与后者的转折点是西汉元帝时期。河地把西汉向东汉的过渡解释为"由专制君主的齐民制统治体制或个别人身统治体制向以'豪族共同体'(称为'豪族的里共同体'是否更必要?下同。——引用者)为基础的重建的古代末期专制统治体制的过渡"。作为东汉体制基础的"豪族共同体"的意思是"尽管豪族在本质上具有反齐民制性,但他们以重建里共同体的形式,以自己的社会支配权起到了由下支撑王权的作用。豪族在由西汉末到东汉这一时期未能脱离古代都市国家的遗制而获得自立。并且,对于卷入自己的私人统治之下的农民,豪族仍然不具备拒绝把他们当作公民看待的国家权力的力量。因此,父老秩序仍未完全消亡……父老秩序仍于其自身体现出来,或包摄于其自己的社会制约力的罗网中"。南阳湖县的豪族樊氏可作为以上一说的典型范例[6]。

根据河地的说明,即便是同样的"豪族共同体",西汉到东汉的豪族从完全未能支配乡里的阶段到由豪族重新编组里共同体的阶段,可作含义广阔的解释,如将后者与多田的"豪族共同体"相互重合,便可理解。然而河地对东汉各阶段的区别没有明言。总之,关于以豪族为中核的东汉新共同体的出现这一事实,似乎应承认多田与河地的见解。然而,多田与河地对于以豪族为中心的共同体的说明仍很抽象。籾山就此提出,有必要具体地追究豪族中心的"自律的秩序"的内部构造。这一提案的确值得肯定。这里要提出一个疑问点:那么父老秩序又怎样呢?在河地的"豪族共同体"的规定里,父老秩序并未消亡,但他对整个东汉的"豪族共同体"之内的父老秩序未曾提及,多田也如此。如果父老秩序确曾存在的话,它在"豪族共同体"内具有何种位置呢?换句话说,豪族统治和父老秩序的关系在东汉二百年之中是如何变化的呢?

西汉末混乱之际,曾有两个性质各异的集团活跃其中。一个是以赤眉为代表的农民叛乱集团;另一个是以豪族为中心的集团,其代表为以南阳豪族组成的光武集团。多数农民叛乱的构成在史料上不明之处甚多。赤眉军(前期)是由三老、从事、卒史、臣人诸等级构成的,赤眉军的头领被称为三老。这意味着赤眉军与由父老—子弟的统制关系维持秩序的乡里是具有相同性质的组织集团。那么豪族集团又怎样呢?南阳刘氏崛起时的集团虽以宗族员和宾客为主干,隶属于豪族的农民自然也曾包含于其中。在此没有在赤眉军那里可以见到的某种平等性,头领与成员之间是一种统治与从属的关系。这一南阳刘氏集团,在军事上成功的过程中,将其他与此集团具有相同构造的豪族集团及民众叛乱集团收并于自己的集团中,其合并的顶点便构成了光武集团的产生。民众叛乱集团被吸收合并于豪族集团之际,可想象一种统治与被统治的关系必然要产生。然而,于小长安败给王莽军的刘縯试图与下江的兵士相联合之际,据说下江的诸将如成丹和张卯反对道:“大丈夫既起,当各自为主,何故受人制乎。”(《后汉书·王常传》)此事意味着来自于农民叛乱集团的绿林军的抵抗。其后,刘縯为绿林诸将所杀。由此事实亦可推见这一时期的豪族集团很难强有力地迫使农民叛乱集团屈服其手下。如以此进一步推及乡里的日常生活状况,似乎显示出豪族要打破乡里的父老—子弟的统制关系而使乡里的民众置身于自己的统治之下是很不容易的。南阳豪族樊重就位于乡三老一事,是否也可反映以上的乡里状况?下面我们再把目光转向东汉末期。《三国志·田畴传》记载:

> 遂入徐无山中,常深险平敞地而居,躬耕以养父母。百姓归之,数年间至五千余家。(田)畴谓其父老曰:“诸君不以畴不肖,远来相就。众成都邑,而莫相统一,恐非久安之道。愿推择其贤长者,以为之主。”皆曰:“善”。同佥推畴。畴曰:“今来在此,非苟安而已,将图大事,复怨雪耻,窃恐未得其志,而轻薄之徒,自相侵侮,偷快一时,无深计远虑。畴有愚计,愿与诸君共施之,可乎?”皆曰:“可。”畴即为约束相杀伤犯盗诤讼之法,法重者至死,其次抵罪,二十余条。

在这一著名的田畴共同体中,可以说豪族已确立了对父老阶层的领导地位,而且可以认为这一共同体是由豪族头领、父老层及乡人阶层之间的从属关系构成的。换言之,父老秩序已被置于豪族的支配之下。从以下的史料中也可看到这一点。《后汉书·荀彧传》记载:

> 董卓之乱,(荀彧)弃官乡里。同郡韩融时将宗亲千余家,避乱密西山中。彧谓父老曰:“颍川四战之地也,天下有变,常为兵冲。密虽小国,不足捍大难,宜亟避之。”乡人多怀土不能去。会冀州牧同郡韩馥遣骑迎之,彧乃独将宗族从馥。留者后多为董卓将李傕所杀略焉。

以上两个史料不仅说明了父老及乡人集团接受了豪族的领导,而且同时还说明了豪族集团曾十分尊重父老和乡人集团的意向。如史料所记田畴、韩融和荀彧是属站于豪族领导者立场的人物。尽管两史料记述的是战乱时的事件,然而文献里所表示的他们对父老及乡人集团的方式,大概并非与日常的乡里社会全然无关。就算他们属乎乡人众望的豪族吧,由于是立之于父老秩序之上来领导和统率乡里,可以肯定在试图以暴力置乡里于自己的支配之下的武断乡曲型的豪族那里,父老秩序基本上是有名无实。

是否能从以上西汉末及东汉末的豪族与乡里民众之间的关系的差异来探讨东汉二百年间乡里社会的变化呢?根据河地之见,汉代乡里社会的变化过程可归纳如下。

到西汉元帝期为止为“父老的里共同体”。元帝期至东汉初,豪族的社会制御力未能使父老秩序完全屈服,因而属于豪族的乡里统治与父老秩序并存和角逐的“豪族的里共同体”阶段。然后在整个东汉时期,豪族作为里共同体的中心对里共同体进行再整顿,遂将父老秩序置于自己的支配之下而进入了“豪族共同体”阶段。

以上关于“父老的里共同体”、“豪族的里共同体”和“豪族共同体”的归纳将导致两个问题。一是这些共同体的相互转换产生于东汉二百年间的何时这一问题。如据多田与河地的见解,似乎进入东汉之后就一举进入了“豪族共同体”及“豪族的里共同体”的阶段,他们未考虑到地域的区别。问题是有的地域是进入东汉之后开始由“父老的里共同体”向“豪族的里共同体”过渡的,而有些地域则在东汉初已开始向“豪族共同体”过渡了。另一个问题是,在各共同体之间进行过渡时,豪族是怎样使皇帝统治体制产生变化,又是怎样摇身变成政治上的统治者的呢?多田与河地完全没有触及这一问题。关于第一个问题,已由对东汉全盘乡里社会的构造的变化经地域性个别考察而首次解明。鹤间和幸和佐竹靖彦已有这方面研究[7]。他们的研究虽与本稿也有很多关联,在此暂省略。下面将试图通过对第二个问题的解答,同时也对第一个问题进行大致的分析。

三

如以皇帝在位期来区分东汉二百年的政治史,则可分为三个时期:(1)光武、明、章时期,(2)和、安时期,(3)顺、桓、灵时期,其中章、顺具有过渡期的性质。(1)是皇帝支配体制复活期。根据安稳的统治,礼教体制获得确立。(2)是由外戚专权(以下称贵戚政。所谓贵戚政是指在皇太后临朝称制的背景下,被称为贵戚的外戚获得皇帝的信任之后,参与皇帝政治的辅政,即代替行使皇帝权力)。各种灾害、羌族入侵而招致的国内统治动摇和走向衰亡的时期。(3)是由贵戚政的继续,宦官的跋扈和儒家官僚集团——清流的形成而带来的中央官界中以上三者的对立的产生,地方民众叛乱频发,王朝统治日益瓦解的时期。

在以上的三个时期中,如果把注意力转向在官界中活跃的儒家官僚的出身地域和他们的政治活动方向,则可发现如下特征。在(1)期他们多出身于南阳、河南、颍川、汝南、三辅。他们的构成是曾参加光武创业的诸功臣及其子孙、归属于西汉以来的三辅名家系谱的人以及依儒学才能而支撑初期三代政治的儒家官僚。他们致力于确立皇帝的中央集权制。进入(2)期后,(1)期末——章帝期的三辅出身者形成党派,推举同一出身地的窦氏为东汉最初的贵戚政,并与南阳、河南、颍川和汝南出身的儒家官僚形成尖锐的对立。和帝初,窦氏的贵戚政被灭后,三辅出身官僚的势力也相应减退,其他地域出身的官僚取得优势,控制了和帝期的官界。其后,南阳出身的外戚邓氏,在和帝死后长时间维持了贵戚政。邓氏败亡后,安帝的皇后阎氏在短期内操纵了贵戚政。贵戚政的展开是(2)期最明显的特征,但当时的儒家官僚对邓氏的贵戚政抱批判的态度。除出身于(1)期优势地区的官僚,出身黄河下游和江淮一带的官僚已有不少人曾与邓氏合作。特别是巴蜀出身的官僚与希望利用地方豪族的地域支配力的邓氏相合作,接受邓氏推举,从而促进了向官界中抵的升职。这一倾向在进入(3)期后又有所发展。不属南阳等(1)期优势地区的几乎全国范围的出身者显著增加。他们通过对顺帝后半期至桓帝初的梁氏的贵戚政的批判而结成儒家官僚团,即清流。其结果成为桓帝末至灵帝期的两次党锢[8]。

概观上述的中央政治史和儒家官僚出身的变化,在东汉政治中,由地方豪族出身的儒家官僚,一边经历曲折,一边逐渐征服贵戚政。可见儒家官僚集团协调一致,试图树起具有豪族联合政权性质的新式皇帝统治体制。并且产生这些儒家官僚的既有长安、洛阳一带黄河中游的发达地区,进入(2)期后还有黄河下游、巴蜀及江淮地带,并且在(3)期还可发现包括至(2)期为止的地域几乎已向全国范围的扩展。可以推测这一事实是与由西汉武帝推崇的儒学向地方社会的浸透和普及的过程是步调一致的。那么,产生这些儒家官僚的地方社会的构造是什么样的呢?为解明这一问题,有必要查明郡县的选举状况。

东汉的选举主流是孝廉科。但孝廉当选者多是由郡的功曹等有右职经验者中选出的。由于右职几乎是当地豪族就任,所以孝廉选举事实上是为豪族阶层独占的。此点已为以前的研究所证实。笔者最近曾分析了郡县选举的详情并指出在这些豪族阶层中,有人能成为州郡吏和县功曹,有人则不能出任州郡官,而只能当县吏或乡官,这说明在选举中存在着阶层的差异。前者被举为孝廉,历任中央官,是包含被称为“世为郡吏”、“世吏二千石”家族的豪族。笔者将此称作“士大夫豪族”。后者是专管土地的具乡土色的豪族,称为“非士大夫豪族”[9](本文将后者称为“土豪”)。豪族的这二个阶层的分化伴随着地域差,通过东汉而发展,于东汉末期形成全国性的士大夫豪族、土豪、小农的阶层构造。从官僚制的身份来看,有中央官僚·州郡吏、县吏·乡吏、庶人的序列与前者相对应。士大夫豪族层在郡内形成了一种可称为政治共同体的士大夫连环体。他们左右郡内的舆论,独占选举权以至掌握郡内的支配权。士大夫豪族与土豪统领和支配乡民时有共同的利害关系。但于选举之时则有矛盾,虽然土豪的选举权被士大夫豪族所独占,但他们试图通过依赖外戚及宦官,依赖选举请托而升入州郡府及至中央官界。此事往往招致士大夫集团圈即清流的反对和阻挠。土豪层由于具有浓厚的地方性,与乡民有直接的关系,故能巩固乡里统治,形成乡里“自律的秩序”的中心。这与增渊的“父老的土豪”层的说法基本相对应。前述田畴手下的父老层之中大概也包含着小农代表的父老。同时可能还有不少属于土豪层的人存在于其中。

如上所述,东汉政治中升入中央官界的儒家官僚很明显是来源于郡规模内士大夫豪族的圈子。他们以出身郡的士大夫圈为基盘形成了全国性的圈子,他们升入中央官界,结成儒家官僚集团。顺帝期后,又致力于建立以皇帝为中心的豪族联合政权的国家体制(由士大夫豪族层推行的地域支配体制的联合而构成的国家体制),推崇儒家理念,参与严厉谴责外戚和宦官的政治活动。毫无疑问,正是这一全国性的士大夫阶层以魏的黄初元年制定的九品官人法导致了魏晋贵族的产生。

四

综上所述,东汉的乡里社会,由豪族统治与父老秩序的并存和角逐而向豪族置父老秩序于自己的支配之下的方向变化发展。这一变化并非于同一时期内一举进行的。大体上说,变化是由长安和洛阳一带发达地区开始,渐向巴蜀、江淮及其他地域流动。通过东汉政治过程中儒家官僚出身地的变化可以推测变化是具有地域性差别的。不同地域于不同时期产生了士大夫豪族—土豪—小农的序列构造,士大夫豪族阶层的政治共同体以郡的规模形成。这种政治共同体于东汉后期几乎在全国的范围内产生。作为这一全国性联合集团的清流展开了树立豪族的联合政权式的国家体制的活动。汉帝国在此阶段虽已面对向新的性质的国家的转变,但这一转变未能实现便已崩坏了。汉末混乱中残存的士大夫豪族阶层作为魏晋国家政治的统治阶层——贵族,又在此后继的时代中不断发展壮大而成为主角。

【参考文献】

[1]宇都宫清吉.仲约研究[M]//汉代社会经济史研究.东京:弘文堂,1953;古代中世史把握のだめの一视角[M]//中国中世史研究.东京:东海大学出版会,1970.

[2]多田狷介.后汉豪族の农业经营——假作·佣作·奴隶劳动[J].历史学研究,1964(286).

[3]增渊龟夫.所谓东洋的专制主义と共同体[J].一桥论丛,1962,47(3).

[4]籾山明.汉代豪族论への一视角[J].东洋史研究,1984,43(1).

[5]多田狷介.《后汉たいし魏晋期以降中国中世》说をめじって[J].历史学研究,1975(422).

[6]河地重造.王莽政权の出现[M]//弓削达等.岩波讲座世界历史4·古代4.东京:岩波书店,1970.

[7]鹤间和幸.汉代豪族の地域的性格[J].史学杂志,1978,87(12);佐竹靖彦.汉代十三州の地域性について[J].历史评论,1980(357).

[8]东晋次.后汉中期政治史试论—邓氏专权を中心に—[J].爱媛大学教育学部纪要(人文社会科学),1985,17;汉代の贵戚に关ずる觉书[J].爱媛大学教育学部纪要(人文社会科学),1982,14.

[9]东晋次.后汉时代の选举と地方社会[J].东洋史研究,1987,46(2).

第16卷第1期
1996年1月

“度田”斗争与光武中兴

高 敏*

【摘 要】 光武帝刘秀建立东汉政权后，为了解决流民和土地兼并等社会问题，极力推行“度田”政策，打击豪强地主，在一定程度上扩大了国家财政收入，促进了官吏廉洁勤政风尚的形成。

【关键词】 刘秀；度田；中兴

一

东汉光武帝，于公元25年称帝，改元建武，直到建武十三年（37年），才“天下平定”[1]（卷16《邓禹传》）。在此之前，战事连绵，未遑兴荣。自此以后，才实行“诸功臣皆增户邑”[1]（卷16《邓禹传》）的制度，故“自陇、蜀平后，非儆急，未尝复言军旅”，有条件“退功臣而进文吏，戢弓矢而散马牛”[1]（卷1《光武帝纪》），实行偃武修文的转变。然而，在实行偃武修文政策后的第二年，即建武十五年，就在全国范围内发动了一次大规模的“度田”斗争，河南尹张伋和诸郡守十余人皆因“度田不实”而“下狱死”，还引起一场激烈的武装斗争[1]（卷1《光武帝纪》），弄得举国嚣然，到建武十六年才算基本平息下来。然则是什么原因迫使光武帝在刚刚镇压了农民起义和平息了武装割据势力之后立即又发动这场规模宏大的“度田”斗争呢？所谓“度田”究竟包括什么内容呢？“度田”的目的何在呢？“度田”的结果又怎样呢？由于史书对此并无完整的记载，致使上述诸问题均处于若隐若现之中。研究东汉历史者，虽然无不言及光武帝“度田”之事，却大都言而不详，更无专文论述者。因思简略述之。

我们知道，我国封建社会不同于西欧封建制度的重大特征之一，是我国封建社会较早地产生了地主土地私有制。我国封建地主土地私有制的产生，是在奴隶社会的母胎中实现的。在这里，没有必要详细说明私有土地制度是如何从作为奴隶主阶级国有土地制度——井田制度的母胎中逐步形成的历史过程，我们只要看看春秋、战国时期许多诸侯国都先后采取了“相地而衰征”、“作爰田”、“初税亩”、“作丘赋”、“初租禾”、“制辕田”等一系列措施，便可得知其都是基于私有土地制度及当时倡立名田制度的出现而实行的新制度及新办法。这种带有规律性和有相同性质的改革措施的先后出现，正反映私有土地制度的产生是当时历史发展的不可抗拒的潮流[2]。

随着私有土地制度（即名田制度）的出现就

* 高敏（1927— ），男，湖南省益阳市人，郑州大学历史与考古系教授，博士生导师，主要从事中国古代史研究。

为封建地主土地私有制的形成创造了条件。我们知道,土地一旦成为可以私有的财产,必然促使人们去争夺土地以为私有财产,于是春秋战国之际层出不穷的争地、夺田之事便应运而生了。各国君主为了奖励有功之人,特别是立军功者,于是以土地赏赐立军功者的制度就相继出现了。土地既然成了私有财产,自然土地的主人可以典卖、转让和出卖它,于是土地买卖之事也产生了。在争田夺地、土地赏赐和土地买卖的过程中,必然会产生一个拥有较多私有土地的社会集团,于是只有极少数私有土地或根本无地的人同拥有大量私有土地者之间的贫富差别与阶级分野便产生了。这种阶级分野一旦发生,极少数私有土地或根本无地的人,就被迫去向拥有大量的私有土地者租种土地以维持生计,拥有大量私有土地者也只有把私有土地变成一种物质力量去迫使无地、少地者耕种才能真正获利。于是地主阶级对农民阶级的压迫、剥削关系就制度化了,封建地主土地私有制就正式确立起来了。《汉书》卷24上《食货志》所载西汉武帝时董仲舒的话,就对上述一系列情况作了概括性描述:“至秦则不然,用商鞅之法,改帝王之制,除井田,民得买卖,富者田连阡陌,贫者无立锥之地。……邑有人君之尊,里有公侯之富,小民安得不困?”于是,小民“或耕豪民之田,见税什五,故贫民常衣牛马之衣,而食犬彘之食”。因此,董仲舒提出了“限民名田,以赡不足”的主张。

由土地私有化(即名田化)而产生的拥有大量私有土地的“豪民”剥削“无立锥之地”的“小民”的状况,自商鞅变法后的秦国就开始了。到了西汉武帝时期自然会更加严重。这就是封建地主土地私有制确立后所必然带来的社会后果。所以,董仲舒主张“限民名田”,即限制私有土地的数量。然而,在当时的历史条件下,封建地主土地私有制还处在它的上升发展阶段,具有不可阻挡之势,以致董仲舒的建议并未能实行。相反,官府不断以土地充赏赐,强占民田之事也时有发生,土地买卖更是有增无减,小民“卖田宅,鬻子孙,以偿责”的情况愈来愈多,以致到了西汉末期,又有师丹再次提出对私有土地“宜略为限”的主张,孔光与何武等人,进一步提出限制“诸侯王、列侯”及“吏民”私有土地数量,说什么“诸侯王列侯,皆得名田国中,列侯在长安,公主名田县道,及关内侯、吏民名田,皆毋过三十顷”。然而,由于“丁傅用事,董贤隆贵,皆不便也。诏书且须后,遂寝不行”[3](卷24《食货志》)。可见师丹等人的限田之议又落空了。限田之议既不能行,因土地问题造成的社会阶级矛盾自然会一天比一天尖锐,从而终于引发了王莽的“更名天下田曰王田”的恢复井田制度和废除地主土地私有制的断然措施。但是,很明显,王莽的措施,违背了历史的发展规律,连他自己的中郎区博也认识到:“井田虽圣王法,其废久矣。周道既衰,而民不从,秦知顺民之心,可以获大利也。故灭庐井而置阡陌,遂王诸夏。讫今海内未厌其敝,今欲违民心,追复千载绝迹,虽尧舜复起,而无百年之渐,弗解行也。”[3](卷99《王莽传》)事实也证明,当时的地主阶级群起反对,迫使王莽下书曰:“诸名食王田,皆得卖之,勿拘以法”,自己给了自己一记响亮的耳光。由上可见,农民丧失土地和地主占有大量土地的状况,已经成了整个西汉时期的重大社会问题。西汉末年的农民大起义,由土地问题造成的尖锐阶级矛盾就是其重要原因之一。正因为如此,曾亲自在农民起义中活动过多年而且始终利用农民起义而取得政权的刘秀,自然深深懂得解决农民土地问题的重要性,这就是他为什么要在刚刚平定陇、蜀等地割据势力之后立即实行“度田”的重要原因。

一直困扰着西汉统治者的另一个重大社会问题,就是同土地问题密切相关的农民破产后变为流民、奴隶及依附人口的问题。

与封建地主土地私有制的形成与确立同时发生的,是封建的人身依附关系的产生与发展。我们知道,地主一旦拥有大量私有土地,就需要有劳动者同他们的土地结合起来,去耕种其土地,然后向土地所有者缴纳封建地租。如果没有劳动者同其土地结合,土地就不能实现其价值。因此,对于封建土地所有者来说,不论是封建国家还是私家地主,都以能否控制劳动者和控制劳动者的数量多少决定其权力的大小和地租量的多少。于是封建国家和私家地主,都需要竭尽全力去占有和控制农民,使之依附于自己,同自己拥有的土地结合，这就是经济外的强制即超经济强制其所以能够存在而且不断发展的根源，也就是封建土地私有制开始形成之日就必然伴随着农民对地主的人身依附关系逐渐产生和日益发展的原因。

历史事实也表明，自春秋战国之际私有土地制度逐步形成，并在此基础上产生了封建地主土地私有制之后，农民对封建地主的人身依附关系就合乎规律地出现了。《左传》昭公二十五年所载食于季氏之"隐民"，《国语·晋语》中所说"为人"耕种"沃田"的"隶农"，《韩非子·诡使》篇所说"逃事藏匿"，附托有威之门以避徭赋的"万数"的"士卒"，《吕氏春秋·高义》篇所说"度身而衣，量腹而食"的"宾萌"等，都是当时对依附性农民的不同称谓，而且数量有日益增加之势。到了秦汉时期，这种依附性农民更多了。秦汉时期的"舍人"甚多，根据唐人颜师古的解释，"舍人，亲近左右之通称也，后遂以为私属官号"①；云梦出土秦简的《封诊式·黥妾》爰书中，谓五大夫某拥有"家吏"供其驱使；《商君书·境内篇》有给赐爵者以"庶子"并为其耕种赏赐土地的记载；秦末有"佣耕"者如陈胜一样身份的劳动者[4]（卷48《陈涉世家》），秦和汉初存在大量"耕豪民之田，见税什五"的"小民"[3]（卷24《食货志》）；武帝以后，带有人身依附色彩的"客"和"宾客"[5]也出现了；至于招纳流亡、役使佃民的豪强地主，几乎到处都是，这在《史记·平准书》、《汉书·食货志》及《盐铁论》等书中屡有记载，此不一一引述。所有上述这些情况，都是封建性的人身依附关系在秦和西汉时期有所发展的反映。

由于封建地主占有、控制劳动人手以为自己依附农民的事日增，以致引起了封建国家同封建地主之间在争夺劳动力方面的矛盾斗争。正如当时主张官营盐铁业者所指出的："往者豪强大家，得管山海之利，采铁石鼓铸，煮海为盐。一家聚众或至数千人，大抵尽收放流人也，远去乡里，弃坟墓，依倚大家。聚深山穷泽之中，成奸伪之业，遂朋党之权。"[6]（《禁耕篇》）"豪强大家"，"一家聚众或至数千人"，而且大都是收容的"放流人"，这不仅会使国家控制的农民减少，而且会造成政治上的反对势力。故桑弘羊等人力主官营盐铁，打击这些收容"放流人"的"豪强大家"。汉武帝也实行了监察郡国的部刺史制度，宣布以"六条问事"，其第一条就是给"强宗豪右，田宅逾制，以强凌弱，以众暴寡"[3]（卷19《百官公卿表序》）者以惩处。这反映出封建国家对封建地主之大量招诱与控制劳动人手以为依附农民之事，一开始就是禁止的，至少是有限制的。所以，董仲舒在主张"限民名田，以赡不足"的同时，还主张"塞并兼之路"，"去奴婢、除专杀之威，薄赋敛，省徭役，以宽民力"[3]（卷24《食货志》）；师丹也主张"田宅奴婢"，均"宜略为限"；孔光、何武等人，还提出了限制诸侯及吏民拥有奴婢数量分别不得超过200人和30人之数[3]（卷24《食货志》）。限制奴婢数量，也是为了限制封建地主大量控制依附农民，因为农民破产之后，最后必然沦为奴隶。

然而，封建官府限制奴婢数量的措施，也同其"限民名田"措施一样流于形式，未能奏效。以致早在汉武帝时期，就出现了大量的因天灾人祸而破产逃亡的流民群，汉武帝虽然采取了移民实边、发展屯田等措施，也未能解决流民群问题。以致阶级矛盾愈演愈烈，终于酿成了西汉末年的农民起义。王莽虽然断然决定取消一切奴婢，现有奴婢改名为"私属"，并禁止奴隶买卖，结果也同其企图恢复井田制的王田制措施一样，以失败而告终。身经汉末一切动乱的刘秀，深知奴婢问题、依附农民问题同土地问题一样重要，这就是他为什么在刚刚平定国内动乱之后的第二年就迫不及待地实行"度田"和检核户口的原因。

二

如上所述，汉光武帝实行"度田"的社会背景，可以看出他的所谓"度田"，实包括两个方面的主要内容：一是丈量土地，二是清查户口。丈量土地的目的，是在承认地主土地私有制的前提下清丈土地数量，了解豪强地主拥有私有土地的

① 《汉书》卷1《高帝纪》载二世三年条注。

状况,既便于限制其土地占有量,又便于依据土地多少征收赋税;而检核户口的目的,既在于从地主手中清查隐匿户口,以扩大税源、役源,也在于限制豪强地主控制依附农民的数量。我们何以知道汉光武帝的"度田"措施,包括上述两个方面的内容呢?下面的文献记载就可以回答这个问题。《后汉书》卷1下《光武帝纪》建武十五年(39年)及建武十六年两条,是这样记述光武帝的"度田"措施的:"(建武)十五年……六月……诏下州郡核检垦田顷亩及户口年纪,又考实二千石长吏阿枉不平者。冬十一月,大司徒欧阳歙下狱死。""建武十六年……秋九月,河南尹张伋诸郡守十余人,坐度田不实,皆下狱死。"李贤注引《东观纪》曰:"刺史太守多为诈巧,不务实核,苟以度田为名,聚人田中,并度庐屋里落,聚人遮道啼呼。"同书同卷同年同月条又曰:

> 郡国大姓及兵长、群盗处处并起,攻劫在所,害杀长吏。郡县追讨,到则解散,去复屯结,青、徐、幽、冀四州尤甚。冬十月,遣使者下郡国,听群盗自相纠擿,五人共斩一人者,除其罪。吏虽逗留回避故纵者,皆勿问,听以擒讨为效。其牧守令长坐界内盗贼而不收捕者,又以畏愞捐城委守者,皆不以为负,但取获贼多少为殿最,唯蔽匿者乃罪之。于是更相追捕,贼并解散。徙其魁帅于它郡,赋田受禀,使安生业。自是牛马放牧,邑门不闭。

王先谦《后汉书集解》载此条唯多苏舆引《汉书注》晋灼语以释"又以畏愞捐城委守者,皆不以为负"语一条,余悉同于中华书局标点本《后汉书·光武帝纪》所载。

据上引《后汉书·光武帝纪》所载,似乎大司徒欧阳歙之死,与"度田"之事有关。《资治通鉴》卷43《汉纪》建武十五年条亦云:"冬,十一月,甲戌,大司徒歙坐前为汝南太守及度田不实,赃罪千余万,下狱。……歙死狱中。"可见司马光也把《后汉书·光武帝纪》载"度田"之事时连及大司徒欧阳歙下狱死事,理解为二者有联系,其实这是一个不小的误会。查《后汉书》卷79《儒林传·欧阳歙传》,谓"建武五年,坐事免官。明年,拜扬州牧,迁汝南太守……九年,更封夜侯。歙在郡,教授数百人,亲事九岁,征为大司徒,坐在汝南赃罪千余万发觉下狱……死狱中",不言其"坐度田不实事";又《太平御览》卷551《礼义部·棺门》引《东观汉纪》曰:"大司徒欧阳歙坐在汝南赃罪死狱中",亦不及歙"坐度田不实"事。又《后汉书·光武帝纪》建武十五年条有"正月……汝南太守欧阳歙为大司徒"的记载,则开始于建武十五年六月的"度田"之事,欧阳歙确不及参与,即确不是由于在为汝南太守时"度田"不实而下狱,其在汝南赃罪之事也与"度田"无关。由此可见司马光谓欧阳歙坐"度田"不实而下狱死,是没有根据的说法,完全是对《后汉书·光武帝纪》载"度田"事而连及欧阳歙下狱事的误解造成的。何况《后汉书·光武帝纪》载"度田"事后所连及的杜茂免职事,明显与"度田"之事无关,可见连载之事并非都有内在联系。

但是,《后汉书·光武帝纪》建武十六年条所连载的"郡国大姓及兵长、群盗处处并起"一大段,却与"度田"之事有内在联系。这是因为,这段记载不仅同《东观纪》所云"刺史太守多为诈巧,不务实核,苟以度田为名,聚人田中,并度庐屋里落,聚人遮道啼呼"的情况大体符合,而且同《后汉书·刘隆传》所记载"是时,天下垦田多不以实,又户口年纪互有增减。(建武)十五年,诏下州郡检核其事,而刺史、太守多不平均,或优饶豪右,侵刻羸弱,百姓嗟怨,遮道号呼"之事,有一致之处,故知《后汉书·光武帝纪》建武十六年条所载郡国大姓、兵长及盗贼处处并起之事,确与"度田"有关,可以说此事是由于"度田"之事所引起,其性质是反对"度田"的武装叛乱,其主事者与参加者,既然主要是郡国大姓、兵长,则其为地主阶级反对光武帝的"度田"措施的性质甚明。至于所诏"盗贼",则有可能是依附于郡国大姓、兵长的封建依附民,他们在郡国大姓、兵长的煽动、诱惑之下也卷入了反对"度田"与检查户口的斗争。因为他们多是盲从者,所以,很快就平息下去了。

从上述记载中的"诏下州郡检核垦田顷数及户口年纪"的话来看,显然是清丈土地的"度田"与清查户口二者同时进行的。因为当时"天下垦田多不以实",即地主阶级虽然拥有大量私有土地，但都不在户口册上登记，以规避租税，所以光武帝要实行“度田”措施，重新丈量他们的土地占有数量并进行登记，作为今后纳税的依据。又由于当时“户口年纪，互有增减”，即许多农民，依附于豪强地主名下，充当他们的部曲、宾客，以致国家的户口册在姓名、年纪与数量等方面都不真实。所以光武帝也要重新检核户口年纪，在检核户口的时候，需要把被检核者集中起来，一个一个根据其实际情况核实其姓名、年龄与特征，当时叫作“案比”，根据唐人李贤的解释：“案比”，即“案验以比之，犹今之貌阅也”[3](卷39《江革传》)，所以检核户口时需要“聚人田中”，正如建武末年江革之母，因为年老，“不欲摇动”，然而每遇“县当案比”之时，江革自己拉着车子载其母去参加“案比”一样[7]。正因为检核户口要惊动许多人，所以容易造成“聚人遮道啼呼”的状况。这就是说，“度田”虽然涉及许多人，但主要对象是豪强地主；检核户口虽然要给普通百姓增加麻烦，但主要也是对豪强地主之拥有大量依附农民者不利。因此，“度田”与检核户口的反对者，主要是郡国大姓、兵长。因此，这次“度田”与反度田的斗争，实质上是东汉政府同豪强地主的一次实力较量，是西汉以来几次“限民名田”及限制奴婢数量措施的实现与延续。

参与同东汉政权作较量的势力，除郡国大姓、兵长之外，还有一些地方长官如刺史、太守等。其中特别严重而被下狱处死者就多达十余人。其中有名可举者，便有张伋、刘隆与牟长，而刘隆与牟长还不在处死者之列。

以张伋而言，《后汉书》无传，《东观汉纪》也无传，仅有《后汉书·光武帝纪》“(建武)十六年……秋九月，河南尹张伋及诸郡守十余人，坐度田不实，皆下狱死”的记载。这就是说，因反对度田而招致杀身之祸的地方官，所举仅其代表张伋一人而已。

以牟长来说，《后汉书》卷79《儒林传·牟长传》云：“年长少习欧阳尚书，不仕王莽也。建武三年，大司空(宋)弘特辟，拜博士，稍迁河内太守，坐度田不实免。”由此可见，河内太守牟长，虽犯有“度田不实”罪，但并未同张伋等十余人一样“下狱死”。

以刘隆来说，《后汉书》卷22《刘隆传》有一段可贵的记载。《刘隆传》云：

> (建武)十一年，(隆)守南郡太守，岁余，上将军印绶。十三年，增邑，更封竟陵侯。是时，天下垦田多不以实，又户口年纪互有增减。十五年，诏下州郡检核其事，而刺史、太守多不平均，或优饶豪右，侵刻羸弱，百姓嗟怨，遮道号呼。时诸郡各遣使奏事，帝见陈留吏牍上有书，视之，云：“颍川、弘农可问，河南、南阳不可问。”帝诘吏由趣，吏不肯服，抵言于长寿街上得之。帝怒。时显宗为东海公，年十二，在幄后言曰：“吏受郡敕，尝欲以垦田相方耳。”帝曰：“即如此，何故言河南、南阳不可问？”对曰：“河南帝城，多近臣；南阳帝乡，多近亲，田宅逾制，不可为准。”帝令虎贲将诘问吏，吏乃实首服，如显宗对。于是遣谒者考实，具知奸状。明年，隆坐征下狱，其畴辈十余人皆死。帝以隆功臣，特免为庶人。

《刘隆传》的这段记载，亦见于《艺文类聚》卷16《储宫部·储宫门》所引《东观汉纪》、《太平御览》卷195《居处部街门》及《太平御览》卷606《文部、牍门》引《东观汉纪》，但均不及《后汉书·刘隆传》完整。《刘隆传》所说“刺史、太守多不平均，或优饶豪右，侵刻羸弱，百姓嗟怨，遮道号呼”，正是指的建武十五年六月正式实行“度田”时，刺史、太守“多不以实”的具体作弊情况。光武帝本欲限制豪强私有土地和依附农民数量而采取的“度田”、“检籍”措施，到了刺史、太守手里，反而变成了“优饶豪右，侵刻羸弱”的手段，以致老百姓“嗟怨”而“遮道号呼”。特别是河南与南阳两郡，因为一是“帝城”，一为“帝乡”，“田宅逾制”者多，无人敢于过问。这些情况，由于陈留一个小吏的揭露，才引起光武帝的重视，便派人考实，寻清了地方官为非作恶的奸情，于是采取了把十多个郡守下狱处死的断然措施。由此可见，汉光武帝的通过“度田”、“检籍”以限制豪强地主的措施，是坚决执行了的，即使如名儒牟长、功臣刘隆，也被免官，决不宽容；这次地方官及豪强大姓遭到打击的重点地区，显然是河南与南阳两个地区。可见河南、南阳的豪强地主在这次“度田”、“检籍”斗争中是受到了不小的打击的,只是史书缺载而已。

通过对十余个地方官的下狱处死和牟长、刘隆的免官处罚事件,连光武帝本人也感到似乎有些不安,担心引起地方官过于强烈的反对。关于这一点,《资治通鉴》卷43《汉纪》建武十六年九月条,为我们保存了一则很有价值的史料。《资治通鉴》云:

> 秋,九月,河南尹张伋及诸郡守十余人皆坐度田不实,下狱死。后上从容谓虎贲中郎将马援曰:“吾甚恨前杀守、相多也!”对曰:“死得其罪,何多之有!但死者既往,不可复生矣。”上大笑。

《资治通鉴》的这段记载,既不是见于《后汉书·马援传》,亦不见于《后汉书·光武帝纪》及有关列传,还不见于《东观汉纪》辑本的有关人物传,在诸家《后汉书》辑佚中,同样找不到踪迹,唯独《资治通鉴》保存之,实为可贵。据今本《后汉书·光武帝纪》,建武十七年秋七月,果有“遣虎贲中郎将马援”讨妖臣李广语;同书建武十八年,载以马援为伏波将军;又《太平御览》卷241《职官部·虎贲中郎将门》引《东观汉纪》,有“马援从陇西太守迁虎贲中郎将”语;又《后汉书·马援传》有“(建武)十七年,(李广)遂共聚会徒党,攻没皖城……于是使援发诸郡兵,合万余人,击破李广等,斩之”的记载,综合这些记载观之,马援确曾于建武十七年做过虎贲中郎将,可见《资治通鉴》这条记载是可信的,只是在时间上有提前一年的疏忽。这表明东汉光武帝在“度田”之后曾悔恨自己杀戮太守、相太多,这从一个侧面反映出这次斗争之激烈程度与光武帝决心之大。因为这件事是西汉以来二百余年间困扰统治者的大事,它关系到东汉政权能否巩固、安定。明乎此,光武帝之所以一再释放奴婢和坚决实行“度田”、“检籍”,都是为了解决老问题,也是为了开拓新局面,故不惜杀死十多个郡国守相,还免去了一些名儒与功臣的官职,多少有益于社会阶级矛盾的缓和,它有利于东汉政权的巩固,其行可嘉,其心可旌!

光武帝刘秀于建武十五年六月至十六年,既发动了大规模的“度田”、“检籍”斗争,因“度田不实”的郡国守、相被下狱致死者达十余人,还不包括被免除官职的名臣、大儒,足见其打击豪强地主的力度不小,这必然会给东汉社会带来巨大影响。然而,史书并没有给我们留下这方面的充足史料,以致我们只能从片言只语中去发现其蛛丝马迹。

《后汉书·光武帝纪》的“论”、“赞”,对“度田”、“检籍”之事没有评价,《太平御览》、《艺文类聚》、《北堂书钞》及《初学记》等类书所引《东观汉纪》也缺少对“度田”的评论。如其有之,仅《后汉书·光武帝纪》建武十六年秋九月条在论述了如何平定郡国大姓、兵长的武装反叛后,有“自是牛马放牧,邑门不闭”语,毫无疑问,这十个字,是对“度田”、“检籍”斗争所开创的新局面的概括。

值得注意的是,东汉人班固在其《汉书·刑法志》的最后部分综论西汉刑罚得失时,也涉及东汉之初。其言曰:“自建武、永平,民亦新免兵革之祸,人有乐生之虑(意),与高、惠之间同。而政在抑强扶弱,朝无威福之臣,邑无豪桀之侠,以口率计,断狱少于成、哀之间什八,可谓清矣。”班固评论的时间断限虽是建武(25—55年)、永平(58—75年)之世,但其“政在抑强扶弱”等语,主要是指“度田”、“检籍”斗争而言。可见在班固看来,光武帝的“度田”、“检籍”措施,确实起了巨大的积极作用。其实,不独建武、永平之世的社会安定局面和生产恢复发展的繁荣景象同“度田”、“检籍”斗争对豪强地主的打击分不开,就连章帝、和帝统治时期的社会相对稳定和生产的继续发展的形势,也与“度田”、“检籍”斗争所开创的新局面不无关系。因此,旧史家所称道的所谓“光武中兴”,可以说是“度田”、“检籍”斗争所带来的直接结果。

具体说来,“度田”、“检籍”斗争所取得直接成果,约有如下数端:

一曰户口增加。在古代地广人稀的情况下,户口的增多,往往是社会安定和生产发展的标志。我们知道,西汉平帝元始二年(2年)民户一千二百二十三万三千零六十二,口五千九百五十九万四千九百七十六[3](卷28下《地理志》),是为西汉一代的最高户口数。经过西汉末的社会动乱，户口大为减少，故应劭《汉官》曰："世祖中兴，海内人民可得而数，裁十二三。边陲萧条，靡有孑遗，部塞破坏，亭燧绝灭。"[1]（志第20《郡国》注）这大约是建武初年的情况。以元始二年户口数按"十二三"的比例折算，户才二三百万左右，口才一千余万。可是到了光武帝中元二年（57年），"户四百二十七万九千六百三十四，口二千一百万七千八百二十"[1]（志第20《郡国》注）。足见经过光武帝统治的三十余年，户与口的数量均接近增长一倍。这无疑与光武帝的"度田"、"检籍"举措有密切关系，或者说是"度田"、"检籍"措施的直接效果。

二曰豪强地主有所收敛，甚至连官吏也不敢无限制地扩大私有土地。前面已说明"度田"、"检籍"斗争打击的主要对象是豪强地主与不法官吏；打击的主要地区是"不可问"的河南与南阳两郡。早在西汉末年，南阳地区拥有由宗族与宾客组成的部曲武装者不少。因此之故，当刘秀兄弟利用汉末农民起义而称兵角逐时，各率地主武装之追随刘秀兄弟者甚多。有史可稽者，如南阳新野人邓晨，"将宾客会棘阳"[1]（卷15《邓晨传》），追随刘氏兄弟；南阳新野人来歙，亦率由宾客组成的武装归刘秀[1]（卷15《来歙传》）；南阳棘阳人岑彭，亦"将宾客"武装归于刘縯[1]（卷17《岑彭传》）；南阳冠军人贾复，曾"聚众数百人于羽山，自号将军"，后归刘秀[1]（卷17《贾复传》）；南阳宛人吴汉，曾在"燕蓟间"，"交结豪杰"，后随刘秀[1]（卷18《吴汉传》）；南阳人刘隆，其父刘礼曾起兵欲诛王莽，可见也拥有地主武装[1]（卷22《刘隆传》）。如此等等，不一而足。大批的南阳豪强地主，既有拥立刘秀兄弟之功，在追随刘秀转战南北的过程中又多授职封侯，这便是"南阳帝乡多近亲"的一个侧面（即还有其他近亲）。在建武十五、十六年的"度田"、"检籍"斗争中，南阳地区的权贵、豪强，无疑要受到冲击。史书虽缺乏这方面的记载，但还是可以找出一些蛛丝马迹来。例如南阳人吴汉，屡立战功，但在光武帝身旁，"恒侧足而言"，勤谨从事，特别是当他多次出征之时，"妻子在后置田业，汉还，让之曰：'军师在外，吏士不足，何多买田宅乎！'遂尽以分与昆弟外家"[1]（卷18《吴汉传》）。吴汉之所以格外勤谨和反对其妻子买田业，恐怕同光武帝"度田"措施和严惩不法地方官不无关系。再如南阳新野人邓禹，在光武帝创立帝业的过程中，功劳甚大，但他在"天下既定"之后"常欲远名势"，还严格教育子孙，"不修产业"[1]（卷16《邓禹传》），如果不是受光武帝"度田"、"检籍"举措的震慑，恐怕是不可能如此的。特别是南阳湖阳人樊宏，是光武帝之舅，又追随光武帝屡立战功，建武十五年，封为寿张侯，但樊宏"为人谦柔畏慎，不求苟进。常戒其子曰：'富贵盈溢，未有能终者，吾非不喜荣势也，天道恶满而好谦，前世贵戚皆明戒也。保身全己，岂不乐哉！'每当朝会，辄迎期先到，俯伏待事，时至乃起"[1]（卷32《樊宏传》）。樊宏之所以能如此，难道同光武帝之重点打击南阳权贵、豪强没有关系吗？

三曰官吏廉洁勤政成风。翻开《后汉书·循吏传》，就可以发现这样一个事实：一大批"循吏"涌现于光武、明、章、和时期，特别是建武十五、十六年实行"度田"、"检籍"和严惩不法地方官之后。这就向人们昭示：建武十五、十六年之后，在官吏中形成了清廉勤政的风尚。究其原因，自然同"光武长于民间，颇达情伪，见稼穑艰难，百姓病害，至天下已定，务用安静，解王莽之密政，还汉世之轻法。身衣大练，色无重彩，耳不听郑卫之音，手不持珠玉之玩，宫房无私爱，左右无偏恩"[1]（卷76《循吏传》序）等光武帝的个人品德、经历及好恶有关，所以"勤约之风，行于上下"。但是，这种"勤约之风"能够历明、章、和诸帝而不坠，这就不是光武帝个人的品德、经历与好恶能凑效的，这就不得不归功于光武帝建武十五、十六年雷厉风行地实行了"度田"、"检籍"和打击不法地方官的重大举措。下述地方官的表现，就是明显的例证。

河内修武人卫飒，建武年间迁桂阳太守，卫飒在这里发展生产、开发交通和提倡教育以改变民风，为桂阳边远地区的开发作出了贡献，"视事十年"之后，于建武"二十五年征还"[1]（卷76《卫飒传》），可见卫飒之任桂阳太守在建武十五年之后，其行为、举措无疑同当时的政治斗争有关。

卫飒之后，南阳人茨充代卫飒为桂阳太守，"亦善其政，教民科桑柘麻纻之属，劝令养蚕织履，民得利益焉"[1]（卷76《卫飒传》），可见茨充也是光武帝严惩不法地方官之后涌现出来的好太守。

南阳宛人任延,“建武初……诏征为九真太守”,四年之后,“又拜武威太守”,一直到明帝即位之时方改拜“颍川太守”。可见他任武威太守期间,正是光武帝“度田”、“检籍”和严惩不法地方官的时期,所以任延之在武威,能将“郡之大姓、其子弟宾客为人暴害”的田绀,予以拘捕惩治,致使其“父子宾客伏法者五六人”。后又惩治田绀之子田尚,使武威郡内“吏民累息”[1](卷76《任延传》)。

南阳新野人邓晨,是光武帝的大功臣,因其“好乐郡职”,所以在封侯之后光武帝还以之为“中山太守”,建武十三年,“复为汝南太守”。他任汝南太守期间,正是光武帝厉行“度田”、“检籍”和打击不法地方官之时,故邓晨虽有侯爵之尊,在汝南仍能“兴鸿郤陂数千顷田,汝土以殷,鱼稻之饶,流衍它郡”[1](卷15《邓晨传》)。

河内怀人蔡茂,建武十三年之后,茂拜广汉太守,“有政绩称。时阴氏宾客在郡界多犯吏禁,茂辄纠案,无所回避”。又曾推荐洛阳令董宣纠举湖阳公主,颇为光武帝所信任。及建武二十年,代戴涉为司徒,在职清俭匪懈。建武二十三年死[1](卷26《蔡茂传》)。蔡茂之所以能在广汉太守任内有政绩以及他之所以受到光武帝信任,都与他致力于打击豪强地主有关。

南阳宛人赵熹,先后为怀令及平原太守。其为怀令时,有“大姓李子春”,“豪猾并兼,为人所患。熹下车,闻其二孙杀人事未发觉,即穷诘其事,收考子春,二孙自杀”。迁平原太守后,又“擢举义行,诛锄奸恶”。建武二十六年后“入为太仆”[1](卷26《赵熹传》)。赵熹任怀令与平原太守的时期虽不甚详,但据其从平原太守入为太仆在建武二十六年后的情况推断,很有可能在光武帝实行“度田”、“检籍”及惩办不法地方官举措的时期或稍后。

所有上述这些地方官,都是在建武十五、十六年实行“度田”、“检籍”与打击不法地方官举措之后任职的,故他们的清廉自律、诛锄奸恶、反对豪强并兼和积极发展农业生产等,都应与光武帝实行的政策有关。由于人数的众多,以至在当时的地方官吏中形成了清廉勤政的良好风气。这无疑是光武帝的“度田”、“检籍”及打击不法地方官的举措所带来的积极作用。

由于“度田”、“检籍”与打击不法地方官之后出现了户口增加、生产发展、豪强收敛和清廉勤政成风的政治局面与社会经济状况,于是就汇集成了光武中兴之世,也为明、章、和诸帝统治时期的社会安定与经济发展奠定了基础。

【参考文献】

[1]范晔.后汉书[M].北京:中华书局,1965.
[2]高敏.秦汉魏晋南北朝土地制度[M].郑州:中州古籍出版社,1986:12—28.
[3]班固.汉书[M].北京:中华书局,1962.
[4]司马迁.史记[M].北京:中华书局,1959.
[5]高敏.两汉时期“客”和“宾客”的阶级属性[M]//秦汉史论集.郑州:中州书画社,1982.
[6]恒宽.盐铁论[M].上海:上海人民出版社,1974.
[7]高敏.从江陵凤凰山十号汉墓出土简牍看汉代的口钱、算赋制度[M]//文史:第20辑.北京:中华书局,1983.

第 11 卷第 1 期
1991 年 1 月

东汉史分期刍议

王云度*

【摘　要】　近年来对东汉史的研究加强了，但很少见到有关东汉史分期问题的专门论述。从政治、经济等方面情况综合考察，东汉史宜分为：东汉前期（25—105 年），这是东汉兴盛时期；东汉中期（106—141 年），这是东汉由兴盛转向腐朽、衰败的过渡时期；东汉后期（141—188 年），这是东汉腐朽、衰败时期；东汉晚期（189—220 年），这是东汉陷于分裂时期。

【关键词】　东汉史；分期；前期；中期；后期；晚期

近年来对东汉史的研究加强了，但很少见到有关东汉史分期问题的专门论述。本文拟对东汉史的分期提出些粗浅看法，以期抛砖引玉。范文澜先生《中国通史简编》修订本第二编将东汉与三国合在一起，分为三个时期：东汉前期（汉光武帝至汉章帝共 64 年；东汉后期（汉和帝至汉灵帝共 101 年）；分裂时期（190—208 年即汉献帝初平元年至建安十三年凡 19 年为前段，208—280 年即建安十三年至晋武帝太康元年凡 73 年为后段，前后共 91 年）。范先生是从政治概况的角度作出上述分期的。他认为三国分裂，是东汉末年割据战争的继续，因之“附于东汉”①。这有一定的道理。但按其分期却将东汉这个朝代割裂开了，容易混淆三国的时间概念。公元 208 年赤壁之战只是决定了三国分立的形势，三国政权尚未正式成立，不仅曹操还打着汉献帝的旗号，孙权、刘备亦都并未另立年号。所以东汉灭亡，三国开始，还是应以 220 年曹丕篡汉称魏帝为界。吕思勉先生《秦汉史》包括三国，而将赤壁之战、刘备入蜀、孙权取荆州等仍列入后汉，三国始末则另立专章是确当的。

范先生将东汉分为前、后两期，他认为“汉章帝死后，东汉政治便进入黑暗时期”，其根据是“汉和帝时，朝廷向豪强让步……豪强势力更加强大了，转过来实行对朝廷的控制……外戚宦官两个集团，为争夺对朝廷的控制权而展开剧烈的斗争”，“广大人民遭受了严重的灾难……反抗战争到处发生”[1]。吕书则分为：后汉之兴，后汉盛世，后汉衰乱，后汉乱亡。其盛衰之分亦以章、和时期为界。近年高校通用的教材《中国古代史》（朱绍侯先生主编），亦从和帝起，称为“东汉后期的腐朽统治”。这样的分期将从和帝起的这一百多年历史过于简单化了，无法解释一个黑暗的腐朽的统治为什么能维持这么久。我们不应该将外戚、宦官参与掌握政权简单地与黑暗、腐败画等号。事实上和帝时是东汉国力最盛的时候，邓太后执政时，东汉的政治、经济情况亦还是比较好的，东汉统治的完全黑暗、腐朽是从梁

* 王云度（1935—　），男，江苏省无锡市人，教授，主要从事秦汉史研究。

① 修订本《中国通史简编》第二编说明。

冀专权才开始的。

从政治、经济等各方面情况综合考察,东汉史宜分为:东汉前期,东汉中期、东汉后期、东汉晚期。

东汉前期 光武帝建武元年至和帝元兴元年(25—105年)。这是东汉兴起和强盛时期。

公元25年,刘秀即帝位于鄗,是为汉光武帝,当年定都洛阳,东汉开始。随后消灭赤眉军和逐个平定各地割据势力,于公元36年重建了统一的封建王朝。由于光武帝吸取西汉统治的经验教训,较好地处理了功臣、勋戚、宗室问题,使东汉统治很快得到稳定,没有像西汉前期那样几经战乱。光武帝还推行了一系列恢复生产的措施,使社会经济很快得到恢复和发展。社会的安定和经济的发展,使东汉在前期就进入盛世。

光武帝强化专制皇权,就已种下了后来外戚、宦官挟君主专权的总根。但东汉君主以光武、明帝最为严明。他们在位时,外戚、宦官还不敢公然作恶。"故后之言事者,莫不先建武、永平之政"[2](《明帝纪》)。"章帝素知人厌明帝苛切,事从宽厚"[2](《章帝纪》),外戚、宦官,特别是外戚开始作恶起来。章帝重色,不仅自己寿短,而且使其子和帝年幼即位。和帝养母窦太后临朝,窦氏"兄宪,弟笃,景,并显贵,擅威权,后遂密谋不轨"[2](《皇后纪》)。宦官郑众帮助和帝诛灭窦宪兄弟,"由是常与议事。中官用权,自众始焉"[2](《宦者传》)。以后东汉总是幼主继位,易被人挟持,长达百年的外戚、宦官递相专权的直接起因种于章帝,始发于和帝。这与光武、明帝相比,可以说东汉统治的核心开始腐朽了,但从总体上来看,这时东汉的国力还是向上的,还不能说东汉已进入黑暗、腐朽的后期。

章帝虽以"宽厚"著称,但他在位时亦曾多次下诏遣责"贪吏枉法"[2](《章帝纪》),整顿吏治,切责外戚窦宪,不授以重任,并注意发展生产。范晔在《后汉书·章帝纪》称道他:"平徭简赋,而人赖其庆。"

和帝即位初,窦太后虽重用兄弟窦宪等,但不得不尊崇前太尉邓彪,"以彪为太傅,录尚书事,百官总己以听"[2](《孝和孝殇帝纪》),外戚擅权的程度与后来梁冀相比还有很多差距,而且仅四年时间窦氏兄弟就被谋灭。"自窦宪诛灭后,帝躬亲万机。每有灾异,辄延问公卿,极言得失"[2](《孝和孝殇帝纪》)。宦官虽参与议事,但还未达到擅权的程度。和帝曾"亲临策问,选补郎吏","录囚徒,举冤狱"[2](《孝和孝殇帝纪》),政治上还是比较清明的。和帝时还继续推行一些有利于安置流民、发展生产的措施,如永元六年(94年),"诏流民所过郡国皆实禀之,其有贩卖者勿出租税,又欲就贱还归者,复一岁田租、更赋"[2](《孝和孝殇帝纪》)。

和帝时是东汉"全盛时代的顶点"[3]。表现在:经济方面,元兴元年(105年),全国已达人口"五千三百二十五万六千二百二十九,垦田七百三十二万一百七十顷八十亩百四十步"[2](《郡国五》注)。这是东汉时期国家所控制的人口、垦田的最高数,虽略低于西汉,但由于当时豪强地主隐瞒的人口、土地大大超过西汉,其实际数要比西汉多。军事方面,永元元年(89年)、二年、三年,连续大败北匈奴,"单于震慑屏气,蒙毡遁走于乌孙之地,而漠北空矣"[2](《南匈奴传》)。永元三年,"班超遂定西域,因以超为都护,居龟兹……六年,班超复击破焉耆,于是五十余国悉纳质内属。其条支、安息诸国至于海濒四万里外,皆重译贡献"[2](《西域传》)。文化方面,经学继续在发展,"孝和亦数幸东观,览阅书林"[2](《儒林传》),许慎《说文解字》开始著作,班固《汉书》的最后完成,蔡伦造纸术的发明均在和帝时。《后汉书·和帝纪》论曰:"自中兴以后,逮于永元,虽颇有弛张,而只存不扰,是以齐民岁增,辟土世广。偏师出塞,则漠北地空;都护西指,则通译四万。"这基本上是符合实际的,将和帝和光武、明、章作为一个时期是确切的。

东汉中期 殇帝延平元年至顺帝永和六年(106—141年)。这是东汉由兴盛转向腐朽、衰败的过渡时期。

这时期在位的殇帝、安帝、少帝、顺帝均是幼年继位,政权主要掌握在母后和外戚手中,宦官亦因"女主临政……不得不委用刑人",而"手握王爵,口含天宪"[2](《宦者传》),势力迅速膨胀。外戚、宦官两大集团势力的强大和相互争权,使东汉政局不如前期稳定和清明,阶级矛盾、民族矛盾亦逐渐激化，国力减弱，但东汉政权尚未完全腐败、衰落。

我们不能简单地将母后、外戚、宦官这一类身份的人物出任为政治上的要人，就视为是政权腐败的鲜明标志。因为掌权的无论是皇帝本人，还是母后、外戚、宦官、士人官僚，都是地主阶级专政，虽有主要代表的阶层不同的区别，但无阶级实质的区别，他们掌权产生什么样的影响要由他们实行什么样的政策、措施来决定，并不是皇帝掌权就绝对好，母后等掌权就绝对坏。不过总的来说，母后、外戚长期专权，往往任人唯亲，统治容易较快地走向腐败；宦官出身低贱，身体有严重缺陷，心理可能不健康，长期专政不仅任人唯亲，而且往往是小人得志，心理变态，政治特别腐败。这就需要对具体历史时期的具体人物作具体分析，不能一概而论。殇帝、安帝时临朝称制的邓太后（名绥）就是中国古代一位比较出色的女政治家。邓太后一贯重视学习，幼年就“志在典籍，不问居家之事。家人号曰‘诸生’”。“自入宫掖，从曹大家受经书，兼天文、算数。又诏中宫近臣于东观受读经传，以授宫人，左右习诵，朝夕济济。”她还诏征皇亲国戚集中京师“教学经书，躬自监试”。并诏告司隶校尉、河南尹、南阳太守，对外戚势力“明加检敕，勿相容护”，“自是亲属犯罪，无所假贷”[2]（《皇后纪》）。邓太后注意吏治，以“性笃厚节俭”[2]（《张禹传》）的张禹为太傅，录尚书事；以“勤晓政事，所在有迹”[2]（《徐防传》）的徐防为太尉，参录尚书事，“百官总己以听”[2]（《孝和孝殇帝纪》）。她曾“亲幸洛阳寺录冤狱”，发现有“被考自诬”的，“即时收洛阳令下狱抵罪”[2]（《皇后纪》）。邓太后还屡次“赈赐贫人”，将有些公田“假与贫民”[2]（《安帝纪》），以稳定生产。邓太后采取的这一系列措施，使安帝初一度尖锐的社会矛盾暂时缓和下来了。“自太后临朝，水旱十载，四夷外侵，盗贼内起，亲闻人饥，或达旦不寐，而躬自减彻，以救灾厄，故天下复平，岁还丰穰。”[2]（《皇后纪》）

永宁二年（121 年），邓太后去世，安帝亲政，与宦官勾结消灭了邓氏势力，宦官江京与安帝乳母王圣等“扇动内外，竞为侈虐”[2]（《宦者传》）。但为时不长。延光四年（125 年），安帝死，阎太后临朝，其兄阎显与江京勾结，欲迎立北乡侯懿为帝。宦官孙程等 19 人发动政变，杀江京，拥立顺帝，消灭了阎氏势力，孙程等 19 人同时封侯，宦官势力又进一步膨胀，不过顺帝并没有让宦官把持国政，孙程等不久就病死，没有留下多少劣迹。政权主要掌握在梁皇后之父大将军梁商手中。“商自以戚属居大位，每存谦柔，虚己进贤，辟汉阳巨览、上党陈龟为掾属，李固、周举为从事郎中，于是京师翕然，称为良师，帝委重焉。每有饥馑，辄载租谷于城门，赈与贫馁，不宣己惠。检御门族，未曾以权盛干法。”[2]（《梁统传》）政治上还是比较清明的。

这时期虽各种自然灾害不断（据《后汉书·五行志》统计，殇帝时有 1 年发生水灾；安帝时有 11 年发生水灾，5 年发生旱灾，4 年发生雹灾，7 年发生蝗灾，18 年发生地震，2 年发生大疾；顺帝永和之前有 2 年发生水灾，3 年发生旱灾，1 年发生蝗灾，3 年发生地震），但统治者还是注意采取各种救灾措施以维持生产，社会经济基本是稳定的，安帝末年国家控制的人口数为“四千八百六十九万七百八十九，垦田六百九十四万二千八百九十二顷一十三亩八十五步”[2]（《郡国五》注），虽不如和帝时，但亦不是锐减。

这时期东汉的国力不如前期，但并未完全放弃对西域的经营。安帝永初元年，撤销西域都护，北匈奴势力重新侵入西域。延光二年（123 年），为击退北匈奴势力，恢复经营西域，“以班勇为西域长史，将弛刑士五百人，西屯柳中（今新疆吐鲁番东南）。勇遂破平车师”。顺帝永建二年（127 年），“勇复击降焉耆。于是龟兹、疏勒、于阗、沙车等十七国皆来服从……六年，帝以伊吾旧膏腴之地……复令开设屯田如永元时事，置伊吾司马一人”[2]（《西域传》）。

文化方面。安帝亲政时，“薄于艺文”，“学舍颓敝”。顺帝时又“修黉宇，凡所造构二百四十房，千八百五十室。试明经下第补弟子，增甲乙之科员各十人，除郡国耆儒皆补郎、舍人”[2]（《儒林传》）。重要的文化科技成就有：安帝建光元年（121 年），许慎《说文解字》成书。顺帝阳嘉元年（132 年），张衡发明候风地动仪。

东汉后期　顺帝永和六年至灵帝中平五年

(141—188年)。这是东汉腐朽、衰败时期。

顺帝永和六年秋,梁商病死,梁商之子梁冀由河南尹继任大将军。建康元年(144年),顺帝死,年仅2岁的冲帝继位,梁太后临朝,梁冀与太傅赵峻、太尉李固参录尚书事。次年,冲帝死,梁冀与梁太后合谋,迎立章帝玄孙年仅8岁的质帝。次年,质帝称梁冀为"跋扈将军",被梁冀毒死。梁冀通过太后,先将坚持立年长有德者为嗣君的李固策免,立当娶梁太后之妹的蠡吾侯志为桓帝,并随后将李固枉害致死,立梁太后之妹为皇后。"时太后秉政而梁冀专朝"[2](《皇后纪》),"冀一门前后七封侯,三皇后,六贵人,二大将军,夫人、女食邑称君者七人,尚公主者三人,其卿、将、尹、校五十七人。在位二十余年,穷极满盛,威行内外,百僚侧目,莫敢违命,天子恭己而不得有所亲豫"[2](《梁统传》)。外戚专权达到顶峰。

和平元年(150年),梁太后死,桓帝亲政,对梁冀的专断日益不平。延熹二年(159年),梁皇后死,桓帝与中常侍单超、具瑗、唐衡、左悺、徐璜等5人合谋诛灭梁冀。单超5人同日封侯,"自是权归宦官,朝廷日乱矣"[2](《宦者传》)。永康元年(167年),桓帝死,皇后窦氏为太后,临朝定策。次年迎立灵帝,以后父窦武为大将军录尚书事。窦武与太傅陈蕃谋诛宦官,反被中常侍曹节等矫诏发兵诛杀。事变后,曹节等专权。熹平四年(175年),"改平淮为中淮,使宦者为令,列于署内,自是诸署悉以阉人为令、丞"[2](《灵帝纪》)。光和二年(179年),曹节"领尚书令"[2](《宦者传》)。光和四年,曹节死,灵帝又重用张让、赵忠等12人,"皆为中常侍,封侯贵宠,父兄子弟布列州郡,所在贪残,为人蠹害"[2](《宦者传》)。宦官专权达到顶峰。

这时期统治的腐朽导致东汉政权的衰落和各种社会矛盾的激化,尤其是阶级矛盾的激化。自桓帝建和元年至灵帝光和六年(147—183年)的30多年内,农民起义见于记载的就有20余次。虽屡遭镇压,仍不屈服,终于灵帝中平元年(184年)爆发了全国规模的黄巾起义,东汉政权受到致命的打击。不过从当时崔寔所著的《四民月令》中可以看到,这时期在大地主田庄中生产秩序基本上是稳定的,从总体上说社会经济还没有达到崩溃程度。另外,这时期在文化方面亦还有某些发展。太学生增至3万余人,产生了汉代经学的集大成者郑玄和我国历史上最早的官定儒家经本《熹平石经》。

东汉晚期 少帝光熹元年至献帝延康元年(189—220年)。这是东汉陷于分裂时期。

中平六年(189年),灵帝死,皇子即位为少帝,何太后临朝,当年改元光熹。太后兄大将军何进录尚书事,专朝政。何进谋诛宦官,反为所害。司隶校尉袁绍又引兵大杀宦官。并州牧董卓带兵进入洛阳,逐走袁绍,废少帝,杀何太后,立灵帝少子刘协为献帝,独揽朝政,东汉外戚、宦官专权的政局至此结束,随即进入董卓之乱和军阀混战的局面。在军阀混战中,曹操兴起。献帝建安元年(196年),曹操将献帝从洛阳迁都许(今河南许昌东),挟天子以令诸侯,掌握了东汉王朝的军政大权。曹操虽是宦官养子之后,但本人并非宦官;曹操之女虽被立为皇后,但他早已是权臣,不同于一般的外戚。当时东汉王朝并不能有效地控制各地,各地为军阀所割据。建安五年(200年)官渡之战后,曹操逐渐统一北方。建安十三年(208年)赤壁之战后,逐渐形成曹操、孙权、刘备鼎立的局面。但当时汉献帝名义上仍是天下的共主。曹操仅是任司空、丞相等职,建元十八年才封魏公,二十一年晋封魏王,生前并未打算自己称帝。赤壁之战后,刘备亦仅称荆州牧、益州牧,建安二十四年才称汉中王。孙权长期仅任将军、太守,赤壁之战后方任州牧,建安二十四年才封南昌侯。献帝延康元年(220年),曹操死,其子曹丕继王位,不久代汉称帝,建立魏朝,东汉灭亡。随后刘备、孙权亦相继分别称汉帝、吴王,三国才正式成立。所以,这时期东汉王朝虽处于分裂状态,但仍应属于东汉时代。

经济方面。起初因董卓之乱、军阀混战,中原经济受到极大破坏,黄河流域呈现出"出门无所见,白骨蔽平原"[4](卷23王仲宣《七哀诗》)的荒凉景象。从建安元年曹操在许下屯田开始,北方经济又逐渐得到恢复,"数年中所在积粟仓廪皆满"[5](《魏书·任骏传》)。这时期江南地区相对比较安定,北方人民大量南渡,如建安十八年"自庐江、九江、蕲春、广陵户十余万皆东渡江”[5](《吴书·吴主传》),促进了江南的开发。

文化方面。这时期仍有不少成就,特别是建安文学,建安七子等人诗文的骏爽刚健风格,备受后人赞颂,被誉为“建安风骨”。这时期还有著名的思想家仲长统,医学家张仲景、华佗。

【参考文献】

[1]范文澜.中国通史简编:第二编[M].修订本.北京:人民出版社,1988:264,144.

[2]范晔.后汉书[M].北京:中华书局,1965.

[3]翦伯赞.中国史纲:秦汉史[M].上海:大孚出版公司,1947:572.

[4]萧统.文选:卷23[M].北京:中华书局,1977.

[5]陈寿.三国志[M].北京:中华书局,1982.

第20卷第1期
2000年1月

周代职官制度与秦汉官僚制度的形成

卜宪群*

【摘　要】 中国古代国家形态的发展历程是渐进式的。周代宗法血缘政治统治向君主专制中央集权国家形态的演变是由自上而下的"变法"方式完成的。因此,周制与秦汉制度尽管在社会经济基础上有很大的不同,但是彼此之间仍然有诸多联系。秦汉国家形态重要侧面之一的官僚制度,无论在职官名称,还是官职职掌上都可以溯源至周代。周代国家若干重要的职官制度,也对秦汉产生过深远影响。探讨秦汉官僚制度与周制之间的关系对于我们完整把握和研究秦汉国家政治制度具有重要意义。

【关键词】 周制;秦制;汉制;官僚制度;职官;职能分化

《汉书·百官公卿表》云:"自周衰,官失而百职乱,战国并争,各变异。秦兼天下,建皇帝之号,立百官之职,汉因循而不革,明简易,随时宜也。其后颇有所改。"《百官公卿表》述周、秦、汉制之间的因袭关系固然有失简略之嫌,但毕竟承认秦汉官制的直接渊源——战国官制,是在周制基础上"变异"而来的。因此,周、秦、汉制的关系依稀可见。秦制固然有"变古制"的特点,但亦有承周制的明显痕迹。战国制度对秦汉影响更大。汉制当承袭秦制而来,但汉制形成过程中首先继承的却是楚制[1];东汉制度也自有其渊源。探讨秦汉制度的渊源和演变是我们完整把握秦汉官僚制度的一个重要侧面。

一、太史、内史和御史

太史见于西周早期铭文。《中方鼎》云:"王令大史兄怀土。"太史在西周地位很高,可称公,《尚书·立政》有"太史、司寇苏公"。《作册翾卣》载:"佳公大史见服于宗周。"西周早期有太史寮,见于《番生簋》和《毛公鼎》,系周王的重要辅政机构。

西周王室太史一职职掌甚多,《左传》襄公四年云:"昔周辛甲之为大史也,命百官,官箴王阙";太史又可传王命,为王使,《尚书·顾命》云:"太史秉书,由宾阶阶,御王册命";《作册翾卣》云:"王遣公大史";太史还掌礼法,如《周语·国语上》说,周王籍田时"太史监之"。《周礼·春官·宗伯》云:"太史掌建邦之六典,以逆邦国之治。""六典",系指治典、教典、礼典、政典、刑典和事典,包括了周代政治的各个方面,足见地位之重要。春秋列国大多有太史,皆袭周制而来。但从历史实际看,春秋太史行政上的作用降低,职能分化程度不高。

秦汉有太史,《汉书·艺文志》云:"《博学》七章者,太史令胡母敬所作也。"胡母敬即为秦太史。《后汉书·百官志》载太常属官有:"太史令一人,六百石。本注曰:掌天时、星历。凡岁将

* 卜宪群(1962—),男,汉族,安徽省南陵县人,中国社会科学院历史研究所副研究员,历史学博士,主要从事秦汉魏晋南北朝史研究。

终，奏新年历。凡国祭祀、丧、娶之事，掌奏良日及进节禁忌。凡国有瑞应、灾异，掌记之。丞一人。明堂及灵台丞一人，二百石。本注曰：二丞，掌守明堂、灵台。灵台掌候日月星历，皆属太史。"秦汉的太史已演变为纯粹的文化官，与行政基本无涉。由于史官掌文化收藏、天文历法等特殊事务，所需知识背景较为复杂，故太史一职自先秦以来有世袭之迹象，秦汉太史也具世袭性，如司马氏一族历任周、汉太史。

内史见于西周早期。《尚书·酒诰》："矧太史友、内史友。""友"即"僚友"。早期铭文《井侯簋》中也有内史一职。太史和内史不是一个系统。也互不统属[2]。《周礼》云内史"掌王之八枋之法，以诏王治，一曰爵，二曰禄，三曰废，四曰置，五曰杀，六曰生，七曰予，八曰夺"。郑注："太宰既以诏王，内史又居中贰之。""居中"即主内，是太宰的副手，与太宰共同协理王治。

与太史相比，内史更具有行政官的色彩。西周内史记录王命，而记录的主要目的是发布王命，起草王命。铭文中常见"王命内史某册命某"，"王命某内史曰"云云，其真正含义实在于此。周代重要政制之一册命制度中宣读册命的史官皆出于内史，但是"其中太史、中史、御史诸职称未见西周王室册命金文"[3]120，究其原因在于二者分属不同系统，内史比太史、中史、御史更直接协助周天子处理行政事物，或者说它本身就是行政职官。

西周内史的职能分化程度也很高。内史系统的长官可能称为"内史尹"，见于《师耤簋》、《师兑簋》。《尔雅·释言》云："尹，正也。"某尹即某类职官之长。懿王时《卫鼎》有"内史友寺刍"，穆王时《䧹鼎》有"内史友员"，"友"即为内史的同僚。西周中后期《免盉》有"作册内史"，《利鼎》有"作命内史"。"作册"、"作命"为具体官司，"内史"表明其统属系统。同一个人既可称作册，又可称内史。如《吴尊鼎》称"作册吴"，《牧簋》中又称"内史吴"。王国维在《观堂别集》卷1中说："作册、尹氏皆《周礼》内史之职，而尹氏为其长，其职在书王命与制禄命。"这一观点是正确的。

秦在春秋时期就承周设内史。《史记·秦本纪》载，"戎王使由余于秦，穆公退而问内史廖"，内史廖为穆公献计破西戎，为穆公心腹，系春秋秦国重要职官。秦官僚制度建立后，内史乃变为一纯粹行政官。《汉书·百官公卿表》云："内史，周官，秦因之，掌治京师"，已毫无史官特征。日本学者认为，进入战国后，内史性质为之一变，展现出行政官的面容[4]，这个观点是不全面的，因为这个转变不是突然出现的，而是西周内史本身就具有行政官的性质，秦不过因袭而已。

秦内史职掌范围颇广，如内史领兵，《史记·秦始皇本纪》载："十七年，内史腾攻韩"；《蒙恬列传》："始皇二十六年，蒙恬因家世得为秦将，攻齐，大破之，拜为内史，秦已并天下，乃使蒙恬将三十万众北逐戎狄，收河南"。内史主考课上计，云梦秦简《厩苑律》："内史课县"；《仓律》："入禾稼、刍稿，辄为廥籍，上内史"；《内史杂》："上会九月内史"。秦还有治粟内史，掌谷货，当为从内史分化出来的职官。

内史和治粟内史皆为汉承袭。景帝二年分置左、右内史，武帝更右内史为京兆尹，左内史为左冯翊，内史始从中央机构消失。景武改制是与王国官制同于中央有关，更改中央机构中内史一职之名称，是从形式上将王国官制与中央官制区别开来，树立中央权威。相同的改革还很多。此后，内史仅存于王国，并且"员职皆朝廷为署，不得自置"[5](《百官志》)。《汉旧仪》云："(王国)汉置内史一人，秩二千石，治国如郡太守、都尉职事。"内史在王国拥有总揽一切的大权。成帝绥和元年，为削弱王国权力，"省内史，更令相治民，如郡太守，中尉如郡都尉"[6]。内史一职始消失。治粟内史景帝时被改为大农令，武帝时又改为大司农。东晋南朝郡守称内史，当是秦汉制度影响所致。

御史亦为西周职官，《周礼·春官·宗伯》下有："御史掌邦国、都鄙及万民之治令，以赞冢宰。凡治者受法令焉。掌赞书，凡数从政者。"可知御史协助冢宰治国，掌管法令、文书、档案。《竞敦》、《滔御史罍》均载有御史一职。御史又称为柱下史，《史记·张丞相列传》"索隐"云："周秦皆有柱下史，谓御史也。"《周礼·春官》序官郑注:"御犹侍也,进也",说明御史为周王身边之官。

御史虽由史官分化而来,但实际职能绝非纯粹史官。《周礼·春官·宗伯》御史条贾疏云:"言'凡',语广,谓外内官所有治职者,皆御史书王之法令,授与受者",郑注:"王有命,当以书致之,则赞为辞,若今尚书作诏文。"又"凡数从政者",郑注:"自公卿以下至胥徒在王朝者皆是凡数,又是从政之人。"这些都反映御史负责起草王命,掌管文书档案、司法等事务。

不晚于战国,秦已承周设御史一职。云梦秦简《传食律》:"御史卒人使者,食粺米半升。"《尉杂》:"岁雠辟于御史。"《史记·廉颇蔺相如列传》载赵渑池之战时,"秦御史前书"云云。又《张丞相列传》云:张苍"好书律历,秦时为御史,主柱下方书"。简牍与文献互证,战国时秦御史掌书王命,掌律令,皆为西周旧制。秦统一后御史职能又有进一步发展,即御史监郡。《汉书·高帝纪》注引文颖曰:"秦时御史监郡,若今刺史。"《史记·萧相国世家》:"秦御史监郡者与从事。"

秦统一后还设御史大夫,也由御史演化而来。根据《周礼》,御史只由中士和下士担任,地位不高,只有加"大夫"才能与其"贰于相"的地位相合。但御史大夫掌律令、图书秘籍,还是其旧制的反映。尚书未发展起来之前,诏书由御史大夫起草,下发丞相,章奏由御史大夫转呈皇帝,特别是汉代御史大夫寺设在宫内,说明御史大夫与皇帝的关系十分密切。有的学者认为诏书由御史大夫转发是为了牵制相权,可能未必如此,而是与其传统职掌有关。

二、太宰、太祝与太卜

太宰亦称冢宰,西周重要职官之一。《诗·小雅·十月之交》云:"皇父卿士,番维司徒,家伯维宰。"《大雅·云汉》:"疚哉冢宰。"《左传》定公四年:"武王之母弟八人,周公为太宰。"关于冢宰,《周礼·天官·冢宰》郑注:"冢,大之上也,山顶曰冢。"冢宰表示不同与一般的宰,而是有较高的身份地位。周代冢宰所管理的也绝非仅仅是王室家事,而包括许多重要行政事务。《国语·周语》云:"王使太宰忌父帅傅氏及祝、史,奉牺牲、玉鬯往献焉。"《左传》僖公三十年:"冬,天王使宰周公来聘。"

正因为此,春秋战国时的学者在设计政治制度时,将冢宰一职放在了十分重要的地位。《论语·宪问》云:"君薨,百官总己以听于冢宰。"《荀子·王制》云:"本政教,正法则,兼听而时稽之,度其功劳,论其庆赏,以时顺修,使百官免尽而众庶不偷,冢宰之事也",相反"政事乱,则冢宰之罪也"。

春秋列国也多设冢宰或太宰一职。据《左传》记载,楚有太宰伯州犁,太宰犯,太宰子商(昭公元年、二十一年,成公十年);鲁有太宰羽父(隐公十一年),吴有太宰子余、嚭(哀公元年、八年),宋有太宰华父督、向带(庄公十一年,成公十五年);郑有冢宰子皮、太宰石㚟(昭公元年,哀公十一年)。齐《素命镈》铭文中有太宰一职,《归父盘》中有太宰归父。郑国有《郑太宰钟》。……

冢宰或太宰在春秋列国地位不一,有的承袭旧制,地位较高,有的则为一般家臣。据《左传》襄公二十三年和二十六年、宣公十二年、成公十五年记载,此职在春秋还分化出左宰、右宰、少宰等职,但从总体看,它的地位在降低。这是由于此职与王权保存较多宗法关系,缺乏职能分化。冢宰、太宰绝不能与后世的相权相比拟。《周礼》的作者将其放在天官,给予其很高的地位,是与西周冢宰实际地位基本相符合的,但它在旧制中与司徒、司马等行政官之间实在没有什么职能联系,《周礼》作者难以处理,只能按其本意统属一些宫内职官。

秦有太宰。《史记·封禅书》云:"(高祖)悉召故秦祝官,复置太祝、太宰,如其故礼仪。"但秦太宰为"主熟食官"[6](《百官公卿表》),与周代太宰职能无法比拟,地位大大降低。不过据《周礼》记载,太宰所掌有膳夫、庖人、烹人、腊人之类,秦以太宰为"食官",也是官复原职了。汉代承秦,在太常下设太宰一职,也是"具食之官"[6](《百官公卿表》)。《后汉书·百官志》云:"太宰令一人,六百石。本注曰:掌宰工鼎俎馔具之物。

凡国祭祀，掌陈馔具。丞一人。”秦汉太宰虽然在行政职能上已不再重要，但在秦汉国家政治生活中仍是不可缺少的辅助角色。太宰是太常的属官，太常负责祭祀礼仪，所以太宰在各种祭祀活动中尤为重要，他们是各种祭祀用品的管理、准备、陈设者。太宰的属下也十分庞大，《汉仪注》云：“太宰令，屠者七十二人，宰二百人。”《汉书·韦玄成传》：“祝宰乐人万二千一百四十七人，养牺牲卒不在数中。”除了宫中设太宰外，在五畤还设有太宰。

太祝为西周职官。《周礼·春官·宗伯》下有太祝，“下大夫二人”，恐与西周太祝实际地位不合。《礼记·曲礼》云：“天子建天官，先六大，曰大宰、大宗、大史、大祝、大士、大卜。”太祝为“六大”之一，地位应较高。《大祝禽鼎》有周公之子伯禽任太祝之职。《长伯盉》：“穆王飨丰，即井伯大祝、射。”井伯即穆王时的井利，以伯爵为太祝，足见太祝在西周地位较高。

春秋列国也有不少国家设太祝。《左传》定公四年载分封周公于鲁时“祝、宗、卜、史，备物典册”，说明祝官是春秋政制中不可缺少的职官之一，他国也应如此。《左传》桓公六年载随国季梁云：“祝史正辞，信也，今民馁而君逞欲，祝史矫举以祭，臣不知其可也。”庄公三十二年：“虢公使祝应、宗区、史嚚享焉。”杜注：“祝，大祝。”襄公九年：“（宋）祝宗用马于四墉，祀盘庚于西门之外。”杜注：“祝，大祝。”襄公十四年：“（卫）公使祝宗告亡，且告无罪。”“国之大事，在祀与戎”，迹象表明，祝官在春秋政治生活中仍发挥着一定的参政、议政作用。

秦何时设祝官还不明朗，《集仙传》注云“萧史为秦大祝”。缪文远《七国考订补》云此不足信。但《诅楚文》中有“宗祝”，应是秦设祝官之明证。《史记·封禅书》云始皇封禅“其礼颇采太祝之祀雍上帝所用”，说明秦在统一后已用太祝这一名称。此外，针对周代以来分封所造成的祭祀礼仪混乱，秦在统一后又将其整齐划一，“令祠官所常奉天地名山大川鬼神可得而序也”[7]（《封禅书》）。但是，据《封禅书》记载汉的祝官祭祀范围，比秦有所扩大。汉在高祖二年时就承秦设祝官，并下诏云：“诸神当祠者，各以其时礼祠之如故。”统一以后，又大规模设祠祭祀，诸侯也在其领地设祝官祭祀[7]（《封禅书》）。而秦代则只有在规定的范围之内，才设祝官以时祭祀①。

太祝，秦汉皆为太常的属官。《汉书·百官公卿表》云：“景帝中六年更名太祝为祠祀，武帝太初元年更曰庙祀。”《后汉书·百官志》云：“太祝令一人，六百石。”本注曰：“凡国祭祀，掌读祝，及迎送神。丞一人。本注曰：掌祝小神事。”在秦汉国家政治活动中，祭祀是一项重要的大事，祭谁不祭谁，一般是由皇帝亲自制定的，而祝官则是表达皇帝对所祭祖先、诸神无限崇敬的一个重要人物。同时，祝官也为皇帝和国家祈祷。《独断》云：“大祝掌六祝之辞：顺祝，愿丰年也；年祝，求永贞也；吉祝，祈福祥也；化祝，弭灾兵也；瑞祝，逆时雨，宁风旱也；策祝，远罪疾也。”秦汉太祝还有一个重要职能，就是替皇帝消灾。《封禅书》云：“祝官有秘祝，即有菑祥，辄祝祠移过于下。”《正义》云：“谓有灾祥，辄令祝官祠祭，移其咎恶于众官及百姓也。”孝文帝十三年诏云：“今秘祝移过于下，朕甚不取。自令除之。”文帝虽有诏除之，但从汉代移“天地大变，天下大过”于丞相看，这种“移过于下”的方式并没有被皇帝废除。

卜，西周职官。《史记·日者列传》云：“自古受命而王，王者之兴何常不以卜筮决于天命哉！其于周尤甚，及秦可见。代王之入，任于卜者。太卜之兴，由汉兴而有。”《龟策列传》：“唐虞以上，不可记已。自三代之兴，各据祯祥。……王者决定诸疑，参以卜筮，断以耆龟，不易之道也。”甲骨文中有“多卜”，说明商代已有卜官。《周礼·春官·宗伯》下有太卜，郑注：“问龟曰卜，太卜，卜筮官之长。”周有司卜、卜正，为秦汉太卜前身。《舀鼎》：“王若曰：舀，命汝更乃祖考司卜事。”西周卜官需周王册命，继承其祖先职务，已有世袭之迹象。东周还设有卜正，《左传》

① 《史记·封禅书》云：“诸此祠皆太祝常主，以岁时奉祠之。至如他名山川诸鬼神及八神之属，上过则祠，去则已。郡县远方神祠者，民各自奉祠，不领于天子之祝官。”

隐公十年:"我,周之卜正也。"春秋列国大多设卜官,《左传》多见。春秋秦国亦设。《左传》僖公十五年云秦晋之战时,秦有"卜徒父筮之,吉"。

太卜官名之设,似在统一以后。《史记·李斯列传》:"二世惊,自以为惑,乃召太卜,令卦之。"《史记·龟策列传》:"至高祖时,因秦太卜官。"文帝为代王时,因卜得吉兆,入主大统,卜者始兴[7](《日者列传》索引)。但是,战国以降,卜官已流散民间,武帝时"博开艺能之路,悉延百端之学,通一伎之士咸得自效……数年之间,太卜大集"[7](《龟策列传》),使卜者在汉代官僚队伍里也占有一席之地。西汉太卜设令丞,属太常,六百石;东汉省并太史,地位降低。

三、有司类职官与师、傅类职官

司徒、司马、司空、司寇皆为西周重要职官。西周有卿事寮,卿事寮的卿事有"三事大夫"、"三有司"等,系指司徒、司马、司空。司徒,金文也作司土,掌管土地与人民;司空,金文也作司工,掌管工事与水土;司马,掌兵事。司寇一职也很重要,《礼记·曲礼》将其列为天子五官之一,可能也是卿事之一。此四职皆见于西周金文[8]。

春秋列国也多设此职。童书邺先生说:"春秋官制之变,一言以蔽之,乃由王宫大臣及臣仆式的官吏向司民、司军、司政官吏之转变。最突出表现为司徒、司马、司空三司之官被逐渐重视。"[9]338这一分析是正确的。但秦的情况似有例外,春秋时秦的重要职官为大庶长,战国时有大良造,后有相制,未见有司徒一职。司寇在秦成为刑徒名①。秦有司马一职,但地位不高。云梦秦简中有公车司马、司马令史、司马令史掾、县司马等。文献材料中还有车司马[7](《靳歙列传》)。于豪亮先生考证,秦简中所见只是县司马,地位不仅在县令之下,而且在县丞之下[10]103。文献中的情况大体相同。《云梦秦简·秦律杂抄》中有邦司空和县司空,证明秦有司空一职。邦司空在《商君书·境内》中称"国司空",当避刘邦之讳而改。秦司空不仅承周职官之名称,而且职掌上也基本相同。司空,金文作司工,"工"、"空"同音假借[11]242。司空在周代为掌水土之官。如《诗·緜》所描绘的就是司空兴土木的场面。《扬簋》:"王若曰:扬,作司工,官司量田佃",也与水土有关。《左传》襄公二十五年:"司空致地";三十一年:"司空以时平易道路",皆为土木工程之类。春秋列国多设司空之职,但职掌与周制不尽相同。据《左传》襄公十年载,鲁国"孟孙为司空,以书勋",杜注:"勋,功也。"郑国有司空子耳,为执政官之一,亦非主土木工程。晋国司空掌军政,具有司法职能,《左传》庄公二十六年云:"右行辛为司空,使修士蔿之法。"相比较而言,秦司空却保留了周之旧制。《商君书·境内》载"其攻城围邑也,国司空赀其城之广厚之数",这与上述西周司空之职掌,及《礼记·王制》所云"司空执度度地,量地远近,兴事任力"等职能都是一致的。云梦秦简中所反映的邦司空和县司空也是负责工程营造之事。但秦司空的地位无论与西周或春秋相比,职能都大大降低。

汉代官僚制度中以三公理论设立的大司马、大司空、大司徒,其职掌比拟周制。司马一职原本是地位较低的武官,《百官表》在卫尉、中尉、城门校尉下有司马。武帝时设大司马。《汉官仪》云:"元狩六年罢太尉,法周制置司马。时议者以为汉军有官候、千人、司马,故加'大'为大司马,所以别异大小司马之号。"司马一职虽从周制而来,但是大司马与司马并不是一回事。武帝初置大司马为武官将军之尊号,是加官,无印绶官属[7](《卫青列传》),昭帝时演化为内阁首辅,哀帝时替代太尉为三公之一,东汉初设大司马,后又改为太尉,而司马一职,两汉始终存在。秦汉官制史上本无司徒一职,哀帝元寿二年,"正三公官分职",改丞相为大司徒,始有司徒官名[6](《哀帝纪》)。司徒掌民事,从周制而来。汉制中本无司空。《汉书·朱博传》载,成帝绥和元

① 云梦秦简《法律答问》:"当耐为司寇";《仓律》:"城旦舂、舂司寇";《司空律》:"司寇勿以为仆、养、守官府及除有为也。"

年接受何武的建议，改御史大夫为大司空。司空始设时还保留着御史大夫的职能①，但到西汉晚期，也依周制掌管水土之事②，东汉司空掌水土之事文献多见③。司寇在秦为刑徒名。汉哀帝元寿二年，“造司寇职”，师古曰：“而司寇旧无，今特创置，故云造也。”[6]（《哀帝纪》）但司寇在汉代的职掌还不清楚。

师、傅、保皆西周职官。《大戴礼记·保傅篇》：“召公为太保，周公为太傅，太公为太师。”《史记·周本纪》：“太公望为师，周公旦为傅。”《左传》襄公十四年：“天生民而立之君，使牧之，勿使失性。有君而为之贰，使师保之，勿使过度。”周代师、傅、保虽非后世所云之三公制[12]，但作为原始民主制的遗存，此类职官在周代具有很高的地位[8]。

秦汉官制中亦设有师、傅、保。《史记·商君列传》：“太子犯法，卫鞅曰：‘法之不行，自上犯之。将法太子，太子君嗣也，不可施行，刑其傅公子虔，黥其师公孙贾。’”《史记·秦始皇本纪》《集解》引《说苑》：“始皇帝立茅焦为傅。”但秦未见有太保一职。汉承秦制。《汉书·百官公卿表》云：“太傅，古官，高后元年初置，金印紫绶。后省，八年复置。后省，哀帝元寿二年复置。位在三公上。太师、太保，皆古官，平帝元始元年皆初置，金印紫绶。太师位在太傅上，太保次太傅。”东汉只保留太傅一职。《后汉书·百官志》载：“太傅，上公一人。本注曰：掌以善导，无常职。世祖以卓茂为太傅，薨，因省。其后每帝初即位，辄置太傅录尚书事，薨，辄省。”与西周不同，此类职官在中央集权君主专制的官僚制形成后，地位大大降低，对现实政治影响不大，甚至成为政治斗争的工具④。

四、其他职官

秦汉其他诸多重要职官其渊源也可溯至周代。试释之如下：

1. 将军。《汉书·百官公卿表》云：“前后左右将军，皆周末官，秦因之。”关于周之将军，《史记·封禅书》云：“杜主，故周之右将军，其在秦中，最小鬼之神者。”《史记·周本纪》《正义》引《周春秋》云：“宣王杀杜伯而无辜，后三年，宣王会诸侯田于圃，日中，杜伯起于道左，衣朱衣冠，操朱弓矢，射宣王。”杜伯即杜主，周宣王时人，是我们可考知的西周将军的实例。顾炎武《日知录·将军》中说，春秋时晋、鲁、郑、吴、卫等国皆有将军。秦于昭王时设将军，《史记·穰侯列传》载“昭王即位，以（魏）冉为将军”，可见秦之将军也承周制而来。汉代将军“不常置，或有前后，或有左右，皆掌兵及四夷。有长史，秩千石”[6]（《百官公卿表》）。而自武帝后演化出的大将军、骠骑将军、车骑将军、卫将军，更是声名显赫，其大将军可与三公比拟[5]（《百官志》）。

2. 太仆。《周礼·夏官·司马》云：“太仆，下大夫二人”，“掌正王之服位，出入王之大命……赞王牲事。王出入，则自左驭前驱”。《汉书·百官公卿表》引应劭曰：“（太仆）周穆王所置也，盖大御众仆之长，中大夫也。”金文中有仆官，《赴鼎》：“啻官仆、射、士。”《师旂鼎》：“师旂众仆不从王征于方雷。”《左传》僖公二十四年、成公六年、昭公十六年中有仆人、仆大夫、正仆的记载。可见太仆并非如班固所讲的是秦官，而是秦袭周制而来。两汉太仆地位很高，居卿位，是因为太仆常在君主左右，并且主马政之故[13]。

3. 宗正。《汉书·百官公卿表》云：“宗正，

① 《居延汉简释文合校》254·10：“绥和元年六月……大司空武下丞相下当用者。”诏书由大司空下发丞相，正是御史大夫传统职掌之一。

② 准确地说，依周制的三公分职始于王莽时期，王莽始建国元年策文可作为一个标志。参见《汉书·王莽传中》。

③ 《后汉书·王梁传》：“司空，水土之官也。”《百官志》：“（司空）掌水土事。”东汉因灾异策免三公也是依三公职掌不同而分别策免，如《虞延传》载延“后为司空，坐水灾免”。

④ 《汉书·王陵传》云：“吕太后欲废陵，乃阳迁陵为帝太傅，实夺之相权。”东汉太傅地位虽比西汉高，但实际上“无常职”，他们对政治的影响是因为录尚书事，而不是太傅职位本身。

秦官,掌亲属。"徐复《秦会要订补》云:"宗正,周官,秦因之。"《百官公卿表》以汉制为基点,每云汉官源自秦,实际并非都如此。《初学记》引宋《百官春秋》云:"周受命,封建宗盟,始选宗中之长而董正之,谓之宗正。成王时,彤人为宗正,掌王亲是也,秦因之。"此为孤证,尚难确认周有宗正。但周确有专职人员掌管王之亲属。《左传》定公四年周公封鲁时,"祝、宗、卜、史,备物典策",杜注:"大祝、宗人、大卜、大史,凡四官。"此四官显然承西周制度而设。宗人是掌宗室之官。此职见于郑,《左传》襄公二十一年云:"(郑公)召室老宗人立段。"亦见于鲁,鲁之宗人称宗司,《左传》哀公二十四年:"公子荆之母嬖,将以为夫人,使宗人衅夏献其礼。对曰:'无之。'公怒曰:'女为宗司,立夫人,国之大礼,何故无之?'"秦之宗正当系宗人、宗司演化而来,而其职掌,仍为旧制。两汉宗正管理皇室亲属,基本没有大的变化。

4. 奉常。《汉书·百官公卿表》云:"奉常,秦官,掌宗庙礼仪。"奉常一职实由周代宗伯转化而来。《周礼·春官·宗伯》云:"乃立春官宗伯,使帅其属而掌邦礼,以佐王和邦国。"郑注:"三代以宗官典国之礼与其祭祀。"周礼尽在鲁,春秋鲁国设有宗伯。《左传》文公二年:"于是夏父弗忌为宗伯。"杜注:"宗伯,掌宗庙昭穆之礼。"关于宗伯与奉常的关系,《宋书·百官志》云:"舜摄帝位,命伯夷作秩宗,掌三礼,即其臣也。周时曰宗伯,是为春官,秦改曰奉常。"汉景帝时改为太常。王莽时改为秩宗,是恢复旧制,也是奉常与秩宗、宗伯渊源关系的又一明证。

5. 司隶。《汉书·百官公卿表》云:"司隶校尉,周官。"师古曰:"以掌徒隶而巡察,故云司隶。"又《后汉书·百官志》注引荀绰《晋百官表注》曰:"司隶校尉,周官也。"《周礼·秋官·司寇》下有司隶,其职掌与秦汉司隶大体相同。

五、余论

汉制主要是承秦制而来的,而秦制多吸收周制也有其历史原因。周秦关系本就密切。秦之祖先在周孝王时"主马于汧渭之间",后"以亲亲故归周,保西垂",并"分土为附庸"。襄公时因护送平王有功,被封为诸侯,开始"与诸侯通使聘享之礼"。穆公时"益国十二,开地千里,遂霸西戎"[7](《秦本纪》),秦在周故地上迅速发展,其接受周的制度文化顺理成章。秦处西垂,夷狄杂居,文化相对落后。如同秦用他国人一样,在职官制度上秦也同样多吸取他国经验,特别是三晋和齐,而这些国家的制度也多是从周制而来的。

秦汉官僚制度中的职官制度受周制影响甚大。如师、傅、内史、太史、御史、太宰、太祝、司马、司徒、司空、将军等皆为西周旧制;有些职官如奉常、太卜、太仆、宗正等,也明显由周制演化而来。探讨周代官制与秦汉官僚制度形成之间的关系,对于研究中国古代官僚制度产生的途径是十分重要的。周、秦汉社会经济形态和政治形态存在着本质的差异。周制是等级分封制,宗法血缘关系的亲疏决定着权力的分配。《诗·文王》云:"凡周之士,丕显亦世。"清赵翼在《廿二史札记·汉初布衣将相之局》中亦云:"自古皆封建,诸侯各君其国,卿大夫人亦世其官,成例相沿,视为固然。"而秦汉制度是在打破宗法血缘关系基础上建立的中央集权官僚制,《汉旧仪》云:"秦始皇帝灭诸侯为郡县,不世官,守相令长以他姓代,去世卿大夫士。""不世官"体现了周、秦汉制的本质区别。但如我们所揭示的那样,周、秦汉制之间也并非截然对立的,秦汉官僚制度乃至其他许多制度与周制有着相当密切的渊源关系。这种渊源关系使我们看到战国以降由变法而建立的官僚制与以宗法血缘关系为基础统治下的周制有着承袭性。这既是中国古代社会发展道路的独特形式,也是我们研究战国秦汉官僚制度时所必须注意的历史现象。

【参考文献】

[1]卜宪群.秦制、楚制与汉制[J].中国史研究,1995(1).
[2]赖长扬,刘翔.两周史官考[J].中国史研究,1985(2).
[3]陈汉平.西周册命制度研究[M].上海:学林出版社,1986.
[4][日]工藤元男.秦内史[J].简牍学报(台湾),1981(10).
[5]范晔.后汉书[M].北京:中华书局,1965.
[6]班固.汉书[M].北京:中华书局,1965.
[7]司马迁.史记[M].北京:中华书局,1965.
[8]张亚初,刘雨.西周金文官制研究[M].北京:中华书局,1986.
[9]童书邺.春秋左传研究[M].上海:上海人民出版社,1980.
[10]于豪亮.于豪亮学术文存[C].北京:中华书局,1985.
[11]杨树达.积微居小学述林[M].北京:中华书局,1983.
[12]卜宪群.秦汉三公制度渊源考述[J].安徽史学,1994(4).
[13]安作璋,熊铁基.秦汉官制史稿[M].济南:齐鲁书社,1984.

第25卷第2期
2005年3月

经学与汉代的制度建设

张 涛 袁法周*

【摘 要】 从某种意义上讲,中国封建社会的一切文化与制度都受经学的影响和制约。特别是汉代在推进和强化政权建设、建立健全各种社会政治制度的过程中,将儒家经学当作重要的理论依据,将儒家经学奉为最高的思想权威,武帝以后出台的选官制度、经济政策、救灾措施、法律制度等,其中无不闪动着经学的身影,无不与以经治国有所关联,而此举又从不同方面大大推动了我国古代传统制度文明的进一步发展,在中国社会政治史上具有重要意义。

【关键词】 经学;选官制度;经济政策;救灾措施;春秋决狱

在我国封建社会,经学不仅是学术,而且主要是政治,是专制政权的御用工具。尤其是在两汉时期,经学的作用与影响广泛地渗入政治制度建设的各个层面。因而,对汉代儒家经学与政治制度的关系及其影响,我们有必要做进一步研究,从中广泛、深入地挖掘有益的成分和成功的经验。唯其如此,我们才能继承好、利用好古人留给我们的珍贵的政治文化遗产,真正做到古为今用,推陈出新。

一、经学指导下的选官制度

(一)经学与选官制度的结缘

我们知道,在任何时候,政权的存在,国家机器的运转,都需要有一支各负其责、各尽其职的官吏队伍。选拔标准及官吏素质如何,直接关系到统治阶级能否有效地实现自己的统治。两汉时期,作为统治思想与官方学术的经学成为选拔、任用各级官吏的思想基础和理论依据,成为推动国家机器运转的精神力量。封建政权的选官制度也留下了深深的经学影响的印痕。

相对于其他诸子学派,以治经为本的儒生对选官制度有着特别的关注,儒家学说在这一方面具有明显的优势。汉初,经过儒者们的反复进说,加上自己的亲身感受和体验,本不好儒的刘邦意识到,用秦朝那一套思想和办法选官是行不通的,需要在官府中安排治经儒生这样受过教育、具有一定文化素质的士人,需要从《诗》、《书》等儒家经典中汲取治国安邦的经验,并借助经学来健全和完善选官制度,于是在汉高帝十一年(前196年)颁布求贤诏,诏书中已隐约含有儒家王道德治的思想倾向,并首开察举制度的端绪。刘邦还曾在鲁地祭祀孔子,召见经学大师浮丘伯、申公师徒,对儒家经学表现出特殊的好感。刘邦去世后,儒家经学的影响继续扩大。在

* 张涛(1961—),男,山东省临清县人,历史学博士,北京师范大学史学研究所教授,博士生导师,主要从事中国思想文化史、历史文献学研究。袁法周(1978—),男,山东省青岛市人,北京师范大学史学研究所博士研究生,主要从事先秦秦汉学术思想史研究。

选官制度上，惠帝、吕后曾诏举“孝弟力田”，文帝更诏举贤良，进行策问，从而标志着察举制度的正式产生，只不过制度远未完备，尤其是未定荐举的期限和人数。汉兴六七十年，随着政治、经济和文化事业的发展，黄老之学及受其左右的用人标准和选官制度已经越来越不适应变化了的形势，急需更新观念，由重武功家世转向重德行道术、重为政才能，起用疏于进取、精于守成的治经儒生。武帝即位后，以察举为主体的选官制度从内容到形式都全面完善起来。建元元年（前140年），武帝“诏丞相、御史、列侯、中二千石、二千石、诸侯相举贤良方正直言极谏之士”。丞相卫绾奏曰：“所举贤良，或治申、商、韩非、苏秦、张仪之言，乱国政，请皆罢。”武帝立即予以批准，卓然罢黜百家。建元五年，又正式置五经博士，尊奉儒家经义为最高的理论权威。元光元年（前134年），武帝首次“令郡国举孝廉各一人”[1]（《武帝纪》）。不久，在贤良对策中，董仲舒力倡大一统，要求用儒家经学改良政治，统一思想，“诸不在六艺之科、孔子之术者，皆绝其道，勿使并进”，又建议“使诸列侯、郡守、二千石各择吏民之贤者，岁贡各二人”。于是武帝诏令郡国举孝廉、茂才。这标志着汉代察举制度真正开始运作。董仲舒在对策中还要求“兴太学，置明师，以养天下之士”[1]（《董仲舒传》）。经武帝同意，由公孙弘等人设计，汉朝于元朔五年（前124年）正式兴立太学，建起培养人才、选择官吏的重要基地。“自此以来，则公卿大夫士吏斌斌多文学之士矣”[2]（《儒林列传》）。这样，经学与选官制度结缘了。绌诸子、崇儒术，使经学成为选官制度乃至整个官僚制度的指导思想，而博士弟子课试、察举等方式的实质或核心，就是经术取士。正如周予同先生所强调的：“董仲舒主张尊崇孔学、罢黜百家，还只是表面的文章；最有关于中国社会组织的，是他主设学校，立博士弟子，变春秋、战国的‘私学’为‘官学’，使地主阶级的弟子套上‘太学生’的外衣，化身为官僚，由经济权的获取进而谋教育权的建立与政治权的分润。董仲舒是中国官僚政治的定型者。”[3]502 可以说，儒家经学一步步走上统治思想和正统学术宝座，治经儒者一步步登上政治舞台并扮演主角的过程，也就是选官制度逐渐完善和发展的过程，而其完善和发展的趋势，就是关于儒家经术和伦理道德的要求成为选拔官吏的最主要标准，只不过这时的儒家已非先秦儒家的简单再版，而是经过董仲舒等人的改造和发展，吸收了道、法、阴阳等诸家思想的新儒家了。

（二）经术取士的重要形式

两汉选官有多种方式和途径，而且彼此相互补充，但最重要的则是博士弟子课试、征辟及察举。其中最直接体现经学影响的又当推博士弟子课试。

汉武帝接受董仲舒建议，在京城开办太学，置五经博士以教授弟子。博士弟子依据朝廷制定的标准、条件和名额，或由太常选拔，或由郡国选送。学习期间要进行考试，大致西汉为一年一试，东汉为两年一试。考试形式为射策，犹如抽签考试，在内容上一般不超出对经义的解释、阐发，并按其难易署为甲、乙之科。经过考试，区分高下，根据取官名额，授以相应的职官。武帝时，“能通一艺以上，补文学掌故缺；其高弟可以为郎中者，太常籍奏。即有秀才异等，辄以名闻。其不事学若下材及不能通一艺，辄罢之，而请诸不称者罚”[2]（《儒林列传》）。随着太学规模的不断扩大和博士弟子的逐渐增多，补官名额也相应增加。平帝时，王莽秉政，一度增置两科，“岁课甲科四十人为郎中，乙科二十人为太子舍人，丙科四十人补文学掌故”[1]（《儒林传》）。东汉取消丙科，但到桓帝时却又废止了取官名额的限制，竟以通经多少作为录用迁升的标准，“学生满二岁试，通二经者补文学掌故。其不能通二经者，须后试，复随辈试之，通二经者亦得为文学掌故。其已为文学掌故者满二岁试，能通三经者，其高第为太子舍人。其不得第者后试，复随辈试，第复高者亦得为太子舍人。已为太子舍人，满二岁试，能通四经者，推其高第为郎中。其不得第者后试，复随辈试，第复高者亦得为郎中。满二岁试，能通五经者，推其高第补吏，随才而用。其不得第者后试，复随辈试，第复高者亦得补吏”[4]（《学校考》）。博通五经成了对太学生的最高要求。

汉代还借鉴秦朝征召之法，实行征辟，由皇

帝或官府直接聘请某些有名望的士人,授予官职。被皇帝征召的,除了个别专门的技能之士,多是德高望重、学识渊博的经学大师。如武帝一即位便"遣使者安车蒲轮,束帛加璧征鲁申公"[1](《武帝纪》)。汉代曾经被征的著名治经儒者还有贡禹、韦贤、疏广等。当时曾被官府辟除的士人,也大都是经学之士,如匡衡、尹敏、郑众、李膺等。

察举是汉代最重要的仕进途径和方式,是选官制度的主体。察举的科目很多,可分为常行科目和特定科目两大类,而常行科目中最主要的一科则是孝廉,代表了察举的主流。据有的学者对现存有关资料的分析、统计,"两汉孝廉的个人资历以儒者为最多。儒和兼有儒、吏双重身份的人合计起来,在孝廉中所占比例接近二分之一"[5]145。当时察举孝廉定为岁举,即各郡每年按规定数额举荐人才,送至朝廷,成为官吏选用升迁的清流正途。

汉代察举的特定科目有贤良方正、明经、茂才、童子、尤异、治剧诸科,无一不与经学有关。其中,汉官府特设的明经一科,通过察举通晓经学的人才,以示对经学的特别重视和对治经儒生的特殊关照。西汉中后期,明经取士即已盛行,不少儒者由此途升任高官。如孔安国、贡禹、夏侯胜、张禹以明经为博士,龚遂以明经为昌邑郎中令,眭孟、翟方进以明经为议郎,召信臣以明经甲科为郎,盖宽饶以明经为郡文学,韦贤、韦玄成父子更以明经先后官至丞相。到了东汉,明经科的员额进一步扩大。章帝曾下诏,"令郡国上明经者,口十万以上五人,不满十万三人"[6](《章帝纪》)。明经虽非岁举,但每举人数甚多,贡举率在孝廉之上,而且被举为明经者所获官职也较高。如果说在孝廉、茂才等科中,经学的影响还要通过治经儒者对其思想内容和精神主旨的领会、贯彻体现出来,属于较隐、较深层次的东西,那么明经举士所反映出的经学的影响、经学与仕途的关系则是最为浅直的、显而易见的,用当时人们的话来说,就是"经术苟明,其取青紫如俯拾地芥耳"[1](《夏侯胜传》),就是"遗子黄金满籝,不如一经"[1](《韦贤传》)。

由于察举科目繁多,对于被举者需要执行较为统一而明确的标准和条件。从汉武帝开始,逐渐确定了四项基本标准和条件,即四科取士。光武帝曾下诏:"方今选举,贤佞朱紫错用。丞相故事,四科取士。一曰德行高妙,志节清白;二曰学通行修,经中博士;三曰明达法令,足以决疑,能案章覆问,文中御史;四曰刚毅多略,遭事不惑,明足以决,才任三辅令。皆有孝悌廉公之行。"[7]125每个科目不可能要求四项兼备,不同科目可以侧重一项或两项标准和条件,然而儒家经学倡导的"孝悌廉公"则必须"皆有"。当时对被举者的资历、才能、年龄也曾有过某些规定。如:安帝时"令三署郎通达经术任牧民者,视事三岁以上,皆得察举"[6](《安帝纪》);顺帝时"令郡国举孝廉,限年四十以上,诸生通章句,文吏能笺奏,乃得应选;其有茂才异行,若颜渊、子奇,不拘年齿"[6](《顺帝纪》)。应该承认,这些标准和条件在实际执行过程中是难以真正、彻底落实的,而且其中一些亦非一成不变,但不管怎样,对儒家经术的重视则是贯彻始终的指导方针和根本要求。

当然,汉朝一方面确立了儒家学说的统治思想和正统学术地位,对治经儒生特别垂青;另一方面也"博开艺能之路,悉延百端之学",使"通一伎之士,咸得自效"[2](《龟策列传》),坚持实行"霸王道杂之",如专设明法一科,察举明习法律的人才,即是儒法并用,兼取儒家经学与诸子之说。

(三)官吏队伍经学化的影响和意义

汉代经学与选官制度结缘,成为选拔官吏的指导思想和理论依据,使汉朝适时地改变人才观念,更新用人标准,在很大程度上放弃了以家世、武功等为基础的世官、军功及吏进之制,开始注重德行道艺、学术水平,大批治经儒生由此涌入政界,用人途径得以拓宽,统治基础得以扩大,造成了一个名士众多、人才辈出的局面。这既有利于专制主义中央集权政治的巩固和加强,又有利于社会经济、文化教育的进步与繁荣。

另一方面,官吏队伍的儒学化、经学化,既是汉代最高统治集团借助儒家经学来统一思想,加强思想统治的一个重要步骤,又是儒学广泛传播和全面发展的一个重要契机。由于政治利益的诱惑,传授、研习儒家经典成为社会的普遍现象,经学迅速繁盛起来。班固在《汉书・儒林传》中说:“自武帝立五经博士,开弟子员,设科射策,劝以官禄,迄于元始,百有余年,传业者浸盛,支叶蕃滋,一经说至百余万言,大师众至千余人,盖禄利之路然也。”[1](《儒林传》)为求得经学教材的统一性和权威性,汉末于太学门外立石经,即著名的熹平石经。“于是后儒晚学,咸取正焉。及碑始立,其观视及摹写者,车乘日千余辆,填塞街陌”[6](《蔡邕传》),蔚为壮观,足见经学影响之巨、传播之广。儒家学说本身在上升为正统学术和统治思想,并指导治经儒生步入政坛、从事政治实践的过程中,也不断地进行自我改造、自我完善,以便更好、更灵活、更有效地适应现实政治的需要和社会形势的变化,其重要表现,就是越来越多地吸收、借鉴了诸子各家的思想主张。一些经学之士从政治实践中感受到,儒家的礼制教化、王道德治离不开一定的社会历史条件,在灾害连年、经济凋敝的情况下,只有采用道家无为而治的主张,清心寡欲,与民生息,才有可能实现自己的政治理想。还有,尽管选官制度不断完备,取官名额渐趋增多,但并不能给所有治经儒生提供入仕机会,朝野之间的流动性反而日益加大,士人们随时都面临着穷与达、跻身朝堂与退隐山林的不同命运,这就需要在坚持儒家经学宗旨和理念的同时,吸收、借鉴道家的人生观、价值观,以求满足不同境遇中的精神需要,使自己在处境变化时也能保持心理平衡。两汉时期,许多经学大师都曾一度倾心于老庄之学,如刘向、刘歆、扬雄等。就是通过这样的互补、互通,儒家学说才得以不断发展、不断完善,增强自身的适应性和时代感,从而在中国封建时代始终居于统治思想和正统学术的地位。这也丰富了中国思想文化史、中国学术史的内容。

二、经济政策出台的思想背景

(一)土地制度中的经学因素

随着儒家经学成为封建政权制定政策、治理国家的理论依据,汉代各种经济政策的出台,也与经学结下了某种不解之缘。

最早运用经学理论,提出关于土地问题构想的,当推为群儒之首的董仲舒。董仲舒论古说今,揭露了由土地的买卖和兼并引起的社会危机:“古者税民不过什一,其求易共;使民不过三日,其力易足。民财内足以养老尽孝,外足以事上共税,下足以畜妻子极爱,故民说从上。至秦则不然,用商鞅之法,改帝王之制,除井田,民得买卖,富者田连阡陌,贫者无立锥之地。”值得注意的是,董仲舒虽然推崇井田制,将其作为调节贫富、遏止土地兼并的理想方案,但又意识到在现实条件下恢复井田制是不可能的,因而要求有所变通:“古井田法虽难卒行,宜少近古,限民名田,以澹不足,塞并兼之路。”[1](《食货志》)在这里,除了“限民名田”这一简单原则,董仲舒并未提及限田的最高额度和实际步骤等。然而即使这样,他的限田主张仍是创造性的、开先河的,对后人特别是治经儒者有着重要启示和深刻影响。遗憾的是,汉武帝未能接受这一主张,只是再次重申限制商人占田。

昭帝之时,著名的盐铁会议召开,恪守儒家经义的文学提出:“理民之道,在于节用尚本,分土井田而已。”[8](《力耕》)他们试图通过恢复井田制来解决或缓和土地和财富占有不均的尖锐矛盾。尽管他们一味泥于古训旧制,又没有提出具体的政策措施,也未能引起最高统治集团的重视,但在两汉时期,这毕竟是第一次明确主张实现井田理想,平均分配土地。

昭宣之后土地兼并更加剧烈,社会危机严重,要求解决土地问题的呼声迅速高涨起来。成帝时,丞相匡衡兼并土地及其租赋,一些士大夫即以“《春秋》之义,诸侯不得专地”,上告朝廷,结果匡衡被定为“专地盗土”之罪,免去官职[1](《匡衡传》)。反对兼并的力量算是取得了一次小小的胜利。

至哀帝即位,大司马师丹提出:“古之圣王莫不设井田,然后治乃可平。……今累世承平,豪富吏民訾数巨万,而贫弱俞困。盖君子为政,贵因循而重改作。然所以有改者,将以救急也。亦未可详,宜略为限。”哀帝接受这一建议,并令臣下拿出具体的限制办法。丞相孔光与大司空何武一起,参照井田理想,拟定了一个限田、限奴婢的方案,其逾限者一律没收入官。这一方案在一定程度上得到广大劳动群众的拥护,“时田宅、奴婢贾为减贱”[1](《食货志》)。然而,由于以丁、傅两家外戚为代表的宗室贵族及官僚地主的反对和阻挠,这个方案尚未实行就被搁置起来,对土地兼并稍加干预的设想也化为泡影。

由剧烈的土地兼并引发的社会危机,不但使地主阶级和农民阶级的矛盾日趋尖锐,而且进一步激化了封建统治阶级的内部矛盾。一批经学之士对汉朝失去了信心,于是开始另寻出路,把王莽看成自己在政治上的代表,将解决社会危机、巩固封建统治的希望寄托在他的身上。就土地问题而言,和以往经学之士对土地兼并根源的理解一样,王莽也是将其归于井田的废置。于是,他取资于各种经学著作记述的井田制,甚至包括纬书中提出的井田理想,实行土地改革,果断地推出了王田制,并效法虞舜故事,下令“敢有非井田圣制,无法惑众者,投诸四裔,以御魑魅”,表示了坚持下去的决心[1](《王莽传》)。应该指出的是,王莽的王田制确实是针对现实问题提出的,其中不乏进行改革的善良愿望,然而这一方案在当时并没有实现的社会基础。他所借鉴的井田制,是古代宗族国家土地所有制的产物,所以早在战国时期就基本消失了。而土地私有制经过长期的发展,已经成为封建土地所有制的主导形式,占有土地的不仅有贵族、官僚地主和富商大贾,而且有广大个体小农。王莽试图托古改制,通过土地国有来根本解决土地买卖和兼并问题,显然是行不通的,最终只能走向破产。

到了东汉时期,治经儒生已不像在西汉那样致力于限田活动,而是和豪强势力、富商大贾打成一片,形成儒宗地主,加入到兼并土地的行列。标榜以柔道治天下的最高统治集团,对土地的买卖和兼并采取了宽容、放纵的态度,从未出台限田等政策,只是在东汉初年搞过度田。度田并不是为了解决土地问题,而是为了掌握全国土地和人口的准确数字,以合理分配赋税、徭役负担,增加政府收入。但是,即使这样的度田,也因为豪强地主的阻挠、反对,没有能很好地进行下去。

大土地所有制继续发展,豪强地主的庄园经济不断扩大,大批个体小农破产,沦为依附农民,即所谓徒附、宾客和部曲,政府直接控制的土地和剥削对象越来越少。出于对整个统治阶级利益的考虑,东汉晚期,一些清正的经学之士相继提出了改革土地制度的设想,其模式仍不出儒家经典中所述井田制。如仲长统提出:“今欲张太平之纪纲,立至化之基趾,齐民财之丰寡,正风俗之奢俭,非井田实莫由也。”他还提出了更制境界、定科租税、限制占田等具体措施[6](《仲长统传》)。然而这些构想和以往的井田理想一样,只能是纸上谈兵,根本无法落实。

(二)重农政策的经学色彩

我国最早系统地提出重农主张和重本抑末理论的,是战国时期的法家。尤其是在秦国和统一后的秦朝,法家学说居于统治思想地位,因而“上农除末”的重农政策也得到较好推行。入汉以后,法家学说遭到贬斥,儒家经学的势力在悄悄增长,治经儒生也开始直接参与政府的重大决策,他们从最高统治集团的现实利益出发,对整个社会作宏观审视,进而进行一些调整、改造,吸收法家等各个学派的思想主张,包括重农的思想理论。

最早吸收法家思想,提出重农抑商系统理论的治经儒生是贾谊。他曾上书文帝“殴民而归之农,皆著于本”,文帝“感谊言,始开籍田,躬耕以劝百姓”[1](《食货志》),并下诏:“农,天下之本。其开籍田,朕亲率耕,以给宗庙粢盛。”[2](《孝文本纪》)到了武帝时期,董仲舒曾进言:“《春秋》它谷不书,至于麦禾不成则书之,以此见圣人于五谷最重麦与禾也。今关中俗不好种麦,是岁失《春秋》之所重,而损生民之具也。愿陛下幸诏大司农,使关中民益种宿麦,令毋后时。”[1](《食货志》)他直接从儒家经义出发,阐述了重农的思想理论。此后,重农思想几乎成了儒家经学的专利,连统治者出台各种重农政策时,也往往要称述经义以为依据。如成帝曾下诏:“夫《洪范》八政,以食为首,斯诚家给刑错之本也。先帝劭农,薄其租税,宠其强力,令与孝悌同科。间者民弥惰怠,乡本者少,趋末者众,将何以矫之?方东作时,其令二千石勉劝农桑,出入阡陌,致劳来之。《书》不云乎:‘服田力啬,乃亦有秋。’其勖之哉!”[1](《成帝纪》)可见,儒家经学已经与刘汉统治者的重农政策发生了密切关联。

为使重农政策落到实处,刘汉皇朝依据经学理论,对勤于耕作的农民减免赋税,在经济上给以优惠,并采取假民公田等具体措施,吸引无地或少地的农民回归田亩。如章帝曾诏命常山等郡的地方官吏:“《月令》,孟春善相丘陵土地所宜。今肥田尚多,未有垦辟。其悉以赋贫民,给与粮种。务尽地力,勿令游手。”[6](《章帝纪》)一些出身儒士的清正、明智的地方官吏,也注意依据经学之旨,认真贯彻重农政策。如和帝时黄香为魏郡太守,“郡旧有内外园田,常与人分种,收谷岁数千斛”。黄香指出:“《田令》‘商者不农’,《王制》‘仕者不耕’。伐冰食禄之人,不与百姓争利。”于是他将园田“悉以赋人,课令耕种”[6](《文苑传》)。这些反映了经学对重农政策的影响。

由于最高统治者的诏命和劝勉,经学之士的不断呼吁和率先垂范,两汉时期的重农政策得到一定程度的落实,从而加速了农业发展,改善了人民生活,缓和了阶级矛盾,促进了社会稳定,具有明显的积极意义。然而,封建统治阶级与广大农民群众的利益是根本对立的,贵族、官僚们不可能真正为农民着想,为百姓兴利。一些贪官污吏为获取眼前的一己私利,甚至不会顾及整个统治阶级的长远利益,处处竭泽而渔,坑农害农。所以,汉朝的重农政策又难以收到良好的效果。

(三)经学之士的抑商主张

入汉以后,在进行自我调整和改造之时,经学吸收了法家的抑商主张,以保证重农政策的真正落实,遏止商人势力的过度膨胀,维护封建政权的长治久安。在这个问题上,汉代经学是有一个变化过程的。昭宣之前,治经儒生虽然从总体上倾向于抑商,但在一些具体做法上又表现出对商人的让步和放任。元成以后,随着法家学说的普遍沉寂和儒家经学的完全独尊,治经儒生似乎成了重农抑商的独家发言人。官府的抑商主要是限制商人势力的扩大,并非反对关乎民生的一切商业活动。新莽时期,王莽在“劝农桑”的同时,为抑制富商大贾的盘剥,根据《周礼·地官·泉府》有“赊贷”,另一经学著作《乐语》(今佚)有“五均”的记载,在听取刘歆等经学大师的意见后,依照《周易·系辞下》“理财正辞,禁民为非曰义”之语,下令“开赊贷,张五均,设诸斡者,所以齐众庶,抑兼并也”[1](《王莽传》),随后在长安、洛阳、邯郸、临淄、宛、成都等城市设置五均官,其中“司市”、“贾师”、“肆长”等职掌,皆与《周礼》所载相同。东汉时期,政府虽然也曾根据儒家经义下令“禁民二业”,“商者不农”,不准商人占有土地,兼营农业,但在总体上却改变了对商业特别是商人实施的抑制、打击的政策,采取了放任甚至保护的态度,致使商人势力畸形发展,社会风尚骄奢淫靡。到了后期,几乎“举世舍农桑,趋商贾”,“治本者少,浮食者众”[9](《浮侈》)。崔寔、王符、仲长统等清正、明智的经学之士,深感这是民众饥寒、社会动乱的一个重要原因,于是立足于儒家的政治理念,强烈呼吁重农抑商,崇本抑末,遏止商业和商人势力的恶性膨胀。然而此时东汉政权已经日薄西山,作为一种政治文化的儒家经学也趋于没落,他们的理想是根本无法实现的。

三、救灾活动的理论依据

(一)经学在救灾活动中的功能

汉代自武帝以后,救灾活动也与儒家经学发生了密切关联。经学著作不仅在文化学术领域具有至高无上的地位,而且成了统治者处理各种社会问题包括救灾问题的理论依据。元狩元年(前122年),武帝首次于救灾诏书中称引经义。这一年,淮南王刘安谋反失败,被祸身亡者达数万人。接着又发生雪灾,大批百姓冻饿而死。武帝为此下诏:“盖君者心也,民犹支体,支体伤则心憯怛。日者淮南、衡山修文学,流货赂,两国接壤,怵于邪说,而造篡弑,此朕之不德。《诗》云:‘忧心惨惨,念国之为虐。’已赦天下,涤除与之更始。朕嘉孝悌力田,哀夫老眊孤寡鳏独或匮于衣食,甚怜愍焉。其遣谒者巡行天下,存问致赐。”[1](《武帝纪》)至元鼎二年(前115年),江南地区发生水灾,武帝“遣博士中等分循行,谕告所抵,无令重困”[1](《武帝纪》)。博士专掌经学传授,这次却被派出去视察各地灾情,可见武帝已把经学与救灾问题联系到一起了。

昭宣之后,在处理救灾问题时,士大夫们往往把是否符合经义作为重要标准。据《汉书·谷永传》,元延元年(前12年),水灾不断,百姓失业流散,而有些官吏却奏请增加赋税。谷永上疏成帝,批评此举“甚缪经义,逆于民心”[1](《谷永传》)。在救灾活动中,皇帝下诏,大臣上奏,大都称引经书、标榜经义。这种情况一直持续到东汉后期。

我们应该这样看待经学在救灾活动中的功能:一遇自然灾害,人民群众生活无着,对现实政治的不满情绪和反抗意识随即增强,社会矛盾变得尖锐起来。于是最高统治者借助经义,显示仁德,表明自己对受灾百姓的哀悯之情,以赢得拥戴和好感,缓和社会矛盾。当然,统治者对广大劳动群众是不可能真正有慈爱之心的,他们考虑更多的是自己的既得利益。

(二)儒家经典与黄河水患的治理

在汉朝组织大规模治理水患的过程中,经学有着特别突出的影响。汉代的经学大师特别是那些精通《禹贡》者往往被视为深谙治河之道的人。成帝初年,大臣冯逡上疏,建议修治黄河,“事下丞相、御史,白博士许商治《尚书》,善为算,能度功用,遣行视”。因《禹贡》中有九河之文,“议者常欲求索九河故迹而穿之”[1](《沟洫志》)。当时最有名的还是平当以《禹贡》治河的故事。《汉书·平当传》载,大臣平当“以经明《禹贡》,使行河,为骑都尉,领河堤”。颜师古注云:“《尚书·禹贡》载禹治水次第,山川高下,当明此经,故使行河也。”平当本人也十分看重经学与治河的关系。他曾于哀帝初年奏言:“九河今皆寘灭,按经义治水,有决河深川,而无堤防雍塞之文。”要求依照经义,采用疏导的办法治河。王莽当政,曾征召有治河才能的人员上百名。这些人提出了各自的治河方案,大臣韩牧、王横都曾谈及《禹贡》所载大禹治水之事,韩牧甚至以为“可略于《禹贡》九河处穿之”[1](《沟洫志》)。然而这一时期,关于治河问题,空谈者多,却几乎无施行者,以致始建国三年(11年),黄河在魏郡决口,清河以东数郡被淹。河水又侵入汴渠,兖豫两州连年遭受水灾。

东汉明帝即位后,决计治理黄河,使河汴分流。据《后汉书·循吏传》,永平十二年(69年),明帝召见通晓水利的王景,问以方略。“景陈其利害,应对敏给,帝善之”,除赐以钱帛衣物,还赐以有关图书,其中就有《禹贡图》。在治河过程中,王景“商度地势,凿山阜,破砥绩,直截沟涧”[6](《循吏传》)。李贤注《后汉书》,以为《禹贡》有“原隰底绩”之语,所以此处“破砥绩”,乃“言破禹所致功之处也”。与王景同时的班固著《汉书·沟洫志》,曾引《左传》、《论语》之言以发论。这些都显示出经学的重要影响。顾颉刚先生曾指出:“禹治洪水是古代一件极大的故事;《禹贡》一篇就是记他治水的经过的,列在《尚书》的《虞夏书》中。固然这篇未必真是禹所作,却也不失为中国地理学史里第一篇大文字。在经书里,讲地理最有系统和最有真实性的,也推着它了。汉人治水,用了它作根据,在没有科学的地理学和河海工程的时候,也不失为一个办法。只是《禹贡》本书太简略了,只能使人知道些水道的大概,不能给人以治水的整个计划。”[10]66—67的确,河川的治理是一项复杂的工程,有其自身的规律,仅仅依靠经学,仅仅取资于经学著述,是远远不够的。诚如周予同先生所说:“试问假使黄河决口了,你就是将《禹贡》首一字背诵到末一字,你能像灵咒似的使水患平息吗?”[3]103当时一些有成就的治水专家如王景等,主要依靠的还是自己的才华、经验和敬业精神以及人民群众的辛勤劳动。

东汉末年,经学的政治功能和影响日渐缩小,同时汉朝腐败没落,无力组织大规模的救灾活动,经学与救灾活动的关联也越来越少。灵帝、献帝所发的救灾诏书中,未见有称述经义之处。魏晋以降,虽然仍存在将经学运用于救灾活动的情况,但较之以经治国的汉代,是不能同日而语的。当然,儒家经学的基本理论对后来的救灾活动仍有深刻的影响。如主要导源于《周易》的天人合一思想、天地人一体观等始终是后人强调人类与自然生态环境之间高度和谐的思想依据，成为中国传统救灾思想的理论支柱，而其推天道以明人事的整体思维方式又在后人思考救灾问题时发挥了重要作用。还有，儒家经学中的民本、重农和注重节俭、积储以及自然资源保护等思想观念，都成为中国传统救灾思想的基本内核[11]。这些都是我们应该很好地加以继承和弘扬的。

四、《春秋》决狱：法制建设中的经学因素

（一）《春秋》决狱的出现

两汉时期，我国的法律制度有了进一步发展，呈现出许多新的特点，而其中的一个重要特点，就是儒家经学渗入法律并对它产生深刻、广泛的影响，具体表现在将《春秋》等儒家经典的精神和记载作为判案、量刑的依据，史称《春秋》决狱或经义决狱、引经决狱。

最早运用《春秋》决狱，将经学引入法律之中的，当推汉武帝时的董仲舒、公孙弘。作为《春秋公羊》学大师，在《春秋繁露》等著述中，董仲舒既善于从具体史实、案例中引申出法律原则，又善于援引具体史实、事例来论述法律规定；不仅论证了《春秋》等儒家经典对法制的指导作用，而且还直接将其贯彻到具体的法律实践活动之中。从一定意义上讲，《春秋》的微言大义就是董仲舒所坚持的法律原则。后来董仲舒"老病致仕，朝廷每有政议，数遣廷尉张汤亲至陋巷，问其得失。于是作《春秋决狱》二百三十二事，动以经对，言之详矣"[6]（《应劭传》）。董仲舒对策之后，公孙弘则以《春秋》经义缘饰法律条文，并因此登上相位。另外，董仲舒的弟子吕步舒也曾以《春秋》专断淮南王刘安谋反案。在此以后，治经儒者竞相用经学思想对现行法律、刑典加以解释和阐发。班固著《汉书》，设《刑法志》，专从经学之旨立论。马融、郑玄等则以儒家经典为依据，分别对刑律作了数十万言的注疏。

（二）《春秋》决狱的主要原则

《春秋》决狱的基本原则，或者说经学渗入法律的突出特征，是"原心定罪"（又称"论心定罪"、"原情定过"），即在判案时以犯罪事实为根据并考察、分析犯罪者的主观动机和目的。只要有犯罪的动机和目的，即便是未曾实施犯罪，也要追究其刑事责任，而如果犯罪者的动机和目的原本合乎儒家经义及其倡导的道德规范，其犯罪仅属过失行为，虽违法亦可减免刑事处罚。董仲舒已经开始将"原心定罪"原则用于司法审判。在他之后，汉朝在司法实践中也贯彻了这一原则。如哀帝时，薛宣之子薛况雇人刺伤父亲的政敌申咸。御史中丞主张处以弃市之刑。廷尉则提出："《春秋》之义，原心定罪。原况以父见谤发忿怒，无它大恶。加诋欺，辑小过成大辟，陷死刑，违明诏，恐非法意，不可施行。"[1]（《薛宣传》）结果薛况被减去死罪，改判戍边。"原心定罪"要求在考察犯罪事实的前提下追究行为者的动机和目的，这一审判方针显然是正确的。只是在这里它又过分看重犯罪的主观因素，而对犯罪的客观事实有不同程度的忽略，使执法者难以把握和贯彻定罪、量刑的标准，以至于行为者动机的善恶，成了定罪、量刑的标准。如果动机是善的，即使触犯法令也当免刑；如果动机是恶的，即使行为合法亦可处以刑罚。那么，如何判断动机的善恶呢？名曰依据儒家经义，实际是依靠司法吏的主观意志。这就为统治者任意解释法律、滥用各种刑罚开了方便之门。

与"原心定罪"相关联的原则，是"君亲无将，将而必诛"。此语出自《春秋公羊传》庄公三十二年、昭公元年，意谓凡是蓄意杀害父母、君上而谋乱的，即使并未付诸行动，也当与叛逆者同罪。这就是说，只要存在谋乱的念头，就应处以刑罚。如汉武帝时，淮南王刘安谋反，胶西王刘端奏言："《春秋》曰：'臣无将，将而诛。'安罪重于将，谋反形已定……甚大逆无道，当伏其法。"[2]（《淮南衡山列传》）又如汉明帝时，广陵王刘荆有罪，长水校尉樊鯈等奉诏理其狱，奏请诛之。明帝大怒，曰："诸卿以我弟故，欲诛之，即我子，卿等敢尔邪？"樊鯈则仰而对曰："天下高帝天下，非陛下之天下也。《春秋》之义，'君亲无将，将而诛焉'。是以周公诛弟，季友鸩兄，经传大之。臣等以荆属托母弟，陛下留圣心，加恻隐，故敢请耳。如令陛下子，臣等专诛而已。"[6]（《樊鯈传》）明

帝只好无奈地叹息良久。“君亲无将,将而必诛”这条原则,对于强化中央集权,维护皇家威严,是大有帮助的,尽管有的统治者(如汉明帝)并未意识到这一点。

“诛首恶”也是与“原心定罪”相关联的一条原则。《春秋公羊传》僖公二年:“虞,微国也,曷为序乎大国之上,使虞首恶也。”汉代治经儒者由此将“诛首恶”总结为《春秋》的一条经义,引入法律之中,强调从重惩罚共同犯罪中的“首恶”。如成帝时,广汉发生农民起义,太守扈商无力平息。益州刺史孙宝则亲入山谷,劝说起义农民回归田里。事后孙宝上疏,“奏商为乱首”,强调“《春秋》之义,诛首恶而已”。结果扈商被捕下狱,参与起义者无罪赦免[1](《孙宝传》)。可见,“诛首恶”与“原心定罪”虽有关联但又有不同。后者强调的是如何定罪,前者偏重于如何量刑。“诛首恶”原则的运用,可以使我们从一个侧面看出,汉朝既要对危害封建政权的人施以重刑,杀一儆百,又力求多用德教,少用刑罚,使更多的人安心被统治、被奴役的地位。

此外,经学对法制的影响还表现在“亲亲得相首匿”、“恶恶止其身”、“以功覆过”等决狱原则上。“亲亲得相首匿”,是指一定范围的亲属之间隐庇犯罪,可以不追究刑事责任。《论语·子路》记孔子曰:“父为子隐,子为父隐,直在其中矣。”[12](《论语·子路》)《春秋公羊传》文公十五年也说道:“父母之于子,虽有罪,犹若其不欲服罪然。”[12](《春秋公羊传注疏》)但是,这一原则在当时并未普遍运用,汉武帝甚至推行首匿相坐之法,父子、夫妇不得例外。直到宣帝时才废除这一法令,“亲亲得相首匿”之法始颁布于天下。

“恶恶止其身”,又称“罪止其身”,是指断狱时只对犯罪者本人进行处罚,而不株连他人。这一原则源于《春秋公羊传》昭公二十年提到的“恶恶止其身,善善及子孙”。汉光武帝时,赵熹为平原太守,会同诸郡讨捕盗贼,斩杀其头目,余党当判刑者达数千人,赵熹上书称:“恶恶止其身,可一切徙京师近郡。”[6](《赵熹传》)光武帝同意了。然而这一原则与首匿一样,不适用于谋反、不道等重罪。

“以功覆过”,是指犯罪者如果曾对国家有功,审判时可以将功抵过,免于刑事处罚。这一原则主要运用于朝廷大臣犯罪的情况。其义亦出于《春秋公羊传》。《春秋》僖公十七年:“夏,灭项。”《公羊传》:“齐灭之也。不言齐,为桓公讳也。桓公尝有继绝存亡之功,故君子为之讳。”[12](《春秋公羊传》僖公十七年)汉宣帝时,大司农田延年因盗取公物,被人告发。御史大夫田广明称“《春秋》之义,以功覆过”,要求大将军霍光考虑田延年在参与拥立宣帝一事上的功劳,给以宽大处理[1](《酷吏传》)。这样以来,“以功覆过”使一些官僚士大夫超然于法律之外,成为封建等级制度的一个具体体现。

除了将以上原则运用于定罪、量刑等司法审判程序,在立法活动中、在确定有关法律的大政方针时,汉朝也多以儒家经义为理论依据。如汉成帝感于“律令烦多”,便援引《甫刑》(即《尚书·吕刑》)之语,诏命“减死刑及可蠲除约省者,令较然易知”[1](《刑法志》)。章帝时,陈宠为尚书,称述《左传》昭公二十年所记孔子“宽以济猛,猛以济宽”之义,主张“荡涤烦苛之法”,为章帝所接受。后陈宠为廷尉,“又钩校律令条法,溢于《甫刑》者除之”,并提议朝廷平定律令,只保留“与礼相应”,“应经合义者,以易万人视听,以致刑措之美,传之无穷”[6](《陈宠传》)。章帝本人也曾依据《春秋》经传和《礼记·月令》之义,“咨访儒雅,稽之典籍”,“其定律,无以十一月、十二月报囚”[6](《章帝纪》)。经学与法制的结缘,还引起了司法队伍结构的变化。专职司法官吏开始留意和重视经学及治经儒者的作用。如汉武帝时廷尉张汤十分器重儒士倪宽,并请博士弟子治《尚书》、《春秋》,补廷尉史,参与审理案件。此外还有许多出身狱吏、法律之吏的官员开始研习儒家经典,且用力颇勤,见效极快。如“少学法于父”,“亦为狱吏”的于定国,宣帝时任廷尉,“乃迎师学《春秋》,身执经,北面备弟子礼”[1](《于定国传》)。又如陈宠“虽传法律,而兼通经书”[6](《陈宠传》)。这就大大提高了司法队伍的文化素质。与此同时,大批治经儒者直接进入司法队伍,更使经学迅速渗入法制建设的各个方面。

应该说,儒家经学与法律结缘,《春秋》决狱的出现,使汉朝最高统治集团能够较为妥善地处理一些棘手的突发性事件，在一定程度上维护了社会治安环境。更为重要的是，《春秋》决狱的出现，使汉统治者获得暴力和怀柔这两种统治方法，以充分发挥刽子手和传教士的双重职能，这在一定程度上否定和改变了繁法严诛的局面，纠正了"缓深故之罪，急纵出之诛"[1]（《刑法志》）的偏差，改善了人民群众的生存空间，缓和了阶级矛盾，稳定了社会秩序，有利于社会经济的发展。然而，儒家经学内容庞杂，派别众多，《春秋》等儒家经典所表达的观念和理论并不像法律条文那样明确，甚至有前后抵牾之处，所以在判案时可以根据需要任意解释。再者，《春秋》决狱多是对经学著作断章取义，缺乏固定界说，容易造成同罪不同罚的混乱情况。这些都有损于法律的严肃性，从根本上侵害了人民的利益，妨碍了社会文明的发展。魏晋以后，随着经学的政治作用日趋减弱和封建法律制度的不断完备，经学对法律的影响尽管仍然存在，直接以儒家经义定罪、量刑的现象虽然仍有发生，但已远不如两汉时期那样明显和普遍了。尤其是到了唐代，随着唐律的推出，儒家经义、儒家道德基本上实现了法律化、法典化，引经断狱既无必要，也就逐渐归于消歇了。

【参考文献】

[1]班固. 汉书[M]. 北京：中华书局，1962.

[2]司马迁. 史记[M]. 北京：中华书局，1959.

[3]周予同. 周予同经学史论著选集[M]. 上海：上海人民出版社，1983.

[4]马端临. 文献通考[M]. 北京：中华书局 1986 年影印商务印书馆万有文库《十通》本.

[5]黄留珠. 秦汉仕进制度[M]. 兰州：西北大学出版社，1985.

[6]范晔. 后汉书[M]. 北京：中华书局，1965.

[7]孙星衍，等辑. 汉官六种[M]. 北京：中华书局，1990.

[8]王利器. 盐铁论校注（定本）[M]. 北京：中华书局，1992.

[9]汪继培，笺. 彭铎，校正. 潜夫论[M]. 北京：中华书局，1985.

[10]顾颉刚. 秦汉的方士与儒生[M]. 上海：上海古籍出版社，1998.

[11]张涛，等. 对中国传统救灾思想的认识[N]. 光明日报，1999－06－25.

[12]阮元，校刻. 十三经注疏[M]. 北京：中华书局，1980.

第25卷第3期
2005年5月

汉匈战争与北边郡守尉

宋　超*

【摘　要】　郡之建置源于边地,最初主要着眼于军事功能。秦汉时期,毗邻匈奴的北境诸边郡,是中原地区与匈奴相对峙的主要区域。负责全郡事务的最高长官——郡太守,以及辅佐太守的军事长官都尉,除与内郡具有相同的职责外,还肩负着防范匈奴侵扰的重任,在与匈奴的战争中发挥了重要的作用。

【关键词】　汉匈战争;北部边郡;郡守;都尉

一

郡之行政区划的建置最初起源于边地。姚鼐《惜抱轩诗文集》“文集二”曰:“郡之称盖始于秦、晋,以所得戎翟地远,使人守之,为戎翟民君长,故名曰郡。如所云阴地之命大夫,盖即郡守之谓也。赵简子之誓曰:‘上大夫受县,下大夫受郡。’郡远而县近,县成聚富庶而郡陋荒,故以美恶异等,而非郡与县相统属也。”吕思勉《中国制度史》第八章“政体”引是语后继云:“则郡率有战备。姚氏谓为边远之地是也。盖统一之途,不外吞并人国,开拓荒地二者。县之设,由吞并人国者多。郡之设,则由开拓荒地者多也。”[1]431

战国末期,随着匈奴等游牧族势力的逐渐崛起,与匈奴等游牧族接壤的秦、赵、燕三国,除了均相继修筑长城以保证其北境的安全外,对于北部边郡的建设均给予极大的关注。

早在赵国势力强盛时期,赵武灵王(前325—前299年在位)“变俗胡服,习骑射,北破林胡、楼烦。筑长城,自代并阴下,至高阙为塞。而置云中、雁门、代郡”。赵国所修的长城,西起高阙塞(今内蒙古杭锦旗北),沿北河北岸,傍阴山北麓,向东直至代地(今河北蔚县)。云中郡位于北河地区,以东次第为雁门郡与代郡。云中等三郡建置的必要性,正如赵武灵王所说:“吾国东有河、薄洛之水,与齐、中山同之,无舟楫之用。自常山以至代、上党,东有燕、东胡之境,而西有楼烦、秦、韩之边,今无骑射之备。故寡人无舟楫之用,夹水居之民,将何以守河、薄洛之水;变服骑射,以备燕、三胡、秦、韩之边。”云中、雁门、代郡三边郡的建置正是赵国实现这一战略目标的一个具体步骤。赵国北境三郡依托长城为屏障,有效地保障了赵国北境的安全。直至赵孝成王(前265—前245年在位)时,云中郡虽然已为秦国所占,但赵将李牧“常居雁门、代郡备匈奴”,曾依托长城大破匈奴,“其后十余岁,匈奴不敢近

* 宋超(1951—　),男,北京市人,中国社会科学院《历史研究》编辑部编审,主要从事秦汉史研究。

赵边城"①。

在赵国采取筑长城、置云中等边郡的措施后,燕国也实施了类似的政策。《史记·匈奴列传》载:"其后燕有贤将秦开,为质于胡,胡甚信之。归而袭破走东胡,东胡却千余里。与荆轲刺秦王秦舞阳者,开之孙也。燕亦筑长城,自造阳至襄平。置上谷、渔阳、右北平、辽西、辽东郡以拒胡。"由于秦开的事迹史书记载甚少,燕国筑城置郡的具体时间不详。据张维华先生推测:"秦开归燕伐胡之事,如不在燕孝王之时,即在燕王喜即位之初年……则燕在其侵地置郡县,建长城,亦当自此开其始,以时间论之,乃为战国时最晚出现之一条长城。"[2]124

秦人自从定都咸阳之后,问鼎中原的形势已经形成,"翦除六国,混一华夏",是秦人的总体战略目标,如商鞅对秦孝王所云:"秦据河山之固,东向以制诸侯,此帝王之业也。"[3](《商鞅列传》)但对来自其北境游牧民族的威胁,秦人也不是完全没有防范的意识。赵武灵王"胡服骑射",改革军事制度,势力一度强盛之后,更是引起了秦人对其北境安全的关注。特别是赵国所筑长城将整个北河地区囊括其中,而秦都咸阳位于北河正南方向,对于可能来自北境的游牧民族及赵国威胁的反应更为敏感。秦惠文王十年(前328年),秦国占据魏国上郡,将秦国北境推进至北河地区,表明对北河地区防御的重视。秦昭王时,"义渠戎王与宣太后乱,有二子。宣太后诈而杀义渠戎王于甘泉,遂起兵伐残义渠。于是秦有陇西、北地、上郡,筑长城以拒胡"[3]。秦国是时所筑"拒胡"的长城,北起今内蒙古托克托,西至今甘肃岷县,贯穿秦国北境上郡、北地、陇西三郡,对于秦政治重心所在地内史是一有效的屏障。但从秦长城由西而北的走向看,仅其长城北端深入北河地区,其中段与西段距北河地区则较为遥远,从中可以表明是时活动于北河地区的游牧民族,尚不足以对秦国构成实质性的威胁。况且秦昭王在消弭了位于秦国腹地的义渠的威胁之后,采纳谋士范雎"远交近攻"之策,加速了兼并山东六国的战争进程,兵锋东指,对防范位于其北境的游牧民族,自然要放于一个较为次要的地位。

从战国中后期秦、赵、燕三国北境防御体系看,在修筑长城的同时,边郡建置也被置于重要的地位。赵国云中、雁门、代郡三边郡与燕国上谷、渔阳、右北平、辽西、辽东五边郡均是在构筑长城时设置的,非常明确地体现出其"拒胡"的军事目的。

秦国陇西、北地、上郡等边郡虽不像赵、燕一样是在筑城同时而建置的,但同样也显现出所谓"拒胡"的宗旨。虽然在与北部边境相邻的秦、赵、燕三国均相继建置边郡以"拒胡",但直至战国后期,在匈奴尚无实力一统北境,诸胡并存的状态下,匈奴等游牧民族实际上并没有对与其相邻的秦、赵、燕三国构成重大威胁,尤其对燕、赵诸国而言,秦国兼并战争的威胁则远远大于来自北境诸胡的侵扰。见诸史料也是如此。除了赵国李牧与燕国秦开与匈奴等诸胡部有过一定规模的军事冲突外,赵、燕等国更多考虑的是对秦国的防范。

秦、赵、燕三国边郡之设置,正体现出置于"边远之地"而"率有战备"的特点。首先,三国诸边郡均建于所新得的所谓"戎翟"边地,地陋土荒,远离各国富庶的中心地区。其次,是时边郡的建置主要着眼于军事功能,即"则郡率有战备",而其本应具备的理民的行政功能基本上可忽略不计。再次,虽然郡守之职出现较早,但由于三国边郡主要是为"拒胡"而置,因此史料中

① 《史记·赵世家》。《集解》徐广曰:"在朔方。"《正义》曰:"《地理志》云朔方临戎县北有连山,险于长城,其山中断,两阙俱峻,土俗名为高阙也。"

所见守边郡的主要是统兵的将领,而鲜见有郡守者①。秦、赵、燕三国北边郡建置所具有明显的“拒胡”的军事特点,在以后展开的汉匈战争中得到了突出的体现。

秦始皇统一六国后,“分天下为三十六郡,郡置守、尉、监”[3](《秦始皇本纪》),郡县制在全国范围内推广实施。虽然关于秦郡建置的数目、时间有所争议,但就北边郡而言,基本上沿袭了原秦、赵、燕三国的边郡建置,加之此前夺取魏国的上郡,至秦统一之时,北边郡从西而东次第为陇西、北地、上郡、云中、雁门、代郡、上谷、渔阳、右北平、辽西、辽东11郡。秦始皇三十三年(前214年),内史蒙恬率30万秦军攻逐匈奴,修筑长城,于新夺河南地上再置九原郡,形成了秦北边郡共12郡的格局,也为汉代北边郡的建置奠定了基础。

二

从秦始皇遣蒙恬率军攻逐匈奴、筑城置郡和蒙恬本人驻守上郡、监视匈奴等措施看,显然是战国时期由诸国国君派遣重要军事将领统领重兵驻守边郡、监控北境模式的延续。这种单纯以重兵驻防北边郡的模式,固然能对匈奴保持强大的威慑力量,但在广袤而寒苦的边郡地区驻守重兵,对于内郡的经济压力之巨也是一个不能忽视的问题。汉初在“过秦”时尚的鼓荡下,秦始皇遣蒙恬率大军攻逐匈奴、筑城守边的举措备受抨击,其中一个重要的原因就是所耗人力、物力之巨,远远超出了国家财力所能承受的范围,致使本来就骚动不安的秦朝统治更加动荡。例如,汉初贾谊在著名的《过秦论》中曰:“使蒙恬北筑长城而守藩篱,却匈奴七百余里。胡人不敢南下而牧马,士不敢弯弓而报怨……天下已定,始皇自以为关中之固,金城千里,子孙帝王万世之业也……一夫作难而七庙隳,身死人手,为天下之笑者,何也?仁义不施,而攻守之势异也。”武帝时主父偃上书言政事,亦曰:“蒙恬将兵攻胡,辟地千里,以河为境。地固泽卤,不生五谷。然后发天下丁男以守北河。暴兵露师十有余年,死者不可胜数,终不能逾河而北。……男子疾耕不足于粮饷,女子纺绩不足于帷幕。百姓靡敝,孤寡老弱不能相养,道路死者相望,盖天下始畔秦也。”②这些均是典型的代表性言论。

实际上,秦廷并不是没有意识到单纯依靠重兵防范北边郡的弊端所在,而是对于北边郡的建设予以相当的关注。除继续沿袭北边原有的12郡建置外,始皇三十三年(前214年),蒙恬夺取河南地后,“西北斥逐匈奴,自榆中并河,以东属之阴山,以为34县,城河上为塞。又使蒙恬渡河取高阙、陶山、北假中,筑亭障以逐戎人,徙谪实之初县”[3](《秦始皇本纪》),随之设置九原郡,辖领新置的34个“初县”③。虽然这些不足以表明秦廷有改变单纯依靠重兵驻防边郡的倾向,但“徙谪实之初县”,其中应有通过“徙谪”增加边民数量,以强化北边郡防卫实力的现实考虑在内。然而,秦廷以虎狼之策驭民,其结果往往事与愿违,正如晁错所云:“夫胡貉之地,积阴之处也,木皮三寸,冰厚六尺,食肉而饮酪……秦之戍卒不能其水土,戍者死于边,输者偾于道。秦民见行,如往弃市,因以谪发之,名曰‘谪戍’……发之不顺,行者深怨,有背畔之心。凡民守战至死而不降北者,以计为之也。故战胜守固则有拜爵之

① 马非百《秦集史》“郡守表”计秦边郡上郡守有庙、疾、寿等5人,陇西郡守有李崇1人。上郡守庙等5人仅名字见于铭文,事迹阙载,李崇的事迹则见于后人追记。其实非独边郡,其他郡县守、令也鲜见记载。马先生认为,秦县令历史不下150年,守郡历史不下100年,“计当得郡守至少数百人,县令至少数千人”,而史传秦代守令有姓名者甚少,“此其原因,固由于秦代吏治之不尽循良有以致之,而以国命短促之故,致一切事实,均不为后人所注意,以故堙灭”(中华书局1982年版,第906页)。赵、燕边郡守的情况恐怕也大体如此。除马先生所述原因外,具体边郡而言,似与边郡主要所担负“拒胡”的军事任务相关。

② 《史记·平津侯主父列传》。关于汉人对秦对匈奴政策之批判,请参见拙作《秦人与匈奴关系考察——以汉人“过秦”言论为中心》,载《秦都咸阳与秦文化研究》,陕西人民教育出版社2003年版。

③ 《史记·匈奴列传》作“四十四县”。至于这些新置“初县”是否属新置九原郡辖领,诸史家亦有不同说法。本文采纳马非百先生属九原郡之说(参见《秦集史》下册,《郡县志上》,第586—588页)。

赏,攻城屠邑则得其财卤以富家室,故能使其众蒙矢石,赴汤火,视死如生。今秦之发卒也,有万死之害,而亡铢两之报,死事之后不得一算之复,天下明知祸烈及己也。陈胜行戍,至于大泽,为天下先倡,天下从之如流水者,秦以威劫而行之之敝也。”[4](《晁错传》)

秦始皇去世后,二世胡亥夺位,蒙恬被迫自杀,匈奴首领冒顿单于杀父自立,不仅趁中原地区兵连祸结之机重夺河南地,而且势力更为强盛,所控制的区域也比秦时更为扩大,《史记·匈奴列传》称冒顿“大破灭东胡王,而虏其民人及畜产。既归,西击走月氏,南并楼烦、白羊河南王。悉复收秦所使蒙恬所夺匈奴地者,与汉关故河南塞,至朝那、肤施,遂侵燕、代。是时汉兵与项羽相距,中国罢于兵革,以故冒顿得自强,控弦之士三十余万”,对中原地区形成攻势。特别是冒顿单于将匈奴分为三部,自领单于庭,置左、右贤王,左、右谷蠡,左、右大将,左、右大都尉等官职,“诸左王将居东方,直上谷以东,接秽貉、朝鲜;右王将居西方,直上郡以西,接氐、羌;而单于庭直代、云中。各有分地,逐水草移徙”[4](《匈奴传》)。冒顿单于这一部署无疑具有政治远见,单于庭居中隔离匈奴左右两部,既避免了匈奴左右两部因为“份地”相近可能产生冲突与矛盾,又可以集中匈奴全部力量对自东而西的北部边郡形成巨大的压力①。

公元前202年,刘邦击败项羽后称帝,面对久经兵燹残破的中原,首先需要考虑的是如何恢复社会经济,翦除异姓诸侯王,强化中央集权等棘手问题,而匈奴的侵扰,是时无法对初都位于中原腹地洛阳的汉廷构成太大的威胁。然而,当刘邦迁都长安后,这一问题自然就立即凸现出来。特别是“匈奴河南白羊、楼烦王,去长安近者七百里,轻骑一日一夜可以至秦中”这一现实威胁,刘邦不能不有所考虑。

但在天下粗定、百废待兴的情况下,整齐在匈奴侵扰下已混乱不堪的北部边郡,毕竟是汉初朝廷力不能逮之事。因此,刘邦最初将防范匈奴的希望寄托于随同自己起兵的亲信将领卢绾诸人的身上。当时与匈奴毗邻的整个北边郡,除由中央政府直接控制的关中地区外,其余北边郡几乎均成为诸侯王的势力范围。东北部燕国,初封臧荼,旋因谋反被灭,复以刘邦的同乡密友卢绾为王,可见刘邦对其十分器重,委以防范匈奴的重任;中部代郡,高祖六年(前201年)初,封同父异母兄刘喜为代王;少子刘如意为赵王,因其年少,遂以随从自己入关灭秦的心腹将领陈豨为赵相国,将兵监视赵、代领边郡,其防范匈奴的用意也十分明确;至于代国以西的地区,由于直接面对匈奴冒顿单于的驻区,防御的任务尤为艰巨,加之诸子年幼,刘邦不能不借助异姓诸侯王的力量。韩王信初封中原腹地颍川,为人“壮武”,刘邦放心不下,于是在六年春将韩王信徙封太原,其中既有预防韩王信在中原作乱的意图,又有让他担负起抗御匈奴责任的期望。这样的部署,在当时的形势下是现实可行的。然而,随着韩王信、陈豨、卢绾等人在刘邦的猜疑之中相继反叛,甚至与匈奴联兵侵扰边郡,而代王刘喜又在匈奴的攻击下弃国而逃,再加之活动于河南地匈奴白羊王诸部,整个北边郡的局势甚至比战国末年秦、赵、燕分兵驻守的形势还要混乱。

到了文帝初年,匈奴驱逐月氏,完全占据河西地区,与河南地遥相呼应,对京畿所在的关中地区的威胁更甚。当时从河西至辽东,漫长的北边郡烽火连绵、胡笳互动,几乎岁无宁日,曾与匈奴缔结的和亲约定不啻一纸空文,没有多少约束力。然而,是时的汉廷奉行的是“与民休息”的政策,对匈奴而言则是以金帛、女子换取安宁的“和亲”之策,再因之社会普遍反感秦攻逐匈奴“暴政”的心态,汉廷无意也无力对匈奴展开大规模的军事攻击行动,加之汉初单纯依靠诸侯王防御匈奴政策的失败,关注北边郡的建设,强化北边郡的防卫能力,委任由朝廷直接任命的边郡守、尉以防范匈奴的要务,就成为高祖刘邦之后

① 从秦末冒顿单于创立匈奴三部制度起,至西汉宣帝五凤(前57—前54年)时匈奴五单于争立止,其间近150余年,匈奴始终没有出现大规模的内部争斗事件,说明冒顿单于创立匈奴分为三部的制度,对于稳定匈奴形势还是有效的。

汉廷防御匈奴的一个基本策略;同时也标志着自战国后期、秦及西汉前期形成的,或由诸国国君直接委派军事将领驻边,或企图依靠诸侯王之势力守护北边郡格局的改变,北边郡守、尉作为朝廷防御匈奴侵扰的一支主要力量出现于北境之上。

三

郡守、尉的职守,《汉书·百官公卿表》谓:“郡守,秦官,掌治其郡,秩二千石。有丞,边郡又有长史,掌兵马,秩皆六百石。景帝中二年更名太守。郡尉,秦官,掌佐守典武职甲卒,秩比二千石。有丞,秩皆六百石。景帝中二年更名都尉。”具体而言,有“太守专郡,信理庶绩,劝农赈贫,决讼断辟,兴利除害,检察郡奸,举善黜恶,诛讨暴残”,及“都尉将兵,副佐太守”的说法①,但这只是就一般情况而言,北边郡由于其特殊的外部环境,朝廷对其守、尉职守的要求与内郡实际是有差别的。

作为抗御匈奴第一道防线的北边郡,“专郡”的郡守与“副佐太守”的都尉,常常面对的是胡笳互动、烽烟屡起的复杂局面,在与匈奴的冲突中,被杀者不在少数。《汉书·文帝纪》载:“十四年(前166年)冬,匈奴寇边,杀北地都尉(孙)卬。”《景帝纪》载:“(后元二年,前142年)春,匈奴入雁门,太守冯敬与战死。”《武帝纪》载:“(元朔元年,前128年)秋,匈奴入辽西,杀太守;入渔阳、雁门,败都尉,杀略三千余人。”“(元朔三年)夏,匈奴入代,杀太守;入雁门,杀略千余人。”“元鼎五年(前112年)秋,匈奴入五原,杀太守。”“(太初三年,前102年)秋,匈奴……又入张掖、酒泉,杀都尉。”正是由于汉匈这种激烈的对抗局面,朝廷对于北边郡守、尉的选拔任用是特别认真的。武帝元光年间,朝议是否出兵攻击匈奴时,御史大夫韩安国认为“勿击为便”,理由即是一旦与匈奴开启战端,将“使边郡久废耕织,以支胡之常事”[4](《韩安国传》)。韩安国所虑并非没有道理,但就是时与匈奴相峙的态势而论,即便不出兵匈奴,北边郡也难免是“以支胡之常事”,“久废耕织”。因此,出任北边郡守、尉者,多是一些通晓军事战阵、治绩剧烈者;而以“仁爱教化”、“躬劝耕农”见称者却鲜有居治北边郡者。绎之史籍,亦是如此。名列《汉书·酷吏传》之首,号称“苍鹰”的郅都,以“行法不避贵戚”,列侯宗室见之侧目著称。景帝时,郅都出任雁门太守,“匈奴素闻郅都节,举边为引兵去,竟郅都死不近雁门”。据有的学者统计,在西汉王朝,军功是朝廷选拔边吏的主要标准之一,“因而具有超众的军事指挥才能而出任边吏者,史书记载甚多”[5]114。

与“酷吏”对照的,则是所谓的“循吏”。《汉书·循吏传》所载的6位循吏中,均有任职于郡的经历。蜀郡守文翁以“仁爱好教化”见称;胶东相王成以“流民自占八万余口,治有异等”增秩;颍川太守黄霸以“外宽内明得吏民心,户口岁增”赐爵见征;北海太守朱邑以“治行第一入为大司农”;渤海太守龚遂以“缓治”“盗贼”、“劝民务农桑”而征任“官职位亲近”的水衡都尉;南阳太守召信臣以“躬劝耕农”、“均水约束”而“数增秩赐金”。上举6位西汉著名的循吏,除蜀郡“地辟陋有蛮夷风”、属西南边郡外,其余所治均是内郡地区,西汉一代未见有治北边郡而名列“循吏”者,可见绝非偶然②。

对于北边郡守、尉的某些过失,朝廷也常常持以宽容的态度。例如文帝初年,云中太守孟舒“坐虏大入云中免”。因孟舒旧友田叔赞其为“长者”,文帝曰:“先帝置孟舒云中十余年矣,虏常一入,孟舒不能坚守,无故士卒战死者数百人。长者固杀人乎?”而田叔以“匈奴冒顿新服北夷,为边寇,孟舒知士卒罢敝,不忍出言,士争临城死敌,如子为父,以故死者数百人,孟舒岂驱之哉”[4](《田叔传》)为之辩解。于是文帝复召孟舒以为云中守。再如文帝十四年,因匈奴大举入扰关

① 《汉官解诂》。《北堂书钞》“设官部”、《太平御览》“职官部”所引文字与此略异。

② 东汉一代,由于匈奴与汉之关系早已缓和,北边郡太守治郡形势与西汉时期迥然有别,故《后汉书·循吏列传》所收卫飒等12位“循吏”中,录有北边郡武威太守任延、张掖太守第五访之事迹,是与西汉时期不同之处。

中，文帝感叹时无廉颇、李牧为之守边也，冯唐却指责文帝“法太明，赏太轻，罚太重。且云中守尚坐上功首虏差六级，陛下下之吏，削其爵，罚作之。由此言之，陛下虽得李牧，不能用也”[4]（《冯唐传》）。于是文帝令唐持节赦魏尚，复为云中守。

景帝、武帝年间的名将李广，首任上谷太守，其后次第任上郡、陇西、北地、雁门、云中、右北平太守，前后历任北边七郡太守，凭借着“天下无双”的“才气”及与匈奴大小数十战的威名，为右北平太守时，“匈奴号曰‘汉飞将军’，避之，数岁不入界”。武帝时，因罪赎为庶人的李广复为右北平太守，因霸陵尉曾无意得罪，李广“请霸陵尉与俱，至军而斩之，上书自陈谢罪”。由于是时右北平形势紧张，武帝急于李广至郡，故赦其擅杀之罪，令李广“率师东辕，弥节白檀，以临右北平盛秋”①。

孟舒守郡失职，“无故”折损士卒；魏尚上功多报“首虏”，有冒功之嫌；但二人免官罚作，固然是“法太明”、“罚太重”，但于法并非完全无据，文帝从谏而复二人官职，反映出由于北边郡的特殊形势，对待守、尉的态度则更为宽容。至于李广趁莅郡时报复杀人，武帝虽然由于右北平的严峻形势而赦其罪，但似于武帝心中也投下了阴影。元狩年间李广从大将军卫青出征，武帝密令卫青，“以为李广数奇，毋令当单于，恐不得所欲”。其中自有防范李广恃功骄纵的意图于内。

虽然朝廷择选北边郡守、尉，多名将、“酷吏”，又常常宽宥其过，但在西汉初年相当长一段时间内，高祖刘邦平城之败对朝野影响甚大，懦弱避战，一时蔚成风气。最为典型的一例则在文帝十四年，匈奴老上单于亲率大军入塞侵略，京城长安为之震动。文帝调动10万车骑戒备长安，又大发车骑往击匈奴。匈奴在塞内杀掠月余后自行退出，而汉军始终未敢与之交战，“驱出塞即止，不能有所杀伤”。文帝为此忧心忡忡，拊髀长叹，深恨没有廉颇、李牧那样的名将为他戍守边塞，分担忧患。《汉书·晁错传》载晁错语：“战胜之威，民气百倍；败兵之卒，没世不复。自高后以来，陇西三困于匈奴矣，民气破伤，亡有胜意。”陇西属西北六郡之一，因“迫近戎狄，修习战备，高上气力，以射猎为先”，百姓风俗质朴，素以悍勇善战著称。汉兴以来，“六郡良家子选给羽林、期门，以材为官，名将多出焉”[4]（《地理志下》），但在连败于匈奴之后民气尚且如此，更遑论其他地区。

为激励与匈奴抗衡之民气，针对北境的自然条件恶劣、地广人稀的特点，晁错建议文帝以赐爵、复家、免罪等方式招募百姓充实边塞，使百姓“幼则同游，长则共事。夜战声相知，则足以相救；昼战目相见，则足以相识；欢爱之心，足以相死。如此劝以厚赏，威以重罚，则前死不还踵也”[4]（《晁错传》）。《汉书·匈奴传》称：“文帝中年，赫然发愤，遂躬戎服，亲御鞍马，从六郡良家材力之士驰射上林，讲习战陈，聚天下精兵，军于广武，顾问冯唐，与论将帅，喟然叹息，思古名臣，此则和亲无益已然之明效也！”对这一社会心态变化的描绘相当地准确。与“文帝中年，赫然发愤”的时尚变化相对应，朝廷对北边郡守、尉也采取了激励之策。文帝十四年三月，孙单因“父印以北地都尉，匈奴入，力战死事”而封为缾侯②。孙单是西汉年间首位因匈奴事而封侯者，其父又是见诸典籍与匈奴作战而死的首位郡级官吏，这似乎并不能以巧合而解释，其中必然反映出朝廷以此激励北边郡守、尉勤劳王事、护郡守边的意图在内。至于与匈奴作战畏懦者，则给予严厉的处罚，《汉书·武帝纪》载：“（天汉三年，前98年）秋，匈奴入雁门，太守坐畏懦弃市。”设赏于前，置罚于后，对于北边郡守、尉的激励警戒目的可谓十分明确。武帝年间，汉匈战争全面爆发，许多曾任或现任职北边郡者参与其中，因功封侯

① 《汉书·李广传》。“白檀”，县名也，属右北平。“盛秋”，颜注：“盛秋马肥，恐虏为寇，故令折冲难也。”与李广齐名的名将程不识，亦有以“边太守将屯”的经历，由于史书失载，不知程不识曾任何边郡太守。

② 《汉书·高惠高后文功臣表》。文帝时，因父亲死于国事而封侯者共2人，除缾侯孙单外，还有黎顷侯召奴。召奴之父召平曾任齐国相，因受骗予齐中尉魏勃兵符而自杀（详见《汉书·高五王传》）。防范诸侯王谋反与匈奴侵扰，是文帝急需解决的两大要务。孙单、召奴皆因父功封侯，正反映出文帝的意图所在。

者有平陵侯苏建(代郡太守)、丕离侯路博德(右北平太守)、义阳侯卫山(北地都尉)等。

随着汉匈战争的不断推进,汉代北边郡的建设也逐渐展开,武帝年间展开的河南、河西两大战役尤为重要。元朔二年(前 127 年),汉夺取河南地后,于秦九原郡故地置朔方、五原二郡,使京畿地区的安全得到了可靠的保障。随后于元狩二年(前 121 年)展开的河西战役后,汉夺取河西走廊,于其地陆续设置敦煌、酒泉、张掖、武威四郡。至此,汉代北边郡基本建置完毕,加之边塞烽燧亭障等防御工事的修筑,形成更为完备的北边郡整体防御体系。劳干先生依据出土的汉简,勾勒出北边郡兵制体系:太守→都尉→候官→鄣尉→候长→燧长[6]。北边郡构成这样严密的防御工事与兵制体系,对于防御匈奴的侵扰起了重要的作用。至昭帝年间,《汉书·匈奴传上》称:“是时,汉边郡燧火候望精明,匈奴为边寇者少利,希复犯塞。”汉匈关系再次开始向缓和的态势发展,其中自然包含着众多北边郡守、尉所付出的艰苦努力,以及不可忽略的重要作用。

【参考文献】

[1]吕思勉.中国制度史[M].上海:上海人民教育出版社,1985.
[2]张维华.中国长城建置考:上编[M].北京:中华书局,1979.
[3]司马迁.史记[M].北京:中华书局,1959.
[4]班固.汉书[M].北京:中华书局,1962.
[5]李大龙.两汉时期的边政与边吏[M].哈尔滨:黑龙江教育出版社,1998.
[6]劳干.释汉代之亭障与烽燧[J].“中央研究院”历史语言研究所集刊(第 10 本),1948.

第 11 卷第 4 期
1991 年 7 月

东汉三公、尚书职权辨析

黄宛峰*

【摘　要】 东汉的三公仍保留着丞相的职权，尚书在一定程度上也行使着丞相的职权，三公侧重于管理具体行政及地方事务，尚书通过审阅臣民章奏，起草、发放诏书，保证下情上达，政令下行，二者共行宰相职掌。

【关键词】 东汉；三公；尚书；宰相

关于汉代官制，一个传统观点是：东汉的开国皇帝刘秀为加强皇权，"虽置三公，事归台阁，自此以来，三公之职备员而已"[1](《仲长统传》)，自汉末的仲长统首倡此意后，有关东汉官制的论著大体沿袭此说。唯 1990 年祝总斌教授《两汉魏晋南北朝宰相制度研究》一书问世，才明确提出了东汉的三公仍为宰相、尚书并未取代三公的观点。旧说明显地失之武断，而祝先生的新说强调了三公的作用，但对于三公的职掌似未能深入分析，对尚书的职掌与地位也估计较低。笔者认为，东汉的三公仍保留着丞相的职权，而尚书在一定程度上也行使着丞相的职权。从某种意义上，可以说是三公与尚书共行宰相职掌。

一、三公并非备员，尚书亦非众务所归

东汉三公（即太尉、司徒、司空）由西汉的丞相演变而来。那么，西汉的丞相有何权力呢？安作璋、熊铁基先生的《秦汉官制史稿》一书认为：秦及西汉前期的丞相"总理百官，协理万机，一切国事皆归其管辖"，具体的职权表现在五方面：选用官吏；劾奏百官和执行诛罚；主管郡国上计与考课；总领百官朝仪与奏事；封驳与谏争。两汉制度有很强的延续性，我们不妨大致以此为参照系，考察一下东汉的三公与尚书在这五方面的权限如何。

（一）选用官吏之权

东汉的选官之权，于不同时期在三公、尚书之间似不断易手。有关的典型材料有下列几则：

安帝时，尚书仆射陈忠上书，言"汉典旧事，丞相所请，靡有不听。今之三公，虽当其名而无其实，选举诛赏，一由尚书。尚书见任，重于三公，陵迟以来，其渐久矣"[1](《陈忠传》)。

顺帝于阳嘉元年（132 年）下诏曰："（时灾异屡现，）退省所由，皆以选举不实，官非其人。……今刺史、二千石之选，归任三司。"[1](《顺帝纪》)次年，儒生郎顗在上书中即指斥此事，言"今选举牧守，委任三府"，又在对尚书问时说："今选举皆归三司"，而"三公每有选用，辄参之掾属，

---

* 黄宛峰（1953—　），女，河南省南阳市人，现为杭州师范学院教授，主要从事秦汉史研究。

公府门巷,宾客填集,送去迎来,财货无已"[1](《郎𫖮传》)。他认为"尚书职在机衡,宫禁严密",常人难以与之交通,"选举之任,不如还在机密"[1](《郎𫖮传》)。

灵帝时,幽冀二州官吏缺职,经久未补,议郎蔡邕上书曰:二州急待治理,"而三府选举,逾月不定"[1](《蔡邕传》)。又,尚书吕强上书说:"旧典选举委任三府,三府有选,参议掾属,咨其行状,度其器能,责以成功。若无可察,然后付之尚书。尚书举劾,请下廷尉,覆案虚实,行其诛罚。今但任尚书,或复敕用,如是,三公得免选举之负,尚书亦复不坐。责赏无归,岂肯空自劳苦乎!"[1](《吕强传》)。

汉献帝被胁迫至长安后,董卓死,其部将李榷、郭汜、樊稠三人共掌朝政,"更以为尚书典选"[1](《董卓传》)。

上述史料中,陈忠作为尚书仆射,对于当时的政治制度非常熟悉,他所言"选举诛赏,一由尚书",应当是可信的。郎𫖮建议"选举之任,不如还在机密",也正与陈忠之言相印证,说明东汉前期确实是尚书典选。此期的三公虽不掌选,却与当时的设官置吏也有一定的联系(刘秀曾下令司隶、州牧,省减吏员,"县国不足置长吏,可合并者,上大司徒、大司空二府"[1](《光武帝纪》)。县国合并后的官吏设置,当由二府掌管,或由二府呈报皇帝批准。此事从一个侧面说明公府与置吏的关系。和帝元兴元年,洛阳令王涣病卒,"连诏三公特选洛阳令,皆不称职"[1](《王涣传》)),顺帝将选举"归任三司"后,大概主要由三公控制选举。而灵帝时既有蔡邕之议说明由三公选州刺史,吕强之言又说"但任尚书"。再依吕强所说之"旧典",选举皆由三公考查,尚书复审把关。这个"旧典"究竟存在于何时呢? 诸多疑问,只有结合东汉具体的选官制度来探讨,问题才会明朗一些。

东汉选官的主要途径是察举和征辟。察举又包括岁举和诏举。岁举中数量最大的孝廉科由三公主考,尚书复查。这一双重的选官方法始于顺帝。顺帝阳嘉元年,尚书令左雄为纠正郡国举孝廉名不符实的弊端,建议"请自今孝廉年不满四十,不得察举,皆先诣公府,诸生试家法,文吏课笺奏,副之端门,练其虚实"[1](《左雄传》)。顺帝从之,颁下郡国。左雄议中的"端门",为宫殿南面正门,掌"端门"之试者,即为尚书。孝廉科的这一选举方法大概一直延续到东汉末年。左雄之后,尚书张盛曾奏除复试之举,尚书令黄琼坚持"覆试之作,将以澄洗清浊,覆实虚滥,不宜改革";黄琼又认为"左雄所上孝廉之选,专用儒学文吏,于取士之义,犹有所遗,乃奏增孝悌及能从政者为四科"[1](《黄琼传》),均为顺帝所纳。至灵帝光和元年(178 年),蔡邕上言"宰府孝廉,士之高选,近者以辟召不慎,切责三公"[1](《蔡邕传》),《续汉书》中说"故事,孝廉高第,三公尚书辄优之,特劳来其举将"[2],都说明了这个问题。

岁举的常科,孝廉之外,比较重要的就是茂才。孝廉一般为入仕的第一个台阶,被举为孝廉者大都拜为郎官,少数可至县令。茂才则比孝廉高一级,绝大多数可直接拜县令或相当于县令的官职,因之察举的人数有限。据《续汉书·百官志》注引《汉官目录》曰:"建武十二年八月乙未诏书,三公举茂才各一人,廉吏各二人;光禄岁举茂才四行各一人,察廉吏三人……"后边依次为中二千石、廷尉、大司农、将兵将军、监察御史、司隶、州牧。此诏书中,三公以外的所有举主均有"岁举"或"岁察"两字,唯三公独无。对此,黄留珠先生在《秦汉仕进制度》一书中认为,这里的"三公"与"举"之间可能脱一"岁"字。他列举旁证如《汉旧仪》中便有"丞相岁举秀才(东汉避刘秀讳,改秀才为茂才)一人,廉吏六人"的记载;书中还统计了东汉较明确的 62 例茂才,指出其中举主为三公者 9 人、将军者 6 人、光禄者 4 人、司隶者 3 人、州刺史者 26 人。这与建武十二年诏书中令中央的三公、将军、光禄,地方的司隶、州牧等举茂才的记载是吻合的。由此可证,岁举茂才,三公亦居举者之首,尚书则无此举荐权。

诏举作为选举特科,多在发生日食、地震等灾异和国家政务繁多之时进行。而皇帝下诏令举荐人才时,往往以三公领衔。如光武帝建武六年,因日食"诏公卿举贤良方正各一人"。次年,又因日食诏"公、卿、司隶、州牧举贤良方正各一人"。公卿为中央官吏,司隶校尉辖京畿七郡,州牧统郡国,此诏明令中央到地方的主要官吏荐举人才。他如章帝建初元年、建初五年,和帝永元四年,安帝永初元年、永初五年、延光四年,顺帝阳嘉二年,冲帝建康元年,桓帝本初元年、建和元年、永兴二年、延熹八年、延熹九年、永康元年,献帝建安五年的诏书,除章帝建初元年诏以太傅领衔,桓帝建和元年、建和三年诏以大将军领衔外,其余均以三公为首,依次为中二千石、二千石、郡国二千石等,不言尚书①。另有特诏,如安帝永初二年,"诏公卿举儒术笃学者";元初二年,"诏三公、特进、列侯、中二千石,郡守举敦厚质直者各一人"。顺帝汉安元年,"诏大将军、公、卿举贤良方正、能探颐索隐者各一人"。桓帝建和元年,"诏大将军、公、卿、郡国举至孝笃行之士各一人";延熹九年,"诏公、卿校尉举至孝"。灵帝光和三年,"诏公卿举能通《尚书》、《毛诗》、《左氏》、《穀梁》、《春秋》各一人,悉除议郎"。文士之外,还有诏举武猛。安帝永初五年,"诏三公、特进、九卿、校尉举列将子孙明晓战阵任将帅者";建光元年,"诏三公、特进、侯、卿、校尉举武猛堪将帅者各五人"。顺帝阳嘉三年,"令大将军、三公各举故刺史、二千石及见令、长、郎、谒者,四府掾属刚毅武猛有谋略任将帅者各二人,特进、卿、校尉各一人"。汉安元年,"诏大将军、三公选武猛试用有效验任为将校者各一人"。桓帝延熹九年,"沈氐羌寇武威、张掖,诏举武猛,三公各二人,卿、校尉各一人";灵帝中平元年,下诏公卿"举列将子孙及吏民有明战阵之略者"。因皇帝常令公卿举荐各方面人才,如遇紧急情况时,三公常能很快举出合适人选。明帝永平十三年,楚王英被告发谋逆,事下楚郡复案,"明年,三府举(袁)安能理剧,拜楚郡太守"[1](《袁安传》)。安帝时,"西羌寇巴郡……三府举(谷城令王堂)治剧,拜巴郡太守"[1](《王堂传》)。质帝朝,徐、扬一带"盗贼群起",刺史、太守战死,"三公举(涿令滕抚)有文武才,拜为九江都尉……大破之"[1](《滕抚传》)。桓帝在位,政治腐败,边境多事,北方"鲜卑数犯边,诏三公举威武谋略之士,司空黄琼荐(崔)寔,拜辽东太守"[1](《崔寔传》);南方李研"陆梁荆都……太尉杨秉表(陈球)为零陵太守"[1](《陈球传》);武陵蛮又叛,"诏下公卿议,四府(三公府加大将军府)举(应奉)才堪将帅"[1](《应奉传》),拜武陵太守。灵帝熹平年间,九江蛮反,四府举卢植"才兼文武,拜九江太守"[1](《卢植传》);此后,三府又"上(阳)球有理奸才"[1](《阳球传》),阳球亦一度为九江太守。灵帝末年,"交趾屯兵反……灵帝特敕三府精选能吏,有司举(贾)琮为交趾刺史"[1](《贾琮传》)。这里的"有司",无疑为三府。

此类诏举,泛言公卿者,包括各级官吏在内。如桓帝延熹五年,荆州刺史刘度镇压境内农民起义,战败,"桓帝诏公卿举任代刘度者,尚书朱穆举(度)尚",于是度尚由右校令擢为荆州刺史[1](《度尚传》)。但绝大多数的诏举,都明确规定举荐者的身份,且一般都以三公领衔,可见三公之位尊与权重。

征辟一项,征为皇帝征召,辟即公卿和地方官吏均可自辟僚属。辟除虽不属三公特有之权,但士人若被辟为高级官吏的掾属,升迁的可能便大大增加。崔寔《政论》曰:"三府掾属,位卑职重,及其取官,又多超卓,或期月而长州郡,或数年而至公卿。"因而人们往往以公府辟除为上。《后汉书》中所录为公卿辟除者,几乎全部为公府辟除,九卿或其他中央长官辟除的例子极为罕见。公府辟除后的确升迁迅速,典型的一例如鲁恭为司徒,"选辟高第,至列卿郡守者数十人"[1](《鲁恭传》)。正常的辟除之外,还有一些较特别的辟召,如灵帝置鸿都门学,"其诸生皆敕州郡三公辟召,或出为刺史、太守,入为尚书、侍中"[1](《蔡邕传》)。

总之,从东汉的选官制度来看,三公权力甚重。他们在诏举、辟除中的作用自不待言,岁举孝廉一科虽由三公、尚书共负其责,而三公府的试家法、课笺奏实为考试的基本内容,是能否入选的主要关口。三公的这种选官权,应当说是承袭了西汉的宰相职权。《后汉书·窦宪传》中曰:窦宪"进位特进,得举吏,见礼如三公"。注曰:"汉法,三公得举吏。"正因为汉制规定三公

① 分见《后汉书》各帝纪。

在选官方面的权力,掌国家权柄的外戚、宦官有时也不得不俯首求之。如外戚耿宝、阎显均向太尉杨震推荐亲信或宦官亲属,为杨震拒绝[1](《杨震传》);权倾朝野的梁冀,请太尉黄琼安插党羽为官,黄琼亦铁面无私,对“梁冀前后所托辟召,一无所用”[1](《黄琼传》)。而另一方面,正直的士人也寄望于公府。梁冀专权,不少士人“连名奏记三府,荐海内高士,而不诣(梁)冀”[1](《梁冀传》)。

尚书在选官方面的权力,据《续汉书·百官志》所载尚书令职掌中,有“选署”一项,注引蔡质《汉旧仪》也说:“吏曹尚书典选举斋祀,属三公曹,灵帝末,梁鹄为选部尚书。”“选署”、“吏曹”、“选部”具体内容不详,但均与选举有关,则是可以肯定的。尚书典选,最重要的即是左雄限年试才,又遣退徐淑后,“济阴太守胡广等十余人皆坐谬举免黜……自是牧守畏栗”,“雄在尚书,天下不敢妄选,十余年间,称为得人”[1](《左雄传》),尚书台在孝廉之选中确实起到了复核把关的重要作用。吕强所言“旧典”约与孝廉科的这种双重选官方法有关。矛盾之处是左雄议中“诸生试家法、文吏课笺奏”,考试内容很明确,并不需要三公“参议掾属,咨其行状,度其器能(即考察其德行、才能),责以成功”,再上报至尚书。看来吕强所谓“旧典”可以有两种解释:一是指黄琼建议“增孝悌及能从政者”以后孝廉科的考试情况;二是除公府辟除外的选官均由三公举荐、尚书把关复审。因为作为数量最大的岁举孝廉即由尚书复试,其他选官也许会依此办理。若果真如此,那么,如上举诏举之例,东汉前期屡有三公举荐人才的记载,而陈忠仍言之凿凿地说“选举诛赏,一由尚书”也就容易理解了。这些问题目前只能存疑。另据安帝永初二年诏,王国官吏由“国相岁移名,与计偕上尚书、公府通调,令得外补”[1](《安帝纪》),是为尚书、三公府共掌王国官吏至郡县的调动。此外,尚书台人选除由三公和其他官吏推选外,尚书举荐,似比较便利。尚书直接选官的记载很少(如《后汉书·韩韶传》太山农民起义,尚书选三府掾能理剧者,乃以韩韶为嬴县县长)。

(二)劾奏官吏和执行诛罚之权

在论及东汉三公无权时,人们经常引用的还有一段话,即《后汉书·朱浮传》所载:“旧制,州牧奏二千石长吏不胜位者,事皆先下三公,三公遣掾史案验,然后黜退,(光武)帝时用明察,不复委任三府,而权归刺举之吏。(执金吾朱)浮复上疏曰:‘陛下……即位以来,不用旧典,信赖举之宫,黜鼎辅之任,至于有所劾奏,便加免退,覆案不关三府,罪谴不蒙澄察。陛下以使者(刺史)为腹心,而使者以从事(州从事)为耳目,是为尚书之平,决于百石之吏,故群下苛刻,各自为能。’”这段史料反映的中心问题是二千石官吏的劾退不再经三府案验,那么,是否可以根据“尚书之平”的话即肯定为尚书案验呢?祝总斌教授认为,这里其实是州牧“有所劾奏,(光武)便加退免”,亦即剥夺了三公的复案权力,直接集权于刘秀之手。这种看法确有道理。联系当时“(光武)帝以二千石长吏多不胜任,时有纤微之过者,必见斥罢”[1](《朱浮传》)来考虑,刘秀宁严毋宽,“有所劾奏,便加退免”是顺理成章的。

问题在于:对地方二千石“覆案不关三府”的制度,刘秀之后是否一直存在?回答是否定的。

朱浮的上书,意即在恢复“旧制”,可谓对此制度发难的第一人。明帝在位“日晏坐朝,幽枉必达”,又“遵奉建武制度,无敢违者”[1](《明帝纪》),大概仍坚持刘秀成法。而章帝即位的当年冬天,外戚马严即借发生日食上书,指斥当时“刺史太守专州典郡”,益州刺史张酺等选举不实,由此强调“故事,州郡所举上奏,司直察能否以惩虚实(司直为丞相属吏,助督录诸州),今宜加防检,式遵前制”。马严此议,得到了章帝的重视,“帝纳其言而免酺等官”[1](《马严传》)。次年春三月,章帝曾下诏,谓贵戚骄纵,而“有司废典,莫肯举察。春秋之义,以贵理贱,今自三公,并宜明纠非法,宣振威风”[1](《章帝纪》),大概与马严之议不无关系。此后,随着东汉中后期社会矛盾的激化,三公对刺史、二千石劾奏的记载不绝于史。首先,从有关的诏书奏议来看。安帝元初二年,因连年蝗灾下诏谴责三公曰:州郡隐瞒土地数目,“三司之职，内外是监，即不奏闻，又无举正”[1]（《安帝纪》）。这时的“内外”，应为中央及地方的各级官吏。顺帝时，尚书仆射虞诩上奏：民众上书言地方二千石将犯罪者所交的赎罪钱敛为己有，“而三公、刺史少所举奏”。又援引旧例说：明帝、章帝时，“州郡以走卒钱给贷贫人，司空劾奏，州及郡县皆坐免黜”[1]（《虞诩传》）三公劾奏之权，于此可见一斑。顺帝末年，侍御史种暠又奏请四府条举“近臣父兄及至亲为刺史，二千石尤残秽不胜任者，免遣案罪”[1]（《种暠传》），顺帝从之。四府中的大将军府为一时权力重心所在，执行日常劾案的仍当为三公。直到灵帝建宁年间，蔡邕上书，论及司隶校尉、地方刺史多不奉职，致使“纲网弛纵，莫相举察”时，仍归责于“公府台阁亦复默然”，建议加强“三公岁尽，差其殿最”[1]（《蔡邕传》）之制。其次，从三公劾奏之实例看。和帝时，司徒袁安、司空任隗针对外戚窦宪遍插党羽为州郡要职的状况，“举奏诸二千石，又它所连及，贬秩免官者四十余人，窦氏大恨”[1]（《袁安传》）。李固于冲帝时为太尉，为纠此前“诸所除官，多不以次”之弊，一次“奏免百余人”[1]（《李固传》）。桓帝诛灭梁冀后，黄琼“首在公位（为太尉），举奏州郡素行贪污，至死徙者十余人”[1]（《黄琼传》）。桓帝延熹五年，太尉杨秉、司空周景劾奏宦官子弟典据要职，奏请下司录校尉等“各实核其部，应当斥罢，自以状言，三府廉察有遗漏，续上”为桓帝所从，于是杨秉“条奏牧守以下五十余人……或死或免，天下莫不肃然”。延熹七年，杨秉劾奏“累有臧罪”的益州刺史侯参，侯参畏罪自杀；又在随桓帝至南阳时，发现南阳太守以皇帝驾到为名摊派赋税，趁机中饱私囊，杨秉即下书谴责荆州刺史，并以“状副言公府”[1]（《杨秉传》）。灵帝“时隐核官僚之贪浊者，将加贬黜，（司徒府掾孔）融多举中官亲族”[1]（《孔融传》）。可见，对贪官污吏的罪行进行调查、核实，以备黜退，为三公府的经常工作之一。正因为如此，有一年大旱，司空张颢为脱己咎，立即“条奏长吏苛酷贪污者，皆罢免之”[1]（《阳球传》）。再次，从当时三公府“举谣言”及三府清诏所行之职来看。东汉的“举谣言”，为中央考察州郡官吏政绩的一种方法。举谣言常由三公主持。《汉官仪》曰：“三公听采长史臧否，还条奏之，是为举谣言也。”桓帝时，诏三府掾属举谣言，太尉掾范滂奏刺史、二千石权豪之党二十余人[1]（《范滂传》）。灵帝“诏公卿以谣言举刺史、二千石为民蠹害者，时太尉许彧、司空张济承望内官，受取贿赂，其宦官子弟宾客，皆不敢问”[1]（《刘陶传》）。这里一方面说明三公在外戚、宦官专权的重重压力下，无法正常行使其职权；另一方面，以宦官当时之权重，仍要贿赂三公为其子弟开脱，正说明三公劾奏二千石之权绝非虚言。清诏，约为三公府专门承诏出使地方、劾察地方官吏的官员。《风俗通》中，有“汝南周勃辟太尉清诏，使荆州”。《后汉书·第五种传》：第五种“以司徒掾清诏使冀州，廉察灾害，举奏刺史、二千石以下，所刑免甚众，弃官奔走者数十人。还，以奉使称职，拜高密侯相”。看来清诏之“职”就在于察刺史、郡国守相之过。

当然，在东汉险恶的政治形势下，三公的劾奏并非毫无顾忌。上述许彧事即一例。梁冀专权，永昌太守铸黄金为文蛇，欲献梁冀，益州刺史种暠“纠发逮捕，驰传上言，而二府（约为司徒、司空府）畏懦，不敢案之”[1]（《种暠传》）。此事所体现之劾案程序：刺史举奏郡守，上报公府核案，正与《朱浮传》中所谓“旧制”相符。有时三公因劾奏不实，反而坐罪，如大司空宋弘考上党太守无所据，司徒郭丹考陇西太守事无据，太尉赵熹考中山相不实，均被免官①。但这恰恰反证了三公有劾奏二千石官吏之权，证据确凿即可。

安帝诏书言“三司之职，内外是监”，除对当时千人所指的外戚、宦官，三公激烈抨击外，对司隶校尉、洛阳令及尚书台官员，三公也有所劾奏，但为数较少。

与三公形成较明显的对比，尚书的劾奏对象一般不直接涉及地方官吏。朝议中大臣有失礼处，尚书劾奏②；大臣违抗皇帝旨意时，尚书承旨

① 分见《后汉书》中《宋弘传》、《郭丹传》、《赵熹传》。

② 事见《后汉书·梁冀传》、《后汉书·傅燮传》。

劾奏[1](《陈忠传》);大臣骄纵无度,尚书亦劾案之(尚书令尹勋、尚书仆射霍谞数奏大将军梁冀罪恶;中常侍张防“每请托受取”,尚书仆射虞诩辄案之[1](《梁冀传》))。值得注意的是,尚书对其他中央官吏的劾奏,或针对其过失而发,或为维护皇帝的绝对权威、压制违抗皇帝旨意的言行,而对三公的劾奏,除因三公本人的因素以外(如阳嘉二年发生旱灾,尚书周举认为“责在司徒”,指斥司徒刘合“在位六年,未闻忠言嘉谋”,实为“贪污佞邪者”,顺帝后来借口他事免了刘合的官[1](《周举传》)。灵帝时,尚书令羊陟奏太尉张颢、司徒樊陵、大鸿胪郭防等“与宦官相姻私,公行货赂”[1](《羊陟传》),建议一并罢免),似乎专有督责三公政务的职责。太尉马英、司空李合为讨好大将军邓骘,解除了犯罪的邓氏党羽、征西校尉任尚的禁锢,“后尚书案其事,二府并受谴咎”[1](《刘般传》);桓帝令举谣言时,“尚书责(太尉府掾范滂)所劾猥多,疑有私故”[1](《范滂传》),都表明三公政务受尚书监督。东汉后期的王符在《潜夫论·考绩》中曰:当时的令长守相“不奉法令,侵冤小民”,而“州司(刺史)不治,令(民众)远诣阙,上书诉讼。尚书不以责三公,三公不以让州郡,州郡不以讨县邑,是以凶恶狡猾,易相冤也”。王符此语,道出了尚书、三公、刺史、郡国守相、县令从上到下层层的督责关系,这一方面说明三公的确拥有对郡县的行政管理权,与我们前面的分析——三公的劾奏对象主要为地方刺史、郡国守相,标志着三公对郡国行政的管理这一结论相吻合;另一方面,也说明尚书督察三公,已为约定俗成之事。

至于执行诛罚,准奏者为皇帝。东汉对县令以上官吏的诛罚,都要经皇帝批准①,三公、尚书均无此权力。

(三)主管郡国上计与考课之权

东汉有关此制的记载甚少,却比较明确。《后汉书·李忠传》载:刘秀建武年间,李忠为丹阳太守,“垦田增多,三岁间流民占著者五万余口,三公奏课为天下第一”。明帝永平年间,司徒范迁荐丰令牟融正直无私,“并上理状”,即牟融政绩的具体内容,牟融遂迁为司隶校尉[1](《牟融传》)。范迁对牟融“理状”的掌握,显然因为属其职掌范围。灵帝光和元年,“司徒袁逢受计,计吏数百人皆拜伏廷中,莫敢仰视”[1](《赵壹传》)更清楚无误地说明是三公主持上计。东汉郑玄注《周礼·槁人》曰:“今司徒府中有百官朝会之殿”,此处的“廷中”大概即百官朝会之殿。另从涉及三公府的有关农事、民事,亦可旁证三公对郡国的行政监督权。《后汉书·循吏传》载,山阳太守秦彭政绩显著,诏书“以其所立条式,班令三府,并下州郡”,可知三公与郡国政务密切的统属关系。郡国有灾,往往遣公府掾属至地方赈济贫民。公府当掌握郡国户口,方能比较准确地发放救济。

此项权力,蔡质《汉仪》谓:尚书台的三公曹“典天下岁尽集课事”,若从安帝永初二年诏,诸侯国官吏“岁移名,与计偕上尚书、公府通调”来看,似乎上计吏也应至尚书台汇报。因材料极少,恐难以明辨了。

(四)总领百官朝仪与奏事之权

西汉凡遇重大的事情,丞相主持百官朝议,然后领衔上奏皇帝。东汉遇重要边事、礼制刑律、赏功、罚罪、选举等,皇帝往往要召公卿廷议,三公大概仍为集议的主持者。边事的集议,如建武二十七年,北匈奴单于要求和亲,刘秀召公卿廷议;未决;次年,使者又至,刘秀将此事交给三府讨论,司徒掾班彪上奏,认为宜暂用羁縻之策,同时呈上了他自己起草的一份以皇帝名义回匈奴单于的信,“帝悉纳从之”[1](《班彪传》)。安帝永初四年,并凉一带羌族反叛,大将军邓骘以军费不支,欲放弃凉州,“乃会公卿集议……议者皆同”。唯太尉府掾虞诩私谓太尉李修万不可丢弃凉州,李修醒悟道:“微子之言,几坏国事!”遂即“更集四府,皆从诩议”[1](《虞诩传》)。东汉末年,西羌又叛,司徒崔烈再次提出放弃凉州,“诏会公卿百官,烈坚执先意”,议郎傅燮厉声道:“斩司徒,

① 《后汉书·李膺传》载:李膺诛杀野王县令,朝廷奏“不先请而诛”之罪。

天下乃安!”他慷慨陈辞,说“烈为宰相,不念为国思所以弭之之策,乃欲割弃一方万里之土”,实为不忠[1](《傅燮传》)。由这三则史料可见,班彪作为司徒府的一般掾属,帮助皇帝起草有关文书,当时被视为非常自然;李修名正言顺地“更集四府”议事;崔烈身为宰相,理应为国分忧。这些都说明了三公对重要国事负有义不容辞的责任。

其他如法律、礼制的制定,三公常与主管官员议定。建武年间,太中大夫梁统认为宜重刑罚,“事下三公、廷尉”,皆以为不可。梁统再上言,并要求“对尚书近臣,口陈其要”[1](《梁统传》),意即由尚书再向皇帝转达他的意见,然而终未获准。专典司法的廷尉在请求改定律令时,也径直以三公为其上司。章帝朝,尚书张敏对当时的《轻侮法》提出异议,也是请“下三公、廷尉蠲除其弊”[1](《张敏传》)。礼制,常“章下三公、太常”令定[1](《张纯传》),选举事、取士事,也要“下公卿会议”。

在官秩、地位上,尚书自然不能与三公相比,因而“诏下公卿会议”时,尚书台官员仅作为百官中的成员参与议事,发表意见。然而尚书台的“通议”、“驳议”之制,则为三公所无。章帝朝国家经费不足,尚书张林提出解决办法,“诏诸尚书通议”,尚书仆射朱晖认为张林之议不可行,事遂止。后又有人再提张林方案,“有诏施行”,即皇帝已批准实施。朱晖却再次上奏反对,章帝动怒,“切责诸尚书”,朱晖愤而自系狱。三天后,诏敕出之,曰:“国家(即皇帝)乐闻驳议,何故自系?”朱晖仍愤而“不肯复署议”[1](《朱晖传》)。此例似说明,重要事务在诏书下达前,由尚书台官员“通议”,形成意见后,每个人要签名(即“署议”)。驳议,即对公卿集议的结果或皇帝的成命提出异议。蔡邕《独断》曰:“其有疑事,公、卿、校尉、百官会议,若台阁有所正处而独执异意者,曰驳议。”《后汉书·宋均传》:宋均为尚书令,“每有驳议,多合上旨”。

这里需要强调的是,东汉众多的事例说明,无论是以三公为主的集议,还是尚书的通议,往往众说纷纭,三公、尚书之间亦意见不一,最后的结果是皇帝择善而从,一锤定音。它与秦及西汉前期丞相总领朝议,然后与皇帝参决的情况有很大的不同。

(五)封驳与谏诤之权

西汉丞相对皇帝诏令不符汉制者,有封驳谏争之权。典型例子是哀帝下诏书封佞臣董贤二千户,丞相王嘉封还诏书。李俊的《中国宰相制度史》认为,“谏诤行为最重要者,则为‘封还诏书’,与‘不肯平署’”。封还皇帝已下的诏书,或不肯在皇帝已裁可的成命上签字,这无疑代表着作为百官之长的丞相对于皇权的某种制约。东汉最突出的有两例:一为明帝时的尚书仆射钟离意在朝政苛酷、群臣自危的情况下,“独敢谏争,数封还诏书”[1](《钟离意传》)。二为东汉后期诏令急捕党人,“案经三府,(太尉陈蕃)却之曰:‘今所案者,皆海内人誉,忧国公忠之臣’……不肯平署”[1](《党锢传序》)。三公或尚书的谏诤权力,均为汉制所规定。《续汉书·百官志》:太尉、司徒、司空三公除分掌兵事、民事、水土事,岁尽“奏其殿最而行赏罚”外,国有大造大疑,三公通而论之;国有过事,通谏诤之。三公的分职在东汉并不明显,如选举、劾奏、集议、考课等,往往是三公并提。作为三公的共职——议政、谏诤,自然是政治生活中的大事。尚书之谏诤,据《后汉书·郅寿传》:尚书仆射郅寿因事下狱,侍御史何敞上疏,认为郅寿“为机密近臣,匡救为职,若怀默不言,其罪当诛”。“匡救为职”,即以谏诤、匡正皇帝过失为职责。侍御史一官,“掌察举非法”,何敞之言,当极为可信。因而,小至皇帝的出游、好恶,对佞臣、贵戚的赏赐,大至东汉为害最烈的外戚、宦官专权,三公、尚书无不谏诤。如刘秀欲出游,尚书令申屠刚以天下未定,不可逸乐阻止之,谏而不听即以头抵住车轮,刘秀只得作罢[1](《申屠刚传》)。刘秀又曾于屏风上“图画列女”,与大臣谈话仍“数顾视之”,大司空宋弘正色道:“未见好德如好色者。”刘秀愧而撤之[1](《宋弘传》)。太尉杨震数谏安帝佞臣事。对于外戚、宦官的种种不法行为,三公、尚书中之正直者无不面折廷争,直至为之献身。三公中的杨震、李固、杜乔因直言谏诤被迫害而死。尚书朱穆深疾宦官,“志欲除之”,苦谏桓帝罢退宦官,“帝怒,不应,穆伏不肯起,左右传出,良久乃趋而去”[1](《朱穆传》),后终愤懑而死。三公、尚书的这种谏诤,固然是由东汉中后期天下汹汹,“匹夫抗愤、处士横议”的特殊政治形势所决定,也在于他们本身强烈的自重感、责任感。

二、三公“为国栋梁”,尚书踞“机密端首”,两者共行宰相职能

以上从形式的类比,我们可以认为,三公在当时的政治生活中确实仍发挥着重要的作用,尚书台也并非包揽一切政务的机关。当然就其实质而言,无论是三公或尚书台,其职权与西汉时期的丞相都相去甚远,三公与尚书实际上分割了西汉丞相的职权。除共议国家大事外,两者的区别似乎在于:三公侧重于管理具体政务及地方事务,如选举官吏,劾奏地方官吏,通过上计、考课了解地方官吏的政绩等。而尚书作为皇帝的近臣,不直接插手地方政务,他尽管也要办理如官吏调动手续随时奉旨行事等具体事务,但尚书台最重要的作用,则在于通过审阅臣民章奏,起草、发放诏书,保证下情上达,政令下行,时人称“天下枢要在于尚书”、尚书台为“机密端首,至为尊要”,大概都是从这个方面讲的。它对于选举中最重要的孝廉科的把关,对三公政务的督责,实际也是对天下事的间接管理。若从地位上而言,三公仍位高势尊,除上述职掌外,在立帝,立太子、皇后,废皇后,追尊皇后,办理皇帝、皇后丧事时,三公常主持其仪[2](《礼仪志》)。尤其是立帝一事,在东汉中后期小皇帝迭起、外戚宦官争相拥立幼主的形势下,三公自以“位列台司,忧责深重”[1](《陈蕃传》),义无反顾地参与废立之议①。在与外戚、宦官斗争时,人们也往往寄厚望于三公。灵帝光和年间,永乐少府陈球劝司徒刘郃“位登台鼎,天下瞻望”,不可坐观成败;步兵校尉刘纳也谏刘郃道:“公为国栋梁,倾危不扶,焉用彼相邪?”刘郃应允即上表。素疾宦官的卫尉阳球为司隶校尉,四人同谋诛灭宦官,结果走漏风声,四人均下狱死[1](《刘郃传》)。在东汉险恶的政治形势下,三公争议朝堂,激浊扬清,对东汉政治所起的积极作用是不可低估的。范晔论曰:“汉世乱而不亡,百余年间,数公之力也”,确有一定道理。尚书虽远远比不上三公的威望和资格,但在实际的政治生活中,他既然处于机密近臣的地位,洞察天下民生疾苦、政事利弊得失,为皇帝出谋划策又远较三公为频繁、便利,他就不可能仅仅是附庸于皇帝、毫无个人意志可言的御用工具,他必然在政治中发挥自己独特的作用。司徒刘崎被罢免,就是顺帝因大旱向尚书令成翊世、尚书仆射黄琼、尚书周举“问以得失”时,周举提议罢免的。史书屡言的尚书“平事”、“决事”之类,都是指尚书在重大国事上所起的不可忽视的作用。特别是尚书令、尚书仆射,在朝廷中可谓举足轻重。钟离意因“数封还诏书”为明帝不容,出为鲁相,然而后来明帝建成德阳殿,大会群臣时,却茫然若失地说:“钟离尚书若在,此殿不立。”郅寿于章帝时为尚书令,“朝廷每有疑义,常独进见”[1](《郅寿传》)。侍中爰延曾谓桓帝为中主,桓帝问何以言之,爰延对曰:“尚书令陈蕃任事则化,中常侍黄门豫政则乱,是以知陛下可与为善,可与为非。”[1](《爰延传》)如钟离意、郅寿、陈蕃等人的地位和作用,实为行宰相职能,他们并非靠一时恩宠而权重的弄臣。另外,特别值得重视的是,中国古代是人治而不是法治,三公、尚书实际权限的大小,与每一位皇帝在位的具体政局、他们与皇帝的关系远近以及他们本人的政治素质、胆识、气质有着重要的关系。篇幅所限,这一问题只能暂时省略了。

【参考文献】

[1]范晔.后汉书[M].北京:中华书局,1965.

[2]司马彪.续汉书[M].清朝精刻初印本,1881.

① 《后汉书·周章传》载:司空周章欲废安帝,立刘胜。

第 30 卷第 1 期
2010 年 1 月

秦汉帝王顾问官制度

刘太祥*

【摘　要】 秦汉建立了君主专制体制下的顾问官制度，帝王依法在自己的周围设置了太中大夫、中大夫、谏议大夫、光禄大夫、侍中、中常侍、散骑常侍、议郎、给事中、博士等一批顾问官，皆为皇帝钦定，临时差遣，大多为兼职，无办公衙署，在宫廷内或宫廷附近"待诏"或值班，位卑权重，出入禁中，侍从帝王，随时听候帝王的咨询。帝王通过"召对"、"论议"、"集议"等形式，广泛咨询顾问官的意见，充分发挥顾问官的"论思献纳"、"拾遗补阙"的职能。秦汉帝王顾问官还奉诏出使，赈济灾民，班宣风化，举实臧否，了解民情社意，为帝王提供决策信息；又精研儒家经典，撰写历史著作，整理图书文献，探讨历史发展规律，为帝王决策提供政治智慧。秦汉帝王顾问官制度加强了行政权力的制约与监督机制，保证帝王既"兼听"大臣意见，又能"独断"大政，使君主专制政体下的权力运作正常有序进行，不仅在一定程度上促进了帝王决策的科学化和民主化，而且极大地影响了秦汉以后君主专制体制的完善和发展。

【关键词】 秦汉；皇帝制度；宰相制度；顾问官制度

秦汉确立君主专制主义中央集权制度，帝王拥有至高无上的权力，设置公卿大臣辅佐自己处理军国政务，又在宫廷办事机构中设置一批顾问官吏，主要有太中大夫、中大夫、谏大夫、光禄大夫等诸大夫，有侍中、中常侍、散骑常侍等诸常侍，还有议郎、给事中和博士等，"以言语为职，谏诤为官"，史称"言谏官"，又称为"议臣"，主要职能是"顾问应对"，为帝王提供咨询服务。《后汉书·百官志二·光禄勋》说："凡大夫、议郎皆掌顾问应对，无常事，唯诏令所使。"应劭《汉官仪》说大夫"职在言议"。诸大夫皆属九卿之一的光禄勋，是帝王的高级顾问，《文献通考》卷 64《职官十八》说，光禄大夫"银章青绶，掌议论，属光禄勋，门外特施，行马以旌别之，无常事，唯顾问应对，诏命所使，无员"。博士设在九卿之一的太常卿，据司马彪《续汉书·百官志》注说，博士"国有疑事，掌承问对"，"有大事则与中二千石会议"，就是可以参加行政决策会议。议郎又称郎官，据《汉官解诂》说，"（议郎）不属署，不直事，国有大政、大狱、大礼则与二千石、博士会议"，这就是说可以参加决策会议，讨论决策方案。侍中、散骑常侍、中常侍等侍从天子，出入禁中，"赞导众事，顾问应对"，"献可替否"，属九卿之一的少府。王先谦《后汉书集解》引蔡质《汉仪》说，侍中、常侍"仰占俯视，切问近对，喻旨公卿"。给事中是秦朝所设，为加官，主要加在大夫、博士、议郎之上，"掌顾问应对，位次中常侍"。秦汉帝王顾问官多为"加官"，"无员"，无机构，无常事，"无印绶"，出入禁中，侍从帝王，专职为帝王出谋划策，防公卿大臣之蒙蔽，由帝

* 刘太祥（1959—　），男，河南省方城县人，编审，南阳师范学院期刊部主任，中国秦汉史学会常务理事，主要从事秦汉史研究。

王“独断”,维护君主专制制度,保障了君主专制行政机器的正常运转。

一、秦汉顾问官制度的基本特征

秦汉顾问官是专职的帝王咨询参谋人员,是帝王的侍从官,独立于决策和执行机构之外,没有具体的行政职务,多为帝王的亲信和有才华的士人兼任,可以独立行使职权,充分发挥在决策中的匡正朝政、拾遗补阙的作用。

第一,秦汉顾问官多在宫廷内或在宫廷附近某地方待诏或轮流值班,等待帝王咨询,多为兼职,不是中央行政管理机构,无办公衙署,无具体行政事务,只能为帝王出谋划策,唯帝王之命是从,不侵犯皇权,有利于帝王兼听独断朝政。

据《汉书》卷19上《百官公卿表第七上》载,西汉时的“大夫”、“议郎”,在汉武帝太初元年前隶属郎中令,其后隶属光禄勋,郎中令(光禄勋)“掌宫殿掖门户”,就是看守宫殿大门的,“大夫掌论议,有太中大夫、中大夫、谏大夫,皆无员,多至数十人”,“武帝元狩五年初置谏大夫,秩比八百石,太初元年更名中大夫为光禄大夫,秩比二千石,太中大夫秩比千石如故”,“议郎、中郎秩比六百石”,“有议郎、中郎、侍郎、郎中”,“皆无员,多至千人”。到东汉时期“大夫”、“议郎”仍属宿卫宫殿门户的光禄勋,据《后汉书》志第二十五《百官二》载,“郎官皆主更直执戟,宿卫诸殿门,出充车骑。唯议郎不在直中”,就是议郎不值班宿卫。“凡大夫、议郎皆掌顾问应对,无常事,唯诏令所使。凡诸国嗣之丧,则光禄大夫掌吊。”光武帝刘秀改谏大夫为谏议大夫,秩六百石,有光禄大夫、太中大夫、中散大夫、议郎,本注皆曰“无员”,注引《汉官》曰,光禄大夫3人、太中大夫20人、中散大夫30人、谏议大夫30人、议郎50人。“本注曰:……旧有左右曹,秩以二千石,上殿中,主受尚书奏事,平省之。世祖省,使小黄门郎受事,车驾出,给黄门郎兼。”

从《汉书》和《后汉书》对“诸大夫”的记载来看,设置的数量是“无员”或《汉官》说的分别为3—50人不等,就是人数不固定,根据需要,时多时少;无固定的职掌,只说“掌论议”,“顾问应对”,但“无常事”,就是没有具体的行政事务,只是奉诏行事,而且没有办公的“官署”,应劭《汉官仪》称为“不属署,不直事”[1](卷34《应劭》)。崔寔在《谏议大夫箴》中说:“防人之口,譬诸防川,岂不速止,溃乃潺湲,潺湲尚塞,言雍为贼,默默之患,用颠厥国。谏臣司议,敢告执翼。”就是认为谏议大夫为专职进献帝王谏言的谏官,也没有印绶,凡有具体职责的官吏都有印绶,“凡秩比二千石以上,皆银印青绶,光禄大夫无。秩比六百石以上,皆铜印黑绶,大夫、博士、御史、谒者、郎无”[2](卷19上《百官公卿表第七上》)。诸大夫中最重要的是光禄大夫和谏议大夫,而光禄大夫,秩二千石,级别比较高,在西汉还有议论、谏诤的职能,参议朝政。例如,夏侯胜任博士、光禄大夫,“会昭帝崩,昌邑王嗣立,数出”,就是昌邑王多次出宫游玩,于是夏侯胜就谏曰:“天久阴而不雨,臣下有谋上者,陛下出欲何之?”但在西汉光禄大夫都要加授“领尚书事”、“给事中”、“侍中”、“左右曹”、“尚书令”、“都尉”、“将军”等其他职务或职衔,从而参议内朝政治。孔光任光禄大夫、给事中,自称“备内朝臣,与闻政事”[2](卷81《孔光传》)。多数光禄大夫是奉诏出使地方和邻国的使臣加衔的专用职务,而且到东汉光禄大夫的地位不断提高,灵帝、献帝时光禄大夫可直接晋升三公。而谏议大夫在西汉逐渐成为专司谏诤的官吏,东汉品秩只有六百石,没有固定的行政职务,为帝王提供咨询,称为“访”、“问”。据《后汉书·儒林传》载:“丁恭习《公羊严氏春秋》。建武初,为谏议大夫、博士,封关内侯。十一年,迁少府。当世称为大儒。二十年,拜侍中祭酒,骑都尉,与侍中刘昆俱在光武左右,每事咨访焉。”“包咸举孝廉,除郎中。建武中,入授皇太子《论语》,又为其章句。拜谏议大夫、侍中、右中郎将。永平五年,迁大鸿胪。每进见,赐以几杖,入屏不趋,赞事不名。经传有疑,辄遣小黄门就舍即问。”谏议大夫也常加散骑、常侍、给事中等加官,而成为内朝官,又称中朝官,参加帝王决策的中朝集议。文献记载,刘向为谏大夫、散骑、给事中,孔光亦为谏大夫、常侍,车千秋为谏大夫、给事中,这些人都以谏大夫之职,侍从帝王,献纳谏诤。

据《汉书》卷19上《百官公卿表第七上》载:

“侍中、左右曹、诸吏、散骑、中常侍，皆加官，所加或列侯、将军、卿大夫、将、都尉、尚书、太医、太官令至郎中，亡员，多至数十人。侍中、中常侍得入禁中，诸曹受尚书事，诸吏得举法，散骑并乘舆车。给事中亦加官，所加或大夫、博士、议郎，掌顾问应对，位次中常侍。中黄门有给事黄门，位从将大夫。”这说明西汉时侍中、左右曹、诸吏、中常侍、给事中可以出入“禁中”，即出入后宫，“皆加官”是说这些官吏为兼职，只是所加官吏的范围不一样，侍中、左右曹、诸吏、散骑、中常侍所加官吏为自列侯以下至郎中，“亡员”是说无员额的限制，而给事中所加为“或大夫、博士、议郎”，但实际所加官的范围更广。钱大昕在《三史拾遗》中说：“武帝时终军以谒者给事中。宣帝时田延年以大司农给事中，杜延年以太仆给事中，魏相以御史大夫给事中。元帝时萧望之以关内侯给事中，刘更生以宗正给事中。成帝时辛庆忌以右将军给事中。哀帝时董贤为大司马给事中。是三公、列将军、九卿皆得加之，不止大夫、博士、议郎也。”[3]（《三史拾遗》）他明确列举了几个有代表性的官员，指出了《班表》存在的不足。《钦定历代职官表》更为深入地指出了《班表》存在的问题。该书指出：“《汉书》所载膺此职者，如韦贤、匡衡、萧望之、刘向、魏相、孔霸、平当、张禹、龚胜、谷永、张敞之类，其众。其本职或以博士，或以谒者，或以谏大夫，或前将军，或以右将军，或以宗正，或以中大夫……盖皆如今之内廷行走，而非其官号。故自两府、九卿、中二千石、二千石，以至比六百石，皆得为之。与齐隋以降设为额阙者不同。”[4]（《钦定历代职官表》）据对西汉给事中加官的统计，以博士、大夫加给事中者共占71.4%，其他官加给事中者占28.6%[5]。也就是说“三公、列将军、九卿”皆可加给事中，可以直接朝见皇帝，“侍从左右”，“顾问应对”。到了东汉时期，诸常侍明确隶属于少府，少府是皇帝的大管家，在宫中办事，“掌中服御诸物，衣服宝货珍膳之属”。据《后汉书》志第二十六《百官三》所载：“侍中，比二千石。本注曰：无员。掌侍从左右，赞导众事，顾问应对。”“中常侍，千石。本注曰：宦者，无员。后增秩比二千石。掌侍左右，从入内宫，赞导内众事，顾问应对给事。”“黄门侍郎，六百石。本注曰：无员。掌侍从左右，给事中，关通内外。”“小黄门，六百石。本注曰：宦者，无员。掌侍左右，受尚书事。”东汉灵帝时设立侍中寺，脱离少府，而成为独立机构，到汉献帝时，“初置侍中、给事黄门侍郎，员各六人。出入禁中，近侍帷幄，省尚书事”[6]（志第二十六《百官三》注引《献帝起居注》）。可见东汉侍中、中常侍、黄门侍郎、小黄门皆侍从皇帝左右，“顾问应对”，取消西汉侍中、左右曹、诸吏、散骑、常侍、中常侍、给事中的加官制度，进一步规范诸常侍的职能和管理，但仍然无固定员额和具体职掌。

在诸常侍中，侍中是最重要的，之所以称为侍中，就是因为其入殿中侍奉天子，为皇帝出谋献策，匡正失误。应劭《汉官仪》卷上说：“侍中便蕃左右，与帝升降，卒思近对，拾遗补阙，百僚之中，莫密于兹。”[7]136西汉的侍中多为加官，赏赐给外朝职位不高的大臣，一方面提高他们的政治地位，另一方面为他们参与机密打开了方便之门。但也有不少专职侍中，长期在帝王左右，“顾问应对”，“拾遗补阙”。东汉的侍中多为专职，应对进谏是其基本职责，光武帝时侍中祭酒、骑都尉丁恭与侍中刘昆但在光武帝左右，“每事咨访焉”[6]（卷79下《儒林传·丁恭传》）；光武帝曾对侍中戴凭说：“侍中当匡补国政，勿有隐情。”[6]（卷79上《儒林传·戴凭传》）但侍中作为“使持节”之官，“喻旨公卿”，常作为诏使大臣出巡地方的职衔。胡广《侍中篇》说：“皇矣圣上，神君天处，勤求俊良，是弼是辅，匪懈于位，庶工以序。昔在周文，创德西邻，勖闻上帝，赖此四臣。辛尹是访，八虞是询。济济多士，又用有勋。文公钦若，越兴周道，亦惟先正，克慎左右。常伯常任，实为政首。降级厉王，不祗不恪，暱彼宗夷，用肆其虐，惟败天命，寇戎并作。圯坠宗绪，寝庙靡托，无曰我贤，不选至亲，无曰我仁，妄用嬖人，籍闳饰颜，秽我神武，邓通擅铸，不终厥后。中书窃命，石弘作祸，高安断袂，哀用无主，侍中司中，敢告执矩。”[1]（卷56《胡广》）这就是说侍中为政之首，侍从帝王，规谏献纳，关系朝政的兴衰，应选拔德才兼备的人担任。

第二，秦汉帝王顾问官都是皇帝钦定的，不

论职务、品级,也不问有无官爵,所重者才能,大多是博才多艺,具有"顾问应对"、"拾遗补阙"的能力,忠君报国,维护皇权,竭诚为帝王出谋献策,保障了帝王决策的质量和效率。

王符在《潜夫论》中谴责某些"侍中、博士、谏议之官,或处位历年,终无进贤嫉恶、拾遗补阙",足以说明顾问官吏是顾问应对、直言切谏,对顾问官吏提出了较高的素质要求。《后汉书·朱穆传》说:"议郎、大夫之位,本以式序儒术高行之士。"又《太平御览》卷243"光禄大夫"条引《汉官解诂》说:"武帝以中大夫为光禄大夫,与博士俱以儒雅之选。"应劭《汉官仪》说:"登高能作赋,可以为大夫。感物造端,才知深美,可与国事,故举列大夫。"看来,顾问官吏皆以儒术高行有才之士充任。儒者侍中大多先从博士、议郎、谏议大夫、太中大夫做起,是硕德大儒。李固在给皇帝上书中说:"一日朝会,见诸侍中并皆年少,无一宿儒大人可顾问者,诚可叹息。"他极力推荐起用光禄大夫周举和侍中杜乔,认为二人才谟高正,学深行直,可"访以言议"。王先谦《后汉书集解》引蔡质《汉仪》说:"侍中、常伯,选旧儒高德,博学渊懿。"可以看出侍中必须具有高尚的品德和渊博的学识。这从侍中的冠带也能看得出来。应劭《汉官仪》卷上载:"侍中金蝉左貂,金取坚刚,百炼不耗,蝉居高食洁(按:《晋书·舆服志》引作"饮清"),目在腋下(《续汉志》补注引作"口在腋下"),貂内劲悍而外温润(按:《晋书·舆服志》引"温润"作"柔缛")。貂蝉不见传记者,因物论议(按:"者"上当有"说"字,"论"当作"生"。依《续汉志》补注引),予览《战国策》乃知赵武陵王胡服也,其后秦始皇破赵,得其冠以赐侍中,高祖灭秦,亦复如之。侍中冠武弁大冠,亦曰惠文冠。加珰,附蝉为文,貂尾为饰,谓之貂蝉。"[7]136—137《太平御览》卷944"蝉条"引崔豹《古今注》曰:"貂蝉胡服也;貂者取其有文而不焕,外柔而易,内刚而劲也;蝉者取其清虚而识时变也;在位者有文而不自耀,有武而不示人,清虚自守,识时变而动也。"[8]53见于文献记载,出任侍中的名士大儒,西汉时期有孔安国、吾丘寿王、徐乐、师丹、欧阳地馀、孔乘等。东汉时期担任过侍中的名士大儒更多,据笔者统计就有59人,如郑玄、贾逵、张衡、蔡邕、荀悦、孔融、丁鸿、淳于恭等都曾出任过侍中。诸大夫皆是名儒宿德之人,深受帝王的宠幸。东汉初年,陇西隗嚣广置职位,郑兴止之曰:"夫太中大夫,使持节官,皆王者之器,非人臣所当置也。"胡广也说:"谏议、光禄、太中、中散大夫,此四等于古礼,皆天子之下大夫,列国之上卿。"[9](卷64《职官·文散官》)王先谦《后汉书集解》引《齐职仪》说,谏议大夫和中大夫"皆名儒硕德为之"。东汉章帝时韦彪曾上书谏诤说:"谏议之职,应用公直之士,通才謇正,有补益于朝者,今或从征试辈为大夫。"指出了谏议之职的基本要求是公直有才。《汉书·艺文志》载:"汉兴,长孙氏、博士江翁、少府后仓、谏大夫翼奉、安昌侯张禹传《孝经》,各自名家。"《汉书·儒林传》说:"张生兄子游卿为谏大夫,以诗授元帝。"《后汉书》卷79上《儒林传》载,曹曾"从(欧阳)歙受尚书,门徒三千人,位至谏议大夫";尹敏"初习《欧阳尚书》,后受《古文》,兼善《毛诗》、《穀梁》、《左氏春秋》","除郎中,迁谏议大夫"。

博士和议郎多为通今博古的大儒,承秦制,仍有备君主顾问及参与朝议等职责,而议郎也是名儒,是皇帝左右的侍从文官,顾问奉使,职在言议,二者同出明经科,诏选谏大夫、议郎、博士、诸侯王傅、仆射、郎中令,皆取明经,如眭弘、翟方进俱以明经为议郎,而博士则必取明经,由议郎可迁补博士。据《后汉书·儒林传》所载,曾拜为议郎的有刘昆、张驯、李育、何休、谢该、蔡玄诸人,其中除李育外其他均未为博士,但诸人皆明经大儒,堪为博士。而待诏也多为精通经术之士。《汉书·儒林传》载,张禹受《春秋左氏传》,后被太子太傅萧望之推荐给宣帝,宣帝"征禹待诏。未及问,会疾死。授尹更始,更始传子咸及翟方进、胡常。常授黎阳贾护季君,哀帝时待诏为郎"。东汉时章帝曾下诏选高才生受古文诸经,《后汉书·儒林传》叙其事说:"诏高才生受《古文尚书》、《毛诗》、《穀梁》、《左氏春秋》。虽不立学官,然皆擢高第为讲郎,给事近署,所以网罗遗逸,博存众家。"据宣帝时立《穀梁》议郎讲习《穀梁》一事推之,此讲郎殆即议郎或接近议郎之职。《后汉书·灵帝纪》光和三年:"诏公卿举能通《尚书》、《毛诗》、《左氏》、《穀梁春秋》各一人，悉除议郎。”正如清人张金吾所说：“两汉之制，立于学官者置博士，未立学官者，西汉曰议郎，亦曰待诏，《儒林传》所谓《穀梁》议郎尹更始，待诏刘向、周庆、丁姓是也；东汉曰讲郎，《儒林传》所谓擢高第为讲郎是也。”[10]据《宋弘传》载，他推荐桓谭任议郎、给事中，侍从皇帝鼓琴唱歌，宋弘知道后，就批评桓谭“欲令辅国家以道德”，不让朝廷“耽悦郑声”，希望能“忠正导主”，随后就不让桓谭任给事中了。从文献记载看，博士为经学大师自不必论，任议郎者卢植、桓彬、何休、蔡邕、桓谭等皆为名儒，任待诏者叔孙通、东方朔、贾捐之、梁丘贺、桓谭、鲁恭、公孙弘、刘歆、蔡义、冀奉、扬雄等人皆有“材艺”，为一代文士名儒。

汉代帝王顾问官的主体是硕德名儒，但由于没有固定的政务，却又能侍从帝王，出入宫廷，是一种荣誉和特权，也多授予或加授予帝王的亲信、功臣和外戚，以示优宠。两汉的皇太后、皇后，妃嫔的父亲、兄弟、子侄等外戚也多任侍中、给事中、光禄大夫等顾问官。例如元帝皇后王政君的兄弟王凤、王音、王商，侄王舜、王况、王莽、王邑，外甥淳于长等，“王氏子弟皆卿大夫、侍中、诸曹，分据势官满朝廷”[2](卷97下《外戚传·孝元王皇后传》)；东汉和帝邓皇后兄弟邓弘、邓阊、邓骘，侄邓凤等任“侍中、将、大夫、郎、谒者不可胜数，东京莫与为比”[6](卷10上《和熹邓皇后纪》)。尚公主者任侍中的有伏完、邓乾、邓蕃、岑熙、贾建、耿良、冯柱等。功臣勋旧子弟任侍中光禄大夫的有金磾、张安世等人，《汉书·张汤传》说：“及(霍)禹诛灭，而安世子孙相继，自宣、元以来为侍中、中常侍、诸曹、散骑，列校尉者凡十余人，功臣之世，唯有金氏、张氏，亲近宠贵，比于外戚。”作为皇族子弟任侍中的有刘歆、刘叠等人。受皇帝宠幸的人任侍中的有董贤等人。在这些外戚功勋宠臣顾问官中，有些人本来就是名儒，王凤、王商、邓骘、邓阊、王莽等人也是精通经术之士，当然有一定的参政议政能力，有些就是当世名臣，如金日磾、张安世等人，也有参议政事能力，他们可以为帝王“顾问应对”，“拾遗补阙”；但大多数是不具备顾问应对能力的，只是作为一种荣宠，出入宫廷，侍从帝王而已。

二、秦汉帝王咨询顾问官的形式

秦汉帝王顾问官利用“侍从帝王”之便，采用问对、上封事、参加集议等形式直接向帝王提供咨询服务，为帝王出谋献策、匡正阙失、进献谏言。

（一）“问对”是秦汉帝王召见顾问官帮助解决军国大政疑难问题的咨询形式

据《汉书·孔光传》载，孔光曾任谏大夫、博士、诸吏光禄大夫，光禄勋领尚书、诸吏给事中，“凡典枢机十余年，守法度，修故事。上有所问，据经法以心所安而对，不希旨苟合”。就是皇帝有所问的时候，孔光都能做出正确回答，并不苟合天子之意。东汉光武帝时戴凭任侍中，“数进见问得失”，帝谓凭曰：“侍中当匡补国政，勿有隐情。”凭对曰：“陛下严。”帝曰：“朕何用严？”凭曰：“伏见前太尉西曹掾蒋遵，清亮忠孝，学通古今，陛下纳肤受之诉，遂致禁锢(按：《论语》孔子曰：“肤受之诉。”注云：“谓受人之诉辞，在皮肤之外，不深知其情核也。”)，世以是为严。”帝怒曰：“汝南子欲复党乎？”凭出，自系廷尉，有诏敕出。后复引见，凭谢曰：“臣无謇谔之节，而有狂瞽之言，不能以尸伏谏(按：《韩诗外传》曰：“昔卫大夫史鱼病且死，谓其子曰：‘我数知蘧伯玉之贤而不能进，弥子瑕不肖而不能退，死不当居丧正堂，殡我于侧室足矣。’卫君问其故，子以父言闻于君，君乃召蘧伯玉而贵之，弥子瑕退之，徙殡于正堂，成礼而后去。”)，偷生苟活，诚惭圣朝。”帝即敕尚书解遵禁锢，拜凭虎贲中郎将，以侍中兼领之。桓帝时，爰延任侍中，陪从桓帝游上林苑，桓帝从容问爰延说：“朕何如主也？”对曰：“陛下为汉中王。”帝曰：“何以言之？”对曰：“陈蕃任事则治，中常侍、黄门豫政则乱，是以知陛下可与为善，可与为非。”帝曰：“昔朱云廷折栏槛，今侍中面称朕违，敬闻阙矣。”[6](卷48《爰延传》)灵帝时，杨奇为侍中，灵帝问杨奇说：“朕何如桓帝？”奇对曰：“陛下之于桓帝，亦犹虞舜比德唐尧。”帝不悦，曰：“卿强项，真杨震子孙。”[6](卷54《杨震传》)

上举数例说明，顾问官吏侍从帝王，常接受皇帝的当面咨询，回答帝王提出的问题，表达自己的政治见解，匡正帝王的过错，可谓直言不讳，忠君为国。但也有用奏章的形式回答帝王问题的。顺帝时，翟酺任光禄大夫，“屡因灾异，多听匡正”，注引《益部耆旧传》曰：“时诏问酺阴阳失序，水旱隔并，其设销复兴济之本。酺上奏陈图书之意曰：‘汉四百年将有弱主闭门听难之祸，数在三百年之间。斗历改宪，宜行先王至德要道，奉率时禁，抑损奢侈，宣明质朴，以延四百年之难。’帝从之。”贾捐之、苏武、翼奉等人在待诏期间，就多次受到帝王的召见，“言多采用”。

（二）上书是秦汉顾问官规谏君主，表达自己政治见解的咨询形式

顾问官职掌“论议”，“以言语为职”，以“谏诤为官”，史称“言谏官”，又称“议臣”，可直接给帝王上书言事，指陈朝政得失，反映民情社意，为帝王建言献策。汉高祖刘邦令太中大夫陆贾总结秦亡的教训，陆贾写了12篇，“每奏一篇，高帝未尝不称善，左右呼万岁，称其书曰《新语》”[2]（卷43《陆贾传》）。贾谊由博士升任太中大夫，“文帝数问以得失”，他针对当时形势，屡次上疏陈事，后集为《陈政事疏》。元帝时贡禹为谏大夫，“数虚己问以政事。是时，年岁不登，郡国多困，禹奏……自禹在位，数言得失，书数十上”[2]（卷72《贡禹传》）。龚胜任谏大夫、光禄大夫，“数上书求见，言百姓贫，盗贼多，吏不良，风俗薄，灾异数见，不可不忧。制度泰奢，刑罚泰深，赋敛泰重，宜以俭约先下”[2]（卷72《龚胜传》）。鲍宣为谏大夫，“宣每居位，常上书谏诤，其言少文多实”，上书谏外戚丁、傅专权，人民水深火热[2]（卷72《鲍宣传》）。东汉和帝时，侍中李法上疏，“以为朝政苛碎，违永平建初政事；宦官权重，椒房宠盛”，“又讥史官记事不实”[6]（卷48《李法传》）。宋登为侍中，“数上封事，抑退权臣，由是出为颍川太守”[6]（卷97上《儒林传·宋登传》）。延笃任侍中，桓帝“数问政事，笃诡辞密封，动依典义”[6]（卷64《延笃传》）。刘儒任侍中，因连续出现灾异，桓帝下诏求直言，乃“上封事十条，极言得失，辞甚忠切”[6]（卷67《党锢传·刘儒传》）。陈咸18岁为郎，有异才，抗直，数言事，刺讥近臣，“书数十上，迁左曹”[2]（卷66《陈万年传附陈咸传》）。平当为博士，任给事中，“每有灾异，当辄傅经术，言得失”[2]（卷71《平当传》）。耿育在哀帝时为议郎，上书《言便宜因冤讼陈汤》，上疏《请宽赵氏》。乐恢为议郎，上书谏窦宪出击匈奴。蔡邕为议郎，在光和元年七月与光禄大夫杨赐、谏大夫马日磾、议郎张华、太史令单飏到宫中对灵帝诏问灾异八事，他“别状”上奏，指陈朝政得失。桓谭在光武帝时为议郎、给事中，给光武帝上《陈时政疏》、《抑谶重赏疏》，撰有《新论》17卷。

（三）“集议”是秦汉顾问官“议论”朝政，匡正得失，提供决策议案的咨询形式

秦汉帝王在遇到军国大政需要决策时，总是亲自或委托宰相主持召开有关官吏会议，进行集体讨论，集思广益，为决策提供依据，这就是集议制度。集议是帝王决策的必经程序，据《资治通鉴》卷26“汉宣帝神爵元年”（前61年）载，“赵充国屯田奏每上，辄下公卿议”。据《东汉会要》卷22《职官四·集议》载，东汉帝王也多把需要决策的政事“下公卿详议”、“诏下公卿朝臣议”、“诏公卿、博士、朝臣议”、“事下公卿议”、“召百官议朝堂”等。根据决策的内容、范围、参加人员和决策地点、历史阶段的不同，主要分为廷议、朝议、中外朝议、二府议、三府议、有司议和专题会议等类型[11]。秦汉最主要的集议形式就是以丞相为首的公卿大臣会议，又称“外朝议”、“公卿议”，参加人员是以丞相为首的政府官员，上至三公，下至六百石的议郎、谏大夫、博士。《汉书》卷77《刘辅传》注引孟康曰：“丞相以下至六百石为外朝也。”而帝王顾问官侍中、待诏有时也列席公卿会议。《汉官解诂》说议郎的职能是“不属署，不直事，国有大政、大狱、大礼则与二千石、博士会议”。司马彪在《续汉书·百官志》注说，“博士国有疑事，掌承问对”，“有大事则与中二千石会议”。朱礼在《汉唐事笺》三中说：“汉置大夫专掌议论，苟其事疑似而未决，则合中朝之士杂议之。自两府大臣而下至博士、议郎，皆得申其己见，而不嫌于卑尊也。”据《汉书》卷68《霍光传》、卷73《韦玄成传》载，朝廷举行的“朝议”,除了丞相、御史大夫和二千石诸卿外,尚有“大夫、博士”、“博士、议郎”参加会议。甚至“待诏”也参加朝廷举行的公卿决策会议,《汉书·公孙弘传》说他任博士时,“待诏金马门,每朝会议,开陈其端,使人主自择”。汉武帝把严助、主父偃、朱买臣、东方朔等人擢为中大夫,加上给事中等称号,到宫中承明殿值班,随时召见,咨询政道,让他们参加公卿大臣决策会议,公开讨论公卿决策的优劣,为帝王决策服务。这些人为内朝官的一部分,内朝官还有辅佐帝王的司马、将军、侍中、常侍、散骑、诸吏等,在昭宣时形成了内朝集议制度,一般属朝廷机密的军政大事先在省中诸殿由内朝官集议,提出方案,然后交宰相执行,有时候中外朝还要合议,实际是对以宰相为首的外朝议的一种制约。《汉书》的《王嘉传》、《萧望之传》中都有帝王把事情交与中朝讨论的事例;《后汉书·黄琼传》载,元嘉元年,“桓帝欲褒崇大将军梁冀,使中朝二千石以上会议”。安帝延光二年公卿集议历法,参议人员就有太尉、侍中、博士、大行令、河南尹、尚书令等。建武二年三月,光武帝下诏议省刑罚,参加的就有中二千石、诸大夫、博士、议郎等。《后汉书》卷3《章帝纪》载,建初四年(79年),章帝“下太常、将、大夫、博士、议郎、郎官及诸儒会白虎观,讲《五经》同异”,这就是白虎观会议。参加白虎观会议的就有尚书、侍中李育,大鸿胪光禄大夫、五官中郎将魏应,郎官杨终,侍中、骑都尉淳于恭,司徒太尉兼卫尉丁鸿,博士、议郎、光禄勋、侍中鲁恭,侍中、奉车都尉、太常桓郁,左中郎将、侍中、领骑都尉贾逵等人,章帝亲自参加。

三、秦汉帝王顾问官的职能

秦汉帝王顾问官的职能主要表现在四个方面:一是参谋,为帝王出谋划策,提供决策方案;二是论议,审议帝王决策,驳正违失,拾遗补阙,保障决策质量;三是著述,探讨治国之道,为帝王决策提供智力和理论支持;四是出使,了解社情民意,为帝王提供决策信息。著述和出使是为参谋和论议服务的,因而参谋和论议是最主要的职能①。

(一)参谋:为帝王出谋划策,提供决策方案和治国方略

秦汉帝王在遇到军国大政需要决策时总要咨询顾问官的意见,顾问官“进对陈政”,建言定策,而帝王是有则改之,无则加勉。西汉著名的太中大夫贾谊、陆贾、盖宽饶等人都为帝王提供了正确的决策方案。陆贾说高祖刘邦以长治久安之策,提出了“文武并用”的治国方略,并著有《新语》,总结秦亡的教训,强调以仁政治国。贾谊20多岁,由博士超迁至太中大夫,“诸法令所更定,及诸侯就国,其说皆谊发之”[2](卷48《贾谊传》)。《汉书》卷9《元帝纪》载,初元三年(前46年),“珠厓郡山南县反,博谋群臣。待诏贾捐之以为宜弃珠厓,救民饥苦。乃罢珠厓”。汉元帝正是采纳了待诏贾捐之提供的方案,做出了放弃珠厓的决策。《汉书》卷100上载,成帝在禁中设宴与赵、李诸常侍狂欢饮酒,侍中班伯正值侍从成帝,借“画纣醉踞妲姬,作长夜之乐”的屏风,力谏成帝应以史为鉴,防止“沉湎于酒”、“微子所以告去”的情况发生。《后汉书·杨厚传》载,“及至,拜议郎,三迁为侍中,特蒙引见,访以时政”。《后汉书·宋登传》载,宋登任侍中“数上封事,抑退权臣”。灵帝时,何休任议郎“侍从帷幄,屡陈忠言”。刘淑任侍中,“朝夕建议,竭忠于朝,补政二百余事,悉有篇章,朝廷有疑事,密咨问焉”[2](卷467《举职》)。向栩任侍中,“每朝廷大事,侃然正色,百官惮之”,黄巾起义之后,他上言“颇讥刺左右,不欲国家兴兵,但遣将于河上北向读《孝经》,贼自当消灭”[6](卷81《向栩传》)。《太平御览·职官部》引谢承《后汉书》曰:“公孙晔拜博士、侍中,有疑事常使进见,问其得失,所陈皆据经依义,补益国家,深见省纳。”赵典任侍中,谏桓

① 关于秦汉帝王顾问官的职能,仅见有对具体某一顾问官的论述。主要有孙健《西汉侍中述论》(《哈尔滨学院学报》2006年第3期)、余行迈《东汉侍中的职掌和政治作用》(《秦汉论丛》第4辑,西北大学出版社1989年版)、董劭伟《秦汉加官研究综述》(《高校社科信息》2005年第4期)。

帝“欲广开鸿池”，“非所以崇唐虞之约己，遵孝文之爱人也”[6]（卷27《赵典传》）。《后汉书·周举传》载：梁太后临朝，诏以殇帝幼崩，庙次宜在顺帝下。太常马访奏宜如诏书，谏大夫吕勃以为应以昭穆之序，先殇后顺。诏下公卿议。周举议曰：“殇帝在先，于秩为父，顺帝在后，于亲为子，吕勃议是也。”太后就采纳了谏大夫吕勃提出的议案。

（二）论议：审议帝王政令得失，拾遗补阙，献可替否

秦汉帝王顾问官论议朝政，审议帝王决策，匡正得失，进献谏言，纠正错误，对帝王的个人素质和道德也提出许多规劝和建议。《汉书·佞幸传·董贤传》载，汉哀帝置酒麒麟殿款待宠臣董贤父子亲属，侍中王闳侍宴，“王闳兄弟侍中中常侍皆在侧。上有酒所，从容视贤笑，曰：‘吾欲法尧禅舜，何如？’闳进曰：‘天下乃高皇帝天下，非陛下之有也。陛下承宗庙，当传子孙于亡穷，统业至重，天子无戏言。’上默然不悦”。这说明侍中、中常侍在宫中侍从皇帝，又有谏诤、匡正皇帝之职责。《汉书·匡衡传》载，在元帝时匡衡任博士、给事中，上疏言政治得失，有《上疏言治性正家》、《上疏戒妃匹劝经学威仪之则》。《汉书》卷72《鲍宣传》说，鲍宣在哀帝时任谏议大夫，当时丁、傅外戚用事，奸佞当政，权臣跋扈，民不聊生，他在《上书谏哀帝》中指出，“凡民有七亡”，“又有七死”，其因在于“陛下取非其官，官非其人”，应该罢除奸佞之臣方阳侯孙宠、宜陵侯息夫躬，任用傅喜、何武、师丹、孔光、彭宣、龚胜等博学多谋、品德高尚之贤臣，以蓄民力。《后汉书·郑兴传》载，郑兴在光武帝时任太中大夫，建武七年三月日食，他在给光武帝的《日食上疏》中说：“国无善政，则谪见日月，变咎之来，不可不慎”，“其道务三而已。一曰择人，二曰因民，三曰从时，此应变之要也”，陛下“亦留思柔克之政，垂意洪范之法，博采广谋，纳群下之策”，“因人之心，择人处位”，不宜专用功臣[1]（卷22《郑兴》）。张衡在顺帝时任侍中，在阳嘉二年（133年）上呈顺帝《驳图谶疏》，针对当时图谶之学作为太学必读之书，他认为图谶虚妄不经，非圣人之法，有辱儒家经典，儒者争学图谶，只是作为沽名钓誉的资本，“宜收藏图谶，一禁绝之；则朱紫无所眩，典籍无瑕玷矣”[6]（卷59《张衡传》）。《册府元龟》卷460《治省部·正直》载，陈禅在安帝时为谏议大夫，在永宁二年的元会上，安帝观看西域诸国音乐和杂技，他起身离席，对安帝说：“帝王之庭不宜作夷狄之乐。”秦汉帝王顾问官参加重大事务的集议，提出各种解决方案，供皇帝参考。《汉书》卷64上《主父偃传》载，汉武帝时中大夫主父偃建议设立朔方郡：“朔方地肥饶，外阻河，蒙恬筑城以逐匈奴，内省转输戍漕，广中国，灭胡之本也。”武帝看罢即“下公卿议”，以御史大夫公孙弘为代表的公卿大臣“皆言不便”，认为这是“罢弊中国以奉无用之地”。而刚任中大夫的朱买臣，起而“难诎”，驳斥公孙弘等人的意见，支持主父偃的建议，于是就设置了朔方郡。《汉书·王嘉传》载，王嘉任丞相有罪，“事下将军中朝者”，光禄大夫孔光等劾奏“嘉迷国罔上不道，请与廷尉杂治”。在中朝官集议的基础上，又经中外朝合议，参加者有“骠骑将军、御史大夫、中二千石、二千石、诸大夫、博士、议郎”，讨论结果分为三种意见，其中有“议郎龚等以为‘嘉言事前后相违，无所执守，不任宰相之职，宜夺爵士，免为庶人’”。另如《朱博传》载，朱博任丞相，有罪，“诏左将军彭宣与中朝者杂问”，后又经外朝官议，参加者为“将军、中二千石、二千石、诸大夫、博士、议郎”，形成两种意见，其中有谏大夫龚胜等14人，“以为……晏……宜与博、玄同罪，罪皆不道”。西汉京房提出“考课官吏”法，上奏天子，“上令公卿朝臣与房会议温室（师古曰：殿名），皆以房言烦碎，令上下相司，不可许。上意乡之。时部刺史奏事京师，上召见诸刺史，令房晓以课事，刺史复以为不可行。唯御史大夫郑弘、光禄大夫周堪初言不可，后善之”[2]（卷75《京房传》）。据《东汉会要》卷22《职官四·集议》载：安帝时，亶诵言当用甲寅元历，梁丰言当用“太初”历，于是“下公卿议”，侍中施延等议，甲寅元历与天相应，可施行；博士黄广等人认为如《九道》法；而河南尹祉等认为《四分历》最正，不应该改；太尉刘恺等人认为，应该用《太初》历。最后经过讨论，安帝就采用了侍中施延的议案,改用甲寅元历。“熹平六年(177 年),北地太守夏育请发兵出塞击鲜卑。大臣多有不同,(灵帝)乃召百官议朝堂。议郎蔡邕曰:‘虽或破之,岂可殄尽。’”“中平二年(185 年),关陇扰攘,发役不供。司徒崔烈欲弃凉州。议郎傅燮进曰:‘斩司徒,天下安。’尚书郎杨赞奏燮廷辱大臣,有诏问本意。对曰:‘无凉州则三辅危,三辅危则京都薄矣。’遂从燮议。”[6](《灵帝纪》,《傅燮传》)

(三)著述:探讨治国之道,为帝王决策提供智力和理论支持

汉代没有设置专门负责著述的机构和官职,著述则是帝王顾问官的职能之一,目的是研讨治国之道,更好地为帝王提供咨询服务。著述主要表现在奉帝王之旨校书、撰述。据《汉书·成帝纪》载,“光禄大夫刘向校中秘书”;《平帝纪》载“诏光禄大夫刘歆等杂定婚礼”。《后汉书·蔡邕传》载:“召拜郎中,校书东观。迁议郎。邕以经籍去圣久远,文字多谬,俗儒穿凿,疑误后学,熹平四年,乃与五官中郎将军堂谿典,光禄大夫杨赐,谏议大夫马日磾,议郎张驯、韩说、太史令单飏等,奏求正定《六经》文字。灵帝许之,邕乃自书丹于碑,使工镌刻立于太学门外。”这就是历史上著名的“熹平石经”。《后汉书·文苑传上·李尤传》载:“侍中贾逵荐尤有相如、扬雄之风,召诣东观,受诏作赋,拜兰台令史。稍迁,安帝时为谏议大夫,受诏与谒者仆射刘珍等俱撰《汉记》。”《后汉书·文苑传上·王逸传》说,“顺帝时为侍中,著《楚辞章句》行于世,又作《汉诗》百二十三篇”。《汉书·儒林传·房凤传》:“大司马票骑将军王根奏除补长史,荐凤明经通达,擢光禄大夫,迁五官中郎将。时光禄勋王龚以外属内卿,与奉车都尉刘歆共校书,三人皆侍中。”《后汉书·伏湛传附伏无忌传》载,顺帝时侍中伏无忌与议郎黄景奉诏校订中书《五经》、诸子百家、艺术;桓帝时伏无忌又奉诏与黄景、崔寔等共撰《汉记》。献帝时令侍中荀悦依《左氏传》体撰写《汉纪》30 篇。

秦汉帝王顾问官整理图书,校正错讹经书,撰写历史书籍,总结历史规律,为帝王决策提供了智力支持,促进了秦汉的文化建设。

(四)出使:了解社情民意,监督地方行政,为帝王提供决策信息

秦汉顾问官作为帝王近侍或者近臣,还经常被任命为持节使臣到地方巡视行政工作,这大概就是“唯诏令所使”、“喻旨公卿”。顾问官太中大夫、光禄大夫、谒者、谏议大夫、议郎都被皇帝临时差遣为出巡大使,即使以他官出巡也要冠以顾问官的身份。阎步克先生认为两汉时期只有加上“大夫”号奉使出差才算名正言顺[13]204。这可能因为他们是代表王权,不受其他行政部门的干预,独立行使职权,能更好地了解民情,监察地方行政工作。其职责一是检查地方赈济灾民工作。《汉书·成帝纪》载,“遣光禄大夫博士嘉等十一人行举濒河之郡”,赈济灾民。《汉书·哀帝纪》载,河南、颍川郡水灾,“遣光禄大夫循行举籍”,救济灾民。《后汉书·安帝纪》载,三次遣光禄大夫“分行”、“循行”、“案行”灾民。《顺帝纪》有三次遣光禄大夫“案行”灾民。其职责二是检查地方行政工作的优劣,奖勤罚懒。《汉书·元帝纪》载,“遣光禄大夫褒等十二人循行天下,存问耆老、鳏、寡、孤、独、困乏、失职之民,延登俊贤,招显侧陋,因览风俗之风”。这是观察社会风俗,抚贫招贤。据《后汉书·周举传》、《后汉书·顺帝纪》和《后汉书·杜乔传》载,汉顺帝遣侍中杜乔,光禄大夫周举,守光禄大夫周栩,前青州刺史冯羡、尚书栾巴、侍御史张纲、兖州刺史郭遵、太尉长史刘班并守光禄大夫,“分行州郡,班宣风化,举实臧否”,“其刺史、二千石赃罪显明者,驿马上之;墨绶以下,便辄收举。其有清忠惠利,为百姓所安,宜表异之,皆以状上”。这八使“皆素有威名者”,“天下号曰八俊”,其中周举“劾奏贪猾,表荐公清,朝廷称之”。《后汉书·献帝纪》和注引袁宏《汉纪》曰,三辅大旱,献帝使侍御史侯汶开仓赈济灾民米豆,给灾民做粥,但数天之后仍有灾民饿死,献帝令侍中刘艾取米豆做粥,证明侯汶做粥时偷工减料。于是,献帝“使侍中刘艾出让有司”,“诏尚书曰:‘米豆五升,得糜三盂,而人委顿,何也?’”“于是尚书令以下皆诣省阁谢,奏收侯汶考实”,“自是之后,多得全济”。这是侍中作为帝王的特使对尚书台工作的监督。

帝王顾问部官有持节出使外族的,有奉命率军出征的,有奉命参与大案审议的,还有奉命赏赐功臣贵幸的,都是帝王诏命所使[14]。

四、秦汉帝王顾问官制度的作用

(一)加强了行政权力制约与监督,保证了帝王“兼听独断”

秦汉确立了君主专制主义中央集权制度,地方权力集中到中央,中央的权力集中到君主,君主拥有至高无上的权力,但君主不可能一个人治理国家,这就需要设官分职,各负其责,这就是中央的三公九卿制度。在三公九卿制度中最重要的是宰相(三公)制度,皇帝既要保证独断朝政,又要兼听大臣意见,防止奸臣专擅朝政。帝王就要依靠以宰相为首的三公九卿辅佐治理国家,而宰相定员,是国家政治体制中法定的最高行政长官,不仅有参议决策权,而且拥有行政执行权,指挥行政机关,总理国家行政事务。为了避免宰相专断朝政、王权旁落的现象出现,秦汉帝王就通过设立侍从顾问官吏和机构来调节与以宰相为首的中枢行政机构的关系,制约和监督中枢行政机构的权力,以便帝王独揽朝政。在帝王的侍从顾问官中主要有宦官、外戚、佞幸和文人学士,而以文人学士为主体的顾问咨询人员在秦汉时期是有制度和法令依据的,在《汉书》和《后汉书》中有明文规定,光禄、谏议诸大夫,侍中、散骑诸常侍,“顾问应对”、“侍从帝王”、“应对”、“言议”,专职议论朝政,拾遗补阙,保证了帝王顾问官的咨询职能作用的发挥。正是由于顾问官知无不言进献谏诤的“谋”,使帝王能够“兼听”大臣意见,集思广益,制约和监督了以宰相为主体的议政决策权力,才提高了帝王“独断”朝政的能力,弥补了皇帝“专制”的缺失,维护了君主专制制度。秦、西汉初年设丞相为正宰相,御史大夫为副宰相,二府互相制衡,构成了中央决策中枢机构,凡军国大政由丞相与百官议定,上奏皇帝取旨,御史草诏转交丞相府执行。但到了汉武帝时期,擢拔许多贤良之士兼任侍中、给事中、尚书等帝王顾问官,出入宫廷,参与决策,分割了以宰相为代表的中枢行政机构的决策权,加强了对以丞相为首的外朝官的制约与监督。宫中替皇帝管理书籍文墨的小官——尚书取代了中枢机构御史的草拟诏书、批答奏章和出纳帝令的权力,而且权力不断扩张,外化为中枢行政机构,到东汉就成为全国的最高政务机构,与宰相三公相制衡。《通典》卷49《职官三》说,“则丞相府乃宣行尚书所议之政令耳,而尚书非丞相之司存焉”。而随着尚书台外化为行政中枢机构,帝王又设侍中,侍从皇帝左右,顾问应对,平议尚书奏事,东汉时侍中与给事黄门侍郎组成侍中寺,出入禁中,省尚书事,就是说侍中寺的侍中监督尚书台的行政工作。

汉武帝盛世的出现,昭宣之治局面的出现,光武、明章之治局面的出现都与帝王充分发挥顾问官的咨询参谋作用有密切的关系。就是到了东汉后期,政治腐败,外戚侍中和儒者侍中还对政局起到一定的作用,窦武与陈蕃谋除宦官,儒者侍中刘瑜就起不少作用,他上书太后请“急防”奸人(宦官),并致书窦武等人“宜速断大计”,又承担内奏之责,直接上达收捕曹节等人之请[6](卷69《窦武传》),因为侍中有直接奏事权,不致泄密和受阻。总之,秦汉帝王顾问官制度在一定程度上起到了“进贤嫉恶”、拾遗补阙、匡正朝政、维护君主专制的作用。

(二)沟通帝王与知识分子的关系,为知识分子参政、议政和建设文化提供了制度保障

秦汉帝王顾问官制度,也为儒家知识分子提供了参政议政、跻身行政中枢的政治保障。西汉有不少儒学大师就是通过待诏、议郎、博士、谏议大夫、光禄大夫、侍中、给事中等途径而致位公卿的,西汉的公孙弘、孔光、贡禹、翟方进、鲍宣、龚胜,东汉的郑弘、杨秉、杨赐、刘宽、杨彪都是由顾问官而成为高层儒者官僚集团的一员的。而顾问官又是著名的儒学大师,他们对经学都有精深的研究,又参加校书,撰写史著,不但总结了历代治国的经验,丰富了政治智慧,促进了政治文明建设,而且推动了中华文化的发展,为中华文化做出了极大的贡献。

（三）对秦汉以后的君主专制政治制度的完善和发展起到了奠基作用

秦汉待诏官到魏晋南北朝时期就发展为学士，在宫中某殿待诏，等候帝王咨询，到唐宋时期除了有待制官之外，学士待诏翰林院，成为翰林学士，一直到明清的内阁大学士和军机处大臣也都是在宫中某殿阁待诏，等待帝王召见咨询。这些皆是承秦汉帝王顾问官之制，为兼官，在宫中值班，不论职品高低，只问才能德行。而秦汉的谏议大夫、给事中到唐宋以后却成为专职谏官，封驳帝王诏命，仍是审议帝王决策。而秦汉的侍中到魏晋隋唐成为三省之一的门下省的长官，专职审查帝王决策。由此可见，秦汉帝王顾问官制度对中国古代君主专制政治制度的影响是很大的[15]。

【参考文献】

[1]严可均，辑．全后汉文[M]．北京：商务印书馆，1999.

[2]班固．汉书[M]．北京：中华书局，1962.

[3]钱大昕．嘉定钱大昕全集：三史拾遗[M]．南京：江苏古籍出版社，1997.

[4]永瑢，等．文渊阁四库全书・钦定历代职官表[M]．台北：台湾"商务印书馆"，1983.

[5]张岩，杨军辉．西汉给事中考略[J]．和田师范专科学校学报，2006(4).

[6]范晔．后汉书[M]．北京：中华书局，1965.

[7]孙星衍，等．汉官六种[M]．北京：中华书局，1990.

[8]杨鸿年．汉魏制度丛考[M]．武汉：武汉大学出版社，1985.

[9]马端临．文献通考[M]．杭州：浙江古籍出版社，2000.

[10]葛志毅．汉代的博士与议郎[J]．史学集刊，1998(3).

[11]刘太祥．秦汉中央行政决策体制研究[J]．史学月刊，1999(6).

[12]王钦若，杨亿，等．册府元龟[M]．北京：中华书局，1960.

[13]阎步克．品位与职位——秦汉魏晋南北朝官阶制度研究[M]．北京：北京大学出版社，2000.

[14]刘太祥．汉代巡行使的职能和作用[J]．史学月刊，1997(1).

[15]刘太祥．中国古代帝王顾问制度[J]．南都学坛，2009(1).

第27卷第3期
2007年5月

西汉郡国庙之兴废

——礼制兴革与统治秩序维护的关系之一例

林聪舜*

【摘　要】 西汉郡国庙数量庞大、祭祀隆重,是重要的礼制,它的兴废过程可分为三个阶段。高帝、惠帝时期郡国庙的建立,是通过制度神圣化出身寒微的统治家族之计划的一环,是伸张刘氏统治权力的一种有效方式。文、景、武帝时期郡国庙制已明显不合时宜,成为诸侯王觊觎王权的正当性来源,对朝廷已由利转弊,不利于维护统治秩序。元帝时期,经学家透过经学义理建构堂皇正大的论述,取得了罢郡国庙的彻底成功。其成功的关键因素在于顺应了皇权对郡国庙有害统治秩序之维护的认知。由此,我们可以看到礼制兴革与统治秩序维护的关系,以及西汉经学与现实政权的具体关系。

【关键词】 西汉;郡国庙;礼制;统治秩序

一、前言

郡国庙是西汉特有的产物,从汉高帝十年令诸侯王"皆立太上皇庙于国都"[1](卷1《高帝纪》)开始,惠帝又"令诸侯王立高庙"[1](卷2《惠帝纪》),此后陆续增加,到元帝时,已经形成庞大的"庙群"。《汉书·韦贤传》对此有详细的叙述:

> 初,高祖时令诸侯王都皆立太上皇庙,至惠帝尊高祖庙为太祖庙,景帝尊孝文庙为太宗庙,行所尝幸郡国各立太祖太宗庙。至宣帝本始二年,复尊孝武庙为世宗庙,行所巡狩亦立焉。凡祖宗庙在郡国六十八,合百六十七所。而京师……各自居陵旁立庙,并为百七十六。又园中各有寝便殿,日祭于寝,月祭于庙,时祭于便殿。寝日四上食,庙岁二十五祠,便殿岁四祠,又月一游衣冠。……一岁祠,上食二万四千四百五十五,用卫士四万五千一百二十九人,祝宰乐人万两千一百四十七人,养牺牲卒不在数中。[1](卷73《韦贤传》)

郡国庙数量如此庞大,耗费如此惊人,又漫无限制地增加,产生各种问题,到元帝时,终于爆发是否废除郡国庙的讨论。由于废郡国庙的主张得到元帝的支持,因此在永光四年,正式"罢郡国庙"[1](卷73《韦贤传》)。

由郡国庙数量的庞大、祭祀的隆重,可以看出它是西汉时代很重要的礼制,《汉书》的贡禹、韦玄成、匡衡等传,亦保留了废郡国庙前后相关议论的大量材料,可见当时对此一问题的重视。在近人有关郡国庙的论述中,大陆学者钱杭的《西汉礼制建设之一——"庙议"》[2],及王葆玹的《与国家宗教并行演进的西汉礼学》,算是极有见地的。不过,他们都只偏重对罢郡国庙问题的诠释,本文则试图拉长历史的视野,把西汉郡国庙兴废的过程划分为三个阶段:高帝、惠帝时

* 林聪舜(1953—),男,台湾省彰华县人,台湾师范大学国文研究所博士,台湾"清华大学"中文系教授,主要从事汉代思想史研究。

期,文、景、武帝时期,元帝时期。这三个阶段对于立郡国庙的立场各有异同,论述的角度也出现了不同的变化,而立庙或毁庙的理由虽愈往后愈趋于复杂,但第三阶段“罢郡国庙”的命运,其实在第二阶段已经决定了。因此本文将对学界鲜少讨论的第一、二阶段详加讨论,并在此基础上重新检视元帝时罢郡国庙诸议论呈现的意义。

在西汉郡国庙兴废的过程中,不管论述的角度如何改变,却总脱不了维护统治秩序的考虑,由此可以看到西汉时期礼制兴革与维护统治秩序间的关系之一极佳范例。此外,西汉经学的昌盛是空前的,“通经致用”更是经学家追求的目标,他们希望能透过经学影响政治,甚至改造政治。然而,不但经学影响政治,政治也反过来制约经学发展的方向,其间的互动相当细致、微妙。其中,儒者对礼制的种种论述,奏效与否,往往摆脱不了朝廷上下对现实利害的认知,尤其是皇权对维护统治秩序的考虑。通过对西汉郡国庙兴废的讨论,也可以进一步了解西汉经学与现实政治的关系,了解经学在现实问题上的贡献与局限。

二、高帝、惠帝时期郡国庙之建立——通过制度神圣化出身寒微的统治家族之一环

郡国庙的建立始于刘邦令诸侯王“皆立太上皇庙于国都”。这件事曾被何焯称为“失礼之始,至韦元(玄)成、贡禹始觉其非”[1](卷1《高帝纪》)。何焯“失礼之始”的说法,虽点出了郡国庙的建立前无所承,但显然不了解此一礼制出现的现实背景。

刘邦令诸侯王立太上皇庙于国都的用心,可以和惠帝“令诸侯王立高庙”合看。唯《汉书》于此二处皆未留下更详细的资料,但《史记·刘敬叔孙通列传》有一段记载却提供了一些线索,值得玩味。《叔孙通列传》载:

> 孝惠帝为东朝长乐宫,及闲往,数跸烦人,乃作复道。方筑武库南,叔孙生奏事,因请闲,曰:“陛下何自筑复道高寝,衣冠月出游高庙?高庙,汉太祖,奈何令后世子孙乘宗庙道上行哉?”孝惠帝大惧,曰:“急坏之。”叔孙生曰:“人主无过举。今已作,百姓皆知之。今坏此,则示有过举。愿陛下为原庙渭北,衣冠月出游之,益广多宗庙,大孝之本也。”上乃召有司立原庙。原庙起,以复道故。[3](卷99《刘敬叔孙通列传》)

这段文字值得注意的是“立原庙”(重庙)、“益广多宗庙”,都是出于叔孙通“奈何令后世子孙乘宗庙道上行哉”、“人主无过举”的考虑而来。这种考虑背后的心态,是预设宗庙极端神圣,人主也极端神圣完美,而“益广多宗庙”是利用机会劝惠帝把统治集团的神圣性推广出去,用制度神圣化统治家族。传中虽未明载惠帝是否因此而“益广多宗庙”,但惠帝“令诸侯王立高庙”(及“益广多宗庙”)的用心,却在此找到了线索。而《叔孙通列传》中“益广多宗庙”的主张,是与起朝仪、定宗庙仪法等“度务制礼”的措施并列的,我们更有理由相信,高帝、惠帝时期郡国庙的建立,是通过制度神圣化出身寒微的统治家族计划中的一环。

刘邦出身寒微,为塑造自己超凡的力量,在起事过程中不断放出神话,神化自己以增加领袖魅力,《史记·高祖本纪》中有关刘邦的神奇事迹,诸如龙种、赤帝子、斩蛇起义、左股有七十二黑子①、异人看相、“所居,上常有云气”,甚至起兵时,“旗帜皆赤,由所杀蛇白帝子,杀者赤帝子,故上赤”。凡此皆说明刘邦在起事过程中,已不断进行将自己神化的工作。

然而,刘邦的这些作为,比较接近于把自己塑造成韦伯(Max Weber)所说的卡理斯玛式(charismatic)的领袖。但卡理斯玛式的支配并不适用于统一后的大帝国[4],因此在统一天下后,通过制度的设计,神圣化统治家族,保障统治秩序的稳定是必要的,尤其是对刘家这一根基薄弱的统治家族而言更属重要。

① 张守节《史记正义》云:“七十二黑子者,赤帝七十二日之征也。”(《史记》卷8《高祖本纪》注,中华书局1959年版,第162页。)

首先,在《史记·秦楚之际月表》中,司马迁曾对刘邦以一介平民,在短短数年间削平群雄,统一天下,感到惊叹与迷惘,认为不管是凭借道德的虞、夏、汤、武,或凭借武力的秦,都是经过长期而艰辛的经营,所谓“以德若彼,用力如此,盖一统若斯之难也”[3](卷16《秦楚之际月表》)。刘邦虽然成就了自生民以来未有的功业,但他的统治基础与三代或秦等统治家族辛苦经营了几百年的根基比起来薄弱多了。因此为了维护汉帝国统治秩序的稳定,就必须通过制度的设计向群臣、向全天下宣称刘家这个统治家族的神圣地位,并建立起神圣的统治传统。立郡国庙的措施,正是通过神化统治家族的神圣仪式,宣示刘家不容觊觎的独特地位,并且把此一宣示,透过礼制传达到全帝国的神经末梢,伸展到广大帝国的每一角落,这一措施有助于争取天下臣民对刘姓天下的效忠。

其次,经过秦汉之际的大乱,上下之间的纲纪几已荡然无存,曾劝韩信据齐自立的蒯通就曾对刘邦明言:“秦之纲绝而维弛,山东大扰,异姓并起,英俊乌集。秦失其鹿,天下共逐之,于是高材疾足者先得焉。……且天下锐精持锋,欲为陛下所为者甚众,顾力不能耳,又可尽烹之耶!”[3](卷93《淮阴侯列传》)刘邦不过是“疾足先得”天下者,天下豪杰觊觎神州之心至汉初犹所在多有,所以刘邦在即帝位后尚须率兵亲征赵利、陈豨、黥布等叛逆。面对此一严峻形势,除了在政治上采取诸如徙关东之强宗豪族十余万至关中等“强本弱末”的措施[3](卷99《刘敬叔孙通列传》),通过“礼制”的建立,利用渊源悠久的神圣传统“礼乐”,赋予刘家统治的正当性,并且使统治基础相当薄弱的刘家在神圣传统的保护下,建立自己的神圣传统,并加强对臣属的意识形态说服工作,对培养他们的效忠心理以稳定统治秩序是有帮助的。起朝仪、定宗庙仪法、立郡国庙等皆有这一方面的考虑,此《汉书·礼乐志》所谓:“汉兴,拨乱反正,日不暇给,犹命叔孙通制礼仪,以正君臣之位,高祖说而叹曰:吾乃今日知为天子之贵也。以通为奉常,遂定仪法。”[1](卷22《礼乐志》)汉初,在拨乱反正犹日不暇给的情况下,仍用心于礼制的建立,正有维护统治秩序的深层用心。

再次,汉之取天下,得助于异姓同盟军领袖之力甚巨,故天下初定,采郡国并行之制,大封异姓诸侯王,这些诸侯王可以自置百官,宫观僭于天子,俨然形成国中有国的割据之局。这种情况一直到文帝时的贾谊尚感叹道:“假设天下如曩时:淮阴侯尚王楚;黥布王淮南;彭越王梁;韩信王韩;张敖王赵,贯高为相;卢绾王燕;陈豨在代。令此六七公者皆无恙,当是时而陛下即天子位,能自安乎?臣有以知陛下之不能也。”[1](卷48《贾谊传》)可见当时中央的政治力一时尚无法进入全国各地,这时以立郡国庙的方式,通过宗教的仪式,将刘家神圣化的权威植入政治力一时尚无法完全进入的地区,也是伸张刘家统治权力的一种有效方式。至于后来同姓诸侯王虽陆续取代异姓诸侯王①,这些诸侯王强大依旧,“内地北距山以东,尽诸侯地,大者或五六郡,连城数十,置百官,宫观僭于天子”[3](卷17《汉兴以来诸侯年表》)。这些诸侯国自然与中央直接管辖的15郡不同,但中央在这些诸侯国立庙,仍然可视为朝廷主权的宣示,仍是伸张朝廷权力的一种方式。司马迁论及中央广立同姓诸侯王的用心时,谓:“何者?天下初定,骨肉同姓少,故广强庶孽,以镇抚四海,用承卫天子也。”[3](卷17《汉兴以来诸侯年表》)继续在同姓诸侯国立庙,正是宣示朝廷的宗主权,并强化“庶孽”依附朝廷的血缘关系,保证“用承卫天子”的目标得以实现。

由上可知,郡国庙的建立,其意义绝不是“失礼之始”的评价所能触及,它是通过制度,神圣化出身寒微的统治家族之计划的一环,它与起朝仪等其他礼制的不同,在于天下初定,为有效统治天下,刘家乃透过神化统治家族的仪式,将神圣

① 同姓诸侯王逐渐取代异姓诸侯王的过程,陈仁锡有一扼要说明:“以天下大势言之:如高五年……则天下之势,异姓强而同姓未封也。如高六年……则天下之势,异姓同姓强弱略相当也。如高十二年……则天下之势,同姓强,异姓绝无而仅有。”(泷川资言:《史记考证》引,《史记会注考证》卷17《汉兴以来诸侯年表》,(台北)艺文印书馆1976年版,第311页。)

权威伸展到全帝国的神经末梢,培养普天之下莫非刘氏之土和率土之滨莫非刘氏之臣的认同心理,这应该是出身寒微的刘氏的统治权威尚未深入帝国每一角落时的权宜之计,所以设计出了此一前无所承的礼制,且在后来历史情境改变时,引发了一连串的争论。

后来,元帝在永光四年议罢郡国庙的诏书中诠释汉初立郡国庙的动机,谓:“往者天下初定,远方未宾,因尝所亲以立宗庙,盖建威销萌,一民之至权也。”[3](卷73《韦贤传》)匡衡也追溯立郡国庙的动机为“前因所幸而立庙,将以系海内之心,非为尊祖严亲也”[3](卷73《韦贤传》)。不管立庙的动机是“建威销萌,一民之至权”或是“系海内之心”,都有明显的政治动机,不是一般的祭祀礼制,也不是纯粹由血缘认同而来的“尊祖严亲”之礼。钱杭解释元帝这段话的政治意义,谓:“这种宗庙就其本质而言,已不是如普通宗庙那样,仅仅是血缘共同体的象征,它是一种包括血缘共同体,但又绝对高于血缘共同体的国家王权的象征。”[2]242钱杭这段话道出了立郡国庙具有其现实意义与政治意义,但尚未妥帖解释元帝与匡衡有关汉初立郡国庙的论述,我们必须更具体地指出,这是汉初通过制度,神圣化出身寒微的统治家族之计划的一环,是刘氏的统治权威尚未深入帝国每一个角落时的权宜之计。如此才能更具体地说明高帝、惠帝时期建立郡国庙的意义,而元帝所说的“建威销萌,一民之至权”,或匡衡所说的“将以系海内之心,非为尊祖严亲也”,也在本文的解释中,有了具体的落实之处。

三、武帝时期对郡国庙制的挑战——从“系海内之心”到皇室内部矛盾的出现

汉初立郡国庙,赋予刘氏神圣的权威,并将此一权威延伸到帝国的神经末梢,发挥了“系海内之心”的作用。为了建立神圣传统,吕后甚至定下严令,“高后时,患臣下妄非议先帝宗庙寝园官,故定着令,敢有擅议者弃市”[3](卷73《韦贤传》)。然而,历史的发展不会受限于个人的意志,当历史的情境改变了,“弃市”的禁令也挡不住对郡国庙合理性的质疑,只是郡国庙制已属汉帝国的神圣传统,此一挑战起初乃出诸迂回的方式。

对郡国庙制的合理性的挑战,董仲舒首先发难。武帝建元六年六月丁酉,辽东高庙灾;四月壬子,高园便殿火。董仲舒曰①:

> 今高庙不当居辽东,高园殿不当居陵旁,于礼亦不当立,与鲁所灾同,其不当立久矣。至于陛下时,天乃灾之者,殆亦其时可也。昔秦受亡周之敝,而亡已化之;汉受亡秦之敝,又亡已化之。夫继二敝之后,承其下流,兼受其猥,难治甚矣。又多兄弟亲戚骨肉之连,骄扬奢侈,恣睢者众,所谓重难之时者也。……故天灾若语陛下,当今之世虽敝而重难,非以太平至公不能治也。视亲戚贵属在诸侯远正最甚者,忍而诛之,如吾燔辽高庙乃可;视近臣在国中处旁仄及贵而不正者,忍而诛之,如吾燔高园殿乃可云尔。在外而不正者,虽贵如高庙,犹灾燔之,况诸侯乎!在内不正者,虽贵如高园殿,犹灾燔之,况大臣乎!此天意也。罪在外者天灾外,罪在内者天灾内,燔甚罪当重,燔简罪当轻,承天意之道也。[1](卷27《五行志上》)

董仲舒此处并未在总体上就郡国庙制是否合理做讨论,而只是透过灾异的观念,由高庙不当居辽东而遭天焚之,引申到诛杀骄扬恣睢的诸侯之主张,表现他一贯主张的大一统与强干弱枝思想。但既然提出了“高庙不当居辽东”的主张,自然已经冲击到郡国庙制的合理性,所以董仲舒及同时代的人虽未继续挑战郡国庙制存在的合理性,但由董仲舒把骄扬的诸侯比成于礼不当立的郡国庙,且诛杀骄扬恣睢的诸侯之主张陆

① 依《董仲舒传》记载,当时“仲舒居家,推说其意,草稿未上,主父偃侯仲舒私见嫉之,窃其书而奏焉”。(王先谦:《汉书补注》卷56《董仲舒传》,书目文献出版社1995年版,第1172页。)

续得到武帝采用①,郡国庙制存在的合理性确已丧失其现实的基础。而造成此一改变最重要的原因,是汉帝国从文、景以后,刘家的神圣地位已经充分被承认,立郡国庙神圣化出身寒微的刘家的统治权威,并深入帝国每一角落的原先用意已经丧失。此时的政治形势已转变为皇室内部矛盾出现,中央与地方诸侯王隐然形成对抗之局,削弱地方割据势力成为朝廷的要务。所以董仲舒的主张,虽无异于认为皇室在郡国的祖庙烧得好,而且早就该烧了,被不知情的弟子吕步舒“以为大愚”,下吏当死,却得到武帝的赦免[1](卷56《董仲舒传》)。徐复观谓:“仲舒方正的人品,尊君的思想,及强干弱枝的主张,都可使武帝加以赦免。”[5]305这段话看到了董仲舒挑战郡国庙制得以不死的关键,否则光是高后擅议先帝宗庙寝园官者弃市的禁令,董仲舒就非身首异处不可了。当然,由于并非专就郡国庙制的问题立论,徐复观尚未注意到郡国庙与诸侯国结合造成的最高统治权力的正当性的争夺的问题,遂认为“高庙灾和董仲舒所说的诸侯近臣等,实在关联得太勉强”[5]305。这是本文要补充说明的。

除了提出宗庙居郡国非礼的主张外,董仲舒也提出郊祭的重要性甚于宗庙之祭的见解。他说:

> 《春秋》之义,国有大丧者,止宗庙之祭而不止郊祭,不敢以父母之丧,废事天地之礼也。……夫古之畏敬天而重天,郊如此甚也。……先贵而后贱,孰贵于天子?天子号天之子也,奈何受为天子之号,而无天子之礼!天子不可不祭天也,无异人之不可以不食父。……是故天子每至岁首,必先郊祭以享天,乃敢为地行子礼也。每将兴师,必先郊祭以告天,乃敢征伐行子道也。[6](卷15《郊祭》)

“郊”是祭天之礼,郊祭比宗庙祭更重要,如果从宣示统治权力的角度解释,是因为郊祭此时已可取代宗庙祭的功能。郊祭是天子的特权,天子的权力来自于天,祭天的仪式就已经是天子“受命于天”的神圣象征了。亦即天子的神圣权威通过郊祭更可充分体现,如此庙制中的郡国庙制“系海内之心”的作用已可被取代,何况郡国庙制尚有许多后遗症,因此董仲舒提出宗庙居郡国非礼的主张,绝非偶然。

从立郡国庙到质疑郡国庙于礼不当立,背后反映的是汉代政治形势的改变。上文提到,汉自文、景之后,刘氏的神圣地位已完全被承认,此由大臣诛诸吕,欲迎立代王时,宋昌独排众议,劝代王赴长安即皇帝位的言论最具代表性。宋昌曰:

> 夫秦失其政,诸侯豪杰并起,人人自以为得之者以万数,然卒践天子之位者刘氏也,天下绝望,一矣。高帝封王子弟,地犬牙相制,此所谓盘石之宗也,天下服其强,二矣。汉兴,除秦苛政,约法令,施德惠,人人自安,难动摇,三矣。夫以吕太后之严,立诸吕为三王,擅权专制,然而太尉以一节入北军,一呼,士皆左袒为刘氏,叛诸吕,卒以灭之,此乃天授,非人力也。今大臣虽欲为变,百姓弗为使,其党宁能专一耶?[3](卷10《孝文本纪》)

经过吕氏之乱的严酷考验,确实证明了刘氏的神圣地位已深入民心,难以撼动,此时朝廷担心的,反而是同姓诸侯王对大位的觊觎。文帝即位不久,就有济北王刘兴居发兵谋反及淮南王欲反之事;景帝时更有掀天盖地的吴、楚七国之乱;到武帝时,诸王国势力已衰,但朝廷仍极力防范。尤有进者,基于文帝由外藩入继大统的先例,同为刘氏子孙的诸侯王,似乎有某种程度入朝称帝的正当性,例如文帝立太子之前,尚须客套地说:“楚王,季父也,春秋高,阅天下之义理多矣,明于国家之大体。吴王,于朕兄也,惠仁以好德。淮南王,弟也,秉德以陪朕,岂为不豫哉!诸侯王宗室昆弟有功臣多贤及有德义者,若举有德以陪朕之不能,终是社稷之灵,天下之福也。”[3](卷10《孝文本纪》)这些话不管是否惺惺作态,还

① 《五行志》接着叙述:“上思仲舒前言,使仲舒弟子吕步舒持斧钺治淮南狱,以《春秋》义专断于外,不请。既还,奏事,上皆是之。”(王先谦:《汉书补注》,第605页。)根据《汉书》卷44《淮南王传》的记载,是狱“列侯、二千石、豪杰数千人,皆以罪轻重受诛”。(王先谦:《汉书补注》,第1040页。)

是承认了同姓诸侯王入继大统的正当性。此外，景帝也曾当着太后的面，从容言曰："千秋之后传梁王。"[1](卷107《魏其武安侯列传》)甚至到了武帝时，太尉田蚡至霸上迎淮南王入朝时，也曾对淮南王说："上未有太子，大王最贤，高祖孙，即宫车晏驾，非大王立当谁哉。"淮南王大喜[1](卷107《魏其武安侯列传》)。可见同姓诸侯王入承大统在当时具有相当程度的正当性，在此一背景下，诸侯王想兴兵作乱时，堂皇提出"匡正天子，以安高庙"①的口号就不足为奇了，而刘濞把"以安高庙"当成自己的责任，那么郡国庙制正由宗法上赋给诸侯王追逐最高政治权力的资格与正当性。

郡国庙制到了文、景、武帝阶段，明显已丧失原先"系海内之心"的政治作用，反而让同姓诸侯王分享宗法上的特权，朝廷面临神圣权力被分享的窘境。亦即诸侯国由于立有先帝的宗庙，等于有了"礼制"给予的入承大统的正当性。这正如郭伟川所说的："彼等均是刘氏之后人，故都潜存继统之可能性。试观汉初兴兵作乱之诸侯王……庙制的宗法特权亦给他们的野心带来某种依据。"②由此看来，董仲舒虽是首度对郡国庙制的合理性提出挑战者③，而且独倡其议，没有发展出整套废郡国庙制的理论，但此一论点的出现，是符合现实要求的，并与其极端尊君、强干弱枝的主张一致。

其实，面对诸侯王不安于位的严峻形势，中央除了在政治措施上大举压缩诸侯王的生存空间外，也通过"礼制"剥夺诸侯王觊觎大位的正当性，其中与宗庙祭祀有关的是《酎金律》的设置。丁孚《汉仪》记载：

> 《酎金律》，文帝所加，以正月旦作酒，八月成，名酎酒，因合诸侯助祭贡金。《汉律·金布令》曰："皇帝斋宿，亲率群臣承祠宗庙，群臣宜分奉请。诸侯、列侯各以民口数，率千口奉金四两。"④

这是在酎酒酿好后，以此献上宗庙祭祀，并要求诸侯以助祭的名义献上黄金，名为酎金。以"千口奉金四两"的数量看，是一笔不小的数目，这里当然会有财政上的目的。尤有进者，在此一仪式中，皇帝是主祭者，诸侯是助祭者，且必须献金给中央，这就已经宣示京师才是宗庙祭祀的正统所在，天子才是承续祖宗的刘氏代表，具有压缩诸侯王由郡国庙制而来的祭祀上的宗法特权，剥夺他们觊觎大统的正当性的作用了。何况朝廷尚可假借《酎金律》，随时对诸侯下重手，武帝元鼎五年，"列侯坐献黄金酎祭宗庙不如法，夺爵者百六人"[1](卷6《孝武纪》)。而所谓的"不如法"是指"诸侯王岁以户口酎黄金于汉庙，皇帝临受献金，金少不如斤两，色恶，王削县，侯免国"⑤。这是以助祭的名义冠冕堂皇地对诸侯所下的紧箍咒。助祭的黄金数量不足或成色不佳，均是削县、免国的借口，诸侯助祭的礼仪背后，展现的正是天子无限的权威。由此可知，郡国庙制虽一时尚未罢去，但朝廷已在其他礼制上对诸侯王觊觎大位的正当性予以压缩了。

事实上，诸侯王与天子在礼仪上等齐，会造成诸侯王与天子"争强"、"争尊"，造成上下无别、秩序荡然的后果，贾谊已慨乎言之。他说："天子之相，号为丞相，黄金之印；诸侯之相，号为丞相，黄金之印，而尊无异等。""天子亲号云太后，诸侯亲号云太后；天子妃号曰后，诸侯妃号曰后。然则诸侯何损而天子何加焉?"[7](卷1《等齐》)"衣服疑者是谓争先，泽厚疑者是谓争赏，权力疑者是谓争强，等级无限是谓争尊。"[7](卷1《服疑》)所以贾谊想通过等级、势力、衣服、号令的区分，标

---

① 刘濞起兵时，遗诸侯书之语。(《史记》卷106《吴王濞列传》，第1154页。)

② 参见郭伟川：《汉代礼制的建立及其对后世的影响》，《秦汉史论丛》第7辑。(中国社会科学出版社1998年版，第287页。)但此一观点是对元帝罢郡国庙的解释，并认为仅存京师之宗庙，就唯有汉天子具有主祭的宗法特权，诸侯王只能前来京师助祭，突出了君臣之尊卑，加强了中央之集权。此一解释在时空中似乎摆错了位置，因为君尊臣卑、中央集权，在元帝时早已不是问题。详见下文。

③ 何焯认为董仲舒的主张，"此贡禹、匡衡罢诸庙所本"。(王先谦：《汉书补注》卷27《五行志》引，第605页。)

④ 参见王先谦：《后汉书集解·礼仪志上第四》"八月，饮酎上陵，礼亦如之"条，《集解》引，第1125页。

⑤ 如淳引《汉仪注》，上文"夺爵者百六人"句，《集解》引，第94页。

示社会等级,其中一个重要原因就是想借此规范诸侯王,确定上下秩序,达到天子独尊的目的[8]。其中,贾谊也特别提到祭祀的问题,“是以高下异……则祭祀异”[7]。

贾谊反对诸侯王与天子在礼仪上等齐的主张,事实上已看到了诸侯王通过等齐于天子的礼制,取得争强、争尊的正当性的问题。他的这些主张,与董仲舒郡国庙于礼不当立的主张,同样看到了皇室内部的矛盾,也同样想借着礼制的重新整顿,达到尊君、强干弱枝的目标。

由上所述,董仲舒郡国庙制不合礼的主张,是符合朝廷政治需要的。然而,董仲舒竟以此获罪,下吏当死,使得此一主张暂时销声匿迹。揆其原因,当不是武帝尚未意识到罢郡国庙对朝廷的帮助,否则他不会赦免董仲舒。然而郡国庙制不合礼之议毕竟未受到武帝的鼓励而散布开来,其原因可能是牵涉先帝祭祀的郡国庙制当时已成为一神圣传统,此观诸“辽东高庙灾”、“高园便殿火”之后,“上素服五日”[1](卷6《孝武纪》),可见其被重视的程度。加上高后时留下的擅议先帝宗庙寝园官者弃市的禁令,以及黄老无为的代表人物窦太后当时尚在,朝廷一时尚不方便挑战行之有年的祖制,于是有关罢郡国庙之议,只能俟诸异日了。

然而,当原先立郡国庙的环境改变了,当刘家的神圣地位已完全被承认,郡国庙制反而成为诸侯王觊觎大位的正当性来源时,郡国庙制对朝廷已经由利转弊,就朝廷维护统治秩序的目标而言,虽说郡国庙制这个神圣传统不能说废就废,但此一时期(文、景、武帝)中央与地方间政治形势的急遽改变,已埋下罢郡国庙最关键的伏笔。所等待者,当郡国庙制的负面作用愈来愈清楚,当反对者能找出更多堂皇正大的罢郡国庙的理由,此一历史上独特的礼制,终归要销声匿迹的。

四、元帝时期的罢郡国庙之议——经学理想与现实完美结合的典型范例

文、景、武帝时期,郡国庙制已丧失了原先通过制度神圣化出身寒微的刘氏的作用,反而赋予不安于位的诸侯王觊觎大位的正当性,董仲舒提出的高庙居郡国于礼不合之主张,反映了朝廷与诸侯王争夺最高政治权力正当性的矛盾,反映了郡国庙制对朝廷已由利转弊的历史情境。然而,郡国庙制虽已不合时宜,但朝廷却使用诸如《酎金律》等礼制压缩诸侯王觊觎大位的正当性,而未鼓励挑战郡国庙制的言论,使得董仲舒的主张未能得到附和而蔚为风潮。

在政治需要上最应该议罢郡国庙时,郡国庙依然挺立,其消极原因上文已述及。至于议罢郡国庙得以蔚为风潮的积极条件,最重要的是郡国庙制为一神圣的传统,罢斥此一神圣传统需要堂皇正大的论述,此一条件一直到元帝时才成熟,其历史任务则落到当时的经学家贡禹、韦玄成、匡衡等人身上。在元帝时期议罢郡国庙的过程中,我们看到了经学理想与现实完美结合的典型范例,这是通过经学理想追求礼制合理性获得成功的最好事例。当然,本文不会陶醉于经学理想获得实现的美景,罢郡国庙的主张最后得以实现,若追根究底,在先前的文、景、武帝时期就已决定了。经学理想若想获得实现,毕竟不能脱离现实的需要。

武帝之后为昭帝,由霍光辅政,在权臣执掌朝政的情况下,自然不会轻易碰触敏感的宗庙问题,甚至会刻意维护此一神圣传统,如元凤五年,孝文庙正殿火,“上及群臣皆素服……太常及庙令丞郎吏皆劾大不敬”[1](卷7《昭帝纪》)。之后的宣帝为遭巫蛊之祸的戾太子孙,因缘际会由庶民被立为太子,更不敢挑战有关庙制的神圣传统,甚至还增立郡国庙,“至宣帝本始二年,复尊孝武庙为世宗庙,行所巡狩亦立焉”。于是罢郡国庙议之蔚为风潮,乃待乎以柔仁好儒著称的元帝时期了。

最先对郡国庙制提出质疑的是以明经洁行著名的贡禹,他上奏元帝,“欲罢郡国庙,定汉宗庙迭毁之礼”[1](卷72《贡禹传》)。至于罢郡国庙的理由,《汉书》的记载很简略:“及郡国庙,不应古礼,宜正定。”[1](卷73《韦玄成传》)贡禹罢郡国庙的理由讲得相当委婉,但由他奏议的内容都借经义要求朝廷弃奢从俭,减少开支,以恤民瘼,以复教化,则罢郡国庙的表面理由应与此有关。钱穆谓:“求礼乐以恤民瘼,而礼乐之旨在于裁抑,此昭宣

以下所言之礼乐也。昭宣以下言礼乐，本之民事，其风自王吉贡禹开之。”“知注意于礼俗民生，而欲一返武帝以来汉君臣奢淫之习，以复汉初恭俭之守。而又能文之以《诗》、《书》，泽之以旧训，较之贾董，若尤见为醇儒。”[9]318—320 从钱穆的评断，可以看出贡禹体恤民瘼，且出诸经义的立场，但议罢郡国庙更根本的原因，应参考继之而起的主张。

（一）元帝议罢郡国庙之诏——皇权关注焦点的揭露

贡禹的主张虽未及施行而卒，但元帝却听进去了，在永光四年，主动下诏议罢郡国庙。元帝的主动，解除了吕后禁令的压力，才使得群臣大胆跟进，放言高论。元帝的诏书曰：

> 朕闻明王之御世也，遭时为法，因事制宜。往者天下初定，远方未宾，因尝所亲以立宗庙，盖建威销萌，一民之至权也。今赖天地之灵，宗庙之福，四方同轨，蛮貊贡职，久遵而不定，令疏远卑贱共承尊祀，殆非皇天祖宗之意，朕甚惧焉。《传》不云乎？“吾不与祭，如不祭。”其与将军、列侯、中二千石、二千石、诸大夫、博士、议郎议。[1]（卷73《韦玄成传》）

在此一时期罢郡国庙的议论中，这篇诏书主要由维护统治秩序的要求立论，把立郡国庙的原先构想讲得最为一针见血，因此也把当时郡国庙制产生的后遗症讲得最为透彻，能真实反映郡国庙制与维护统治秩序间的密切关系①。后来韦玄成、匡衡等经学家的议论，可视为在此一论点上的引申，并透过他们的经学造诣，赋予此一论点更堂皇正大的理论基础，并与儒家的经学理想结合，在赋予罢郡国庙之举正当性的同时，也表现儒家以民为本的道德理想。

“遭时为法，因事制宜”，此一礼制应与时推移的理论，是所有想改革旧礼制的人都会提出的理由。

“往者天下初定，远方未宾，因尝所亲以立宗庙，盖建威销萌，一民之至权也。”这段话点出了起初立郡国庙完全出于政治动机，详细的解读可参考本文第二部分，这是通过神化统治家族的神圣仪式，宣示刘氏不容觊觎的独特地位，并且把此一宣示，通过礼制传达到全帝国的神经末梢，防范叛逆萌生，争取臣民对刘姓天下的效忠。

“今赖大地之灵，宗庙之福，四方同轨，蛮貊贡职，久遵而不定，令疏远卑贱共承尊祀，殆非皇天祖宗之意，朕甚惧焉。”这段话明白表示，当前的天下形势已与汉初完全不同，“四方同轨，蛮貊贡职”，代表此时刘氏的神圣地位与统治秩序已难以撼动，因此当年天下初定时，立郡国庙以“建威销萌，一民之至权”的政治目的已经消失了，郡国庙也就丧失了原先的作用。事实上，武帝晚期不仅外患问题已大致解决，自从实施“推恩”政策之后，地方已完全丧失反抗的力量，所谓“诸侯稍微大国不过十余城，小侯不过数十里，上足以奉贡职，供养祭祀，以蕃辅京师。……强本干，弱枝叶之势也。尊卑明，而万事各得其所矣”[3]（卷17《汉兴以来诸侯年表》）。但若同意刘氏的神圣地位与统治秩序已难以撼动，郡国庙就丧失了原先的作用，那么郡国庙远在文、景、武帝时期就丧失了原先的作用，且产生了后遗症。则此一论点更证实了文、景、武帝时期已留下罢郡国庙最关键的因素。其间的区别在于，文、景、武帝时期，郡国庙反而赋予诸侯王某种程度入承大统的正当性；到了“四方同轨，蛮貊贡职”的元帝时期，就政治作用而言，郡国庙制已成“告朔之饩羊”。然而，就礼制的合理性而言，如果继续承袭汉初以来的郡国庙制，让郡国诸侯王与天子一样能主持宗庙祭祀，就违反礼制所应强调的尊卑秩序，而且让疏远卑贱者也能主祭，也不是祖宗的原意，所以说：“久遵而不定，令疏远卑贱共承尊祀，殆非皇天祖宗之意，朕甚惧焉。”这几句话是从礼制合理性的角度，说明郡国庙制已丧失原先的作用，且造成贵贱亲疏不分，加强原先由政治现实

① 高明士谓：“从庙制系统而言，皇权由宗庙等统治庙制展开其政治秩序；而儒者则由孔庙所代表的教育事业展开其道统的文化秩序。”（《皇帝制度下的庙制系统——以秦汉至隋唐作为考察中心》，《台大文史哲学报》，1993 年第 40 期。）

考虑而来的议罢郡国庙的正当性。

“《传》不云乎?‘吾不与祭,如不祭。’”这段话是引用神圣经典《论语》中圣人的话,用以对抗已是神圣传统的郡国庙制,争取认同。而“吾不与祭,如不祭”,是把礼制的争论,一下子提高到超礼制,直接面对真诚之心的层次,那么即使在礼制上抑或还有争论,也可以摆脱开了。既然天子不能参与郡国庙祭祀,那么这种祭祀还有什么意义呢?郡国庙的存在意义,在三言两语中已经被解构了。

(二)韦玄成等人的上奏——经学对皇权的文饰及理想的追求

为回应元帝议罢郡国庙之诏,丞相韦玄成、御史大夫郑弘、太子太傅严彭祖等70人联名上奏,曰:

> 臣闻祭非自外至者也,由中出,生于心也。故唯圣人为能飨帝,孝子唯能飨亲。立庙京师之居,躬亲承事。四海之内各以其职来助祭,尊亲之大义,五帝三王所共,不易之道也。《诗》云:“有来雍雍,至止肃肃,相维辟公,天子穆穆。”《春秋》之义,父不祭于支庶之宅,君不祭于臣仆之家,王不祭于下土诸侯。臣等愚以为,宗庙在郡国宜无修,臣请勿复修。[1](卷73《韦玄成传》)

韦玄成等人的主张,大抵环绕着元帝的议罢郡国庙之诏加以文饰,其意义超出文饰之外者,在于标明了经学的理念,并用以支持对礼制合理性的追求,而此一经学理想不但符合皇权维护统治秩序的需要,也符合钱穆所说的“本之民事”、“以恤民瘼”的理想。

“臣闻祭非自外至者也,由中出,生于心也。”这段话呼应元帝诏书中“吾不与祭,如不祭”的话。在此一原则下,由于“唯圣人为能飨帝,孝子为能飨亲”,因此只有天子主持的京师宗庙祭祀才是“由中出,生于心”的仪式,而郡国宗庙的祭祀,由于主祭者非“孝子”其人,只是徒具形式罢了。这段话由祭义、礼义的角度消解郡国庙制的合理性,赋予京师宗庙独一无二的存在意义。

由于京师宗庙祭祀唯一能体现祭“由中出”的礼义,故接着云:“立庙京师之居,躬亲承事。四海之内各以其职来助祭,尊亲之大义,五帝三王所共,不易之道也。”这里值得注意的是标明“助祭”的观念,以相对于“躬亲承事”的主祭者——天子。这就不仅彰显了祭祀之义,更彰显了政治上天子与诸侯百官尊卑不同的位阶,解除了元帝诏书中“令疏远卑贱共承尊祀”的忧虑。而且此一尊卑位阶的确立是可以在彰显“尊亲之大义”中完成的,是五帝三王的共同之道。

接着引《诗》之句是对以天子为主祭的京师宗庙祭祀的理想情境的描绘,颜师古的注云:“此《周颂·雍》篇禘太祖之诗也。雍雍,和也。肃肃,敬也。相,助也。辟,百辟卿士也。公,诸侯也。有来而和者,至而敬者,助王禘祭,是百辟诸侯也。天子是时则穆穆然承事也。”好一幅天子庄严肃穆,诸侯卿士敬慎助祭,上下尊卑有序的图像。而独有京师宗庙具有存在正当性的政治意义也就呼之欲出了。

引《春秋》之义“父不祭于支庶之宅,君不祭于臣仆之家,王不祭于下土诸侯”,则是由经义,由宗法礼制的角度,再度消解郡国庙制存在的合理性,强调天子所在的京师才有建立宗庙的需要;并且强调诸侯王与天子虽同为刘氏子孙,但不管是在宗法或政治上,双方地位都是极为悬殊的。这里也再次呼应了元帝诏书中要求建立亲疏尊卑秩序,以维护统治秩序的诉求。

韦玄成等人上奏的内容,虽是透过经义对元帝诏书的文饰,让罢郡国庙的主张显得更为堂皇正大,元帝也立刻下诏罢郡国庙,但此一文饰并不是阿皇权之好,它表明了经学的理念,也表现出对礼制合理性的追求,并对当时的民生有正面的意义(详见下文)。儒者能在政治现实中,争取理念的实现,并取得部分的成功,算是相当难能可贵了。

(三)匡衡反对复郡国庙的祷文——儒者经学济世的典范

元帝虽在永光四年正式废除郡国的宗庙,但废除此一行之有年的祖制或神圣传统,毕竟形成元帝心理上的负担,因此在6年后的建昭五年,元帝因寝疾,“梦祖宗谴罢郡国庙”,刚好少弟楚孝王也做了同样的梦，在疑心祖先谴责的情况下，元帝准备恢复郡国庙。以经学“当世少双”闻名的丞相匡衡深言不可，然元帝“疾久不平”，匡衡惶惧中“祷于高祖、孝文、孝武庙”，其祷文曰：

> 嗣曾孙皇帝，恭承洪业，夙夜不敢康宁，思育休烈，以章祖宗之盛功。故动作接神，必因古圣之经。往者有司以为，前因所幸而立庙，将以系海内之心，非为尊祖严亲也。今赖宗庙之灵，六合之内莫不附。亲庙宜一居京师，天子亲奉，郡国庙可止毋修。皇帝祗肃旧礼，尊重神明，即告于祖宗而不敢失。今皇帝有疾不豫，乃梦祖宗见戒以庙，楚王梦亦有其序。皇帝悼惧，即诏臣衡复修立。谨案上世帝王承祖祢之大义，皆不敢不自亲，郡国吏卑贱，不可使独承。又祭祀之义以民为本，间者岁数不登，百姓困乏，郡国庙无以修立。《礼》，凶年则岁事不举，以祖祢之意为不乐，是以不敢复。如诚非礼义之中，违祖宗之心，咎尽在臣衡，当受其殃，大被其疾，队在沟渎之中。皇帝至孝肃慎，宜蒙佑福。……[1]（卷73《韦玄成传》）

匡衡的祷文，不但是祷于宗庙，也是给元帝看的，用以安慰、开导他。“嗣曾孙……必因古圣之经”这段话申明元帝的作为都是根据古圣之经，是合乎“大道”，站得住脚的。而元帝动作接神的行为既于古圣之经有据，就不必疑神疑鬼，放弃合理的改制之举。

“往者有司以为……郡国庙可止毋修”这段话回顾了韦玄成等人的意见，甚至涵盖了元帝诏书的精神，说明郡国庙制宜与时推移，政治现实既然改变了，郡国庙就“可止毋修”。

“皇帝祗肃旧礼，尊重神明，即告于祖宗而不敢失”这段话表示罢郡国庙之举，元帝已向祖先神明报告过，并无失礼之处。

“今皇帝有疾不豫……即诏臣衡复修立”这段话表示复郡国庙之议，并没有任何堂皇正大的理由，仅是出于皇帝一时的悼惧心理。且皇帝既已“诏臣衡复修立”，那么纵然祖宗不悦，也该降殃于匡衡的阻挠，不会怪罪皇帝，所以最后的“如诚非礼义之中……宜蒙佑福”，是与本段话相呼应，用来宽慰元帝悼惧之心。

“谨案上世帝王承祖祢之大义……是以不敢复”这段话是祷文的重心，其中有两个重要论点：一是上世传统中的祭祖大典都由天子亲自主持，如果由卑贱的郡国吏主祭于郡国庙，有亏宗庙祭祀的大义，由此肯认罢郡国庙的必要性；二是提出“祭祀之义以民为本”的观念，点出礼制改革背后的经济因素与民生考虑。由于后一论点牵涉层面较广，留待下文再详论。

值得注意的是，匡衡等人坚持废郡国庙之议，是当时儒者通过经学理想追求礼制合理化的一环。这些礼制改革，包括元帝时贡禹首先发难，争议延续数代的有关京师宗庙迭毁之礼的议论，也包括成帝时丞相匡衡与御史大夫张谭所发动的徙置不合儒者礼典的甘泉泰畤与河东后土之祠，在长安南北郊另修建祭祀天地的“南北郊”，以及随后对“雍五畤”及众多淫祠的攻击①。这一连串以儒家的理想礼制为基础的改革，代表儒者对礼制合理化或合理秩序的追求，表现了儒者的理想性格。然而，这一连串的礼制改革，只有废郡国庙取得最彻底的成功，成为儒者以经学济世的典范，这就牵涉背后与统治秩序维护的关系，这层关键因素是处理礼制兴革问题时不能忽视的。

“又祭祀之义以民为本，间者岁数不登，百姓困乏，郡国庙无以修立。《礼》，凶年则岁事不举，以祖祢之意为不乐，是以不敢复。”这段文字点出了废郡国庙的经济因素与民生考虑，并点出祭祀必须考虑人民的负担，甚至隐含祭祀的目的是为了人民。而“以祖祢之意为不乐，是以不敢复”，更把降殃作威的祖灵转化为仁慈、爱民的祖灵，儒者关怀民生休戚的理想性，在此有值得尊敬的表现。

匡衡在此点出的经济因素与民生考虑，其实也是贡禹、韦玄成等儒者主张罢郡国庙的原因之一。他们虽未在罢郡国庙的议论中直接点出经

① 详见王先谦：《汉书补注》卷25下《郊祀志》，第561—567页。

济上的考虑,但由于元帝时天灾不断,帝国各处饥荒严重,《汉书·贡禹传》中所记大抵皆为贡禹要求元帝进行改革以减省人民负担的奏章,而韦玄成等人罢郡国庙之议,就紧接在传文中叙述郡国庙漫无限制的增加,靡费惊人之后,对于主张罢郡国庙的儒者而言,经济因素与民生休戚必然是他们重要的考虑因素。

然而,过度强调减省费用的经济考虑与对民生的关怀在罢郡国庙过程中的地位,却不能解释西汉郡国庙兴废过程中的关键因素。诚然,在元帝时代,减省费用已成为当时迫切的问题,而且也是罢郡国庙的重要理由之一,但要减省那些费用,却不是经济问题,仍然是政治问题,废郡国庙最后得到彻底的成功,就不是纯粹由经济因素所能解释的。例如当时同样是与耗费靡巨有关的宗教迭毁制度,推动时遭遇较多困难,而且最后是罢毁后复立,前功尽弃;在京师宗庙迭毁的议论中,纵使接受天子五庙之说,对有关孝文庙亲尽被毁的事实,大家也最不能接受;徙置甘泉泰畤与河东后土之祠的改革,也在哀帝时一度恢复原制,并罢南北郊。由此可见,在众多礼制的改革中,废郡国庙制能取得最彻底的成功,是皇权已体认郡国庙制对统治秩序的维护已是有害而无益,匡衡等经学家才能顺利将此一议论引导至有利的方向。

匡衡在废郡国庙一事上最大的成就,在于敏锐地看出皇权的需求,凭借自己的经学造诣,提出一套堂皇正大的论述,一方面追求经学理想与礼制合理化的实现,一方面具体面对帝国当时存在的财经压力与人民生计问题。由于他博通的经学造诣与睿智的现实眼光,终能成就经学济世的宏愿。徐复观称赞匡衡等这批经学家,“以宗庙、祭祀为中心,不断发生礼的争论,在这些争论中,儒生秉持经义礼意,不惜直接与皇帝皇室相对立;虽然他们在这方面的主张终未能贯彻,但亦可由此以窥见礼的真实意义”[10]231。徐氏对匡衡等经学家能表现礼的真实意义的颂扬是合乎事实的,他们能秉持经学的理想,追求礼制的合理化,并关怀生民的休戚,确实值得大书特书。然而,就匡衡的祷文而言,他与皇帝皇室的对立只是表面的,他的论点最后能得到皇帝的支持,正在于能够敏锐看到郡国庙制本身与伴随而来的靡费不利于统治权力的维护与统治秩序的稳定。

匡衡等经学家在罢郡国庙制上获得彻底的成功,对照于文、景、武帝时期郡国庙制已不合时宜,却仍屹立不摇,也可看出经学家的作用与贡献。正是因为到此一时期,儒生以经术论政才蔚为风潮,他们能够为罢斥郡国庙制此一神圣传统提供堂皇正大的论述,而且当时的经学环境也让他们的堂皇论述更能动人视听。由此看来,政治有时确实需要学术文饰,经学也因此能影响政治。然而不要忘了,经学对政治的影响仍有其局限性,它仍要受制于皇权对现实利害的认知,尤其是对维护统治秩序的考虑。废郡国庙彻底成功了,其他的礼制改革却无法达到相同的目标,正是活生生的例证。

五、结语

本文从较长的历史视野,将西汉郡国庙制的兴废过程划分为三个阶段,重新检讨礼制兴革与统治秩序维护之关系。高帝、惠帝时期郡国庙的建立,是通过制度,神圣化出身寒微的统治家族之计划的一环,是刘氏透过神化统治家族的仪式,将刘氏的神圣化权威植入政治力尚无法完全进入的地区,也是伸张刘氏统治权力的一种有效方式。武帝时,董仲舒首先挑战郡国庙制的合理性,他提出郡国庙于礼不当立的主张,反映了汉代政治形势的改变。文、景、武帝时期,当刘氏的神圣地位已完全被承认,郡国庙制反成为诸侯王觊觎大位的正当性来源时,郡国庙制对朝廷已经由利转弊,不利于统治秩序的维护。事实上,贾谊认为诸侯王通过等齐于天子的礼制,会取得争强、争尊的正当性,与董仲舒郡国庙于礼不当立的主张,同样看到了皇室内部矛盾的出现,也同样想借着礼制的重新整顿,达到尊君、强干弱枝的目标。郡国庙制在文、景、武帝阶段明显已不合时宜,虽说此一神圣传统因诸多因素不能说废就废,但此一时期中央与地方间政治形势的急遽改变,已埋下罢郡国庙最关键的伏笔。

董仲舒的时代,由于以经术论政尚未形成风

潮，罢郡国庙此一神圣传统须具备的堂皇正大的论述，以及“制新礼”的条件尚未成熟，于是罢郡国庙的历史任务就落到贡禹、韦玄成、匡衡等经学家身上。在一连串议论罢郡国庙的过程中，由元帝的议罢郡国庙之诏，可以清楚地看到皇权关注焦点的揭露，元帝的诏书主要由维护统治秩序的要求立论，把立郡国庙的原先构想讲得最为一针见血，也把当时郡国庙制的后遗症讲得最为透彻。在韦玄成等人的上奏中，虽是通过经义对元帝诏书的文饰，让罢郡国庙的立场显得更为堂皇正大，但其意义有超出文饰之外者，它表明了经学的理想，也表现出对礼制合理性的追求，而此一经学理想不但符合皇权维护统治秩序的需要，也符合体恤生民休戚的理想。匡衡反对复郡国庙的祷文，虽与皇帝的表面意愿对立，但罢郡国庙终究取得最后的成功，是因他敏锐地看出皇权的需求，凭借自己的经学造诣，提出一套堂皇正大的论述，从而纾解了元帝罢郡国庙后因寝疾而生的惶惧心理。而他能一方面追求经学理想与礼制合理化的实现，一方面具体面对帝国当时存在的财政压力与人民生计问题，使他在罢郡国庙一事上取得最大的成就，成为儒者以经学济世的典型。然而经学影响政治也有其局限性，它必须与皇权对现实利害的认知结合，尤其是不能违背皇权对维护秩序的考虑。元帝时期经学家所推动的众多礼制改革，只有罢郡国庙取得最彻底的成功，其原因就在此。

本文以中央与地方间的权力关系为主轴，以元帝时期经学家通过经义的论述进行的罢郡国庙之议为纬，通过对西汉郡国庙兴废的讨论，发现不同阶段中对于立或废郡国庙的立场虽各有异同，论述的角度也出现了不同的变化，立庙或毁庙的理由也愈往后愈趋于复杂，然而不管论述的角度如何改变，总不脱离维护统治秩序的考虑。至于元帝时期的经学家通过经学义理建构堂皇正大的论述，取得罢郡国庙的彻底成功，成为儒者经学济世的典范，其间经学与政治的互动相当微妙，但成功的关键因素仍在于顺应了皇权对郡国庙有害统治秩序之维护的认知。通过对西汉郡国庙制之兴废的探讨，我们更具体地看到了礼制兴革与统治秩序维护的关系，以及西汉经学与现实政治的具体关系。

【参考文献】

[1]王先谦. 汉书补注[M]. 北京：书目文献出版社，1995.
[2]钱杭. 西汉礼制建设之一——“庙议”[M]//汤志钧，等. 西汉经学与政治. 上海：上海古籍出版社，1994.
[3]司马迁. 史记[M]. 北京：中华书局，1959.
[4]林聪舜. 叔孙通“起朝仪”的意义——刘邦卡理斯玛式支配的转变[J]. 哲学与文化，1993，20(12).
[5]徐复观. 两汉思想史：卷2[M]. 台北：学生书局，1976.
[6]苏舆. 春秋繁露义证[M]. 台北：河洛图书公司，1974.
[7]贾谊. 新书[M]. 抱经堂丛书.
[8]林聪舜. “礼”世界的建立——贾谊对礼法秩序的追求[J]. (台湾)“清华学报”，1993，新23(2).
[9]钱穆. 秦汉史[M]. 台北：三民书局，1969.
[10]徐复观. 中国经学史的基础[M]. 台北：学生书局，1982.

第32卷第1期
2012年1月

东汉诏除郎初探

——以荫任除郎与上计拜郎为中心

邹水杰*

【摘　要】 诏除郎是在制度规定的拜郎之外,由皇帝临时特诏拜除的郎官。东汉官吏荫任子弟为郎非硬性规定的例拜,而是由于皇帝临时性的恩拜或特诏拜除,与西汉的任子制有异;皇帝从上计吏中拜郎与否,也全凭自己一时之兴,"一切之诏",没有一个制度化的规定存在。因而东汉的荫任除郎与计吏拜郎均为诏除郎。诏除郎体现了皇权在郎官外朝化过程中力图保持郎官家臣性质的努力,它的存在使三署中形成了诏除郎与孝廉郎的区分,其背后的根源则来自皇权与官僚政治的博弈。

【关键词】 东汉;诏除郎;孝廉郎;博弈

文献记载汉代很多士人在初入仕途时,都有进郎署为郎的经历。学者的研究也表明,孝廉的察举,例经郎署。而荫任、明经、訾选、才艺、德行、征召、公府掾等也常常拜郎①。可以说,郎署制度是汉代官僚制度和选举制度的重要内容,进三署为郎是大多数高级官员的必经之路②。学界研究汉代郎官的成果也不少。就专门的研究来说,早在20世纪50年代初,严耕望先生的长文《秦汉郎吏制度考》就对秦汉郎吏制度作了全面细致的考察,总结出郎官在秦及西汉是宫官,是家臣,饶有贵族性;而东汉时期则是府官,是朝臣,富有平民性。发生这种转变的关键,是汉武帝时期以孝廉、甲科除郎之制的实施[1]283—338。严先生的这一卓越研究是后来者研究的重要基础。20世纪80年代初,王克奇先生从郎官制度的起源、组织机构的发展变化及其与秦汉政治的关系方面作了全面探讨,形成了《秦汉郎官制度》的长文,作为《秦汉官制史稿》一书的附录,影响颇大③。而杨鸿年先生的《汉魏郎官》主要从种类、来源、职掌、管理四个方面对汉魏郎官进行了分类论述,并将有关迁转、待遇、住宿、源流

* 邹水杰(1971—　),湖南省新化县人,湖南师范大学历史文化学院教授,历史学博士,主要研究秦汉及中国古代地方行政制度史。

① 严耕望先生认为"孝廉到京例拜郎中",他说:"故碑传中,凡举孝廉者,多言补郎中;其有直称补令长或他职者,若非王国臣民,类是文省,非不经郎署也。"后文详细列举了各种除郎之途径。严耕望:《秦汉郎吏制度考》,《"中研院"历史语言研究所集刊》第二十三本,1951年版,后收入《严耕望史学论文选集》,中华书局2006年版,第313—321页。

② 随着新出土文献的刊布,越来越多的研究显示,由功次迁升也是汉代官员晋升的重要途径,而这些官员在仕途中就不必经郎署,也不必经由上述察举或仕进的方式。参见蒋非非:《汉代功次试探》,《中国史研究》1998年第1期;另参邹水杰、岳庆平:《西汉县令长初探》,《北京大学学报》2003年第1期。然而,西汉后期以后,尤其是东汉以后,高级官吏一般有进郎署的经历。

③ 参见王克奇:《秦汉郎官制度》,载安作璋、熊铁基:《秦汉官制史稿》第一编附录一,齐鲁书社2007年第2版,第344—408页。根据书中所示,本文成于1982年10月。

等的研究合在一起以“其他”进行处理[2]202—226。这三篇专论郎官的长文可以说将秦汉时期有关郎吏制度的材料搜罗殆尽,论述角度也各有独到之处,但以笔者的管见所及,似乎三位先生都忽视了东汉诏除为郎的现象。阎步克先生在考察汉代察举与任子关系时,以其独特的慧眼捕捉到了东汉时期根据任子之制诏除为郎者,地位逐渐降至孝廉郎中之下的现象[3]20—26。但阎先生意不在专门考察郎官,故文中只简要论述了与任子制度相关的诏除郎之现象。因此,本文拟从荫任除郎和上计拜郎入手来探讨东汉的诏除郎,试图揭示东汉诏除郎的特殊性质,以就正于博雅君子。

一、东汉“诏除”的任郎方式

东汉郎吏的除任,除了孝廉、明经和太学生经考试选任外,皇帝下诏酌情拜除也是很常见的方式。通过查阅现存东汉史传与碑刻文献,对任郎方式中明确标示为“诏除”、“诏拜”的有如下几例①:

冯绲:“幽州君之元子也……弱冠诏除郎②,还更仕郡,历诸曹史、督邮、主簿、五官掾、功曹,举孝廉,除右郎中,蜀郡广都长。”[4](卷7《车骑将军冯绲碑》)

杨统:“既仕州郡,会孝顺皇帝西巡,以掾史召见。帝嘉其忠臣之苗,器其玙璠之质,诏拜郎中,迁常山长史,换楗为府丞。君虽诎而就之,以顺时政,非其好也,乃翻然轻举。皋司累辟,应于司徒。”[4](卷7《沛相杨统碑》)

郎颉:“阳嘉二年正月,公车征,颉乃诣阙拜章曰……书奏,特诏拜郎中,辞病不就,即去归家。”[5](《郎颉传》)

何休:“以列卿子诏拜郎中,非其好也,辞疾而去。”[5](《儒林传·何休传》)

郑固:“弱冠仕郡,更③诸曹掾史,主簿、督邮、五官掾、功曹。……先屈计掾,奉我□④贡。清眇冠乎群彦,德能简乎圣心。延熹元年二月十九日,诏拜郎中,非其好也,以疾锢辞。未满期限,从其本规,乃遘凶愍。”[4](卷6《郎中郑固碑》)⑤

上述事例中,虽然《车骑将军冯绲碑》明确提出了“诏除郎”三字,但仅根据以上个案,虽然能明显地看出“诏除”的任郎方式,但仍然不能明确说东汉郎署中存在以“诏除郎”为名的郎官群体。因此,我们尚要诉诸其他相关的记载。

其实早在西汉时期,除了存在制度范围内的二千石以上官吏任子为郎、军功为郎、察举孝廉为郎、经学技艺为郎、故官吏为郎及以财力訾选为郎等常规任郎途径之外,还存在皇帝依据个人喜好临时下诏拜除的郎吏。如《史记·卫绾传》载卫绾“以戏车为郎”,即由于卫绾会“戏车鼎跃”之类的杂技表演,深得文帝的欢心,因而文帝

① 《后汉书·桓荣丁鸿传》载:“灵帝崩,大将军何进秉政,典与同谋议,三迁羽林中郎将。献帝即位,三公奏典前与何进谋诛阉官,功虽不遂,忠义炳著。诏拜家一人为郎,赐钱二十万。”此处桓典的家属虽为诏拜除郎,但乃是由于桓典谋诛宦官之忠义所致,非徒任官使然,故暂不列为诏除郎。又故洛阳令王涣之子王石除郎的情形亦同。《后汉书·循吏传》载永初二年邓太后诏书云:“故洛阳令王涣,秉清修之节,蹈羔羊之义,尽心奉公,务在惠民,功业未遂,不幸早世,百姓追思,为之立祠。自非忠爱之至,孰能若斯者乎!今以涣子石为郎中,以劝劳勤。”王石之得以除郎,非由王涣为洛阳令,而是由于王涣勤政爱民,“忠爱之至”,让百姓追思,故除子为郎以褒奖劳勤之吏。

② 《后汉书·冯焕传》载冯焕之事:“建光元年,怨者乃诈作玺书谴责焕、光,赐以欧刀。又下辽东都尉庞奋使速行刑,奋即斩光收焕……会焕病死狱中,帝愍之,赐焕、光钱各十万,以子为郎中。”冯绲正是此次被诏除的郎中。

③ “更”字,诸家皆作“吏”,从上读,张德容认为实是“更”字,“盖更诸曹犹云历诸曹耳”。见张德容:《金石聚》卷六,叶四十七。收入《石刻史料新编》第二辑第三册,台湾新文丰出版公司1979年影印版。细绎句意,考诸拓本,今从之。

④ 叶程义先生将此缺字径隶定为“方”,于义为便,然未知所据。参氏著:《汉魏石刻文学考释》,台北新文丰出版公司1997年版,第543页。

⑤ 郑珍《跋郑固碑》认为此郑固即《风俗通义》所记汝南孝廉郑伯坚,与周乘、黄宪等同为汝南当年六孝廉之一。转引自容媛辑录,胡海帆整理:《秦汉石刻题跋辑录》,上海古籍出版社2009年版,第621页。然王利器先生注云:“‘郑伯坚’,《女戒》、《群辅录》、《汝南传》、《小学绀珠》作‘艾伯坚’。”且此碑明确说“先屈计掾,奉我□贡”、“诏拜郎中”,其非孝廉明矣。即便同名,非一人明矣。

特拜卫绾为郎。《盐铁论·除狭篇》载贤良所说的:"今吏道壅而不选,富者以财贾官,勇者以死射功。戏车鼎跃,咸出补吏。"[6]410这句话除了指出訾选为官外,其实就包含了卫绾这类出于皇帝喜好特拜的郎中。由于这类非正途出身的郎中也能出补职吏,挤占了士大夫补吏的名额,因而不断有大臣劝谏皇帝不要随意在制度外诏除。如:董仲舒指出,"吏二千石子弟选郎吏,又以富訾,未必贤也"[7](《董仲舒传》);谷永上书成帝,明确指出皇帝要"绝群小之私客,免不正之诏除"[7](《谷永传》)。言下之意,也就是说皇帝根据个人喜好决定的拜除是不合制度的。这从一个侧面展示出当时的诏除并非特例。而王莽更是按照哀章所上铜匮的记载,拜除了十余个王兴、王盛为郎;在反莽大军兵临城下之时,王莽又将为他祈求上天保佑的百姓、儒生中"(哭)甚悲哀及能诵策文者除以为郎,至五千余人"[7](《王莽传》)。这等拜郎之举,与制度化的察举、任官无关,完全是皇帝个人的随兴之举。

然而,西汉仍然没有出现"诏除郎"这个专门的词语,直到东汉和帝永元元年(89年)的诏书中,才明确提出了"郎官诏除者"①。这个说法与此前已经存在的"孝廉郎中"②相并列,基本具有了按除任方式区分郎吏的意味。《后汉书·孝顺帝纪》记载了阳嘉元年(132年)闰月丁亥的诏书:"令诸以诏除为郎,年四十以上课试如孝廉科者,得参廉选,岁举一人。"很明显,此时郎署中以诏书拜除的郎吏和以孝廉明经除任的郎吏,在晋升出补方面存在相当差别。当秦及西汉初期形成的中郎、郎中、外郎之区分逐渐泯除后[1]290,"诏除郎"与"孝廉郎",也就形成另一种郎吏区分的标准了。

综上所述,我们可以大致归纳出东汉诏除郎的特性,也即在制度规定的拜郎之外,由皇帝临时特诏拜除的郎官,因而称作诏除郎。东汉时期,诏除郎与通过察举、明经、博士弟子和太学生等通过地方察选和中央考试等制度化运作而拜除的孝廉郎相对。那么,东汉诏除郎的来源有几个途径呢?

二、官吏荫任与计吏特拜均为诏除

根据前述诏除为郎的事例,我们可以大致将诏除郎归纳为州郡掾史拜除、上计朝廷拜除、父祖荫任诏除和上书特拜③几个来源。

(一)由州郡县掾史特拜

樊准:"永元十五年,和帝幸南阳,准为郡功曹,召见,帝器之,拜郎中,从车驾还宫,特补尚书郎。"[5](《樊宏阴识传》)

李昭:"帝以掾史召见,喜其忠孝,□□拜郎中,迁雒阳长史,换楗为□。"[8](陆耀遹纂,陆增祥校订:《金石续编》卷一《李昭碑》)

杨君:"大驾省方,为郡功曹。召见专对,克压帝心。擢拜郎中,除右都候。闲整宫卫,闸闼肃焉。迁繁阳令。"[4](《隶释》卷9《繁阳令杨君碑》)

唐扶:"隐练州郡,所临有迹,帝嘉其德,特拜郎中,察能治剧,除豫章鄡阳长。"[4](《隶释》卷5《汉成阳令唐扶颂》)

张迁:"少为郡吏,隐练职位,常在股肱。数为从事,声无细闻。征拜郎中,除谷城长。"[9](卷18《荡阴令张迁表》)

---

① 《后汉书·孝和帝纪》载:"春三月甲辰,初令郎官诏除者得占丞、尉,以比秩为真。"(中华书局1965年版,第168页。)

② 《后汉书·章帝纪》载建初元年(76年):"夏五月辛酉,初举孝廉郎中宽博有谋,任典城者,以补长、相。"《安帝纪》载元初六年(119年)诏:"选孝廉郎宽博有谋清白行高者五十人出补令长、丞尉。"

③ 郎颛为公车征到京师后,上书皇帝,特诏拜郎中。此种情况文献中仅一见,故下文不再单列一类。另外皇帝宗室和外戚的诏除郎特性无须强调,因而本文不再详述。

（二）由于父祖为官荫任拜除①

耿秉："以父任为郎，数上言兵事。"[5]（《耿弇传》）

宗均②："父伯，建武初为五官中郎将。均以父任为郎，时年十五。"[5]（《第五钟离宋寒传》）

邓禹二子："显宗即位，以禹先帝元功，拜为太傅，进见东向，甚见尊宠。居岁余，寝疾。帝数自临问，以子男二人为郎。"[5]（《邓寇传》）

桓郁："显宗即位，尊以师礼，甚见亲重，拜二子为郎。"[5]（《桓荣丁鸿传》）

鲍得："十七年，（鲍昱）代王敏为司徒，赐钱帛什器帷帐，除子得为郎。"[5]（《申屠刚鲍永郅恽传》）

赵憙子："肃宗即位，（赵憙）进为太傅，录尚书事。擢诸子为郎吏者七人。"[5]（《伏侯宋蔡冯赵牟韦传》）

耿秉子："征为执金吾，甚见亲重。帝每巡郡国及幸宫观，秉常领禁兵宿卫左右。除三子为郎。"[5]（《耿弇传》）

鲁抚："十年，（鲁恭）代吕盖为司徒。十五年，从巡狩南阳，除子抚为郎中，赐駙马从驾。"[5]（《卓鲁魏刘传》）

张盛："和帝南巡祠园庙，张禹以太尉留守北宫，太官朝夕送食，赐闟登具物，除子男盛为郎。"[5]（《邓张徐张胡传》注引《东观汉记》）

桓焉："焉字叔元，少以父任为郎。"[5]（《桓荣丁鸿传》）

冯石子："（冯石）稍迁卫尉。能取悦当世，为安帝所宠。帝尝幸其府，留饮十许日……拜子世为黄门侍郎，世弟二人皆郎中。"[5]（《朱冯虞郑周传》）

胡硕："初以公在司徒，除郎中，肃卫十年，以叔父忧疾自免。"[10]（《全后汉文》卷75蔡邕《陈留太守胡硕碑》）

袁绍："绍少为郎，除濮阳长，遭母忧去官。"[5]（《袁绍传》）

黄琬："后琼为司徒，琬以公孙拜童子郎，辞病不就，知名京师。"[5]（《左周黄传》）

（三）通过上计诏拜

度尚："初奉岁计，拜郎中，除上虞长。"[4]（卷7《荆州刺史度尚碑》）③

耿勋："以得奉贡上计，廷陈惠康安遏之谋，上纳其谟，拜郎，上党府丞。"[4]（《武都太守耿勋碑》）

张君："牧守旌招，历主簿（缺）理，左右攸宜，器有特达，计拜郎中，除夷陵侯［相］。"[8]（刘承幹：《希古楼金石萃编》卷8《魏西乡侯兄张君残碑》）

第一种情况作为皇帝临时拜除的例子，称其为诏除郎是明确无疑的，无须多费笔墨讨论。现在的问题可能是，将第二、三种情况归结为诏除郎，而不视为任子制和上计拜郎的制度化除任，与学界的主流认识不同，因此我们必须逐个加以分析。

东汉高级官吏子弟的除郎现象，往往会被简单地归结为西汉时期实行的任子制度，虽然有学者也注意到了哀帝绥和二年（前7年）除任子之令④，但认为其"不过一纸空文罢了"，"迨东汉之世……任子制度不仅没有受到什么反对，相反倒

① 此处对于征战有功和以身殉职官吏子弟拜郎的情况，并未计入。《太平御览》卷411"孝感"条引宋躬《孝子传》载："汉法，死事之孤皆拜郎中。"虽然死事功臣之子弟仍要由皇帝下诏拜除，但对于这些功臣子弟拜除为郎的情况，仍很难明确进行性质的界定，故不以诏除郎视之。此种情况颇多，如《后汉书·耿弇传》载："（耿恭）子溥，为京兆虎牙都尉。元初二年，击畔羌于丁奚城，军败，遂殁。诏拜溥子宏、晔并为郎。"《后汉书·南蛮西南夷传》载："桓帝永寿三年，居风令贪暴无度，县人朱达等及蛮夷相聚，攻杀县令，众至四五千人，进攻九真，九真太守兒式战死。诏赐钱六十万，拜子二人为郎。"更有除父为郎者，《后汉书·独行传》载："永初二年，剧贼毕豪等入平原界，县令刘雄将吏士乘船追之……时小吏所辅前叩头求哀，愿以身代雄。豪等纵雄而刺辅，贯心洞背即死。东郡太守捕得豪等，具以状上。诏书追伤之，赐钱二十万，除父奉为郎中。"

② 《后汉书》本传作"宋均"，王先谦《后汉书集解》引《通鉴》胡注，证诸汉碑，确认是"宗均"之讹。王先谦：《后汉书集解》，中华书局1984年影印虚受堂刊本，第494—495页。

③ 《后汉书》本传云："度尚字博平，山阳湖陆人也。家贫，不修学行，不为乡里所推举。积困穷，乃为宦者同郡侯览视田，得为郡上计吏，拜郎中，除上虞长。"

④ 《汉书·哀帝纪》绥和二年六月下诏："除任子令及诽谤诋欺法。"注引应劭曰："任子令者，《汉仪注》吏二千石以上视事满三年，得任同产若子一人为郎。不以德选，故除之。"

更加盛行起来，它与已经浸滥的察举制一起成为维护当时达官世族势力的有效工具”①。然而在此前，严耕望先生早已明确指出：“吏二千石以上任职三年必能任子之硬性法规却从此废除，观东汉任子制限稍严足以知之。”②观严先生所列任子为郎之实例，除去有法律明令规定的以事死节之官吏子弟例除为郎外，即使外戚、宗室，亦只得在行封赏时特诏拜郎。另外，三公任子弟为郎，也多在死后由朝廷酌拜，非硬性规定③；而那些勤于职守或有功于社稷的官吏，要荫任子弟为郎，须得皇帝特诏拜除④。即使在宦官炽盛的桓帝朝，《后汉书·杨秉传》载宦官“任人及子弟为官，布满天下”，似乎宦官可以任人为官，但根据接下来杨秉与司空周景上书中所说的“自顷所征，皆特拜不试”，就可以知道，宦官只是怂恿皇帝特拜他们推荐的人选，并且可以不要参加孝廉科的考试，而非宦官有荫任他人为官的特权。任官如此，任郎亦然。很明显，作为常规选官制度的任子制在东汉的确是不存在的⑤。因此阎步克先生说：“东汉官僚子弟有资格任子者，由朝廷特诏拜除，故称‘诏除郎’。”[3]25

以上所列，像邓禹、鲍昱、赵憙、鲁恭、张禹、胡广、黄琼，在荫除子弟为郎时均是三公或太傅，皆是甚见尊宠的重臣，但在他们多年任职二千石、九卿的经历中，鲜有任子为郎的情况出现。尤其需要指出的是，许多公卿重臣甚至在生前也未能得到任子弟为郎的优待，只有等到死去以后，皇帝才会酌情下诏拜除子弟为郎。像太尉牟融死后，皇帝亲临其丧，才诏除长子牟麟为郎；大司空杜林死后，皇帝亲自送葬完毕，才除子杜乔为郎。其他如耿国、耿秉、桓荣、桓郁、冯石是九卿，宋伯、袁成也是五官中郎将，并且有些是数代公卿。但即使如此，他们得以荫任子弟为郎，关键还在于他们均是皇帝亲重的大臣或是宠臣，从而皇帝会专门下诏拜除他们的子弟，而并非所有的公卿都能任子弟为郎。

现在我们再结合碑传和正史列传所载来看看冯绲的情况。《后汉书·冯绲传》载冯绲之父冯焕遭诬后，“会焕病死狱中，帝愍之，赐焕、光钱各十万，以子为郎中”。碑文说他“弱冠诏除郎”，就是指冯绲在其父被诬死后诏拜为郎之事，虽然颇有朝廷为冯焕平反补偿的意味，但直接原因则是来自“帝愍之”。这就明确表示大臣死后子弟的除郎是“诏除郎”。杨震死后，二子方得以诏除为郎，亦正此也⑥。杨震在元初四年(117 年)即为九卿，永宁元年(120 年)任三公，死后直至顺帝即位(126 年)，门人讼其忠，才有二子诏拜为郎之事。可见，东汉基本上没有二千石以上官吏视事满三年任子为郎的制度，皇帝想要恩拜某些官吏子弟为郎，也必得有专门的拜除诏书，然范围也就不限于二千石子弟了。如《后汉书·安帝纪》载：建光元年(121 年)，“以公卿、校尉、尚书子弟一人为郎、舍人”。《献帝纪》载献帝即位后，“赐公卿以下至黄门侍郎家一人为

---

① 参见黄留珠《秦汉仕进制度》，西北大学出版社 1985 年版，第 214 页。此前，杨广伟先生认为在东汉，尤其是东汉后期，任子制“发展到了登峰造极的地步”。见氏著：《汉代“任子”制小考》，《复旦学报》1979 年第 6 期，第 93 页。

② 参见前揭严耕望《秦汉郎吏制度考》，第 308 页。严先生在统计两汉由父兄荫任为郎的情况后指出西汉倍于东汉。然而，西汉任子乃制度规定，很多依制度为郎的情况未必会记录于史，而东汉荫任为郎的事例由于情况较为特殊，往往进入史家视野，故不能以正史所载来估算当时实情，这与官吏通过功次迁升和察举入仕的道理是一样的。

③ 严先生在此列出了邓禹、鲁恭、赵憙、牟融、杜林、鲍宣、张禹、胡广、袁安和皇甫嵩。然《汉甘陵相袁博残碑》载：“司空公少子也……历郡席坐，再辟司隶。公薨，拜郎中。”见刘承幹《希古楼金石萃编》卷六，叶五。则袁博亦应列入。

④ 严先生列举了耿秉、宣秉、赵孝、桓荣、周举、羊续，遗漏不少，至少还应加上董宣、郭凉、陆康、梁统、滕抚、陈球、臧洪、张奂、段颎、赵冲、张纲。

⑤ 张兆凯先生认为东汉没有明令恢复任子制，他因而将东汉官吏子弟为郎称为“皇帝酌情除授”的恩拜，但他同时又说，东汉以来酌情除授的激增，表明东汉出现了一种不附带任何条件的、所有中高级官吏均可享受的荫子制度，并通过皇帝的诏令而法律化了。参见氏著：《任子制新探》，《中国史研究》1996 年第 1 期。他立论的重要基础还是将安帝和献帝之诏看成是这一制度规范化、制度化的重要文本。

⑥ 《后汉书·杨震传》载：杨震自杀后，“岁余，顺帝即位，樊丰、周广等诛死，震门生虞放、陈翼诣阙追讼震事。朝廷咸称其忠，乃下诏除二子为郎，赠钱百万”。

郎”。然而,安帝也好,献帝也罢,都只是在特定的时刻选择某些特定的官吏子弟诏除为郎,所下诏书只限定为这一次有效,并非建立一种常规的制度①,诏除范围也包括了六百石的尚书或黄门侍郎之子弟。上述所有的史料都指向同一点,即东汉官吏荫任子弟为郎非硬性规定的例拜之制度,而是由于皇帝临时性的恩拜或特诏拜除。

东汉时期,官吏子弟被皇帝特诏拜除为郎的称为诏除郎,但诏除郎不限于这一种。像郑固上计朝廷,“诏拜郎中”,则计吏拜郎同样是诏除郎。前述度尚、耿勋、杨君均是以上计吏的身份,被皇帝拜为郎中,同样也是诏除郎。

对于汉代的上计拜郎现象,许多学者认为这是贯穿两汉的一种选官制度。学者相信东汉存在计吏拜郎制度的主要是根据以下两条材料。《后汉书·和帝纪》载永元十四年(102年),“初复郡国上计补郎官”②。《后汉书·杨秉传》载延熹五年(162年),“时郡国计吏多留拜为郎”,杨秉谏罢,“自此终桓帝世,计吏无复留拜者”。严耕望先生正是根据这两条材料,认为:“据此则汉世本有拜计吏为郎之制,后废,至和帝永元十四年复旧制,桓帝延熹五年复罢。文曰‘终桓帝世’,则灵帝世或又复旧制矣。”[11]264黄留珠先生也采此说③。从上述诸人的时间来看,郑固拜郎在桓帝延熹元年二月十九日,度尚拜郎当在桓帝初,耿勋拜郎也应在延熹五年前,张君所拜,则肯定在灵帝之世④。似乎在时间上能很好地支撑这一说法。

然而,史料显示,早在明帝时期,就已经存在对上计吏的诏拜。明帝由于感叹新野功曹邓衍的容貌出众、气质超群,就诏令他“自称南阳功曹诣阙”,然后诏拜他为郎中。邓衍本为外戚小侯,但只是新野县的功曹,明帝特地下诏让他自称是南阳郡功曹来朝,说得通的解释是让他假称为南阳功曹上计朝廷,从而诏拜为郎,否则明帝让他自称南阳功曹之举就难以解释。从这个角度去理解,则皇帝其实随时可以诏拜上计吏为郎。上文所说和帝以后的情况,只能说明这些时期有规模较大的计吏拜郎之举。

汉代郡国每年岁末都要派掾吏去京城上计,东汉的州也要派计吏上计中央⑤。这样,每年都有数百计吏上计中央,如果真有硬性的制度规定,那这些计吏是全拜呢,还是选拜?《后汉书·文苑传》载,赵壹“光和元年,举郡上计到京师。是时司徒袁逢受计,计吏数百人皆拜伏庭中,莫敢仰视,壹独长揖而已”。从赵壹的情况可以看出,每年上京的计吏中,真正出类拔萃的很少,而且东汉一般是司徒或尚书受计,能得到皇帝接见并赏识的恐怕更加不多。尽管《续汉书·礼仪志》记载了皇帝正月率诸王、公主、外戚、郡国计吏会陵之仪,但这仅仅是一种仪式,在这种场合,皇帝很难亲询计吏。虽然史书中也记录了

① 李书兰将安帝此诏解读成当时的法令,并说:“这条法令是东汉任子制度发展的重要标志。”见李书兰:《汉代的任子制度》,《北京师范大学学报》1983年第6期,第67页。张兆凯先生也认为安帝和献帝之诏使东汉皇帝的酌情除授规范化、制度化。见前引氏著《任子制新探》。他们都不认为这只是当时实行的一次性皇帝恩拜,而是规范化的制度,笔者认为这种解读没有相关的具体史料支撑,是存在问题的。

② 李贤注引了《前书音义》对“计偕”解说的文字,实误。西汉“计偕”表示的是让郡所举孝廉随同郡丞前往朝廷,所拜也是孝廉为郎,与东汉所称计吏拜郎完全不同,也不能因此说西汉就有计吏拜郎之制。

③ 黄留珠先生还列举了度尚、刘翊和王逸作为计吏拜官的实例。参见氏著:《秦汉仕进制度》,第220页。然《刘翊传》明确载其为献帝特拜。

④ 刘昭瑞认为《张君碑》的刻石年代,“疑可早至东汉末”。见氏著:《汉魏文字系年》,台北新文丰出版公司2001年版,第111页。从《三国志·魏书·张既传》的情况来看,张既建安初入仕,其兄张君之拜郎当在灵帝世。

⑤ 《续汉书·百官志》“郡太守”条载:“岁尽,遣吏上计。”“州刺史”条亦载:“初,岁尽诣京都奏事;中兴但因计吏。”

光武帝、明帝和灵帝亲自召见计吏询问地方政俗①,但东汉皇帝这种亲民的举动恐怕也就这么几次,平时还是由丞相与御史大夫问询郡国的政令得失②,一般情况下计吏也就无由得到皇帝的接见而拜官了。

根据黄留珠先生的统计,和帝永元新规之后,岁举孝廉大约228人[12]102,也即每年产生了大约228名孝廉郎。而根据杨秉所说,桓帝延熹五年三署现郎仅七百余人,很难说会有大规模的计吏拜郎之举存在。当然,如果像陈蕃所说的桓帝前期“三署郎吏二千余人”[5](《陈王传》),这就很可能是“郡国计吏多留拜为郎”后的结果。因此,和帝与桓帝前期,从计吏中擢补了较多的郎官,而桓帝延熹五年后,是完全不以计吏为郎。因此,所谓的计吏拜郎,只是存在着拜郎的可能性,就单个个案来说是很偶然的,并非存在每年都将计吏拜官或拜郎的制度。皇帝从计吏中拜郎与否,全凭自己一时之兴,“一切之诏”③,没有一个制度化的规定存在。正因为不是规范化的制度,杨秉才会将诏除计吏为郎说成是制度以外的“横拜”④,桓帝也听从他的意见,停止了计吏拜郎的做法。因此,史书所载计吏拜郎的个案,也是皇帝临时的特拜诏除,而非制度使然。

三、诏除郎与孝廉郎:皇权与官僚政治的博弈

随着选官制度的不断完善,郎官一步步淡化了皇帝私官的特性,逐渐外朝化为后备官员[13]76—88。然而,皇权的集中却想要郎官继续作为皇帝的家臣⑤,因而皇帝不断通过临时性的拜除诏书除任郎官,以加强皇帝与郎官之间的关系。官僚政治发展的趋势,逐渐要求郎官成为纯粹的后备官员,因而他们需要强化察举选官的制度,同时通过各种途径劝谏君主不要随意诏除。《后汉书·杨秉传》记载了桓帝延熹七年(164年)南巡时杨秉的劝谏:“及行至南阳,左右并通奸利,诏书多所除拜。秉复上疏谏曰:‘臣闻先王建国,顺天制官。太微积星,名为郎位,入奉宿卫,出牧百姓。皋陶诫虞,在于官人。顷者道路拜除,恩加竖隶,爵以货成,化由此败,所以俗夫巷议,白驹远逝,穆穆清朝,远近莫观。宜割不忍之恩,以断求欲之路。’于是诏除乃止。”从杨秉的谏言来看,皇帝“多所拜除”的,就是从掾史中拜除的诏除郎,被杨秉说成是“恩加竖隶,爵以货成”,也即皇帝开恩和花钱就可以拜除为郎了。而“欲因国为池”的不良守相,还会想方设法将自己的亲信送去皇帝身边,以增大自己的势力。在这种情况下,诏除郎是不可能一下子消失的。

尤其需要注意的是,皇帝这种“道路拜除,恩加竖隶”的情况绝不仅仅存在于桓帝之世⑥。单就东汉来说,繁阳令杨君是桓帝巡察地方时由掾

① 《后汉书·张堪传》载:“(光武)帝尝召见诸郡计吏,问其风土及前后守令能否。”郦道元《水经注·温水》“东北入于郁”条引范泰《古今善言》载:“日南张重,举计入洛,正旦大会。明帝问:‘日南郡北向视日邪?’”见陈桥驿:《水经注校证》本,中华书局2007年版,第834页。常璩《华阳国志·汉中士女》“计君经算”条载:程苞“光和二年上计吏。时巴郡板楯反,军旅数起,征伐频年,天子患之,访问益州计,考以方略”。见任乃强:《华阳国志校补图注》,上海古籍出版社1987年版,第601页。

② 《汉书·王成传》载宣帝诏“使丞相御史,问郡国上计长史守丞以政令得失”。卫宏《汉旧仪》载西汉哀帝元寿二年,“郡国守丞长史上计事竟,遣君侯出坐庭,上亲问百姓所疾苦”。“御史大夫”条亦载有御史大夫下上计丞、长史之敕。见孙星衍等辑:《汉官六种》,周天游点校,中华书局1990年版,第70、73页。

③ 《后汉书·杨秉传》载杨秉劝谏桓帝曰:“又三署郎吏二千余人,三府掾属过限未除,但当择善而授之,简恶而去之。岂烦一切之诏,以长请属之路乎!”

④ 《后汉书·杨震传附杨秉传》载,桓帝时,“时郡国计吏多留拜为郎,秉上言三署见郎七百余人,帑臧空虚,浮食者众,而不良守相,欲因国为池,浇濯衅秽。宜绝横拜,以塞觊觎之端。自此终桓帝世,计吏无复留拜者”。

⑤ 东汉时期一直实施的“服阕还郎”之制,体现出孝廉郎同样被皇帝认为是家臣类私官,而不仅仅是储官。参见邹水杰:《东汉“故事”“服阕还郎”小考》,《湘潭大学学报》(哲学社会科学版),2006年第2期。

⑥ 严耕望先生将之称为“恩拜”,认为其“究非常科,且在政颓时也”。见《秦汉郎吏制度考》,第321页。

史拜郎①，杨统是顺帝西巡时以掾史拜郎的，李昭也是安帝时由掾史拜除②。除了郡县掾史，诏除郎是各种来源的人都有，人数也不少。像明帝时的新野功曹邓衍，以“容姿趋步有出于众”，得拜郎中[5]（《虞延传》）③；顺帝时，太学新成，“除京师及郡国耆儒年六十以上为郎、舍人、诸王国郎者百三十八人”[5]（《左周黄传》）；桓帝时的度尚，“家贫，不修学行，不为乡里所推举。积困穷，乃为宦者同郡侯览视田，得为郡上计吏，拜郎中”；《后汉书·蔡邕传》载，“市贾小人为宣陵孝子者，复数十人，悉除郎中、太子舍人”。诸多未能得到察举的儒生，甚至不为舆论所称道、不为士大夫所齿的小人都能被皇帝诏拜，再加上皇帝出巡时的道路拜除，致使诏除的郎官“人色也就三教九流，无所不有”[2]214，这与孝廉郎中通过郡县察选，尤其是顺帝阳嘉后又要通过中央考试的情形，总体素质和知识水准相差很大。诏除郎自然就不为具有儒学背景的士大夫所看好。前引郑固、杨统、何休均表示诏除为郎“非其好也”，从而选择了去官再仕。冯绲、郎顗、羊续、黄琬皆选择了去官或不就，虽然没有明确说明原因，但综合来看，不喜诏除当是第一关键的原因。《后汉书·刘焉传》也记载了刘焉对入仕方式的选择：“焉少任州郡，以宗室拜郎中。去官，居阳城山，精学教授。举贤良方正，稍迁南阳太守、宗正、太常。”而以大将军舍人诏拜为郎的马融，由于惹恼了外戚邓氏，“滞于东观，十年不得调。因兄子丧自劾归。太后闻之怒，谓融羞薄诏除，欲仕州郡，遂令禁锢之”[5]（《马融传》）。李贤注引《制书》曰：“融典校秘书，不推忠尽节，而羞薄诏除，希望欲仕州郡，免官勿罪。”经学名家马融作为诏除的郎官，由于侄儿去世，自劾回家，但邓太后却以他“羞薄诏除”，“欲仕州郡”为名，将他禁锢。皇家已经注意到了士大夫对诏除郎的轻视与排斥，这从另一侧面说明了官僚政治的发展，提出了独立于皇权的明确要求。

从具体的运作看，虽然诏除郎同样供职于三署，但在当时的职官制度和社会舆论层面，诏除郎的晋升前途不如孝廉郎。尽管《三国志·魏书》卷7《臧洪传》载灵帝时笼统地说“选三署郎以补县长”，但所选全为通过孝廉或明经除任的孝廉郎。因此，这种情况下所说的三署郎，除非特别说明，一般是不包含诏除郎的。早在西汉后期，扬雄《解嘲》中就说“策非甲科，行非孝廉，举非方正”[7]（《扬雄传》），是得不到青紫之类高官的。顺帝阳嘉改制后更是以郡国所举孝廉、明经、博士弟子、太学生等全部参加考试，上第才除为郎中。孝廉郎的选任遵循官僚系统制定的客观标准，不像诏除郎那样，皇帝可以随意拜除。

与此相应，众多晋升、出补的机会是专门给予孝廉郎的。如：《后汉书·章帝纪》载建初元年（76年），“夏五月辛酉，初举孝廉郎中宽博有谋，任典城者，以补长、相”；《和帝纪》载永元七年（95年）诏，“旧典因孝廉之举以求其人，有司详选郎官宽博有谋才任典城者三十人。既而，悉以所选郎出补长相”；元兴元年（105年）召见三署郎，“选除七十五人补谒者、长相”；《安帝纪》载元初六年（119年）诏，“选孝廉郎宽博有谋清白行高者五十人出补令长、丞尉”。尤其是有些官职是全用孝廉郎的。《续汉书·百官志》注引《汉官名秩》曰：“（陵园）丞皆选孝廉郎年少薄伐者，迁补府长史、都官令、候、司马。”《后汉书·和帝纪》永元七年“谒者”注引《十三州志》曰：“谒者，秦官也。员十七人，皆选孝廉年未五十，晓解傧赞者。”虽然孝廉郎晋升任职仍然要有个遴选的过程，但我们可以看出，孝廉郎在制度上有出补地方官的规定，而且一般都是出补县长或侯国相，总体上是如董仲舒所说的“郎官上应列宿，出宰百里”。而迁补皇帝陵园丞和谒者，则非孝廉郎莫属了。正因为如此，汉代士大夫才特别看重孝廉郎，汉乐府中就有“大子二千石，中子孝廉郎。小子无官职，衣冠仕洛阳”[14]514之句，用

① 杨君碑文载其于延熹八年杨秉去世时已历右都候、繁阳令，又载其卒于熹平三年，年五十一，则其除郎时当在桓帝元嘉至永寿年间，时27—35岁。

② 李昭于元初五年卒官于楗为，拜郎后历雒阳长史，则其拜郎时间大约为安帝初年。

③ 虽然邓衍最终是假借郡计吏之身份得拜郎，但实际还是由于容貌气质出众，博得皇帝喜爱之故。

来夸耀家中个个仕途通畅,家门富贵。可见,有子为孝廉郎,也是家门荣光的体现。社会舆论之倾向于孝廉郎,由此可见一斑。

然而,东汉诸多诏令显示,皇帝为使诏除郎得到更多的承认,也力图让诏除郎享有孝廉郎同等的补吏机会。《后汉书·孝和帝纪》载:"永元元年春三月甲辰,初令郎官诏除者得占丞、尉,以比秩为真。"①这是和帝初次规定了诏除郎的出路。但这份优待诏除郎的诏书,仍然只是能让他们自占丞、尉或低秩小县,在俸秩上也只能是比秩,比之孝廉郎的县长、相,还是低了一个秩次。因此严耕望先生说:"东汉三署郎虽非绝大多数由孝廉出身,然孝廉郎发展之机会较大,则可断言。"[1]315阎步克先生在列举了专门选任孝廉郎担任的尚书郎、陵园丞、羽林左监、谒者、太官丞后指出:"许多官职,被特别地规定为三署孝廉郎的迁转之阶,同在三署的诏除郎,却不在其选。"[3]23—24虽然诏除郎的出路似乎较差,但毕竟有了制度的保障,从而对孝廉郎的出补产生了冲击。皇权与官僚政治博弈的结果,客观上造成了对察举选官的破坏。

顺帝时,官僚系统出台了中央考试的阳嘉新制。《后汉书·孝顺帝纪》记载阳嘉元年(132年)十一月:"辛卯,初令郡国举孝廉,限年四十以上,诸生通章句,文吏能笺奏,乃得应选。"明确规定郡国所上孝廉,须参加考试。紧接着顺帝于闰月丁亥下诏:"令诸以诏除为郎,年四十以上课试如孝廉科者,得参廉选,岁举一人。"诏除郎同样可以参加孝廉科的考试,尽管这些诏除郎既不是诸生,也不是文吏。可见,郎署中诏除郎与孝廉郎的区分,实际上体现了皇权与官僚政治的博弈。

三署郎逐渐形成的这种区分,阎步克先生将之归结为"择优制对特权因素、封建因素的抑制"[3]25。但我们仔细考察诸多个案后发现,随着察举制度的逐渐破坏,诏除郎由于与外戚或宦官的关系,其出路往往更好,这种抑制就显得微不足道,更多的只是体现在舆论层面。

我们从前述个案可以看出,诏除郎的出路并不比孝廉郎差。如:以掾史拜郎的李昭,安帝时迁雒阳长史;杨统顺帝时迁常山长史;杨君桓帝时迁右都候;张迁灵帝时迁穀城长;唐扶灵帝时"察治剧"拜鄡阳长。以上计特拜为郎的均在桓、灵时期,度尚为上虞长,耿勋为上党郡丞,张君为夷陵侯相。《后汉书·袁绍传》也记载了由宦吏子弟特拜为郎的袁绍,迁升为濮阳长。可以看出,桓、灵时期很多诏除郎都直接出补长、相。这很大程度上是由于此时宦官借助皇权,抑制了士大夫的权力,以致"自顷所征,皆特拜不试"。皇帝诏除的郎官与职吏可以绕过选官制度的考试环节,这无疑造成了东汉后期制度与现实之间的距离,官僚政治秩序在某种程度上遭到破坏。

当孝廉、明经和博士弟子等通过察举与考试出身的孝廉郎与那些出身三教九流的诏除郎同处三署,诏除郎同样也可能出任地方长吏,尤其是桓、灵时期在宦官的干预下,诏除郎任职机会更多。虽然孝廉郎努力通过考试一关来维持自己的地位,甚至在社会舆论层面将之与社会上流行的清浊之分联系起来②,但桓帝不断的横拜恩除使得郎官人数急剧增多,加上诏除郎的"特拜不试",孝廉郎任职晋升的路也就受到冲击而变得越来越窄。因此,孝廉郎那种微弱的优越感逐渐被眼前的现实所冲淡,甚至全然消失,从而造成士人减弱对察举孝廉的渴望,越来越多的士人选择通过公府掾属入仕。具有较好儒学素养的士人不仅不喜欢接受诏除为郎,也不太喜欢察举为孝廉郎,而是更多地选择接受公府辟除,甚至被举为孝廉后再任职公府[15]。当然,这种情况也是与当时豪族势力的增大互为因果的。

(说明:本文初稿完成后,承苏卫国学兄提出过很好的修改意见;南阳秦汉史年会期间,又承臧知非、王刚等诸位先生指正。在此谨致谢忱!)

① 根据《汉官仪》所载"羽林郎出补三百石丞尉,自占小县三百石,其次四百石;比秩为真者,皆所以优之",则明确说明这是一种优惠政策,而且羽林郎也能以诏除郎的身份出补地方低秩长吏。

② 早在桓帝初年,时任尚书的张盛想要废除举吏后的重重考试,黄琼就上言:"覆试之作,将以澄洗清浊,覆实虚滥,不宜改革。"(《后汉书·黄琼传》)明确将考试作为区分清浊的重要手段。

【参考文献】

[1]严耕望.秦汉郎吏制度考[M]//严耕望史学论文选集.北京:中华书局,2006.
[2]杨鸿年.汉魏郎官[M]//中国古代史论丛(7).福州:福建人民出版社,1983.
[3]阎步克.察举制度变迁史稿[M].沈阳:辽宁大学出版社,1991.
[4]洪适.隶释·隶续[M].北京:中华书局,1985.
[5]范晔.后汉书[M].北京:中华书局,1965.
[6]王利器.盐铁论校注(定本)[M].北京:中华书局,1992.
[7]班固.汉书[M].北京:中华书局,1962.
[8]石刻史料新编[M].台北:新文丰出版公司,1982.
[9]王昶.金石萃编[M].西安:陕西人民美术出版社,1990.
[10]严可均.全上古三代秦汉三国六朝文[M].北京:中华书局,1958.
[11]严耕望.中国地方行政制度史甲部——秦汉地方行政制度[M].台北:“中研院”历史语言研究所,1990.
[12]黄留珠.秦汉仕进制度[M].西安:西北大学出版社,1985.
[13]史云贵.外朝化、边缘化与平民化:帝制中国“近官”嬗变研究[M].上海:上海人民出版社,2009.
[14]佚名.长安有狭斜行[M]//郭茂倩,编.乐府诗集·相和歌辞十.北京:中华书局,1979.
[15]程林.两汉公府属吏研究[D].长沙:湖南师范大学硕士学位论文,2010.

第29卷第6期
2009年11月

汉代诏书与民生问题研究

万义广*

【摘　要】 汉代皇帝诏书中有很多是关注民生问题的,按内容可分为若干类,根据不同时期某类诏书数量的多寡,可推知不同时期诏书关注民生问题的侧重点不同。大致而言西汉前期皇帝比较关注农业和刑罚吏治问题,后期赦诏和求言选贤诏较多;东汉诏书较多关注刑罚吏治问题,东汉中后期赈济灾贫的诏书较多。皇帝诏书发挥的作用,取决于诏书本身的内容,更取决于官吏对诏书的贯彻执行。影响皇帝发布关注民生诏书的思想背景主要来自三个方面:神佑有德者的观念、对上古帝王德治境界描述的信仰、对阴阳灾异学说的信仰。

【关键词】 汉代;诏书;民生

汉代皇帝诏书有很大一部分涉及民生问题,学界尚未从皇权与民生的角度作系统的疏理,本文拟在这方面作一些粗略的探讨。研究的基本资料,即诏书的统计,以清代严可均所辑《全汉文》与《全后汉文》为准,因为严氏所辑除了把《史记》、《汉书》、《后汉书》等主要汉代史料书籍中的诏书囊括殆尽,还收集了散见于其他史料中的诏书片段,基本上包罗了那个时代能见到的全部汉代皇帝(包括皇后)诏书①。当然,这些见于史载之诏书,可能只是实际所颁发诏书的一小部分,但我们仍然可以透过这些诏书所涉及民生问题之一斑以蠡测汉代诏书与民生问题的互动关系。

一、涉及民生之诏书类型

中国古人很早就牢固地树立了"民为邦本,本固邦宁"[1]19的观念,把民生问题提到关系国家政权存亡的高度来重视,这种认识,很可能与中国文化本身一样悠久。汉代是中国历史上第二个统一的中央集权的皇朝,也是第一个由皇帝下达大量诏书,关注基层民众生活的皇朝。汉代诏书涉及民生问题,从内容上可大体分为四大类:象征性的、象征性兼实际操作性的、实际操作性的以及实际操作性兼象征性的。

(一)象征性关注民生的诏书主要在祭祀类,皇帝祭祀神灵时为民祈福,表现出对人民生活的牵挂。如文帝十五年夏《议郊祀诏》:"有异物之神见于成纪,毋害于民,岁以有年。朕畿郊祀上帝诸神,礼官议。毋讳以朕劳。"[2]1213此外,还有针对某种礼仪活动所下的诏书也具有象征意义,比如文帝十三年二月《耕桑诏》[2]125。

(二)象征性兼实际操作性的诏书,如东汉章帝建初五年二月甲申《祷雨诏》:"去秋雨泽不

* 万义广(1962—),男,江西省南昌市人,江西师范大学历史系讲师,从事秦汉史、中国古代文化研究。

① 本文所计诏书,只有见到诏书原文(至少是片断)才被计入,如《汉书·武帝纪》出现"赦天下"或"赦"某地字样共26次,但出现在诏书原文中的只有8次(均被《全汉文》收入),因而只以赦诏8篇计算。又如景帝元年五月"令田半租",可能也下过诏书,但因为没有原文,故不以计入。唯一的例外是汉二年二月癸未的"令",因为处于特殊时期,故姑以诏书视之。

适,今时复旱,如炎如焚。……其令二千石理冤狱,录轻系,祷五岳四渎,及名山能兴云致雨者,冀蒙不崇朝遍雨天下之报。务加肃敬焉。”[3]139本诏书的主旨是祈雨,但也有“令二千石理冤狱,录轻系”等实际影响民生的内容。这类诏书数量最多的是大赦天下诏或祥瑞诏书,往往因为国家有喜庆,或出现祥瑞,或改元行历,或国家灾害连年,而大赦天下,与天下更始。据哀帝元寿二年九月太皇太后(元后)《禁举赦前事诏》:“夫赦令者,将与天下更始,诚欲令百姓改行洁已,全其性命也。”[2]348大赦天下,具有某种象征意义,但大赦和与之伴随的赏赐却能让人民得到一些实际好处。

(三)实际操作性的诏书是通过政府的实际措施,对全体或某部分的民众生活产生一定的影响。这一类诏书是民生诏书的主体,又可分为七种类型。

1. 针对农业生产的诏书。农业是当时主要的生产部门,是关系人民生活水平的决定性因素。通过给予农民一些实惠,鼓励从事农业的积极性。这类诏书大致可分为五个方面:(1)减免田租,诏书涉及这方面的内容所占比重也最大。(2)给农民尤其是灾农减免负担,予以一定的扶持,如文帝二年正月《开籍田诏》曰:“民谪作县官及贷种食未入、入未备者,皆赦之。”[2]117(3)禁止官吏豪右侵夺农民或以末业妨害本业,如景帝后三年正月《劝农桑诏》:“农,天下之本也。黄金珠玉,饥不可食,寒不可衣,以为币用,不识其终始。间岁或不登,意为末者众,农民寡也。其令郡国务劝农桑,益种树,可得衣食物。吏发民,若取庸采黄金珠玉者,坐赃为盗。二千石听者,与同罪。”[2]152(4)选拔能吏为农业官员,令官员劝督农桑,如武帝末《力农诏》“方今之务,在于力农”,以赵过为搜粟都尉[2]1138。又如成帝阳朔四年正月《劝农诏》曰:“方东作时,其令二千石勉劝农桑,出入阡陌,致劳来之。”[2]314(5)移民开垦土地,如景帝元年正月《听民徙宽大地诏》:“郡国或硗陿,无所农桑系畜,或地饶广,荐草莽,水泉利,而不得徙。其议民欲徙宽大地者,听之。”[2]139

2. 救灾救急、赈济贫民的诏书。救灾是汉代诏书措意的一个重要方面,关注的对象包括灾民、饥民、穷困、鳏寡孤独等群体。救济的办法有以下六种:(1)免收全部或部分田租或其他赋税负担,发放钱财予以资助,如东汉光武帝建武二十二年九月戊辰《地震诏》就包括“其令南阳勿输今年田租刍藁”,“赐郡中居人压死者棺钱”,“其口赋逋税而庐宅尤破坏者,勿收责”,“吏人死亡,或在坏垣毁屋之下,而家羸弱不能收拾者,以见钱谷取佣,为寻求之”[2]74等内容。(2)组织灾民或饥民就食他地,如武帝《振山东灾民诏》“江南火耕水耨,令饥民得流就食江淮间,欲留,留处”[4]1437。(3)鼓励吏民救灾救贫,对救济灾民、贫民的人员给予奖赏,如成帝永始二年二月诏:“关东比岁不登,吏民以义收食贫民,入谷物助县守振赡者,已赐直。其百万以上,加赐爵右更;欲为吏,补三百石;其吏也迁二等。其三十万以上,赐爵五大夫,吏亦迁二等,民补郎。十万以上,家无出租赋三岁。万钱以上,一年。”[2]321(4)更进一步的措置还有扶持灾民、贫民从事农业生产,如东汉和帝永元十二年二月《恤灾民诏》“贷被灾诸郡民种粮”[3]186。顺帝阳嘉二年二月甲申“诏以吴郡、会稽饥荒,贷人耕种”[3]262。(5)皇帝对自己的反省与自我检讨(罪己),具体措施有整顿吏治、清理冤狱、求言选贤、提倡节约等。(6)为灾害实行“新政”者,其措施包括“令大官毋日杀,所具各减半;乘舆秣马,无乏正事而已。罢角抵、上林宫馆希御幸者、齐三服官、北假田官、盐铁官、常平仓;博士弟子毋置员,以广学者。赐宗室子有属籍者马一匹至二驷,三老、孝者帛,人五匹,弟者、力田三匹,鳏寡孤独二匹,吏民五十户牛酒”[2]285。

3. 关注吏治,减轻刑罚的诏书。吏治的好坏,刑罚的宽严,与人民生活息息相关,也是皇帝比较关注的方面。这类诏书有的是针对法律本身,减轻刑法,如元帝初立时所下《议律令诏》曰:“今律令烦多而不约,自典文者不能分明,而欲罗元元之不逮,斯岂刑中之意哉?其议律令可蠲除轻减者,条奏,唯在便安万姓而已。”[2]1103有的是督责官吏不得舞文弄法,陷民于罪。如宣帝元康二年五月《平法诏》要求“吏务平法”[2]255。有的还注意从源头上杜绝官吏侵害小民。如宣帝神爵三年八月《益吏奉诏》曰:“今小吏皆勤事,而奉禄薄,欲其毋侵渔百姓,难矣。其益吏百石以下奉十五。”[2]263

4. 禁止奢侈风气、节费省用的诏书。奢侈之风必然消耗大量的社会财富,使本来就拮据的最底层的群众生活更加艰难。在社会生产力不高的状况下,抑制奢侈,提倡节俭,能积累有限的资金,为赈济贫民灾民、减轻人民负担、扶持农业生产、巩固统治创造条件。成帝永始四年六月《禁奢侈诏》指出,“方今世俗,奢僭罔极,靡有厌足”,要求“列侯近臣,各自省改,司隶校尉察不变者”[2]324。此外,有的诏书还涉及减省吏员以节约开支,如东汉光武帝建武六年六月辛卯《省减吏员诏》命令“司隶、州牧,各实所部,省减吏员。县国不足置长吏可并合者,上大司徒、大司空二府”[3]49。还有诏书罢免诸如修陵迁民或举兵等行为以避免劳民扰民,如元帝永光四年十月《初陵勿置县邑诏》。

5. 遣使者循行天下诏,以及皇帝行幸诏。这类诏书或为宣明教化,或为赈济灾民,或为督责吏治,或为选贤。

6. 移风易俗诏。班固说:“圣王在上,统理人伦,必移其本而易其末,此混同天下一之虖中和,然后王教成也。”[2]1640汉代政府很重视教化人民、移风易俗,独尊儒术之后尤其如此。汉代重孝,欲养成尊老养老之风,尊老养老在诏书中占有一定的分量。文帝元年三月《养老诏》就鼓励“佐天下子孙孝养其亲”[2]113,礼乐文明、仁义境界是中国古人孜孜以求的目标,汉代移风易俗诏令就包括导民以礼乐、诱民以仁义等方面的内容。武帝元朔五年六月《劝学诏》:“详延天下方闻之士,咸荐诸朝。其令礼官劝学,讲议洽闻,举遗兴礼,以为天下先。太常其议予博士弟子,崇乡党之化,以厉贤材焉。”[2]171诏书还注意以寓教于乐以及表彰的形式养成理想的社会风尚。宣帝五凤二年八月《嫁娶不禁具酒食诏》曰:“废乡党之礼,令民亡所乐,非所以导民也。”[2]265东汉安帝元初六年二月乙卯《赈贫民表贞妇诏》对贞妇“甄表门闾,旌显厥行”[3]229。

7. 还有少量诏书涉及的问题比较特殊,如王莽时期的限田诏、改币制诏等改制诏书。

(四)实际操作性兼象征性的诏书是求言选贤诏。重视纳谏和选拔贤能是中国古代政治的一大特点。汉代选贤求言诏具有某种象征意义,象征了皇帝的亲民爱民,宣帝地节三年十一月《举孝悌诏》曰:“故并举贤良方正,以亲万姓。”[2]250求言选贤诏常常因为灾害或天象的反常而发,如成帝鸿嘉二年三月《选贤诏》曰:“朕承鸿业,十有余年,数遭水旱疾疫之灾,黎民娄困于饥寒”,“其举敦厚有行义能直言者,冀闻切言嘉谋,匡朕之不逮”[2]217。选拔贤能的范围包括“孝弟、有行义闻于乡里者”[2]250,“敦厚有行义能直言者”[2]217,“明阴阳灾异者”[2]284,“淳朴逊让有行义者”[2]323,“方正能直言极谏者”[2]326,“勇猛知兵法者”[2]326,“贤良方正”[2]52,“贤良方正能直言极谏之士”[3]133,“贤良方正,有道术、达于政化、能直言极谏之士”,“至孝行与众卓异者”[3]217。

以上把民生诏书分为四大类若干小类,分类本不是容易之事,皇帝下诏又是针对实际问题而发,而实际问题往往是复杂的,常常是各种问题搅在一起,因而一道诏书常常包括若干方面。重视农业生产不仅反映在劝农诏书,还在求言、救灾、省费节用、祭祀等诏书中得到体现;求言选贤诏常常因为灾害而发,因而与救灾救急、赈济贫民的诏书搅在一起;救灾济贫又与重农助农、求言选贤、整顿吏治、清理冤狱、省奢节用等内容难舍难分;某些禁止奢侈的诏书与移风易俗相近;赐爵多与赦诏联系在一起,但“必然对农业人口有所影响”[5]24;孝悌力田诏“试图通过在各个地区选拔最优秀农夫的方式,为百姓树立楷模”[5]23,既可以视为移风易俗类,也可以归为重农类,还可归为选贤类;遣使循行天下诏和赦诏更是涉及各个方面。因而,在分类时,只能就一道诏书主要的方面归类。同是农业类诏书,如果直接目的是扶持灾民贫民,而不是鼓励农业生产,就归入救灾赈贫类,而像文帝《耕桑诏》这样的诏书,虽然只具象征意义,但鼓励农业生产的目的非常明确,因而不归入象征性关注民生类,而归入实际操作性之劝农类。求言选贤类诏书虽然多为灾害而发,但因为对救灾只起象征性作用,因而不归入救灾类;此类诏书常常在求言选贤的同时,也有一些实际的施恩举措,但如果主要目的是求言选贤,仍归入求言选贤类。其他类别诏书准此。孝悌力田诏书据宣帝地节三年十一月《举孝悌诏》归入“俗化”[2]250即移风易俗类。

二、诏书所见不同时期民生问题的侧重点及其效果

汉初高帝时期,所下众多诏书中,关系民生的比例较小,这是因为此一时期以军国大计为急务,民生尚在其次。但仅见的几条民生诏书却可谓为汉初由乱到治奠定一基础,为汉代基层政权的特色立一制度,为汉代民生的诏书开一风气。据《汉书·高帝纪》,高帝二年“二月癸未,令民除秦社稷,立汉社稷。施恩德,赐民爵。蜀汉民给军事劳苦,复勿租税二岁。关中卒从军者,复家一岁。举民年五十以上,有修行,能帅众为善,置以为三老,乡一人。择乡三老一人为县三老,与县令丞尉以事相教,复勿徭戍。以十月赐酒肉”。《汉书》没有指明这是一道诏书,但从其内容来看,这个“令”极有可能是刘邦所下。其时刘邦尚未被尊为天子,所以不称诏。这个“令”中涉及民生的内容有“赐民爵”、“复勿租税”、“赐酒肉”,这几项内容都被以后汉代近四百年的诏书反复申明。尤其是设置三老,成为汉代乡里基层组织的一大特色。高帝五年五月《罢兵赐复诏》包括五项内容:1.“在关中者,复之十二岁,其归者半之。”2.“天下已定,令各归其县,复故爵田宅。”3.“吏以文法教训辨告,勿笞辱。”4.“民以饥饿自卖为人奴婢者,皆免为庶人。”5.“军吏卒会赦,其亡罪而亡爵及不满大夫者,皆赐爵为大夫,故大夫以上赐爵各一级,其七大夫以上皆令食邑,非七大夫以下皆复其身及户,勿事。”其中第1、2项内容针对农业生产,第3、4项与关注吏治、减轻刑罚的问题相涉,第5项内容与后来众多的大赦天下诏的内容相类似。高帝十一年二月的《定献费诏》体现了减轻农民负担的意图。高帝刘邦于戎马倥偬之际,措意民生,其顾虑所及,重在减轻农民负担,恢复农业生产,抓住了民生问题之关键。比较秦帝15年间,不曾下一道关注民生的诏书,宜乎秦之败、汉之勃兴也。

汉高帝民生诏书的实行效果,联系到汉初三老制度即建立起来,汉初社会由乱到治,农业生产逐渐恢复,可知高帝的这几道诏书,至少在指导思想上产生了效果。《令诸吏善遇高爵诏》提到“吾数诏吏”“有不如吾诏者,以重论之”[2]54,这透露出官吏贯彻高帝的诏书似乎有敷衍的现象。

惠帝享国日浅,《汉书》载其诏书一篇《重吏禄诏》,吕后有《除重罪诏》,这两条诏书属于吏治与减轻刑罚的范围。

汉文帝是历史上第一个下达大量诏书关注民生的皇帝,《全汉文》收文帝诏书35篇(其中有一篇《答陈武》,可能也是诏书,笔者归之诏书类),关涉民生的诏书约20篇,所占比重超过1/2。其中农业诏(5篇)和刑罚诏(4篇)较多。加上十五年夏所下祭祀诏《议郊祀诏》祈求“岁以有年”,后元年三月《求言诏》问及“而食之甚不足者,其咎安在?无乃百姓之从事于末以害农者蕃,为酒醪以靡谷者多,六畜之食焉者众与”[2]128,亦属关注农业问题。文帝农业诏书在民生诏书中所占比例之高,非汉代其他皇帝可相比。

文帝重农的原因可以从同时代贾谊、晁错的上书中得到答案。至于产生的效果,据文帝十二年三月《劝农诏》曰:“朕亲率天下农,十年于今,而野不加辟。岁一不登,民有饥色,是从事焉尚寡,而吏未加务也。吾诏书数下,岁劝民种树,而功未兴,是吏奉吾诏不勤而劝民不明也。吾农民甚苦,而吏莫之省,将何以劝焉?”[2]124从文帝二年下《开籍田诏》和《劝农诏》至十二年三月下本诏书,正好十年。《汉书·文帝纪》从文帝四年至十一年,不载任何诏书,不知期间是否下过其他的劝农诏,但从“朕亲率天下农,十年于今”可见,文帝这十年应该是一以贯之地重农,但文帝对所收效果并不满意。由此可知,仅靠皇帝之尊的劝勉而没有强有力的措施使农民得到足够的实惠,难以扭转农民“不务本而事末”[2]118的势头。由此也可见诏书解决实际民生问题的局限,关键是要有实际的措施,而当时能采取的最有力的措施就是减免田租,让惠于民。为此政府必须

节省开支,以便少向农民索取一点。文帝正是这样做的,“主要是由于减轻田租和节省政府开支,农业生产逐渐得到恢复”[5]14。文帝的劝农诏因为有减免田租和其他扶持农民的实际内容,加之从《却献千里马诏》、《答陈武》等诏书中表现出的减省政府费用的指导思想,因而取得了一定的成果。

景帝诏书共9篇,其中农业诏3篇,刑罚和吏治诏6篇。重农类诏书相对较少,这当然不表明景帝不像文帝那样关注农业问题。黄今言先生曾指出:“汉代‘轻田租’,这是‘重农’政策的具体贯彻。由于‘重农’是一项长期的政策,所以景帝元年开始,‘三十税一’便成为汉代的定制。”[6]100可见景帝对农业的重视和促进汉代农业发展所起的实际作用。景帝减轻刑罚诏书最多,其次是农业诏书,与文帝诏书正好相反。这似乎显示虽然父子两人关注最多的问题都是农业和刑罚问题,但文帝对农业问题关注更多,而景帝稍用力于刑罚。不过,数字虽然能在某种程度上说明问题,但具体而言,景帝6篇刑罚诏书中的3篇减笞诏书,是为解决一个问题而发。2篇谳狱诏也是为了解决同一个问题而发。如此则景帝刑罚诏关注的内容并不比文帝多。文、景两帝把农业和刑罚视为民生两个最重要的方面,确乎反映了当时的实际情况。汉初处于拨乱反正时期,农业生产的恢复和发展对人民生活的重要性自不待言,而经过秦朝的酷暴统治后,宽刑对安定民心,巩固统治,也就非常必要。文帝十五年晁错对策疾呼:“(秦)法令烦憯,刑罚暴酷”,“奸邪之吏,乘其乱法,以成其威”,以至于“天下寒心,莫安其处”,“上下瓦解,各自为制”,因而他建议皇帝“宽大爱人,肉刑不用,罪人亡帑,非谤不治”[2]2296。这与“文帝即位……惩恶亡秦之政,议论务在宽厚,耻言人之过失”[2]1097等记载都表明统治者确乎认识到当时形势下实行宽刑的必要性。且“禁网疏阔”[2]1097可以使农民免于动辄触犯刑罚,或在棰楚之下肢体废疾,无疑有利于农业生产。

至于这些刑罚诏书所产生的效果,文帝《除肉刑诏》施行后,结果是“是后,外有轻刑之名,内实杀人。斩右止者又当死。斩左止者笞五百,当劓者笞三百,率多死”[2]1099。所以景帝元年下诏减笞,但并没有解决问题,所以中六年又下两诏。又经过丞相刘舍、御史大夫等人的奏请,对笞法加以修改,才“自是笞者得全”。可又引发其他弊端,“然酷吏犹以为威。死刑即重,而生刑又轻,民易犯之”[2]1100。景帝中五年下谳狱诏,结果是“其后狱吏复避微文,遂其愚心”。所以后元年又再下谳狱诏。尽管文景之治历来为史家所称道,而减轻刑罚又是其治的重要方面,但从诏书的实行情况来看,一是施行的效果并不如预期的那样,甚至适得其反;二是官吏作奸犯科,使诏书不能如皇帝的意愿那样得到贯彻。由此可见,民生诏书能否取得预期的效果,除了诏书本身对问题的把握,更需依赖于执行官员的素质。

武帝在位54年,民生诏书约27篇,平均两年一篇,在西汉诸帝中比例是最低的。其中,赦诏最多(8篇),其次是求言选贤诏(6篇),再次是移风易俗诏(3篇,另,遣使循行诏有2篇的主要内容与移风易俗有关)。武帝发布赦诏较多的原因,有的学者认为:“西汉初期,阶级矛盾较为缓和,政简刑宽,用刑不繁,故颁布赦令之事较少。自武帝以后,颁布赦令之事明显增多。”[7]307但从现存的8篇赦诏来看,有6篇是因为出现了祥瑞“神光”,1篇是根据“天地不变,不成施化;阴阳不变,物不畅茂”的认识,目的是“据旧以鉴新”、“与民更始”[2]169,还有一篇的原因和目的是“以百姓之未洽于教化,朕嘉与士大夫日新厥业,祗而不解”[2]171。赦免的内容除了赦罪外,还有一般的民事纠纷,“诸逋贷及辞讼在孝景后三年已前,皆勿听治”,以及免除租税和赏赐物品。据此,笔者认为,武帝大量颁发赦诏的原因,不是阶级矛盾激化、狱囚增多的结果,而恰恰是经过文景之治后,社会财富增加,农业生产等关系到国家政权根基的民生问题已不像汉初那样急切,国家有财力显示它“与民更始”的气度。赦诏的颁发,还与武帝好大喜功、爱好张扬的个性有关,赦诏是显示“皇恩浩荡”的一种方式。而宣扬所谓“荐于泰畤,光景并见”[2]211,正与武帝对“神仙祭祀致福之术”[2]1260的爱好吻合。

同样的原因,也促使武帝热衷于下达与移风

易俗内容有关的诏书。移风易俗本来就是“日新厥业”、“与民更始”的一个方面。武帝用力于移风易俗，即对人民的教化，也反映了孔子思想对统治者的影响逐渐加强。《论语·子路》载：“子曰：‘庶矣哉！’冉有曰：‘既庶矣，又何加焉？’曰：‘富之。’曰：‘既富矣，又何加焉？’曰：‘教之。’”经过文景之治，人口增殖，财富增加，由武帝来“教之”，正与当时儒家思想日兴的背景契合，而就武帝的个性而言，他也非常乐意这样做。

武帝的求言诏书，与其后的求言诏书有别，不是为应对灾异而发，而是为了“务法上古者”[2]2496或“章洪业”[2]2507或“一统类、广教化、美风俗”[2]166，这与他的赦诏和移风易俗诏一样，都折射出一个精力旺盛、雄心勃勃的皇帝，倚仗父祖积聚的雄厚财力，重新安排天下，与饱受赞誉的上古圣王“五帝”、“三王”一争高低的心态。所以武帝的民生诏书，与其说是为解决实际民生问题作出的努力，还不如说是武帝借对民生问题的关心，使自己的个性得到极度张扬。

昭帝的8篇民生诏书中，有6篇属于减轻农民负担，可归入发展农业生产类。这反映了经过武帝几十年的折腾后，农业这个关系到民生的根本问题再一次成为统治者关注的焦点。与文景时期的劝农诏不同，这些诏书不是直接劝农，而是从减轻农民负担的方面考虑。

宣帝诏书30篇，其中关注吏治、减轻刑罚类最多(10篇)，其次为赦诏(9篇)。另外五凤四年四月《遣使循行天下诏》(《全汉文》定名为《日食诏》)下达的目的是“举冤狱，察擅为苛禁深刻不改者”。元康二年正月《赦诏》也是因为“今吏修身奉法，未有能称朕意”而下。吏治刑罚诏涉及刑罚的4篇，其余6篇加上上述《遣使循行天下诏》和《赦诏》共8篇是对执法官吏的督责。究其原因，武帝时已经是“奸猾巧法，转相比况，禁罔浸密”，“奸吏因缘为市，所欲活则傅生议，所欲陷则予死比，议者咸冤伤之”[2]1101。已经引起了人们的强烈不满，“宣帝自在闾阎而知其若此”[2]1102。他即位后把矫正积弊的重点放在监督执法吏，但当时的涿郡太守郑昌认为宣帝之治不得其本，“政衰听怠，则廷平将招权而为乱首矣”。他认为治理的根本在于“删定律令”[2]1102。不过，律令最终还是要官吏来执行，宣帝之治并非不得法，关键是在官场风气败坏后，依靠皇帝的几道命令能收到多大的效果。宣帝在他去世的黄龙元年质问：“今吏或以不禁奸邪为宽大，纵释有罪为不苛；或以酷恶为贤，皆失其中。奉诏宣化如此，岂不谬哉？”[2]273最终还是没有做到使官吏“以称朕意”[2]1102。

元帝诏书23篇，其中赦诏最多，有6篇(如果把含有大赦内容的初元二年三月《灾异求言诏》算上则有7篇)；其次是求言选贤诏，有5篇。元帝的赦诏与前任帝王的赦诏有一个根本性的改变，前任下达赦诏较多的皇帝是武帝和宣帝，武帝下赦诏的原因如前已述；宣帝的9篇赦诏中有7篇是为祥瑞而下。这可能与宣帝本人热衷于祥瑞之说有关。元帝的诏书，多因灾害或社会弊病而发，忧民和罪己的意味非常明显，除了赦免罪徒和附带的对天下的赏赐，还有如“令厉精自新，各务农亩。无田者皆假之，贷种、食如贫民”[2]287，“所贷贫民勿收责”[2]291之类带有助农扶贫性质的内容。这种变化可能与经过改造的儒家学说在社会上的弥漫以及元帝的“柔仁好儒术”有关[2]277，也可能与自然灾害与社会积弊对皇权统治的困扰有关。可能是巧合，后代皇帝中下赦诏较多，而与元帝赦诏风格相似的是东汉顺帝赦诏；距元帝即位56年，王莽代汉，西汉亡；距顺帝即位65年，董卓立汉献帝，东汉名存实亡。或许，从赦诏中显露的焦虑正是元、顺两帝所处的时代，冥冥之中已潜伏着败相的流露。

成、哀二帝民生诏书中求言选贤诏最多，他们(以及元帝)发布求言选贤诏的原因与武帝不同，与元帝下达赦诏的原因一样，都是因为灾害或其他社会积弊而发，灾害求言诏实际也是他们应对灾害的举措之一。这些诏书忧民哀民之心溢于言表，责己求言之语真诚恳切，话语之中也不时流露出对官吏偷合苟从甚至缘奸作邪的怨恨。例如，元帝诏曰：“间者阴阳错谬，风雨不时。朕之不德，庶几群公有敢言朕之过者。今则不然。偷合苟从，未肯极言，朕甚闵焉。永惟蒸庶之饥寒，远离父母妻子，劳于非业之作，卫于不居之宫，恐非所以佐阴阳之道也。”[2]284“岁比灾害，民有菜色，惨怛于心”，“其悉意陈朕过，靡有所讳”[2]282。成帝诏曰:“朕涉道日寡,举错不中,乃戊申日蚀地震,朕甚惧焉。公卿其各思朕过失,明白陈之,‘女无面从,退有后言’。”[2]307

与宣帝以前相较,这一时期还出现了一些禁奢省用类诏书,元帝时奢侈之风已相当严重,翼奉上书元帝指出“后世奢侈,国家之费当数代之用”[2]3177。成帝《禁奢侈诏》曰:“方今世俗,奢僭罔极,靡有厌足。……或乃奢侈逸豫,务广第宅,治园池,多畜奴婢,被服绮縠,设钟鼓,备女乐,车服嫁娶葬埋过制。吏民慕效,浸以成俗。”[2]324反映出皇帝高度关注这一问题的原因。

从这个时期民生诏书关注的重点可知,国家受自然灾害的困扰,官吏因循苟且,甚而缘奸作邪,竞相奢侈,贫民生活难离饥寒,皇帝已感到潜伏的统治危机,渴望能有贤才辅佐,妙言解危。

东汉光武皇帝 23 篇民生诏书以减轻刑罚诏最多(8 篇),其中有 4 篇是禁杀或免放奴婢诏,其余 4 篇是减轻其他罪徒或蠲除酷法,这说明奴婢问题是东汉初年较突出的社会问题。从诏书中可知,光武时虽然天下初定,但“酷吏残贼,用刑深刻,狱多冤人”,说明前朝司法积弊并没有因为一次社会大动乱被冲垮,东汉历代皇帝(尤其是章、和二帝)减轻刑罚的诏书都较多,而且明帝以后东汉皇帝诏以赎罪减刑诏占了所有刑罚诏的大半,说明他们也把减刑作为增加政府收入的一种手段。这类诏书不断下达,反映了诏书并不能从根本上解决问题,但可能多少会取得一些实际成效。

光武帝的节省财用诏也较多(6 篇),以后的东汉皇帝也大都下达过此类诏书,与赎刑诏联系起来考虑,可能与东汉政府财政紧张有关。

从和帝开始,赈灾济贫诏明显增多(和帝 29 篇民生诏有 12 篇赈灾济贫诏)。赈灾济贫的主要措施是减免田租,还有贷种粮,扶持灾民贫民恢复农业生产。赈灾诏书增多一方面显示灾害频发,另一方面反映了政府还有能力和财力进行一定的救助。灵帝时不见赈济诏,仅见熹平四年六月一条“令郡国遇灾者,减田租之半;其伤害十四以上,勿收责”[3]337的记载,这不是因为灾害少的缘故,从《后汉书·灵帝纪》记载来看,当时灾害是很频繁的,史籍不见赈济诏书,可能是史书缺载,更有可能是灵帝确实没有下过此类诏书。桓帝即位前,东汉政府已经是“兵役连年,死亡流离”[3]278,桓帝在历史上一向有昏庸之名,但仍然下过一些减免田租之类的救灾诏,灵帝时期,政府针对疫害,还派人发送医药。可见,即使皇帝再昏庸,即使统治处于风雨飘摇之中,对灾害还是会下诏救济,如果皇帝对灾害不闻不问,那就表明政府已经没有能力进行诸如免租之类的救灾活动,这样的政权也就离灭亡不远了。

东汉光武至顺帝间诸帝发布的选贤求言诏书也较多,光武、明、章三帝多因日食下诏,和、安、顺三帝下诏因各种灾害,从章帝开始,诏书语气明显比前二帝急切,有西汉元、成、哀帝之风。

至于汉代民生诏书实行的总体效果,据《汉书·黄霸传》载,宣帝即位,“时上垂意于治,数下恩泽诏书,吏不奉宣”。颜师古注曰:“不令百姓皆知也。”可见对于皇帝关注民生的诏书,官吏不但存在执行不力的现象,甚至根本就加以压制,不让民众知道。所以对于黄霸这样“宣布诏书”的官员,宣帝特意下诏赐予爵秩,予以奖励。宣帝注重吏治,史有好评,民生诏书贯彻执行犹且如此不易,朝政衰败时就可想而知。

综上所述,西汉文景二帝对民生问题关注的重点是农业生产与刑罚问题,武帝的民生诏则重在施行教化、显示皇恩,昭帝着重减轻农民负担,宣帝更多用力于矫治执法吏之积弊,元帝以后社会矛盾加深,急切地呼吁官吏献言进贤,并在大赦诏中流露出罪己和忧民的心态。东汉皇帝对刑罚问题关注较多,把减刑作为增加政府收入的一种手段,东汉中后期灾害频发,皇帝比较关注对灾民贫民的救助和扶持,东汉中后期求言诏与西汉后期的同类诏书风格相似。皇帝诏书发挥的作用,取决于诏书本身的内容,更取决于官吏对诏书的贯彻。在各种矛盾爆发、社会危机加深的情况下皇帝忧民求治的心情往往更加急切。

三、诏书所见皇帝关注民生的思想背景

汉代皇帝较多地关注民生问题,除了民生与其统治的长治久安利害攸关,还与汉代信仰体系有密

切关系。仅就汉代民生诏书内容本身涉及的范围来看,支持汉代皇帝关注民生的信仰资源主要有三点:其一,神佑有德者的观念;其二,对上古帝王德治境界描述的信仰;其三,阴阳灾异学说。

神佑有德的观念古已有之。周初统治者尤其清楚地认识到"天命靡常"的道理。《左传·僖公五年》记载宫之奇与虞公的对话:"臣闻之,鬼神非人实亲,惟德是依。故《周书》曰:'皇天无亲,惟德是辅。'又曰:'黍稷非馨,明德惟馨。'又曰:'民不易物,惟德系物。'如是,则非德,民不和,神不享矣。神所冯依,将在德矣。"类似的观念在《诗经》和《尚书》中的某些篇章也有所反映,这说明早在周代,已经有了很系统的神佑有德的观念。又据《论衡·福虚篇》:"世论行善者福至,为恶者祸来。福祸之应,皆天也,人为之,天应之。阳恩,人君赏其行;阴惠,天地报其德。无贵贱贤愚,莫不谓然。"这表明神佑有德者是当时社会的共识。可以说神佑有德者的观念,在汉人的观念里是天经地义的天理,只有极少数思维超常的学者(如王充)才对这种观念提出质疑。笔者认为汉代皇帝是真诚地相信神佑有德者。"昔先王远施不求其报,望祀不祈其福,右贤左戚,先民后己,至明之极也。今吾闻祠官祝厘,皆归福于朕躬,不为百姓,朕甚愧之。夫以朕之不德,而专乡独美其福,百姓不与焉,是重吾不德也。其令祠官致敬,无有所祈。"[2]126这些言语绝不是说给臣民听的官样文章,唯其如此,一些皇帝对民生的关注是发自内心的,虽然他们的出发点本质上还是想得到上天的"福报",即统治的稳固;也唯其如此,汉代皇帝才一次又一次地在诏书中责备自己"朕之不德"。顺便说一下,与董仲舒的名字联系在一起的天人感应学说,绝不是董仲舒的发明,早在文帝二年十一月,《日食求言诏》就有"朕闻之,天生民,为之置君以养治之。人主不德,布政不均,则天示之灾,以戒不治"之语。而董仲舒的重要观点之一:"国家将有失道之败,而天乃先出灾害以谴告之,不知自省,又出怪异以警惧之,尚不知变,而伤败乃至。"[2]2498其含义与文帝诏书明显一致。所谓天人感应,正是神佑有德观念的延伸和发展,对"政失于民,谪见于天"[3]180的恐惧,是汉代帝王关心民生的思想依据之一。

汉代皇帝关注民生的另一思想依据,来自于对上古帝王至治境界的追求。文帝十三年五月《除肉刑诏》曰:"盖闻有虞氏之时,画衣冠异章服以为戮,而民弗犯,何治之至也?"文帝十五年九月《策贤良文学诏》:"昔者大禹勤求贤士,施及方外,四极之内,舟车所至,人迹所及,靡不闻命,以辅其不逮,近者献其明,远者通厥聪,比善戮力,以翼天子,是以大禹能亡失德,夏以长楙。"武帝元光元年《策贤良制》曰:"盖闻五帝、三王之道,改制作乐而天下洽和,百王同之。"汉代皇帝(尤其是西汉皇帝)诏书时常称引"朕闻之"的上古帝王事迹,并以之为效法的对象。

上古的政治,本来就有重德的传统,这一传统被周人发扬光大。徐复观先生曾根据《诗》、《书》中的材料,归纳出:"周公及周初诗人所提出作为教诲之资的文王,是:(一)很敬谨于自己的生活行为。(二)非常勤劳,并自己参加工人制器、农人的种田的工作。(三)用刑很谨慎,爱抚人民,惠及鳏寡。(四)承当人民怨詈之言,以人民怨詈之言策励自己。"[8]57这些道德准则实际也是汉代皇帝至少是在认识上的追求目标,是激励皇帝关心民生问题的另一个思想资源。

作为统一政权,汉代最有可能从离他们较近的前朝即秦或周代吸取可以效法的统治资源,崇尚暴力和法家治术的秦政常常是汉人批判的对象,是被汉人作为反面教材的思想资源出现的,而崇尚德政的周代统治思想就成为汉人追慕的对象,这一特征从汉初即是如此,并非等到独尊儒术之后。汉初陆贾就是把周公作为得道者来歌颂,而把秦始皇作为无道和失败的典型加以指责:"周公制作礼乐,郊天地,望山川,师旅不设,刑格法悬,而四海之内,奉供来臻,越裳之君,重译来朝。"而"秦始皇……举措暴众,而用刑太极"[9]324。从文帝以来的诏书中表现出的德治思想,与周朝的施政思想是一致的,因而汉代皇帝继承的是自上古及周一以贯之的重德传统,而这种传统即是支持汉代皇帝关注民生,并把德治思想贯彻在诏书之中的又一大思想资源。

灾异学说,是天人感应说发展的产物,据《汉书·董仲舒传》:"仲舒治国,以《春秋》灾异之变推阴阳所以错行,故求雨,闭诸阳,纵诸阴,其止雨反是。”自宣帝以后,君臣议事多称阴阳。元帝23篇民生诏书中,称引阴阳的不下7篇,并在初元三年六月《求言诏》要求“丞相御史举天下明阴阳灾异者各三人”[2]284。在阴阳灾异学说史上有重要地位、把阴阳灾异学说推向更加理论化、系统化的儒生京房、翼奉主要的活动是在元帝时期,这表明灾异学说在元帝时期极为兴盛,后代皇帝的诏书也多有以灾异为说词。至少从元帝时期开始,灾异说成为汉代皇帝关注民生的一个重要思想资源。

清人赵翼早已发现“汉诏多惧词”[10]42,从民生诏书中随处可见皇帝自责之词:“朕之不德”,“朕以眇眇之身,承至尊,兢兢焉惧不任”;“朕为民父母,德不能覆,而有其刑,甚自伤焉”;“天灾仍重,朕甚惧焉。惟民之失职”,“朕承宗庙之重,战战兢兢,惧失天心”“吾德薄致灾,谪见日月,战栗恐惧,夫何言哉”;“朕道化不德,吏政失和,元元未谕,抵罪于下”;“蝗虫之异,殆不虚生,万方有罪,在予一人,而言事者专咎自下,非助我者也”;“朝廷不明,庶事失中,灾异不息,忧心惶惧”;“朕托王公之上,涉道日寡,政失厥中,阴阳气隔,寇盗肆暴,庶狱弥繁,忧悴永叹,疢如疾首”;“朕秉政不明,灾眚屡臻”……诏书对官场各种恶劣现象,也多有暴露。

汉代皇帝这种风格,与上述三方面的思想背景有密切关系。因为相信冥冥之中确实有神灵主宰,所以皇帝战栗恐惧,深怕己之不德,见责于天。这是其一。汉代皇帝追慕上古帝王,而上古帝王的榜样就是严格要求自己。《论语·尧曰》(商汤)曰:“予小子履敢用玄牡,敢昭告于皇皇后帝:有罪不敢赦。帝臣不蔽,简在帝心。朕躬有罪,无以万方;万方有罪,罪在朕躬。”“百姓有过,在予一人。”汉代皇帝也是这样自责的。这是其二。至于灾异与皇帝的自我检讨之关系,有学者已撰文指出:“按照《易》的认识和思维方法,出现否卦所描述的自然和社会危机状况时,君子须以退而修身的方法来使其得以辟解。在这种思想方法的引导下,灾异产生的根源,在汉人看来,便是由于天地阴阳或君臣上下不交;而天子作为天地之间的主宰者,担负着沟通天地之间关系的责任,理所当然地要承担责任,要进行自我反省,反身以修德,予民以恩抚。”[2]257

总之,汉代皇帝在神灵信仰和德治追求的思想背景下,注意时常检讨自己的行为,关注民生疾苦。然而,无论这种信仰背景的影响有多大,一般人的自律能力都是有限的,通观汉代民生诏书中皇帝对自己的反复自责,也折射出诏书想要达到的目标、所取得的效果是有限的。汉代400年的民生诏书告诉我们,诏书中反复流露的罪己和忧民即便不是出于程式化的官样文章,而是发自内心的真情实感,在君圣民愚的文化背景下,无论君主作出如何的爱民姿态,皇帝孜孜以求的五帝三王的盛世,都是一个神话。

【参考文献】

[1]尚书:卷3[M]//五子之歌第三,汉魏古注十三经.北京:中华书局,1998.
[2]班固.汉书[M].北京:中华书局,1962.
[3]范晔.后汉书[M].北京:中华书局,1965.
[4]司马迁.史记[M].北京:中华书局,1982.
[5]许倬云.汉代农业[M].桂林:广西师范大学出版社,2005.
[6]黄今言.秦汉赋役制度研究[M].南昌:江西教育出版社,1988.
[7]张景贤.汉代法制研究[M].哈尔滨:黑龙江教育出版社,1997.
[8]徐复观.两汉思想史[M].上海:华东师范大学出版社,2001.
[9]程荣,纂辑.汉魏丛书[M].长春:吉林大学出版社,1992.
[10]赵翼,著.王树民,校证.廿二史札记校证[M].北京:中华书局,1984.

第19卷第1期
1999年

汉代官府藏书的管理

李秀娥*

【摘　要】 西汉末年，官府藏书已达13000多卷，光武帝以后，采取“诏求亡失，购募以金”的图书搜集政策，进一步增加了官府藏书。于是，中央政府筹建了多处藏书处所，设立了专门的藏书管理机构和官员，对官府藏书进行校勘、编目、分类，形成了一套行之有效的藏书管理制度，奠定了官府藏书发展的基础，促进了我国封建社会图书馆学的发展，确立了我国图书分类的基本体系，编制了世界上第一部图书分类目录。研究汉代官府藏书的管理，对于促进我国图书馆事业的发展具有重要的参考价值。

【关键词】 汉代；官府藏书；搜集；整理；制度

汉代确定了封建社会官府藏书的类型，完善了工作内容，充实和配备了管理官员，标志着中国封建社会官府藏书制度的建立，以后官府藏书就遵循它的形式与格局继续完善和发展。因此，我们有责任认真总结这一经验，揭示汉代官府藏书如何适应新建的封建帝国并促进其发展的一般规律，为发展具有中国特色的现代化图书馆事业而充分发挥其积极的作用。

一、汉代官府藏书的搜集

西汉初年，汉高祖刘邦吸取了秦朝灭亡的教训。经济上减轻徭役和赋税，采取了休养生息的政策，社会生产得到了恢复和发展。文化上鉴于秦代愚民政策的失败，也采取了对战国以来各种思想流派和学说不加禁止的措施，制定了积极搜集的藏书政策。公元前206年，刘邦率军进入咸阳，萧何抢救了一批重要的图书档案。公元前202年，刘邦“改秦之大败，大收篇籍，广开献书之路”[1](卷30《艺文志》)，号召民间向政府献书，并开禁私学，不久，便出现了“文学彬彬稍进，《诗》、《书》往往间出”[2](《自序》)的局面。汉惠帝进一步放宽文化政策，解除挟书禁令，民间藏书成为合法之事，这不仅使秦朝遗留的典籍得以汇集官府，而且也使图书的抄写和传播得以发展。文、景二帝继续遵循这一政策，于是“天下众书往往颇出，皆诸子传说，犹广立于学官，为置博士”[1](卷36《楚元王刘交传附刘歆传》)，因而文化教育事业逐步兴旺，官府藏书大有增加。武帝为了巩固汉帝国，除在政治、经济上采取相应的措施外，在思想文化方面接受董仲舒的建议，罢黜百家，独尊儒术。当武帝从图书入手统一思想时，发现官府藏书已损坏到“书缺简脱”、“礼坏乐崩”的严重程度，就是收集到的图书，也因学说不同，观点差异，不符合独尊儒术政策的要求。于是，武帝下令征集全国图书，加以收藏保管。元朔五年(前124年)命丞相公孙弘广开献书之路，借以鼓励各地藏书上送朝廷，并设置太史，“命天下计书，先上太史，副上丞相”。各地呈送的文件、档案和各种统计资料，充实了宫廷藏书的内容。从而使

* 李秀娥(1948—　)，女，河南省漯河市人，南阳师范学院图书馆副研究馆员。

西汉官府的藏书建设进入了一个新的历史时期:六艺之学蓬勃发展,图书档案迅速集中,藏书处所随之增加。从武帝广开献书之路到成帝的近百年间,官府藏书大量增加。但是,由于典藏制度不完善,秘藏之书颇有亡散,于是成帝一面命谒者陈农"求遗书于天下",一面命人整理官府藏书,总结先秦的学术成果,推动西汉学术文化的发展。

西汉末年,连年战争,官府藏书散失严重。刘秀在重建汉王朝的征战中比较注意网罗儒生,在争取鸿生巨儒支持的同时,"采求阙文,补缀漏逸。先是四方学士,多怀协图书,遁逃林薮。自是莫不抱负坟策,云会京师"[3](卷79《儒林传》),向政府献书,这就有利于新王朝典籍的积聚。光武以后,明、章二帝大力提倡经学,采取"诏求亡失,购募以金"[4](《佚文篇》)的图书搜集政策,进一步增加了官府藏书。

二、汉代官府藏书典藏制度的建立

连续不断的征集活动,使西汉官府藏书数量大增。大量的图书典籍堆积如山,既不便管理,也不便利用,于是西汉政府筹划建馆藏书,建立典藏制度。当时宫廷图书分别藏于石渠阁、天禄阁、麒麟阁、兰台、石室、延阁、广内等处。据来新夏《中国古代图书事业史》说:石渠阁在未央宫大殿北,藏秘书之所,萧何所造。天禄阁,既是藏书之府,又是整理图书的工作场所。麒麟阁也是宫内藏书处所之一。兰台为皇宫中的衙署,由御史中丞掌管。御史中丞本为监察官员,掌管图籍为其兼职。兰台也是宫廷藏书处所之一。石室是以石砌成的藏书室,所藏多为国家档案文件。延阁、广内也是藏书处所。上述宫廷藏书均称为"秘书",或称"中书"、"内书"。此外,还有外书,即指太常、太史、博士所藏之书。太史,掌起草文书,记载史事,编写史书,兼管国家典籍、天文历法、祭祀等。太史令比较集中掌管史事编纂活动。博士是汉代学官,汉武帝时博士兼教授生员,负责某一经典学派知识传授。由此可见,当时在中央政府各个机构中都收藏典籍。我们把宫廷藏书和政府机构藏书,统称为官府藏书。

两汉之际,社会动乱,西汉官府藏书化为灰烬。我国文化典籍又一次遭到厄运。刘秀重建东汉王朝时,注意搜集图书。经过长期的搜集图书活动,东汉的藏书得到了恢复和发展,官府的藏书机构也逐渐建立,并不断地扩充和完善。据《中国古代图书事业史》记载,东汉前后设置有七所藏书处,即辟雍、宣明殿、兰台、石室、鸿都、东观、仁寿阁。辟雍最早建于西周,本为周天子所设立的大学,后废。西汉武帝于长安又设立,仍作为政府的教育处所。东汉时,刘秀在洛阳再建辟雍,不再作为教育部门,而是皇帝行礼所在。辟雍所藏多为礼仪书。宣明殿为宫内藏书处所之一。东汉兰台在洛阳城内,掌管图书的官员是兰台令史。他们不仅掌管图书,而且还从事校书、著述工作。石室为东汉储藏图书档案之所,所藏皆属机密,不得随便查阅。鸿都为宫掖门名,因在此设立学校,又称鸿都学,同时还设立书库,藏文学、艺术之书,由光禄勋掌管。东观、仁寿阁,均为明帝时期所建,藏东汉政权建立后搜集到的图书。同时还是校勘图书、编纂著作的场所。众多的藏书处所,使历年来通过在全国范围内"献"与"求"得来的图书,得到了妥善的保存。

三、官府藏书机构和职官的设立

西汉初年,官府藏书管理人员无常制,沿用秦代制度,用御史大夫等典掌秘籍。西汉建国不久,为了巩固政权,迅速恢复和完善国家的各项制度,即命"萧何次律令,韩信申军法"[1](卷1《高帝纪》)。这实际上是在大臣主持下,分工整理纂辑图书的活动。武帝时命军政杨仆整理兵书。成帝时令著名学者刘向、刘歆父子先后负责整理官府藏书,刘向在校书工作中采取了专才校书、分工(类)进行的办法,发挥了专门人才之长。前后参加这次校书工作姓名可考者,还有任宏、尹咸、李柱国、杜参、班斿、望(失其姓)、王龚等人。他们或是朝廷重臣,或是某一方面的学者专家。他们不是专门管理藏书的官员,而是以原官职兼校书工作。因此,西汉政府没有设置专门管理官府藏书的官员,图书管理工作多以他官兼任。

东汉政权建立不久,刘秀就命学者尹敏和“善说灾异谶纬”的薛汉整理图谶书籍。此后,由于官府藏书机构和藏书的增加,而且校书和著述国史的事务日益繁重,自然要求设立专门机构和管理人员,统一管理图书典籍和历史著作编写等事宜。这样,官府藏书管理机构正式在朝廷官制中出现,并逐步在管理事务上完善起来。据《后汉书》记载,汉明帝永平五年(62 年),班固任校书郎,又升迁为兰台令史。这是关于官府藏书管理官员的最早记载。兰台是正式的官府藏书机构,兰台令史为官府藏书机构的管理官员,校书郎是实职,从事书籍校正勘误等工作。汉桓帝时,创置了我国封建中央政府第一个主持图书事业的机构——秘书监。所谓秘书即掌禁中图书秘记之意,隶属太常,可知当时设立秘书监,是作为朝廷文化事务方面的官吏考虑的。应劭《汉官仪》:“秘书监一人,秩六百石。”它既是机构名称,又是该机构最高长官的名称,为太常属官。可见掌管图书的官员地位高,待遇丰厚。

四、汉代官府藏书的整理

西汉建国之初,刘邦即命萧何、韩信整理官府藏书。武帝时期,命军政杨仆整理兵书。成帝在求书的同时,命著名学者刘向、刘歆父子先后负责整理官府藏书。东汉除殇帝、冲帝、质帝、少帝四个短命的皇帝以外,还有九代,《后汉书》记载中有七代整理过官府藏书,仅和、桓帝二朝未见记载。但是,和、桓二帝也很重视图书事业。可以说,整个汉代,整理图书的工作始终没有停止。现在,我们比较集中地分析刘向、刘歆父子的图书整理活动,以一斑而窥封建官府藏书整理工作全豹。

(一)校勘图书

刘向(前 77—前 6 年),本名更生,字子政,沛(今江苏沛县)人。汉皇族楚元王刘交之后,自幼聪颖,得到很好的家庭教育。通经术,能文章,为谏大夫,敢直言,成帝时为光禄大夫,终中垒校尉。子歆,字子骏,后改名秀,字颖叔。与父同时受诏校书秘阁。这次校书,由向、歆父子总其成,负责整理经传、诸子、诗赋三大类。其余三类,分委步兵校尉任宏校兵书,太史令尹咸校数术,侍医李柱国校方技。古代图书整理与目录编制都是学术性很强的工作,特别是对图书内容的删定和订正,更非有专门家不可。故兵书、数术、方技类分别由军事长官、史官和御医等专家担任。应该说,这种按学科门类组织整理藏书的办法对我们现在的图书馆工作仍是十分可取的。

刘向等校书的程序大致如下:1. 做好复本的收集工作。当时一书有各种本子,如《战国策》一书,曾有《国策》、《国事》、《短长》、《事语》、《长书》、《修书》等书名和本子。各种本子篇章各有残缺或彼此重复。因此,首先做好复本集中是校书的第一步工作。2. 校正字句。刘向等人从集中到的同一种书的各种本子中,选出内容最多、篇章完整、字句较准确的一种本子作为正本。然后将各种本对勘,从中校出字句差误、篇章脱落、彼此重复之处,通过互校产生出一种比较理想的本子。3. 排定篇章。刘向等在校完一书后,进一步把全书内容重新整理,确定一书前后篇章次序。至此,一种书的整理工作基本完成。

(二)编写书录

图书编定后,如何提供使用是很重要的。刘向等把整理后的图书写成一种解题性的书录,以揭示并概括一书的作者生平、思想内容及其学术源流。这种书录揭示了文献的主题、内容要点及特色,篇幅小而信息量大,语言精练而准确,为皇帝利用藏书提供了方便。

书录的内容包括:1. 该书篇目。2. 校书经过。说明该书校勘过程中所依据的各种本子,本书的来源、篇数,文字差谬脱误,书名异称及处理情况等。3. 书录正文。包括作者介绍和学术观点,叙述该书的学术源流,记录校勘异本的情况,揭示全书的宗旨和学术价值等。4. 全书标签。编写这种书录的目的是为皇帝提供参考,当然,这也是全面揭示学术源流、考证学术派别的一种工具。刘向创始的这一体例及内容,使它在2000 多年前就达到了世界目录学的较高水平。它也是现代图书馆向读者揭示文献、推荐文献的重要手段之一。

(三)分类

要在浩如烟海的文献之中,寻求自己所需的图书,还得靠分类的群书目录。图书分类是一种专门学问,刘向父子能够创立一个完整而明确的分类体系,是有其学术思想渊源的。类的概念,起源甚古,《易象》云:“君子以族类辨物。”《易·系辞》云:“方以类聚,物以群分。”那时已经把事物区分为若干不同的类。战国时代成书的《尔雅》,已经运用类的概念来区分词语。分类的思想在春秋时代,已经用到图书保管上。《史记·自序》说,汉帝国初建,“萧何次律令,韩信申军法,张苍为章程,叔孙通定礼仪”。这说明汉初官府藏书已经分为律令、兵书、章程、礼仪四类。刘向父子等奉诏校书,把古代分类思想用在图书整理工作上,按学术不同的性质,将官府藏书作了系统的分类。刘向校书20年撰写成《别录》。刘歆在刘向死后,以《别录》为基础,摘取《别录》的内容,编成《七略》。《七略》的基本类目为:“辑略”是概说,综述学术源流;“六艺略”包括易、书、诗、礼、乐、春秋、论语、孝经、小学9种;“诸子略”包括儒、道、阴阳、法、名、墨、纵横、杂、农、小说10种;“诗赋略”包括屈原赋之属、陆贾赋之属、孙卿赋之属、杂赋、歌诗5种;“兵书略”包括兵权谋、兵形势、兵阴阳、兵技巧4种;“术数略”包括天文、历谱、五行、蓍龟、杂占、刑法6种;“方技略”包括医经、经方、房中、神仙4种。全书共分六略(大类),38种(小类),著录图书13000多卷,可见其分类之细密。《七略》的分类确能体现学术分类的精神,全面反映了当时的重要图书和主要思想流派。

图书分类法是排列图书,组织目录,指导阅读的有效工具。它以学术分类为基础,以统治者的利益为指导,刘向、刘歆在为群书所作的书录中,处处阐发维护封建统治集团利益的学术思想和政治思想,赞扬古代文化典籍,批判不利于中央政权的学术思想和文化典籍,以巩固汉王朝的统治,把典籍看作“为治之具”,刘向父子在整理官府藏书的过程中,总结吸取并发展了前人有关学术分类和图书分类的思想、经验,创立了比较完整而成熟的目录学思想,树立了一个能够辨章学术源流的目录体制,创立了世界上第一部综合性的图书分类目录——《七略》,它比1545年西方“目录学之父”德国吉士纳的《万象图书分类法》要早1550年左右。

五、汉代官府藏书管理工作的影响

(一)促进了文化事业的发展

汉代是封建社会逐步发展和巩固阶段。中央集权和封建经济的发展,要求必须建立与之相适应的上层建筑,以维护其封建统治。汉代官府藏书管理工作,是汉王朝文化思想建设的重要组成部分。它所编定的经书,对确定儒家独尊的地位是十分重要的。官府藏书的不断整理使古代文化遗产得以保护和流传,毫无疑问,它促进了古代文化的发展。

(二)奠定了我国封建社会官府藏书的发展基础

汉代官府藏书的管理对我国封建社会的图书事业的发展有重要影响,官府藏书由于汉代全面建设,长期不断整理,校定正本,编定目录,方便了图书的保管与利用,提高了图书的社会地位,奠定了我国封建社会官府藏书的发展基础。以后历代封建王朝都以汉代故事,采访遗书,全面整理,设立专官,利用藏书培养人才,并在其中修撰史书、地志,编撰皇朝典章制令,构成了我国悠久的藏书发展史。

(三)奠定了我国封建社会图书馆学的基础

汉代图书管理工作开创了我国图书整理与编目的组织与工作程序,丰富和完善了封建社会图书馆学的内容,其整理图书的方法和技术甚至影响了整个封建社会的图书馆学。2000多年来,有些方法和技术,如校书工作的程序和方法,甚至对我国今天整理古籍仍有参考使用价值。编目工作的体制,实开后代图书分类和编目的先河。而图书著录的完善、叙录图书的方法、推荐图书的技巧,都对后世目录学发展产生了深远的影响。

（四）确立了我国图书分类的基本体系

汉代创立的图书分类体系体现了汉代的正统思想。《七略》中“六艺略”以儒家经典为首，“诸子略”又以儒家居先，这一分类体系反映了当时的政治思想。《七略》著录的其他图书，是汉代政治、经济、军事、文化、科学、教育事业蓬勃发展在图书目录上的反映，这样组织严密、有提要的系统目录，比较全面地著录了当时的图书，它不仅推动了当时的学术发展，而且对后世的编目工作影响也很大。自从《七略》创立了我国古典文献分类法之后，历代虽有所补充订正，但基本沿用《七略》的传统，只不过大类有些增减罢了。类下子目也多是大同小异，没有显著变化。2000多年来，我国校书编目的原则、体例和方法，都是在《别录》、《七略》的基础上逐渐发展起来的。汉代创立的这一完整而明确的分类体系，系统地著录、揭示文献典籍，把分类、编目和学术思想史、科学技术史结合起来，使目录能够发挥辨章学术、考镜源流的作用，成为我国目录工作的典范和阅读古籍的指南。这是中国图书分类、编目的宗旨，也是中国图书分类、编目的优良传统。

（五）为读书治学提供了工具

代表汉代官府藏书目录学辉煌成就的《七略》，反映了当时各个学术门类之间的联系。一方面，它在类属上反映了有关门类之间的联系。如“六艺略”除了易、诗、书、礼、乐、春秋六类经书之外，还包括有论语、孝经、小学三类书。这是因为论语、孝经是孔子所阐述的言语，可以与六经相表里，作为经学的入门书；小学是字典等文字学方面的书，不仅是读经的启蒙基础，而且被认为是治学的根本。“六艺略”把论语等三类书附于六经之后，反映了它们在思想内容上的从属关系。另一方面，在类目编排上反映了学术门类的发展关系。如“诗赋略”分为五小类，它先列先秦之诗，后排汉代之赋，其中最后一类“歌诗”全录汉代作品，反映了诗赋在古代的发展源流及作品体裁的异同。总之，《七略》按照学术类别编排图书，不仅在于条理分明，便于查考，更主要的是它有助于辨别图书的内容，从而根据各类图书的内容考察其源流演变，促进科学研究事业的发展。

【参考文献】

[1]班固.汉书[M].北京:中华书局,1962.
[2]司马迁.史记[M].北京:中华书局,1959.
[3]范晔.后汉书[M].北京:中华书局,1965.
[4]王充.论衡[M].上海:上海人民出版社,1974.

第32卷第3期
2012年5月

汉科研究:以购赏科为中心

张忠炜*

【摘　要】 汉代的科是律令的诠释、细化,也有弥补律令规定不周之用意;科通常由官吏奏请、皇帝批准并颁行,经由官府逐级下达而布告基层民众,专制一方的统治者亦可制定、颁行科。作为法律载体,科具有灵活性、针对性和孳殖性,故在汉末三国特殊的政治格局下,为各方统治集团所利用,成为法规汇编或编纂的代称,实现从如律令到如科令之历史转变。

【关键词】 汉代;科;科条;购赏科;效力;特质

科作为汉代独立的法律载体之一,有着不同于律、令、品、式的特征。因相关史料记载的残散、亡佚,学界对科的认识多在外围徘徊而难以深入问题核心。当论争处于胶着状态时,转变研究视角,或许会有益于重新认识问题。我们以新近出土简牍资料为据,选取资料丰富的“购赏科”为研究对象,研究科的法律渊源、制定、效力及特质;并结合对汉科特点的分析,对三国时期“科”的出现问题,也提出一己之见。

一、汉科研究现状及问题所在

学者对汉科的关注及初步研究,似始于晚清以来的沈家本、程树德。沈家本在《历代刑法考·律令》中,先从训诂角度辨析“科”的字意[1]813;后又在《汉律摭遗》中,针对科与科品等问题,说道:“《汉律》之外有令,令之外有科,《晋志》所引,此其证也。”并依据汉代诏书记载,推论汉科是编纂于令中,“非别为一编也”。与沈家本的做法不同,程树德对汉科的研究,主要是辑佚汉科遗文十余条[2]29—30。此后的法史论著(主要是教材),如陈顾远的《中国法制史》、戴炎辉的同名专著[3]125—128;[4]3等,在论述汉代法律载体时,多少都会辟出一定篇幅来讨论汉科问题。各家对汉科的理解或有不同,主张汉代有科却并无二异。在滋贺秀三等学者否定汉代有科之前,不仅中国学者认为汉代有科,海外学者也是认可这一观点的。比较有代表性的学者,莫过于中国学者陈顾远、日本学者中田薰、荷兰汉学家何四维。陈顾远在《汉之决事比及其源流》中说道:汉代决事比与“科”,征诸于史事,“疑为一事之两称”。简言之,决事比本来就是类例,其每条每事之罪刑所在,就是科。这或许是因陈氏赞同“科者,课也”的解释,故他所理解的科似指决事比中的课刑[5]469—471。中田薰在《关于支那律令法系的发达》及《〈关于支那律令法系的发达〉补考》中,以不同篇幅叙述隋以前各代的“科”。对于汉科,他认为是补充律令的副法,是按事类集“比”而成,附着于相关律令正条中,依律令本身的改定而变[6]117—122。何四维在讨论汉代法律

* 张忠炜(1977—　),男,河南省新密市人,博士,中国人民大学历史系讲师,主要从事秦汉史研究。

时，一方面是译介程树德辑佚的汉科遗文，另一方面以此为基础发表自己对科的看法。他的观点与中田薰相近，认为“科”是附属规定，与汉律密切相关，甚至包含在汉律之中；他还认为汉科是具有法律效力的判决，相比之下，“比”或“决事比”则是由判例组成，法吏可找寻适当判例以便判决。他将科直接对应于英语中的“ruling”（判决、裁定）[7]49—51;[8]526。

新近论述、研究汉科的学者中，国内代表性的论者莫过于徐世虹，英语圈的代表性论者是Yongping Liu、马若斐。徐氏在《汉代法律载体考述》一文中，对汉代的科、品进行较细致的梳理，讨论了科的含义、汉科条目、科与律令关系等问题，并以汉简所见汉科为例来考察汉科实态[9]167—171;[10]278—282。徐文所论充分结合文献、简牍资料，较之以往所论要全面、具体许多；徐文中还分别叙述了“科”、“比”，无形中驳斥了“科”、“比”同类说。Yongping Liu、马若斐亦认为汉代有科，但对科的认识已不同于何四维。前者将科视为律、令施行的细则，因为科、条多并用，故认为科指法律的条文或条款；后者认为科是规则、规定，故将之译为regulation[11]271—276。马若斐所论[12]48，多据刘笃才文，下文有所评论，不赘言；仅就Yongping Liu的观点，进行简要评述。从某种情况而言，作者之所以有这番认识，似是基于对“当”的理解。作者认为秦汉时代的法律，存在一些固定的量刑标准，以便官员对各种违法行为判刑之用。过去指代量刑标准而部分（条文）因最常被行用而成为科。秦汉司法官员通常是据相关量刑标准而作出适当判决，在没有量刑标准可循的情况下则用比附（当）来定罪处刑。按，秦汉时代司法诉讼中的“当”，一般认为是治狱官吏的处决意见，与所谓的比附似乎并无关联，结合张家山汉简《奏谳书》所见，更能证明此点。Yongping Liu此处所论未必成立。将科理解为固定的量刑标准，从今所见秦汉简牍法律文献看，至少从“购赏科”的实例看，亦未必成立；将科作为律、令的施行细则，与国内一般看法相合。

对汉代有科说提出质疑者，日本学者滋贺秀三恐是第一人。1958年，滋贺秀三在《汉唐间法典的二三考证》一文中，提出科作为法律载体出现于汉魏之际，并在当时社会中充当着临时法典的作用；所谓汉代的科，是指比中的事条，也可指律、令、诏书等其他形式中的条款。与之遥相呼应的，是国内学者张建国。他在《“科”的变迁及其历史作用》一文中说道：

> 它（指“科谓事条，比谓类例”）不过是指出了律、令、比等法规中条款的称谓叫做“科”，科是寓于这些法律形式之中的事项条目，而非有形式上的独立品格。通观汉代记载科的史料，只要深入分析一下，可知凡认为科这一法律形式始于汉的观点，无不是把科的“事条”这种含义与三国时期才出现的科这种法律形式混淆在一起了。①

又有丛希斌、马作武等人[13]26—28;[14]53—56，以及日本学者冨谷至②，也对汉科说提出质疑。丛、马两学者认为汉代无科，科作为法律载体出现于曹魏；冨谷不仅质疑汉科，对滋贺所论魏科亦持怀疑态度。他们驳论汉科说的主要依据有二：一则对程树德辑佚的汉科遗文进行辨析，认为科有事条之意，是法律条文的指代；二则《晋书·刑法志》曾综论汉代法律载体，但唯独不见汉科等记载，故据此推定汉代无科。同时，又指出认定汉代有科说的错误所在，是因为前辈学者对残缺不全的史料所产生的错觉。如果说丛、马诸说是有破无立的话，张建国对魏科的正面论述更需留意。其切入点是对“删约旧科，旁采汉律”的理解。“旧科”与“汉律”并称，且称“旧

① 参见张建国：《“科”的变迁及其历史作用》（1987），《帝制时代的中国法》，法律出版社1999年版，第71—88页。按：滋贺秀三的观点见于张文及守屋美都雄文。滋贺秀三提出此说后，守屋美都雄即表示质疑，参见［日］守屋美都雄：《中国古代的家族与国家》，钱杭、杨晓芬译，上海古籍出版社2010年版，第473—475页。

② 参见［日］冨谷至：《晋泰始律令への道——第二部　魏晋の律と令》，《东方学报》第73册（2001），第61—67页。中译本，朱腾译，徐世虹校：《通往晋泰始律令之路（Ⅱ）：魏晋的律与令》，待刊稿。按：冨谷逐一审查滋贺秀三立论的三条证据，认为曹魏时官方制定的法律称为“科”，意味着是临时性大型法典的观点，无法为文献史料证明；并且，他还认为汉令典的演变形态尚处于不成熟、未完成阶段，则另存有有别于律、令的新法律形式存在，亦不合情理。

科”先于“汉律”,“旧科”显然不同于“汉律”。故仅就此点发现问题而言,张氏探赜索隐之功不容低估。他由此得出的基本结论是:“旧科”是曹魏政权初期所订立的临时性法规;魏科产生的最主要原因,是曹操难以藩国改汉朝之制①。对质疑者的观点,主要有刘笃才《汉科考略》、张积《令甲、挈令、科辨义》等回应文章。刘文中,一方面大量罗列与“科”字相关的检索史料,认为如不能将这些例证一一否定,则轻易否定汉代有科的结论“恐怕难以令人信服”;另一方面,似又部分接受质疑者的论说,认为科在东汉时期逐渐成为法律名词,因其具有定罪量刑的性质,故成为魏、蜀、吴三国的主要法律形式[15]149—160。张文虽带有驳论性质,但重心落在对科的阐明[16]83—84。

无论是主张汉科说,还是质疑汉科说,以及相关论辩,基本观点已如上所述。现在,需逐一点评双方的观点。赞成汉代有科的学者,无法证实科与律令的关系,尚难以说明科在汉代是独立法律载体之一种;而且对程树德所辑佚的汉科遗文,缺乏深入、细致的考察,因为带有“科”字标志的不一定是汉科②。为汉科辩护的学者,可能是受限于专业的缘故,对出土文献资料及其价值认识不足,即便是有新的材料也很少加以利用。质疑汉科学者的论说及其观点,如“科”是法律条文或事项条目的说法,也并非是完全不正确的;至少就某些所谓“汉科”而言,确实如其所指。然而,可能是受断代研究的困扰,他们的研究往往忽略《唐六典》及《魏书·刑罚志》对魏“甲子科”的记载,既然汉“科”或“科条”被视为律令条款或事条的称谓,则该如何解释魏“甲子科”又称“甲子科条”[2]212—213;[17]2872的记载呢?这是否意味着魏“甲子科”也是律令条款或事条呢?如不然,又该怎样解释“科”又称“科条”的事实?此外,同样是由于文献不足征之故,他们对魏科的许多论说,如魏科带有重刑特征,是曹魏临时法典等说法,或缺乏实际例证支持,或有夸大的嫌疑,亦有商榷或增补的必要。

诸说或多或少都存有缺憾,根本原因在于史料的有限。或许也因为彼此观点的对立,以至于难以发现对方论说的可取处,形成各执一词的胶着局面。秦汉简牍资料的不断增多,为认识汉科问题提供了便利。此时,我们不再就那些汉科遗文展开论说,而是选取史料比较丰富的“购赏科”为例,对汉科及其相关问题进行新的研究。

所谓购赏,类于通常所说的“悬赏”,是以物质财富(如爵、钱)为赏赐,依据功劳大小决定“购赏”多少,鼓励吏民与犯法行为作斗争,或是在战场上勇敢杀敌立功。“购赏”有时也写作“购偿”,这在简牍材料中比较常见。赏者,赏赐有功之人;偿者,亦有酬报的意思。两者读音有时相同,故“赏”与“偿”亦可通用。典籍及简牍多见“购赏”等记载,如汉初“高祖购求(季)布千金”、平定陈豨时所设“购赏”等[18]2729、2741。因史书记载的粗疏及旁证资料的有限,并不能断定此类“购赏”即是“购赏科”③。自西汉中后期以

① 沈家本在讨论“甲子科”时针对史籍记载说道:“是时汉祚未移,故不欲公言改律而别定科令,此操之诈也。”虽然其将之归结为曹操个人的奸诈,但“不欲公言改律”与“难以藩国改汉朝之制”实同。参见沈家本撰,邓经元、骈宇骞点校:《历代刑法考·律令》,中华书局1985年版,第885页。

② 例如,有司承大将军王凤意旨,弹劾其政敌冯野王“赐告养病而私自便”。杜钦为野王辩护:令文中规定“吏两千石告,过长安谒,不分别予赐”,故野王赐告与妻子归家就医并无过失。因为令文中有自便归家的规定,且并未分别赐告还是予告。故有司劾奏野王是破析令文原意,将令文区分为予告可自便、赐告则否两种情形,故有“一律两科”之说。这里所说的“科”是“科罚”,与法律载体似乎并无关联。又如,东汉陈忠曾言“高祖受命,萧何创制,大臣有宁告之科”。此处“宁告之科”,是与丧假有关的规定。“科”字固然可理解为“法律载体”,但未尝不能解释为科目、名目。参见《汉书》卷79《冯野王传》,中华书局1962年版,第3303—3304页;《后汉书》卷46《陈忠传》,中华书局1965年版,第1561页。

③ 例如,王温舒任职中尉时,手下多“豪恶吏”,“吏苛察淫恶少年,投缿购告言奸”。“购告言奸”是鼓励告奸,与有具体细则的“购赏科”似不同,似不能将之视为“购赏科”。又如,陈良叛乱攻杀戊己校尉并投降匈奴,王莽派遣使者携带金币贿赂单于,“购求陈良、终带等”。此处所见“购求”亦即悬赏,与“购赏科”似无干涉。见《汉书》卷90《酷吏传·王温舒传》、卷96《西域传下》,第3657、3827页。

来，特别是西汉末至东汉，“购赏”频见于典籍及简牍资料。依据相关史料及旁证来看，此类“购赏”应是“购赏科”省称，有着较为具体的内容与奖惩细则（详后）。如何证明“购赏科”本身性质为汉科呢？我们认为“购赏科”为汉科的直接例证有二：一是汉简“捕斩匈奴虏反羌购偿科别”册书的存在；二是额济纳汉简所见“购赏科条”等记载。如参照两汉典籍中那些关于“购赏”的记载，以及东汉末“购募爵赏科条”等文字[19]933，“购赏科”作为汉科之一种殆可确定。当然，即便是新材料会为认识问题提供便利，但受限于这些材料的时代性，借助不同时期的材料进行分析，也是不得已而为之的举措。只是在具体展开论说之前，先须辨明科与科条的含义，因为这是论证的前提基础。

二、科、科条含义辨析

《说文解字》：“科，程也。从禾斗。斗者，量也。”段注：“《广韵》曰：程也，条也，本也，品也。又，科，断也。按：实一义之引申耳。”[20]327从《说文》及段注来看，“科”是指事物的程序与品类，与法律、科罚等意似无关联①。后来恐是从程序、品类等意思，渐引申出法令、规章等法律含义。《后汉书》记载，“今可令通义理明习法律者，校定科比，一其法度，班下郡国，蠲除故条”。章怀太子注曰：“科为事条，比为类例。”[21]959顾名思义，科可能是对某些事情比较专门、具体的规定，大概多是以逐条叙说的形式出现。科为动词，意为科罚，见于《释名》：“科，课也，课其不如法者罪责之也。”[22]1080科是对某些事情较专门的规定，故一旦不遵守这些强制性的规定，受到相关惩处恐是在所难免，故“科”常与法律禁制相关。比如，马融就说：“今科条品制禁令，所以承天顺民者，备矣悉矣，不可加矣。”[19]171但即便承认“科”有法规、法律之意，也须知此种意义上的法律含义，乃是泛指具有规范性、约束性、强制性的文字规定，与具有刑罚教化功能的律令并不能等同视之。

那么，什么是“科条”呢？《说文》释“条”为树木的小枝条[20]249，其本义与法律无关；从上文段注所引《广韵》来看，“条”字可能是从枝条含义，逐渐引申出条目、品类的意思，以至于被用来训释“科”字。虽然“条”也会被注解为“事条”，例如，《后汉书·章帝纪》“吏人条书相告”等语，章怀太子注“条”为“事条”[21]148—149，但在我们看来此处的“条”毋宁说是动词，大概有分条列举的含义。“科”、“条”并称最早似见诸《战国策》，其中有“科条既备，民多伪态”等语，是说秦国法律较为完善，其中“科”字被学者释为“程”[23]81、83，应有品类、条目等法条意义，但似与“科”这种法律形式无关。实际上，“科条”屡屡见诸文献，意义也并非一成不变，很多时候都与法律无关。例如，《史记·太史公自序》中曾言：“著十二本纪，既科条之。”[18]3319此处所见“科条”，是说以十二本纪为中心，有条列叙述史事之意。又如，《汉书·丙吉传》载：“吉善其言，召东曹案边长吏，琐科条其人。”张晏注曰：“琐，录也。欲科条其人老少及所经历，知其本以文武进也。”[24]3146这里所见“科条”，仍取科分条列之意，与法律似无关联。

依次辨析“科”、“科条”的含义后，再来看彼此间究竟有何种联系，当然，此处所言的“科”、“科条”，系取其法律、法规之意，其他含义与本文无涉。我们认为当“科”或“科条”具有法律意义时，彼此是可以互称的。也就是说，“科”有时也可以称为“科条”，称“科条”者可能是“科”的指代，正如魏“甲子科”被称为“甲子科条”一般。之所以称“科条”，恐是源于此类文书的形制——以分条列举的形式出现。颜师古亦言：“凡言条者，一一而疏举之，若木条然也。”[24]3633换言之，称“科”者乃就其实质而言，称“科条”者则兼顾其形制。故此，“科条”可理解为“科”的丛集，亦可理解为“科”的泛称。正如史书中之“律条”、“令条”，其实际所指仍为“律”、“令”，称“条”者依然是取“条列”、“条陈”意。或以为

① 《中文大辞典》（翻印本），第10411页，出版年代、单位不详。按：辞书中记载“科”字含义有十多种，“科”字本义不一定为法律或法规是可以确定的。

此处太过于注重“科”的形制,但此类文书的形制长期被严重忽略,故我们认为实在是有必要关注。秦汉之时,以逐条列举的方式书写的文书范例,莫过于悬泉壁书“诏书月令四时五十条”。壁书结尾处有“诏书月令”等字样,可知其文书性质为诏书无疑。今仅引述“孟春月令十一条”如下:

·敬授民时,曰:扬谷,咸趋南亩。

·禁止伐木。·谓大小之木皆不得伐也,尽八月。草木零落,乃得伐其当伐者。

·毋擿剿。·谓剿空实皆不得擿也。空剿尽夏,实者四时常禁。

·毋杀□虫。·谓幼少之虫、不为人害者,尽九[月]。

·毋杀孡。·谓禽兽、六畜怀任有孡者也,尽十二月常禁。

·毋夭蜚鸟。·谓夭蜚鸟不得使长大也,尽十二月常禁。

·毋麑。·谓四足……及畜幼少未安者也,尽九月。

·毋卵。·谓蜚鸟及鸡□卵之属也,尽九月。

·毋聚大众。·谓聚民缮治也,尤急事若(?)追索□捕盗贼之属也,□下……

追捕盗贼,尽夏。其城郭宫室坏败尤甚者,得缮补□。

·毋筑城郭。·谓毋筑起城郭也……三月得筑,从四月尽七月不得筑城郭。

·瘗骼狸骴。·骼谓鸟兽之□也,其有肉者为骴,尽夏。

·右孟春月令十一条。[25]4—5

称“十一条”者,乃是指实际月令数目,且明显带有小结性质。分条书写的形制特征,使其不同于一般诏书,故又有“诏条”之称①。从“月令诏条”来看,两汉典籍习见的文书称谓语,如诏条、条教、条陈、条奏等,以及出土文献所见品条、条品等,之所以冠以“条”,或如学者所言“条”是文书名称,可以包含相当广泛的范围②,而更多的是与这些诏、教、奏、陈等文书的具体形制相关。这些文书或有“教”、“诏”、“品”之别,但从形制上来看可以说是无甚差异的:它们多是以条列或分条书写的形式出现,且每条所表达的意思也是相对独立的。条与条之间是分开书写,如悬泉“月令诏条”,还是接续书写,如汉代刺史“以六条(诏条)问事”,在目前的情况下,尚无法断言何者是标准形制。我们认为分条书写可能会是此类文书的原始形制,但每条内容的相对独立、完整似更为重要。“月令诏条”以独立书写的形制出现,恐怕正源自于内容的可独立性。同样道理,汉代“科”也称“科条”,恐怕也正是因此缘故。

三、“购赏科别”册书复原

认定汉代有科的学者,或据《晋书·刑法志》记载,认为“科是律的补充或细目”[26]169;或从“科”的作用入手,认为其“在于具体规范、约束某种对象行为,是对律令的具体诠释与补充”[10]279。两者表述不尽相同,但意思大致无别:“科”源于律令,是律令的细化或诠释。然而,因汉律早已散佚且又无材料可证明之,故不能令人信从。随之而来的是,当科与律令的关系无法被确定或确切证明时,又会成为否定汉科的学者质问的关键所在:因为质疑汉科者多将科视为律令条款的称谓,言外之意也就是说科并不是一种独立的法律载体。当务之急是考察科的法律渊源,探寻其与律令的关系问题,但系统考察此点就要先复原居延简的“购赏科

① 与之相类的,见汉匈“四条”。平帝时,为解决边地降人问题,汉政府颁行“四条”,“中国人亡入匈奴者,乌孙亡降匈奴者,西域诸国佩中国印绶降匈奴者,乌桓降匈奴者,皆不得受”。这里所谓的“四条”,是针对四种情形而言,各条均有具体所指,且以条列形式出现。虽然史书载为“造设四条”而非“诏条”,但从“奉天子诏条,[不]当予匈奴税”的记载来看,此“四条”应属于“诏条”无疑。参见《汉书》卷94《匈奴传下》,第3819—3820页。

② 李均明:《简牍文书“条”与“录”考述》(1992),载氏著《初学录》,(台北)兰台出版社1999年版,第128—134页。按:史料所见“条”,多为量词,指文书条目,亦可视为“文书”代称。正如汉匈“四条”一般,有具体指代内容,文书性质为“诏条”——“诏”的一种形式而已。

别”册书。

“购偿科别”残册及新增数简，均出土于破城子一房屋遗址内，也就是通常所说的“文书档案室”(F22)[27]3。学界通常认为此册书由15枚简组成[28]267—268，但在一篇居延简册书研究综述的文章中，却提及此册书共有19枚简(按：其中1枚正、反面书写，故视之为2枚简。实际为18枚)，并列出新增简的原有编号[29]。简的出土编号是E. P. F22:221—235，新增3枚简的编号是E. P. F22:691、692、825。高恒在原简册编连的基础上，新增补2枚简(即E. P. F22:691、692两简)，并依据其内容进行排序；遗憾的是缺失关键一简，册书复原工作并未完成，并影响了对其他问题的考察。例如，他将“购偿科别”册书等同于“旧制律令”，推定其制作年代是在西汉时期，“西州书”废除是在平定隗嚣之后等论断，都因缺失一枚关键简而出现偏差[30]402—404。依据大庭脩提出的汉简册书复原四原则，即“出土地同一”、“笔迹同一”、“材料同一”、“内容关联”[31]10—11，来审视“购偿科别”册书的复原，问题可迎刃而解：如对简册的编序稍加调整，则可实现册书部分复原。下面是调整编序后的册书全文：

月甲午朔己未，行河西大将军事凉州牧守张掖属国都尉融，使告部从事

[1]☑

城、武威、张掖、酒泉、敦煌大守，张掖、酒泉农都尉。武威大守言官大奴许岑 825A

祭酒□从事主事术令史霸 825B

[2]等三人捕羌虏斩首各二级，当免为庶人，有书。今以旧制律令，为捕斩匈奴虏反羌购赏各如牒。前诸郡以西州书免刘玄及王便等为民，皆不当行。书到以科列〈别〉①从事。官奴婢以西州 221

[3]书若郡农如玄、便等捕斩反羌免者，不应法令，皆收还玄、便等及其妻子其本官。已畀，言所畀官名、年籍，毋有所遗脱，会五月朔。从事督察如律令。 691

[4]·捕斩匈奴虏反羌购偿科别 222

[5]·其生捕得酋豪、王侯、君长、将率者一人☑吏②增秩二等，从奴与购如比 223

[6]其斩匈奴将率者，将百人以上一人购钱十万，吏增秩二等；不欲为③☑ 224

[7]有能生捕得匈奴闲候一人☑，吏增秩二等；民与购钱十人命者，除其罪 225

[8]能与众兵俱追、先登陷阵斩首一级，购钱五万，如比 226

[9]☑有能谒言吏，吏以其言捕得之，半与购赏 227

[10]☑追逐格斗有功，还畜参分，以其一还归本主 228

[11]☑……能持□奴与半功 229

[12]诸有功，校皆有信验，乃行购赏 230

[13]·右捕匈奴虏购科赏 231

[14]·有能生捕得反羌从徼外来为间候动静中国兵、欲寇盗、杀略人民，吏增秩二等；民与购钱五万，从奴它与购如比 233

[15]☑言吏，吏以其言捕得之，购钱五万；与众俱追、先登□☑ 234

[16]钱三万，吏增秩二等；不欲为官者，与购如比 232

[17]·诸有功，校皆有信验，乃行购赏 692

[18]·右捕反羌科赏[32]492、512、529;[33]217、231、235

除去[1]、[3]、[17]3简外，[2]至[18]15简是原册书简；如不将[2]简计人，则此册书堪称完全。正因为[2]简的存在，其原为下行文书之一部分方可确定。[1]、[3]2枚简按内容编入其

① 简装本《居延新简》作“别”字，精装本《居延新简》作“列”字。比较简[2]与[4]中的“别”字，会发现彼此间确实存在差异。不过，据上下文意来看，当为“别”字无疑，可能是“别”字误为“列”，也可能是墨迹残损所致。慎重起见，写作“列〈别〉”更稳妥些。

② 简装本、精装本《居延新简》均作“吏”字，应该是据上下文意、文例及残存笔迹补出。因此简恰在此处折断，故释作“吏”更合实际。

③ 断简处似可据[16]简增补“官者与购如比”等六字。

中,[2]简恰可与[1]、[3]简相衔接。这3枚简的形制相同:都是两行书写,简长大致相等,均有两道编痕。[1]简虽略有残断,但残缺字似可补全。依据残缺部分"月甲午朔己未"等记载,可推定缺字应为"建 武 七 年 三"等五字;又可据汉简"承书从事下当用者"[32]284、301、369的文例,补另行缺字为"下 当 用 者 金"等五字。之所以补金字,是据"城"字补出。如此,恰与金城、武威、张掖、酒泉、敦煌等河西五郡相吻合。[1]简各行均补五字后,其长短大致与[2]、[3]简相同,长约为23.5厘米,宽在2厘米以上①。如对比某些字迹的书写,如"玄"、"便"、"从事"等字,似亦可断定出自一人之手[33]510—511、558、566。[17]简的序次,实际可比照简[13]确定,内容也与律令中"必有以信之"[34]153等规定吻合。又,原册书中编号为232的简,整理者将之排在[14]简后。但从内容及语意上来看,前后无法衔接。故比照[9]简,将之移置[15]简后。这样,文意会更通顺些,衔接也更紧密些。

四、科与律令之关系

"购偿科别"册书中,有"今以旧制律令,为捕斩匈奴虏反羌购赏各如牒"语,清楚表明"购偿科别"是以律令为依据而制定的。那么,律令中是否有相关规定呢?如仅依据学者所辑佚的秦、汉律残文断句,显然是不可能的。正因为此,睡虎地秦律与张家山汉律的意义,也就自然而然地浮现出来。

《秦律十八种》中不见"购赏",《法律答问》中却不止一次地出现,先来看一下秦律中的"购赏"规定。此类规定数量不少,仅选择性地列举数条:

[19]甲告乙贼伤人,问乙贼杀人,非伤殴(也)。甲当购,购几可(何)?当购二两。

[20]捕亡完城旦,购几可(何)?当购二两。

[21]夫、妻、子五人共盗,皆当刑城旦,今中〈甲〉尽捕告之。问甲当购○几可(何)?人购二两。

[22]有秩吏捕阑亡者,以畀乙,令诣,约分购。问吏及乙可(何)殴(也)?当赀各二甲,勿购。

[23]或捕告人奴妾盗百一十钱。问主购之且公购?公购之之。

[24]"盗出朱(珠)玉邦关及买(卖)于客者,上朱(珠)玉内史,内史材鼠(予)购。"·可(何)以购之?其耐罪以上,购如捕它罪人;赀罪,不购。

[25]"有投书,勿发,见辄燔之;能捕者购吏臣妾二人,毄(系)投书者鞫审之。"所谓者,见书而投者不得,燔书,勿发;投者[得],书不燔,鞫审潚之之谓殴(也)。

[26]甲告乙盗牛,今乙贼伤人,非盗牛殴(也),问甲当论不当?不当论,亦不当购;或曰为告不审。[35]124—126、106、103

这些与"购赏"相关的《法律答问》,就其实质而言,大约包含以下四方面的内容。第一,告发奸恶或捕获罪人可受赏,告发并捕获之受重赏。这是"购赏"律文最核心的内容。[19]简体现的是告发罪人受赏,[20]简是捕获罪人受赏,[21]简是告发并捕获罪人受赏。正因为有这些区别的存在,不同行为受赏亦不尽相同:"当购二两"与"人购二两"之分,恰可窥见行为决定受赏多少这一原则。简文中还反映出以罪的轻重来决定购赏多少的迹象,例如[24]简耐罪以上购、赀罪不购,再如[25]简捕投书者"购吏妾二人"等语。第二,受赏多是以货币为主,特殊情况下"购吏妾二人",大概是将官奴婢给予立功之人。虽然购赏中"二两"等字眼动辄出现,然其所指究竟为何却是不清楚的。不过,如参以年代稍后的龙岗

① [1]简残长19.5厘米,宽2厘米,如添补五字的话,长度约为22厘米;[2]简长22.5厘米,宽为2厘米;[3]简长为22.2厘米,宽2.2厘米。这此数据系据图版测量,不一定精确,作一般参考似无大碍。另,[1]、[2]、[3]简均存两道编痕,似是先编绳后书写。问题在于,[3]简中的"令"字,恰在第二道编绳之上。无论是先编绳后书写,还是先书写后编绳,"令"字的笔迹都不应如此完好无损。为何如此,不得其解。

秦简，则秦律中"购赏"可确定为黄金。龙岗秦简所载亦为秦律，年代约在始皇末年或二世时期，因竹简残损严重而影响其价值。其中一残简有"罪，购金一两；相与☐"①等字样，则据此推定答问中"二两"应为"（黄）金二两"。第三，告发不实或有欺诈行为时，如何决定购赏的问题。[19]、[26]两简，均属于告发状况与实际情节不符，由此引发的是否应受购赏的问题。从简文来看，有的情况下是受购赏的，有的情况下则不应受赏，甚者认为告发者有"告不审"罪②。告发受赏的基本原则是：告发罪轻而实际罪重者，告发者仍可受赏；告发罪重而实际罪轻者，告发者不应受购赏，甚者是有罪。简[22]反映的是：购赏中一旦有弄虚作假的行为，当事人不仅不能得到购赏，反而要受到相关法律的制裁。之所以如此，恐是有秩吏本来就有捕系罪人的职责，将捕获的罪人转交给他人而从中渔利，官府自然不允许此类行为发生，故以法律制裁的形式以儆效尤。第四，是"公购"还是"私购"的问题。所谓公购，大概是说官府给予购赏；所谓私购，恐是说由当事人之一，如[23]简中的奴妾"主"等，给予捕告者应得的购赏。此条答问很值得注意，因为从"公购之"的语句来看，官府部门在维持社会秩序、保护个人财产等方面，有着不可推卸的责任。

与睡虎地秦简《法律答问》所见不同的是，汉律"购赏"内容较之丰富、细密。而且，《法律答问》可能会让人产生其是否具有法律效力的疑惑，《二年律令》所载是最接近汉代国家制定法原貌的律令条文。《二年律令》中的"购赏"律文，虽在"盗律"、"亡律"等有见，但比较集中的规定出现在"捕律"中，今亦择要列举数条以说明问题：

[27]诇告罪人，吏捕得之，半购诇者。

[28]能产捕群盗一人若斩二人，拜（拜）爵一级。其斩一人若爵过大夫及不当拜（拜）爵者，皆购之如律。所捕、斩虽后会□□论，行其购赏。斩群盗，必有以信之，乃行其赏。

[29]捕从诸侯来为间者一人，拜（拜）爵一级，有（又）购二万钱。不当拜（拜）爵者，级赐万钱，有（又）行其购。数人共捕罪人而当购赏，欲相移者，许之。[34]152、153

[27]简律文完整，意思也很清楚：如侦察并告发罪犯，官府由此捕获罪人，官府将给予一半的购赏。[28]、[29]两简，内容规定得比较具体，主要就捕斩群盗、诸侯国奸细过程中可能出现的问题，诸如不当拜爵而改赐钱财、诸人欲"相移"购赏，以及杀伤群盗、罪人如何受购赏等事，作出较为详细、周密的规定。"捕律"中与"购赏"相关的律文有六条，几乎占现存"捕律"篇幅之半，"购赏"在"捕律"中的地位及意义自是不容低估。

"捕律"之外与购赏相关的条文，亦选列数条：

[30]相与谋劫人、劫人，而能颇捕其与，若告吏，吏捕颇得之，除告者罪，有（又）购钱人五万。所捕告得者多，以人数购之，而勿责其劫人所得臧（赃）。所告毋得者，若不尽告其与，皆不得除罪。

[31]主入购县官，其主不欲取者，入奴婢，县官购之。

[32]取亡罪人为庸，不智（知）其亡，以舍亡人律论之。所舍取未去，若已去后，智（知）其请（情）而捕告，及調〈诇〉告吏捕得之，皆除其罪，勿购。

[33]不幸流，或能产拯一人，购金二

---

① 参见中国文物研究所、湖北省文物考古研究所编：《龙岗秦简》，中华书局2001年版，第120页。按：睡虎地秦简整理小组虽将"二两"注释为"黄金二两"，但为何如此却并未举出例证。故而，此处引龙岗秦简的材料，说明购赏中的"二两"是指黄金。又，《二年律令》中常见的"罚金"，实际上也是黄金的省称。《田律》"不从令者罚黄金四两"可为例证。如此，秦汉律中所见购金、罚金，我们认为均指代黄金。参见张家山二四七号汉墓竹简整理小组：《张家山汉墓竹简［二四七号墓］》，文物出版社2001年版，第165页。

② 《法律答问》："甲告乙盗牛，今乙盗羊，不盗牛。问可（何）论？为告不审。"如此"告不审"罪虽不像诬告那样严重，但仍可归入有罪。参见睡虎地秦墓竹简整理小组：《睡虎地秦墓竹简》，文物出版社1990年版，第104页。

两;拯死者,购一两。不智(知)何人,𥳑狸而讂之……拯亡船可用者,购金二两;不盈七丈以下,丈购五十钱;有识者,予而令自购之。[34]144、155—156、190—191

[30]简是鼓励劫人者告发不轨行为,若能立功者则予以赏赐并免除罪刑;若被告发者未被抓获,或是告发时有所隐瞒的话,一概不能免除其罪。与[30]简意思相近的是[32]简,意思是知情捕告或告吏捕得,皆可免除“取亡罪人为庸”罪,但不能得到购赏。[31]简残断,意思不甚清楚,恐与秦简“公购”相近。[33]简是拯救落水者及沉船的购赏规定。诸条律文的出处尽管不尽相同,但或多或少地与购赏相关,从中似可见“购赏”适用范围之广泛。

对照秦律、汉律中的购赏文字,两者间的承袭关系是很明显的。虽然在细枝末节方面,如购赏数目等,确实存在差异,但基本原则并无二异,如立功受赏、赏赐钱爵、效验核实等。而且,从购赏律文看,购赏的设置多与盗贼、捕亡等事相关,其用意是以赏罚为瓦解敌对势力之手段,鼓励吏民同不法行为作斗争。由上述衍生出不同的购赏律。律文中的规定已然如此,汉令中是否也有同类规定呢?典籍及简牍资料中确实有关于赏赐的令文,如《散见简牍合辑》“击匈奴、降者赏令”[36]19—20令文,又如《汉书》中封赏诸将帅的文字[24]2487,但与购赏直接相关的令文似未曾见。

科从品式、程类本意引申出法律之意,就其内容而言,大概是关于某事的规定,亦即注疏中所说的“事条”。结合“购赏科别”的实例可知,“购赏科”显然是具有独立的法律形式。如此一来,在律文具有长期稳定机制的前提下,很难相信“购赏科”所指会是律、令、比中的相关事项条目。实际上,当汉科中已经规定得很细密、清楚时,似无必要舍近求远而指向律、令、比的条款;加之汉律条款称引自有其方式[37]288—289,“购赏”律中习见的相关言语是“购如律”,似乎也没有令门以“科”来指代的必要。科与律令确实存在关联,但并非指代或称引的关系。比较“购赏科”与秦汉“购赏”律文,我们认为彼此间的联系是很清楚的:“购赏科”是以律令基本精神为原则,随着时代的变迁及事情的变化,作出具体的、细化的诠释性规定,以期适应不同情况、解决新问题。“购赏科”与律令的这种渊源关系,不仅有“购赏科别”中的“今以旧制律令”等语为证,典籍中记载的“旧令制度,各有科品”[21]228等语亦可为证。然而,由于“科”本身源自律令,其独立性自然是相对而言的。恐是因此缘故,“科”往往是伴随律令出现的,似有弥补律令规定不周的用意。例如,王莽天凤四年(17年),“复明六筦之令。每一筦下,为设科条防禁”[24]4150,就是比较明显的一例;再如,《晋书·刑法志》所载“《盗律》有还赃畀主,《金布律》有罚赎入责以呈黄金为价,科有平庸坐赃事,以为《偿赃律》”①,大致上亦如此。或言,律令中购赏文字并不在少数,为何还要制定“购赏科”呢?我们对此并未有考虑成熟的答案,但稍稍比较科与律令的“购赏”文字,或许可以得出一个大致可信的结论:汉律中“购赏”规定或许具体、全面,但与“购赏科”的文字相比,前者呈现出简略甚至是粗疏的一面,后者因规定得具体而便于执行。

如果说律、令具有相对稳定属性的话,“科”则呈现出灵活多变、适应性的特点。在坚持购赏律基本原则的情况下,同样是以“购赏科”的名目出现,可用于缉捕盗贼、捕获亡人、瓦解敌军,也可用于防范来自诸侯国的奸细,亦可对付匈奴等周边民族的侵扰。与之相应的是,“购赏科”具有特定的针对属性,即它的制定、颁行,系针对某些具体问题。所以,随着问题的不同与时间的变化,“购赏科”的内容也会随之发生变化。例如,捕斩严歆、君阑等渠率购钱十万(详下),捕斩刘崇反叛的渠率购钱卅万;再如,捕斩匈奴、羌

① 又如,“《囚律》有告劾、传覆,《厩律》有告反逮受,科有登闻道辞,故分为《告劾律》。《囚律》有系囚、鞫狱、断狱之法。《兴律》有上狱之事,科有考事报谳,宜别为篇,故分为《系讯》、《断狱律》。《盗律》有受所监受财枉法,《杂律》有假借不廉,《令乙》有呵人受钱,科有使者验赂,其事相类,故分为《请赇律》。《盗律》有劫辱强贼,《兴律》有擅兴徭役,《具律》有出卖呈,科有擅作修舍事,故分为《擅兴律》”。见《晋书》卷30《刑法志》,中华书局1974年版,第924—925页。

虏者官吏可“增秩二等”，捕斩刘崇反叛立功者可“增秩四等”[33]254，彼此间的差异显然是不能忽略的。王莽时所设“捕蝗科”，亦是说明问题的佳证。新莽地皇三年(22年)夏，“蝗从东方来，蜚蔽天，至长安，入未央室，缘殿阁。莽发吏民设购赏捕击”[24]4176。显然，此处所谓的捕蝗科，仅是上述“购赏科”的变形：购赏对象由人变为物，具体规定也会有所不同。不过有一点是可以确定的：为了鼓励吏民奋力捕蝗，应是以捕蝗多少为据，由此来决定赏赐额度。蝗虫体小，难以数量多少确定赏赐。可能的猜测是依据捕蝗的重量。参诸《平帝纪》捕蝗的记载，这种猜测是可以成立的。元始二年(2年)郡国大旱出现蝗灾，“遣使者捕蝗，民捕蝗诣吏，以石斗受钱”，颜师古注曰：“量蝗多少而受钱。”[24]354，那么，《王莽传》虽未说明其为“购赏科”，但依据捕蝗多少受购钱的步骤，推断其为“购赏科”之实例似亦可。如此，“购赏科”的孳殖问题，也就显现在我们的面前。“购赏科”的这种“孳殖”特质，或许也是其他汉科所共有的特质，这似乎是导致汉代“科条无限”[21]1554的根本原因。因“购赏科”主要是由朝廷颁行，且具有如律令般的法律效力，故中央官府应留存相关文书档案。虽然某些“购赏科”事过境迁而失去效力，日积月累终会有“科条无限”的结果。

此外，科与正罪定刑是否有关联，需加注意。一旦出现违反“购赏科”规定的情形，例如虚报捕斩人数、冒领“购赏”时，该如何处置诸如此类的犯罪行为呢？从前引诸多“购赏科”的实例来看，无一例外记载的是具体、细化的规定，其中并未见有处罚性的文字。那么，此时最有可能的猜测是：“购赏科”中并无定罪正刑的规定，相关刑罚性的规定是在律令中。对比上文“购赏”律与“购赏”科，我们认为这似是可以接受的论断。

作为旁证，还可以“品”为例，进行初步的考察。“品”的含义及现存实例，学者已对之有较细致的研究[10]282—287，这就为此处讨论提供莫大便利。文献中有“名田畜奴婢品”。因官僚贵戚所占田宅、奴婢“亡限”，故哀帝在诏书中令有司“议限列”，有司提出了如下解决方案：

> 诸王、列侯得名田国中，列侯在长安及公主名田县道，关内侯、吏民名田，皆无得过三十顷。诸侯王奴婢二百人，列侯、公主百人，关内侯、吏民三十人。年六十以上，十岁以下，不在数中。贾人皆不得名田、为吏。犯者以律论。诸名田畜奴婢过品，皆没入县官。[24]336

有司“条奏”系正面规定而无惩治条文，那么，对那些犯“限禁”的人该怎样论处呢？要解答此问题，先需纠正断句。中华书局本《汉书》将“犯者以律论”与上句连读，给人的印象是“犯者以律论”仅是针对商人。这样的断句恐不确，我们似应使之独立成句(引文系改正过的断句)。占田宅、奴婢无限的主要是官僚贵戚，普通吏民乃至商人虽亦有过限之举，但似不足以导致“与民争利，百姓失职，重困不足”[24]336局面的出现。如此，“名田畜奴婢品”不仅仅是针对商人而言，实际上也是针对上述群体而言。故而，一旦超过“名田畜奴婢品”的规定，均按律令规定论处是很显然的。如此，“品”中无罚责规定，罚责规定在律令中，是很自然的推论。

遗憾的是，在汉律中并找不见相关条款，故此例的说服力也大为降低。汉简中的材料正可弥补其不足。汉简诸“品”，如“奏请罪人得入钱赎品”、“烽火品约[32]308—309、469—470等，内容也是正面性的具体规定，并不见有刑罚性质的条文。那么，一旦出现“燔举不如品约”或“烽火留迟”[26]236—243时，不会因为“品约”中没有规定而不加惩处。这些处罚性质的规定该在何处呢？我们认为也如同“购赏科”一般，或者像“名田畜奴婢品”一样，带有刑罚性质的规定在律令中。正如汉简“燔举不如品约”劾状所言，当事人应“诣居延狱以律令从事”[26]238—240；[32]460—461。

之所以这样说，仍是参照《二年律令》的结果：

> [34]守燧乏之，及见寇失不燔燧，燔燧而

次燧弗私(和),皆罚金四两。①

律文主要针对失职的烽燧守卫戍卒,以及戍卒看到敌寇而不燔举烽火,或者是燔举烽火而临燧不应和的,均被处以“罚金四两”的行政处罚。与“烽火品约”对比起来,律文虽然是过于简略,但原则性的规定俱存。这样一来,“品”这种法律形式大致应同于汉科:“品”作为法律规范源于律令,也是诠释律令的细化性规定。恐怕也正是因此缘故,“科品”并称之记载屡见。例如,和帝时期,济南安王刘康“奢侈恣欲,游观无节”,国傅何敞有“舆马台隶,应为科品”等谏言[21]1431。又如,桓帝时,“中常侍苏康、管霸用事于内,遂固天下良田美业,山林湖泽,民庶穷困,州郡累气”,大司农“(刘)佑移书所在,依科品没入之”[21]2199。

综上,从“购赏科”、“名田畜奴婢品”及“烽火品约”等例可知,它们与定罪正刑无任何干系;定罪正刑的规定不在“科”或“品”中,而是存在于汉律的相关篇章之中。其他“科”、“品”是否如此,似未可断言。然而,仅据少数例证就将“科”与定罪正刑联系起来,在我们看来是缺乏说服力且有失稳妥的。

五、立法程序及效力

科虽为汉代法律载体之一种,其立法形态却是不清楚的[10]282。对“购赏科”而言,因为相关史料比较丰富,情况可能会发生根本改观。约言之,“购赏科”或由朝廷制定,或由郡县长官或军事将帅制定,或由“专制”一方者颁行。郡县长官或军事将帅本无权制定法律,但在特殊形势下权宜为之,恐怕是不容否定的事实。割据大动乱的年代,由“专制”一方者自行制定,如前引河西大将军窦融颁行的“购偿科别”,亦可视为第二种制定情形之变异,亦无须多言。这里着重考察的是由朝廷制定、颁行的“购赏科”。

宣帝时,渤海、胶东盗贼并起,山阳太守张敞主动请缨,宣帝任命其为胶东相。“敞到胶东,明设购赏,开群盗令相捕斩除罪。吏追捕有功,上名尚书调补县令者数十人。由是盗贼解散,传相捕斩。吏民歙然,国中遂平。”此处仅言“明设购赏”,并无“购赏”的具体内容。不过据前引汉代“购赏”律文,可知其内容不外乎授赏、升迁:对于群盗内部而言,或是受购赏诱惑而相互斯杀;对于追捕有功的吏卒,申报其功绩于朝廷而予以升迁。从引文来看,设置购赏可能是张敞个人之作为,但实际上其举措已事先奏请宣帝。在张敞任职胶东前,“自请治剧郡非赏罚无以劝善惩恶,吏追捕有功效者,愿得一切比三辅尤异。天子许之”[24]3219—3220。正因宣帝赋予其异乎寻常的职权,故张敞能够权宜行事、明设购赏。只是从张敞明设购赏的简略记载中,并无法理清“购赏科”的制定程序。

庆幸的是,居延汉简正可弥补史书记载的不足:

> [35]群辈贼杀吏卒,毋大爽,宜以时伏诛。愿设购赏,有能捕斩严歆、君阑等渠率一人,购钱十万,党与五万,吏捕斩强力者比三辅
>
> [36]☐司勑臣谨□如言可许臣请□☐严歆等渠率一人☐党与五万☐[38]602

[36]简残损较严重,但从内容来看,应与[35]简记载无异:可能是因为有群盗行为发生,故有关官吏奏请上级制定“购赏”,鼓励吏民勇敢同“群盗”作斗争。“购赏”的主要内容是:捕斩严歆、君阑等头目者,得赏钱十万;捕斩党与者,可得五万。吏卒如立功卓著者,大概可比照三辅获得酬赏或升迁。这里所说的“吏捕斩强力者比三辅”,大概与张敞奏请“愿得一切比三辅尤异”相类,似乎是说可不经孝廉察举而直上尚书补吏[39]98—99。从“愿设购赏”、“可许臣请”等可知,“购赏”并不是官吏可以随意制定的,而是依据法律规定逐级奏请的结果,“购赏”因此方有与律令同等的法律效力。这两枚简反映的或是西汉末年事[26]87,但同时期史料中未见奏请设法的规定,故不得不以汉初律令为据来认识问题。

《二年律令》中有这样的规定:

① 此条律文正与《晋书·刑法志》“《兴律》烽燧及科令”的记载吻合,无疑为“科与律令之关系”的论断提供又一有力证据。参见张家山汉墓竹简整理小组《张家山汉墓竹简[二四七号墓]》,第187页;《晋书》卷30《刑法志》,第925页。

[37]县道官有请而当为律令者，各请属所二千石官，二千石官上相国、御史，相国、御史案致，当请，请之，毋得径请。径请者，罚金四两。[34]163

律文的意思是说县道官奏请制定律令时，应当逐级奏请而严禁“径请”；其奏请必须经过丞相、御史的审阅，当他们认为应奏请时方才请示皇帝。对秩二千石的内史、郡国守相，或者是“九卿”来说，虽可免去“各请属所二千石官”的程序，仍需奏请相国、御史则是可信无疑的[34]207、209。[35]、[36]简所反映的究竟属于何种情形，是县道官还是二千石官奏请，从残存的记载中是无法断言的。

无独有偶，居延简及敦煌简中，既有丞相奏请的例证（详下），也有尚书奏请“购赏”的例证：

[38]尚书臣昧死以闻

制　曰可。购校尉钱人五万，校尉丞、司马千人、候人三万，校尉史、司马候丞人二万，书佐、令史人万①

此简记载的是尚书奏请“购赏”之事，系依据官职高低来确定购钱的多少。与[35]、[36]简不同的是，[38]简“制曰可”等字样表明皇帝同意奏请，具有法律效力。虽不清楚[38]简中尚书缘何奏请，但从受赏人员及官职来看，应与军事征战立功相关，性质与“明诏捕虏购赏”[32]505等相近。简文中之所以仅见低级军吏，可能是高级官吏另有规定的缘故②。

结合[35]、[36]及[38]简的记载可知：官吏奏请为律的规定并非具文，到西汉后期仍付诸实践且并无原则性变化，虽然奏请的具体程序会随着官制变化而有所不同。那么，从张敞事例及简文记载来看，大致可揭示出“购赏科”立法程序：先是由县道或朝廷官吏拟定细则奏请三公（丞相、御史大夫、太尉）或尚书，后经三公或尚书初审并确定有上奏的必要，才上报皇帝审批，皇帝同意后才能颁行新法。典籍记载中可与之相印证者，莫过于郭躬奏“谳法科”的例子，以及陈忠奏请“撰立科条”一事。当时郭躬为廷尉，“奏谳法科，多所生全”[21]1545。在“谳法科”生效前，奏请而后颁行的程序，显然是不能忽略的。当然，由国家颁行的“购赏科”，可能还存在其他制定形式：皇帝（或实际掌权者）以诏书形式直接颁行。《汉书·王莽传》所见“莽发吏民设购赏捕击”[24]4176，以及《后汉书·祭肜传》所见“诏书设购赏”[21]745等，大概就是以诏书形式颁行的“购赏科”。

如果说[35]、[36]及[38]简反映的是“购赏科”立法程序的话，那么，简牍、文献中是否也存在反映朝廷“购赏科”颁行程序的例证呢？答案是肯定的。先将资料陈列于下，然后逐一进行解说：

[39]☐书七月己酉下∨一事丞相所奏临淮海贼∨乐浪辽东

[40]☐得渠率一人购钱卌万诏书八月己亥下∨一事大[38]51

[41]书到，二千石各明白布告属官县吏民，有得亡传信者，予购如律[40]29

[42]·扁书胡虏讲〈购〉赏二亭扁一毋令边弊绝[41]73

[39]、[40]简可能是施行诏书目录简，反映的是某年诏书施行的简要记录。从“乐浪”等具有时

① 吴礽骧、李永良、马建华：《敦煌汉简释文》，甘肃人民出版社1991年版，第135页。按：新见悬泉汉简中亦有一简，与此简文字大体相同：“尚书丞昧死以闻：制曰：可。赐校尉钱人五万；校尉丞、司马、千人、候，人三万；校尉史、司马、候丞人二万；书佐、令史人万。”（87—89C：11）除“臣”与“丞”、“购”与“赐”的释文的不同以及断句略有差异外，其余悉同。从《敦煌汉简》图版来看，“臣”字清晰可辨，但“购”字模糊不清。悬泉简仅有释文而无图版，故一时间还难以断定是非。参见胡平生、张德芳：《敦煌悬泉汉简释粹》，上海古籍出版社2001年版，第1页；甘肃省文物考古研究所编：《敦煌汉简》，中华书局1991年版，第116页。

② 例如简文有“击匈奴、降者赏令”的规定：“☐者众八千人以上，封列侯，邑，二千石赐黄金五百”；“☐故君长以为君长，皆令长其众，赐众如燧长，其斩☐”；“☐☐贼二千石☐赐诸☐☐言及武功者，赐爵，共分采邑”；“二百户五百骑以上，赐爵少上造，黄金五十斤，食邑百户”。除第二条系对匈奴降者外，其余的大概都是针对立功的中、高级将领。参见李均明、何双全：《散见简牍合辑》，第19—20页，李均明、刘军：《汉代屯戍遗简法律志》，第130—131页。按：两者文字略有不同，今据后者录入。

代特征的地名来看,此简应是西汉武帝以后的产物。简文的意思是说:因临淮、乐浪等地出现海贼问题,故丞相上奏请求设置"购赏",皇帝批准并于八月以诏书行下。临淮、乐浪海贼虽与西部边塞地区无关,因为是由诏书颁行且具有法律效力,故居延地区也存有下行记录。[41]简的内容与失亡"传信"有关,是要求二千石官布告属官吏民,有拾到此失亡"传信"者,按照法律规定给予购赏奖励。虽然此处是按律而非按科行事,但将二千石明白布告吏民等语视为购赏颁行之一步,似无可厚非。[42]简是居延基层官吏布告,大意是将"胡虏讲〈购〉赏"以"扁书"形式张挂于"乡亭市里显见处"[41]230,并要时不时地检查以防止编绳断绝,从而便利于吏民知晓朝廷政令。结合这四枚简,可梳理出"购赏科"颁行的大致程序:先由朝廷颁行购赏诏书,接着由朝廷官员(如"失亡传信简"册书中的御史大夫)移书二千石官,再由二千石官明白布告属官县吏民,最后基层官吏以"扁书"等形式公之于众。实际上,额济纳汉简"购赏科条将转下之"等记载,其颁行程序恐应如诏书,亦即逐级传达至基层民众,"丞〈承〉书从事当用者,明白扁书亭隧显见处,令吏卒尽知之"[41]229。

以"购赏"为奖惩手段,不仅在平定叛乱时行之有效,且也是稳固边区的重要措施。对此,前引"购偿科别"已见其一斑,此处再举二三。和帝时期,鲁恭迁乐安相,当时东州多盗贼。"(鲁)恭到,重购赏,开恩信,其渠帅张汉等率支党降,恭上以汉补博昌尉,其余遂自相捕击,尽破平之,州郡以安。"[21]878很显然,鲁恭平灭盗贼的举措,不外乎重设"购赏",以"利"为诱饵而瓦解敌军。再如,光武名臣郭伋曾出任并州牧。当时北边既有卢芳势力,又有匈奴的不断侵扰,"(郭)伋知卢芳夙贼,难卒以力制,常严烽候,明购赏,以结寇心"[21]1093。又如,领西域副校尉职的李恂,鉴于北匈奴多次阻断东西交通,"(李)恂设购赏,遂斩虏帅,县首军门。自是道路夷清,威恩并行"[21]1684。这些例子,或荡平盗贼,或防御北边,具体情况或有不同,解决手段却是相同的,"购赏"效用之大可见一斑。

"购赏"之所以有如此效用,在于赏罚是行法的推动力量。萧公权说:"夫行法之有待于赏罚,而赏罚足以为法治之动力者,由于人性中有好恶之本能。"[42]216人之常情见利莫能勿就,并不仅限于编户齐民而已。"天下熙熙,皆为利来;天下攘攘,皆为利往",正道出"利"在人类社会中的巨大影响。那么,以"购赏"为手段,对于普通吏民而言,显然是有诱惑力的。一旦赏薄而无诱惑力,自是无法调动吏民的积极性。所以,洞悉赏罚重要性的法家说道:"赏薄则民不利,禁轻则邪人不畏。"[43]920重设"购赏",诱惑力也就越大,也就越容易达到目的。故"购赏科"及"购赏"律之规定,亦有设重赏以达到目的意图。当然,空设"购赏"而不兑现,也可能会带来相反后果。桓帝时,长沙、零陵出现群盗,朝廷遣将募兵讨伐。豫章艾县六百余人,"应募而不得赏直"[21]1285,故又激起新的叛乱。如此,欲通过"购赏"来达到目的,赏罚"必信"也是必不可少的。

六、兼论汉魏之际的科

变革因素往往孕育于自身,与其割裂地看待历史进程,倒不如以延续性的眼光视之。这样,也就不会一味地专注于结果,而是窥其源流并探寻变化之因子。以"购赏科"为例的汉科属性,是否会影响汉魏之际的"科"?换言之,汉魏之际的"科"之所以出现,与汉科自身特性是否存在关联?这恐怕是困扰研究者的根本问题。这样说的潜在话语是,研究者确实已经注意到此问题。质疑汉科的学者,认为汉代"科"的事条含义,汉魏之际时上升为"此种(事条汇编)汇编命名的法律形式"[44]84;为汉科辩护的学者,认为汉科具有定罪正刑的性质,这成为"科之所以成为制定魏律的底本"的原因所在[15]160。诚如前文所论,某些提法虽然很精辟,但因缺乏相关例证支持,能否成立尚需斟酌再三。所以,此处在前文讨论的汉科的基础上,对汉魏之际"科"的"质变"亦置喙一二。虽说东牌楼及走马楼的简牍资料,多少会为研究提供一些例证的支持,但不能不说史料仍太过于有限。

长沙东牌楼东汉简牍中有这样的记载:

[43]府记依科传输徒䛐□[45]114

签牌所载文字有限,内容却不能忽略。"府"当指长沙郡[45]72,"记"是文书名[46]13a—13b;[47]265—276,"传输"是行为,"䛐"似为传输者名。大意是说按照长沙郡的"记"文,"依科"运转输送粮食等物资,担任传输任务的是"䛐"等徒人。"依科"是什么意思呢?从字面上来看,是说按照"科"的规定传输,这点似无异议。"科"之所指与物资传输有关,或者说此"科"是规定物资传输的。这种事条性质的法律规定,究竟是由朝廷颁行,还是由地方官府制定,都无损于对以下事实的认定:带有事条性质的"科"在社会中发挥作用。

诸如此类的事条性质的法律规定,直到三国时期还依然存在。胡综谏言孙权"宜定科文"之事,就是典型事例:

初以内外多事,特立科,长吏遭丧,皆不得去,而数有犯者。权患之,使朝臣下议。综议以为宜定科文,示以大辟,行之一人,其后必绝。遂用综言,由是奔丧乃断。[48]1418

"特立科"的具体内容,应与离官奔丧事有关。此"科"与汉科似无二异,仍是属于事条性质的法规。三国初立、局势未定时,孙权集团权宜定法,禁止长吏离官奔丧,但仍有违禁犯规之人。故胡综提出"宜定科文"的举措,主张严刑峻法惩治违禁者,以儆效尤,彻底根绝违禁现象。其先是否带有刑罚规定不可知,新定科文中带有刑罚性质,应是不容否认的事实。

上文提及"购赏科"与定罪正刑并无任何干系。那么,胡综的事例是否可推导出这样的结论:科带有刑罚或惩戒性质,是三国时期的特殊现象?从目前的资料来看,似乎还不能得出此结论。从某种情况而言,东汉陈忠上疏"撰立科条"事时,科文中就带有强烈的惩罚性质。安帝时,"百姓流亡,盗贼并起,郡县更相饰匿,莫肯纠发"。有鉴于此,陈忠上疏朝廷:

覆车之轨,其迹不远。盖失之末流,求之本源。宜纠增旧科,以防来事。自今强盗为上官若它郡县所纠觉,一发,部吏皆正法,尉贬秩一等,令长三月奉赎罪;二发,尉免官,令长贬秩一等;三发以上,令长免官。便可撰立科条,处为诏文,切敕刺史,严加纠罚。冀以猛济宽,惊惧奸慝。[21]1558—1559

这段引文是理解汉科形制(即逐条分列陈述)的佳证,也是理解汉科颁行程序的典型事例(虽然不清楚陈忠的谏议是否被采纳),更是理解汉科具有刑罚性质的切入点。从这段记载看,并不能确定"纠增旧科"中的"科",是作为事条性质的法律规定出现,还是作为律令泛称的指代出现。大概是说旧法(或许具体指代"科",或许是法律泛称)中虽有禁隐匿的规定,但为防止隐匿盗贼情形的再出现,应该增补相关规定并使之具体化(如引文中所说的那三条细则)。从"撰立科条"及其内容来看,我们认为,此"科条"当为"科"一种无疑。与"购赏科"及汉简"烽火品约"不同,此"科"带有明显的行政惩罚性质。也就是说,"科"既可作为纯粹性的事条规定出现,如前引"购赏科"之例;也可作为刑罚性的事条规定出现,如陈忠、胡综谏言之科。

那么,为什么会出现此种现象呢?对此问题之解答,既要考虑到法律自身的情形,也需要充分结合时局变化。由于汉律的繁芜驳杂及行用不便等问题,使得律令修订及颁行新法的问题凸显出来,故从西汉中后期以降修律之说屡见不鲜[10]272—278。事实是直到东汉灭亡也未正式付诸行动。如此,少变的汉律令能否适应需求,解决当下社会中的实际问题,是不能不令人心生疑虑的。科作为法律及其特性,正可弥补律令之不足。从上举刑罚性诸科来看,大多是东汉中后期的事例。自东汉中后期以降,特别是黄巾起义以来,朝廷政事日荒、政令不畅,地方官府的权限也渐膨胀。"州郡记,如霹雳;得诏书,但挂壁"[49]2268的俗语,无疑是对时局衰变的生动反映。那么,州郡地方官虽无权制定律、令等国家大法,却可凭借统治、掌控一方的事实,制定出带有地方色彩的法律规定。从某种程度而言,朝廷可能承认甚至是默许此类行为,质帝本初元年(146年)诏书中语可为例证:

昔尧命四子,以钦天道,《鸿范》九畴,休咎有象。夫瑞以和降,异因逆感,禁微应大,前圣所重。顷者,州郡轻慢宪防,竞逞残暴,造设科条,陷入无罪。或以喜怒驱逐长吏,恩阿所私,罚枉仇隙,至令守阙诉讼,前后不绝。送故迎新,人离其害,怒气伤和,以致灾眚。《书》云:“明德慎罚。”方春东作,育微敬始。其敕有司,罪非殊死,且勿案验,以崇在宽。[21]280

此处“科条”是否为汉科并不清楚,或是地方官颁行“条教”之一种,但从州郡官藐视宪令法律、为政残暴来看,此类性质的“科条”应具有法律意义,很可能带有刑罚性质或刑罚规定,否则“陷入无罪”等语便无从谈起。地方官造设科条、驱逐长吏等事,看来并不是偶尔发生之事:“竞逞残暴”、“前后不绝”等语,正可见此类现象普遍性之一斑。如此,现实中的实际需要及地方官权力的膨胀,也就成为理解汉魏之际制定“科”的背景。

汉末专制一方的割据者,虽“难以藩国改汉朝之制”[50]922,但出于现实统治及征战需要,因时因事制定权宜性的规定,恐怕是不得不接受的事实。然而,这些权宜性规定是否具有效力,固然取决于制定者的政治地位,实际也取决于律令立法的“潜规则”:只有朝廷才有权制定律令,只有皇帝才有权颁行律令。因为律令修订非“藩国”所宜为,或许也不是当时政治形势所许可的。那么,除了“科”这种法律形式外,似没有其他法律载体适合了:一则“科”的制定是以律令为根本,如此可不悖“汉朝之制”;二则“科”的制定系针对特定需要,如此可解决现实问题之所需;三则“科”虽以律令诠释为主要内容,但又有弥补律令规定不周的用意;四则“科”之制定多经由“朝廷”,如此可确保其法律效力,由地方官或“专制”一方者制定,也是现实中客观存在的事实。那么,孙吴及蜀汉所制定之科即便有悖“名分”,却是延续此前专制一方者定科之制。

至于曹魏集团,情况就不同了。“挟天子以令诸侯”之绝对优势,显然会为科的制定提供莫大便利。魏科制定虽未必尽合诸原则,大体上似不应游离其外。汉魏之际的“科”,一方面延续汉科的基本特征,作为事条性的法规出现,可能属于单行法性质的法律;另一方面,又带有汉科所不具备的特征,以国家法规编纂或汇编物出现,成为“此种(按:指事条)汇编命名的法律形式”(张建国语)。第一点是论述汉科或魏科者所未提及的,第二点虽是延续质疑者提法的精华,但并非以他们所举的事例立论,均有必要申说。

对于第一点,前引胡综谏言之科可为例证,魏“甲子科”、“新科”亦是典型。不论是“甲子科”,还是魏“新科”,彼此可能都有着较具体的内容。史书对“甲子科”的记载是,“于是乃定甲子科,犯钛左右趾者易以木械,是时乏铁,故易以为木焉”[50]922。因缺铁而易以木械,“甲子科”内容如此而已。至于“又嫌汉律太重,故令依律论者听得科半,使从半减也”等记载,或许如质疑者所说亦为“甲子科”内容。但并不能排除其他解释的存在:此处“科”字具有科罚的意义,是说犯罪均依律令量刑减半。又,魏“新科”具体内容不详①,但如从“新”字着眼的话,或可知其先载于汉法中,只是此时重新制定而已。当时书写材料可能仍是简牍而非纸张,则诸“科”篇幅想必不会太大,内容也未必全面。仅仅依凭“甲子科”或“新科”,就说魏科为法规汇编或临时法典,似缺乏有力的证据支持。我们认为,可证明汉魏之际的科具有“法规汇编”或“法规编纂”性质的,《晋书·礼志中》的一条记载恐怕更具有说服力:

汉魏故事无五等诸侯之制,公卿朝士服丧,亲疏各如其亲。新礼王公五等诸侯成国置卿者,及朝廷公孤之爵,皆傍亲绝朞,而傍亲为之服斩衰,卿校位从大夫者皆绝缌。

精研礼学的西晋名臣挚虞,针对上言汉魏及晋“新礼”、“服制”时说道:

昔魏汉武帝建安中已曾表上,汉朝依古

① 参见《三国志》卷12《魏书·何夔传》,第380页。“是时太祖始制新科下州郡,又收租税绵绢。(何)夔以郡初立,近以师旅之后,不可卒绳以法,乃上言曰:‘自丧乱以来,民人失所,今虽小安,然服教日浅。所下新科,皆以明罚敕法,齐一大化也。所领六县,疆域初定,加以饥馑,若一切齐以科禁,恐或有不从教者。有不从教者不得不诛,则非观民设教随时之意也。先王辨九服之赋以殊远近,制三典之刑以平治乱,愚以为此郡宜依远域新邦之典,其民间小事,使长吏临时随宜,上不背正法,下以顺百姓之心。比及三年,民安其业,然后齐之以法,则无所不至矣。’太祖从其言。”

为制，事与古异，皆不施行，施行者著在《魏科》。大晋采以著令，宜定新礼皆如旧。[50]631

通过挚虞的话语，大致可知：《魏科》中含有"服制"等内容，且是当时（从汉末至曹魏）行用的"礼"；后来《魏科》中的这部分内容，又被采录于晋《丧葬令》。《魏科》中既然载有"礼"中的"服制"，则不一定与刑罚相关似乎可断言，参照晋、唐《丧葬令》令文更可确定此点[51]179—192;[52]741—776。"大晋采以著令"，似可解释《魏科》"消失"的原因：部分内容被魏新律所吸收，部分内容被采择于晋泰始律令中。"施行者著在《魏科》"一语，尤其需要引起注意：此《魏科》与泛称魏科不同，很可能是专用名称称谓。如联系到《三国志》中《蜀科》的记载①，以及《吴志》中关于吴"科条"的说法②，据此推定《魏科》、《蜀科》有法规"集合体"的性质，恐怕要较质疑者的论说更具说服力、可信性。

对《蜀科》、《魏科》法律"集合体"的性质，我们认为在此还有专门说明的必要。张建国曾提到，"将这些新规定（按：指曹操集团所制定的法规）汇集在一起正是事条汇编，科即由原含义升华为给此种汇编命名的法律形式"[44]84。对此，我们持认可态度。只是与原文中泛泛所称的"魏科"不同，我们以为事条汇编的法律是《魏科》、《蜀科》，而非魏"甲子科"或"新科"。诸葛亮、法正等五人"共造蜀科"的记载，恐非是说五人共同制定了关于某方面的"科条"（比如"购赏"科条等），而是说制定了称为《蜀科》这种形式的法律"集合体"，此"集合体"可能由不同方面"科条"组成。此时，如再来审视"施行者著在《魏科》"一语，其似乎也具备近于《蜀科》的意义：与"服制"相关且正在行用的事条性法规，被收录于称作《魏科》的这种集合性编纂物中。如此，汉魏之际的"科"，不仅具有最初的事条含义，且逐渐发生根本性的改变，最终成为事条"集合体"的代称。这种新的国家法律编纂物，似与秦汉时代的单行法不同：它集各种事条性规定于一身，兼有刑罚与非刑罚性的规定，恐已突破秦汉的单行法形制，成为国家编纂的法规"集合体"，从而向"法典"编纂又迈进一步。《魏科》资料有限而不能申说，但《蜀科》的制定正可说明问题。从某种情况而言，汉魏、三国之际，这种作为事条"集合体"称谓的"科"，似已成为当时重要的法律形式：据走马楼吴简整理者言，汉代通常所见的"如律令"一语，在吴简中则是"如科令"③。如此《三国志》中的"常置科于左右"、"尽力奉宣科法"等语[48]276、486，显然不是对法律的泛泛称谓而是有所特指的。汉律令也并未因此而完全被抛弃：不论是魏《新律》，还是晋《泰始律》，新律修订是以汉律令为重要参照，汉律令依然是魏、晋修律的依据之一。细读《晋书·刑法志》的记载，此点毋庸置疑。当然，《魏科》同样也是新律修订的依据，"删约旧科"之语正可见其历史地位。

七、结语

本文主要围绕汉"科"这种法律形式展开，以历史延续发展的眼光审视"科"这种法律载体，而非将汉科、魏科视为截然对立、无关的事物。虽然本文通篇是以汉科考论为中心，但实际上也包含有这样的用意：借此考察"科"在汉魏时代的作用及变革。之所以如此，是源于"延续中的变革"的历史认识，也是源于变革孕育于自身的发展观念。故而，选取"购赏科"为研究个

① 关于《蜀科》的记载，唯见《伊籍传》："后迁昭文将军，与诸葛亮、法正、刘巴、李严共造《蜀科》；《蜀科》之制，由此五人焉。"参见《三国志》卷38《蜀书·伊籍传》，第971页。按：法正卒于建安二十五年（220年），故可推知《蜀科》制定时间，约是在刘备称帝之前。

② "于是令有司尽写科条，使郎中褚逢赍以就（陆）逊及诸葛瑾，意所不安，令损益之。"参见《三国志》卷47《吴书·吴主传》，第1133页。按：时在黄武五年（226年）。

③ 在中国文物研究所的一次内部小型会议中（2006年11月），整理者披露即将出版的走马楼吴简有此内容。具体资料虽尚未正式公布，但此信息对本文至关重要。"科"在三国时代的作用及意义，由此一字之变而得以体现，半个多世纪的争论似可告一段落。

案,主要考察了以下四个问题。

一是以汉简所见“购赏科”为实例,理清“购赏科”的内容及原则。同时结合秦、汉简牍所见律令资料,考察律令中“购赏”条款的基本内容。在具体梳理相关史料的基础上,审视“购赏”律文与“购赏科”的关系问题。经过对比研究,我们认为“购赏科”源自于律令,有着相对独立的形式和内容。它不仅是对律令规定的诠释、细化,也有弥补律令规定不周的意图。

二是科作为汉代法律载体之一种,从立法形态的常态来看,大致是经由官吏奏请、皇帝批准的程序,再由各级官府逐层下达而布告基层,最终为吏民所知而发挥其奖惩效用。在特殊时期,由“专制”一方者制定、颁行,也是事实。科不一定与定罪正刑相关,刑罚规定可见诸律令之中。自东汉中后期以降,科作为事条性法律规定,也逐渐具有惩戒的性质。

三是科作为法律载体之一种,其特质在于灵活性、针对性和孳殖性。它会随着时间、事态不同而变化,以期达到圆满解决问题的目的,虽然其精神仍契合律令的原则规定。正因为此,“购赏科”似乎并不具有长久效力,不同“购赏科”的针对对象似乎也是唯一的。作为朝廷颁行的法律虽失去效力,但日积月累也会有“科条无限”的结果。

四是通过对以上问题的研究,不仅为认识汉科提供有益的参照例证,也为认识汉魏之际科的变革及历史作用提供便利。东汉末年,面临“难以藩国改汉朝之制”的现实,通过律令修订来达到法律变革恐难以实现。但为解决现实所需,法律制定又必不可缺,则究竟选择何种方式,不能不说是一种考验。此时此刻,“科”这种法律载体之所以能脱颖而出,不能不说与其自身的属性及特质相关。在秉持汉律令原则规定的前提下,制定出当时迫切需要的法规“科”,既不悖“汉朝之制”,又可解决现实问题,显然会较其他法律载体更具可行性。从如律令向如科令的转化,正揭示出东汉末年法律之变革。与汉代“科”的意义不尽相同,三国的“科”除具有“事条”含义外,逐渐成为法规汇编或编纂的代称,故《魏科》(而非泛泛所说的“魏科”)、《蜀科》的出现无疑具有标志意义。《魏科》的内容早已无从知晓,但从残存的历史记载中,特别是《晋书·礼志》的记载,仍可觉察其蛛丝马迹:其所含内容不一定都与刑罚相关,部分内容属正面规定,甚者是含有“礼制”的内容。《魏科》后来之所以湮没无闻,固然是因为部分内容被吸收入律,但也因为部分内容被采录于令中。虽如此,以《魏科》、《蜀科》为代表的新法律“集合体”,在汉魏之际发生的历史性转变,及在魏、晋新律制定过程中的铺垫、过渡意义,无疑是值得研究者重视和发掘的。

【参考文献】

[1]沈家本. 历代刑法考[M]. 邓经元,骈宇骞,点校. 北京:中华书局,1985.

[2]程树德. 九朝律考[M]. 北京:中华书局,2003.

[3]陈顾远. 中国法制史[M]. 上海:商务印书馆,1935.

[4]戴炎辉. 中国法制史[M]. 台北:三民书局,1981.

[5]陈顾远. 汉之决事比及其源流[M]//范忠信,等. 中国文化与中国法系:陈顾远法律史论集. 北京:中国政法大学出版社,2005.

[6][日]中田薰. 汉律令[M]. 蔡玫,译//中国政法大学法律古籍整理研究所. 中国古代法律文献研究:第3辑. 北京:中国政法大学出版社,2007.

[7][荷兰]A. F. P. Hulsewé. Remnants Of Han Law:Introductory Studies and an Annotated Translation of Charpters 22 and 23 of the History of the Former Han Dynasty[M]. Leiden:E. J. Brill,1955.

[8][荷兰]A. F. P. Hulsewé. Ch'in and Han Law[M]//Denis Twitchett and Michael Loewe. The Cambridge History of China, Vol. 1, The Ch'in and Han Empires, 221B. C. – A. D. 220. Cambridge:Cambridge University Press,1986.

[9]徐世虹. 汉代法律载体考述[M]//杨一凡. 中国法制史考证甲编(第3卷历代刑制考):两汉魏晋南北朝法制考. 北京:中国社会科学出版社,2003.

[10]徐世虹. 战国秦汉[M]//中国法制通史:第2卷. 北京:法律出版社,1999.

[11]Yongping Liu. Origin of Chinese Law:Penal and Ad-

ministrative Law in its Early Development[M]. Hong Kong:Oxford University Press,1998.

[12]Geoffrey MacCormack. The Transmission of Penal Law (lü) from the Han to the T'ang:A Contribution to the Study of the Early History of Codification of in China [J]. Revue Internationale des droits de I' antiquité, Tome LI 2004.

[13]丛希斌."汉科"质疑[J].天津师大学报,1987(4).

[14]马作武,蒋鸿雁.汉"科"为法律形式说质疑[J].法学评论,1990(4).

[15]刘笃才.汉科考略[J].法学研究,2003(4).

[16]张积.令甲、挈令、科辨义[M]//中国政法大学法律古籍整理研究所.中国古代法律文献研究:第二辑.北京:中国政法大学出版社,2004.

[17]魏收.魏书[M].北京:中华书局,1974.

[18]司马迁.史记[M].北京:中华书局,1982.

[19]严可均.全后汉文[M].北京:商务印书馆,1999.

[20]段玉裁.说文解字注[M].上海:上海古籍出版社,1988.

[21]范晔.后汉书[M].北京:中华书局,1965.

[22]王先谦.释名疏证补[M]//郝懿行,王念孙,钱绎,王先谦.《尔雅》《广雅》《方言》《释名》清疏四种合刊.上海:上海古籍出版社,1989.

[23]刘向.战国策[M].上海:上海古籍出版社,1998.

[24]班固.汉书[M].北京:中华书局,1962.

[25]中国文物研究所,甘肃省文物考古研究所.敦煌悬泉月令诏条[M].北京:中华书局,2001.

[26]李均明,刘军.汉代屯戍遗简法律志[M].北京:科学出版社,1994.

[27]甘肃居延考古队.居延汉代遗址的发掘和新出土的简册文物[J].文物,1978(1).

[28]李均明.居延新简编年——居延编[M].台北:新文丰出版公司,2004.

[29]初世宾,李永平.学术界对居延新简部分简册研究的现状[EB/OL].简帛网:http://www.bsm.org.cn/show_article.php? id=169,2006-01-06.

[30]高恒.汉简牍中所见令文辑考[M]//中国社会科学院简帛研究中心.简帛研究:第三辑.南宁:广西教育出版社,1998.

[31][日]大庭脩.汉简研究[M].徐世虹,译.桂林:广西师范大学出版社,2001.

[32]甘肃省文物考古研究所,中国社会科学院历史研究所,等.居延新简:甲渠候官与第四燧[M].北京:文物出版社,1990.

[33]甘肃省文物考古研究所,中国社会科学院历史研究所,等.居延新简:甲渠候官[M].北京:文物出版社,1994.

[34]张家山二四七号汉墓竹简整理小组.张家山汉墓竹简[二四七号墓][M].北京:文物出版社,2001.

[35]睡虎地秦墓竹简整理小组.睡虎地秦墓竹简[M].北京:文物出版社,1990.

[36]李均明,何双全.散见简牍合辑[M].北京:文物出版社,1990.

[37]徐世虹.说"正律"与"旁章"[M]//孙家洲,刘后滨.汉唐盛世的历史解读——汉唐盛世学术研讨会论文集.北京:中国人民大学出版社,2009.

[38]谢桂华,李均明,朱国炤.居延汉简释文合校[M].北京:文物出版社,1987.

[39]严耕望.中国地方行政制度史甲部——秦汉地方行政制度[M].台北:"中央研究院"历史语言研究所,1997.

[40]胡平生,张德芳.敦煌悬泉汉简释粹[M].上海:上海古籍出版社,2001.

[41]魏坚.额济纳汉简[M].桂林:广西师范大学出版社,2005.

[42]萧公权.中国政治思想史[M].台北:联经出版事业公司,1982.

[43]黎翔凤.管子校注[M].梁运华,整理.北京:中华书局,2004.

[44]张建国."科"的变迁及其历史作用[M]//帝制时代的中国法.北京:法律出版社,1999.

[45]长沙市文物考古研究所,中国文物研究所.长沙东牌楼东汉简牍[M].北京:文物出版社,2006.

[46]陈槃.汉晋遗简识小七种[M].台北:"中央研究院"历史语言研究所,1975.

[47]李均明,刘军.简牍文书学[M].南宁:广西教育出版社,1999.

[48]陈寿.三国志[M].北京:中华书局,1982.

[49]李昉,等.太平御览[M].北京:中华书局,1960.

[50]房玄龄,等.晋书[M].北京:中华书局,1974.

[51]张鹏一,著.徐清廉,校补.晋令辑存[M].西安:三秦出版社,1989.

[52][日]仁井田陞.唐令拾遗[M].栗劲,等编译.长春:长春出版社,1989.

第31卷第4期
2011年7月

秦汉令史考

刘晓满*

【摘　要】 秦汉时期令史的设置有一个发展演变的过程,从秦到西汉,令史普遍设置于县级政府,其他一些政府机关有时也有设置,但未制度化;进入东汉以后,令史主要为中央公卿的属吏,县级政府中已比较少见,仅在边塞军事系统的候官仍有令史设置。令史在秦汉各级政府中的数量较多,地位较高,有固定的任用升迁途径,有一定的政治经济待遇,是重要的属吏。令史最基本的职能是"掌案文簿",并广泛参与各种具体政务的处理,类似于今日各级政府、各部门的秘书,主要负责文书的起草、收发、传递和保管,主管和审核各种籍账,参与调查案情、追捕犯人等司法审判工作,举劾违法失职官吏,监督行政工作,保障行政管理的质量和效率。

【关键词】 秦汉;令史;属吏;地位;职能

令史在秦汉吏制体系中占有重要地位,县级政府和中央公卿都有设置,且数量较多,广泛参与各种政务的处理。但以往的研究成果①多偏重于秦县令史,对秦汉令史没有专文研究。本文试图根据出土简牍资料,结合传统文献记载,全面探讨秦汉令史的设置、数量和地位、任用和升迁、爵位和俸禄、职能等。

一、秦汉令史的设置

秦和西汉时期,令史多为县级政府的属吏。《睡虎地秦墓竹简》有许多关于县级政府令史的记载,如《编年纪》:"(秦王政)三年,卷军。八月,喜揄史……六年,四月,为安陆令史。七年,正月甲寅,鄢令史。"[1]6《里耶秦简》J1(9)984:"廿八年八月戊辰朔丁丑,酉阳守丞□敢告迁陵丞:主亭里士五(伍)顺小妾□余有律事□□□□迁□,令史可听书从事,□□□。"又《史记·项羽本纪》云:"陈婴者,故东阳令史。"[2]298《汉书·夏侯婴传》亦云:"婴时以县令史为高祖使。"[3]2076《汉书·戾太子刘据传》:"山阳男子张富昌为卒,足蹋开户,新安令史李寿趋抱解太子,主人公遂格斗死,皇孙二人皆并遇害。"[3]2746—2747以上安陆、鄢、迁陵、东阳、新

* 刘晓满(1984—　),女,河南省南阳市人,中国社会科学院研究生院历史学博士,首都师范大学历史学院讲师,主要从事简帛文献与秦汉史研究。

① 专论秦代令史的文章有:刘向明:《从出土秦律看县"令史"一职》(《齐鲁学刊》2004年第3期)和《从睡虎地秦简看县令史与文书档案管理》(《中国历史文物》2009年第3期)。论及秦代令史的文章主要有:高恒:《秦简牍中的职官及其有关问题》(《秦汉简牍中法制文书辑考》,中国社会科学出版社2008年版,第17页);栗劲:《〈睡虎地秦墓竹简〉译注斠补》(《吉林大学社会科学学报》1984年第5期);刘海年:《秦代法吏体系考略》(《战国秦代法制管窥》,法律出版社2006年版,第158页)。研究汉简论及汉代令史的文章主要有:森鹿三著,姜镇庆译:《关于令史弘的文书》(《简牍研究译丛》,中国社会科学出版社1983年版,第22页);陈梦家:《汉简所见太守、都尉二府属吏》、《汉简所见居延边塞和防御组织》(《汉简缀述》,中华书局1980年版,第112、98页);劳干:《从汉简中的啬夫令史候史和士吏论汉代郡县吏的职务和地位》、《从汉简所见之边郡制度》(《中研院历史语言研究所论文类编·历史编·秦汉卷》,中华书局2009年版,第1963、145页)。

安皆为县名。又据尹湾汉简，西汉后期，东海郡所辖的县邑侯国都设有令史。在边塞体系中，相当于县级政府的候官也设有令史，居延汉简中有大量记载，如："甲渠候官斗食令史孙良"（E. P. F 22：59）①；"卅井候官令史"（《甲乙编》3·8）②"橐他令史"（183·15A）③。结合简牍资料和传统文献的记载看，秦和西汉时期，县级政府普遍设有令史。

西汉时期，县级政府以外的其他一些政府机构也设有令史，但不太普遍，未形成专门的制度。如《史记·酷吏列传》："赵禹者，斄人。以佐史补中都官，用廉为令史，事太尉亚夫。"[2]3136此处的令史应为太尉之属吏。《汉书·宣帝纪》："秋七月，大司马霍禹谋反。诏曰：'乃者，东织室令史张赦使魏郡豪李竟报冠阳侯霍云谋为大逆，朕以大将军故，抑而不扬，冀其自新。'"[3]251应劭注"东织室令史"曰："旧时有东西织室，织作文绣郊庙之服。令史，其主者吏。"颜师古注曰："赦既为织室令史，身在京师。"[3]252《汉书·王莽传》："王兴者，故城门令史。"[4]4101可见亦设令史掌管城门。此外，据陈梦家的考证，在边郡都尉属官千人和司马下有"千人令史"和"司马令史"[4]43—44。

东汉时期，中央公卿的属吏中普遍设有令史，县级政府却很少有令史之设。据《后汉书·百官志》记载，太尉、司徒、司空、将军、太傅、少府下均设有令史[5]（《百官一》；《百官三》）。而且分工已比较明确，因职掌不同，有不同的称谓。如《后汉书·百官志一》"太尉条"："令史及御属二十三人……阁下令史主阁下威仪事。记室令史主上章表报书记。门令史主府门。其余令史，各典曹文书。"[5]3559—3560再如，《后汉书·王霸传》记载，光武帝刘秀任大司马，"以（王）霸为功曹令史"[5]734，可知大司马下有功曹令史。《后汉书·杨震传》："会三年春，东巡岱宗，樊丰等因乘舆在外，竞修第宅。震部掾高舒召大匠令史考校之，史谓府吏也。得丰等所诈下诏书，具奏，须行还上之。"[5]1766此处的大匠令史应为将作大匠的属吏。

东汉中央公卿普遍置有令史的制度应源于西汉。如《汉书·王莽传》："王兴者，故城门令史。"《后汉书·百官志一》所记"太尉"有"令史及御属二十三人……门令史主府门"。西汉末年的城门令史，与东汉太尉之"门令史"较为接近。另外西汉赵禹曾以令史事太尉周亚夫（《史记·酷吏列传》），知西汉太尉已有令史之设，与东汉一脉相承。

由上可知，令史在秦汉政府中的设置有一个演变的过程：秦和西汉时期，令史普遍设置于县级政府，其他一些政府机关有时也设有令史，但未制度化；进入东汉以后，令史主要为中央公卿的属吏，县级政府中已比较少见。《后汉书·百官志》县廷"诸曹掾史"的本注曰："诸曹略如郡员。"[5]3623说明县级政府和郡级政府的属吏设置相同。而《后汉书·百官志》郡"诸曹掾史"本注云："无令史。"[5]3621可见，东汉的郡县政府中已经普遍没有了"令史"一职，但从居延汉简的记载来看在边塞军事系统的候官仍有令史设置。

二、秦汉令史的数量和地位

秦汉令史设置数量多。尹湾汉简《东海郡吏员簿》记载了西汉后期东海郡的官吏设置情况。从《吏员簿》的记载看，"令史在属吏中，无论人数，还是地位，颇显突出。县邑侯国和都官及都官别治，无一不有令史，多者6人，少者1人，一般为3—4人……是斗食少吏里最多的"[6]411。东海郡是西汉时期面积和人口中等的一个郡，令史的设置状况应该具有一定代表性。汉简对边塞都尉府和候官的令史数量也有记载：记载千人

① 甘肃省文物考古研究所、甘肃省博物馆、文化部古文献研究室、中国社会科学院历史研究所编：《居延新简——甲渠候官与第四燧》，文物出版社1990年版。本文所引E. P. T、E. P. F开头编号简文皆出自此书，不另作注。

② 中国社会科学院考古研究所编：《居延汉简甲乙编》，文物出版社1980年版。本文所引《甲乙编》简文皆出自此书，不另作注。

③ 谢桂华、李均明、朱国炤：《居延汉简释文合校》，文物出版社1987年版。本文所引同类编号简文皆出自此书，不另作注。

属吏令史设置的如:"千人丞一人,令史四人。"(敦煌997)①说明都尉府千人属吏有令史4人。记载候官令史设置的如"令史三人并居第二燧"(89·18);"车师己校候令史敞、相、宗、禹、福置诣田所"(悬泉Ⅱ0215③:11)②;"玉门部士吏五人,候长七人,候史八人,燧长二十九人,候令史三人"(敦煌806)。此处的令史应是候官的属吏。还有不少简牍资料对令史的数量有记载,但究竟是哪一级政府的属吏待考。如:"给令史三人七月积三月奉"(2432:合104·35,326·12);"出粟二十一石一斗二升,给食驿令史三人一月□□☑"(E.P.T 59:253);"令史……令史三人,尉史四人,名如牒,请所用,代褒主官☑"(E.P.T 1:1);"出钱二千七百以赋令史三人"(E.P.T 56:231)。从简牍记载看,边塞令史设置的数量与县邑侯国大体相同,一般为3—4人。据《后汉书·百官志》记载,东汉时期中央公卿令史的设置数量如下:太尉设"令史及御属二十三人"[5]3559;司徒设"令史及御属三十六人"[6]3561;司空设"令史及御属四十二人"[5]3562;将军设"令史及御属三十一人"[6]3564;"太傅"条注引荀绰晋百官表注曰"汉太傅置……令史十二人"[5]3556;尚书设"令史十八人",分六曹办事,每曹三人[6]3597。

西汉县级政府中的令史,排名在属吏中靠前。从尹湾汉简记载的西汉东海郡的情况看,"令史在斗食中地位最高,紧接官有秩之后,而在无官有秩、乡有秩之县,令史则直接位于丞、尉之后"③。边塞军事系统中,令史在属吏中的排名也靠前。居延汉简的候官文书末尾的署名,有很多都是令史单独署名的,如"等承书从事下当用者。令史充"(160·15);也有令史、尉史共同署名的,如"地节五年正月丙子朔丁丑,肩水候房以私印行事敢言之,都尉府府移大守府所移敦煌大守府书曰,故大司马博。令史拓尉史义"(10·35A、B)。亦有掾、令史、尉史共同署名的,如"居延付受同月出入毋令缪已,付言如律令。掾褒、令史谭、尉史宗"(160·6);还有掾、令史署名的,如"/掾宗令史安世"(340·28);还有士吏和令史共同署名的,如:"十月壬寅,甲渠鄣候喜告尉谓不侵候长赦等,写移书到,趣作治,已成,言,会月十五日。诣言府,如律令。士吏宣、令史起。"(139·36,142·33)从令史可以单独署名,以及令史署名大都靠前来看,令史在属吏中的地位较高。

三、秦汉令史的任用和升迁

秦汉县级令史的任用升迁主要反映在简牍资料中。据《睡虎地秦墓竹简·编年纪》,喜先任"史"后任"令史",说明秦代由史可任令史。居延汉简记载了候官令史的任命情况,如"尉史调守令史,备盗贼为职,候长政敞以建武三年"(E.P.T48:10),这是从尉史调任令史的例子;"移居延第五燧长辅迁补居延令史,即日遣之官"(40·21),"万世燧长至,其六月甲子,调守令史,将护罢卒济阴郡成阳县南阳里狄奉"(15·2),这是燧长调任令史的例子;"候史徐辅迁补城仓令史,即日遣之官,移城仓"(142·34),这是候史调任令史的例子。由上可知,西汉候官令史是从具有基层行政实践经验的尉史、燧长、候史等官吏中选任的。尹湾汉简对西汉县邑侯国令史的升迁情况也有记载,如"建阳丞京兆尹奉明王丰,故戊校前曲候令史,以功迁"[7]。说明令史有功劳可以升迁。

秦汉中央公卿令史的任用升迁方式在传统史料中时有记载。《汉书》卷30《艺文志》:"汉兴,萧何草律,亦着其法,曰:太史试学童,能讽书九千字以上,乃得为史。又以六体试之,课最者以为尚书御史史书令史。"[3]1720—1721说明太史对学童进行六体考试,考得最好的可被任命为尚书或御史之史书令史。《汉官仪》:"能通仓颉史

① 吴礽骧、李永良、马建华:《敦煌汉简释文》,甘肃人民出版社1991年版。本文所引敦煌汉简皆据此书,不另作注。

② 胡平生、张德芳:《敦煌悬泉汉简释粹》,上海古籍出版社2001年版。本文所引悬泉汉简皆据此书,不另作注。

③ 《西汉东海郡吏员设置考述》,载《中国史研究》1998年第1期,第65页。

篇，补兰台令史。满岁补尚书令史。"[8]142《汉旧仪》："选中二十书佐试补令史，令史皆斗食，迁补御史令史。"[8]69 则兰台令史满岁可补尚书令史；书佐可补斗食令史，斗食令史可迁补为御史令史。《后汉书·百官志》"少府"条云："令史十八人，二百石。"注引《古今注》曰："永元三年七月，增尚书令史员。功满未犯禁者，以补小县，墨绶。"又引蔡质曰："皆选兰台、符节上称简精练有吏能为之。"又引《决录注》曰："故事尚书郎以令史久缺补之，世祖改以孝廉为郎。"[5]3598 可见，作为少府属吏的令史，有希望选补"小县墨绶"或"尚书郎"。此外，《后汉书·李固传》："又旧任三府选令史，光禄试尚书郎，时皆特拜，不复选试。"[5]2082 说明东汉时三府选任令史时，亦有不经选拔考试而直接"特拜"之途。

四、秦汉令史的政治经济待遇

据简牍资料，候官令史的爵位一般为公乘和上造，如：

(1)●状辞：公乘居延鞮汗里年卌九岁姓夏侯氏为甲渠候官斗食令史，署主官以主领吏备盗贼为职。(E. P. T68:9,68:10)①

(2)上造居延累山里年卌八岁姓周氏，建武五年八月中除为甲渠斗食令史，备寇虏盗贼为职。(E. P. T 68:16,68:17)

甲渠候官斗食令史夏侯氏和周氏的爵位分别为公乘和上造。可见，候官令史的爵位比较低，属于民爵范围，但有一定的特权。查《二年律令·赐律》的规定"公乘比六百石"，"上造、公士比佐史"，就是说公乘和上造分别按照官吏秩次的六百石和佐史的标准供应饭肉酒盐、生活用品。《赐律》规定，"赐吏酒食，衛(率)秩百石而肉十二斤、酒一斗；斗食、令史肉十斤，佐史八斤，酒七[升]"。《户律》规定，"公乘廿顷"，"上造二顷"，就是公乘和上造分别给 20 顷和 2 顷的土地；"公乘廿宅"，"上造二宅"，就是公乘和上造分别给 20 和 2 个宅基地。《史律》规定："史、卜年五十六，佐为吏盈二岁，年五十六，皆为八更；六十，为十二[更]。"这是令史免除徭役的规定。

秦汉令史的俸禄主要是钱和谷。县级政府的令史秩皆斗食，简牍所见令史的俸钱和谷物如下：

(1)出赋钱二千七百，给令史三人七月积三月奉。(104·35, 326·12)

(2)出钱九百，以给令史□□九月奉，八月丙戌□□□取。(E. P. T50:157)

(3)郭，令史任根粟三石三斗三升少□，令史隗忠粟三石三斗三升少□□。(142·9)

(4)☒出粟二十一石一斗二升，给食驿令史三人一月□□☒。(E. P. T 59:253)

(5)令史夏侯谭，四月食三石，四月辛亥自取。(E. P. F22:93)

由上可知，边塞令史每月约供给俸钱九百、粟三石。

五、秦汉令史的职能

秦汉时期，县级政府中的令史主要有以下职能。

(一)主典文书

主典文书是县级政府令史最基本的职能。首先，令史有起草文书的职责。简牍所见的上行和下行的文书中，不少有令史的署名，这说明令史参与了文书的拟定并对文书负责。如："永光二年三月壬戌朔己卯，甲渠士吏强以私印行候事，敢言之，候长郑赦父望之不幸死，癸巳予赦宁，敢言之。令史充。"(57·1 A、B)这是甲渠候官的上行文书，有令史充的署名。又如："七月乙未，肩水候福谓候长广□□□，写移书到，搜索部界中，毋有，以书言，会月十五日，须报府，毋□□如律令/令史□。"[9](《甘露二年御史书》)这是候官要求各部燧搜索犯人并上报结果的下行文书，亦有令史署名。

其次，令史负责文书的笺封和开启，故简牍文书的封检上不时有令史署名。如："候史徐辅

① 记载令史爵位是公乘的还有 E. P. T68:44，E. P. T68:45 和 E. P. T68:139，E. P. T68:140 等简文。

迁补城仓令史,即日遣之官,移城仓? 一事一封,十二月庚子,令史弘封。”(142·34)此封文书由令史弘封笺。又如:“书三封:其一封吕宪印,一封王建国,一封李胜。十月癸巳令史弘发。”(180·39,190·33)这三封文书由令史弘开启。

再次,令史有时负责公文的传送。如里耶秦简 J1(16)6B 面:“三月戊午,迁陵丞欧敢言之:写上。敢言之。/扣手。己未旦,令史犯行。”“令史犯行”说明这封文书由令史犯进行传送。又如:“六月辛未府告金关啬夫:久前移拘逐辟橐他令史解事所行蒲封一,至今不到,何解?”(183·15A)这条简文是肩水都尉府要追查橐他令史解事所递送文书未能准时送达的原因。

复次,令史检查和督促文书的落实。令史起草、传递文书都有质量和时限的要求,因此令史收发文书都有详细的时间记录,对文书认真“拘校”,保证文书质量和传递效率。如下简文:

(1)建始二年十一月癸巳,居延千人令史□则校系甲渠第卅三

名籍一一编敢言之。(539:合 28·21A)

(2)钱簿一编敢言之。(4537:合 203·47)

□不贯□忽□□令/令史。(4538:合 203·48)

书到愿令史趣严宪致亟报方案府如律。(4539:合 203·49)

简文(1)的“校”是令史对簿籍文书的检查,(2)中“趣”就是令史督促下属按文书的要求完成任务,令史检查失职还要依法受到惩处。

最后,令史还负责巡视保存文书档案的“书府”,以免发生火灾。如《睡虎地秦墓竹简·内史杂》:“毋敢以火入臧(藏)府、书府中。吏已收臧(藏),官啬夫及吏夜更行官。毋火,乃闭门户。令令史循其廷府。节(即)新为吏舍,毋依臧(藏)府、书府。”[1]64

(二)主管籍账

令史参与各种籍簿的核对与保存。张家山汉简《二年律令·户律》载:“恒以八月令乡部啬夫、吏、令史相杂案户籍、副臧(藏)其廷……民宅园户籍,年细籍、田比地籍、田命籍、田租籍,谨副上县廷,皆以箧若匣匮盛,缄闭,以令若丞、官啬夫印封,独别为府,封府户;节(即)有当治为者,令史、吏主者完封奏(凑)令若丞印,啬夫发,即杂治为;臧(藏)已,辄复缄闭封臧(藏),不从律者罚金各四两。其或为詐(诈)伪,有增减也,而弗能得,赎耐。”[9]说明令史每年都要参与检查核对户籍和其他相关的籍簿,并要录写副本上交县廷,而且令史负责对各种籍簿副本进行封存。又《居延汉简》曰:“〼十五日,令史宫移牛籍大守府,求乐不得乐,吏毋告劾,亡满三日五日以上。”(36·2)说明令史还管理牛籍。

令史负责财物收支账簿。如敦煌汉简:“入:敦煌二年三月玉门转一两已入卌七石,穬麦小石卌八石七斗五升,少十一石七斗五升,元始二年正月丁巳令史丰受就人敦煌安国里范仲。”(敦煌 532)又如《居延汉简》:“入粟大石二十五石、车一两,输甲沟候官。始建国五年六月,令史受訾家当遂里王护。”(16·2)这是令史负责收入的记载①。令史负责支出的记载有:“出粟小石九石六斗,鸿嘉二年六月辛卯甲渠候官令史。”(E. P. T4:91)“出钱二千四百:其千二百第六燧长徐迁十月十一月奉,千二百第十八燧长郑强十月十一月奉,十二月丙申令史弘取付尉史强。”(33·1,103·2)由此可见,主管财务收支及其账簿是令史的职责之一。

与管理账目的职能相关,令史有时还负责收债。如“元延二年二月癸巳朔甲辰,玉门关候临、丞猛移效谷移自言六事,书到,愿令史验问,收责(债)以钱与士吏程,严报如律令。啬夫政”(悬泉Ⅱ0114②:292)②。当出现债务纠纷时,上级机关一般要移书债务人所在地,由所在地有关机关的令史负责验问收债。

① 类似简文还有:84·27,E. P. T52:528。

② 类似简文还有:E. P. T52:530,E. P. T52:319,56·127。

（三）参与调查案情、追捕犯人等司法审判工作

令史负有调查取证和追捕犯人的职责，为审判案件提供证据。《睡虎地秦墓竹简·封诊式·争牛》："即令令史某齿牛。"[1]152这是派令史去检查牛的年龄。《穴盗》："即令令史某往诊，求其盗。"[1]160这是派令史去勘察现场，追查盗贼。《出子》："即令令史某往执丙……令令史某、隶臣某诊甲所诣子。"[1]161这是派令史去拘捕犯人，还负责查验证据。《居延汉简》中也有派令史追捕犯人的记载，如："☑三月壬午朔己酉，□□丞胜移□□□□守河□遣令史李□逐□人☑，☑□李子威金城武威张掖居延界中，从者如律令。"（81·4A）这是丞胜命令史李去追捕犯人。

令史被派遣调查案情、勘察现场或抓捕犯人时，一般要写出书面报告。《睡虎地秦墓竹简》的《贼死》、《经死》、《穴盗》等中都有以"令史某爰书"开头的记载，详细记录了现场的情况和当时所调查到的案件情况。《告子》中有令史己记录抓捕盗贼的情况："令史己爰书：与牢隶臣某执丙，得某室。"

（四）管理仓库

令史有时也负有管理仓库的职责。《睡虎地秦墓竹简·法律答问》曰："空仓中有荐，荐下有稼一石以上，廷行事赀一甲，令史监者一盾。"[1]128如果空仓中发现粮食较多，负责监管的令史要受惩罚。《秦律十八种·仓律》："□□□□□不备，令其故吏与新吏杂先（索）出之。其故吏弗欲，勿强。其毋（无）故吏者，令有之吏、令史主，与仓□杂出之，（索）而论不备。杂者勿更；更之而不备，令令、丞与赏（偿）不备。"[1]27可见令史有时也负责出仓工作。《居延新简》中也有令史在仓库值班巡逻的记载，如："建始二年十月乙卯朔丙子，令史弘敢言之，乃乙亥直符仓库，户封皆完毋盗贼发者敢言之。"（E. P. T52: 100）

（五）征发民众，镇压盗贼

据《奏谳书》收录的秦始皇二十七年的"南郡卒史盖庐、挚田、假卒史瞗复攸等狱簿"载："利乡反……令史莊与义发新黔首往候视，反盗多，益发与战。"[10]当苍梧县利乡出现叛乱时，攸县令史莊、义二人征发新归降的民众前往镇压。说明令史在某些情况下要行使征发民众、镇压盗贼的职能。

（六）举劾违法失职官吏

在边塞体系中，候官令史有对同机关官吏的渎职、违法行为进行举劾职权。如令史谭劾状①：

（1）劾章

建武五年五月乙亥朔丁丑，主官令史谭劾移居延狱，以律令从事。

甲渠塞百石士吏居延安国里公乘冯匡，年三十二岁，始建国天凤上戊六年三月己亥除署第四部。病欬（咳）短气，主亭隧七所哼呼。七月□□除署四（第十）部。士吏□匡软弱不任吏职，以令斥免。

五月丁丑甲渠守候博移居延，写移如律令。

掾谭

（2）状辞

建武五年五月乙亥朔丁丑，主官令史谭敢言之，谨移劾状一编敢言之。

状辞：公乘居延鞮汗里年四九岁，姓夏侯氏，为甲渠候官斗食令史、署主官以主领吏备盗贼为职。士吏冯匡建国天凤上戊六年七月壬辰，除署第十部士吏。案软弱不任吏职，以令斥免。（E. P. T68: 1—12）

这份劾状的举劾者是甲渠候官斗食令史，举劾士吏冯匡因患病咳嗽气短而不能尽职，致使负责的七处亭燧均有所裂坏，查士吏冯匡为软弱不任吏职，故依据法令将其斥免。此处是对官员不能任其职的举劾。此外，E. P. T68: 13—28 和 E. P. T68: 81—102也是令史的劾状。E. P. T68: 13—28 的举劾内容为："（第四守候长原）宪斗伤、盗官兵，持禁物阑越于边关白儌（徼）亡。"E. P. T68: 81—102 的举劾内容为："（城北候长王）褒，

① 类似的还有令史立劾状 E. P. T68: 13—28，令史 × 劾状 E. P. T68: 81—102。

典主而擅使丹乘用驿马为虏所略得,失亡马。褒不以时燔举,而举堠上一苣火、燔一积薪。燔举不如品约,不忧事边。”这两封劾状都是令史对本机关属员违法失职行为的举劾。而且在状辞的开头,记录举劾者令史的名、爵、县、里、年、姓、官禄时,明确说明斗食令史的职责是“主领吏备盗贼”。可见令史对基层军吏和防御守备工作负有职责,一旦发现官吏有不利于边塞安定的行为就应立刻举劾。

秦汉时期,作为中央公卿属吏的令史,主要职能也是主典文书。《后汉书·百官一》“太尉条”:“记室令史主上章表报书记……其余令史,各典曹文书。”[5]3559—3560《后汉书·百官三》“少府条”:“符节令史,二百石。本注曰:掌书。”[5]3599“兰台令史,六百石。本注曰:掌奏及印工文书。”[5]3600又,《汉官仪》:“郎与令史分职受书。”[8]142可见,中央公卿各个不同部门都设令史负责文书工作。中央公卿令史“主文书”的职能,与“以六体试之”的选拔方式一致。

中央政府一些专门事务也设令史来执掌,如《后汉书·百官一》“太尉条”:“阁下令史主阁下威仪……门令史主府门。”[5]3559又如大匠令史是将作大匠的属吏,故与宅地有关的测量和调查工作就由大匠令史负责[5]1766。

有时,中央公卿的一些临时事务也派令史去办理,如《后汉书·范滂传》:“后诏三府掾属举谣言。”注引《汉官仪》曰:“……顷者举谣言,掾属令史都会殿上。”[5]2204再如《后汉书·范冉传》:“于是三府各遣令史奔吊。”[5]2690可见,像举谣言、吊丧这样的事务,中央公卿也一般派令史去办理。

总之,秦汉令史无论作为县级政府属吏还是中央公卿属吏,“主文书”是其基本职能。此外,并不具备某项或某几项固定职能。由于文书的拟定、往来与日常行政事务联系紧密,故令史有时也会参与相关行政事务的办理。因为各级政府、各部门的政务有别,所以除“主文书”外,相关令史的职能也各有侧重。这便是除“主文书”外,令史的职掌比较多样、不太一致的原因。

综上所述,秦汉时期令史从秦到西汉时期,普遍设置于县级政府,其他一些政府机关有时也设有令史,但未制度化;进入东汉以后,令史主要为中央公卿的属吏,县级政府中已比较少见,仅在边塞军事系统的候官仍有设置。在秦汉属吏中令史的数量较多,地位较高,有自己的任用升迁途径,有一定的政治经济待遇。令史最基本的职能是“主典文书”,并广泛参与各种具体政务的处理,类似于今日各级政府、各部门的秘书。令史的设置促进了行政管理质量和效率的提高。然而,需要指出的是,秦汉时期的令史有两种发展趋势:一是以史出身的令史逐渐被以儒生出身的令史所取代;二是县级政府令史的设置逐渐由地方向中央发展,魏晋以后令史成为中央公府“掌案文簿”的重要属吏,仍然发挥着承办各种具体行政工作的重要作用。

【参考文献】

[1]睡虎地秦墓竹简整理小组.睡虎地秦墓竹简[M].北京:文物出版社,1990.
[2]司马迁.史记[M].北京:中华书局,1997.
[3]班固.汉书[M].北京:中华书局,1997.
[4]陈梦家.汉简所见太守、都尉二府属吏[M]//汉简缀述.北京:中华书局,1980.
[5]范晔.后汉书[M].北京:中华书局,1997.
[6]李解民.东海郡吏员簿所反映的汉代官制[M]//李学勤,等主编.简帛研究2001:上册.桂林:广西师范大学出版社,2001.
[7]连云港市博物馆,东海县博物馆,中国社会科学院简帛研究中心.尹湾汉墓简牍[M].北京:中华书局,1997.
[8]孙星衍,等辑.周天游,点校.汉官六种[M].北京:中华书局,1990.
[9]甘肃文物考古研究所.居延新简释粹[M].兰州:兰州大学出版社,1988.
[10]张家山汉墓竹简整理小组.张家山汉墓竹简[二四七号墓][M].北京:文物出版社,2001.

汉代经济与法律、军事

第25卷第1期
2005年1月

论汉代执法思想中的理性因素

孙家洲*

【摘　要】 立法的"汉承秦制"是明确无误的,而在执法过程中,汉代士人表现出高度的智慧和理性。汉人非常重视法律与人情、人心之间的谐调。特别是对"法律与民心的谐调"、"法律与皇帝诏旨的制衡"、"执法宽平、议法从轻"等问题的讨论,都表现出与秦人大为不同的思路与选择。结果是,他们给僵硬的法律规定赋予了人性化的解释,缓和了专制皇权对法律的非良性操控,减轻了法律残酷无情的色彩,从而保证了人心的归属和社会的稳定。

【关键词】 法律;执法思想;理性;人情;制衡;宽平

在"不别亲疏,不殊贵贱,一断于法"[1](卷130《太史公自序》)的法家政治理论的影响之下,秦王朝的法律体系表现出"严而少恩"的特色。以"尊主"为核心的法律,被推崇为规范一切社会行为、协调所有社会关系的唯一准则,导致法律的刚性化以至僵化。法律的威严固然确立起来了,但是它与人情(人之常情)、民心的截然对立也同步形成。法律的国家镇压功能,被有意彰显,结果是震慑力严重过剩,亲和力明显不足。其积弊所在,仅从上下两个方面稍加注意就可以洞察无疑:就君臣关系而言,与君主专制体制相适应,秦相李斯为邀宠固权,竟然上书秦二世劝其"行督责之术",公开鼓吹君主应该"独制于天下而无所制","荦然独行恣睢之心而莫之敢逆",使得"群臣百姓救过不给"[1](卷87《李斯列传》),造就了君臣离心的局面;就国家与民众的关系而言,百姓只能感受到法律对自己的控制和统治,却无从体悟保护和保障功能的存在,以至于陈胜在动员同行戍卒揭竿而起的时候,只需要确认戍守途中"失期,法皆斩"[1](卷48《陈涉世家》)的硬性规定,就足以形成铤而走险、死中求生的共识。这可以说明,过于刚性、刻板而缺乏柔润、变通的法律,与人性、人情存在着太大的距离,难以使人心归向。其实,秦朝政治被汉人屡屡指责为"暴政",在很大程度上根源于秦律的酷苛。

汉朝的当政者,不乏借鉴历史教训而调整统治政策的智慧。在立法领域的"汉承秦制"是明确无误的①,而在执法实践中,汉人则非常重视法律与人情、人心之间的谐调,力争使法律的威严,不仅仅是来自国家暴力的高压之下,而且建立于多数人赞同的基础之上。特别是对"法律与民心的谐调"、"法律与皇帝诏旨的制衡"、"执法宽平、议法从轻"等问题的讨论,都表现出与秦人大为不同的思路与选择。这些出现在汉代执法思想中的"理性因素",值得认真加以讨论。

---

* 孙家洲(1955—),男,山东省莱州市人,中国人民大学历史系教授、博士生导师,主要从事秦汉史研究。

① 除去传世文献的相关记载之外,张家山二四七号汉墓所出土的《二年律令》、《奏谳书》等汉初法律文献,把秦汉法律之间的继承关系,充分地显示出来。

一、法缘人情而制,"安民"成为评价法律优劣的依据

包括法律在内的治国制度与政策,是否应该适应民心?法家给予了否定的答复。韩非斥责那些主张为政必须"得民之心"的人根本不懂得治国之道,他毫不掩饰地说"为政而期适民",是"乱之端,未可与为治也"[2]。与这种政治理论相一致,秦朝统治者简单地把法律视为治民的工具,以暴力胁迫百姓"奉法"、"守法"、"顺令",根本不在意法律与民心需要调适的问题;甚至对待民间风俗,秦朝当政者也迷信单纯依靠法律政令就足以移风易俗。秦始皇的《会稽刻石》中就有一段充满了霸气的文字:"大治濯俗,天下承风,蒙被休经。皆遵度轨,和安敦勉,莫不顺令。黔首修洁,人乐同则,嘉保太平。后敬奉法,常治无极,舆舟不倾。"[1](卷6《秦始皇本纪》)秦的一位郡守在颁布给属下官员的文告中,也对法度改造民心、风俗的作用津津乐道:"圣王作为法度,以矫端民心,去其邪避(僻),除其恶俗。"[3](《语书》)整个官场充斥着法律无所不能的崇拜意识。

进入汉代,关于法律的政治舆论顿然改观,以人情和民心论礼制、论法律,成为一代成规。

汉高祖开国之初,儒者叔孙通自请拟定"朝仪"。他对"礼"的要义表述为:"礼者,因时世人情为之节文者也。"[4](卷43《叔孙通传》)汉文帝以"明于国家之大体,通于人事之终始,及能直言极谏"三项要求,策试所举贤良文学之士,晁错在"对策"中回答:"其为法令也,合于人情而后行之;其动众使民也,本于人事然后为之。取人以己,内恕及人。情之所恶,不以强人;情之所欲,不以禁民。……其立法也,非以苦民伤众而为之机陷也,以之兴利除害,尊主安民而救暴乱也。"[4](卷49《晁错传》)汉昭帝时期在著名的"盐铁会议"上,文学宣称:"法者,缘人情而制,非设罪以陷人也。故春秋之治狱,论心定罪。志善而违于法者免,志恶而合于法者诛。"[5](卷10《刑德》)东汉的思想家王符,总结了人情与礼制、法禁之间的渊源关系:"先王因人情喜怒之所不能已者,则为之立礼制而崇德让;人所可已者,则为之设法禁而明赏罚。"[6]上述诸人,不论其为儒学之士,还是具有法家情结的经世学者,在论及法律之时,均表达了对"人情"的重视,称之为汉代的学林风气当不为过。

"循吏"的话题,同样直接涉及"法律"与"人情"的关系问题。循吏在汉代的出现,以及《史记》、《汉书》各立《循吏传》,成为后世"正史"的既定模式,对此早有学者予以重视和研究。特别是余英时的名文《汉代循吏与文化传播》,更是得到了广泛好评。值得注意的是,关于"循吏"概念的变迁,余英时设专节加以讨论。他的结论是:"司马迁所谓'循吏'是指文、景时代黄老无为式的人物。""'因循'两字即是《史记》'循吏'之'循'的确估。"[7]155 此说固有新意,但依然还有可以从容讨论的余地。在我看来,《史记》和《汉书》的"循吏"概念即便有些许差异的存在,但在根本之处是相互一致的:循吏的主要特征是在国家法律与"人情"之间维持着微妙的平衡。唐代学者颜师古对"循吏"的一个解释最为妥当:"循,顺也,上顺公法,下顺人情也。"①这一解释与司马迁的"循吏观"有着内在的一致性。《太史公自序》自言《循吏列传》的著述缘由"奉法循理之吏,不伐功矜能,百姓无称,亦无过行"[1](卷130《太史公自序》)。《循吏列传》开篇称:"法令,所以导民也;刑罚,所以禁奸也。……奉职循理亦可以为治,何必威严哉?"[1](卷119《循吏列传》)余英时先生也征引过这两段文字,但没有深加考究。我认为,"奉法循理"与"奉职循理"实在是理解"循吏"概念的关键。其中的"奉法"与"奉职"同义,是指居官者以遵行法律为职责所在;而"循理"则是指顺守人情之理②。司马迁两论循吏,都是

① 《汉书》卷89《循吏列传》颜师古注。《史记索隐》对"循吏"的解释是:"谓本法循理之吏也。"亦有相通之处。

② 在《史记》、《汉书》中出现的"循理",可以理解为顺守人情之理的至少还有以下两例:《史记》卷112《平津侯主父列传》引徐乐上书之语:"间者,关东五谷不登,年岁未复,民多穷困,重之以边境之事,推数循理而观之,则民且有不安其处者矣。"《汉书》卷91《货殖列传·序》:"其为编户齐民,同列而以财力相君,虽为仆虏,犹亡愠色。故夫饰变诈为奸轨者,自足乎一世之间;守道循理者,不免于饥寒之患。"

在“法令”、“百姓”的语境之中讨论问题的，恰恰可以证明颜师古的注释深得司马迁“循吏观”的要义。与“酷吏”相对照，来理解“循吏”无疑是可取的思路。如果有人把两类官吏的区别表述为执法的“酷重”和“从轻”，恐怕未得确解。应该说，是否重视“执法平”，才是两者之间的分水岭。酷吏唯君主命是从，把国家的法律视为贯彻君主个人意旨的工具，为此，他们可以不惜曲解法律，出入人罪，轻重由己，而完全不顾及“人情”——这是酷吏执法给人以“酷重”印象的真正原因。循吏则致力于维持法律自身的尊严和稳定，并且在执法过程中尽量兼顾合乎人情——这同样是循吏有“轻刑”之誉的成因。

从人情出发讨论立法和执法的得失，在汉代是常见的现象。西汉中期，针对京兆尹张敞允许有罪者入谷边郡以赎罪的奏请，萧望之等人提出反驳：“道民不可不慎也。今欲令民量粟以赎罪，如此则富者得生，贫者独死，是贫富异刑而法不壹也。人情，贫穷，父兄囚执，闻出财得以生活，为人子弟者将不顾死亡之患，败乱之行，以赴财利，求救亲戚。”[4]（卷78《萧望之传》）又如，主张“尚德缓刑”的路温舒，曾经批评治狱之吏以严刑罗织罪名而造成冤案泛滥：“夫人情安则乐生，痛则思死。棰楚之下，何求而不得？故囚人不胜痛，则饰辞以视之；吏治者利其然，则指道以明之；上奏畏却，则锻练而周内之。盖奏当之成，虽咎繇听之，犹以为死有余辜。何则？成练者众，文致之罪明也。是以狱吏专为深刻，残贼而亡极，偷为一切，不顾国患，此世之大贼也。”[4]（卷51《路温舒传》）他们讨论问题的思路各有不同，而把人之常情作为估测法律实效的出发点则是相同的。

在汉代的执法实践中，人情时常作为判刑量罪的一个参考指数。如汉初，赵国大臣贯高极力辩白赵王张敖没有参与刺杀汉高祖刘邦的密谋，刘邦命人以私交身份核实贯高供词的真伪，贯高答以：“人情岂不各爱其父母妻子哉？今吾三族皆以论死，岂以王易吾亲哉！顾为王实不反，独吾等为之。”刘邦据此认定贯高证词为实，“乃赦赵王”[4]（卷33《张耳传附敖传》）。

汉代的一种现象，尤其具备研究的特殊价值：某些本身不精通法律的官员，却可以出任廷尉，并且竟然“大胆”到可以凭借洞晓人情的优势而试断狱案。朱博堪称为典型：“复征为光禄大夫，迁廷尉，职典决疑，当谳平天下狱。（朱）博恐为官属所诬，视事，召见正监典法掾史，谓曰：‘廷尉本起于武吏，不通法律，幸有众贤，亦何忧！然廷尉治郡断狱以来且二十年，亦独耳剽日久，三尺律令，人事出其中。掾史试与正监共撰前世决事吏议难知者数十事，持以问廷尉，得为诸君覆意之。’正监以为博苟强，意未必能然，即共条白焉。博皆召掾史，并坐而问，为平处其轻重，十中八九。”[4]（卷83《朱博传》）朱博所谓的“三尺律令，人事出其中”之说，强调的是法律可以通过人情而测知。朱博和他的属吏的举动，尽管是官场游戏，而非真正的审案，但是这一“游戏”的进行以及最终的结论，可以证明即便是在专职的司法官员内部，人们也相信，法律与人情有内在的一致性。

把法律与人情的相关性，上升到执法理论的高度，就是在汉代颇具影响的“原心定罪”之说。“原心定罪”（又称“论心定罪”）是儒家的一种政治理念，经过董仲舒的解释与发挥，在汉代广为人知，而且成为量刑判案时常加引用的原则。董仲舒说：“《春秋》之听狱也，必本其事而原其志。志邪者不待成，首恶者罪特重，本直者其论轻。”[8]这一主张的核心是，执法者在断案时，不仅要弄清犯罪的事实，更要追索涉案人的动机。只要有邪恶的犯罪动机，不必待其犯罪行为实际发生，就应当加以惩罚；对首犯必须从重论处；对虽有犯罪行为但动机出于善良或情有可原的人，则应当从轻论处。参加盐铁会议的儒生，把这种“动机论”表述得更为明确：“《春秋》之治狱，论心定罪。志善而违于法者免，志恶而合于法者诛。”[5]（卷10《刑法》）就是把“人情”渗透到法律之中，甚至置于法律之上，以涉案人的动机善恶作为量刑的首位标准，而把客观的犯罪行为和危害结果置于次要地位考量。

这一原则，在执法中的有效性是无需质疑的。西汉后期，发生了一场围绕着前丞相薛宣涉及权力之争的“毁容”案件，在讨论量刑时，出现了御史中丞、廷尉两种处置方案之争，丞相孔光、大司空师丹和将军、博士、议郎各自支持一说。

在这场“高规格”的刑事案件讨论中,廷尉等人就是高标“《春秋》之义,原心定罪”[4](卷83《薛宣传》)之说而得以占据优势。在另一场涉及收捕在职丞相王嘉的“诏狱”之案中,还有永信少府等十位朝臣出面,巧妙地缓解皇帝的“邪火”、争取为王嘉保留一丝人格尊严,他们借重的名义是“圣王断狱,必先原心定罪,探意立情,故死者不抱恨而入地,生者不衔怨而受罪”[4](卷86《王嘉传》)。面对此说,皇帝也不得不有所收敛。东汉中期的一个政治性案件的处置也可以说明问题。少年儒生霍谞的舅父宋光受人诬告,大将军梁商以宋光“妄刊章文,坐系洛阳诏狱,掠考困极”。霍谞上奏记于梁商,为舅父宋光洗刷冤屈,同样引用“《春秋》之义,原情定过,赦事诛意”之说,并且进一步以“人情”证明宋光的冤情:“(霍)谞与(宋)光骨肉,义有相隐,言其冤滥,未必可谅,且以人情平论其理。光衣冠子孙,径路平易,位极州郡,日望征辟,亦无瑕秽纤介之累,无故刊定诏书,欲以何名?就有所疑,当求其便安,岂有触冒死祸,以解细微?譬犹疗饥于附子,止渴于鸩毒,未入肠胃,已绝咽喉,岂可为哉!”大将军梁商被霍谞的才志所打动,“即为奏原(宋)光罪”[9]。

汉代士人对“原心定罪”的一片喝彩之声,除了它是儒家理论、符合常人心态之外,可能还有一个原因——在执法实践中有援救善人的实效。对此,思想家王符表述为“先王议谳狱以制,原情论意,以救善人”[10]。以上所举事例,确实可以证明它有这样的功效。

当代学者对汉代“原心定罪”的批评,主要集中在执法依据的不确定性、非客观性上。李泽厚先生对此所表现的担忧颇值得玩味:“‘原心论罪’的原则给法律判决留下了极为宽泛的伸缩余地,大为削减了法的理性形式所要求的普遍性。”[11]如果对李泽厚先生的话题“接着说”,大可以设问:在法律判决中存有“极为宽泛的伸缩余地”,是否对保持法的理性有特殊作用?力求把人们的一切社会活动都纳入成文法律的管辖之下,这样的追求,不仅见之于秦朝,也见之于王莽“新政”,但它们都以失败而告终。任何时代的法律条文,只能是针对社会的一般状况作出规定,法律的确定性自然带来了它的僵化性;而任何一个案件所涉及的法律问题,都可能带有特殊性、复杂性。针对这个永存的矛盾,现代法律学尝试以赋予法官“自由裁量的权力”来加以解决。即在法律没有规定,或按法律规定不能恰当处理案件时,法官有权力根据公平、正义原则以及自己的良心自由地裁判案件①。汉代的“原心定罪”,所赋予法官的权力,似乎与“自由裁量的权力”颇为相通。它以执法的灵活性,力图兼顾“个案公正”和“社会公正”的一致性(至于如何防范执法者借机故意出入人罪等枉法行为,那是另外的话题了)。从这个意义上说来,“原心定罪”体现了法律的实质上的理性,这远比形式上的理性更为重要。

重视法与“人情”、民心的内在一致性,对理性立法的影响也是极为明显的。

汉文帝为了敦促废除“收孥相坐法”,特旨晓谕大臣:“朕闻之,法正则民悫,罪当则民从。且夫牧民而道之以善者,吏也;既不能道,又以不正之法罪之,是法反害于民,为暴者也。朕未见其便,宜孰计之。”[4](卷23《刑法志》)(着重号为引者所加,下同)汉文帝大胆承认“不正之法”的存在,并且把害民之法斥之为暴政暴法,其理性精神是

① 王春华《刑事审判自由裁量权探析》一文称:“刑事审判工作中的自由裁量权,是法官所拥有的基于自己的判断而裁判的权力。自由心证制度,也称之为内心确信制度,是指证据的取舍和证明力的大小,以及案件事实的认定,均由法官根据自己的良心、理性自由判断,形成确信的一种证据制度。……自由裁量权正是为了寻求司法公正,而鼓励法官在查明犯罪事实,认定犯罪性质的基础上,考察所有的量刑情节而做出正确裁判。”转引自“依法治市综合网”http://www.yfzs.gov.cn/。

美国斯坦福大学法学教授劳伦斯·M.弗里德曼在其所著《法律制度》一书中,有“论法律裁量”一节,讨论了法律裁量的四类正式的规则,有如下表述:“许多规则在纸上看来很明确,不容怀疑,但在现实世界中则不同了。”“任何法律理论都必须设想制度中会有许多松散之处,活动余地,裁量,甚至直截了当的不服从。”引者还对他的一个注文颇感兴趣:“严密的规则不能保证没有腐败。事实上,可以说,规则太严,必然产生腐败。”(《法律制度》中文版,中国政法大学出版社1994年版,第37、41页。)

值得充分肯定的。汉宣帝有诏曰："律令有可蠲除以安百姓，条奏。"[4]（卷8《宣帝纪》）元帝初立，下诏："夫法令者，所以抑暴扶弱，欲其难犯而易避也。……其议律令可蠲除轻减者，条奏，惟在便安万姓而已。"[4]（卷23《刑法志》）这些以"安民"为宗旨的议法诏书，或许有"政治作秀"的成分在内，指望让皇帝真正代表民意也难免有幼稚之嫌，但它确实可以使得政治运作在理性的框架内进行。

二、法律与皇帝诏旨的制衡

应该如何看待法律与皇帝诏旨之间的关系？汉代一直存在着以酷吏、循吏为代表的两种不同观点的对立。

如下一段文字，是治秦汉史的学者耳熟能详的："（杜）周为廷尉，其治大抵放张汤，而善候司。上所欲挤者，因而陷之；上所欲释，久系待问而微见其冤状。客有谓周曰：'君为天下决平，不循三尺法，专以人主意指为狱，狱者固如是乎？'（杜）周曰：'三尺安出哉？前主所是著为律，后主所是疏为令，当时为是，何古之法乎！'"[4]（卷60《杜周传》）杜周之说，集中代表了酷吏唯皇帝之命是从的执法思想，把皇帝的诏令当作国家法律的直接来源，将诏令的法律效力置于国家法律之上，身为执法官则甘当皇帝的鹰犬。这样的理念，确实可以得到皇帝的青睐，酷吏的得宠在很大程度上受益于此。然而，问题在于，这样的观点是否代表了当时执法观点的主流？答案应该是否定的。

得到主流舆论肯定的观点是：对国家有责任感的执法官员，首先要尊重和维持法律的尊严，在面对法律与君主旨意相冲突的场合，执法官员不可曲法阿主。

被尊为"汉代执法良吏"的张释之，在这一方面做出了表率。汉文帝出行，有一人无意中惊扰乘舆马。文帝使人捕之，由廷尉张释之审判。不久，张释之奏报审案结论：按照"犯跸"之法处以罚金。汉文帝大怒："此人亲惊吾马，吾马赖柔和，令他马，固不败伤我乎？而廷尉乃当之罚金！"张释之从容解释："法者，天子所与天下公共也。今法如此而更重之，是法不信于民也。且方其时，上使立诛之则已。今既下廷尉，廷尉，天下之平也，一倾而天下用法皆为轻重，民安所错其手足？唯陛下察之。"[1]（卷102《张释之传》）至此，汉文帝也不得不承认张释之是依法断案。张释之的"执法观"有两点最为重要：其一，法律是天子与天下人共同拥有的，应该共同遵守的；其二，廷尉作为最高的专职司法官，一旦经手案件，就只能依法办事，而不能顺从皇帝个人的意旨。张释之的观点当然有其局限性①，但在要求皇帝尊重执法官的独立办案权力上，他无疑走在了当时人的前列。

汉武帝时期的名臣汲黯对酷吏张汤的批判，正是集中于此流人物的阿谀皇帝、玩弄法律："御史大夫汤智足以距谏，诈足以饰非，非肯正为天下言，专阿主意。主意所不欲，因而毁之；主意所欲，因而誉之。好兴事，舞文法，内怀诈以御主心，外挟贼吏以为重。"[4]（卷50《汲黯传》）张汤、杜周之流酷吏，固然可以官场得势，但永远得不到舆论的好评，倒是张释之和汲黯这样尊重法律、敢于面折廷争的官员，才能够得到人们（包括皇帝在内）真正的尊重。

最为难得的是，汉代的智者，非常理智地将某些根据皇帝个人意旨而制定的法规，赋予临时性、权宜性的界定，使之与作为治国大法的律令之间的法律效力呈现出明显的高低之别。东汉中期的张敏就是此类智者的翘楚。

章帝建初年间，有一位孝子杀死了侮辱其父的仇人，按照"杀人者死"的法律规定，孝子应该受诛。章帝垂怜其孝心，特旨宽宥免其死刑。此后执法官审案遇到类似事件多引以为判案的依

① 张释之论执法的主要欠缺在于：他承认了皇帝在执法官经手之前，有不顾法律规定而任意处置当事人的特权，从而使得皇帝居于国家法律之上。如果真正要保持法律的尊严不使失衡，首先应该要求皇帝遵法守法。最早意识到张释之的理论欠缺、并给予公开批评的是魏晋之际的学者王肃。他针对张释之"方其时，上使诛之则已"的说法，加以抨击："臣以为大失其义，非忠臣所宜陈也。廷尉者，天子之吏也，犹不可以失平，而天子之身，反可以惑谬乎？斯重于为己，而轻于为君，不忠之甚也。"参见《三国志》卷13《魏书·王朗传附王肃传》。

据。稍后,以章帝的诏旨和案例为基础,制定了《轻侮法》。到汉和帝时,时任尚书的张敏,针对《轻侮法》滋长了为“复仇”而私相杀人之风的积弊,两度提出驳议:“夫《轻侮》之法,先帝一切之恩,不有成科班之律令也。夫死生之决,宜从上下,犹天之四时,有生有杀。若开相容恕,著为定法者,则是故设奸萌,生长罪隙。……《春秋》之义,子不报仇,非子也。而法令不为之减者,以相杀之路不可开故也。今托义者得减,妄杀者有差,使执宪之吏得设巧诈,非所以导‘在丑不争’之义。又《轻侮》之比,浸以繁滋,至有四五百科,转相顾望,弥复增甚,难以垂之万载。”“臣伏见孔子垂经典,皋陶造法律,原其本意,皆欲禁民为非也。未晓《轻侮》之法将以何禁?”[9](卷44《张敏传》)史称汉和帝采纳了他的建议,《轻侮》之法即便没有废止,至少滥加援引的现象应该是被制止了的。张敏把《轻侮》之法定性为“先帝一切之恩,不有成科班之律令”,最应该引起研究者的注意。此处的“一切”绝非寻常所理解的“全部”、“所有”之意,在汉代“一切”有个特定的含义——“权时”①,即根据时势需要而作出的权宜性、临时性规定。在张敏的语言环境之中,与“先帝一切之恩”相对的“成科班之律令”,应该是指更为根本、更为恒久、更为尊崇的国家律令体系。可以理解为习惯上所泛称的“汉律六十篇”②。关于“成科班之律令”,两汉史籍仅此一见,但它的存在是不必质疑的。笔者认为,“正法”的概念,应该就是“成科班之律令”的标准表达,张敏所用的表述则有一定的通俗性、描述性。

“正法”是代指国家的主体性法律体系,至少可举出以下例证。

淮南厉王刘长骄恣违法,汉文帝指使薄昭出面,致书刘长加以切谏,其中有谓“汉法,二千石缺,辄言汉补,大王逐汉所置,而请自置相、二千石。皇帝骫天下正法而许大王,甚厚”[4](卷44《淮南厉王长传》)。

汉武帝崩,昭帝初立,燕王刘旦谋为叛逆,朝廷派遣吏员前往处置。“侍御史乃复见王,责之以正法,问:‘王欲发兵罪名明白,当坐之。汉家有正法,王犯纤介小罪过,即行法直断耳,安能宽王!’惊动以文法。”[1](卷60《三王世家》)

翟方进为丞相司直,弹劾司隶校尉涓勋,要求罢免涓勋的职务。时为太中大夫、给事中的平当,上奏揭露翟方进弹劾涓勋是出于排斥异己的目的,并表彰涓勋“素行公直,奸人所恶”,请求加以留任,但皇帝的判断却是:即便平当所言为实,但只要翟方进弹劾涓勋的罪名于法有据,涓勋就应该受到处理,不能因为推测翟方进的弹劾可能另有不当意图,就对涓勋不加以追究。于是,就出现这样的结果,“上以方进所举应科,不得用逆诈废正法,遂贬(涓)勋为昌陵令”[4](卷84《翟方进传》)。

京兆尹王章借日食弹劾王凤专权,得罪屈死,舆论对王凤颇多批评。杜钦对王凤有如此一段分析:“京兆尹(王)章所坐事密,吏民见(王)章素好言事,以为不坐官职,疑其以日蚀见对有所言也。假令章内有所犯,虽陷正法,事不暴扬,自京师不晓,况于远方。恐天下不知(王)章实有罪,而以为坐言事也。”③

不论是“成科班之律令”,还是“正法”,这些概念的提出,都是为了提高正式的国家法律的地位,而与之同步呈现的是皇帝意旨和据以追加的临时性法条的法律效力被有意贬低。其意义实

① “一切”的特定含义为“权时”,在对汉代史籍的名家注释中,多次出现,可谓言之凿凿。如《汉书》卷12《平帝纪》:“一切满秩如真。”颜师古注:“一切者,权时之事,非经常也。犹如以刀切物,苟取整齐,不顾长短纵横,故言一切。”所论最为明晰。其他还有:《汉书》卷51《路温舒传》“偷为一切”,如淳注:“一切,权时也。”《汉书》卷84《翟方进传》“奏请一切增赋”,张晏注:“一切,权时也。”《汉书》卷22《礼乐志》“以意穿凿,各取一切”,颜师古注:“苟顺一时,非正道。”《后汉书》卷20《王霸传》“以徼一切之胜”,李贤注:“一切犹权时也。”

② 《晋书》卷30《刑法志》所列“汉律六十篇”为:萧何定律,合为九篇;叔孙通益律所不及,《傍章》十八篇;张汤《越宫律》二十七篇;赵禹《朝律》六篇,合六十篇。近年间,学者根据对新出《张家山汉墓竹简》的研究,对《晋书·刑法志》关于《傍章》、《越宫律》、《朝律》篇目的记载是否有误,展开过极有新意的讨论,参见张建国:《帝制时代的中国法》,法律出版社1999年版,第59—67页。当然,笔者认为,“汉律六十篇”作为一般泛称,依然可以沿用。

③ 《汉书》卷60《杜周传附杜钦传》。其他相关材料还有:《汉书·陈汤传》“不道无正法”;《汉书·王尊传》“猥历奏大臣,无正法,饰成小过”;《后汉书·冯绲传》“罪无正法,不合致纠”。可见,“正法”是指国家的基本法律体系无疑。

在不下于张释之对循吏执法观的阐述、杜周之客对酷吏执法观的抨击。生活在帝制时代的人们，根本不可能设计出使皇帝诏旨"屈尊"于国家法律之下的制度和政治伦理，排除了这种苛求之后，我们就应该承认，汉代士人在现实环境所提供的既定框架之内，为了保持法律与皇帝诏旨之间微妙的制衡，他们作出了各种形式的努力，提出了含有深意的论说，其成就实在值得后人钦佩。

三、执法宽平，议法从轻

秦朝法律的酷苛无情，一直是汉人批评秦政的中心话题之一。而对执法宽平的推崇和褒奖，则是汉代官场的主流舆论。

一批以执法宽平为其标志的官员，被奉为吏治的楷模。除去前述张释之之外，西汉的于定国父子、东汉的郭躬父子，最为著名。

于定国，东海郡人。其父于公官职不过县狱史、郡决曹，但却盛名满天下。"（于公）决狱平，罗文法者于公所决皆不恨。郡中为之生立祠，号曰于公祠。"于定国"为人谦恭，尤重经术士"，官至廷尉、御史大夫、丞相，"其决疑平，法务在哀鳏寡，罪疑从轻，加审慎之心。朝廷称之曰：'张释之为廷尉，天下无冤民；于定国为廷尉，民自以不冤。'"[4]（卷71《于定国传》）这一对比之语，实际上褒奖于定国更超过了张释之。颜师古的两个注释可以说明其间的区别：对张释之的称赞在于"言决罪皆当"，而对于定国的称赞则是"言知其宽平，皆无冤枉之虑"。可见执法的"宽平"，较之于"明断"，更为得人心。

郭躬，颍川郡人。其父郭弘，"太守寇恂以弘为决曹掾，断狱至三十年，用法平。诸为弘所决者，退无怨情，郡内比之东海于公"。郭躬少传父业，官至廷尉。史称"家世掌法，务在宽平，及典理官，决狱断刑，多依矜恕，乃条诸重文可从轻者四十一事奏之，事皆施行，著于令"。郭躬在尚未腾达之前，就因为"明法律"而多次奉命参与疑难案件的审理，多有依法断案、宽平为本的表现。仅录一事，以见其风范。"有兄弟共杀人者，而罪未有所归。帝以兄不训弟，故报兄重而减弟死。中常侍孙章宣诏，误言两报重，尚书奏（孙）章矫制，罪当腰斩。帝复召躬问之，（郭）躬对'（孙）章应罚金'。帝曰：'（孙）章矫诏杀人，何谓罚金？'（郭）躬曰：'法令有故、误，（孙）章传命之谬，于事为误，误者其文则轻。'帝曰：'（孙）章与囚同县，疑其故也。'（郭）躬曰：'……君王法天，刑不可以委曲生意。'帝曰：'善。'"[9]（卷46《郭躬传》）在这个案件的审理中，郭躬与汉明帝从容讨论法理，强调了两个观点：其一，法令中有关故意犯罪、过失犯罪在量刑上有所区别的规定（"法令有故、误"，"误者其文则轻"），在判案时一定要加以落实。这就为从轻发落于无意中触犯法禁的涉案人找到了直接的法理依据。其二，执法量刑只能以已经查明的事实为依据，而不可将不利于涉案人的某些推论（即便这些推论有可能成立）作为判案加刑的因素加以考量。郭躬的"刑不可以委曲生意"的执法原则，与上引"不得用逆诈废正法"之说，递相呼应，表明宁可失之于错纵也不可失之于滥杀的"慎刑"思想，在汉代的执法实践中是客观存在的。

"为吏赏罚明，用法平而必行，所居皆有条教可纪，多仁恕爱利"[4]（卷83《薛宣传》），可以换来官场上下的交口称誉。"案法平允，务存宽恕"，可以成为居官者引以自豪的仕宦声誉，甚至可以作为福佑子孙仕途腾达的自信所在①。在汉宣帝的诏书中，我们可以看到，"能使生者不怨，死者不恨"的执法官得到表彰，而那些"用法或持巧心，析律贰端，深浅不平"[4]（卷8《宣帝纪》）的执法官受到申斥。

上述诸端，足以说明，在汉代的官场中，虽有酷吏出入其间，但崇尚"宽平"的执法精神依然是稳居主流地位的。

执法宽平的舆情，对改善当时刑罚体系所产生的积极作用，集中体现在运用"恶恶止其身"②

① 《后汉书》卷58《虞诩传》："虞诩……祖父经，为郡县狱吏，案法平允，务存宽恕，每冬月上其状，恒流涕随之。尝称曰：'东海于公高为里门，而其子定国卒至丞相。吾决狱六十年矣，虽不及于公，其庶几乎！子孙何必不为九卿邪？'故字诩曰升卿。"

② 《春秋公羊传·昭公二十年》："君子之善善也长，恶恶也短。恶恶止其身，善善及子孙。"

的儒家政治理论,反对株连之法的存在。“秦政酷烈,违牾天心,一人有罪,延及三族。”[9](卷48《杨终传》)汉人类似对秦政的批判所在多有,表明了他们对包括“灭族”在内的株连刑的深恶痛绝。汉文帝废止收孥相坐之律,作为汉家推行仁政的典型而一再被强调、被歌颂。我们同样应该知道,各种形式的株连刑,实际上是终两汉之世而没有根本绝迹的。即便是在政风较为宽缓的时期,由各级官吏舞文弄法而导致的株连之祸,就足以使百姓无容身之地。在盐铁会议上,文学之士揭露当时所谓“良吏”的行径:“不本法之所由生,而专己之残心,文诛假法,以陷不辜,累无罪,以子及父,以弟及兄,一人有罪,州里惊骇,十家奔亡,若痈疽之相泞,色淫之相连,一节动而百枝摇。”[5](卷10《申韩》)这是何等可怕的局面。由此而言,我们对史书所见关于汉代“慎刑”、“省刑”的歌颂之辞,在其实际效果究竟如何的层面上,当然应该保持质疑的态度。但同时,我们也应该肯定,“恶恶止其身”确实产生过轻刑之效。“刑罚务于得中,恶恶止其身”[12]91,是汉代朝廷对执法官员的原则性要求。而一旦出现了株连之刑,即便主持其事的是独断朝政的权臣、乃至于皇帝,也会有耿直大臣出面提出尖锐的批评。对这些批评,当政者确实既可以采纳、也可以置之不理①,但是,作为一种舆论存在,还是能够在不同的层面上发挥牵制作用,甚至使得某些案件的处理结果,发生根本性的变化②。

还有一个很有意思的现象也值得注意:东汉安帝时期新立法规,对于犯有贪赃之罪的官员,禁锢父子两代。这本来是一种加大惩治贪官力度的举措,同时也对其他官员带有预警、震慑的意义。只是,它的株连属性是明确无误的。就一般的社会舆论而言,出于对贪官的痛恨,人们可以理解,乃至于拥戴这样的立法,但是,从法理的角度而言,它确实与“恶恶止其身”的理念相悖。不久,就有太尉刘恺这样的重臣对此公开提出质疑:“《春秋》之义,‘善善及子孙,恶恶止其身’,所以进人于善也。《尚书》曰:‘上刑挟轻,下刑挟重。’如今使臧吏禁锢子孙,以轻从重,惧及善人,非先王详刑之意也。”而且皇帝接受了他的建议[9](卷39《刘般传附刘恺传》)。这足以说明,汉代君臣讨论法理之得失时,已经理智到“论理而不论人”的程度,不因为事涉贪官就杜口裹足。这种超越了道德范畴而进行的法理学的讨论,是如此的纯粹,它以典型个案的方式证明,“恶恶止其身”的执法理念确实是得到相当普遍的认可了。

议法从轻的主张,同样在汉代的执法思想中,闪耀出它的理性光彩。

西汉后期的杜钦,虽然依托于秉权外戚王凤门下,但遇事多有自己的独立判断,希望以其学识,对王凤的失当之举有所规谏和补益。针对王凤寻衅贬抑意在罢免贤臣冯野王的举动,杜钦明确提出了反对意见。他援引古训,主张“罚疑从去”[4](卷79《冯奉世传附冯野王传》)。颜师古对此有个极好的解释:“疑当罚不当罚则赦之,疑轻重则从轻。”就是在某种行为处于难以判断是否属于犯罪的临界点上,就加以赦免,不予治罪;如果在轻罚与重罚之间难以判明时,就从轻处理。据此我们得以知晓,杜钦的“罚疑从去”之说,与现代法学理论的“疑罪从无”原则,应该有着内在的一致性。

东汉中期与郭躬齐名的陈宠,同样官至廷尉,同样有世传法律之学的家族文化背景。其曾祖父陈咸是两汉之际的法学名家,他留给子孙的规戒就是:“为人议法,当依于轻,虽有百金之利,慎无与人重比。”陈宠本人“及为理官,数议疑狱,

① 参见《汉书》卷67《梅福传》。梅福论王章一案的株连之非:“及至陛下,戮及妻子。且恶恶止其身,王章非有反畔之辜,而殃及家。折直士之节,结谏臣舌,群臣皆知其非,然不敢争。天下以言为戒,最国家之大患也。”但却不获采纳。

② 请看下列两证:汉章帝建初元年(76年),杨终针对此前发生的广陵、楚、淮阳、济南等诸侯王国的案狱,“徙者万数,又远屯绝域,吏民怨旷”的情况,上疏纵论“‘善善及子孙,恶恶止其身’。百王常典,不易之道也”。建议停止株连,章帝立即加以采纳,“听还徙者,悉罢边屯”(《后汉书》卷48《杨终传》)。赵憙出任平原太守时,当地“多盗贼,(赵)憙与诸郡讨捕,斩其渠帅,余党当坐者数千人。憙上言‘恶恶止其身,可一切徙京师近郡’。帝从之,乃悉移置颍川、陈留”(《后汉书》卷26《赵憙传》)。

常亲自为奏,每附经典,务从宽恕,帝辄从之,济活者甚众。其深文刻敝,于此少衰”[9](卷46《陈宠传》)。史家此说可以证明,议法从轻的思想及其指导下的执法实践,确实有效地缓和了急苛之政的负面影响。

通过以上讨论,可以廓清令人感到困惑的一个问题:汉人津津乐道其“轻刑”、“省禁”之功,历代论史者似乎也没有谁指责汉代存在暴政;但是,汉末的大政治家曹操在考虑法律改革时却“嫌汉律太重”[13]。那么,汉代的法律究竟是轻是重?现在是否可以循此思路回答:汉朝的法律,从立法层面而言,是根源于秦律,因而也就带有其酷苛繁重的本质属性(当然,汉朝时期经历的几次法律改革,有“轻刑”的主观意图,也收到了一定的客观效果),因此曹操的判断是准确无误的;但是,在执法的层面上,汉代士人表现出高度的智慧和理性,在具体法律程序的运作中,他们把僵硬的法律规定赋予了人性化的解释,缓和了专制皇权对法律的非良性操控,减轻了法律残酷无情的色彩。由于这一重要的“修补”,使得原本苛重的汉律,演变为刚柔兼济、变通有度的“社会形象”。汉代统治者从中所表现出的理性,对于维系民心、维持稳定,是发挥了积极作用的。

【参考文献】

[1]司马迁.史记[M].北京:中华书局,1959.

[2]梁启雄.韩子浅解:第50篇[M].北京:中华书局,1958.

[3]睡虎地秦墓竹简整理小组编.睡虎地秦墓竹简[M].北京:文物出版社,1978.

[4]班固.汉书[M].北京:中华书局,1962.

[5]桓宽.盐铁论:卷10[M]//诸子集成.上海:上海书店,1986.

[6]王符,著.彭铎,注解.潜夫论笺校正[M].北京:中华书局,1985.

[7]余英时.汉代循吏与文化传播[M]//士与中国文化.上海:上海人民出版社,1987.

[8]董仲舒.春秋繁露:卷3[M].上海:上海古籍出版社,1989.

[9]范晔.后汉书[M].北京:中华书局,1965.

[10]王符.潜夫论:卷4[M]//新编诸子集成.北京:中华书局,1985.

[11]李泽厚.已卯五说[M].北京:中国电影出版社,1999.

[12]卫宏.汉旧仪:卷上[M].北京:中华书局,1990.

[13]房玄龄,等.晋书:卷30[M].北京:中华书局,1974.

第29卷第6期
2009年11月

秦汉罪犯押解制度

宋 杰*

【摘 要】 秦汉政府对犯人的护送依据距离远近可分为短途押解和长途押解。短途押解的对象主要是刚被捕后送往附近狱所的罪犯,由专职的吏卒或自行缉拿犯人的百姓押送,施以绳索束缚。长途押解的对象为尚未终审判决之“囚”与服劳役之“徒”,前者送往郡国治所或京师的法庭,后者押送服刑地点,皆以桎梏或锁链束缚。押解人员须凭借证明文书过往关津,住宿传舍、亭舍,有全程护送和更替押解的区别,国家并设有行程规定。

【关键词】 囚;徒;诏狱;传舍;亭;逮书;槛车

在司法诉讼和判决执行的过程当中,由于罪犯的逮捕、囚禁审判和服刑往往是在不同的地点,需要进行空间的转移。为了防止犯人在运送途中逃逸、反抗或被劫走,必须对其实施肢体束缚与监护,即所谓押解。秦汉政府对此制定了相应的制度,根据情况而实施各种护送方式,可以按照运输路程的远近而分为短途押解和长途押解两类,依据押送距离是否超出罪犯逮捕或囚禁地点所属之县境而定。

一、短途押解

此类押送活动基本上不出当地县道辖区的范围,其有关制度分述如下。

(一)押解对象和目的地

从秦汉的历史记载来看,短途押解的对象主要是刚被逮捕后送往附近狱所的犯人。罪犯在诉讼审判的各个阶段具有不同的法律身份,官方对其名称有异。例如在狱中监禁待决的犯人称为“囚”;判决后服徒刑的犯人称“徒”或“刑徒”。而在通缉、逮捕的文书中则只称罪犯为“男子”、“女子”,如《居延汉简释文合校》183·13:“诏所名捕平陵长藿里男子杜光,字长孙,故南阳杜衍多……”[1]294或只称姓名籍贯,如《居延汉简释文合校》114·21:“名捕平陵德明里李蓬,字游君,年卅二三岁……”[1]186由于法律身份的不同,这些人在押解途中所受的待遇、刑具束缚以及护送人员的构成等都有种种区别,其具体内容请见下文。此外,短途押解的对象还包括从监狱押赴刑场处决的死刑犯,判决后从狱中押往县内服刑地点劳作的刑徒等等。因为他们的数量和资料记载都远远少于前者,并非是短途押送对象的典型代表,所以笔者在研究时主要以被捕入狱途中的罪犯来说明相关制度。

短途押解的目的地通常是将被捕犯人解往就近的官府牢狱。秦汉罪犯被捕后至结案之前,通常是囚禁在中央或地方司法审判机构附设的监狱实行拘押,称为“系狱”。如黄霸,“守丞相长史,坐公卿大议庭中,知长信少府夏侯胜非议

---

* 宋杰(1952—),男,北京市人,首都师范大学历史学院教授、博士生导师,主要从事秦汉史研究。

诏书大不敬,霸阿从不举劾,皆下廷尉,系狱当死”[2]3629。贾淑“为舅宋瑗报仇于县中,为吏所捕,系狱当死”[3]2230。京师的朝廷列卿均对本部门人员或专管领域的犯罪行为负有纠察审判的责任,西汉长安,“中二千石蔽罪断刑者二十有五狱,政充事猥,威仪繁富”[4]410。其中廷尉负责全国二千石长吏及疑难案件的审判事务,其他如少府、光禄勋、执金吾、卫尉四官,“奉宿卫,各领其属,断其狱”[5]34,即对于本部门或相关领域中的违法人员拥有司法审判权力。沈家本按:“据此条,则四官之属有狱事即自断之,不皆之廷尉也。汉法之简易如此。”[6]1972列卿各在自己或下属的官寺内设置监狱,囚禁专管领域内的罪犯。例如,“郡邸狱治天下郡国上计者,属大鸿胪”[2]236。“未央厩狱,主理大厩、三署郎,属太仆、光禄勋。”[7]494上林苑水衡都尉属下亦有狱,“主治苑中禽兽宫馆事”[5]92。《汉仪注》曰典客(大鸿胪)属下有“别火狱令官,主治改火之事”[2]730。

秦汉郡国县道对司法审判实行地区管辖,即由案件发生地的审判机构管理。据高恒先生研究:“县廷是地方基层审判机关,因而一县境内发生的案件,无论案件的性质如何,罪行大小(包括死刑案件),也无论案件当事人的身份、地位如何,均由县廷受理。”[8]409而县廷审理案件有两种方式,一是将某一类案件交由被告人现居住的乡,由乡啬夫负责审问。然后根据乡审问结果及乡啬夫提出的处理意见,县廷作出判决。如《建武三年候粟君所责寇恩事》诉讼卷宗中所载的“己卯文书”,即居延县廷根据都乡啬夫审问候粟君控告寇恩的结果而作出的判决。受理案件后,另一种处理方式,则由县廷直接审问。如《睡虎地秦墓竹简·封诊式》中的“爰书”,多是由县廷直接审问的案件。与此相联系,地方上的罪犯被捕后即押送到县道之牢狱,或是送往乡亭的附设监狱“犴”①。

(二)押解人员

将犯人逮捕后押往附近狱所的执法人员可以分为两种:第一种是专职的吏卒,即国家负责司法治安工作的基层公务人员,地方的逮捕工作往往是由他们进行。如各县道有尉,“尉主盗贼。凡有贼发,主名不立,则推案索行寻,案察奸宄,以起端绪”。刘昭注引应劭《汉官仪》曰:“大县丞左右尉,所谓命卿三人。小县一尉一丞,命卿二人。”[3]3623县下设乡、亭,“乡有三老、有秩、啬夫、游徼。三老掌教化。啬夫职听讼,收赋税。游徼徼循禁贼盗”[2]742。游徼职掌治安,负有逮捕、押送罪犯的责任。故赵广汉奏请,“令长安游徼狱吏秩百石,其后百石吏皆差自重,不敢枉法妄系留人”[2]742。各县“设十里一亭,亭长、亭候。五里一邮,邮间相去二里半,司奸盗。亭长持二尺版以劾贼,索绳以收执贼”[5]153。虞延“少为户牖亭长。时王莽贵人魏氏宾客放从,延率吏卒突入其家捕之”[3]1150。刘秀笑谓马武曰:“且勿为盗贼,自致亭长,斯可矣。”[3]785贾诩谓李傕曰:“诸君若弃军单行,则一亭长能束君矣。”[3]2333可见亭长亦有捕捉罪犯之责。亭长辖有亭卒名为“求盗”。应劭曰:“求盗者,亭卒。旧时亭有两卒,一为亭父,掌开闭扫除,一为求盗,掌逐捕盗贼。”[2]6《睡虎地秦墓竹简》中的《法律答问》、《秦律杂抄》、《封诊式》中屡见“求盗”逮捕押解人犯之例。其中《捕盗律》规定“求盗”为专职治安人员,不得从事接待来往官吏的工作。“求盗勿令送逆为它,令送逆为它事者,赀二甲。”[9]147

有些亭内驻有兵士,则设有校长,与军队相同。如彭越逮捕违令迟到者,“令校长斩之”。颜师古注:“一校之长也。”[2]1879《后汉书·百官志二》曰:“校长,主兵戎盗贼事。”[3]3574校长也负责逮捕押送罪犯事务。如《睡虎地秦墓竹简·封诊式》中“爰书”第九曰:“某亭校长甲、求盗才(在)某里曰乙、丙缚诣男子丁,斩首一,具弩二、矢廿,告曰:‘丁与此首人强攻群盗人,自昼甲将

① 汉代之“犴”参见《后汉书》卷52《崔骃传》载崔篆巡行郡内,“所至之县,狱犴填满”。李贤注:“犴音岸。《前书音义》曰:‘乡亭之狱曰犴。’”《后汉书》卷10上《皇后纪·序》载东汉外戚,“身犯务露于云台之上,家婴缧绁于圄犴之下。湮灭连踵,倾辀继路”。李贤注:“乡亭之狱曰犴,音五旦反。”

乙等徼循到某山,见丁与此首人而捕之。此弩矢丁及首人弩矢殹(也)。'"[9]225

另外,遇到重要的突发案件,或是皇帝下令催办的"诏狱"案件,地方行政司法长官有时会亲自率领吏卒缉拿罪犯,押送入狱。例如昭帝时有人冒充卫太子诣北阙,"丞相、御史、中二千石至者立莫敢发言。京兆尹(隽)不疑后到,叱从吏收缚……遂送诏狱"[2]3037。"富人苏回为郎,二人劫之。有顷,(赵)广汉将吏到家,自立庭下,使长安丞龚奢叩堂户晓贼,曰:'京兆尹赵君谢两卿,无得杀质,此宿卫臣也。释质,束手,得善相遇,幸逢赦令,或时解脱。'二人惊愕,又素闻广汉名,即开户出,下堂叩头,广汉跪谢曰:'幸全活郎,甚厚!'送狱,敕吏谨遇,给酒肉。"[2]3202汉桓帝下诏追捕寇荣,"司隶校尉应奉、河南尹何豹、洛阳令袁腾并驱争先,若赴仇敌,罚及死没,髡剔坟墓,但未掘圹出尸,剖棺露胔耳"[3]629。

西汉如在皇宫、行宫内逮捕大臣,通常由殿前武士收缚后送至狱所。如刘邦伪游云梦,韩信"谒高祖于陈。上令武士缚信,载后车"[10]2627。《汉书》卷2《惠帝纪》注引应劭曰:"执盾、执戟,亲近陛卫也。武士,力士也,高祖使武士缚韩信是也。"[2]85—86《汉书》卷68《霍光传》:"太后被珠襦,盛服坐武帐中,侍御数百人皆持兵,期门武士陛戟,陈列殿下。"颜师古注:"陛戟,谓执戟以卫陛下也。"[2]2939如果到高级官员府寺宅第进行逮捕,则往往是由朝廷派遣使者领随从前往宣布诏命,将其押送指定监狱。例如大司农田延年贪污被劾,"使者召延年诣廷尉。闻鼓声,自刎死"。晋灼注曰:"使者至司农,司农发诏书,故鸣鼓也。"[2]3666—3667成帝逮捕丞相王嘉,"嘉遂装出,见使者再拜受诏,乘吏小车,去盖不冠,随使者诣廷尉"[2]3502。使者或有军士随行,如元帝诏捕萧望之,"因令太常急发执金吾车骑驰围其第。使者至,召望之"[2]3288。或遣侍御史为使者逮捕押送,如刘辅奏事忤旨,"上使侍御史收缚辅,系掖庭秘狱"[2]3252。谷永进谏引起成帝憎恨,"上大怒。卫将军(王)商密擿永令发去。上使侍御史收永,敕过交道厩者勿追"[2]3465。顺帝即位后,"乃幸嘉德殿,遣侍御史持节收阎显及其弟城门校尉耀、执金吾晏,并下狱诛"[3]250。或由将官率羽林军负责,如霍光废刘贺帝位,"使尽驱出昌邑群臣,置金马门外。车骑将军安世将羽林骑收缚二百余人,皆送廷尉诏狱"[2]2939。

东汉宫中逮捕官员则是由卫尉属下左右都候负责。《后汉书·百官志二》载卫尉属下有"左、右都候各一人,六百石。本注曰:主剑戟士,徼循宫,及天子有所收考"。刘昭注引《汉官》曰:"右都候员吏二十二人,卫士四百一十六人。左都候员吏二十八人,卫士三百八十三人。"[3]3579又引蔡质《汉仪》曰:"宫中诸有劾奏罪,左都候执戟戏车缚送付诏狱,在官大小各付所属。以马皮覆。"[3]3580都候平时负责宫内的治安,《汉旧仪》卷上曰:"宫司马、诸队都候领督盗贼,属执金吾。"[5]65与《后汉书》所载之属卫尉不同。《后汉书》则称其为"都护",如李云上书切谏,"帝得奏震怒,下有司逮云,诏尚书都护剑戟送黄门北寺狱,使中常侍管霸与御史廷尉杂考之"[3]1852。都候及所属士兵有时也出宫参加逮捕官员的行动。如周纡任洛阳令,辱骂皇后弟黄门郎窦笃。"笃以表闻。诏召司隶校尉、河南尹诣尚书谴问,遣剑戟士收纡送廷尉诏狱。"[3]2495汉桓帝收捕权臣梁冀,"使黄门令具瑗将左右厩驺、虎贲、羽林、都候剑戟士,合千余人,与司隶校尉张彪共围冀第"[3]1186。灵帝时宦官曹节等人发动政变,假天子之命与外戚窦武交兵,"王甫将虎贲、羽林、厩驺、都候、剑戟士,合千余人,出屯朱雀掖门,与(张)奂等合。明旦悉军阙下,与武对陈"[3]2244。

第二种是普通百姓。秦汉法律允许并鼓励民间百姓捉拿罪犯,只要掌握相关证据,就可以自行将犯人逮捕并押送到官府。就其动机来看,或是为了领取赏金,如韩信悬赏捉拿李左车,"有能生得者购千金。于是有缚广武君而致麾下者"[10]2617。或是企图免除本身罪过。如《睡虎地秦墓竹简·封诊式》中"爰书"第五曰:"男子甲缚诣男子丙,辞曰:'甲故士五(伍),居某里,迺四月中盗牛,去亡以命。丙坐贼人□命。自昼甲见丙阴市庸中,而捕以来自出。甲毋(无)它坐。'"[9]251—252又如张敞任胶东太守,"明设购赏,开群盗令相捕斩除罪。……由是盗贼解散,传相捕斩。吏民歙然,国中遂平"[2]3220。逮捕押送罪犯者或为案件的当事人,即原告或原告的代理人。如《睡虎地秦墓竹简·封诊式》中"爰书"第十二曰:"某里士五(伍)甲缚诣男子丙,告曰:'丙,甲臣,桥(骄)悍,不田作,不听甲令。谒买(卖)公,斩以为城旦,受贾(价)钱。'"[9]259同书"爰书"第十三曰:"某里公士甲缚诣大女子丙,告曰:'某里五大夫乙家吏。丙,乙妾殹(也)。乙使甲曰:丙悍,谒黥劓丙。'"[9]260

（三）绳索束缚

官府逮捕犯人送往监狱的途中,为了防止他们逃跑或反抗,都要对其施加刑具的拘束,通常采用绳索捆绑,名之曰"系(繫)"或称为"缚系"。如《汉书》卷48《贾谊传》言贵戚大臣被捕,"上不执缚系引而行也"[2]2257。昌邑王刘贺继承帝位后,"文学光禄大夫夏侯胜等及侍中傅嘉数进谏以过失,使人簿责胜,缚嘉系狱"[2]2944。《睡虎地秦墓竹简·封诊式》中"爰书"有多起案例,都是将捉获犯人绑赴官府的行为称做"缚诣",故两汉史籍中又称逮捕罪犯为"收缚",说明捆绑犯人是押解过程必经的程序。可见前引《汉书》卷69《霍光传》:"车骑将军安世将羽林骑收缚二百余人,皆送廷尉诏狱。"[2]2939《汉书》卷77《刘辅传》:"书奏,上使侍御史收缚辅,系掖庭秘狱。"[2]3252官府捆绑押送犯人有专用的法绳,为黑色,称为"缧",故逮捕囚禁亦称为"缧绁"。如《史记》卷130《太史公自序》曰:"七年而太史公遭李陵之祸,幽于缧绁。"[10]3300张晏《史记正义》注:"缧,黑索也;绁,系也。"[10]2135又见《论语·公冶长》:"子谓公冶长,可妻也。虽在缧绁之中,非其罪也。"何晏注:"缧,黑索;绁,挛也,所以拘罪人。"邢昺疏云:"古狱以黑索拘挛罪人。"[11]2473法绳为黑色,最初称为"徽纆",见于《周易·坎》曰:"系用徽纆。"李鼎祚《周易集解》卷6疏云:"虞翻曰:徽纆,黑索也。……马融曰:徽纆,索也。刘表云:三股为徽,两股为纆,皆索名,以系缚其罪人矣。"

不过,两汉政府对高级官吏、宗室、老人、妇女和幼儿、侏儒有法律上的优待,在逮捕押送和入狱囚禁期间可以"颂系",即免受绳索和桎梏的束缚。这方面的规定,可见惠帝即位时诏书:"爵五大夫、吏六百石以上及宦皇帝而知名者有罪当盗械者,皆颂系。"[2]85汉景帝后元三年(前141年)曾下诏对颂系制度作了补充,有关内容如下:"高年老长,人所尊敬也;鳏寡不属逮者,人所哀怜也。其著令:'年八十以上,八岁以下,及孕者未乳,师、朱儒当鞠系者,颂系之。'"[2]1106汉平帝在元始四年(4年)正月再次下诏修订颂系制度,其文字如下:"其明敕百僚,妇女非身犯法,及男子年八十以上七岁以下,家非坐不道,诏所名捕,它皆无得系。其当验者,即验问。定著令。"[2]356光武帝在建武三年(27年)七月庚辰下诏曰:"吏不满六百石,下至墨绶长、相,有罪先请。男子八十以上,十岁以下,及妇人从坐者,自非不道,诏所名捕,皆不得系。当验问者即就验。"[3]35

（四）运输方式

如前所述,秦汉逮捕罪犯后通常是将其步行押送到附近的监狱囚禁,但是也有少数例外。如对待某些身居高位者予以特殊照顾,被捕捆绑后采用车载的办法。如汉成帝召丞相王嘉入狱,王嘉"乘吏小车,去盖不冠,随使者诣廷尉。廷尉收嘉丞相新甫侯印绶,缚嘉载致都舡诏狱"[2]3502。或是为了造作声势,扩大影响,对案犯实施集体逮捕,押送时也使用车辆运输。如尹赏为长安令,"乃部户曹掾史,与乡吏、亭长、里正、父老、伍人,杂举长安中轻薄少年恶子,无市籍商贩作务,而鲜衣凶服被铠捍持刀兵者,悉籍记之,得数百人。赏一朝会长安吏,车数百辆,分行收捕,皆劾以为通行饮食群盗"[2]3673。此外,将犯人押赴刑场处决时,亦有使用车辆载运的记述。例如吴楚七国之乱时,"上使中尉召(晁)错,给载行东市。错衣朝衣斩东市"[10]2831。再如刘屈氂被诉,"有司奏请按验,罪至大逆不道。有诏载屈氂厨车以徇,要斩东市,妻子枭首华阳街"[2]2883。韩延寿被奏有罪,"天子恶之,延寿竟坐弃市。吏民数千人送至渭城,老小扶持车毂,争奏酒炙"[2]3216。

二、长途押解

长途押解指的是将犯人从逮捕囚禁地点护

送转移到本县辖区之外,下面对相关各项制度予以论述。

(一)押解对象与目的地

秦汉牢狱之内的犯人统称“囚徒”,如《汉旧仪》曰皇帝践祚、改元、立皇后、太子,均要大赦天下。“分遣丞相御史乘传驾行郡国,解囚徒,布诏书。郡国各分遣吏传厩车马行属县,解囚徒。”[5]103—104绿林军攻至长安城下,“(王)莽遣使者分赦城中诸狱囚徒,皆授兵”[2]4190。应奉“为郡决曹史,行部四十二县,录囚徒数百千人”[3]1607。长途押解的犯人亦用此混称,如《太平御览》卷642引《钟离意别传》载其“以诏书送囚徒三百余人到河北连阴”。但如详细分别,“囚徒”中包括着“囚”和“徒”两种不同法律身份的罪犯。

1. 囚与所诣之狱。“囚”是处于羁留审讯期间等待判决的犯人,普通罪犯被捕后,通常是就近入狱,称为“囚”。《说文解字·囗部》曰:“囚,系也。从人在囗中。”即表示处于围墙之内的拘禁状态,故又称“系囚”、“狱囚”。汉朝官府之“牢”或“狱”内监禁的犯人主要为“囚”,即未判决定罪的嫌疑犯。可以参见《史记》卷59《五宗世家》称常山宪王太子刘勃:“与女子载驰,环城过市,入牢视囚。”[10]2103同一事例,《汉书》卷53《景十三王传》则写作:“与女子载驰,环城过市,入狱视囚。”[2]2434又东汉童恢任不其县令,“耕织种收,皆有条章。一境清静,牢狱连年无囚”[3]2482。此外,狱内还有已判处死刑等待到冬季执行的罪犯,称做“死囚”、“死罪囚”。狱囚拘押期间尽量避免外出,以防罪犯在途中逃亡,或被同伙劫走。《太平御览》卷643引《会稽典录》即有汉代下属狱吏拒绝遣送囚犯外出接受复审的事例:“高丰字文林,为鄮县狱吏。刺史虞孟行部,到旬日,鄮县僻,敕鄮长将囚徒就所在录见。林被文书,闭狱下篇,不肯送徒。遂到鄮。”

《居延新简》E. P. S4. T 2: 101:“移人在所县道官,县道官狱讯以报之,勿征遝(逮)。征遝(逮)者以擅移狱论。”[12]562高恒先生云:“移,指移送文书。人,指案件当事人(包括被告人、证人等)。按此律规定,当事人现居住的县道官署负责验问,然后将审讯结果报与受理此案的审判机关。受理此案的县道不得将此当事人‘征逮’到本县道。否则将按‘擅移狱’论罪。”[8]412即使是作案后逃窜至外地被捕,罪犯也不押送回案发地、原籍去进行审判定罪。而是留在当地囚禁审讯,直至执行判决。例如吴祐任胶东相,“安丘男子毋丘长与母俱行市,道遇醉客辱其母,长杀之而亡,安丘追踪于胶东得之。……即移安丘逮长妻,妻到,解其桎梏,使同宿狱中,妻遂怀孕。至冬尽行刑”[3]2101。

但是由于种种原因,仍有部分罪犯在入狱后需要转移到其他法庭和监狱囚禁受审,在这种情况下也需要对其实行押解。其目的地亦可分为以下两类。

(1)地方主审官员的治所。例如,翟义任南阳都尉行县至宛,县令刘立有罪。翟义“阳以他事召立至,以主守盗十金,贼杀不辜,部掾夏恢等收缚立,传送邓狱”[2]3423。宛县虽为南阳郡太守治所,但因刘立为县令,拘审时不宜在当地系狱,而邓县是南阳都尉治所,故翟义将其押送到自己辖下收审。又东汉“缪肜字豫公,汝南召陵人也。……仕县为主簿。时县令被章见考,吏皆畏惧自诬,而肜独证据其事,掠考苦毒,至乃体生虫蛆,因复传换五狱,逾涉四年,令卒以自免”[3]2685。或在郡治审理案件,需要从下属各县押解案犯及证人前往。见《居延汉简送文合校》181·2A、B:“元延二年八月庚寅朔甲午都乡啬夫武,敢言……褒葆俱送证女子赵佳张掖郡中。谨案曰:……留,如律令,敢言之。·八月丁酉居延丞□,居延丞印。八月庚子以来。”[1]290又“马援为郡督邮,送囚至府,囚有重罪,援哀而纵之,亡命北地,遇赦留”[13]419。

(2)“诏狱”所在地。遇到皇帝亲自下诏办理的重要案件,郡国县道涉案罪犯及连逮的亲属、证人必须到指定的特别法庭去接受审理,此机构称为“诏狱”,涉案人犯要从被捕囚禁的地点押送转移到“诏狱”。其情况大致有以下两种。

其一,前往京师的诏狱。如西汉首都长安的诏狱有“廷尉狱”和“中都官狱”,如《史记》卷122《酷吏列传》所言,“廷尉及中都官诏狱逮至六七万人,吏所增加十万余人"[10]3153。后者是在中央九卿所辖各种官署之内建立的诏狱,见《汉书》卷45《伍被传》曰:"又伪为左右都司空上林中都官诏狱书,逮诸侯太子幸臣。"颜师古注:"中都官,京师诸官府。"[2]2174东汉王朝建立后,亦在京师陆续建立了各种"诏狱"。起初有廷尉狱,亦称"廷尉诏狱"[3]1243、2111。有司隶校尉、河南尹和洛阳令共同掌管的"洛阳狱",亦称"洛阳诏狱"[3]2682。有后宫的"掖庭狱"[3]417,亦曰"掖庭诏狱"[2]3252。有暴室狱,亦作"暴室诏狱"[14]325。西汉曾有若卢狱,东汉和帝永元九年十二月己丑,"复置若卢狱官"[3]184。《汉书》卷19上《百官公卿表上》注引服虔曰:"若卢,诏狱也。"[2]732桓帝时设黄门北寺狱,亦称"北寺诏狱"[3]1669。郡国重大案件的涉案犯人及连逮的亲属、证人,通常要押送到京师诏狱来受审。如汉文帝十三年(前167年),"齐太仓令淳于公有罪当刑,诏狱逮系长安"[2]1097—1098。《后汉书》卷81《文苑·陆续传》:"是时楚王英谋反,阴疏天下善士,及楚事觉,显宗得其录,有尹兴名,乃征兴诣廷尉狱。续与主簿梁宏、功曹史驷勋及掾史五百余人诣洛阳诏狱就考,诸吏不堪痛楚,死者大半,唯续、宏、勋掠考五毒,肌肉消烂,终无异辞。"[3]2682此外,身居外地的高级官吏,如"二千石"、郡国守相,还有州刺史、边境领兵的将领、封国的王侯,由于他们具有贵族官僚的特殊身份,如果犯下重罪,当地的地方司法机构无权进行拘审,多数情况下是在当地被逮捕后,用囚车转送到京师诏狱监禁审讯,史书称为"槛车征"。如西汉何武大司空,封氾乡侯,免职就国后受人诬告,"大理正槛车征武,武自杀"[2]3488。西域官员陈良、终带叛逃匈奴,王莽用重金购赏,"单于即执良等付使者,槛车诣长安"[2]4138。东汉永元九年(97年),北海王刘威"以非睦子,又坐诽谤,槛车征诣廷尉"[3]558。光和二年(179年),"(护匈奴)中郎将张修与单于不相能,修擅斩之,更立右贤王羌渠为单于。修以不先请而擅诛杀,槛车征诣廷尉抵罪"[3]2964。又陆康为武陵太守,转守桂阳、乐安二郡,因上书切谏,"内幸因此谮康援引亡国,以譬圣明,大不敬,槛车征诣廷尉"[3]1113。

其二,西汉定都长安,但关东和关中有山水阻隔,相距千里,路途艰难遥远。为了节省押解时间及保障安全,朝廷先后在关东地区的若干郡治也设立了"诏狱",派遣大臣前往,某些重要案犯就近拘捕到这种监狱囚禁审讯。如彭越封梁王,"太仆亡走汉,告梁王与扈辄谋反。于是上使使掩梁王,梁王不觉。捕梁王,囚之洛阳"[10]2594。又雷被上书告发淮南王太子,"诏下其事廷尉、河南。河南治,逮淮南太子"。《史记正义》曰:"雷被告章下廷尉及河南共治之。""逮,谓追赴河南也。"[10]3083—3084即由廷尉与河南郡守共同审理此案,审讯机构设在该郡首府洛阳,由太守发文传逮淮南太子。哀帝时中山太后受中郎谒者张由诬告,"因是遣御史丁玄案验,尽收御者官吏及冯氏昆弟在国者百余人,分系洛阳、魏郡、钜鹿"[2]4006。上述三郡治所在西汉中后期均设有"诏狱",参见《汉书》卷45《息夫躬传》:"上遣侍御史、廷尉监逮躬,系洛阳诏狱。"[2]2187《汉书》卷93《淳于长传》:"上愈疑其有大奸,遂逮长系洛阳诏狱穷治。"[2]3732又"江充告(赵太子)丹淫乱,又使人椎埋攻剽,为奸甚众。武帝遣使者发吏卒捕丹,下魏郡诏狱,治罪至死"[2]2421。广川王刘去犯罪,"本始三年,相、内史奏状,具言赦前所乏。天子遣大鸿胪、丞相长史、御史丞、廷尉正杂治钜鹿诏狱,奏请逮捕去及后昭信"[2]2432。

东汉时期,皇帝下诏责办的重案之人犯有时也在郡治所在监狱关押审讯。例如,"永平十三年,楚王英谋为逆,事下郡覆考。明年,三府举(袁)安能理剧,拜楚郡太守。是时英辞所连及系者数千人,显宗怒甚,吏案之急,迫痛自诬,死者甚众。安到郡,不入府,先往案狱,理其无明验者,条上出之。……帝感悟,即报许,得出者四百余家"[3]1518。据前引《后汉书·陆续传》所言,楚王英案件的许多涉嫌人犯被押送到廷尉诏狱和洛阳诏狱,但案发地楚郡牵涉的人众数以千计,难以全部押解到京师,故将大量普通案犯与人证由各县集中在郡治彭城的监狱审理。灵帝熹平五年(176年),永昌太守曹鸾上书为党人鸣冤,"帝省奏大怒,即诏司隶、益州槛车收鸾,送槐里狱掠杀之"[3]2189。此举实际上是当政的宦官集团企图将曹鸾审讯后秘密处死,但是没有必要远送至京师,又不便在当地执行,故将其押解到右扶风郡治槐里的监狱处置。但史籍中对上述监狱未冠以“诏狱”之名。

2. 徒与所诣服刑地点。“徒”即被判处徒刑的犯罪者。因为徒刑犯往往要附加各种肉刑或耻辱刑。像黥、劓、髟足、髡、耐等,所以被称为“刑徒”,如王充所言:“夫徒,罪人也。被刑谓之徒。”[15]356它们又按照刑期长短而被分为几个等级。判刑最重的是“城旦舂”。《汉旧仪》载秦汉刑名曰:“城旦者,治城也;女为舂,舂者,治米也。皆作五岁,完四岁。”[5]85是说服此刑者男子称“城旦”,女子称“舂”。云梦秦简记载秦代城旦依罪行轻重处以“斩左止”、劓,黥、完(耐)等附加刑。西汉文帝时除肉刑,徒刑中重的是髡钳城旦舂,刑期为五岁;“完城旦舂”为四岁。又有“鬼薪白粲”,三岁徒刑。服刑者男称“鬼薪”,女称“白粲”。“司寇”,二岁徒刑。《汉旧仪》曰:“罪为司寇,司寇男备守,女为作如司寇,皆作二岁。”[5]85“司寇”本义为伺察寇盗,秦律里有“城旦司寇”[9]51、“舂司寇”[9]89。是监率城旦舂等重犯劳作的犯人,司寇也根据官府的需要从事其他劳动。“候”也是秦代徒刑,比“司寇”为轻①。汉代徒刑三月至一岁称做“罚作”,见《汉书》卷24下《食货志》:“非沮宝货,民罚作一岁。”[2]1184《汉旧仪》曰:“男为戍罚作,女为复作,皆一岁到三月。”[5]85其言女徒一岁刑称“复作”有误,因为居延汉简中多见男徒“复作”的简文②。《汉书》注家孟康、颜师古都认为“复作”是不穿戴囚服、刑具的弛刑劳作③。

秦汉时代的刑徒,有许多要被调遣到拘押审判地点之外去服苦役。例如首都的皇宫、官署内就有刑徒劳动,《汉书》卷55《卫青传》曰:“青尝从人至甘泉居室,有一钳徒相青曰:‘贵人也,官至封侯。’”注引张晏曰:“居室,甘泉中徒所居也。”[2]2472范雎为丞相,“尽请诸侯使,与坐堂上,食饮甚设。而坐须贾于堂下,置莝豆其前,令两黥徒夹而马食之”[10]2414。京师筑造城池、宫室、陵墓等大型建筑工程也需要众多的刑徒劳作,必须从郡国调拨。如秦始皇征发天下“隐宫徒刑者七十余万人,乃分作阿房宫,或作丽山”[10]256。汉惠帝三年六月,“发诸侯王、列侯徒隶二万人城长安”[2]89。在洛阳南郊东汉刑徒墓地,“此次发现砖铭中的郡县狱所,以州来统计,有司隶、豫州、冀州、兖州、徐州、青州、荆州、扬州、并州、益州、幽州,共计11州。以郡国统计,共有51个,占当时全部郡国的二分之一。其中以豫州的颍川、汝南,兖州的陈留,荆州的南阳4郡占数量最多。以县来统计,共229个”[16]48。各地郡县官署应配置固定数额的刑徒从事种种工作,如当地服刑犯人不能满足需要,可以向朝廷(丞相府)请求外调增补。见汉简中法律文书,“县官直用常徒者请丞相,之当输者给,有缺补,其不得以岁数免”[12]557。此外,边境的驻军、屯田兵力不足,政府也往往赦免罪犯或派遣刑徒前往补充。如居延汉简中屡见内地送来刑徒在当地官署和亭燧服役的记载。例如:“……四月旦见徒复作三百七十九人……卌八人署厨传舍狱城郭官府……六十人付肩水部部遣吏迎受。”[1]53尹湾汉简木牍五正亦记录了西汉某年东海郡官吏押送违法犯罪者赴边郡居住守戍的情况,例如“郯狱丞司马敞正月十三日送罚戍上谷”,“郯左尉孙严九月廿一日送罚戍上谷”,“平曲丞胡毋钦十月七日送徒民敦煌”,“司吾丞北宫宪十月五日送罚戍上谷”[17]96—97。东汉政府亦常常减死囚罪,令其徙戍边郡。从明帝到桓帝,几乎每个皇帝在位时都有此类诏令,见于《后汉书》本纪的就将近20次。如班超所言:“塞外吏士,本非孝子顺孙,皆以罪过徙补边屯。”[3]1586这些犯人在遣往作所或戍所的途中亦须实行押解,才能保证他们安全到达。另外,还有被判处迁徙即流放到边远地区居住生活的罪犯,朝廷亦派遣吏卒押送

① 参见《睡虎地秦墓竹简·法律答问》:“当耐为侯(候)罪诬人,可(何)论?当耐为司寇。”

② 参见谢桂华、李均明、朱国炤:《居延汉简释文合校》37·33简、60·2简、560·2A简,第61、106、655页。

③ 参见《汉书》卷8《宣帝纪》注引李奇曰:“复作者,女徒也。谓轻罪,男子守边一岁,女子软弱不任守,复令作于官,亦一岁,故谓之复作徒也。”孟康曰:“复,音服,谓弛刑徒也。有赦令诏书去其钳釱赭衣。更犯事,不从徒加,与民为例,故当复为官作,满其本罪年月日,律名为复作也。”师古曰:“孟说是也。”

他们到目的地。

（二）押解人员

负责长途押送罪犯的人员大致有两类。

1. 中央特派官吏。押解对象如果是边将、地方长官或诸侯王等重要人物，朝廷往往派遣使者或有使者身份的中央某部门官员前往逮捕并护送至诏狱所在地。例如，“（梁）太仆亡走汉，告梁王与扈辄谋反。于是上使使掩梁王，梁王不觉。捕梁王，囚之洛阳”[10]2594。江充“诣阙告太子丹与同产姊及王后宫奸乱，交通郡国豪猾，攻剽为奸，吏不能禁。书奏，天子怒，遣使者诏郡发吏卒围赵王宫，收捕太子丹，移系魏郡诏狱，与廷尉杂治，法至死”[2]2175。卫司马魏和意、副候任昌刺杀乌孙狂王未成，引起事变，“汉遣中郎将张遵持医药治狂王，赐金二十斤，采缯。因收和意、昌系琐，从尉犁槛车至长安，斩之”[2]3906。前引《汉书》卷99中《王莽传》曰：“匈奴单于知死，弟咸立为单于，求和亲。莽遣使者厚赂之，诈许还其侍子登，因购求陈良、终带等。单于即执良等付使者，槛车诣长安。”[2]4138又西汉丞相府、御史大夫府并称“两府”①，东汉以太尉、司徒、司空三公并立，其官署统称“三府”②，皆理天下政务，其府中掾吏间亦负责普通罪犯的押送任务。例如钟离意，“辟大司徒侯霸掾。诏部送徒诣河内。时冬寒，徒病不能行，路过弘农，意辄移属县使作徒衣，县不得已与之”[14]557。钟离意在此次押解行动中亦具有使者身份，《太平御览》卷642引《钟离意别传》载其对犯人说：“使者不忍善人婴刑，饥寒感恻于心。今以得衣矣，欲悉解善人械桎，得逃去耶？”

2. 郡县官吏。长途押解的对象如果是普通囚犯、刑徒，则往往由地方负责治安的官吏负责护送。根据史籍和简牍的记载，其小吏有亭长，如《汉书》卷1上《高帝纪》曰：“高祖以亭长为县送徒郦山。”[2]7敦煌悬泉汉简载有甘露三年四月庚辰金城太守贤“遣浩亹亭长桼（漆）贺，以诏书送施刑伊循”[18]39。又有建始二年三月乙巳氐池长延寿“遣传舍佐普就，为诏送徒民敦煌郡”[18]42。前引尹湾汉简木牍五正记录东海郡押送“罚戍”、“徒民”赴边之官吏有郯狱丞司马敞、郯左尉孙严、平曲丞胡毋钦、司吾丞北宫宪等。

长途押解人员的护送职责在时间上亦有明显区别，亦可以分为两类。其一是负责全程押送，即从起解地点开始行至最后的目的地，始终对犯人进行监护。如前述刘邦自沛县出发至骊山，“到丰西泽中亭止饮，夜乃解纵所送徒”[10]347。“钟离意辟大司徒侯霸府，诏部送徒诣河内。”[13]671其二是更替押解，即只负责某一段路程的护送任务，押解者不离开自己的辖区，称做“以亭次传”，或“以县次传”。如前所述，亭长下有求盗等亭卒。《居延汉简释文合校》148·44曰：“敢言之以亭次传诣狱。”[1]248即是由各亭之吏卒传递押解罪犯，更替护送至狱所。淮南王刘长谋反，被流放到蜀郡严道邛邮，“于是乃遣淮南王，载以辎车，令县以次传”[10]3079。是由沿途各县负责押送并保证犯人的安全，过境即将其转交给下一县。由于“县传淮南王者皆不敢发车封”[10]3079，即没有进行交接验收，致使刘长在绝食死亡后才被发现，属于护送失职。“上即令丞相、御史遂考诸县传送淮南王不发封馈侍者，皆弃市。”[10]3080再如东汉丹阳太守韩演“坐从兄季朝为南阳太守刺探尚书”，被用囚车押送京师。“至萧，萧令吴斌，演同岁也。未至，谓其宾从，到萧乃一相劳。而斌内之狴犴，坚其镮挺，躬将兵马，送之出境。”[13]279表明吴斌对过境的犯罪官员不念旧情，公事公办，也反映了犯人在押解途中的安全是由沿路各县分别负责，离开县境即不再承担责任。

（三）押解的文书

吏卒长途押送犯人需要离开本县或本郡，此类活动需要根据上级的指令起身，路上还必须执有官方的证明文件才能通过关津的检查与放行，并在沿途获得政府提供的饮食住宿。押解犯人离境的文书大致分为两类。

① 《汉书》卷83《薛宣传》：“宣考绩功课，简在两府。”颜师古注：“两府，丞相、御史府也。”

② 《后汉书》卷27《承宫传》：“三府更辟，皆不应。”李贤注：“三府谓太尉、司徒、司空府。”

1. 诏书或逮书。汉代史籍中多有得到诏书后押送罪犯出境的记载,此类罪犯多为到外地服役的刑徒。如《急就篇》曰:"鬼薪白粲钳釱髡,不肯谨慎自令然,输属诏作溪谷山,箯箖起居课后先。"《后汉书》卷41《钟离意传》载其"辟大司徒侯霸府。诏部送徒诣河内"[3]1406。西汉简牍文书中亦可见到此类情况。如前引敦煌悬泉汉简载金城太守贤"遣浩亹亭长桼(漆)贺,以诏书送施刑伊循"[18]39。氐池长延寿"遣传舍佐普就,为诏送徒民敦煌郡"[18]42。汉朝政府强调"地著",行政长官不得擅离辖区,违者处罪。例如西汉杜钦曰:"二千石守千里之地,任兵马之重,不宜去郡。"[2]3304东汉李章"出为琅邪太守。时北海安丘大姓夏长思等反,遂囚太守处兴,而据营陵城。章闻,即发兵千人,驰往击之。掾吏止章曰:'二千石行不得出界,兵不得擅发。'"[3]2493《汉书》卷19下《百官公卿表》曰:"邗侯李寿为卫尉,坐居守擅出长安界,使吏杀人下狱死。"[2]789—790诸侯王、列侯亦不准私出封国,如杨丘侯刘偃,"孝景四年,坐出国界,削为司寇"[2]431。祝兹侯刘延年,"坐弃印绶出国免"[2]476。宁严侯魏遬,"坐出国界,免"[2]590。普通吏卒必须驻守岗位,不得擅自离开。汉简中多有某人因为"不在署"而遭到惩处的记载,如《居延汉简释文合校》495·4A简曰:"吏奴下簿贱多所迫迫近官廷不得去尺寸。"[1]592为了维持社会安定,减少动乱因素,庶民徒隶均不得擅离本乡,而官吏押送刑徒出境应有朝廷的诏书才能成行,否则属于违法。

其次是逮书。即逮捕并递解前往就审地点的人犯出境所依据的法律文书,有朝廷颁发的名捕诏书、廷尉诏狱及中都官诏狱所颁发的逮捕文书,以及地方郡县司法机构所颁发的逮捕命令,要求当地司法部门将犯人逮捕后押送到审判机关所在地点。按照秦汉的诉讼程序,审判机构在立案之后即有权颁发公文给罪犯所在地的司法部门,要求捉拿案犯和传讯证人,将其押送到有关法庭所属的监狱。这一行为称做"逮",相关文书称为"逮书"[2]2148。对普通案件的罪犯和人证,县廷即可发布文书到外地传逮。如项梁在吴,"尝有栎阳逮,乃请蕲狱掾曹咎书抵栎阳狱掾司马欣,以故事得已"。《史记索隐》按:"逮训及。谓有罪相连及,为栎阳县所逮录也。故汉世每制狱皆有逮捕也。"[10]296事关公卿大臣或宗室贵族的重要案件,须上奏朝廷,待皇帝批准后,通常由"廷尉诏狱"来发布逮书,传捕犯人归案后审讯。如周勃免相就国后,"岁余,每河东守尉行县至绛,绛侯勃自畏恐诛,常被甲,令家人持兵以见。其后人有上书告勃欲反,下廷尉,逮捕勃治之"[2]2056。《汉书》卷4《文帝纪》四年九月,"绛侯周勃有罪,逮诣廷尉诏狱"[2]121。《史记》卷57《绛侯世家》亦曰:"其后人有上书告勃欲反,下廷尉。廷尉下其事长安,逮捕勃治之。"[10]2072再如元朔五年(前124年)雷被诉淮南王太子,"诏下其事廷尉、河南。河南治,逮淮南太子"[10]3083。《史记正义》注曰:"雷被告章下廷尉及河南共治之。"又曰:"逮,谓追赴河南也。"[10]3084因为寿春的地方官员没有执行命令,结果受到淮南相的起诉。"当是时,淮南相怒寿春丞留太子逮不遣,劾不敬。"[10]3083《史记集解》引如淳曰:"丞主刑狱囚徒,丞顺王意,不遣太子应逮书。"[10]3084

中都官的各所"诏狱"也有权传逮郡国人犯到京师。如伍被向淮南王刘安献策,"又伪为左右都司空上林中都官诏狱书,逮诸侯太子幸臣,如此则民怨,诸侯惧"[10]3090。即反映了当时左右司空(属少府)、都司空(属宗正)、上林苑(属水衡都尉)内皆设有诏狱,有权发布逮书,传捕诸侯亲属与臣僚。所以伍被建议刘安伪造并颁发这些机构的逮捕命令,以此来制造恐慌,鼓动叛乱。《汉书》卷60《杜周传》曰:"狱久者至更数赦十余岁而相告言,大氐尽诋以不道,以上廷尉及中都官,诏狱逮至六七万人,吏所增加十有余万。"[2]2660也说明"中都官诏狱"与廷尉诏狱都有权力签发"逮书",传捕人犯。

"逮书"在汉简中亦可见到。例如《居延汉简释文合校》58·17,193·19简:"逻(逮),戍卒觻得安成里王福字子文,敬以逻(逮)书捕得福盗械。"[1]103《居延新简》E. P. T 512:470简:"移魏郡元城逻(逮)书曰命髡钳笞二百……"[12]211《敦煌悬泉汉简释粹》一七简曰:"狱所逻(逮)一牒:河平四年四月癸未朔甲辰,效谷长增谓县(悬)泉啬夫、吏,书到,捕此牒人,毋令漏泄,先阅知，得遣吏送……（A）/掾赏、狱史庆（B）。”[12]20逮书也叫“系牒”，可见《张家山汉墓竹简·奏谳书》：“求盗甲告曰：从狱史备盗贼，武以六月壬午出行公梁亭，至今不来，不智（知）在所，求弗得，公梁亭校长丙坐以颂系，毋系牒，弗穷讯。”[20]98高恒先生指出，“毋系牒”即非法拘捕[8]412。

2. 传。需要注意的是，诏书和逮书只是官吏押送犯人起行的法律依据，押解吏卒并不随身携带，他们在护送罪犯上路过程中需要出示的通行证书是“传”。“传”，或称为“过所”、“棨”、“符”，是过往关津的通行证，以及在传舍获得饮食住宿提供的证明书。《汉书》卷99中《王莽传》曰：“吏民出入，持布钱以副符传，不持者，厨传勿舍，关津苛留。”颜师古注：“旧法，行者持符传，即不稽留。今更令持布钱，与符相副，乃得过也。”又曰：“厨，行道饮食处。传，置驿之舍也。苛，问也，音何。”[2]4122“符传”或为缣帛所制，参见《汉书》卷64下《终军传》：“初，军从济南当诣博士，步入关，关吏予军繻。军问：‘以此何为？’吏曰：‘为复传，还当以合符。’军曰：‘丈夫西游，终不复传还。’弃繻而去。”注引张晏曰：“繻，符也，书帛裂而分之。若券契矣。”苏林曰：“繻，帛边也。旧关出入皆以传。传烦，因裂繻头合以为符信也。”颜师古曰：“复，返也。谓返出关更以为传。”[2]2820

“传”或为木券，汉简中多此种实物。例如《居延汉简释文合校》181·2A、B：“元延二年八月庚寅朔甲午都乡啬夫武，敢言……褒葆俱送证女子赵佳张掖郡中。谨案曰：……留，如律令，敢言之。”[1]290《敦煌悬泉汉简释粹》第三四简：“甘露三年四月甲寅朔庚辰，金城太守贤、丞文，谓所过县、道官，遣浩亹亭长桼（漆）贺，以诏书送施刑伊循。当舍传舍，从者如律令。”[18]39同书第三七简：“建始二年三月戊子朔乙巳，氐池长延寿移过所，遣传舍佐普就，为诏送徒民敦煌郡，乘轺车一乘，马一匹，当舍传舍，从者如律令。”[18]42

（四）押解途中的饮食住宿

长途押送犯人的吏卒在途中可以凭借通行文书居住在沿路“传舍”里。“传舍”是秦汉政府建立的驿馆，可以为外出公务、过往官吏提供免费食宿。这一机构最早出现在战国后期，见《史记》卷75《孟尝君列传》：“孟尝君置传舍十日。”[10]2359并说其门下客馆分为传舍、幸舍及代舍。《史记索隐》按：“传舍、幸舍及代舍，并当上、中、下三等之客所舍之名耳。”[10]2359而史籍中又多见客馆有“上舍”之称①。汉代事例可见《史记》卷49《外戚世家》窦少君言：“姊去我西时，与我决于传舍中。”《史记索隐》曰：“传舍，谓邮亭传置之舍。”[10]1973—1974又《汉书》卷72《龚胜传》：“自昭帝时，涿郡韩福以德行征至京师，赐策书束帛遣归。诏曰：‘联闵劳以官职之事，其务修孝弟以教乡里。行道舍传舍，县次具酒肉，食从者及马。’”[2]3083颜师古注：“于传舍止宿，若今官人行得过驿也。”又云：“道次给酒肉，并饲其从者及马也。”[2]3084据侯旭东同志研究，传舍一般设置在县或县以上的治所，或在城内，或在城外，未必统一。边陲地区，如敦煌、酒泉郡，人烟稀少，各县相距较远，或为减少开支，传舍则与其他负责传递文书的“置”、“驿”等并置一处，且未必位于县治。内地传舍设于县，故分布并无一定之规。西北边地大约是平均六十汉里，约五十华里设一置。传舍与置有时在文献中并称，见《史记》卷10《孝文本纪》二年十二月诏：“太仆见马遗财足，余皆以给置传。”[10]422《史记索隐》曰：“按：《广雅》云：‘置，驿也。’《续汉书》云：‘驿马三十里一置。’故乐彦亦云传置一也。言乘传者以传次受名，乘置者以马取匹。”[10]423因为饲养牲口又称做“厩置”。见《汉书》卷33《田横传》：“横乃与其客二人乘传诣洛阳，至尸乡厩置。”[2]1851注引应劭曰：“尸乡在偃师。”瓒曰：“厩置，置马

① 参见《史记》卷5《秦本纪》：“（秦穆公）乃与晋君盟，许归之，更舍上舍，而馈之七牢。”《史记》卷24《乐书》：“而卫灵公之时，将之晋，至于濮水之上舍，夜半时闻鼓琴声。”《史记》卷70《张仪列传》：“楚怀王闻张仪来，虚上舍而自馆之。”《史记》卷78《平原君列传》：“赵平原君使人于春申君，春申君舍之于上舍。”《战国策·齐策一》：“靖郭君善齐貌辨……于是舍之上舍，令长子御，旦暮进食。”

以传驿也。”[2]1852传舍还有“食厨”,负责供给来往公务人员饮食。《晋书》卷30《刑法志》曰:“秦世旧有厩置、乘传、副车、食厨,汉初承秦不改,后以费广稍省,故后汉但设骑置无车马,而律犹著其文,则为虚设。”[21]924犯人到达沿途各县后,即由当地传舍负责供给押送吏卒与犯人饮食,违者获罪。如汉文帝“于是乃遣淮南王,载以辎车,令县以次传。……县传淮南王者皆不敢发车封。淮南王乃谓侍者曰:‘谁谓乃公勇者?吾安能勇!吾以骄故,不闻吾过至此。人生一世间,安能邑邑如此!’乃不食死。至雍,雍令发封,以死闻”[10]3079。文帝得知后给予上述失职官吏以严惩,“上即令丞相、御史遂考诸县传送淮南王不发封馈侍者,皆弃市”[10]3080。

过往传舍的吏卒必须遵照相关的法律规定,严格按照各自的身份、爵位、官职来领取饭菜羹汤与盐、酱等调味品。其伙食供应标准可参见《睡虎地秦墓竹简·秦律十八种·传食律》[9]101—103、《张家山汉墓竹简·二年律令·传食律》[20]40。《传食律》中未见传舍向被押解的犯人提供饮食之标准,此类情况可参考《睡虎地秦墓竹简·仓律》的有关记载:“隶臣妾其从事公,隶臣月禾二石,隶妾一石半;其不从事,勿禀。小城旦、隶臣作者,月禾一石半石;未能作者,月禾一石。小妾、舂作者,月禾一石二斗半斗;未能作者,月禾一石。婴儿之毋(无)母者各半石;虽有母而与其母冗居公者,亦禀之,禾月半石。隶臣田者,以二月月禀二石半石,到九月尽而止其半石。舂,月一石半石。隶臣、城旦高不盈六尺五寸,隶妾、舂高不盈六尺二寸,皆为小;高五尺二寸,皆作之。”[9]49另外,押解官员如果是乘车护送,其传马的草料供应标准参见《睡虎地秦墓竹简·仓律》:“驾传马,一食禾,其顾来有(又)一食禾,皆八马共。其数驾,毋过日一食。驾县马劳,有(又)益壶〈壹〉禾之。”[9]47《张家山汉墓竹简·二年律令·金布律》:“□□马日匹二斗粟、一斗叔(菽)。传马、使马、都厩马日匹叔(菽)一斗半斗。”[20]66

前引《居延汉简释文合校》148·44简:“……敢言之以亭次传诣狱。”据高敏先生研究,秦汉时期在交通线上供人住宿之所,除“传舍”外,还有设于亭的“亭舍”及设于邮的“邮舍”。“亭”虽为治安机构,但设有宿舍,亦可歇息过往行人,特别是由于当时禁止夜行,日落之前错过或未至传舍者只能留住于此。如李广“尝夜从一骑出,从人田间饮。还至霸陵亭,霸陵尉醉,呵止广。广骑曰:‘故李将军。’尉曰:‘今将军尚不得夜行,何乃故也!’止广宿亭下”[10]2871。应劭《风俗通义》记载汉代之亭亦可供公私人员饮食住宿。“亭,留也,今县有亭长。又语有亭待,盖行旅宿食所馆也。”[19]404亭舍住宿的情况可参见《后汉书》卷41《第五伦传》:“永平五年,坐法征,老小攀车叩马,啼呼相随,日裁行数里,不得前。伦乃伪止亭舍,阴乘船去。”[3]1397谢承《后汉书》卷6曰:“苍梧广信女子苏娥,行宿高安鹊巢亭,为亭长龚寿所杀,及婢,致富,取其财物,埋置楼下。交阯刺史周敞行部宿亭,觉寿奸罪,奏之,杀寿。”[14]207又刘宠“前后历宰二郡,累登卿相,而准约省素,家无货积。尝出京师,欲息亭舍,亭吏止之曰:‘整顿洒扫,以待刘公,不可得也。’宠无言而去,时人称其长者”[3]2479。《东观汉记》卷7亦曰:“(赵王)乾私出国,到魏郡邺、易阳,止宿亭,令奴金盗取亭席。”[13]227侯旭东同志据尹湾汉简《元延二年日记》统计,“依西汉历法,元延二年计354天,师饶夜宿传舍就有37天,占十分之一以上,是该年中师饶外出住宿时利用得最为频繁的机构。其次则是‘亭’,计29天,出现17个亭。还有邮与置,各一天”[22]65。

(五)押解的行程规定

《管子·乘马篇》曰:“天下乘马服牛,而任之轻重有制,有壹宿之行,道之远近有数矣。”汉朝政府对于长途押解罪犯的每日行程亦制定了相关规定,以防止押送者因懈怠而拖延时日。可参见《张家山汉墓竹简·二年律令·徭律》:“事委输、传送,重车重负日行五十里,空车七十里,徒行八十里。”[20]64如果没有达到应有的行程标准,称做“失期”,属于违法,会受到相应的惩处。可参见《睡虎地秦墓竹简·徭律》:“御中发征,乏弗行,赀二甲。失期三日到五日,谇;六日到旬,赀一盾;过旬,赀一甲。其得殹(也),及诣。水雨,除兴。”[9]76如果负有军事使命,则“失期”

甚至可能会被判处死刑。如《史记》卷48《陈涉世家》曰："二世元年七月，发闾左適戍渔阳，九百人屯大泽乡。陈胜、吴广皆次当行，为屯长。会天大雨，道不通，度已失期。失期，法皆斩。"[10]1950东汉章帝时征讨羌乱，"庞参以失期军败抵罪，以马贤代领校尉事"[3]2889。又"中平元年，黄巾贼起，故武威太守酒泉黄雋被征，失期。梁鹄欲奏诛雋，勋为言得免"[14]441。

（六）犯人的拘束和运送方式

前文已述，短途押送罪犯的人身束缚主要是用绳索捆绑，长途押解则与之不同，据史料记载，大多用桎梏，或是铁链。秦汉被捕入牢狱受审或待审、待决的罪犯称"囚"、"系囚"，其拘束方式为"械系"，即加上木制的桎梏。见《史记》卷53《萧相国世家》："（刘邦）乃下相国廷尉，械系之。"[10]2018《汉书》卷66《公孙贺传》朱安世语："丞相祸及宗矣。南山之竹不足受我辞，斜谷之木不足为我械。"颜师古注："斜，谷名也，其中多木。械，谓桎梏也。"[2]2878按照法律规定，犯人入狱后，即进入司法诉讼过程中的羁押阶段，应立即"著械"、佩戴桎梏，否则执法官员要受到惩处。如贾逵任曹操掾吏，被捕入狱，"狱吏以逵主簿也，不即著械"，贾逵即谓狱吏曰："促械我。尊者且疑我在近职，求缓于卿，今将遣人来察我。"结果不出所料，"逵著械适讫，而太祖果遣家中人就狱视逵"[4]487。《史记》卷122《酷吏列传》曰："军数出定襄，定襄吏民乱败，于是徙（义）纵为定襄太守。纵至，掩定襄狱中重罪轻系二百余人，及宾客昆弟私入相视亦二百余人。纵一捕鞠，曰'为死罪解脱'。是日皆报杀四百余人。"《史记集解》引《汉书音义》曰："《律》，诸囚徒私解脱桎梏钳赭，加罪一等，为人解脱与同罪。（义）纵鞠相赡餉者二百人为解脱死罪，尽杀也。"[10]3146

汉初刘邦伪游云梦、诱捕楚王韩信之事，也是一个典型的例证。"上令武士缚信，载后车。信曰：'果若人言：狡兔死，良狗亨；高鸟尽，良弓藏；敌国破，谋臣亡。天下已定，我固当亨！'上曰：'人告公反。'遂械击（系）信。至洛阳，赦信罪，以为淮阴侯。"[10]2627表明罪犯被捕时先用绳索缚系，即使未进牢狱而囚于车内，也属于进入羁押阶段，故在长途押解之前改为"械系"，然后再起行。另见前引《风俗通义·穷通篇》载丹阳太守韩演被递解进京，"从事汝南阎符迎之于杼秋，相得，令止传舍，解其桎梏，入与相见"[19]279。此外，重罪犯人连逮入狱的妻子家属也用桎梏束缚，押送途中亦不得解脱。如《后汉书》卷64《吴祐传》载其任胶东相，"安丘男子毋丘长与母俱行市，道遇醉客辱其母，长杀之而亡，安丘追踪于胶东得之。……即移安丘逮长妻，妻到，解其桎梏，使同宿狱中，妻遂怀孕。至冬尽行刑"[3]2101，即为其证。又《后汉书·五行志一》亦言党锢之祸时，"到（延熹）九年，党事始发，传黄门北寺，临时惶惑，不能信天任命，多有逃走不就考者，九族拘系，及所过历，长少妇女皆被桎梏，应木屐之象也"[3]3271。

如果身犯重罪，手足皆受桎梏，则行动不便，所以此类押解往往采用车运的方式，有普通车辆和特制的囚车"槛车"两种。如前述南阳都尉翟义收捕宛令刘立，"以主守盗十金，贼杀不辜，部掾夏恢等收缚立，传送邓狱"。即用普通车辆运输，"载环宛市乃送，吏民不敢动，威震南阳"[2]3425。《三国志》卷15《魏书·贾逵传》亦曰："太祖征刘备，先遣逵至斜谷观形势。道逢水衡，载囚人数十车，逵以军事急，辄竟重者一人，皆放其余。"[4]481也是如此。桎梏而入槛车者可见前引《风俗通义·穷通篇》载丹阳太守韩演被递解进京一例。

长途押解的未决罪犯或有用绳索、铁链束缚者，亦使用槛车运输。如陈平、周勃奉诏收捕樊哙，"未至军，为坛，以节召樊哙。哙受诏，即反接，载槛车诣长安，而令周勃代将兵定燕"[2]2045。颜师古注"反接"曰："反缚两手也。"汉中郎将张遵出使乌孙，"因收（魏）和意、（任）昌系琐，从尉犁槛车至长安，斩之"[2]3906。文中"系琐"，即以铁制锁链束缚，见《汉书》卷24下《食货志》："犯者愈众，及五人相坐皆没入，郡国槛车铁瑣，传送长安钟官。"[2]1184

已经判决服徒刑之罪犯，即刑徒，如被长途押送到外地服役，他们在路上所戴之刑具亦为桎梏。可能不是手足并械，所以能够步行前往，但或将罪犯的刑具串联起来,以防止其分散逃亡。参见《太平御览》卷642引《钟离意别传》:“司徒侯霸辟意署议曹掾,以诏书送囚徒三百余人到河北连阴。冬盛寒,徒皆贯连械,不复能行。……其有节义名者五六十人,悉解械桎,先遣之,与期日会作所,徒皆先期至也。”不过,也有用绳索束缚步行赴役者,如刘邦“为县送徒郦山;徒多道亡,自度比至皆亡之。到丰西泽中止饮,夜乃解纵所送徒”[10]347。或用铁链锁缚,步行或乘囚车前往。如《汉书》卷99下《王莽传》曰:“民犯铸钱,伍人相坐,没入为官奴婢。其男子槛车,儿女子步,以铁琐琅当其颈,传诣钟官,以十万数。”颜师古注曰:“琅当,长锁也。钟官,铸钱之官也。”[2]4167

【参考文献】

[1]谢桂华,李均明,朱国炤.居延汉简释文合校[M].北京:文物出版社,1987.

[2]班固.汉书[M].北京:中华书局,1975.

[3]范晔.后汉书[M].北京:中华书局,1982.

[4]陈寿.三国志[M].北京:中华书局,1975.

[5]孙星衍,等.汉官六种[M].北京:中华书局,2007.

[6]沈家本.历代刑法考[M].北京:中华书局,1985.

[7]徐坚,等.初学记[M].北京:中华书局,1980.

[8]高恒.秦汉简牍中法律文书辑考[M].北京:社会科学文献出版社,2008.

[9]睡虎地秦墓竹简整理小组.睡虎地秦墓竹简[M].北京:文物出版社,1979.

[10]司马迁.史记[M].北京:中华书局,1975.

[11]十三经注疏[M].北京:中华书局,1984.

[12]甘肃省文物考古研究所,等.居延新简[M].北京:文物出版社,1990.

[13]刘珍,撰.吴树平,校注.东观汉记校注[M].郑州:中州古籍出版社,1987.

[14]周天游.八家后汉书辑注[M].上海:上海古籍出版社,1986.

[15]王充.论衡[M].上海:上海人民出版社,1974.

[16]中国社会科学院考古研究所.汉魏洛阳故城南郊东汉刑徒墓地[M].北京:文物出版社,2007.

[17]连云港市博物馆,等.尹湾汉墓简牍[M].北京:中华书局,1997.

[18]胡平生,张德芳.敦煌悬泉汉简释粹[M].上海:上海古籍出版社,2001.

[19]应劭,著.吴树平,校释.风俗通义校释[M].天津:天津人民出版社,1980.

[20]张家山二四七号汉墓竹简整理小组.张家山汉墓竹简[二四七号墓](释文修订本)[M].北京:文物出版社,2006.

[21]房玄龄,等.晋书[M].北京:中华书局,1974.

[22]侯旭东.传舍使用与汉帝国的日常统治[J].中国史研究,2008(1).

第 18 卷第 4 期
1998 年 4 月

略论冒顿单于时期的匈奴人口

袁祖亮*

【摘　要】 关于冒顿单于时期的匈奴人口问题,学术界意见不一。据文献记载,冒顿单于时期的匈奴人口在 140 万以下。

【关键词】 冒顿单于;匈奴;人口

关于冒顿单于时期的匈奴人口,学术界早有论及,马长寿先生之《论匈奴部落国家的奴隶制》[1]一文认为是 150 万。而林干先生之《匈奴社会制度初探》[2]一文认为是 200 万。拙见认为,冒顿单于时期的人口在 140 万以下,其理由如下。

综观马长寿先生和林干先生估算冒顿单于时期的匈奴人口有两个重要的根据,其一是冒顿单于时期的兵员人数,其二是贾谊所述之每家所出兵员人数,二者结合,进行估算。如马先生在《论匈奴部落国家的奴隶制》一文中指出:"匈奴极盛时代,控弦的战士约三十万。他们出兵的单位是以家族为标准,即贾谊《新书》所谓'五口而出介卒一人'。设此来推测,匈奴极盛时代的人口共有一百五十万,此与中行说所说'匈奴人众不能当汉之一郡',是完全相符的。"林干先生在《匈奴社会制度初探》一文中指出:"《史记・匈奴列传》说,冒顿时控弦之士三十余万,公元前 200 年他在平城围攻刘邦时有精兵四十万。匈奴'士力能弯弓,尽为甲骑'。照贾谊的说法,匈奴'五口而出介卒一人',那么当时大约有二百万人口。"

首先,我们认为公元前 200 年冒顿困高祖刘邦于平城之时的兵员 40 万骑是值得怀疑的,《史记・匈奴列传》载:

> 高帝先至平城,步兵未尽到,冒顿纵精兵四十万骑围高帝于白登,七日,汉兵中外不得相救饷。

关于这一数字,《汉书》的作者班固在叙述这段历史时并未采用,而改为 30 余万骑,《汉书・匈奴传》载:

> 高帝先至平城,步兵未尽到,冒顿纵精兵三十余万骑围高帝於白登,七日,汉兵中外不得相救饷。

由此可见,班固就不同意《史记・匈奴列传》中 40 万骑的说法。

再者,冒顿杀父自立与白登之围,按照林干先生的说法,中间为 9 年的时间,而冒顿杀父自立时,《史记》、《汉书》都明载为控弦之士 30 余万。如《史记・匈奴列传》言冒顿杀父自立后,

---

* 袁祖亮(1944—　),男,河南省南阳市人,郑州大学历史研究所所长,教授,主要从事先秦、秦汉史研究。

东胡向冒顿进行试探,先后索良马、索阏氏,冒顿都一一满足了东胡的要求。但当后来东胡向冒顿索地时冒顿大怒:

诸言予之者,皆斩之。冒顿上马,遂东袭击东胡……大破灭东胡王,而虏其民人及畜产。既归,西击走月氏,南并楼烦、白羊河南王。悉复收秦所使蒙恬所夺匈奴地者,与汉关故河南塞,至朝那、肤施,遂侵燕、代。是时汉兵与项羽相距,中国罢於兵革,以故冒顿得自强,控弦之士三十余万。

《汉书》中关于此段历史的叙述,与《史记》完全相同,即均认为当时冒顿的兵员是30余万骑。

可能有的同志会问,林干先生把冒顿杀父自立定于公元前209年,从公元前209年到公元前200年的白登之围,中间相隔9年,在这9年中,匈奴的人口难道不会自然增殖吗?再者,在此期间,匈奴还会向外扩张,吞并弱小民族,以扩充其兵员。如上所述,冒顿的30万骑兵是在他击灭东胡、西击走月氏、南并楼烦、白羊河南王之后的兵员状况。即便此后对周围弱小政权有所吞并,那也是北服浑庾、屈射、丁零、隔昆、新犁这些小国,且是处于生活条件极差的苦寒之地的民族,估计其人口不会很多,而且也不过是归顺投降而已。再者,若按林干先生冒顿单于为公元前209年即位说,当时兵员30余万骑,下距白登之围的公元前200年为9年之时间,匈奴兵员要从30万增殖到40万,其人口年自然增长率必须保持在32‰以上①。而这一数值,即便是汉初中原地区也不能达到②,更何况《匈奴历史年表》把冒顿兵员30余万定为公元前206年时期的数字③。那么,从公元前206年到公元前200年,仅隔6年的时间,匈奴之人口不会有如此高的增长速度。

再者,冒顿时的30余万骑,可能是其最高兵员,《史记·匈奴列传》中有关匈奴职官体制的叙述可供我们分析:

然至冒顿而匈奴最强大,尽服从北夷,而南与中国为敌国。其世传国官号仍可得而记云:置左右贤王、左右谷蠡王、左右大将、左右大都尉、左右大当户、左右骨都侯。匈奴谓贤曰"屠耆",故常以太子为左屠耆王。自左右贤王以下至当户,大者万骑,小者数千,凡二十四长,立号曰"万骑"……各有份地,逐水草移徙。

由上可知,匈奴实有二十四长,大者仅万骑,小者数千,故王仲翰《中国民族史》谓除单于外有24万骑[3],恐怕还不足24万骑。总之,匈奴最盛时之兵员也就是30来万,史书所载之某些匈奴的人口数字有虚张之势,这种因素要考虑在内,如武帝元狩二年(前121年)秋:

昆邪王杀休屠王并将其众降汉,凡四万余人,号十万[4]。

其中便有夸张之词。

总之,冒顿单于时期匈奴的最盛兵员为30余万骑,有了这个数字,我们来如何估算匈奴的人口呢?学术界一般都以贾谊《新书》卷4《匈奴》篇中的兵员比例来计算。如贾谊云:

(匈奴)五口而出介卒一人。

这里的"介卒",亦谓"甲卒",或谓甲胄之士。由此看来,贾谊认为匈奴人口与兵员之比为五比一。另外,《后汉书·南匈奴传》在言及南匈奴最盛时的人口数字时云:

是时,南部连克获纳降,党众最盛,领户三万四千,口二十三万七千三百,胜兵五万一百七十。

《南匈奴传》中的"是时",指的是永元二年(90年)。由上资料进行计算,东汉时南匈奴的人口与兵员之比亦为5∶1(但户与兵员之比为1∶1.48)。然而,根据文献和其他游牧民族的情况分析,颇有一些疑问。

首先,南匈奴的情况应另当别论,后面我们

---

① $30\times\left(1+\frac{X}{1000}\right)^{9}=40$(万) ∴ $X=32‰$。

② 拙作《西汉时期人口自然增长率初探》(《史学月刊》1981年第3期)求得西汉初年的人口自然增长率为12‰。

③ 《匈奴历史年表》把冒顿灭东胡、击走月氏、南并白羊河南王系在公元前206年。见《匈奴历史年表》第4页,中华书局1984年版。

将予以分析。在这里我们来看看《史记·匈奴列传》是如何介绍匈奴族的情况的：

> (匈奴)儿能骑羊，引弓射鸟鼠。少长则射狐兔，用为食。士力能弯弓，尽为甲骑。其俗，宽则随畜，因射猎禽兽为生业。急则人习战攻以侵伐，其天性也。

从“士力能弯弓，尽为甲骑”一语分析，凡能拉开弓者，都是兵员。而匈奴人在儿时就能引弓射鸟鼠，稍大一点就能弯弓射狐兔，由此推测，平均每家要有一到两人为甲士，即每户之兵员约占户人口的将近三分之一。

上述分析也不是毫无根据的，在同一时期里，与匈奴同俗并与匈奴为邻的其他游牧民族的兵员之数就是约占总人口的三分之一。如原来与匈奴相邻，生活在敦煌、祁连山地区的乌孙人、大月氏人的情况便是如此。这两个民族也都是游牧民族，《汉书·西域传上》所载大月氏的情况是这样的：

> 大月氏国，治盐氏城，去长安万一千六百里。不属都护，户十万，口四十万，胜兵十万人。……大月氏本行国也，随畜移徙，与匈奴同俗。控弦十万，故轻匈奴。

由此可见，大月氏的兵员与人口之比例是25 %，与贾谊所述之匈奴兵员与人口之比的20%要高出五个百分点，冒顿当初曾在大月氏做过人质。另外一个与匈奴同俗的乌孙人的兵员与人口之比也是较高的，《汉书·西域传下》载：

> 乌孙国，大昆弥治赤谷城，去长安八千九百里，户十二万，口六十三万，胜兵十八万八千八百人。……地莽平。多雨，寒。山多松樠。不田作种树，随畜逐水草，与匈奴同俗。

从《汉书·西域传下》的记述，我们得知乌孙国的兵员占总人口的比例为29.9%，也比贾谊所说的比例高。而且乌孙与匈奴的习俗更为接近，它曾是匈奴的属国，乌孙被大月氏击败后一直在匈奴的地盘上生活。乌孙的首领翁归靡在小的时候曾被单于所收养，直到长大成人。

除此之外，与匈奴比邻的其他西域小国的兵员人数也基本上占总人口的三分之一。所以我们认为，匈奴兵员占总人口之比为20%似乎有点少。

那么，贾谊“(匈奴)五口而出介卒一人”作何解释，而后汉时期南匈奴的兵员比例如何理解呢？我们认为，贾谊所论匈奴之事未必完全正确，如贾谊在论及匈奴的总人口时，言说匈奴仅有中国一个大县的人口那么多，请看《汉书·贾谊传》的记载：

> 臣窃料匈奴之众不过汉一大县，以天下之大，困于一县之众，甚为执事者羞之。

贾谊为汉文帝期间人，当时正值秦末战乱走向统一不久，秦始皇的残暴统治，使中国人口之损耗十分严重，到文帝年间，也不过是刚刚恢复统一后的三四十年，人口的增长也是有限的。当时一个大县的人口最多也不会超过30万，因为据《汉书·地理志》的记载，直到西汉末年时，中国人口达到极盛时期时，像宛也不过有户47547。鄠陵县有户49101，有口261418人。国都长安城才有户80800，有口246200人。武帝的陵墓所在地的茂陵县也不过有户61087，有口277277人。当然茂陵县人口比较众多是由于迁豪移民所致。总之，西汉盛时一些县的人口尚且达不到30万，而冒顿单于的兵员就超过了30万。所以贾谊之谓匈奴人口不过汉一大县的说法未必正确，故贾谊的一些说法值得怀疑。那么，东汉时期南匈奴兵员与总人口之比为21%又作何解释呢？我们认为，南匈奴兵员占总人口之比重不高的原因有二：其一是在公元90年前后，南匈奴在东汉政府接连对北匈奴打击的同时，也利用有利时机，不断对北匈奴出击，虏获了不少北匈奴人。被俘获者恐怕妇女老幼居多，当时南匈奴人众虽多，但不能充当兵员，故而兵员占总人口的比重不高。再者，南匈奴沿塞居住，汉化程度高，汉朝的兵员制度对其也可能会有影响，更何况南匈奴依汉则安，没有必要保留那么多的兵员。所以用南匈奴兵员与人口之比去匡西汉冒顿单于时期的情况，恐怕未必恰当。

对于匈奴人口数量之论述，莫过于匈奴内部的人的说法最为权威，西汉王朝投降匈奴的宦者——燕人中行说对匈奴人口数量有过论述。中行说投降匈奴是在公元前174年，也就是孝文帝前六年。这一年冒顿单于死，其子稽粥立，号曰“老上单于”。西汉照例选派宗室女子配单于为阏氏,并派中行说随公主赴北藩,但中行说一去不返,投降匈奴。《汉书·匈奴传》载:

> 文帝复遣宗人女翁主为单于阏氏,使宦者燕人中行说傅翁主。中行说既至,因降匈奴,单于爱幸之。

中行说投降匈奴以后,带去了汉之先进文化,教匈奴统计人众和牲畜的方法。中行说言匈奴之人众在汉文帝时不过汉之一郡的人口那么多,对此,《汉书·匈奴传》有明确的记载:

> 初,单于好汉缯絮食物,中行说曰:“匈奴人众,不能当汉之一郡,然所以强之者,以衣食异,无仰于汉。今单于变俗好汉物,汉物不过什二,则匈奴尽归于汉矣。其得汉絮缯,以驰草棘中,衣袴皆裂弊,以视不如旃裘坚善也。得汉食物,皆去之,以视不如重酪之便美也。”于是说教单于左右疏记,以计识其人众畜牧。

林干先生认为,这“就是实行封建赋税制,是一种农奴式的剥削形态”[5]。总之,中行说对匈奴的情况十分了解,匈奴之人口,以中行说之言,在汉文帝时期还不能当汉之一郡人口多。那么,西汉文帝时期汉之一郡的人口究竟有多少呢?史书上虽然没有记载,但我们可以推测。《汉书·地理志》记载的是西汉末年时全国的郡、国的人口数字,其中西汉人口最多的两个郡分别是汝南郡和颍川郡。汝南郡有户461587,有口2596148人。而颍川郡有户432491,有口2210973人。当然以上数字为西汉末年之事,那么在汉文帝年间西汉郡的人口有多少呢?西汉的人口是有一个增长的过程的,据拙作《西汉时期人口自然增长率初探》和《再论汉武帝末年人口并非减半——兼与葛剑雄同志商榷》[6]中认为,西汉初年的人口约有1400万,西汉前期的人口自然增长率为12‰左右。由此可以推算出文景之际的西汉人口约有2500万,景武之际的人口约有3000万,武帝发动大规模反击匈奴战争之前的西汉人口约有3400万。武帝经过30余年抗击匈奴的战争,人力、物力、财力损失较大,加之灾荒,武帝末年的人口约有3000万,西汉后期的人口自然增长率为8‰,到汉平帝元始二年(2年)之时,全国总人口达到《汉书·地理志》所载之5900余万。那么,由上分析,西汉文帝时期的人口约占西汉末年人口之将近二分之一,这样一来,我们若把西汉末年时最大的两个郡的人口取半的话,分别为近130万人和110万人,所以我们推测冒顿单于时期的匈奴人口约在130万至140万之间。

【参考文献】

[1]马长寿.论匈奴部落国家的奴隶制[J].历史研究,1954(5).

[2]林干.匈奴社会制度初探[M].//林干,主编.匈奴史论文集(1919—1979).北京:中华书局,1983.

[3]王仲翰.中国民族史[M].北京:中国社会科学出版社,1994:217.

[4]班固.汉书·匈奴传[M].北京:中华书局,1962.

[5]林干,主编.匈奴史论文集[M].北京:中华书局,1983.

[6]袁祖亮.再论汉武帝末年人口并非减半——兼与葛剑雄同志商榷[J].学术月刊,1985(4).

第28卷第4期
2008年7月

秦汉统一战争中的典型战略预案评析

黄朴民*

【摘　要】 秦汉时期《客卿对》、《汉中对》、《草庐对》、《平吴疏》、《平陇蜀策》等典型战略预案的指导思想、战争运筹、指挥特征、战术方案诸内容，反映了秦汉统一战争中战略预案制定上所呈示的共性特征：能够立足于长远，放眼于全局，具有前瞻性；能够建立在最复杂的战略背景之上，致力于完成战略上的根本转折；能够充分考虑到军事行动的各种变数，具有很强的实用价值和可操作性；能够随着战争的进程而做适当的充实或调整，从而推动统一大业不断由胜利走向胜利。秦汉统一战争的战略预案往往分为两个层次：一种是全局性的，贯穿于该场统一战争的始终，起着纲领性的指导意义；另一种是局部性的，起作用于统一战争进程中某个特定的时期。前者体现的是全过程性与整体性，而后者体现的则是阶段性与不完整性，两者互为补充，共同作用于当时统一大业的顺利推进。

【关键词】 秦汉时期；统一战争；战略预案；作战指导；兵学思想

"先计后战"是中国军事文化的重要传统。古代兵家都普遍强调"先计"的重要性：孙子把《计篇》放在其兵法13篇之首；《管子》强调"凡攻伐之为道也，计必先定于内，然后兵出乎境"[1]（《七法》）；《尉缭子》同样主张计要"先定"，虑要"早快"[2]（《勒卒令》）。秦汉以降，兵家对"先计后战"的论述更是不绝于书。《陆宣公奏议》卷9中指出："两强相接；两军相持；事机之来，间不容息。蓄谋而俟，犹恐失之。临时始谋，固已疏矣。"宋代何去非认为"计必胜而后战，是胜不可以幸得也"[3]（《李陵论》）。明代著名军事家戚继光主张要打"算定战"，坚决反对打"舍命战"和"糊涂战"[4]（卷4《登坛口授》）。在他们看来，战前没有充分的筹划，势必会导致"战之自败，攻之自毁"[1]（《七法》）。

李际均将军认为："战争双方的对抗不仅渗透于战争行动过程中，即渗透于围绕着双方军队攻防作战的一切活动中，而且渗透于双方的战争计划中。战争计划（黄朴民按，也可以理解为战略预案）固然是自己一方意志的表现，但在这个意志中包含着对敌人的估量。一切战略的方针与措施都是针对敌人的对抗而制定和部署的，自己采取的一切措施都会引起敌人的反措施，战争计划不单纯是考虑自己怎样做，而且要同时考虑敌人会怎样做。"[5]170战争活动这一特点，决定了"先计"除了要做到尽可能的万全与周密之外①，更要考虑到深计远虑的问题，即战略预案要符合战争运动的可能发展，要观照到整个战争的全过程。因此，"先计"的要义之一是"谋所以始吾战也，战所以终吾谋也"[6]（《谋战》），并把这一思想坚定地贯彻于战争实践之中。真正做到不战则已，

* 黄朴民（1958—　），男，浙江省绍兴市人，中国人民大学国学院教授，博士生导师，主要从事秦汉史研究。

① 宋人许洞对"先计"之周全问题有系统的论述，要云："欲谋行师，先谋安民；欲谋攻敌，先谋通粮；欲谋疏阵，先谋地利；欲谋胜敌，先谋人和；欲谋守据，先谋储蓄；欲谋强兵，先谋正其赏罚；欲谋不失其迹。"（《虎钤经·先谋》）总之，要把与战争胜负有关的方方面面都先行考虑到，做到算无遗策。

战则必胜。

统一战争是情况殊为复杂、样式颇为多样、意义最为突出的军事斗争,其指导者为了确保战争的顺利进行,圆满实现统一天下的战略目标,尤其重视根据主客观形势和条件,制定切实可行的战争战略预案,使之作为自己整个行动的基本纲领,并且依据统一战争进程的实际及时进行必要的充实或调整。

一、统一战略作战主轴线的转变

在中国历史上,统一战争的作战主轴线曾有过一个重大的变化,即由东汉之前的东西轴线转变为三国以降的南北轴线。这一转变表面上似乎与古代统一战略预案的制定无直接的联系,但是,实质上这两者之间的关系是相当密切的,所以,我们在具体讨论统一战略预案制定问题之前,有必要先介绍这个战略轴线转变的一般情况以及在战略预案设计方面所产生的种种影响。

在魏晋南北朝以前的中国统一战争,其战略作战的轴线一般均为东西方向,其具体战役行动均环绕这一主轴线进行展开。比如公元前230年开始的秦统一六国的战争,就是从西部发动,首先灭韩、灭魏,完成了东渡黄河的战略展开;然后左翼朝东北方向灭赵、灭燕,右翼则指向东南方的楚国,用60万大军经血腥战斗后平定了楚地;而最后的进攻方向则是一直向东,指向位于山东半岛的齐国,从而达到了统一全国的目标。公元前206年开始的楚汉战争,刘邦首先从巴蜀、汉中进入关中地区,得形胜之处,然后出函谷关,兵锋东指,直逼江淮地区的彭城,沿荥阳一线与楚军进行东西方向的对峙;同时左翼东渡黄河,攻魏、破赵、下燕、灭齐,沿东北方向实行战略出击;右翼则以秦岭山脉为依托,沿东南方向出武关,直捣楚军的左侧背;而最后与楚军的决战仍然是在河南、山东之间的东西轴线上发生的。

进入魏晋时期之后,这种情况发生了重大的变化。战略作战的轴线不再是东西方向,而是转变为南北方向,并且大多为自北向南进攻;作战地区也不再集中于黄河流域,而是集中于淮河和长江中下游地带了。这一变化最初开始于三国时期,当曹操完成了北方地区的统一以后,便开始横渡长江对南方进行征服,于是孙权与刘备联合,在长江中下游地区和来自北方的攻击进行了对峙,著名的赤壁之战就是这样发生的。西晋灭吴、隋朝灭陈以及北宋平定南方的统一战争,其战略作战方向,也都是横渡长江、自北向南的攻击[7]90。当然也有其他的现象存在,如朱元璋伐元统一全国,便是中国历史上南方势力第一次成功的北伐并统一天下的史例,但是究其战略作战形式,依旧是南北轴线上的行动。

这种统一战争作战轴线的变化,对于统一战略预案的制定,无疑是会有所影响的。这首先是兵种发展与战法运用上考虑侧重点的转移。在东西轴线占主导的时期,西部从战略地理上讲,处于居高临下的有利态势,可以攻则取之,退则守之。同时由于战事主要集中于黄河中下游平原地带,所以有利于发挥骑兵及车、步混合兵团展开迅猛攻击的优势。所有这些都是战争指导者在制定统一方案时所必须考虑和观照到的基本因素。

而到了南北对峙时代,由于作战轴线的转移,主战场大多是在江淮江汉之间的广大地域实施纵向作战。这一带多江河湖泊,丘陵盆地的地形条件不适于擅长野外驰骋的骑兵作战,而必须依靠水军突破江河天险来实施战略进攻。因此,统一战争的发动者在进行战略决策时,毫无例外要把水军力量的强弱视作战略预案是否可行的基本前提,普遍把建造战船、建设水军、提高江河作战能力作为战略准备的首要任务。如曹操的北方军队就是因为不习水战才大败于赤壁,使得统一战争半途而废;西晋王朝为了进行渡江作战,组建了强大的水师;而隋文帝为了实施向南方的战略攻击,更是不遗余力地建造“五牙”、“黄龙”、“平乘”等各类战船,沿长江北岸全线展开,形成了浩大的声势。这一作战样式的变化,使得统一战略预案的制定更为注重兵种的合理配置与战法的灵活运用。

战略作战轴线由东西向南北的转移,也从气候条件方面对统一战略预案的制定施加了一定的影响,使统一战争指导者在制定与实施战争计划时更多地考虑到时令的因素。

由于南北地形各异，军队便习不同，加之北方少数民族耐寒恶热，南方汉人耐暑恶寒，所以，在一般情况下，由南方地区所发起的北伐，大多是利用夏季河渠水盛之机，因为这样既可以利用水师开道，由江、淮挺进颍、泗、汴、济诸水系而入黄河，又可以充分利用水道畅通运输军粮物资，并尽可能发挥步、水、骑联合作战的优势。至于建立于北方的政权，其对南方实施反攻或征伐，却大多是在秋冬之际，因为秋高马肥便于骑兵展开进攻，而且入冬之后河水开始结冰，不利于南方舟师的行动，而恰恰利于北方的骑兵主力部队过河冲击[8]15。这种因战略作战轴线转移而出现的战场行动时令季节制约性质，自然会使统一大业的决策者在筹划具体的战争预案时，注意设法去避免或克服不利于己方的天时地利因素，努力去争取或利用最适合于己方的客观自然条件，为确保达成战略目标创造机会，铺平道路。

二、战略预案制定上的几个环节

战略预案制定得是否合理，战略预案的实施是否具有把握性，除了正确判断战略形势、高明把握战略时机等一般性要求外，还取决于一些具有关键性意义的环节处理或解决得好坏，它们在相当程度上决定着统一大业的前途与命运，这是不容置疑的事实。

这些环节概括起来说，就是制定战略预案必须立足于长远，放眼于全局，具有前瞻性；制定战略预案必须建立在最复杂的战略背景之上，致力于完成战略上的根本转折，能达到“山重水复疑无路，柳暗花明又一村”的绝佳效果；制定战略预案必须充分考虑到军事行动的各种变数，立足于以战争手段扫除统一道路上的任何障碍，因此应该有很强的实用价值和可操作性。

1. 就前瞻性而言，是指制定战略预案时必须优先考虑到统一战争的基本前景，在此基础上预测形势，定下合理的决心。这是战略预案能够成功的先决条件。而在贯彻前瞻意识的时候，还必须具备全局观念，能够做到以简驭繁，高屋建瓴。因为“制定战争计划是一个复杂的整体性和系统化过程，围绕着武装斗争这个中心任务，要把政治、经济、军事、文化、自然等各种因素考虑周到，并组织和利用起来，构成一个紧密联系的、强有力的战争系统。因此，战争计划所要解决的首要问题是形成全局的战略构想，而后按照这个构想筹划各个局部”[9]101。这表明战略预案制定的思维程序是自上而下的，即是从大战略到军事战略，再到具体战术，它包括作出战略判断、明确战争意图、提出战略方针、拟制作战方案、筹划战争保障等等。只有解决了战略的全局问题，才可相应地自上而下制定各种下一层的计划。可见战争指导者的首要责任是以前瞻的眼光辨析利害，观照全局，未雨绸缪，掌控主动。

就秦汉历史的范围而论，在筹划与制定统一战略预案的过程之中，水银泻地般地渗透、贯彻前瞻意识与全局观念，并取得相当成功，为日后历史演进所基本证实的典范例子，莫过于诸葛亮在刘备“三顾茅庐”时所献的《草庐对》。

《草庐对》为刘备集团勾画了求生存、谋发展、取天下、致统一的系统完整的战略方案，面世以来，一直脍炙人口，被誉为文人战略家战略谋划的典范，千秋独步的战略名对。

这个统一战略预案的高明，在于它具有全局观念，同时又充满长远眼光、前瞻意识。一方面它高屋建瓴，统筹全局，提出了“跨有荆益”、“两路出兵”的三分割据方略。众所周知，谋全局的核心，首在战略目标的确定。诸葛亮以恢宏的气度和思接千古的见识，指陈时势，在总结历史经验和分析现实形势的基础上，指出在各种集团的消长纷争中，曹操是刘备的主要敌人。所以，刘备的现实目标应该是“跨有荆益”，即利用各种矛盾，夺取天下要冲荆州和天府之国益州，作为自己的立足之地，以此为角逐天下的根本，从而实现三分天下有其一的霸业。对现实目标的这一定位，是对天下大势的洞察、对敌我关系现状和变化趋势的把握，同时，也考虑到了战略地缘关系。

更为重要的是，《草庐对》的根本宗旨在于最终实现国家的统一，体现了战略决策上的前瞻意识。所以，它在制定现实目标的基础上，进一步提出了刘备集团的长远战略目标，这就是“待天下有变”，由荆州、益州两路出兵，互相配合，密切协同,构成钳形进攻态势,兵锋北上,席卷两京,收复中原,兴复汉室。这里,它虽然未明言孙权政权的前途问题,但言下之意,待消灭了主要敌人强曹,孙权之接踵而亡自不待论矣。到那个时候,实现全国的统一,也就成了瓜熟蒂落、水到渠成的事情。

另一方面,《草庐对》所反映的大局观念与战略前瞻意识,并不是诸葛亮本人的突发奇想、闭门造车。它的可行性建立在诸葛亮所提出的一系列实现战略目标相应方法手段系统完善的基础之上。换言之,它的战略前瞻不是虚幻的“画饼”,而是极有可能实现的现实,目标的长远性与方法手段的有效性是协调一致的。这些方法手段包括了:第一,利用“天下思汉”的普遍心理,凭借刘备身为“帝王之胄”的优越背景,作为政治资本,争取政治上的主动,以与曹操之“挟天子以令诸侯”做法相抗衡;第二,推行“西和诸戎,南抚夷越,外结好孙权”的方针,做好“外交”工作,为自己争取安定的战略后方和比较可靠的盟友,从而保证自身的安全,使得自己能左右逢源,创造出有利于自己发展壮大的外部环境和良机;第三,“内修政理”,整顿吏治,清明政治,发展经济,搞好内部建设,积蓄实力,文武并用,刚柔相济。可见《草庐对》中有关战略长远目标的提出,不是偶然的,而是深思熟虑了未来战略发展趋势后的独到心得,它的战略前瞻意识是鲜明合理的,因为它以政治、经济、外交努力来与实现战略目标的奋斗相配套和呼应,实际上已为战略前瞻意识的明确化和可操作化提供了必要的条件。

显而易见,《草庐对》是诸葛亮在形势最低迷之时慧眼识先机,为刘备集团所制定的完整统一战略预案。它见微知著,占隐察机以及战略上由弱转强的思想筹划,达到了前无古人的境界。《草庐对》实施之初,就使刘备取得了赤壁大战的胜利,并且据有荆州大部,继而进一步拓展西川,攻取汉中,终于开国蜀汉,达于三国鼎立。尽管军事活动的动态性与不可捉摸性等因素干扰了《草庐对》战略计划的下一步发展,所谓“天下有变”,变来变去,是变得对刘备集团日益不利,终于使诸葛亮更为弘远的战略前瞻渐渐成为“明日黄花”,与占据中原、兴复汉室的目标渐行渐远,但它毕竟是卓绝的以全局观念突出、前瞻意识鲜明为特征的统一战略预案。正如前人所评价的那样,它是“孔明创蜀,决沈机二三策,遽成鼎峙,英雄之大略,将帅之弘规也”[10](卷5,引王逡语)。

2. 就及时性而言,是指制定战略预案之时必须充分关注到统一战争的具体进程,在此基础上把握关节点,适时完成具有战略意义的根本性转折,使统一大业进入阶段性乃至超越性发展的轨道。这是统一战略预案能够成功的突出标志。在历史上,秦国统一六国的战略运用,就鲜明地体现了战争决策者在制定战略预案过程中注重时效性,把握转折点,最大限度创造有利战略态势的基本特色。换言之,秦国决策者的每一次战略预案的制定,都与统一战争的进程密切联系,若合符契,都是在总目标不变的前提下所提出的阶段性运作纲领。

秦统一六国,完成于秦王嬴政在位阶段。但是,秦始皇能够“挥剑决浮云,诸侯尽西来”[11](《古风》之六),却非一朝一夕之功,而是秦国多代君臣长期奋斗的结果,秦始皇不过是为这一伟大事业画上最后一个句号的历史终结者,所谓“奋六世之余烈,振长策而御宇内”[12](《贾谊传》),指的就是这层意思。这意味着,秦国能在战国七雄的角逐中脱颖而出,笑到最后,是一个漫长曲折的历史过程,这中间曾有几个具有特殊意义的转折点,而它们又恰恰都被秦国战略决策者捕捉到了,并提出了相应的战略对策,从而确保秦国的统一大业不断由一个阶段跨越到新的阶段。循序渐进,终于大成。

秦国致力于天下一统第一阶段的战略预案,是商鞅提出的《商君策》。它的核心是从地缘战略的高度指出了魏国为秦国的“腹心之疾”。提出秦国要挥师东进,争夺天下,就必须先行扫除魏国这一障碍,“非魏并秦,秦即并魏”。因为魏国雄踞中原核心地带,“独擅山东之利”,堵住了秦国向东发展的道路,对于秦国来说,除了以魏为主要对象,从其手中夺得中央核心地带之外,别无其他的选择。而一旦做到了这一点,则“秦据河山之固”,便可“东乡以制诸侯”[13](卷68《商君列传》),在统一兼并事业中占据十分有利的战略态势。

至于实现这一战略目标的条件，商鞅也作出了周密的论证。他指出，其一，秦国经数年变法，已见成效，这时应继续实行富国强兵的国策，造就实现“东乡以制诸侯”这一既定军事战略目标的坚强实力和后盾。其二，以外交配合军事斗争，谋求“诸侯畔之（魏）”的局面出现。商鞅认为，要对付战国初期头号强国魏国，仅仅依靠秦国自己的力量还不行，“以一秦当大魏，恐不如”[13]（卷68《商君列传》），必须借助别国，最好是借力打人，坐收渔利。其三，充分利用自身有利的战略地理条件，尽快占据山河之险，“据河山之固”，为东出中原，角逐天下，完成统一，创造必要的机会。

历史恰恰为秦国提供了实现这一战略目标的契机。一是当时魏国的西进势头在受到秦国的顽强抵制后暂缓下来，自设置西河郡之后再无大的动作，并一度因秦的反击和东、南两个战略方向的威胁上升而迁都于大梁（今河南开封），减轻了对秦国的压力。二是东方的战略形势也发生了重大的变化，迅速崛起的齐国成了魏国最强劲的竞争对手，魏国的霸权受到齐国的有力挑战。魏、齐两强利益的碰撞使得双方面临着矛盾的激化，战争已不可避免。三是魏国与传统盟友韩、赵二国的控制与反控制正在愈演愈烈，三晋一体的局面已濒于崩溃。凡此种种，都使得魏国无暇西顾，于是便为秦国的东进提供了良机。

秦孝公采纳了商鞅这个战略方案，坚决抓住魏国“大破于齐，诸侯畔之”，即马陵之战后魏国独霸中原战略格局被打破的大好时机，开始了秦国大举东进的军事行动。马陵之战的当年，商鞅便率军攻魏，次年（前341年），秦又与齐、赵会盟，共同伐魏，多次大败魏军。此后，秦对魏的战略进攻有增无减，周显王三十九年（前330年），秦将公孙衍率军大败魏师于雕阳（今陕西甘泉南），俘虏魏将龙贾，歼敌45000人，魏国被迫将河西之地献给秦国。次年，秦出兵助魏国击楚，战后魏国为了酬劳秦国的助战，又不得不将河西西北的上郡15个县全部献给秦国。秦国几代国君的宿愿至此终于如愿以偿，秦国由此完全控制了西河（今陕西与山西交界处黄河南段）天险，从而能据崤、函之利，大河之险，东向以临天下，获得了进可攻退可守的战略主动。事实上，百年后“秦王扫六合，虎视何雄哉”恢宏历史场景的上演，正是《商君策》合乎逻辑的圆满句号。

如果说，《商君策》是秦统一六国起步阶段切实可行的战略指导方案，那么范雎向秦昭王进献的《客卿对》[13]（卷79《范雎蔡泽列传》），则可以视为是秦统一六国关键阶段用以指导统一大业实践的战略预案，是秦国在拥有强大战略优势地位背景下，恰到好处地发挥这种优势，使统一进程得以更健康更顺利发展的基本保证。

如果从公元前476年算起，至魏国人范雎入秦时，战国的群雄争战已经持续了200年左右。秦国的大国地位更加巩固，这是因为多极之间的互相攻伐，合纵连横，分化整合，使得关东六国或早已辉煌不再，或日暮途穷。如齐国在遭受乐毅统率的五国伐齐之役的重创后一蹶不振，丧失了角逐关东称雄天下的实力；楚国则因楚怀王误信张仪之言，“绝齐”而自陷孤立，加之屡受秦国的军事打击，国势日衰。韩、魏两国地处中原四战之地，兵连祸结，尤其是伊阙一战，痛遭秦军打击，阵亡将士多达24万之众，实力丧失殆尽，国势风雨飘摇，自保尚且不暇，更遑论抵挡秦国虎狼之师，其最终灭亡，只是时间问题而已。而秦国自商鞅变法，夺取西河形胜之地后，一直根据天下形势和各国关系的变化，以外交配合军事，交替实施东进和南下的军事行动，并夺取了巴、蜀，另辟战略前进孔道，已是一枝独秀，雄视天下。由秦国担当统一全国，结束割据的历史重任的形势正日趋明朗。

秦国要实现其统一天下的既定目标，主要有两个战略方向：一是东进，出崤、函进攻三晋，直取中原，控制战略要地，切断诸侯间的联系，进而兼并六国。一是南下攻楚，解除侧后隐患，而后迂回中原，统一天下。为此，秦国在攻伐韩、魏、赵进展不大的情况下，调整战略方向，派司马错大举攻楚，得手之后，又派遣白起率秦军攻下楚都郢城，迫使楚迁都于陈（今河南淮阳）。至此，秦国的势力延伸到长江中游、汉水流域，统一的态势更为有利。

秦昭王时期的这些成果是在其舅父魏冉的主持下取得的。魏冉是秦昭王之母宣太后的弟弟,也是秦昭王得以继位的靠山,他先后五次任秦相,主持朝政达25年之久。但魏冉并无一统天下的长远目标,仅将对外用兵作为巩固自己政治地位的手段。由此可见,一方面秦统一天下的时机正趋于成熟,另一方面由于权相个人意志的干扰,而不能使有利的战略条件在统一大业实现上发挥应有的作用,这个矛盾使秦统一天下的征程此时已面临得失成败的十字路口。而范雎在《客卿对》中构筑的统一方略的提出,则解决了这个复杂的矛盾,在统一大业往何处去的关键时刻,指点了正确的前进方向,确保这一事业不致中途而废。

《客卿对》是一个系统严密的统一大业中期战略预案,它的核心内容是远交而近攻。在该方案中,范雎向秦昭王指出,秦国据地利之便,国富兵强,已拥有了统一天下的战略优势:“大王之国,四塞以为固……奋击百万,战车千乘,利则出攻,不利则入守,此王者之地也。民怯于私斗而勇于公战,此王者之民也。王并此二者而有之。夫以秦卒之勇,车骑之众,以治诸侯,譬若施韩卢而搏蹇兔也,霸王之业可致也。”[13](卷79《范雎蔡泽列传》)然而,实际情况却不是这样,秦国“至今闭关十五年,不敢窥兵于山东”,这实在是令人不能接受的事实。而秦之所以迟迟不能成就一统天下的大业,其根本原因在于“群臣莫当其位”,即执掌实权的穰侯魏冉不是忠心耿耿地为秦国谋取长远利益,而只是关心个人的得失,他所制定的攻伐政策,如越过韩、魏攻打齐国,就完全不符合秦国统一天下这最为重要的战略利益。另外“大王之计有所失也”,秦昭王本人也没有对统一大业作通盘考虑,并制定出合适的战略预案。

现在范雎把自己的战略构想向秦昭王和盘托出了,指明秦统一天下的唯一正确道路,乃是“远交而近攻”。理由是当时天下形势已越来越有利于秦国兼并关东六国,可以说是到了收功之时,所以战略方案必须切实可行,“得寸则王之寸也,得尺则王之尺也。今释此而远攻,不亦谬乎?”[13](卷79《范雎蔡泽列传》)范雎强调,这一战略有其可行性。其一,与秦相邻的韩、赵、魏三国地处天下中枢,“今夫韩、魏,中国之处而天下之枢也,王其欲霸,必亲中国以为天下枢,以威楚、赵。楚强则附赵,赵强则附楚,楚、赵皆附,齐必惧矣。齐惧,必卑辞重币以事秦。齐附而韩、魏因可虏也”[13](卷79《范雎蔡泽列传》)。所以兼并韩、魏是日后统一天下的关键,其他问题可因之迎刃而解。针对秦昭王暂时不忍舍弃秦韩联盟的顾虑,范雎认为“秦韩之地形,相错如锈。秦之有韩也,譬如木之有蠹也,人之有心腹之病也。天下无变则已,天下有变,其为秦患者孰大于韩乎?王不如收韩”[13](卷79《范雎蔡泽列传》)。即联盟靠的是同利而合,利尽而分,秦与韩的地缘关系,使双方的冲突不可避免。其二,远交近攻要以夺得土地和人口为主,“毋独攻其地,而攻其人”[13](卷79《范雎蔡泽列传》)。即夺取土地与消灭敌人有生力量并举。而近攻韩、魏,正是秦国既夺占其地又消灭敌人有生力量的唯一正确途径。

克劳塞维茨说过,通过战斗和会战消灭敌军,是达成战略目标的真正重心。在范雎拟定的这份战略预案中,他不仅提出了“远交近攻”的会战目标,也提出了达成这一战略目标的具体方法步骤。即首先要利用外交与军事威慑,迫使地处中央地带的韩、魏与秦结好,控制这两国,然后威逼楚、赵,使楚、赵屈服,进而威慑距离最远的齐国。齐国依附之后,再放手兼并韩、魏两国国土。而韩、魏两国相较,则应先取韩国,“王卑辞重币以事之;不可,则割地而赂之;不可,因举兵而伐之”[13](卷79《范雎蔡泽列传》)。在此基础上,再次第攻取其他各国,最终完成统一大业。

秦昭王对范雎这一统一战略预案至为推崇,明确表示“寡人敬闻命矣”,彻底修正了魏冉等人的战略方案,并拜范雎为客卿,主持军事谋划和兼并事宜,而且很快将范雎的战略谋划付诸实施,“卒听范雎谋,使五大夫绾伐魏,拔怀(今河南武陟)。后二岁,拔邢丘(今河南温县)”[13](卷79《范雎蔡泽列传》)。

被恩格斯称为“全世界公认的军事权威人士”的瑞士军事理论家若米尼(亦译作约米尼)曾说过,战略是在地图上进行战争的艺术,是研究整个战争的艺术。战略之核心在于抓住全部战争的锁钥,集中兵力攻击敌人的一翼或者一点,进行中央突破。范雎远交近攻的战略方案,作为对秦国“连横”战略的具体化和系统化,正符合这一战争艺术原理。其一,它从地缘关系思考战略问题,因为列强的争夺和实力的增强,在当时无非是土地。所以地缘问题对于军事、外交意义重大。远交近攻即是对远方之国实行暂时的联合,以至少争取其中立,然后腾出手来对邻近之国实施军事打击,蚕食土地,增强实力,“得寸则王之寸,得尺亦王之尺”,不断扩大自己的疆域。其二,范雎的这一战略预案有其系统性,考虑到了每一战略步骤及实现之具体方法,其原则是先弱后强,由近及远,先据有中原枢纽,再向四周扩展,稳步完成统一。其三,远交近攻照应了军事与外交的综合运用,强大的军事实力是外交慑服之坚强后盾,而高明的外交又是军事行动的准备、先导以及补充,对于最大限度发挥军事力量的效果具有重大意义。所以,远交近攻战略方案是一个高度成熟的统一天下的军事外交战略,它在秦统一天下斗争的关键时刻起到巩固已有成果、开拓新的局面的重大作用,为秦国最后一扫六合,完成中国历史上史无前例的统一事业指明了方向,作出了规划,其意义与价值之巨大,乃是不言而喻的。

至于秦王嬴政提出的“灭诸侯,成帝业”战略预案,则是秦统一六国历史进程进入最后阶段时的收官之作,是一切就绪后为统一大业画上的一个圆满句号。公元前261年,秦军主力在白起的统率下,在长平地区(今属山西上党一带)同当时山东六国中唯一可以同秦国相抗衡的赵国军队进行战略决战,一举尽歼赵军主力45万之众,从而彻底清除了自己东进吞并六国,完成统一的最后障碍。

换言之,秦在长平之战中的大获全胜,标志着自己统一道路上的畅通无阻,整个统一大业已到了水到渠成的阶段,在这样的形势下,秦王嬴政把握历史的机遇,于秦王政十年(前238年),采纳李斯、尉缭、顿弱等人的建议,最终下决心“灭诸侯,成帝业,为天下一统”[13](卷87《李斯列传》)。这标志着秦国的统一战略又一次有了根本性的转变,即从“犹抱琵琶半遮面”的扮演中脱身出来,放弃传统意义上的重创蚕食战略,而开始大张旗鼓执行兼并六国、统一中原的战略。同时更具体地制定了各个击破的作战指导方针,在此基础上又解决了确定重点打击对象的问题,把攻打赵国作为各个击破的突破口。战争的进程表明,秦国这一战争预案是完全正确的,它使秦国避免了陷入多线作战的被动局面,得以迅速各个击破关东六国,最终顺利完成了统一天下的宏伟事业。由此可见,秦统一大业最后阶段的顺利推进,同样离不开正确的战略预案的指导,换言之,战略指导原则得到及时的转变,是秦统一大业不可阻挡的原因所在。

3. 就操作性而言,是指制定战略预案之时必须充分关注到统一战争的技术处理细节问题,不仅要有宏观的总体把握,更需要有技术层面上的驾驭控制,总之,战略预案要切合实际,致力于服务运用贯彻的客观需要,具有很强的可操作性,从而确保国家统一大业的理想能够以有条不紊、井然有序的方式一步步走向最终的实现。这是统一战略预案是否成功的衡量尺度。

通过战争活动以实现国家的统一乃是统一大略决策者唯一的选择。众所周知,战争的具体运作更多是技术层面的内容,作为实践过程,它不尚空谈,完全以利害关系为依据,强调操作的合理化、细致化,注重主观指导在驾驭战争机器时的功能与作用,这正如毛泽东所言:“军事家不能超过物质条件许可的范围外企图战争的胜利,然而军事家可以而且必须在物质条件许可的范围内争取战争的胜利。军事家活动的舞台建筑在客观物质条件的上面,然而军事家凭着这个舞台,却可以导演出许多有声有色威武雄壮的活剧来。”[14]战争既然具有这样的性质,主观指导在战争中既然具有这样的作用与意义,那么统一大略的决策者在制定战略预案的时候,就自然而然要注重方案的细节化、程式化,使之具有最大程度上的可操作性。强调“定谋贵决,机巧贵速,机事贵密,进退贵审,兵权贵一”[15](《胜败》),从而真正做到“凡军心之趋向,理势之安危,战守之机宜,事局之究竟,算无遗漏,所谓‘运筹帷幄,决胜千里也’”[16](卷2《料敌》)。

历史上这样的事例是不胜枚举的。如西晋灭吴统一全国的战略预案,就是建立在认真筹划、正确部署的基础之上的,有相当程度上的可操作性,实用价值至为显著。真可谓“夫期运虽天所授,而功业必由人而成”[17](卷34《羊祜传》)。它的基本内容是根据羊祜所上的《平吴疏》中的建议确定的。羊祜作为晋灭吴统一全国的第一号功臣①,在其《平吴疏》中为晋军拟定了具体的作战部署,阐述了正确的用兵方略,为晋武帝发动平吴统一战争,提供了一份可供具体操作的军事进攻战略方案。在方案中,羊祜为了确保灭吴之役达到预期效果,根据晋、吴双方的战略态势,提出应多路进兵,水陆俱下,从长江上、中、下游同时发起进攻,即所谓“引梁、益之兵水陆俱下,荆楚之众进临江陵,平南、豫州直指夏口,徐、扬、青、兖并向秣陵”[17](卷34《羊祜传》)。羊祜认为这个极具操作性的战略预案的实施,吴国彻底失败的命运将注定不可避免:“以一隅之吴,当天下之众,势分形散,所备皆急。巴、蜀奇兵出其空虚,一处倾坏,则上下震荡。”[17](卷34《羊祜传》)如此,则“军不逾时,克可必矣”,必将结束东汉末年以来分裂割据的局面,重新实现国家的统一。

很显然,《平吴疏》的确是一份高明的统一战争的战略预案,它的显著特征是符合实用、可操作性强,充分体现了羊祜作为杰出战略家求真务实的处事原则与态度。晋武帝司马炎正是按照这份讲求实用、可供操作的军事战略预案,进行全面的军事部署,并于准备充分、条件成熟之际,分派六路大军,大举伐吴,一举成就了混同南北、统一国家的大业。

三、战略预案的随时应变与充实调整

正如有的军事学者所指出的那样,“不确定性是战争中最活跃的因素之一”[9]82。所谓不确定性,是指战争中那些对一方或双方在一定条件下属于无法明确的因素,它对战争的进程与结局往往会产生微妙但又实际的影响。作为战略指导者,怎样认识这种客观存在,怎样利用这种客观存在,通过主观能动作用,使有利于己不利于敌的因素成为现实,使有利于敌不利于己的因素消失或减弱,无疑是衡量其战略指导是否高超、是否成熟的一个重要依据。

“战略指导是战略家在敌我双方对立运动的动态中,在不断变化的战争形势和存在许多不确定因素的条件下进行的,因而很难始终如一地做到主客观一致。”[9]107当战争爆发后,你会发现,原先的战略预案几乎没有一个是完全符合战前的客观实际发展的,这时必须做适当的调整乃是毋庸置疑的事情。换言之,从战争指导的认识论来说,依据战前诸多基本因素而制定相应的战略预案,是认识的第一个过程;战争展开之后,依据新的情况,构成新的判断,对原来的计划和部署进行调整、补充、修正,使之适应新的形势和要求,乃是认识的第二个过程。它的重要性一点也不亚于第一个过程。

统一战争是全局性的战争,它往往要经历漫长的战略准备与战争实施,长期性、曲折性、复杂性、变化性是它们带有共性规律的问题。元人郝经所云“故自汉唐以来,树立攻取,或五六年……晋之取吴,隋之取陈,皆经营比佽十有余年,是以其术得成,而卒能混一”[18](卷157《郝经传》),说的正是这层意思。在这样的背景之下,战略预案随着战争的进程而作适当的充实或调整,便是非常正常又十分必要的做法,因为只有如此,方能克服战争中的种种不确定因素,使战略预案更符合战争活动的实际,从而推动统一大业不断由胜利走向胜利。这正如利德尔·哈特在其名著《战略论》的“序言”中所言:“战略学告诉我们,最重要的,就是一方面经常保持着一个目标,而另一方面在追求目标时,却应适应环境,随时改变路线。”

秦汉历史上根据战争进程而充实、调整原先的战略方案,从而使得统一战争得以更顺利进行的成功事例不在少数。如西晋灭吴之战的方略,在具体施行过程中就有过一定的调整与充实。据《晋书·文帝纪》记载,早在司马氏代魏之前,司马昭就制定了“宜先取蜀,三年后,因巴蜀顺流之势,水陆并进”,一举灭吴的战略方针。晋武帝代魏后,继续执行司马昭的这一方针,只是在时

① 羊祜病卒于灭吴之役前夕,未能亲历“王浚楼船下益州,金陵王气黯然收。千寻铁锁沉江底,一片降幡出石头”那辉煌的历史时刻,但其作为西晋灭吴统一南北的第一号功臣却是毋庸置疑的。故在平吴的庆功宴会上,晋武帝司马炎曾经“执爵流涕曰:此羊太傅之功也”。

间上和战略手段运用上有过必要的调整与充实。晋咸宁二年(276年),羊祜上疏晋武帝,分析当时形势,请求立即伐吴,晋武帝深以为是,准备采纳,可是就在这决断关头,形势骤然起了变化,使得西晋国家统一战略方案不得不随之稍作改变:当时凉州(治今甘肃武威)的鲜卑大规模起兵反晋,其势甚盛,给西晋王朝的统治带来极大的威胁,所以西晋朝廷只好把战略上的先南后北,临时调整为先北后南,暂时中止了灭吴统一战略的实行。次年三月,晋军在马隆的统率下攻灭树机能,西晋王朝原先的南北统一战略才重新被提上议事日程。

四、整体性战略预案与局部性战略预案

在中国历史大舞台上,统一战争犹如重头戏,曾不断地反复上演。但每一出戏都不是简单的重复,而是有共性前提下的个性展现。因此,用于指导统一战争的战略预案也各有自己的特色,其适用对象往往是颇有差异,这种情况的存在,恰恰反映中华民族统一的多民族国家发展过程的阶段性特征和实现大统一的复杂性、曲折性,但无论如何,它们都是中华统一大略总体系中的有机组成部分,向人们呈示了统一战略预案各有千秋、异彩纷呈的个性魅力。

这里,我们不具体讨论秦汉历史时期不同统一战争战略预案的差异性问题,而只关注同一场统一战争战略预案的不同表现。这种不同表现除了反映在时间上的阶段特点与差异外,还体现为规模上的全局性与局部性的有机统一。换言之,统一战争的战略预案往往分为两个层次:一种是全局性的,它一般贯穿于该场统一战争的始终,起着纲领性的指导意义(尽管也经常存在补充、修改、调整的现象,但总体方向通常不会改变);另一种是局部性的,它一般起作用于统一战争进程中某个特定的时期,在达成一定的战略目标后即会淡出乃至中止。前者体现的是全过程性与整体性,而后者体现的则是阶段性与不完整性,两者既有联系,更有区别,互为前提,互为补充,共同作用于统一大业的顺利推进。

在秦汉历史上诸多局部性的统一战略预案之中,东汉初年来歙为刘秀拟制的以"联陇制蜀,各个击破"为主旨的《平陇蜀策》,最为鲜明地体现了局部服务于全局,阶段服务于全程的特色,成为刘秀完成统一大业的一个不可或缺的重要环节[19](卷15《李王邓来列传》)。

来歙的《平陇蜀策》属于刘秀夺取两京后,如何再接再厉削平群雄,统一全国的阶段性战略预案。当时刘秀已击灭赤眉军,扼杀了西汉末年的农民起义,初步奠定了统一全国的基础。但是,削平各地割据势力,夺取全国的统一还有漫长的道路要走。

刘秀从建武二年(26年)开始从事消灭各个割据势力的斗争。当时全国的形势对刘秀并不十分有利,他仅控制黄河南北的中原地带,在全国13个州中,仅据有冀、豫、并、司隶四州(今河北、河南、山西、陕西大部分地区),即所谓"今四方豪杰各据郡国,洛阳地如掌耳"[19](卷17《冯岑贾列传》)。其余各州则处于各割据者的控制之下。其中他的东面有青州(今山东淄博)的张步、东海(今山东郯城)的董宪、睢阳(今河南淮阳)的刘永、庐州(今安徽庐江)的李宪。南面有南郡(今湖北江陵)的秦丰、夷陵(今湖北宜昌)的田戎。西面有成都的公孙述、天水(今甘肃通渭西)的隗嚣、河西(今甘肃兰州、武威、敦煌一带)的窦融等几股强大势力。北面的渔阳(今北京一带)则有彭宠。以当时天下形势论,刘秀处于中原四战之地,被割据势力四面包围着。

根据当时的战略形势,刘秀在其谋臣的辅佐下,权衡利害,制定先关东,后陇蜀,先东后西,由近及远,集中兵力,各个击破的战略方案。应该说,这样的战略方案是符合当时的客观形势的,因而也是正确可行的。

其一,关东的刘永称帝于睢阳,与刘秀的势力中心洛阳近在咫尺,而且刘永本人也是西汉帝室近亲,与刘秀相比,与刘氏皇室有着更为亲近的血缘关系。他在起兵后,同样以"兴复汉室"为号召,有与刘秀争夺天下的实力与资本,必须先予以铲除自属理所当然的事情。而南方南阳、夷陵一带的邓奉、秦丰也直接威胁着洛阳与长安,同样是刘秀集团的腹心之患,如不及早消灭,

势必动摇刘秀的地位。相反,陇右的隗嚣、四川的公孙述与中原遥相悬隔,一时难以危及刘秀,同时早在此前,刘秀已派大将冯异进据关中形胜之地,构成洛阳的战力前哨,更使刘秀处于战略主动的地位。

其二,要集中力量解决东方的问题,必须以保证西方无事为基本前提。否则关中不稳,中原的局势势必随之动荡。尤其要重视的,是必须防止关陇与四川联盟,趁机夺取关中。所以刘秀非常关心这一问题,特意向熟悉陇右情况的来歙询问:“今西州未附,子阳(公孙述)称帝,道里阻远,诸将方务关东,思西州方略,未知所任,其谋若何?”[19](卷15《李王邓来列传》)来歙对此胸有成竹,建议刘秀对陇西的隗嚣和四川的公孙述进行分化瓦解,“联陇制蜀,各个击破”。这一战略预案显然是可行的,因为隗嚣和公孙述各有各的小算盘,隗嚣对公孙述信疑参半,曾派遣手下重臣马援出使四川打探虚实,可惜公孙述妄自尊大,对老友马援未予应有的尊重,马援对此十分不满,以“子阳井底蛙耳,而妄自尊大,不如专意东方”为辞,向隗嚣汇报。加之隗嚣本来就对近邻公孙述怀有戒心,深怕其北上侵吞自己的地盘,陇、蜀遂失去了联盟的机缘,隗嚣遂决定通过联合刘秀以压制公孙述,来保证自己独霸一方。而刘秀对隗嚣的使臣马援则竭诚相待,予以争取,进一步促进了洛阳与陇西的联盟。这样,联陇制蜀之战略预案遂成现实,其结果既使得陇蜀互相攻伐,有力地打击了公孙述,又削弱了隗嚣的势力,同时又保证了刘秀自己可专力东向而无后顾之忧,坐收一石三鸟之效。

显而易见,来歙的“联陇制蜀”之策是刘秀从事统一大业过程中具有阶段性、局部性意义的战略预案。它的核心内容,是在面对各个对手的复杂情况下,区分轻重缓急,确定最主要的打击对象,暂时放过或稳住次要或威胁较小的敌手,而首先孤立和打击最具威胁的敌人,从而避免出现多面树敌、多个方向作战的被动局面,使自己循序渐进,对各方势力加以各个击破。在当时情况下,公孙述的政治野心较大,实力强盛,并已公开与刘秀为敌,自然要毫不留情地予以掣肘和打击,将其对刘秀从事关东、关中统一战争所构成的威胁降低到最低的程度。相对而言,西边的隗嚣实力稍逊,更多地热衷于陇西一隅的割据和自保,对刘秀暂不构成直接紧迫的威胁,加之他与蜀地的公孙述存在着矛盾的嫌隙,可资利用,所以可以暂且不作为打击的对象,而且还可利用一切机会,通过各种手段进行积极的争取,在予以安抚、稳住其势力的同时,借助其存在和力量来牵制和抗衡公孙述,从而使东汉方面左右逢源,上下其手,获取战略上的最大利益,确保刘秀在展开东线的统一战争时没有任何后顾之忧,为日后最终解决西线问题,完成全国的统一赢得必要的缓冲时间。这就是所谓的用空间换取时间。应该说,在一定的时间内,这一“联陇制蜀”的战略预案是没有其他方案可以取代的。历史发展也证明,刘秀正是按照这一战略预案,瓦解了陇蜀合作对付东汉的图谋,消弭了来自西线的直接威胁,为彻底平定东方创造了良好的战略环境。

当然,“联陇制蜀”这一战略预案不是刘秀统一战争的全局性战略,而只是特定时间内具有阶段性、局部性和特殊性的战略预案,属于整个统一方略中的有机组成部分,因而具有一定的时效性和相对的适用范围。当刘秀彻底平定东方之后,将主力兵锋西指之时,“联陇制蜀”的战略预案就自然要作出相应的调整。这时,陇右与西蜀都成了要打击的对象。陇、蜀在战略地理上本是互为表里,平陇即为灭蜀之前奏,不平定陇右而用兵西蜀,则面临侧背的极大威胁,若对陇、蜀同时用兵,则两面出击,兵力分散,加之山地作战,不便协同配合。而平定陇右之后,即可绕过秦岭南下,直趋阳平头,大军行动便利,可以确保统一全国大业的顺利成功。所以,对西线的战争必须根据形势的需要,作出由近及远、由弱及强、先陇后蜀的战略抉择。至此,来歙的“联陇制蜀”战略预案也就完成了它的历史使命,新的阶段性统一战略也随之制定和付诸实施。但尽管如此,我们也应该充分看到,没有前期的“联陇制蜀”,便谈不上后来的“先陇后蜀”,“联陇制蜀”是整个东汉统一大方略中一个必不可少的环节,是最终彻底解决陇、蜀问题的必要铺垫,它对于刘秀完成统一大业的意义至关重要,殊为显著。

需要进一步加以指出的是,“联陇制蜀”战

略预案中所体现的抽象原则，如“分化瓦解”、“集中力量”、“各个击破”等，在刘秀进行统一战争的最后阶段仍得到了充分的继承和发扬。从这一意义说，“联陇制蜀”战略预案的生命力不是暂时的，而是永恒的。

【参考文献】

[1]黎翔凤. 管子校注[M]. 北京：中华书局，2004.
[2]任浩. 孙子兵法·尉缭子·鬼谷子[M]. 太原：山西古籍出版社，2003.
[3]何去非. 何博士备论[M]. 四库全书影印本.
[4]戚继光. 练兵实纪[M]. 北京：军事出版社，1991.
[5]李际均. 论战略[M]. 北京：解放军出版社，2002.
[6]吴子. 兵镜或问[M]//中国兵书集成. 北京：解放军出版社，1998.
[7]蓝永蔚，黄朴民，等. 五千年征战：中国军事史[M]. 上海：华东师范大学出版社，2001.
[8]朱大渭，张文强. 中国军事通史：第8卷[M]. 北京：军事科学出版社，1998.
[9]李际均. 军事战略思维[M]. 北京：军事科学出版社，1998.
[10]王夫之. 读通鉴论[M]. 北京：中华书局，1975.
[11]江淹，著. 胡之骥，注. 李太白全集[M]. 北京：中华书局，1998.
[12]班固. 汉书[M]. 北京：中华书局，1962.
[13]司马迁. 史记[M]. 北京：中华书局，1959.
[14]毛泽东. 毛泽东选集：第1卷[M]. 北京：人民出版社，1991.
[15]许洞. 虎钤经[M]. 四库全书影印本.
[16]无名氏，著. 刘保军，注译. 草庐经略注译：中国兵学通论[M]. 郑州：中州古籍出版社，2006.
[17]房玄龄，等. 晋书[M]. 北京：中华书局，1974.
[18]宋濂，等. 元史[M]. 北京：中华书局，1976.
[19]范晔. 后汉书[M]. 北京：中华书局，1965.

第26卷第2期
2006年3月

《奏谳书》与秦汉法律实际应用

蔡万进*

【摘 要】 张家山汉简《奏谳书》编录的秦、汉案例文书是宝贵的法律文献,具体反映了秦汉法律的实际应用状况和原则,经与云梦睡虎地秦简、龙岗秦简的秦律、张家山汉简《二年律令》的汉律对照研究发现:秦律规定的"毋笞掠而得人情为上"、"笞掠为下"的治狱思想和原则没有认真贯彻落实,与治狱实际存在差距;秦律严厉且缺乏弹性,禁止治狱官吏"释法";秦在对执法官吏进行个人道德及法律教育的同时还重视对在具体执法过程中表现突出的治狱官吏进行表彰;汉初统治者在执行法律过程中存在疑罪从重的倾向,疑罪从轻原则并非始于汉初;汉初严格执行"法时"原则,强调依犯罪时所施行的法律判罪。《奏谳书》直接架起了出土秦律与汉律二者之间关系的桥梁,反映了秦汉法律的继承与发展,为秦末汉初司法制度的演变提供了依据,在秦汉法律关系研究中具有重要的意义。

【关键词】 《奏谳书》;秦律;汉律

张家山汉简《奏谳书》编录的秦、汉案例文书,是宝贵的法律文献。自1993年《文物》杂志陆续公布释文以来,学界不断给予较多关注:彭浩分析梳理了《奏谳书》中透露的汉代律令的部分内容[1];张建国根据《奏谳书》具体考察了秦汉时期刑事诉讼程序[2];高敏从《奏谳书》简文本身所反映的立法精神、刑名、量刑标准等论证提出汉初法律系全部继承秦律而来说[3];日本学者宫宅洁、韩国学者李守德以《奏谳书》为中心研究了秦汉时代的审判制度与治狱过程[4]。本文拟就《奏谳书》与秦汉法律实际应用,以及《奏谳书》在秦汉法律关系研究中的意义谈些粗浅的看法。

一、《奏谳书》所反映的秦法律实际应用

张家山汉简《奏谳书》共收录三则秦王政(始皇帝)时期的案例文书,分别是"黥城旦讲乞鞫"案(简99—123)、"南郡卒史盖庐、挚田、叚(假)卒史鴡复攸庳等"案(简124—161)和"不智(知)何人刺女子婢冣里中"案(简197—228)[5],年代最早的是秦王政元年,最晚的是秦始皇二十七年,这是有秦一代实际治狱案例的首次完整发现①。

* 蔡万进(1966—),男,河南省唐河县人,博士后出站人员,河南省社会科学院历史所研究员,主要从事秦汉史、考古与简帛学研究。

① 1986年,甘肃天水放马滩1号秦墓出土竹简中被称为《墓主记》的简文记述了一个名为丹的人刺伤他人被弃市后三年复活的内容,李学勤认为属志怪故事,参见李学勤《简帛佚籍与学术史》,江西教育出版社2001年版,第167—175页;1989年湖北云梦龙岗六号秦墓出土木牍记述的一则案例,黄盛璋认为是一份告地策,参见黄盛璋《云梦龙岗六号秦墓木牍与告地策》,《中国文物报》1996年7月14日。

秦始皇时期的秦律，在传世文献中罕有留存，现在我们所能见到的仅是湖北云梦睡虎地和龙岗出土的竹简秦律。云梦睡虎地秦墓竹简秦律，1975年年底在睡虎地十一号秦墓中出土，其中《语书》是秦王政二十年南郡郡守腾在其辖境内发布的一篇法律文告；《秦律十八种》和《秦律杂抄》均是对秦律条文的摘抄；《效律》是考核官吏并验查其物资账目的律令；《法律答问》是官方对秦律的解释；《封诊式》是法律文书的程式记录；《为吏之道》是官吏守则，由同墓出土的竹简《编年记》止于秦始皇三十年（前217年）知睡虎地秦简秦律年代当为战国晚期和秦始皇时期[6]1。龙岗秦简秦律，是继云梦睡虎地秦墓出土大批秦法律文书之后的又一重大发现。龙岗简在时代上晚于睡虎地简，例如，前者屡见“百姓”而不见“黔首”，后者屡见“黔首”而不见“百姓”。《史记·秦始皇本纪》称二十六年“更名民曰黔首”，可据此断定龙岗简晚于睡虎地秦简。另外，龙岗简中有许多关于驰道管理的规定，《史记·秦始皇本纪》载：二十七年，“治驰道”。可知此类律令乃秦始皇统一天下后颁布。整理者指出：“龙岗简主要的法律条文行用于秦始皇二十七年至秦二世三年的十四年间”，“睡虎地律书多系秦统一前颁布。龙岗简则系统一后颁布，二者既有联系，又有区别”。龙岗秦简秦律整理者根据简文内容将其分为《禁苑》、《驰道》、《马牛羊》、《田赢》、《其他》等五类（原简无律名，篇名为整理者拟加）[7]48。

我们将睡虎地、龙岗秦简秦律与《奏谳书》中三则秦始皇时期具体案例对照，不难看出秦律在具体司法实践中的实际实施状况：

（一）“毋笞掠而得人情为上”、“笞掠为下”的治狱思想和原则，治狱官吏没有认真执行，与治狱实际存在差距

睡虎地秦简《封诊式·治狱》：“治狱，能以书从迹其言，毋治（笞）谅（掠）而得人请（情）为上；治（笞）谅（掠）为下，有恐为败。”（简1）又《讯狱》：“凡讯狱，必先尽听其言而书之，各展其辞，虽智（知）其訑，勿庸辄诘。其辞已尽书而毋（无）解，乃以诘者诘之。诘之有（又）尽听书其解辞，有（又）视其它毋（无）解者以复诘之。诘之极而数訑，更言不服，其律当治（笞）谅（掠）者，乃治（笞）谅（掠）。治（笞）谅（掠）之必书曰：爰书，以某数更言。毋（无）解辞，治（笞）讯某。”（简2—5）据此知，秦律虽然有律文规定可以对“数訑更言不服”者进行笞掠，但仍倡导“毋笞掠而得人情为上”、“笞掠为下”、“有恐为败”的治狱思想和原则，但是在秦始皇时期专任刑罚、动辄对“治狱不直者谪之”的情形下，秦律规定的这一治狱原则不仅没有也不可能落实，《奏谳书》“黥城旦讲乞鞫”案记载了秦王政元年刑讯犯人讲，致使屈打成招的事实，其情景为：

> 史铫初讯谓讲，讲与毛盗牛，讲谓不也，铫即磔治（笞）讲北（背）可□余，北（背）□数日，复谓讲盗牛状何如？讲谓实不盗牛，铫有（又）磔讲地，以水责（渍）讲北（背）。毛坐讲旁，铫谓毛，毛与讲盗牛状何如？毛曰：以十月中见讲，与谋盗牛。讲谓不见毛弗与谋。铫曰：毛言而是，讲和弗□。讲恐复治（笞），即自诬曰：与毛谋盗牛，如毛言。其请（情）讲不与毛谋盗牛。诊讲北（背），治（笞）纼朋大如指者十三所，小纼（朋）瘢相质五（伍）也，道肩下到腰，稠不可数。（简107—110）

又，《史记·李斯列传》：

> 赵高治斯，榜掠千余，不胜痛，自诬服。

汉初亦有类似情况，《汉书·张耳传》：

> 吏榜笞数千，刺爇，身无完者，终不复言。

汉代经过文帝、景帝废除肉刑，笞掠犯人行为得到控制，但随之而来的是“文致于法”，治狱官吏罗织罪名，陷人于罪①。

① 《汉书》卷40《周亚夫传》：“亚夫子为父买工官尚方甲楯五百被可以葬者。取庸苦之，不与钱。庸知其盗买县官器，怨而上变告子，事连污亚夫。……召诣廷尉。廷尉责问曰：‘君侯欲反何？’亚夫曰：‘臣所买器，乃葬器也，何谓反乎？’吏曰：‘君纵不欲反地上，即欲反地下耳。’吏侵之益急。”《汉书》卷5《景帝纪》：中五年，诏曰：“诸狱疑，若虽文致于法而于人心不厌者，辄谳之。”

(二)专任刑罚,禁止治狱官吏"释法"

《奏谳书·南郡卒史盖庐、挚田、假卒史鴡复攸庳等狱簿》云:

诘庳:击反群盗,儋乏不斗,论之有法。庳挌掾狱,见罪人,不以法论之,而上书言独财(裁)新黔首罪,是庳欲绎(释)纵罪人也。何解?庳曰:闻(?)等上论夺爵令戍,今新黔首实不安辑,上书以闻,欲陛下幸诏庳以抚定之,不敢择(释)纵罪人。毋它解。·诘庳:等虽论夺爵令或(戍),而毋法令,人臣当谨奏(奉)法以治。今庳绎(释)法而上书言独财新黔首罪,是庳欲绎(释)罪人明矣。吏以论庳,庳何以解之?庳曰:毋以解之,罪。(简146—150)

文中"上书言独财(裁)新黔首罪"与"释法"罪名关系密切,关于对"上书言独财(裁)新黔首罪"的理解,彭浩撰文称:

由于三批新黔首的名单相混于一笥之中,未有当捕者名单。攸令庳在治狱时未能依法论治儋乏不斗者,而上书要求对新黔首统通治罪。南郡的复审官吏认为,攸令庳有意绎(释)纵罪人,当耐为鬼薪。此案实际上是追究官吏执法失当的个人责任[8]。

李学勤著文曰:

这时庳给朝廷上书,他只要求惩治那些不战而逃的民众,而包庇了䧺这样的带兵官吏。此事被朝廷发现,将庳撤职囚禁[9]。

张建国的看法是:

"上书言独财(裁)新黔首罪"中关键的"财"(裁)字用在这里似应理解为"减免"。也就是说,他上书的内容,是要求皇帝单独赦免新黔首的败北不战之罪。请看庳最后的辩解词:"今新黔首实不安辑,上书以闻,欲陛下幸诏庳以抚定之。"他在这里说的,是百姓因为怕被依令以儋乏不斗的罪名处斩,所以民心摇恐不安,对于他来说,最难办的是抓不到这些逃进山谷的百姓,因此上书希望皇帝特别下诏,允许他对败北的参战百姓采用"抚定"的办法,而不是"捕之"且将他们依法论"斩"。前述供词中他认为"义"等人率领的吏卒被反盗惊败的原因是"义"不先候视,即由于侦察警戒不够造成失利,责任不在同去作战的百姓,那么应当被追究打败仗责任的只是负有指挥之责的人,也就是他所说的"为惊败,义等罪也",换句话说,实际他只想对具有官方身份的指挥百姓打仗的官吏们加以追究,而不愿捕杀由于官吏指挥不当而败北的普通百姓。总之,对这些败北又藏到山中的大批百姓,只有用安抚的办法,才能摆脱他这个新县官目前的困境,同时也避免了他无法全部抓获这些躲起来的人时可能要承担的法律责任。还有,我们应注意本案的审判官们在"鞫"的阶段即总结审讯结果时,真正提到认定庳的犯罪事实的只有一句话"庳上书言独财新黔首罪,欲纵勿论",这里说的"欲纵勿论"所纵的对象,只有理解为是上文"独财新黔首罪"一句中的新黔首才符合本意。然而,他这种不依法办事上书提出个人主张的做法是不允许的,所以他虽然也主张对某些人采取夺爵令戍的较轻的处罚,但由于他提出的减轻处罚的提法没有法律依据,特别是又无视朝廷十分明确的法律——"令:所取荆新地多群盗,吏所兴与群盗遇,去北,以儋乏不斗律论。"竟敢上书要求皇帝赦免败北的参战百姓,因而被视作犯了释纵败北的该当死罪的新黔首们,即纵死罪囚的罪行[10]274—293。

张氏言之甚确。"释法",《商君书·修权》:"世之为治者多释法而任私议,此国之所以乱也。"《汉书·冯野王传》:"今释令与故事而假不敬之法,甚违阙疑从去之意。"师古曰:"释,废弃也。"据此可以认为"释法"即是指有法不依行为。秦律规定治狱官吏只有"奉法以治",无条件执行已有法律,不允许对法律自作解释或做出没有法律根据的行为,否则即被视为"释法",要予以严惩。

当然,庳的"释法"而获"纵囚"之罪,与秦律所规定的一般"纵囚"有本质上的区别,一般的治狱官吏的“纵囚”多属故意行为，即“端”①，而库却非主观故意，而是从当时客观形势出发，正确地提出处理“新黔首去北”的建议，即采取安抚的办法，只追究负有指挥之责的官吏，而这却被“复狱”官吏认为是“释法”（根本不执行已有明文规定的朝廷法律令），不是“奉法”，是“纵囚”行为。从此案的处理依稀可以看出秦帝国灭亡和强盛的原因，即参加击反盗战斗的人只有勇往直前，后退是没有出路的，依靠这种严法，使秦能够战胜其他各国，但也有其弊端，一旦失利，官员和征派的新黔首将面对一条严酷的法令，即不管青红皂白，不分责任大小，败北者均按儋乏不斗处斩，这样只剩下逃亡一途。这种既严厉又毫无弹性的法律，只能促使更多的吏卒和百姓转而成为反盗，受命收拾这一局面的官吏也处于两难境地。后来的历史证明，正是死刑的威胁使戍卒陈胜、吴广等起而造反，像库这样有个性和见解的官吏提出其他解决方案只能是自讨苦吃。《史记·秦始皇本纪》：“故秦之盛也，繁法严刑而天下振；及其衰也，百姓怨望而海内畔矣。”[11]274—293秦专任刑罚，法律严厉而又无弹性由此可见一斑。

（三）**重视执法官吏教育**

战国及秦始皇时期，秦重视在执法实践过程中及时对执法官吏进行教育，《奏谳书》中“不知何人刺女子婢冣里中”（简197—228）一案记载：

> 孔端为券，贼刺人，盗夺钱，置券其旁，令吏勿智（知），未尝有。黔首畏害之，出入不敢，若思（斯）甚大害也。顺等求弗得，乃令举阚代，毋征物，举阚以智研詗求得，其所以得者甚微巧，卑（俾）令盗贼不敢发。
>
> 六年八月丙子朔壬辰，咸阳丞毂、礼敢言之。令曰：狱史能得微难狱，上。今狱史举阚得微难狱，为奏廿二牒，举阚毋害谦（廉）洁敦慤，守吏也，平端，谒以补卒史，劝它吏，敢言之。

按：六年八月，为秦王政六年八月。毋害，又作无害，《史记·萧相国世家》：“以文无害为沛主吏掾。”《汉书·萧何传》：“以文毋害为沛主吏掾。”师古曰：“无害，言其最胜也。”《史记·集解》引《汉书音义》曰：“律有无害吏，如今言公平吏。一曰无害者如言‘无比’，陈留间语也。”悫，《汉书·刑法志》注：“谨也。”《史记·孝文本纪》：“法正则民悫。”廉，《国语·晋语》注：“直也。”睡虎地秦简《语书》：“凡良吏明法律令，事无不能也，有（又）廉洁敦悫而好佐上。”守吏，《汉书·张汤传》：“与赵禹共定诸律令，务在深文，拘守职之吏。”守吏疑即守职之吏。平，《汉书·张汤传》：“所治即上意所欲罪，予监吏深刻者，即上意所欲释，予监吏轻平者。”端，《汉书·贾谊传》“选天下之端士”注：“端，正也。”《汉书·景十三王传》“王身端行治”注：“端，直。”劝，《说文》：“勉也。”《吕氏春秋·孟夏》“劳农劝民”注：“教也。”《白虎通》：“圣人治天下，必有刑罚，所以助治顺天之度也。故悬爵赏者，示有所劝也。设刑罚者，明有所惧也。”举阚明习法律，得微难狱，品质敦厚、平端，是执法先进典型，秦令：“狱史能得微难狱，上。”咸阳令、丞请求上级提升举阚为卒史，意在劝勉其他官吏，这是地地道道的对执法官吏的典型教育。秦对执法官吏的教育主要是道德教育和法律教育两种。

道德教育，睡虎地秦简《为吏之道》可以说是秦代官吏的一篇官训、箴言，文中强调了对官吏的道德教育，它教育官吏：“精洁正直，慎谨坚固”，“慈下勿陵，敬上勿犯”，“毋喜富，毋恶贫”，“除害兴利，兹（慈）爱万姓”，“喜为善行，龚（恭）敬多让”，“宽容忠信，和平勿怨，悔过勿重”，“安乐必戒，勿行可悔”，“以忠为干，慎前虑后”，如此则要加强自身修养，“反赦（享）其身，止欲去愿”，“正行修身，祸去福存”，“处如资，言如盟，出则敬，勿施当，昭如有光”（简1—51）。《为吏之道》对秦官吏的教育可谓苦口婆心，语重心长，对照举阚的评介，可以看出不仅用语与《为吏之道》雷同，品德标准也如出一辙，对执法官吏的道德教育，有效预防了官吏犯罪和治狱不直。

法律教育，睡虎地秦简《语书》指出：

① 《睡虎地秦墓竹简·法律答问》：“当论而端弗论，及傷其狱，端令不致，论出之，是谓‘纵囚’。”（简93）

凡法律令者,以教导民,去其淫避(僻),除其恶俗,而使之之于为善殴(也)。……令吏民皆明智(知)之,毋巨于罪。(简2—5)

又,指出:

凡良吏明法律令……有(又)廉洁敦悫而好佐上……有公心,有(又)能自端殴(也),而恶与人辨治,是以不争书。恶吏不明法律令,不智(知)事,不廉洁,毋(无)以佐上,偷惰疾事,易口舌,不羞辱……(简9—14)

文中指出吏民明习法律令,同样在于预防犯罪,即为“善”,把“明法律令”作为区分良吏、“恶吏”标准,本身即要求官吏熟知法律,然后去教育百姓熟知法律(秦“以吏为师”,“以法为教”),官长皆知什么合法、什么不合法,当然就不会去犯罪了,此即《语书》所谓的“吏民皆明智(知)之,毋巨于罪”之意,亦与商鞅所说的“天下之吏民无不知法者。吏明知民知法令也,故吏不敢以非法遇民,民不敢犯法以干法官也”。举阚熟知法律,精于“知微”,巧妙断狱,而孔故意犯罪,是民“犯法以干法官”,举阚是《语书》所称的“良吏”。

秦不仅平时对官吏进行个人道德修养及执法水平教育,同时将在具体执法过程中表现突出的治狱官吏,树立为典型,教育劝勉其他官吏,这反映秦对官吏的执法教育是相当重视的,这与文献所反映的秦执法状况是严苛酷暴的认识形成鲜明对比,《奏谳书》中“不知何人刺女子婢最里中”案例使我们对秦执法状况有必要重新审视认识。

二、《奏谳书》所反映的汉初法律实际应用

汉律在我国久已亡佚,清人沈家本、民国人程树德钩稽整理分别著成《历代刑法考·汉律摭遗》、《九朝律考·汉律考》,虽已做到没有遗珠之憾,但在现有古籍中所能保存的材料数量毕竟有限,且多为只鳞片爪,难以窥知全貌。1983年出土、2001年11月公布发表的《张家山汉墓竹简(247号墓)·二年律令》,使我们有幸第一次看到2200年前实际施行的法律,该律令共有竹简526枚,简长31厘米,简文含27种律和1种令,分别是贼律、盗律、具律、告律、捕律、亡律、收律、杂律、钱律、置吏律、均输律、传食律、田律、□市律、行书律、复律、赐律、户律、效律、傅律、置后律、爵律、兴律、徭律、金布律、秩律、史律、津关令等。律令之名与律、令正文分开另简抄写,《二年律令》是全部律令的总称,单独题于首简背面。简文包含了汉律的主体部分,由同墓出土的历谱最后年号是吕后二年(前186年),推断《二年律令》是吕后二年施行的法律。《二年律令》的发现使亡佚已久的汉律得以重现,为利用《奏谳书》研究汉初法律实际应用提供了可能。

与《二年律令》同墓出土的张家山汉简《奏谳书》共收录汉高祖年间治狱案例十七则,透过《二年律令》和《奏谳书》,可以看出汉初法律如下之实际实施状况:

(一)罪疑从重

《汉书·刑法志》:高皇帝七年,制诏御史:“县道官狱疑者,各谳所属二千石官,二千石官以其罪名当报之。所不能决者,皆移廷尉,廷尉亦当报之。”疑狱难决上报上级司法机关请求判决,这就是高祖七年确立的疑狱奏谳制度。疑狱本身包括案件复杂、是非难辨之案件与案件事实清楚但适用法律难以把握两种,《奏谳书》诸狱疑案例皆有“疑罪”字样,对于“罪疑”案件处理,汉代许多廷尉都采取了“罪疑从轻”原则。《汉书·刑法志》:

及孝文即位,躬修玄默,劝趣农桑,减省租赋。而将相皆旧功臣,少文多质,惩恶亡秦之政,论议务在宽厚,耻言人之过失。化行天下,告讦之俗易。吏安其官,民乐其业,畜积岁增,户口浸息。风流笃厚,禁罔疏阔。选张释之为廷尉,罪疑者予民,是以刑罚大省,至于断狱四百,有刑错之风。

“罪疑者予民”,师古曰:“从轻断。”《汉书·于定国传》亦言:

(廷尉)定国乃迎师学《春秋》,身执经,北面备弟子礼。为人谦恭,尤重经术士,虽卑贱徒步往过,定国皆与钧礼,恩敬甚备,学士咸称焉。其决疑平法,务在哀鳏寡,罪疑

从轻,加审慎之心。

又,《汉书·冯野王传》曰:

大将军凤风御史中丞劾奏野王,赐告养病而私自便,持虎符出界归家,奉诏不敬。杜钦时在大将军莫府,钦素高野王父子行能,奏记于凤,为野王言曰:"……'罚疑从去,所以慎刑,阙难知也。'今释令与故事而假不敬之法,甚违阙疑从去之意。……"

文中"罚疑从去",注曰:"疑当罚不当则赦之,疑轻重则从轻。"李均明先生认为:"凡是无对应法律条款可适用及无判例可援用者,通常免予追究,即'阙疑从去'。"[10]对照《奏谳书》诸疑狱奏谳案例判决,我们发现汉初治狱实际情况并非如此(见表1)。

表1 《奏谳书》诸疑狱判决情况表

事件概要	吏当(议)	廷报		备注
		罪名	刑罚	
南郡夷道蛮夷大男子毋忧为屯去亡	毋忧当腰斩,或曰不当论		当腰斩	简1—7
南郡江陵楚时逃亡的婢媚汉初再次"去亡"	黥颜,或曰当为庶人			简8—16
送南徙处长安的临淄狱史阑娶南以为妻并偕归	阑与清同类,当以从诸侯来诱论。·或曰:当以奸及匿黥舂罪论		阑当黥为城旦	简17—27
胡隐官解娶"诈自占书名数"的逃亡女子符为妻	符有名数明所,明嫁为解妻,解不知其亡,不当论。·或曰:符虽已诈书名数,实亡人也。解虽不知其情,当以娶亡人为妻论,斩左趾为城旦	娶亡人为妻论之		简28—35
南郡武格斗以剑击伤求盗视,视亦以剑刺伤捕武	黥武为城旦,除视		武当黥为城旦,除视	简36—48
汉中公大夫昌笞奴死自告		错告、当治		简49—50
北地郡女子甑接受其亡奴顺等贿赂而不告亡		甑、顺等受行赇枉法		简51—52
北地郡戍卒有署出弗得越塞道亡奴宜			有当赎耐	简53
蜀郡佐启诈簿城旦环为家作曰治官府		启为伪书		简54—55
蜀郡佐憎诈簿城旦、舂内作为徒养		为伪书		简56—57
蜀郡大夫犬与武"窬舍"熊马传并著其马识物		犬与武共为伪书		简58—59
河东郡邮人内更其檄书辟留		内当以为伪书论		简60
河东郡士吏贤受豚、酒出大夫𫷷母妐			贤当罚金四两	简61—62

从上表可以看出,诸“疑罪”案例“吏当”、“吏议”中有两种议罪意见的,“廷报”基本上都选择了量刑较重的议罪意见和处罚,没有从轻或免予刑罚的。如“南郡夷道蛮夷大男子毋忧去亡”案(简1—7)、“南郡江陵婢媚去亡”案(简8—16),虽然从“吏当”中“或曰不当论”,“或曰当为庶人”的议罪意见看出治狱者中确有相当部分官吏是坚持了“罪疑从轻”的,可是“廷报”皆选择重罪处罚。文献所载情况亦是如此,如亚夫之子为父购买葬品兵器被告发,下廷尉治罪,为陷人以罪而文致于法曰:“君纵不欲反地上,即欲反地下耳?”难怪景帝中五年颁布“诸狱疑,若虽文致于法而于人心不厌者,辄谳之”的诏书,这又反证了汉初治狱之实际即汉初统治者在执行法律过程中存在疑罪从重倾向,“罪疑从轻”并非始于汉初。

(二)“**法时**”

《汉书·孔光传》云:

> 时定陵侯淳于长坐大逆诛,长小妻迺始等六人皆以长事未发觉时弃去,或更嫁。及长事发,丞相方进、大司空武议,以为:“令,犯法者各以法时律令论之,明有所讫也。长犯大逆时,迺始等见为长妻,已有当坐之罪,与身犯法无疑。后乃弃去,于法无以解。请论。”光议以为:“大逆无道,父母妻子同产无少长者皆弃市,欲惩后犯法者。夫妇之道,有义则合,无义则离。长未自知当坐大逆之法,而弃去迺始等,或更嫁,义已绝,而欲以为长妻论杀之,名不正,不当坐。”有诏光议是。

“令,犯法者各以法时律令论之”,师古曰:“此引令条之文也。法时,谓始犯法之时也。”沈家本按:“法时,《通典》引作‘犯时’。师古有注,则颜所据本实作‘法时’也。《明律》断罪用新颁律,与此意相合,知《明律》此条其渊源甚远也。”[12]1853 概言之,孔光理解强调“法时”为断狱必须使用犯罪者犯罪事发之时施行或颁行的律令。

“法时”原则亦应包括不运用新律令而只能依犯罪时旧有律令判决的情况,《汉书·冯野王传》:

> 大将军凤风御史中丞劾奏野王,赐告养病而私自便,持虎符出界归家,奉诏不敬。杜钦时在大将军莫府,钦素高野王父子行能,奏记于凤,为野王言曰:“窃见令曰,吏二千石告,过长安谒,不分别予赐。今有司以为予告得归,赐告不得,是一律两科,失省刑之意。夫三最予告,令也;病满三月赐告,诏恩也。令告则得,诏恩则不得,失轻重之差。又二千石病赐告得归有故事,不得去郡亡著令。……今释令与故事而假不敬之法,甚违阙疑从去之意。即以二千石守千里之地,任兵马之重,不宜去郡,将以制刑为后法者,则野王之罪,在未制令前也。刑赏大信,不可不慎。”凤不听,竟免野王。郡国二千石病赐告不得归家,自此始。

文中杜钦所称“野王之罪,在未制令前也”,前无有关法令规定,自不应处野王之罪。凤不听,并“以制刑为后法”竟免野王,规定自此以后“二千石病赐告不得归家”这是新令,杜钦与凤所辩,旨在“法时律令论之”,这与孔光与方进、武所辩如出一辙,可见西汉在司法实践中贯彻了“以法时律令论之”原则。

张家山汉简《奏谳书》诸奴婢逃亡案例的审理判决,即充分体现了治狱“法时”原则,如其中的“南郡江陵婢媚去亡”案(简8—16)载:

> 十一年八月甲申朔丙戌,江陵丞骜敢谳之。三月己巳大夫禒辞曰:六年二月中买婢媚士伍点所,贾(价)钱万六千,乃三月丁巳亡,求得媚,媚曰:不当为婢。·媚曰:故点婢,楚时去亡,降为汉,不书名数,点得媚,占数复婢媚,卖禒所,自当不当复受婢,即去亡,它如禒。·点曰:媚故点婢,楚时亡,六年二月中得媚,媚未有名数,即占数,卖禒所,它如禒、媚。·诘媚:媚故点婢,虽楚时去亡,降为汉,不书名数,点得,占数媚,媚复为婢,卖媚当也。去亡,何解?·媚曰:楚时亡,点乃以为汉,复婢,卖媚,自当不当复为婢,即去亡,毋它解。·问媚:年卌岁,它如辞。·鞫之:媚故点婢,楚时亡,降为汉,不书名数,点得,占数,复婢,卖禒所,媚去亡,

> 年卌岁，得，皆审。·疑媚罪，它县论，敢谳之，谒报，署如廥发。·吏当：黥媚颜頯，畀椽，或曰当为庶人。

媚自辩不当为婢，是依据汉高祖五年五月诏，高祖五年五月诏是处理战后事宜的一项重要法令，它宣布："民前或相聚保山泽，不书名数，今天下已定，令各归其县，复故爵田宅，吏以文法教训辨告。民以饥饿自卖为人奴婢者，皆免为庶人。"它解决的是五年五月前所发生的逃亡事件。婢媚"故点婢，楚时去亡，降为汉"，依"法时"原则，使用这一诏令，媚自当免为庶人，该案例"吏当"中言"或曰当为庶人"即代表了一部分司法官吏的看法。但问题是媚的再次"去亡"发生在汉王朝建立之后，对媚的再次"去亡"处理显然不能使用汉高祖五年五月诏令，而只能使用媚再次"去亡"及此时政府所制定的有关汉律如张家山汉简《二年律令·亡律》等法律规定审理判罪，这就是为什么婢媚案"吏当"中同时又存在"黥媚颜頯"议罪意见的原因，它所援引的法律规定即是《二年律令·亡律》中的有关条文，如《亡律》："頯畀主。其自出也，若自归主，主亲所智（知），皆笞百。"（简159）"奴婢亡，自归主，主亲所智（知）及主、主父母、子若同居求得之，其当论畀主，或欲勿诣吏论者，皆许之。"（简160）媚属"诣吏论者"，只可惜这则案例没有"廷报"内容，无从知晓最终的"廷报"意见是"黥媚颜頯，畀椽"还是"当为庶人"，但从"解娶亡人符为妻"（简28—35）案可以看出，符诈"自以为未有名数，以令自占书名数，为大夫明隶"及最终判决解为"娶亡人为妻论"看，治狱追究的是她"诈自以为未有名数，以令自占书名数，为大夫明隶"前的行为，她的"去亡"，不属于高祖五年五月诏解决范畴，而属《二年律令·亡律》等汉初有关法律追究的范围，尽管此时解妻符有"名数"在官府，但追究的是其之前发生的行为，使用的是当时施用的法律。

由此可以看出，汉中央司法官吏严格执行着"法时"原则，强调所犯客观事实，依犯罪时施行法律判罪，如此，贯彻2000余年的司法"法时"原则最迟当开始于汉初。

三、《奏谳书》在秦汉法律关系研究中的意义

《汉书·刑法志》云："汉兴，高祖初入关，约法三章曰：'杀人者死，伤人及盗抵罪。'蠲削繁苛，兆民大悦。其后四夷未附，兵革未息，三章之法不足以御奸，于是相国萧何捃摭秦法，取其宜于时者，作律九章。"这是有关秦汉法律关系的最早记载。此后，秦律、汉律亡佚，历代学者对此认识逐渐仁者见仁，智者见智。20世纪七八十年代睡虎地、龙岗秦律及张家山汉简汉律的出土，使我们得以看到久违的秦汉法律原貌，重新认识秦、汉法律关系成为可能，而直接架起出土秦律与出土汉律二者之间关系桥梁的是张家山汉简《奏谳书》。

首先，汉高祖年间的治狱案例与秦王政（始皇）时期治狱案例同录一书，本身即说明了汉代法制对秦制的沿袭。近年发现的战国至秦始皇时期秦律主要有睡虎地11号墓出土秦律、龙岗6号墓出土秦律、王家台15号墓出土秦律[13]、青川"为田律"木牍[14]及里耶秦简中的有关法律文书[15]。这些秦简秦律比较单一，或为战国时期秦律，或为秦王朝秦律，但可以看出，近年出土秦律在年代上衔接较紧，中间没有较大时间缺环，从而为研究秦律演变发展创造了条件。从目前发现的秦简及秦律材料看，年代最晚的秦简及秦律其纪年已至秦二世，而与汉律《二年律令》同墓出土的《奏谳书》收录案例年代最早为汉高祖六年"淮阳守行县掾新郪狱"，其中事件的发生却可早至楚汉战争年间的"荥阳之战"（汉三年），可以说出土简牍在年代方面已将秦王朝与汉王朝衔接起来。《汉书·刑法志》："汉兴，高祖躬神武之材，行宽仁之厚，总揽英雄，以诛秦、项。任萧、曹之文，用良、平之谋，驰陆、郦之辨，明叔孙通之仪，文武相配，大略举焉。"《汉书·萧何曹参传》赞曰："萧何、曹参皆起秦刀笔吏，当时未有奇节。汉兴，依日月之末光，何以信谨守管籥，参与韩信俱征伐。天下既定，因民之疾秦法，顺流与之更始。"又，"沛公至咸阳，诸将皆争走金帛财物之府分之，何独先入收秦丞相御史律令图书藏之。沛公具知天下厄塞，户口多少，

疆弱处,民所疾苦者,以何得秦图书也"。萧何"捃摭秦法",本身即表明萧何没有摒弃秦律,而是"捃摭"(捃摭,师古曰"谓收拾也"),整理秦律中适合汉初形势的秦法律为汉王朝法律,这其中当然也包括秦国及秦王朝时期的对汉王朝治狱官吏学习有启发意义的典型案例,成书于汉初的《奏谳书》收录数则秦王政时期的典型案例与汉高祖时期十余则疑狱上谳案例,目的都在于供治狱官吏学习如何审理难案、疑案,张家山汉简《奏谳书》收录秦、汉案例的做法与客观事实,不正是为《刑法志》所载"萧何捃摭秦法,取其宜于时者,作律九章"做了生动的注解和例证吗?

其次,《奏谳书》中秦汉案例司法诉讼程序与格式用语的基本相同直观地反映了秦汉法律的继承与发展。睡虎地秦简《封诊式·讯狱》:"凡讯狱,必先尽听其言而书之,各展其辞,虽智(知)其訑,勿庸辄诘。其辞已尽书而毋解,乃以诘者诘之。诘之有(又)尽听书其解辞,有(又)视其它毋解者以复诘之。诘之极而数訑,更言不服,其律当治(笞)谅(掠)者,乃笞掠。"对照秦王政元年"黥城旦讲乞鞫"案(简99—123)和秦始皇二十七年"南郡卒史复攸庳等"案(简124—161),知秦律规定的治狱要求在司法实践中得到贯彻落实,并由此形成一套完善规范而臻密的司法诉讼程序和司法文书术语,而所有这些,从《奏谳书》所载诸汉高祖时期案例文书看,二者司法程序完全一致,首"告"、"劾",次"讯"、"诘",又次"诊"、"问",再次"鞫"、"审",最后"当之",不仅如此,二者在关键司法用语上也完全一致,如"诘,毋解"、"鞫之……得,审"等等,这说明,汉初在司法制度方面基本上完全承袭了秦的司法审判制度,汉初的奏谳文书与秦案例文书的唯一不同在于奏谳文书开头和结尾部分使用了奏谳文书的专用术语,其主体部分如"告"、"讯"、"诘"、"问"、"鞫"及"当"等的一致,使我们不难得出两者既有继承又有发展的结论。

最后,《奏谳书》为探讨秦末汉初某些司法制度演变的中间环节提供了资料。以乞鞫制度为例,秦已有乞鞫制度,睡虎地秦墓竹简《法律答问》:"以乞鞫及为人乞鞫者,狱已断乃听,且未断犹听殹(也)?狱断乃听之。"(简115)意思是犯人不服判决,乞鞫复审,是在判决执行后还是判决执行前,法律规定"狱已断乃听之",这段法律解释所透露的信息极其有限:第一,"乞鞫及为人乞鞫",指哪些人有权乞鞫,还有哪些人可以为别人乞鞫;第二,"狱已断乃听之",是指判决后可以接受乞鞫,还是执行后允许乞鞫以及有哪些部门可以接受乞鞫等难以知晓。分析《奏谳书》收录的这则据考为秦王政元年的乞鞫实际案例,不难获得如下新的认识:一是乞鞫人乞鞫是在狱断并执行了判决后,讲定罪处"黥城旦"刑,尽管乞鞫复审平反,但由于已受刑而只能到不易被人发现的"隐官"去生活;二是乞鞫案原审理县一般不能再参加复审,从《奏谳书》"黥城旦讲乞鞫"案所记"廷尉谓汧啬夫"及"腾书雍"看,原审机关没有参与这次再审。张家山汉简《二年律令·具律》对乞鞫制度做有详细规定,文曰:

> 罪人狱已决,自以罪不当欲乞鞫者,许之。乞鞫不审,驾(加)罪一等;其欲复乞鞫,当刑者,刑乃听之。死罪不得自气(乞)鞫,其父、母、兄、姊、弟、夫、妻、子欲为乞鞫,许之。其不审,黥为城旦舂。年未盈十岁为乞鞫,勿听。狱已决盈一岁,不得乞鞫。乞鞫者各辞在所县道,县道官令、长、丞谨听,书其气(乞)鞫,上狱属所二千石官,二千石官令都吏覆之。都吏所覆治,廷及郡各移旁近郡,御史、丞相所覆治移廷。(简113—117)

对照睡虎地秦简《法律答问》和张家山汉简《二年律令》,《奏谳书》"黥城旦讲乞鞫"案,填补了秦汉法律中关于乞鞫制度发展演变的资料之缺。

综上所述,张家山汉简《奏谳书》收录的秦、汉司法案例具体反映了秦、汉法律的实际应用状况及其原则,同时也架起了秦汉法律直接联系的桥梁,其在秦汉法律关系研究中的意义不容低估。

【参考文献】

[1]彭浩.谈《奏谳书》中的西汉案例[J].文物,1993(8).
[2]张建国.汉简《奏谳书》和秦汉刑事诉讼程序初探[J].中外法学,1997(2).
[3]高敏.汉初法律系全部继承秦律说[M]//中国秦汉史研究会编.秦汉史论丛:第6辑.南昌:江西教育出版社,1994.
[4][日本]宫宅洁.秦汉时代的审判制度——张家山汉简《奏谳书》所见[J].史林,1998(2);[韩国]李守德.秦汉时代的治狱过程——以江陵张家山《奏谳书》为中心[J].中国史研究,2002(21).
[5]张家山二四七号汉墓竹简整理小组.张家山汉墓竹简(247号墓)·奏谳书[M].北京:文物出版社,2001.图版:51—72;释文:211—231.以下凡引张家山汉简《奏谳书》,皆见本书,不再一一注明.
[6]睡虎地秦墓竹简整理小组.睡虎地秦墓竹简[M].北京:文物出版社,1990.下凡引云梦睡虎地秦简,皆见本书.
[7]刘信芳,梁柱.云梦龙岗秦简[M].北京:科学出版社,1997.
[8]彭浩.谈《奏谳书》中秦代和东周时期的案例[J].文物,1995(3).
[9]李学勤.《奏谳书》解说(下)[J].文物,1995(3).
[10]李均明.简牍所反映的汉代诉讼关系[J].文史,2002(3).
[11]张建国.关于张家山汉简《奏谳书》的几点研究及其他[M]//帝制时代的中国法.北京:法律出版社,1999.
[12]沈家本.历代刑法考[M].北京:中华书局,1985.
[13]荆州地区博物馆.江陵王家台15号秦墓[J].文物,1995(1).
[14]四川省博物馆,青川县文化馆.青川县出土秦更修田律木牍[J].文物,1982(1).
[15]蔡万进.里耶秦简秦令三则探析[J].许昌学院学报,2004(6).

第27卷第5期
2007年9月

汉代财政制度演变试探

史 卫*

【摘 要】 西汉初年,丞相总揽国家财政。为制约丞相财权,皇帝先后在相府设计相、司直以制约,并以御史大夫分解和监督相府财权,还通过直接控制部分国家仓库来加强对国家财政的控制。在调整国家财政管理系统的过程中,职能庞杂的少府被分解,最终成为单纯的皇家财政管理机构,真正实现了帝室财政和国家财政的分离。皇帝的秘书机构最终也取代了相府各曹,成为国家最高财政管理机构——度支尚书。原来分管国家财政和帝室财政的大司农和少府最后演变成为国家财政的具体执行部门。最终在唐代形成了以户部为中心的新的财政管理模式。

【关键词】 财权;丞相府;皇权;大司农;少府;尚书台;户部

一、帝相冲突下的财政制度演变

在汉初,治粟内史(后改大司农)作为国家财政管理机构的职权是有限的,它更多是以仓储保管出纳为主的国家财政管理的执行部门,国家财政的宏观决策管理权集中在丞相府,上计,是秦汉中央政府进行财政控制和调度的重要依据。

秦负责上计的是治粟内史。《秦律十八种》载:“至计而上鉴籍内史。”[1]100

汉代则是丞相府直接受理的,这一丞相“领计簿”的制度一直到西汉末还是如此。《汉书·匡衡传》:“至建始元年,郡乃定国界,上计簿,更定图,言丞相府。”

秦的御史是有监察、会计职能的。张苍秦时为御史,汉时因其明习天下计籍,而命其主持上计,应该是重操旧业。秦的御史大夫应该是参与上计的,而汉初御史大夫显然没有这个职能,御史大夫周苛“守蒙阳城”,周昌“常从击破项籍”。

汉初治粟内史的属官也只有太仓令和郡国诸仓令,主要是管理仓库。财政法规和财物调度,权力都在丞相,这从汉简材料可以看得很清楚。《张家山汉简·二月律令·津关令》中反映丞相府是以“相国下(上)内史书”[2]207的形式指导其工作的。

少府虽管理皇帝家政却名列国家行政系统,宰相有直接管辖权。《敦煌悬泉汉简释粹》0214①:129:“正月庚子,丞相玄成下小府。”[3]3

一般说汉承秦制,其实汉代丞相的职掌比秦代要大。秦朝的丞相制度是在秦始皇剪除权臣之后,“天下之事无大小皆决于上”,“丞相诸大臣皆受成事,倚办于上”[4](卷6《秦始皇本纪》)。汉代丞相职权的形成与秦不同,当时刘邦统兵在外与项

* 史卫(1972—),男,湖北省当阳市人,北京大学历史学博士,财政部财政科学研究所助理研究员,主要从事财政史和魏晋南北朝史研究。

羽逐鹿，而以后方托之丞相萧何。“何留守关中，侍太子，治栎阳，为令约束，立宗庙社稷、宫室、县邑。”[4]（卷53《萧相国世家》）萧何在供给前方，使多次失军亡众的刘邦得以恢复再战，立下第一大功的同时，也独揽了国家财权，组成了拥有300多属官的庞大系统。

丞相府设有百官朝会殿，天下的奏章全部送到丞相那里，由丞相主持百官议决，然后再领衔向皇帝报批，一般没有不批准的。相反，丞相对皇帝的诏令如有不同意见，则可以面折廷争，甚至拒绝执行。对于皇帝的干预，萧何继任者的回答竟是：“高帝与萧何定天下，法令既明，今陛下垂拱，参等守职，遵而勿失。”[4]（卷54《曹相国世家》）在丞相府内设立了一系列的财政管理机构，如处理上计的就牵涉主簿、奏曹、集曹掾、从史等。《续汉书·百官一》记载当时太尉府设有户曹主民户、农桑，金曹主货币、盐铁事，仓曹主仓谷事。

刘邦在垓下消灭项羽后做的第一件事就是：“还至定陶，驰入齐王（韩信）壁，夺其军。”[4]（卷8《高祖本纪》）刘邦对功臣猜忌之重、处理之果断狠辣都是在历史上很有名的。丞相府权重必会引起皇帝的猜疑，对相权有意限制和削弱应该一开始就在刘邦的考虑中。《史记·萧相国世家》总共不过2.2万字，记载帝相矛盾猜忌就占了1万多字。财政是国家的咽喉①，专制君主更是不会马虎。许倬云曾这样比喻：“董事会老是要侵入总经理的职权。”[5]34 这一侵入也就引起了财政管理体系的一系列变动。

刘邦以张苍为计相应该就是为了限制丞相府财权。张苍，汉书有传，阳武人，秦时为御史，不属于刘邦的砀沛集团，因犯罪逃亡而归刘邦，后来又犯罪当斩，为刘邦所赦，用张苍监察萧何的财权，可谓是最佳选择。第一，他与萧何所属的砀沛集团没有关联，而且归汉后一直从刘邦攻战，不属萧何留守系统；第二，因军功取得了北平侯的封爵，有比丞相府属员高的身份；第三，曾有罪获赦，刘邦对其有私恩；第四，曾任秦御史，“明习天下图书计籍，又善用算律历”。

张苍为计相，是以列侯的身份居相府，有相对独立的身份，领主郡国上计者，更以列侯主计四岁。

但这毕竟不是制度的建设，而是汉初形势下对张苍这个特殊身份的人的任用。如以其他人继任计相，没有张苍的身份只能成为丞相的属官，而起不到张苍能起的制衡作用。后来进一步在体制内进行了调整，以御史大夫职来监察丞相府的财权，以专业人士张苍为御史大夫更能履行御史大夫的财政监察功能。其后这一职务一直履行着这方面的职责。

《汉书·赵广汉传》：

> 事下丞相，御史（大夫）案验甚急。

《汉书·宣帝纪》：

> 上计簿，具文而已，务为欺谩，以避其课。三公不以为意，朕将何任！御史察计簿，疑非实者，按之，使真伪毋相乱。

《汉书·张汤传》更有“丞相取充位，天下事皆决汤”之语，张汤时为御史大夫。

《汉书·薛宣传》：“宜考绩功课，简在两府，不敢过称。”

御史大夫之设，既分割了丞相的财权，也对丞相的财政大权进行了监督和制衡。汉哀帝时的大司空（御史大夫）朱博曾说：“高皇帝以圣德受命，建立鸿业，置御史大夫，位次丞相，典正法度，以职相参，总领百官，上下相监临，历载二百年，天下安宁。”可谓把御史大夫设置的作用清晰地解读了出来。

除了监察制衡外，汉景帝时，还一度试图通过直接控制部分国家仓库来加强财政控制。西汉初年，承秦制，仍由“治粟内史”管国家财政。景帝时更名为大农令，以掌“谷货”，以“大内”掌财货。对大内设置的相关记载只有《史记·景帝纪》一条：“以大内为二千石，置左右内官，属大内。”从这条材料可以知道，大内是与大农令平级的二千石官员，从“内官”看可能直属皇帝。《集解》韦昭曰：“大内，京师府藏。”从出土秦简看，秦国就有与“少内”平行的“大内”之设[6]。汉武帝

① 杨炎：“理财者邦国大本，生人之喉命……”（《旧唐书》卷118、《新唐书》卷145《杨炎传》。）

时,皇权大力扩张,对于相权也能直接控制,已经没有必要亲自控制仓库管理了,于是改大内为都内,降为大司农属官,加强了大司农的财政管理职能。但是都内钱还是被称为“禁钱”,一般是不能动用的。

汉武帝在改变功臣为相制度后,在丞相下设司直,成为制度。对于司直,《汉书·百官公卿表》只说:“武帝元狩五年(前118年)初置司直,秩比二千石,掌佐丞相举不法。”其位秩高于丞相府最高属官长史,几与九卿同列,这一设置应与加强财政审计有关。我怀疑这个突然出现的“司直”可能与《周官》中的“司会”有一定联系。《周官》为河间献王刘德所献,献王薨于汉武帝元光五年(前130年),此书当出现在这之前,汉武帝进行制度改造时很可能是参考此书的。以“司”开头的官名多见于《周官》系统,汉武帝改革官制除了设“司会”外,太初元年(前104年)还改“大农令”为“大司农”,征和四年(前89年)又设立“司隶校尉”。

司会,设在天官大冢宰下,据《周礼》郑注,“其职盖亚于六卿”,地位与“司直”相若。“司直”的职责可能也同于司会:“总天下会计之成。”检索《史记》、《汉书》,财政监察是司直监察的重要内容之一。

司直身份特殊,而且由皇帝任命,不由丞相私辟,应该亦有分解丞相财权之意。还有一点可以注意的是在秩级上,丞相府属吏如长史秩千石,史秩四百石,少史秩三百石,属秩二百石,属史秩百石,独“司直”秩比二千石,属于“比秩”序列。“比秩”序列最初是用于皇帝的侍从内官系统,后来逐步向诸府属官、文学之官、妃嫔系统扩展,到东汉,“事归台阁”后,司直设立的作用就不存在了,东汉初年也就废除了。

皇帝有时也亲自主持上计,但应该只是形式,并非制约丞相财政管理权的方式。而东汉实行的以郡国“上计吏”补郎官的制度,皇帝想进一步了解地方财政状况的目的就很明确了。《后汉书·和帝纪》载永元十四年(102年):“初复郡国上计补郎官。”而且这一制度也提高了帝室机构处理财政问题的专业化水平,丞相府形式上应该一直是财政的最高管理机构,到东汉时,还是丞相受上计。《后汉书·文苑传下·赵壹传》:“是时司徒袁逢受计,计吏数百人皆拜伏庭中,莫敢仰视。”

二、少府系统的解体与皇室财政的重组

少府也一直是皇帝控制财政的一个机构,作为皇室的服务机构,它虽有“小府”之称,其目的是“小用”,但其财源还大于国家财政,皇帝从一开始就做了适合自己的设计。“都内钱四十万万,水衡钱二十五万万,少府钱十八万万。”“汉宣以来,百姓赋敛,一岁为四十余万万。藏于都内,为禁钱。少府所领园他作务(之),八十三万万,以给官室供养诸赏赐。”

少府还担负着兵器储藏、赏赐、铸币、助军费等多种国家财政职能。兵器控制对控制军队和防止谋反是很重要的,征和二年(前91年)巫蛊之乱时,刘据遣使者“挢(矫)制赦长安中都官囚徒,发武库兵”[7](卷66《刘屈氂传》)。因为武库为皇帝直接控制,才需要“矫制”,汉武帝宠妃王夫人曾请求封其子到洛阳为王,武帝说:“洛阳有武库、敖仓,当关口,天下咽喉,自先帝以来,传不为置王。”[4](卷126《滑稽列传》)可见地方武库也是由皇帝亲自掌控。

赏赐臣工也是建立皇帝的私恩。《敦煌悬泉汉简释粹》87—89C:11载:

> 尚书丞昧死以闻:制曰可。赐校尉钱人五万;校尉丞、司马、千人、侯,人三万;校尉史、司马、候丞人二万;书佐、令史人万。[3]1

尚书丞,少府属官尚书令之贰佐,这是用少府钱奖赏军功,而且少府机构不仅支出钱,还制订具体细则。

作为为皇帝私人服务的机构,少府系统庞杂,皇室财政管理只是其一部分职能(见表1)。

表1　少府财政职能表

职能	机构
掌山海池泽之税，以给供养	农官、都水、均官三长丞、上林中十池监
掌管宫廷手工业	若卢、考工室、左弋、左右司空、东织、西织、东园匠十六官令丞、尚方、御府
掌管宫廷事务及皇室生活所需	太医、太官、汤官、导官、乐府、胞人、居室、甘泉居室、黄门、钩盾、永巷（掖庭）、内者、宦者八官令丞
掌管国玺、文书，侍从皇帝左右，承宣诏命，顾问应对，协助皇帝处理政务	尚书、符节、中书谒者

汉武帝时，首先把皇室收入部分做了整理，一部分归大司农（如盐铁），一部分拿出来设立水衡都尉管理。《汉书·百官公卿表》载：

> 水衡都尉，武帝元鼎二年初置，掌上林苑，有五丞。属官有上林、均输、御羞、禁圃、辑濯、钟官、技巧、六厩、辩铜九官令丞。又衡官、水司空、都水、农仓，又甘泉上林、都水七官长丞皆属焉。上林有八丞十二尉，均输四丞，御羞两丞，都水三丞。禁圃两尉，甘泉上林四丞。成帝建始二年省技巧、六厩官。王莽改水衡都尉曰予虞。初，御羞、上林、衡官及铸钱皆属少府。

水衡都尉分管了少府的一些事务，并兼管铸造货币，皇室财政就由两个部门来管理了，其中水衡都尉偏重于皇室的收入，如公田、苑囿、园林、山泽及各种官营手工业的收入，以前郡国致富的铸钱业也由它来经营，后来辅政的尚书系统也从少府独立出去。

少府则偏重于负责支出，如皇室的膳食、被服、器物、舆马、医药、娱乐、后宫等费用支出，少府成为了一个宫廷保管机构。

东汉建立在简省机构、裁员增效的同时，也进一步统一了财政事权，加强了大司农对财政收支的统一管理。把少府、水衡都尉的钱和水衡都尉的铸币权都移交给了大司农，并把水衡都尉给撤了。大司农的职掌从前汉的“掌谷货”发展成为后汉的“掌诸钱谷金帛诸货币”，并进一步加强了宏观调控职能，而盐铁均输等具体事务性工作则下放到郡县了。

到此，一般认为“财政组织区分两大系统的制度至前汉终结了”[8]383。但我们注意到，虽然水衡都尉把皇室产业的管理权又交给了少府，但是少府还是拥有自己独立的收入的，它的中藏府令还掌管着“中币帛金银诸货物”，只是原来分担的国家财政的执行职能基本分离出去了。如兵器的制作与保管改属太仆，都水、均官改属于郡国，原来要支付的赏赐、军费等都不再由它开支了，它基本由国家机构转换成皇室的内部机构，而且其系统官员也多为内官担任了。

少府收入除了政府拨付外，还有上林苑等皇室产业，还有与支出对应的各种专项收入，主膳食的太官掌有太官园，《汉书·循吏传·召信臣传》：“太官园种冬生葱韭菜茹。”服饰需求由织室制作提供，器物需求由考工室、东园匠、尚方负责制造提供，还有各地贡赋。

可以说经过这一系列的改造，汉代二元财政体制才正式确立，国家财政和皇室财政才真正分离。少府最初的庞杂使管理不明晰，它的分解是必然的。庞大的内库曾经是皇帝制衡政府的一项财力基础，但随着皇权的加强，统一财政管理的形势要求就显得更为突出。

从《汉书·百官公卿表》我们可以发现最初两套系统的分立。早期的大司农大多由地方长官升任，而少府多由中尉、光禄大夫、侍中大夫、尚书令升任。九卿系列中，只有大鸿胪、大司农、廷尉三官属于国家机关。在早期大司农很多升为御史大夫、丞相的，但到了后期，皇帝加强了皇权，有更多的少府开始升任丞相了。在早期没有大司农和少府对调的情况，好像各有系统，但是后期成帝时，随着大司农职掌的加大，发生过两例由少府改做大司农的，成为彻底的皇室服务机关后，东汉时，少府就不再有迁三公的了。

魏晋南北朝时期，少府逐渐演化成国家财政管理机构，改称太府。隋唐时另行组建了新的皇室财政机构——内侍省,它经营皇室产业和接受地方土贡,政府财政也给予它一定的拨款。宋设立内库,太祖拟用以积储收复幽燕的费用。《宋史·食货志》明确记载为“此盖虑司计之臣不能节约,异时用度有阙,复赋率于民”,以备非常之用。明代也有庞大的内库。清代以内务府经营皇庄。

这种皇室财政和国家财政分离的二元管理体制贯穿整个帝制时代。

三、财政体制的后期演变

汉武帝时,皇权更是极大加强,而且汉武帝力图有为,“外事四夷”、对匈战争、大兴水利、修宫苑,造成财政危机。国家支出空前浩大,极需要财政改革和统一调配。大司农的国家财政管理的职权得到凸现。武帝元鼎二年(前115年),商人出身的桑弘羊被任命为大农中丞,元鼎六年(前111年),为治粟都尉、领大农,从此主持全国财政二十多年。大司农成为汉武帝财政改革的主要设计和执行部门,原属少府的盐铁等也都归属了大司农。

《汉书·百官公卿表》中记载大司农的职掌,仅“掌谷货”,《后汉书·百官三》中已经是:“掌诸钱谷金帛诸货币。郡国四时上月旦见钱谷簿,其逋未毕,各具别之。边郡诸官请调度者,皆为报给,损多益寡,取相给足。”

《敦煌悬泉汉简释粹》Ⅱ0114②:291载:

> 建始二年八月丙辰朔壬申,敦煌太守延、守部候强行长史事、丞义谓县□……羌胡众数遣在道,马谷使外国今少,恐乏,调给仓谷,大司农□□□□。[3]53

建始是西汉成帝的年号,建始二年是公元前31年。虽然文字缺失,但大司农的调度职能是比较清楚的。但汉武帝还是通过少府和新成立的水衡都尉控制着相当的财力,直到东汉大司农才成为独立的国家财政管理部门。

在制约相权过程中,皇帝自己的秘书机构开始得以参与财政管理。汉武帝扩充尚书机构,霍光时,大司农田延年加官为中朝官参与国家决策。到光武帝时尚书台就正式成为了总理国家政务的中枢,并且财政宏观管理权也由宰相机构移交给尚书机构了。蔡质《汉仪》载:

> 右丞与仆射对掌廪假钱谷。[9]205

尚书参与的方式还主要是传递君命,具体执行部门是大司农。《后汉书·钟离意传》载:

> 时诏赐降胡子缣,尚书案事,误以十为百。帝见司农上簿,大怒,召郎将笞之。意因入叩头曰:“过误之失,常人所容。若以懈慢为愆,则臣位大,罪重,郎位小,罪轻,咎皆在臣,臣当先坐。”乃解衣就格。格,拘执也。帝意解,使复冠而贯郎。

两汉时,尚书各曹的职掌说法很多,涉及财政管理的材料有两条。前汉,《汉官仪》载尚书郎一人“主钱帛贡献委输”[9]142。后汉,《通典》载三公曹“掌天下岁尽集课州郡”。

曹魏时设度支尚书,这一名称更能反映财政宏观管理的职能,职掌是“专掌军国支计”,一般认为这是出于军事的需要,但也是汉代财政行政长期实践,提高财政行政效率的内在要求。财政的宏观调控和专门化要求是变化的主要因素,相权、皇权的争斗和军事压力推动了这个变化。

度支尚书的职权主要集中了原来尚书诸曹的财政职权和大司农从丞相府那里接管的一部分宏观管理职权。大司农又变成了管理粮食仓库为主的部门(见表2)。

表2 大司农职能演变表

名称	时代	职掌
大司农	西汉	掌谷货
	东汉	掌诸钱谷金帛诸货币。郡国四时上月旦见钱谷簿,其逋未毕,各具别之。边郡诸官请调度者,皆为报给,损多益寡,取相给足
	南朝宋	掌九谷六畜之供膳羞者
司农寺	北齐	掌仓市薪菜,园池果实
司农上士	北周	掌三农九谷,稼穑之政令

在魏晋南北朝动荡中，为加强皇权，皇帝必须加强财政控制。少府作为皇帝私库的管理机关，又被赋予掌管金帛府库的职掌，演化成国家财政部门，改称“太府”。

隋唐统一，对财政管理机构进行了整合，户部统管财政，国库分由太府寺与司农寺来管理，太府寺保管钱帛金银，司农寺保管粮谷，但它们都只是执行部门，仓库的出纳核实、批准之权归于户部的金部和仓部。而金部、仓部的出纳调拨则是按照度支做的预算来执行，事后要向度支申报账目。这样，就形成了一套新的财政管理模式。

四、小结

本文对西汉到隋唐初期的国家财政管理制度做了一个讨论，下面可以再对本文做一小结。

西汉建立，虽因循秦制，但由于建国前萧何建丞相府统领后方，形成比秦制大得多的相权。在财政管理方面形成由丞相总揽全国财政，下设大司农和少府分管政府财政和皇室财政的基本格局，这一局面也深为皇帝所忌，开始采取一系列的限制相府财权的措施，也影响了国家财政管理制度的演变。这些措施包括，先后在相府设计相、司直等官以制约相权，加大御史大夫财政职权以分解和监督丞相财权。计相、司直为相府属吏，御史大夫为天子近臣，多方位对相权进行了制衡和监督。另一方面，皇帝还通过直接控制部分国家仓库来加强对财政的直接控制。随着一系列措施的施行，皇帝对财政的直接控制在对相权的制约中逐步加强。东汉时，更以“郡国上计补郎官”来加强帝室机构对上计的管理权和管理能力。

少府也是皇帝控制财政的一个重要机构，它作为为皇室服务的机构，事务庞杂，而且还承担了兵器储藏、赏赐、助军费等多种国家财政职能。从汉武帝到东汉，对少府机构多次进行了整理和调整，将许多属于国家财政的职责划归大司农，使少府作为皇室财政管理机构的性质更为明确，可以说是实现了国家财政和帝室财政的真正分离，并不如一些学者认为的“财政组织区分两大系统的制度至前汉终结”那样，这种二元财政模式还贯穿整个帝制时代。

在对丞相财权进行制约的同时，大司农在国家财政宏观管理方面有了加强，但是最终取代相府机构行使财政宏观管理职能的是皇帝的内朝机构。经过两汉的发展，到曹魏时发展出度支尚书，隋唐时，改称民部、户部。大司农和少府后来逐步成为财政的具体执行部门，形成了以户部为中心的新的财政管理模式。

【参考文献】

[1]睡虎地秦墓竹简整理小组.睡虎地秦墓竹简[M].北京:文物出版社,1978.
[2]张家山二四七号汉墓竹简整理小组.张家山汉墓竹简[M].北京:文物出版社,2001.
[3]胡平生,张德芳.敦煌悬泉汉简释粹[M].上海:上海古籍出版社,2001.
[4]司马迁.史记[M].北京:中华书局,1959.
[5]许倬云.从历史看组织[M].上海:上海人民出版社,2000.
[6]彭邦炯.从出土秦简再探秦内史与大内、少内和少府的关系与职掌[J].考古与文物,1987(5).
[7]班固.汉书[M].北京:中华书局,1962.
[8][日]加藤繁.汉代的国家财政和帝室财政的区别及帝室财政一斑[M]//刘俊文主编.日本学者研究中国史论著选译:第3卷.北京:中华书局,1993.
[9]孙星衍,辑.汉官六种[M].北京:中华书局,1990.

第23卷第2期
2003年3月

东汉户口总数之谜试析

袁延胜*

【摘　要】　东汉户口总数记载之间互有矛盾,被学者称为东汉户口总数之谜。但通过仔细分析,发现这些户口之谜,有的是史书传抄中的错误造成的,有的是后世学者的误解造成的,有的是后人不了解当时的实际情况造成的。《续汉书·郡国志》及注中所载的东汉户口,大部分还是可信的。

【关键词】　东汉;户口;《续汉书·郡国志》

一、问题的提出

《续汉书·郡国志》和刘昭的注以及《晋书·地理志》,保存了13组自光武帝到桓帝时期东汉全国的户口总数。这些户口数字是我们了解和研究东汉人口数量变化的基本史料。但由于这13组户口数字的材料来源不同,加之在传抄中的笔误和脱简等情况的发生,使这些户口数字之间有一些矛盾之处。因此从古人杜佑、马端临到现代的梁方仲、高敏等学者,都对此问题给予关注和思考,高敏先生还提出了东汉户口总数的6个谜[1]406—411。

因此,在考察东汉人口问题时,我们有必要对东汉户口记载的矛盾之处进行分析考证,力求澄清历史事实,来作为我们认识东汉社会真实情况的一个侧面。

东汉户口总数的记载主要来源于《续汉书·郡国志》和刘昭的注,而刘昭作注所引用的材料又来源于三个方面,即皇甫谧的《帝王世纪》、伏无忌的记、应劭的《汉官仪》。为了便于问题的探讨,下面把引起歧义的有关记载转录如下:

1.《续汉书·郡国志一》刘昭注引的《帝王世纪》,记载了光武帝中元二年(57年)和汉桓帝永寿二年(156年)的户口数:

> 及王莽篡位,续以更始赤眉之乱,至光武中兴,百姓虚耗,十有二存。中元二年,民户四百二十七万千六百三十四,口二千一百万七千八百二十人。永平、建初之际,天下无事,务在养民,迄于孝和,民户滋殖。及孝安永初、元初之间,兵饥之苦,民人复损。至于孝桓,颇增于前。永寿二年,户千六百七万九百六,口五千六万六千八百五十六人,垦田亦多,单师屡征。

2.《续汉书·郡国志五》记载了汉顺帝永和五年(140年)的户口:

> 至于孝顺,凡郡、国百五,县、邑、道、侯国千一百八十,民户九百六十九万八千六百三十,口四千九百一十五万二百二十。

---

* 袁延胜(1972—　),男,汉族,河南省南阳市人,郑州大学历史与考古系史学博士,主要从事秦汉史研究。

3. 在上引《续汉书·郡国志五》正文后面，刘昭的注又引用了应劭《汉官仪》、伏无忌的记等 9 个户口数字，以及一个争议颇大的《帝王世纪》所记永嘉二年户口的问题。刘昭注曰：

应劭《汉官仪》曰："永和中（136—141 年），户至千七十八万，口五千三百八十六万九千五百八十八。"又《帝王世纪》，永嘉二年户则多九十七万八千七百七十一，口七百二十一万六千六百三十六。应载极盛之时，而所殊甚众，舍永嘉多，取永和少，良不可解。皇甫谧校核精审，复非谬记，未详孰是。岂此是顺朝时书，后史即为本乎？伏无忌所记，每帝崩，辄载户口及垦田大数，今列于后，以见滋减之差焉。光武中元二年（57 年），户四百二十七万九千六百三十四，口二千一百万七千八百二十。明帝永平十八年（75 年），户五百八十六万五百七十三，口三千四百一十二万五千二十一。章帝章和二年（88 年），户七百四十五万六千七百八十四，口四千三百三十五万六千三百六十七。和帝元兴元年（105 年），户九百二十三万七千一百一十二，口五千三百二十五万六千二百二十九，垦田七百三十二万一百七十顷八十亩百四十步。安帝延光四年（125 年），户九百六十四万七千八百三十八，口四千八百六十九万七百八十九，垦田六百九十四万二千八百九十二顷一十三亩八十五步。顺帝建康元年（144 年），户九百九十四万六千九百一十九，口四千九百七十三万五百五十，垦田六百八十九万六千二百七十一顷五十六亩一百九十四步。冲帝永嘉元年（145 年），户九百九十三万七千六百八十，口四千九百五十二万四千一百八十三，垦田六百九十五万七千六百七十六顷二十亩百八步。质帝本初元年（146 年），户九百三十四万八千二百二十七，口四千七百五十六万六千七百七十二，垦田六百九十三万一百二十三顷三十八亩。

4.《晋书·地理志》记载汉桓帝永寿三年（157 年）的户口：

至桓帝永寿三年，户千六十七万七千九百六十，口五千六百四十八万六千八百五十六，斯亦户口之滋殖者也。

上述史料中，伏无忌所记的 8 个户口数字自成一系统，本身没有什么矛盾，但和其他的记载相对照时，就有一些矛盾之处。另外，皇甫谧的《帝王世纪》和《晋书·地理志》之间、应劭的《汉官仪》和《续汉书·郡国志五》之间，都有矛盾之处。概括而言，涉及东汉户口总数之谜的问题主要有：应劭《汉官仪》所载永和年间户口偏高问题，《帝王世纪》所载永嘉二年户口真伪问题、桓帝永寿年间户口数量问题、质帝本初元年（146 年）户口数量减少问题、安帝延光四年（125 年）户口减少问题等。这都需要我们作出认真的分析和解答。

二、东汉户口总数之谜的分析

对于东汉户口总数的矛盾问题，通过阅读史料，笔者发现大部分是可以得到合理的解答的。现逐条分析如下：

（一）光武帝中元二年（57 年）户口记载的矛盾问题

光武帝中元二年的户口，皇甫谧《帝王世纪》和伏无忌的记载分别如下：

表 1

户	口	材料来源
4271634	21007820	皇甫谧《帝王世纪》
4279634	21007820	伏无忌的记

两条记载口数相同，唯户数略有差异。按：《帝王世纪》户数原写作"四百二十七万千六百三十四"，梁方仲先生认为"千"字前当掉一"九"字，很有卓识[(2)]21。因此，光武帝中元二年的户口，以伏无忌所记为准。

（二）应劭《汉官仪》所载永和年间户口偏高问题

顺帝永和年间的户口，各家记载不一（如表 2）：

表2

年代	户	口	材料来源
永和五年(140年)	9698630	49150220	《续汉书·郡国志五》
永和中(136—141年)	10780000	53869588	应劭《汉官仪》

顺帝永和仅6年,而户口数相差很大:户数相差约108万,口数相差约472万。高敏先生认为两条记载的户口数字必有一误,或二者均可疑[1]409。而各家认为永和年间动乱剧烈,应劭《汉官仪》所载户口偏高,因此对应劭《汉官仪》的记载颇觉不可信[3][4]53。劳干认为,两条记载可能属于两个系统,姑且信之[5]。陶文牛则从羌人起义对东汉人口发展的影响立论,认为应劭《汉官仪》所载的可能为羌乱将兴或初起的永和元年(136年)的户口数字,并从延光四年(125年)到永和元年人口年均增长率的逻辑合理性、应劭《汉官仪》所载户口比的合理性,对自己的观点进行了论证[6],颇具卓识。

又《后汉书》卷48《应劭传》载应劭"少笃学,博览多闻"。他在建安元年(196年)上奏《汉仪》的写作情况时说:"辄撰具《律本章句》、《尚书旧事》、《廷尉板令》、《决事比例》、《司徒都目》、《五曹诏书》……其见《汉书》二十五,《汉记》四(李贤注:即《东观记》),皆删叙润色,以全本体。"按:各家多认为应劭《汉官仪》即是建安二年(197年)所著的《汉官礼仪故事》[7]119。但笔者认为,应劭《汉官仪》应是建安元年所撰的《汉仪》。因为《汉仪》虽大多为法律条文,却也有关于户籍管理的条目,如"司徒都目"、"五曹诏书"等。而司徒是全国户口管理的最高机关,五曹尚书里面亦有户曹,都有可能记录各年份全国的户口。因此,刘昭注引的《汉官仪》极有可能是《汉仪》之文。

又从《后汉书·应劭传》的记载来看,当时尽管"书记罕存",但应劭还有《东观记》可资参考,因此他所记永和中的户口数字大致是可信的。当时可能书籍散佚很厉害,以致应劭抄录这个数字时,已经搞不清它的确切纪年。《汉官仪》所载"永和中"三字,可能正是这条材料原始性的一个表现。因此,笔者认为应劭《汉官仪》所载的户口数字是可信的,把它放在永和元年(136年)是合理的。

(三)《帝王世纪》所载永嘉二年户口真伪问题

刘昭所载永嘉二年的户口,争议最大。为了探讨这千年的谜题,我们再抄录一下引起歧义的史文。《续汉书·郡国志五》载:

> 至于孝顺,凡郡、国百五,县、邑、道、侯国千一百八十,民户九百六十九万八千六百三十,口四千九百一十五万二百二十。

刘昭注曰:

> 应劭《汉官仪》曰:"永和中(136—141年),户至千七十八万,口五千三百八十六万九千五百八十八。"又《帝王世纪》,永嘉二年户则多九十七万八千七百七十一,口七百二十一万六千六百三十六。应载极盛之时,而所殊甚众,舍永嘉多,取永和少,良不可解。皇甫谧校核精审,复非谬记,未详孰是。岂此是顺朝时书,后史即为本乎?

这段史料引起歧义的地方大致有三方面:1.永嘉为汉冲帝年号,但冲帝在位仅一年,并无永嘉二年。因此学者认为"永嘉二年"为"永嘉元年"(145年)之误[1]410。2.各家根据刘昭注,认为《帝王世纪》所说永嘉二年的户口,应为应劭《汉官仪》永和中的户口数加上多出来的户口数,即户11758771,口61086224[1]410,[8]3。但伏无忌所载永嘉元年的户口为户9937680,口49524183。两项数字相差户约182万,口约1156万,因此高敏认为《帝王世纪》永嘉二年的户口"甚为可疑"[1]410,王育民则据此认为《帝王世纪》所载不可信[8]3。如果《帝王世纪》所载不可信,则学者们改"永嘉二年"为"永嘉元年"的努力,也就失去了意义。3.由于把"永嘉二年"改为"永嘉元年",仍不能解决矛盾,学者们又进行了思考。如黎子耀在《补后汉书·食货志》中,认为"永嘉二年"应为"永寿二年"之误。梁方仲先生也倾向于认为“永嘉二年”应为“永寿二年”之误[2]20—21。但高敏先生认为，即使如此，也和《帝王世纪》及《晋书·地理志》所载永寿二年和永寿三年的户口数相差悬殊。据此，高敏先生认为，刘昭注引《帝王世纪》之冲帝“永嘉二年”，绝不可能是桓帝永寿二年之讹[1]410。

“永嘉二年”不管改为“永嘉元年”还是“永寿二年”，都有难于解释的地方，真可谓左也不是，右也不是。但笔者认真阅读刘昭注文，揣测刘昭注文的用意，发现刘昭注文中的“永嘉二年”确为“永寿二年”之误。首先，“嘉”、“寿”二字在汉隶上非常相似。这在汉碑上已经反映出来[9]217,459。其次，大家错误理解了刘昭注文的意思，把户口数字加错了。按：刘昭在《续汉书·郡国志五》所载永和五年户口之后加注，主要是对《郡国志五》所载户口数字偏低不满，也不理解。在刘昭看来，《续汉书·郡国志五》“应载极盛之时”，而《郡国志五》所载永和五年的人口只有4900多万，可应劭《汉官仪》所载永和年间的户口就有5300多万，这已经使刘昭非常不满和不解了。但刘昭注文并不就此而止，因为刘昭发现皇甫谧《帝王世纪》所载永寿二年的户口数字是东汉最高的户口记载。因此刘昭在此用了一个“又”字：“又《帝王世纪》，永嘉（寿）二年户则多九十七万八千七百七十一，口七百二十一万六千六百三十六。”刘昭在这里所说《帝王世纪》多出的户、口数，仍是针对《郡国志五》所载永和五年的户口数字而言，这既可以从刘昭注文的行文逻辑看出，又可从后面的“舍永嘉（寿）多，取永和少，良不可解”一语得到验证。

因此，《帝王世纪》所载永嘉（寿）二年的户口应为：《续汉书·郡国志五》所载永和五年的“户九百六十九万八千六百三十，口四千九百一十五万二百二十”，加上多出来的户“九十七万八千七百七十一，口七百二十一万六千六百三十六”，即：

户数：9698630 + 978771 = 10677401

口数：49150220 + 7216636 = 56366856

这户10677401，口56366856，就是《帝王世纪》所载永寿二年的户口。这个数字和《晋书·地理志》所载桓帝永寿三年的户口数字基本一致。（有关分析见下一部分）

最后提及的是，刘昭在这里之所以不把《帝王世纪》所载永嘉（寿）二年的户口数字列出，就在于他在《续汉书·郡国志一》已经注引了《帝王世纪》永寿二年的户口数字，为了避免重复，他就没有再注引；更重要的是，刘昭在这里主要想阐明永寿二年的户口比永和五年户口多的程度，所以他就认真计算并列出了二者的差额，来说明他的疑问。

总之，从以上分析可以看出，刘昭注文中的“永嘉”确为“永寿”之误。前辈学者的错误就在于没有正确理解和分析刘昭的注，加错了数字，误改了文字，以致错上加错，众论纷纷，最后导致大家对皇甫谧《帝王世纪》所载的户口数字持否定态度。现在看来，排除史书传抄中的错误，皇甫谧《帝王世纪》所载永寿二年的户口数字，还是应当予以肯定的。

（四）桓帝永寿年间人口数量问题

桓帝永寿年间的户口数字，《续汉书·郡国志一》刘昭注、《晋书·地理志》各有记载，加上上面我们计算出的另一个永寿二年的户口数字，共有3组（如表3）：

表3

年代	户	口	材料来源
永寿二年（156年）	16070906	50066856	《郡国志一》刘昭注引《帝王世纪》
永寿二年（156年）	10677401	56366856	据《郡国志五》刘昭注计算出的《帝王世纪》的户口
永寿三年（157年）	10677960	56486856	《晋书·地理志》

从3组数字来看，《郡国志一》刘昭注引的《帝王世纪》数字肯定有误，梁方仲、高敏诸先生早已指出[1]408,411,[2]20—21。概言之，就是《帝王世纪》将“户千六十七万七千九百六十”，误为“户千六百七万九百六”，把“口五千六百四十八万六千八百五十六”，误写为“口五千六万六千八

百五十六人",最明显之处就是把户数"千六十七万"误写为"千六百七万",把口数"五千六百四十八万"误写为"五千六万",使人不得不否定《帝王世纪》的记载。但从这3组户口数字的整体来看,特别是从后两组的户口数非常相近和3组口数的尾数相同来看(都有"6856"),它们显然出自一个系统。高敏先生指出,"《晋书·地理志》所云,显然本于皇甫谧《帝王世纪》"[1]408,411;梁方仲指出,《续汉书·郡国志一》所引《帝王世纪》永寿二年的户数,偏高太大,当有传写的错误[2]20—21。

正是由于皇甫谧《帝王世纪》所记永寿二年的户口传写有误,所以从杜佑、马端临到现代梁方仲、高敏等先生都采用《晋书·地理志》的记载,无疑是正确的。但从《续汉书·郡国志五》计算出来的《帝王世纪》的户口数字与《晋书·地理志》所载户口数字的一致性来看,皇甫谧《帝王世纪》所载还是有一定可信度的。造成大家否定皇甫谧《帝王世纪》所载东汉户口真实性的原因,在于史书传抄过程中的误写或脱文,而不是皇甫谧本人错抄东汉户口所致。

既然分析了《帝王世纪》所载永寿二年户口的可信性,又认为《晋书·地理志》所载也是正确的,那么这组户口到底是永寿二年还是永寿三年的呢?按:"二"、"三"两字,极易因笔误造成混淆,孰对孰错,确实不易分辨。但我们翻阅《后汉书·桓帝纪》发现,永寿二年"三月,蜀郡属国夷叛。秋七月,鲜卑寇云中。太山贼公孙举等寇青、兖、徐三州,遣中郎将段颎讨,破斩之"。《资治通鉴·汉纪四十五》亦载,永寿二年"公孙举、东郭窦等聚众至三万人,寇青、兖、徐三州,破坏郡县。连年讨之,不能克"。看来,桓帝永寿二年确实不太平。

让我们再看一下永寿三年的情况。《后汉书·桓帝纪》载:"夏四月,九真蛮夷叛,太守兒式讨之,战没;遣九真都尉魏朗击破之。复屯据日南","长沙蛮叛,寇益阳"。看来,桓帝永寿三年也不太平。

但仔细分析起来,桓帝永寿二年公孙举等人的起义,发生在经济发达、人口稠密的关东地区,破坏力大;而桓帝永寿三年的起义,则发生在离统治中心较远的九真、日南、长沙等地,对社会的破坏力相对较小。对比这两年的情况,我们倾向于认为,东汉极盛时的人口很可能是在桓帝永寿三年,而不是桓帝永寿二年。因此,在没有其他证据的情况下,我们还是采信《晋书·地理志》中桓帝永寿三年的户口记载。

(五)质帝本初元年的户口减少问题

冲帝永嘉元年(145年)与质帝本初元年(146年)的户口数量,伏无忌作了记载(如表4):

表4

年代	户	口	材料来源
永嘉元年(145年)	9937680	49524183	伏无忌所记
本初元年(146年)	9348227	47566772	伏无忌所记

两者相距一年,但户减约60万,口减约200万。高敏、王育民认为这种情况不可理解[1]410,[8]3。赵文林、谢淑君则推测认为,可能是"继上一位短命皇帝即位之年,主簿官吏有所处置变动,未及全面汇总"[4]53。

按:永嘉元年(145年)与本初元年(146年)都有起义,政治不太安定。《后汉书·孝冲帝纪》载永嘉元年,"广陵贼张婴等复反,攻杀堂邑、江都长。九江贼徐凤等攻杀曲阳、东城长";"三月,九江贼马勉称'黄帝'。九江都尉滕抚讨马勉、范容、周生,大破斩之……丹阳贼陆宫等围城,烧亭寺,丹阳太守江汉击破之";五月,"下邳人谢安应募击徐凤等,斩之……庐江盗贼攻寻阳,又攻盱台,滕抚遣司马王章击破之";十一月,"中郎将滕抚击广陵贼张婴,破之……历阳贼华孟自称'黑帝',攻杀九江太守杨岑,滕抚率诸将击孟等,大破斩之"。

《后汉书·孝质帝纪》载本初元年二月庚辰诏曰:"九江、广陵二郡数离寇害,残夷最甚。生者失其资业,死者委尸原野。……其调比郡见谷,出禀穷弱,收葬枯骸……"《后汉书·桓帝纪》载本初元年七月丙戌诏曰:"方今淮夷未殄,军师屡出,百姓疲悴,困于征发。"李贤注曰:"本初元年,庐江贼攻盱台,广陵贼张婴等杀江都长。盱台、江都并近淮,故言淮夷。是中郎将滕抚屡击破之,其余众犹未殄也。"

从上述记载看,永嘉元年与本初元年,九江、广陵、庐江等地都有起义。这些起义,一方面造成大批人口的死亡,另一方面又使大量起义人员脱籍,这大概是造成本初元年户口减少的主要原因。至于本初元年户口减少幅度大,则可能是连年的动乱在质帝本初元年造成的人口耗减更大的缘故。

另外,本初元年尽管户减约60万,口减约200万,但与全国总人口相比,减少的百分比大约为:户6%,口4%,并不算特别大。因此,尽管对质帝本初元年的户口减少问题还有一些可疑之处(很有可能是当时统计有误造成的),但在没有其他证据的情况下,我们还是不能轻易否定这个户口记载的。换言之,对于质帝本初元年的户口记载,我们还是持肯定的态度。

(六)安帝延光四年人口减少问题

和帝元兴元年(105年)与安帝延光四年(125年)的户口,伏无忌作了记载(如表5):

表5

年代	户	口	口户比	材料来源
和帝元兴元年(105年)	9237112	53256229	5.77	伏无忌所记
安帝延光四年(125年)	9647838	48690789	5.05	伏无忌所记

从两条户口数字的变化看,从和帝元兴元年到安帝延光四年这20年,户数增加了41万,而口数却减少了456万;对此户增口减的情况,高敏先生、王育民先生认为令人疑惑不解[1]411,[8]3。张森楷则怀疑安帝延光四年的口数4869万的"4"为"5"之讹[10]3554,即认为延光四年的口数为5000多万,才符合常理。葛剑雄则认为是东汉户籍登记一直存在严重隐漏,因而数字越来越混乱所致[11]122,但他没有举出任何例子,仅是一种推测。

综观诸家的观点,都集中在对安帝延光四年户口的怀疑和否定上。但诸家都没有从当时社会的实际情况去考察、去思考安帝延光四年户口的真实性。众所周知,安帝即位之初的永初元年(107年),就爆发了羌人大起义,并一直持续到元初五年(118年)。这次持续十余年的羌人大起义,对东汉经济和人口影响巨大。

《后汉书·西羌传》载:"自羌叛十余年间,兵连师老,不暂宁息。军旅之费,转运委输,用二百四十余亿,府帑空竭。延及内郡,边民死者不可胜数,并、凉二州遂至虚耗。"王符《潜夫论·实边》载羌乱时,残暴的官吏对社会经济和人口的影响:"又放散钱谷,殚尽府库,乃复从民假贷,强夺财货。千万之家,削身无余,万民匮竭,因随以死亡者,皆吏所饿杀也。其为酷痛,甚于逢虏。寇抄贼虏,忽然而过,未必死伤。至吏所搜索剽夺,游踵涂地,或覆宗灭族,绝无种类;或孤妇女,为人奴婢,远见贩卖,至令不能自活者,不可胜数也。"

至于东汉政府迫使边郡人民内迁,也造成大批人口的死亡。《后汉书·西羌传》载,永初五年(111年)内迁陇西、安定、北地、上郡时,"时连旱蝗饥荒,而驱蹙劫掠,流离分散,随道死亡,或弃捐老弱,或为人仆妾,丧其太半"。《潜夫论·实边》亦载内迁之民的惨状:"民既夺土失业,又遭蝗旱饥匮,逐道东走,流离分散,幽、冀、兖、豫,荆、扬、蜀、汉,饥饿死亡,复失太半。边地遂以丘荒,至今无人。原祸所起,皆吏过尔。"

由记载可知,安帝时羌人大起义,一方面造成并、凉二州人口的大量死亡和减少;另一方面由于赋役的繁重、吏治的败坏、旱灾蝗灾等自然灾害,导致大量人口被"饿杀",这才是导致安帝延光四年户口减少的主要原因。

另外,这次羌人大起义,还影响到了京师和各级官吏。《后汉书·安帝纪》载,永初三年(109年),"京师大饥,民相食……三公以国用不足,秦令吏人入钱谷,得为关内侯、虎贲羽林郎、五大夫、官府吏、缇骑、营士各有差"。永初五年(111年)亦载,"戎事不息,百姓匮乏,疲于征发"。羌人大起义使京师之地"民相食"、政府靠卖官的收入来弥补财政开支的不足,可见羌乱影响之大。所以,安帝时期人口的减少,恐怕是当时的实际情况。

总之,从持续十余年的羌人大起义对人口的影响看,安帝延光四年户口反映了当时人口减少的实际情况,伏无忌所记的户口数字还是可信的,还是应当予以肯定的。至于户增口减和家庭人口规模减小的问题,笔者认为还是战乱和赋役繁重造成的。因为连年的战争,一方面必然造成大批人口的非正常死亡,如青年参战死亡、贫苦老弱之人因饥饿而死亡等,这必然造成每户人口的减少;另一方面,可能由于赋役的繁重,一些家庭析户以避役,而使户数增加。

三、结论

通过前面对东汉人口数字的辨析,我们认为东汉户口总数的记载,大部分还是符合当时的实际情况的,是可信的。以前造成东汉户口总数之谜的原因,有的是史书传抄中的错误造成的,有的是后世学者的误解造成的,有的是后人不了解当时的实际情况造成的,有的则有可能是当时统计有误造成的。

下面列出我们采信的东汉户口的数字,作为我们以后讨论东汉户口数量变化的基础。

表6

年度	公元(年)	户数	口数	户口比	资料来源
光武中元二年	57	4279634	21007820	4.91	伏无忌所记
明帝永平十八年	75	5860573	34125021	5.82	伏无忌所记
章帝章和二年	88	7456784	43356367	5.81	伏无忌所记
和帝元兴元年	105	9237112	53256229	5.77	伏无忌所记
安帝延光四年	125	9647838	48690789	5.05	伏无忌所记
顺帝永和中	136*	10780000	53869588	5.00	应劭《汉官仪》
顺帝永和五年	140	9698630	49150220	5.07	《续汉书·郡国志五》
顺帝建康元年	144	9946919	49730550	5.00	伏无忌所记
冲帝永嘉元年	145	9937680	49524183	4.98	伏无忌所记
质帝本初元年	146	9348227	47566772	5.09	伏无忌所记
桓帝永寿三年	157	10677960	56486856	5.29	《晋书·地理志》

* 根据第二部分的讨论,把此组户口数字定为永和元年(136年)。

【参考文献】

[1]高敏.秦汉史论集[M].郑州:中州书画社,1982.
[2]梁方仲.中国历代户口、田地、田赋统计[M].上海:上海人民出版社,1980.
[3]冯承基.伏无忌所记东汉户口数字之检讨[J].大陆杂志,1963,27(2).
[4]赵文林,谢淑君.中国人口史[M].北京:人民出版社,1988.
[5]劳干.两汉户籍与地理之关系[J].历史语言研究所集刊,1935,5(2).
[6]陶文牛.东汉人口增长和减少的演变——《续汉书·郡国志》户口资料研究之一[J].山西大学学报,1993(1).
[7]孙星衍,撰.周天游,点校.汉官六种[M].北京:中华书局,1990.
[8]王育民.东汉人口考[J].上海师范大学学报,1988(3).
[9]顾南原.隶书字典(隶辨)(全二册)[M].北京:中国书店,1982.
[10]范晔.后汉书[M].北京:中华书局,1965.
[11]葛剑雄.中国人口发展史[M].福州:福建人民出版社,1991.

第24卷第6期
2004年11月

汉代的罚金和赎刑

——《二年律令》研读札记

高叶青*

【摘 要】 罚金和赎刑是中国古代法制史上的重要刑罚,是对犯罪行为的一种经济制裁,属财产刑。由于史料缺乏,这一问题在张家山汉墓竹简等简牍出土以前一直未得到系统研究。汉代的罚金分七个等级:半两、一两、二两、四两、八两、一斤、二斤;它既适用于一般百姓,也针对官吏的罪行进行处罚,不限定一定的身份和阶层,所不同的是汉代罚金所涉及的官吏名称较秦律为多,但大都是较低级的官吏。汉代罚金的适用罪名很多,有以下犯上、任人不廉、盗窃、学业不精、打架斗殴等罪行,涉及政治、经济以及文化教育各方面,森严的等级性是其本质特征。汉代的赎刑小到赎耐、赎迁,大到赎死,几乎全部刑罚都可以赎。赎官、赎死已不像秦代时只有特权阶级才可以赎,汉代法律原则上规定平民百姓也可以赎死、赎官。汉代赎刑的表现形式多种多样,以黄金为主,铜钱为辅,兼及爵位、竹、谷、缣、粟、马、军功等形式。汉代赎刑适用对象很广,各类赎刑从法律表面规定的情况来看没有等级及特权的限制,即官民通用。

【关键词】 汉代;罚金;赎刑;二年律令

纵览以往关于汉代法制史的研究论著,对于肉刑、劳役刑、死刑等刑罚均浓墨重彩,记述甚详,从而使我们能够获得比较明晰的认识。然而对于“罚金”与“赎刑”因限于史料,往往不能详究其里。沈家本、程树德、何四维[1]等先生的研究,也只是罗列搜集到的相关史料,对于这两种刑罚的具体内容、实施原则及其在刑罚体系中所占的地位涉及很少。随着睡虎地云梦秦简[2]、甘肃武威旱滩坡汉简[3]、张家山汉墓竹简[4]等文献资料的出土及公布,我们发现关于“罚金”与“赎刑”的记载相当多,不难看出这两种刑罚在刑罚体系中也占有相当重要的地位。根据古籍及考古出土文献资料对之进行研究,可弥补以往研究中的遗漏,使我们对秦汉乃至整个古代法律体系有一个更加完整而清楚的认识。笔者不揣浅陋,不正确之处,祈请方家指正。

秦汉刑法中的罚金及赎刑按现代法律学理论而言属剥夺犯人私有财产的刑罚,是一种经济制裁,属财产刑,《尚书·尧典》和《周礼·秋官·职金》对于财产刑早有提及。“罚金”,是依法判处交纳相应财物的刑罚,是直接判处的财产刑。“赎刑”则是在判定某种罪行应科的刑罚之后,可以依律用财物折抵刑罚,求得赎免,是间接判处的财产刑。罚金与赎刑在形式上很相似,故在概念上极容易混淆,但它们绝不是一回事,下面笔者将分三大部分对之进行考辨。

一、汉代的罚金

由于西汉末年社会经济的空前大破坏,整个国民经济几乎陷入全面崩溃,商品货币经济相应也遭到破坏。商业凋敝,货币自然也难以发达,

* 高叶青(1978—),女,陕西省泾阳县人,西北大学文博学院硕士研究生,研究方向为秦汉历史文献学。

“不但黄金没有需要,连铜钱的需要也不大”[5]。西汉时风行一时的黄金和铜币退出了流通领域,官府的赏赐、馈赠、贿赂,财富的储藏,几乎全部代之以布帛。终东汉一代,用黄金赏赐功臣的,据《后汉书》记载,仅仅有东汉末年灵帝光和元年(178年),朱儁才“赐黄金五十斤”一例,而且数量之少和西汉时的赏赐量有天壤之别。因此,罚金刑发展至东汉由于失去了它赖以存在的基础而暂时中断,故本文所考察的罚金刑主要是以西汉一朝为依托的。这一点必须向读者交代清楚。由于《史记》、《汉书》等文献资料以及考古出土的相关简牍较多,为便于行文,先分类将其搜列编排如下:

(一)律、令中对于汉罚金刑的记载

首先来看《史记》、《汉书》的相关内容。

例1.“汉律,三人以上无故群饮,罚金四两。”

(《汉书》卷4《文帝纪》)

例2.“律,诸当占租者家长身各以其物占,占不以实,家长不身自书,皆罚金二斤,没入所不自占物及贾钱县官也。”

(《汉书》卷7《昭帝纪》)

例3.“宫卫令,诸出入殿门公车司马门,乘轺传者皆下。不如令,罚金四两。”

(《史记》卷102《张释之传》)

例4.“令甲,诸侯在国,名田他县,罚金二两。”

(《汉书》卷11《哀帝纪》)

例5.“乙令,跸先至而犯者,罚金四两。”

(《汉书》卷50《张释之传》)

例6.“吏及诸有秩受其官属所监、所治、所行、所将,其与饮食计偿费,勿论。它物,若贾故贱,卖故贵,皆坐臧为盗,没入臧县官。吏迁徙免罢,受其故官属所将监治送财物,夺爵为士伍,免之。无爵,罚金二斤,令没入所受。有能捕告,畀其所受臧。”

(《汉书》卷5《景帝纪》)

其次来看考古工作中发现的大量汉代法律方面的简牍文书。

居延汉简中的罚金条文有:

例7.“☑期会皆坐办其官事不办,论罚金各四两,直二千五百。”

(E. P. T57:1)

例8.“☑罚金二两直千☑”

(227·13)

例9.“☑☑□□□□当罚金二千五”

“☑起居得毋有它数辱赐起”

(231·115A)

例9'.“☑□□□亡人罚金五千”

(231·115B)

例10.“官去府七十里,书一日一夜,当行百六十里,书积二日少半日乃到,解何。书到各推辟界中,必得事,案到如律令,会月廿六日。会廿四日。”

(E. P. S4·T2:8A)

例10'.“不中程,百里罚金半两,过百里至二百里一两,过二百里二两,不中程,车一里夺吏主者劳各一日、二里夺令口各一日。”

(E. P. S4·T2:8B)

甘肃武威旱滩坡汉简[6]中的罚金条文有:

例11.“吏金二两,在田律。民作原蚕,罚金二两,令在乙弟廿三。”

张家山汉墓出土竹简中的罚金条文有:

一是《奏谳书》中的罚金条文:

例12.“··河东守谳:士吏贤主大夫䧅,䧅盗书毄(系)隧亡,狱史令贤求,弗得,毄(系)母媪亭中,受豚、酒臧(赃)九十,出媪,疑罪。廷报:当罚金四两。”

《奏谳书》(简61、62)

例12'.“·異时鲁法,盗一钱到廿,罚金一两。过廿到百,罚金二两。过百到二百,为白徒。过二百到千,完为倡。”

《奏谳书》(简20)

二是《二年律令》中的罚金条文:

这一部分给我们提供了西汉罚金制度的详尽资料,为明了起见,笔者择其要点,在尽量保持原貌的基准下,制成表1。这样做难免有破坏资料原貌之嫌,但考虑到文章篇幅及行文方便,只能冒此风险。有兴趣者可参照整理小组的整理结果,在下表中,笔者将所引每条简文的编号及其在书中的页码明确标出来,以方便查找。

表1 《二年律令》之"罚金"相关律简表

律名	例号	罪行	量刑处罚	简文出处
贼律	13	失火延燔城、官府、县官积冣（聚）；寺舍、民宅及民之粮仓	罚金四两，并责令赔偿损失，乡部、官啬夫、吏主弗得，罚金各二两	$J_{4,5}P_{134}$
	14	船人失误导致人财毁失	罚船啬夫、吏金各四两	$J_{6,7,8}P_{134}$
	15	挢（矫）制，不害	罚金四两	$J_{11}P_{135}$
	16	上书误不审	罚金四两	$J_{12}P_{135}$
	17	造假券书及为书故诈不置副本，所避毋罪名；罪名不盈四两；毋避	皆罚金四两	$J_{15}P_{135}$
	18	□□□而误多少其实，及误脱字	罚金一两	$J_{17}P_{136}$
	19	下爵殴打上爵，其毋伤； 殴同列以下，其毋伤； 殴同列以下并导致皮肤青肿	罚金四两 罚金二两 罚金四两	$J_{27,28}P_{138}$
	20	怀子而敢与人争斗，虽为人变	罚金四两	$J_{31}P_{138}$
	21	臭询詈父偏妻父母、男子同产之妻、泰父母之同产等	罚金四两	$J_{42,43}P_{140}$
	22	亡印	罚金四两	$J_{51}P_{141}$
	23	亡书、符券、城门钥匙等	罚金各二两	$J_{52}P_{141}$
盗律	24	盗臧（赃）直（值）110—20钱 20—1钱	罚金四两 罚金一两	$J_{55,56}P_{141}$
	25	盗出财物于边关徼，吏部主弗智（知）	罚金四两	$J_{74,75}P_{144}$
	26	私自假贷财物	罚金二两	$J_{77}P_{146}$
	27	盗贼发，令、丞、尉弗觉知	罚金各四两	$J_{144,145}P_{153}$
捕律	28	□□□□发及斗杀人而不得官啬夫、士吏、吏部主者； 尉、尉史	罚金各二两 罚金各一两	$J_{147}P_{153}$
杂律	29	擅赋敛者	罚金四两	$J_{185}P_{158}$
	30	诸有责（债）而敢强质者	罚金四两	$J_{187}P_{158}$
钱律	31	敢择不取行钱、金者	罚金四两	$J_{197,198}P_{159}$
	32	盗铸钱及佐者正典、田典、伍人弗告；尉、尉史、乡部、官啬夫、士吏、部主者弗得	罚金四两	$J_{201,202}P_{160}$
置吏律	33	任人不廉、不胜任，非吏及宦	罚金四两，戍边二岁	$J_{210}P_{161}$
	34	属所吏弗致事，及其人留不自致事，盈廿日	罚金各二两	$J_{211,212}P_{161}$
	35	县道官有请而当为律令者……当请，请之，毋得径请。径请者	罚金四两	$J_{219,220}P_{163}$
田律	36	入陈刍	罚黄金四两	$J_{240}P_{165}$
	37	盗侵巷术、谷巷、树巷及豤（垦）食之	罚金二两	$J_{245}P_{166}$
	38	道有陷败不可行者罚其啬夫、吏主者 □□□□□□及□土	罚黄金各二两 罚金二两	$J_{248}P_{166}$
	39	马、牛、羊、彘食人稼穑	罚主牛、马金各一两	$J_{253}P_{167}$

(续表)

律名	例号	罪行	量刑处罚	简文出处
市律	40	市贩匿不自占租,列长、伍人弗告; 啬夫、吏主者弗得	罚金各一斤 罚金各二两	$J_{260、261}P_{168}$
行书律	41	发致及有传送失期乏事; 非乏事,及行书而留过旬	罚金二两 盈一日罚金二两	$J_{269、270}P_{170}$
	42	□□□不以次	罚金各四两	$J_{271}P_{171}$
	43	书不急,擅以邮行	罚金二两	$J_{272}P_{170}$
	44	邮人行书,一日一夜行二百里,不中程过一日	罚金二两	$J_{273、274、275}P_{170}$
	45	邮吏居界过书,弗过而留之,半日以上	罚金一两	
户律	46	田典更挟里门钥匙,但不依律行使职责	罚金二两	$J_{305、306}P_{175}$
	47	代户、贸卖田宅,乡部、田啬夫、吏留弗为定籍	盈一日罚金各二两	
	48	产子者恒以户时占其⊠⊠	罚金四两	
	49	乡部啬夫、吏、令史相杂案户籍……留弗移,移不并封,及实不徙数盈十日; 乡部啬夫、吏主及案户者弗得	皆罚金四两 罚金各一两	$J_{328、329、330}P_{177、178}$
兴律	50	乘徼,亡人道其署出入,弗觉	罚金□⊠	$J_{404}P_{187}$
	51	守燧乏之,及见寇失不燔燧,燔燧而次燧弗私(和)	皆罚金四两	$J_{405}P_{187}$
徭律	52	县道官敢擅坏更官府寺舍者	罚金四两,以其费负之	$J_{410}P_{188}$
	53	擅兴车牛,及徭不当徭使者	罚金各四两	$J_{415}P_{188}$
史律	54	不入史、卜、祝者	罚(学童)金四两,学佴二两	$J_{479、480}P_{204}$
	55	□□学佴敢擅繇(傜)使史、卜、祝学童者	罚金四两	$J_{484}P_{205}$
津关令	56	一、御史言……越塞……吏卒主者弗得,赎耐,令、丞、令史	罚金四两	$J_{488、489}P_{205}$

据以上所列资料,我们首先来看看汉代的"罚金"分为几等。

(二)汉代罚金刑的等级及其表现形式

《晋志》载魏罚金有六等;《唐六典》载晋罚金有五等,分别为十二两、八两、四两、二两、一两;《梁律》载梁代罚金有五等;《魏志·鲍勋传》有依律罚金二斤之语,当时承用汉律。因此可推知汉律有罚金一项,但具体分为几等,文献中没有明确的记载,从例1、2、3、4、5、6、《史记》、《汉书》的记载中可知包括二两、四两、二斤几个级别,这是在居延汉简、云梦秦简、张家山汉简等考古资料出土之前我们掌握的相关资料。现依据以上所列56个案例,综合考古与古籍资料,以及后代刑法志汉代部分的记载,可知汉代的罚金有七等:半两、一两、二两、四两、八两、一斤、二斤,各个等级所对应的例号制成表2。

表2 汉代罚金刑的等级表

等级	例号
半两	10'
一两	10' 12' 18 24 28 39 45 49
二两	4 8 10' 11 12' 13 19 23 26 28 34 37 38 40 41 43 44 46 47 54
四两	1 3 5 7 12 13 14 15 16 17 19 20 21 22 24 25 27 29 30 31 32 33 35 36 42 48 49 51 52 53 54 55 56
八两	9'
一斤	40
二斤	2 6

从表2可以看出，二两、四两罪最普遍，半两、八两、一斤、二斤的案例较少。这56个案例中，有几个需要重点分析：

1. 例7因简上端断裂，无法知道简的完整意思，但据残文可知此简大意是负责边境烽燧值勤的吏因玩忽职守而遭斥责，并被处以罚金四两，简末的“直二千五百”似乎表明罚金四两也可以用钱二千五百征收。此外，例7、8、9、9’对于罚金的表述与其他例证不同，不是以“罚金……两”，而是以“罚金……两，直……”或“罚金二千五”、“罚金五千”的结构表达。例8“☐罚金二两直千☐”，据例7的句式可推知千之后的残失文字为“二百五十”，这里有了一个抵算标准，即金四两 = 钱二千五百，金二两 = 钱千二百，被罚之人采用哪一种方式缴纳似乎有选择性。例9、9’“罚金二千五”、“罚金五千”应是省略句，完整表述为“罚金(四两，直)二千五”、“罚金(八两，直)五千”。这两例说明当时罚金也可用钱缴已成俗规，甚至在法律条文中都可以用省略句表述，这几例同时也证明了在汉代“黄金”与“铜钱”具有同样的法偿资格。

2. 例36、38均有“罚黄金……”的句式，又《二年律令·盗律》(简76，第145页)：“盗出黄金边关徼，吏、卒徒部主者智(知)而出及弗索，与同罪；弗智(知)，索弗得，戍边二岁。”《二年律令·津关令》(简492，第206页)：“二、制诏御史，其令扜(扞)关、郧关、函谷关、临晋关，及诸其塞之河津，禁毋出黄金，诸奠黄金器及铜，有犯令。”均不称“金”而称“黄金”，是什么原因呢？西汉以黄金和铜钱为主币，但改黄金的计量单位为斤，不再称镒。《史记·平准书》注引臣瓒云：“秦以一溢为一金，汉以一斤为一金。”汉一斤为十六两，百斤黄金称“百金”，千斤黄金则称“千金”，余以类推。陈直先生指出：“至于黄金问题，汉人称金为黄金，铜直称为铜”，“铜与黄金名称，绝不相混杂”[7]。因此，汉代史籍中常见的“百金”、“千金”等词例，既省“斤”字，又去“黄”字，其实都是指黄金[8]。既如此，这几条律文为什么要多此一举呢？是书写律文时的笔误，还是其他原因，期望方家指教。

3. 由于史料缺乏，我们对于战国时期各国的刑罚情况知之甚少，但张家山汉简《奏谳书》例12’或许可以为我们提供一点线索。这条律文是关于盗窃“钱”的惩处标准，赃值越大，罚金愈多，过百、千则处罚更重。这与汉简《二年律令》例24很相似，只是赃值过二十到百时汉律罚金四两，比鲁国的罚金二两重些，这表明汉律的杂糅性很强，也表明战国时期在秦以外的各国也存在罚金这种财产刑。

明确了汉代罚金的等次问题后，我们接下来讨论一下罚金的表现形式及“黄金”充当这一功能所具有的意义、罚金的适用方法，表现在对各种罪行所罚金额或所罚之物种类的规定上，各朝情况不一，多依照当时统治者的需要而定。汉初也有罚钱、谷、缣的，但是以黄金为主，东汉时，黄金的使用减少，随着形势也有所改变。

有了上面的分析为基础，我们可以有这样一个结论：汉代罚金主要指罚黄金，但在有些情况下也可以用铜钱抵偿。因为在汉代，“黄金与铜钱虽有‘上’、‘下’币之别，但铜钱并不是辅币，两者具有同等的法偿资格，即黄金和铜钱都是无限法偿，不论多大的价值支付，使用任何一种都是合法的，都是没有限制的”[5]514。同时，它们之间还有一定的法偿比例，如“黄金一斤，直钱万”，“黄金二万斤，为钱二万万”。但依据《二年律令·金布律》(简427、428)：“有罚、赎、责(债)，当入金，欲以平贾(价)入钱，及当受购、偿而毋金，及当出金、钱县官而欲以除其罚、赎、责(债)，及为人除者，皆许之。各以其二千石官治所县十月金平贾(价)予钱，为除。”可知当时黄金的价格浮动比较大，二者的抵偿比例也是有变动而非恒定不变的。

那么为什么要用黄金作为罚金的主要表现形式呢？一是由于汉代尤其是“西汉黄金的使用更广泛，使用量更大，除了用作价值尺度之外，最主要的用于馈赠、赏赐和贿赂，动辄五百斤、千斤、万斤及几十万斤，简直是黄金泛滥”[9]。《史记》、《汉书》，顾炎武《日知录》卷11“黄金”条，以及赵翼《廿二史札记》卷3“汉多黄金”条记载了许多用黄金赏赐功臣的例子，从一个侧面说明“黄金”除了货币职能外，还有一个特殊价值，即皇帝的赏赐以及封君的贡献，并非单纯的支付手段或进贡方式,对于双方而言也是一种名誉。黄金作为赠予的媒介,是以皇帝为中心的"封建"礼仪中具有特殊货币职能——带有皇帝威信的"上币"[10]。"罚金"就意味着对这样一种荣誉权的剥夺,正如赐爵一样,赐予的民爵可以一步步储存累加起来,就好比一种财产,因此夺爵也就变成了一种刑罚,在这一点上,爵和黄金有共通性。如例6"夺爵为士伍,免之。无爵,罚金二斤",这是夺爵和罚金并存的案例。因此,黄金具有的潜在的皇权威信,是其作为"罚金"刑表现形式的重要基础。

(三)罚金的适用对象及适用罪名

和秦代赀刑类似,汉代罚金刑也不限定一定的身份和阶层,它既适用于一般百姓,也针对官吏的罪行进行处罚。所不同的是汉代罚金所涉及的官吏名称较秦律为多,但大都是较低级的官吏,见表3。

汉代罚金的适用罪名很多,下面从政治、经济、文化教育、民事等方面试举几例进行阐述,见表4。

表3 汉代罚金涉及的官吏名称表

例号	官吏名称
4	诸侯
13	乡部、官啬夫、吏主
14	船啬夫、吏
25	吏部主
27	令、丞、尉
28	官啬夫、吏部主、士吏、尉、尉史
32	正典、田典、伍人、尉、尉史、乡部、官啬夫、士吏、部主者
34	属所吏
35	县道官
38	(田)啬夫、吏主者
40	列长、伍人
45	邮吏
47	乡部、田啬夫
49	乡部啬夫、吏、令史
50	学佴
56	令、丞、令史

表4 汉代罚金适用罪名表

罪名	具体罪行	惩处标准及例号
以下犯上罪	出入殿门、公车司马门,无论乘轺或传,都必须下车,否则	罚金四两 3
	跸先至而犯者	罚金四两 5
	县道官必须按一定的规程礼仪宴请为律令者,不得直接去请,否则	罚金四两 35
	下爵殴打上爵但未致伤,	罚金四两 19
	殴打同列以下,但未致伤,	罚二两黄金 19
	如果殴打同列以下并使其皮肤青肿则	罚金四两 19
矫制罪	矫制但未造成损害	罚金四两 15
任人不廉罪	任人不廉,不能胜任职务,非吏及宦戍边二岁	罚金四两 33
邮政官吏渎职罪	非紧急公文而擅自按紧急公文来邮递	罚金二两 43
	发放及传送文书,在规定时间里没有会合而失期,误事的	罚金二两 41
	没有误事,以及文书已备但滞而未发超过一旬,超过一天	罚金二两 41

（续表）

罪名	具体罪行	惩处标准及例号
官吏渎职罪	不能及时觉察所发生的“盗贼”事件，令、丞、尉等地方长官	罚金各四两　27
	私运货物特别是黄金之类与国家安全相关的贵重物品出境，管理人员疏于检查是一种严重的失职行为，	罚金四两　25
	西汉初年对出入关津的管理十分严格，私自越塞是严重的罪行，对其监管不力的地方长官要	罚金四两　56
	防守烽火台而失职，看到敌人来了却不点火，或者点火之后相邻的烽火台没有响应，都是军人的失职乃至渎职行为，有关责任人要被	罚金四两　51
	对于商人的偷漏税行为，列长以及同伍商贩不告发，都要被	罚金一斤　40
	啬夫、主管吏员抓不到偷漏税者，各	罚金二两　40
	私自铸钱是违法的，尉、尉史、乡部等受罚，是因为他们监督不力，	罚金四两　32
	同居、田典和伍人知情不报，	罚金四两　32
	擅自赋敛，激起民愤，不利于缓和社会矛盾，责令交还赋敛所得并	罚金四两　29
	县道官胆敢擅自毁坏、改扩衙门等公家房舍，所需费用由其本人偿还，并	罚金四两　52
隐瞒税款及	报税不实及家长不自行申报没收财物，并	罚金二斤　2
户口罪	产子者不按时申报户籍，	罚金四两　48
造假罪	伪造券书及制作券书而不留副本，原先无罪名或罪名不盈四两，皆	罚金四两　17
盗窃罪	所盗赃值在110—20钱之间，	罚金四两　24
	20—1钱之间，	罚金一两　24
私贷财物罪	私自假贷财物，	罚金二两　26
	擅自赋敛者，	罚金四两　29
强质罪	因债务纠纷而强行为质者，	罚金四两　30
拒绝行钱罪	拒绝使用成色不好的黄金及铜钱，	罚金四两　31
入陈刍稾罪	向官府交纳陈粮，	罚黄金四两　36
学业不精罪	史、卜、祝学童经学习后考核不合格	罚金四两　54
教师失职罪	学佴所教史、卜、祝学童落选	罚金二两　54
	擅自役使史、卜、祝学童	罚金四两　55
纵火罪	民失火延及城、官府、官府粮仓等，责令其赔偿损失，并	罚金四两　13
打架斗殴罪	孕妇挑衅与人打斗，虽被打致流产，仍	罚金四两　20
辱骂长辈罪	辱骂父偏妻父母、男子同产之妻、泰父母之同产等，	罚金四两　21
侵占土地罪	偷着侵占及开垦巷术、谷巷、树巷作为土地并播种粮食，	罚金二两　37
家畜食人庄稼罪	马、牛、羊等家畜践食别人庄稼，罚畜主	牛、马金各一两　39

特别值得一提的是汉律对官吏的治理力度，《二年律令》严厉打击官吏的失职和渎职行为，小到邮传、偷漏税，大到把守关津不严、打击盗贼不力等。对于失职、渎职的处罚依情节、性质和造成的后果，有罚金、徒刑及死刑。汉律所惩治的渎职行为几乎涉及社会公务的各个方面，体现了汉初统治者整顿吏治、建立高效廉洁的统治集体的决心。

（四）汉代罚金刑的特点及秦汉罚金刑适用原则

与秦赀刑相比汉代罚金刑涉及面更广，分类更细密，使我们得以对汉代尤其是西汉的罚金刑适用范围及处罚标准有了一个全面、清晰的认识，也从一个侧面说明了汉初立法的特点。

1. 严密与周全性。从表4所列可以看出，汉律罚金刑的适用从政治、经济、文教到民事纠纷，几乎涵盖了各个领域。

2. 和秦律相同，汉律的等级更加森严，同罪不同罚现象较普遍。如《二年律令·贼律》（例24）低爵位者若殴打比自己爵位高的，即使没有受伤也要罚四两金；但如果殴打的是和自己同等爵位或比自己爵位低的，只有将对方皮肤打得青肿时才罚金四两，没有受伤则仅罚二两金。同样是斗殴罪，但所殴之人爵位不同则处罚也不同，同罪不同罚，这体现了罪刑相应的阶级性，也是封建司法制度维护统治阶级特权的必然做法。

3. 重视市场管理。汉律对于偷漏税行为严惩不怠,不仅本人相关财物要被没收,就连列长、伍人也要受牵连,交罚金一斤。除此而外汉政权对官吏的管理也比秦代更具体,更具有可操作性。

关于汉代罚金刑的适用原则,史籍中仅有零星的记载,现在据张家山汉简相关丰富的资料,我们可以对之进行较系统的归纳了。

1. 罪行与量刑相对应。罪行所造成的损伤愈重,罚金愈多。从汉律相关律文可以看出,罚金半两、一两的罪行与四两、八两以及二斤的罪行相比,对封建统治秩序造成的危害明显要轻得多。汉高祖刘邦曾与关中父老约法三章,即“杀人者死,伤人及盗抵罪”,概括地体现了罪刑相应的原则。罪刑相应即按照罪行的轻重,处以相应的刑罚,重罪重判,轻罪轻罚。张家山汉简将这一原则具体化,增强了它的实际意义,而不是权宜性措施。例 19 持凶器者被视为情节恶劣,必须严厉处罚,如处以完城旦春罪,没有致人受伤则从轻发落,处以罚金刑。对于盗窃罪则按照赃值的多少论罪,有黥为城旦春,也有耐为隶臣妾及罚金四两到二两不等,但律文所见赃值皆为 11 的倍数,这与秦律《睡虎地秦墓竹简·法律答问》之“不盈五人,盗过六百六十钱,黥劓以为城旦;不盈六百六十到二百廿钱,黥为城旦;不盈二百廿以下到一钱,迁之”相似。此外,犯罪动机与实际的危害结果也是汉律定罪的重要依据,动机相同,危害结果不同,处罚也不同。如例 15 对于矫制产生危害者处以弃市之刑,而没有造成损害的则罚金四两。但是汉初这一原则又是不彻底的,它还存在连坐的一面。《二年律令·钱律》(例 32)对于私铸钱币者及其同伙处以弃市之刑,邻里和上司也要受到牵连,因为邻里知情不报,上司失职监管不力都是犯罪行为,也要受到处罚。汉代对于市贩偷税行为严加惩治,列长、伍人隐瞒不报将被罚一斤黄金,处罚相当重;至于尉、尉史、乡部等人也难逃其咎,罚金各二两。

2. 无意之过失从轻处罚。汉初刑罚严格区分有意与无意,有意从重,无意从轻。“误”、“戏而杀人”等即属于无意之过失,即当事人无恶意而且根本没有料想到自己的行为会造成恶劣后果。《二年律令·贼律》(例 16)对于无意致误,仅罚金四两,而上书“有言也谩”属故意为之,故为完城旦春罪。而且,对于无意之失误且没有产生危害的轻微罪行,有时可免于刑事处罚,如《二年律令·贼律》(例 18)对于不影响事情进行的错误之处,则不予追究责任。

3. 故纵同罪原则。《二年律令·盗律》(例 25)边境管理人员纵容盗窃所得财物出关,有和盗贼同谋的嫌疑,是一种严重的渎职行为,和盗贼同罪论处;如果不知情而使其偷逃过关,也要罚金四两。而且允许没有符传的使者过关,也与盗贼同罪。《睡虎地秦墓竹简·秦律杂抄》之“不当禀军中而禀者”条,如果同车一起吃军粮的军人、屯长和仆射知情不报则被罚戍一年。甚至纵容包庇盗值不足一钱的行为,也要被罚一盾(《睡虎地秦墓竹简·法律答问》之“甲盗不盈一钱”条)。

此外,秦律如《睡虎地秦墓竹简·法律答问》之“诬人盗值廿”条,诬告他人盗窃值 20 钱的东西,尚未判罪,本人又另犯盗窃且赃值 100 钱,就要二罪并罚,这说明秦律赀刑还有一个原则即重判再犯。

(五)汉代罚金刑的历史地位

汉律罚金刑除了具有秦赀刑的典范性与灵活性的历史地位而外,对于它所存在的汉代社会也产生了不可忽视的作用。“罚金”作为一项刑罚,它的产生具有合理性与必要性。首先,它是汉统治阶级收敛财物,增加国库收入,解决兵食困难,满足统治者穷奢极欲的需要。历史上,征战越频繁,所需财物就越多,尤其是秦汉两代对各级各类的罪行都有详细的罚金额度,这种做法在使法律体系更加缜密的同时,极大地丰富了国库收入。其次,是维护统治阶级特权的需要。如前所述,维护特权是封建司法制度的必然,这样才能维持等级社会的基础。这主要表现为贵族、官员、有爵者可以在一定条件下减免刑罚,以及同罪官民不同罚等方面。而且,无论是在奴隶社会,还是在封建社会,只有贵族、官僚地主才有可能付得起罚金,至于广大劳动人民,衣食维艰,哪里还有能力交“罚金”，大部分人只有通过服劳役以顶替罚金。战国至西汉时期，商人运用贱买贵卖的各种经济手段，集中了民间的大量黄金。封建统治者则运用国家机器，聚敛民财，重税搜刮，把民间的黄金集中于官府。一部分向富商大贾购买供自己挥霍的奢侈品，另一部分则用于巩固自己的统治，赏赐、馈赠那些效忠封建王朝的文臣武将。特别是包括封建皇帝在内的一大批官吏，往往是集官商于一身，利用各种手段据黄金为己有。但不可否认，“罚金”刑的施行的确有利于稳定汉初的统治秩序，保障了其他各项政策措施的推进。

二、汉代的赎刑

赎刑是我国古代法律规定的可以用财物折抵刑罚的制度，对赎刑的概念古人早有论述：《说文》：“赎，贸也”；《玉篇》：“赎，质也，以财拔罪也”；又朱熹说：“赎刑，使之入金而免其罪”（《朱子大全》卷67，《舜典·象刑说》）。这些说法基本上揭示了赎刑的概念。赎刑并不是一个独立的刑种，它一般不直接适用于某一罪名，只是在判定某种罪行应科的刑罚之后，可以依律用财物折抵刑罚以求赎免。它不是一种独立的主刑或从刑，而是一种代用刑。赎刑在夏代已经出现，如《尚书·吕刑》说“穆王训夏赎刑”，《世本》载“夏作赎刑”。因资料缺乏，夏代赎刑的具体情况无法详究。但有一点可肯定，即赎刑是以财物为依托的，是商品经济发展到一定阶段的产物。在封建社会，赎刑得到更加广泛的应用，但由于汉代资料缺乏，它一直是研究中的薄弱点。张家山汉简、甘肃武威旱滩坡汉简以及居延汉简的发现，获得了这一方面的宝贵资料，下面就以这几个考古发现为基础对汉代的赎刑试加考证。

（一）古籍与考古出土资料中的汉代赎刑

1.《二年律令》中的赎刑（见表5）。

表5 《二年律令》中的赎刑

律名	例号	简文出处	律文内容
贼律	1	$J_{6、7}P_{134}$	船人渡人而流杀人，耐之，船啬夫、吏主者赎耐。其杀马牛及伤人，船人赎耐，船啬夫、吏赎迁……其可纽系而亡之，尽负之，舳舻亦负二，徒负一；罚船啬夫、吏金各四两。
	2	$J_{21}P_{137}$	贼杀人，斗而杀人，弃市。其过失及戏而杀人，赎死；伤人，除。
	3	$J_{38}P_{139}$	贼杀伤父母，牧杀父母，欧（殴）詈父母，父母告子不孝，其妻子为收者，皆锢，令毋得以爵偿、免除及赎。
	4	$J_{39}P_{139}$	父母殴笞子及奴婢，子及奴婢以殴笞辜死，令赎死。
	5	$J_{41}P_{140}$	殴兄、姊及亲父母之同产，耐为隶臣妾。其奊询詈之，赎黥。
	6	$J_{42、43}P_{140}$	殴父偏妻父母、男子同产之妻、泰父母之同产，及夫父母同产、夫之同产，若殴妻之父母，皆赎耐。其奊询詈之，罚金四两。
	7	$J_{48}P_{140}$	诸吏以县官事笞城旦舂、鬼薪白粲，以辜死，令赎死。
	8	$J_{88、89}P_{146}$	女子当磔若要（腰）斩者，弃市。当斩为城旦者黥为舂，当赎斩者赎黥，当耐者赎耐。
	9	$J_{93-98}P_{147}$	鞠（鞫）狱故纵、不直……爵戍四岁及系城旦舂六岁以上罪，罚金四两。赎死、赎城旦舂、鬼薪白粲、赎斩宫、赎劓黥、戍不盈四岁，系不盈六岁，及罚金一斤以上罪，罚金二两。系不盈三岁，赎耐、赎迁，及不盈一斤以下罪，购、没入、负偿、偿日作县官罪，罚金一两。
	10	$J_{119}P_{150}$	赎死，金二斤八两。赎城旦舂、鬼薪白粲，金一斤八两。赎斩、府（腐），金一斤四两。赎劓、黥，金一斤。赎耐，金十二两。赎迁，金八两。有罪当府（腐）者，移内官，内官府（腐）之。

(续表)

律名	例号	简文出处	律文内容
告律	11	$J_{126-130}P_{151}$	诬告人以死罪,黥为城旦舂;它各反其罪。告不审及有罪先自告,各减其罪一等……司寇、迁及黥颜頯罪赎耐,赎耐罪罚金四两,赎死罪赎城旦舂,赎城旦舂罪赎斩,赎斩罪赎黥,赎黥罪赎耐,耐罪口金四两罪罚金二两。
杂律	12	$J_{182}P_{157}$	越邑里、官市院垣,若故坏决道出入,及盗户门户,皆赎黥。其垣坏高不盈五尺者,除。
钱律	13	$J_{201,202}P_{160}$	盗铸钱及佐者,弃市。同居不告,赎耐。正典、田典、伍人不告,罚金四两。或颇告,皆相除,尉、尉史、乡部、官啬夫、士吏、部主者弗得,罚金四两。
户律	14	$J_{319}P_{176}$	田宅当入县官诈代其户者,令赎城旦,没入田宅。
兴律	15	$J_{398}P_{186}$	当戍,已受令而逋不行盈七日,若戍盗去署及亡盈一日到七日,赎耐;过七日,耐为隶臣;过三月(日),完为城旦。
金布律	16	$J_{427,428}P_{190}$	有罚、赎、责(债),当入金,欲以平贾(价)入钱,及当受购、偿而毋金,及当出金、钱县官而欲以除其罚、赎、责(债),及为人除者,皆许之。各以其二千石官治所县十月金平贾(价)予钱,为除。
津关令	17	$J_{488-490}P_{205}$	一、御史言,越塞阑关,论未有口,请阑出入塞之津关,黥为城旦舂;越塞,斩左止(趾)为城旦;吏卒主者弗得,赎耐;令丞、令史罚金四两。智(知)其请(情)而出入之,及假予人符传,令以阑出入者,与同罪。

2.《汉书》中有关赎刑的例子。

例18.《惠帝纪》卷2:民有罪,得买爵三十级以免死罪。赐民爵,户一级。

例19.《武帝纪》卷6:(天汉四年)秋九月,令死罪入赎钱五十万减死一等。

(太始二年)九月,募死罪入赎钱五十万减死一等。

《功臣表》卷16:

例20.(文成侯张不疑　文帝五年)坐与门大夫谋杀故楚内史,当死,赎为城旦。

例21.(平阳侯曹宗　武帝征和二年)坐与中人奸,阑入宫掖门,入财赎完为城旦。

《功臣表》卷17:

例22.(浩侯王恢　武帝元封四年)坐使酒泉矫制害,当死,赎罪,免。

例23.(新畤侯赵弟　武帝太始三年)坐为太常鞠狱不实,入钱百万赎死,而完为城旦。

例24.(将梁侯杨僕　武帝元封四年)坐为将军击朝鲜,畏懦,入竹二万个赎完为城旦。

例25.(成安侯韩延年　武帝元封六年)坐为太常行大行令事,留外国书一月,乏兴,入谷赎,完为城旦。

《食货志上》卷24上:

例26.今募天下入粟县官,得以拜爵,得以除罪。

例27.上郡以西旱,复修卖爵令,而裁其贾以招民;及徒复作,得输粟于县官以除罪。

例28.其有罪又减二等。

例29.《石庆传》卷46:(丞相石庆　武帝元封至太初时)尝欲请治上近臣所忠、九卿咸宣,不能服,反受其过,赎罪。

例30.《郑当时传》卷50:(大司农郑当时　武帝元光年间)当时为大司农,任人宾客僦,入多逋负。司马安为淮阳太守,发其事,当时以此陷罪,赎为庶人。

例31.《公孙贺传》卷66:(公孙贺子敬声)征和中擅用北军钱千九百万,发觉,下狱。是时诏捕阳陵朱安世不能得,上求之急,贺自请逐捕安世以赎敬声罪。上许之。

例32.《段会宗传》卷70:(西域都护段会宗　成帝时代)以擅发戊己校尉之兵,乏兴,有诏赎论。

例33.《外戚传上》卷97:盖主为充国入马二十匹赎罪,乃得减死论。

例34.《贡禹传》卷72:孝文皇帝时……亡赎罪之法……武帝始临天下,用度不足,乃行一切之变,使犯法者赎罪,入谷者补吏。今欲兴至治,致太平,宜除赎罪之法。

3.《后汉书》中赎刑举例。

《明帝纪》卷2：

例35. 天下亡命殊死以下，听得赎论：死罪入缣二十匹，完城旦至司寇作三匹。其未发觉，诏书到先自告者，半入赎。

例36. 中二千石下至黄绶，贬秩赎论者，悉皆后秩还赎。

4. 居延汉简中的赎刑。

例37. 大司农臣延奏罪人得入钱赎品E. P. T 56・35

赎完城旦舂　六百石　直钱四万 E. P. T 56・35

髡钳城旦舂　九百石　直钱六万 E. P. T 56・37

以上所列是现今能够掌握的可供参考的汉代赎刑的主要例证，总共有37条，以此为据，下面我们先来看汉代赎刑的范围。

（二）汉代赎刑的范围以及表现形式

为减省篇幅，避免重复，表6综观诸例，只提列不同的赎刑罪名：

表6　汉代赎刑的范围

例号	赎刑范围
1	赎耐；赎迁
2	赎死
5	赎黥
9	赎城旦舂（赎）鬼薪白粲，赎斩宫，赎劓黥，（赎）戍不盈四岁、系不盈六岁及罚金一斤以上罪
10	赎斩；（赎）腐；赎劓、黥
21	赎完为城旦
37	（赎）髡钳城旦舂

从表6可以看出，汉代小到赎耐、赎迁，大到赎死，几乎全部刑罚都可以赎。赎宫、赎死已不像秦代时只有特权阶级才可以赎，汉代法律原则上规定平民百姓也可以赎死、宫。如表5例2：因过失及戏而杀人，依律判处死罪，因属无意之行为，可赎死。但其实赎死对于百姓而言是形同虚设，有名无实，据表5例10可知赎死需要二斤八两黄金，一般百姓哪里有这么多的黄金来赎罪？不像例23新畤侯赵弟，可以入钱百万赎死。虽然，例18《惠帝纪》规定民可以买爵三十级以免死罪，例19武帝时又规定可以入赎钱50万减死一等。但即使这样，赎死罪对于一般百姓来说也是难以企及的。

汉代赎刑的表现形式多种多样，以黄金为主，铜钱为辅，兼及爵位、竹、谷、缣、粟、马、军功等形式，各自对应的例证见表7。

表7　汉代赎刑表现形式

表现形式	黄金	铜钱	爵位	竹	谷	粟	马	缣	军功	秩	诏
例号	10 11、16	16、19 23、37	18	24	25	27	33	35	31	36	32

（三）汉代赎刑的适用对象、适用罪名及历史意义

汉代赎刑适用对象很广，各类赎刑从法律表面规定的情况来看没有等级及特权的限制，即官民通用。例1、2、3、4、5、6、8、11、12、14、35均适用于民，适用于官吏的有例1、9、15、17、20、21、22、23、24、25、29、30、31、32、33等，下面就以官、民为两大方面来考察汉代赎刑的适用罪名。

首先来看平民百姓犯哪些罪行可以赎：

1. 船人失误罪。例1，负责摆渡的人如果在渡人过河时致人死亡，就要被判处耐刑。从律文来看，这种耐刑不可以赎免。如果只是导致马、牛死亡及乘客受伤，这种情况下船人也被判罪为耐刑，但可以赎免，可能是伤人不如杀人严重，故从轻发落。

2. 戏杀及贼杀人罪。例2，蓄意杀人及恶意打斗中致人死亡，处弃市之刑，这种情况表明施害人有明显的恶毒目的，故从重处罚。如果是非故意即过失或嬉戏中致人死亡，也判处死刑，但考虑到事件的突发性、不可预知性，允许赎死罪；如果只是导致对方受伤，则除。例3，如果子女以下犯上贼杀、伤、牧伤以及殴打、辱骂父母，这种行为又被父母以不孝罪上告官府，则不得以爵偿、免除以及赎罪。子孙本以恭谨孝顺为主，所以对父母有不逊侵犯的行为都为社会和法律所不容，不孝在法律上是极重大的罪，处罚极重。我们从历代对于不孝罪的处治，便可以看出中国古代法律皆采用同一原则，即加重主义。骂人在常人不算一回事,但骂父母就属于不孝重罪,属十恶之一,至于骂以上的行为则更是不能容忍的恶逆重罪了,故汉律多判处死刑。同样,例5、6殴打亲父母之同产判处“耐为隶臣妾”,如果对其辱骂,则判黥刑(如例5),但毕竟亲疏有别,罪行略轻于对亲父母的不孝罪,故允许赎黥。殴打父偏妻父母、男子同产之妻、泰父母之同产,及夫父母同产、夫之同产,或者妻之父母,均处耐刑,但允许赎免;如果仅仅是对其进行辱骂,则处罚更轻,罚金四两就行了。同罪不同罚,按长辈亲疏关系量刑,这不同于封建社会后期,汉律的处罚较轻。至于辱骂兄长及姐姐,则处赎黥(例5)。例4,父母殴打子女及奴婢而致死亡,虽判处死刑,但允许赎死。对于父母这种恶意致人死亡的罪行,汉律本着尊长卑幼、减轻主义的原则从轻发落。

3.擅越邑里、官市院垣罪。例12规定:擅自翻越高过五尺的邑里、官市院墙,或故意弄出缺口以出入,及盗户门户,这几种情况皆处黥刑,允许赎黥。

4.包庇罪。例13,盗铸钱者及其同伙,处弃市刑,汉律为加强监督,依律实行连坐,对知情不报的“同居”者,判处耐刑,可以赎。

5.隐瞒田宅,欺骗官府罪。例14,对于诈代门户,隐瞒本应当没入官府的田地、宅院的罪行,除没收田宅充官外,还责令其赎城旦。

其次让我们来共同考察一下哪些官吏的罪行可以赎:

6.官吏的失职罪、渎职罪。例1船人渡人而致人死亡,船啬夫、吏主者赎耐。如果是淹死马、牛及致人受伤,船啬夫、吏则赎迁。例9针对官吏“鞠(鞫)狱故纵、不直”等渎职行为处死罪。如果不是出于故意而为,则以赎论处。而且赎的范围在赎死、赎城旦舂、鬼薪白粲、赎斩宫、赎劓黥、戍不盈四岁,系不盈六岁及罚金一斤以上罪,可交纳黄金二两。系不盈三岁,赎耐、赎迁,及不盈一斤以下罪,购、没入、负偿、偿日作县官罪,可交纳黄金一两以示惩罚。又例23,武帝太始三年,新畤侯赵弟坐为太常鞠狱不实,当处死,但允许他入钱百万赎死,后完为城旦。例17,汉代对于边塞的管理非常严格,有人越塞,吏卒主者却不知情,或知情不报,甚至借给符传,令以阑出入,均处耐刑,允许赎抵。

7.违反军令及官吏擅离岗位罪。例15,应当戍边,却在收到命令后七日以上滞留不行;或者官吏因追捕盗贼而离开官署满一天至七天,则判处耐刑。过了七天,耐为隶臣;超过三个月,则完为城旦。

8.谋杀罪及坐与中人奸罪。例20文帝五年,文成侯张不疑因与门大夫谋杀故楚内史,本应处死,但许其赎为城旦。这似乎是皇帝的恩典,从死刑减至赎为城旦,是一种减刑措施。例21武帝征和二年,平阳侯曹宗坐与中人奸,阑入宫掖门,对这种罪行该判何罪,此律未提及,但据后一句“入财赎完为城旦”可推知也是一种减刑措施。

9.矫制罪及作战“畏懦”罪。例22武帝元封四年,浩侯王恢坐使酒泉矫制并因此造成损害,当死,但以赎死罪获免。例24将梁侯杨僕身为率军攻打朝鲜战役的将军,大敌当前,却畏懦退缩,严重影响战争的整个进程,依军律当重判,却交纳2万个竹(竿)得以赎完为城旦。擅自调动兵力也要受罚,如例32。

从上文的分析中我们可以发现几个问题:其一,适用于民的大多是打架斗殴、偷鸡摸狗、隐瞒田宅等较轻的罪行,当然,由于身份地位的限制,他们也不可能犯矫制、渎职等适用于官吏的罪行。其二,对于老百姓的有的犯罪行为,依律可以用多种方式赎,但大多是量罪收赎金,很少有减免的规定。但是,对于官吏所犯的对国家危害大的罪行却可以减罪赎免,如例20、22、23、25等。其三,汉律赎减罪行例子较普遍。例11举报“不审”及有罪先自告,可以减原罪一等论处,例如司寇、迁及黥颜頯罪赎耐,赎耐罪罚金四两,赎死罪赎城旦舂,赎城旦舂罪赎斩等。例18有罪之民,可以买爵三十级以免死罪。例19,武帝天汉四年、太始二年两次颁布减刑令,即入赎钱50万可减死一等。例26、27颁令天下,入粟县官可以拜爵、除罪。例28规定买武功爵者的特权是,若犯罪,减二等论处。例16明确指出可以用钱代替黄金交纳赎金。在《汉书》中,常有为了赎人之罪,做出某种功绩如缴出财物而提出请求,经皇帝允许可减死罪的例子,如例33。还有为自己的儿子预缴钱财,向皇帝预约赎刑的例子。(《汉书·东方朔传》卷65:"隆虑公主子昭平君尚帝女夷安公主,隆虑主病困,以金千斤钱千万为昭平君豫赎死罪,上许之。")这体现了汉代赎刑作为皇帝的恩典性的一面。其四,汉代鼓励有罪者积极赎免。如例34,武帝刚刚君临天下,建国之初,用度不足,使犯法者赎罪,入谷者补吏。例35入缣20匹可赎死罪。例37详细规定了赎完城旦舂、髡钳城旦舂的价码。这些举措为汉王朝筹集了大量资金以及粟、竹、马匹等军用物资,极大地丰富了国库收入,有力地支持了平定叛乱、统一国家的战争。

(四)汉代赎刑的特点及适用刑罚原则

汉代赎刑作为封建社会的一项刑罚,它和秦代赎刑一样有浓厚的阶级性与剥削性。此外,它还有自己特殊的地方:(1)可赎刑名多,见表6。(2)可用来"赎"的东西即表现形式多样化,有金、钱、爵位、军功、诏,还有竹、缣、粟等财物,都可以充当赎刑的表现形式。(3)有明确的赎抵金额及物品数量,如例10、19、35、37。(4)平民百姓可赎罪名增多,如可赎死、赎斩宫。(5)赎刑的政府行为增强,目的露骨化,如例34。(6)东汉法律规定对于亡命者,有诏书则允许赎,如例35。还出现了"秩赎",例36。最后还要补充一点,即汉代赎刑在很大程度上可以说是皇帝的恩典,尤其是针对官吏及特权阶层的时候。

汉代赎刑的适用刑罚原则主要有四项:"矜恤"的原则,如例8对于女性犯罪,可酌情减刑论处,"当磔若要(腰)斩者,弃市。当斩为城旦者黥为舂,当赎斩者赎黥,当耐者赎耐"。过失杀伤收赎的原则,如例1、2。诬轻为重收赎的原则,如例11。刑罚愈重,赎金愈多的原则,如例10。

三、罚金与赎刑的异同

以前人们以为罚金即赎刑,通过前两部分的论述,我们知道罚与赎是有区别的。第三部分将从二者的概念、历史延续、表现形式、适用罪名、特点以及历史意义等方面对这两种刑罚进行梳理区分。

(一)概念上的区别

如前文所言,罚金与赎刑按现代法律学理论而言属剥夺犯人私有财产的刑罚,都属于财产刑。"罚金"这一名称最早出现于《周礼·秋官·职金》中,文曰:"掌受士之金罚,货罚,入于司兵。"《说文》:"罚,辠之小者,从刀,詈,未以刀有所贼,但指刀骂詈则应罚。"罚金是一个可以独立适用的刑种,罚金的适用,被刑人及其家属没有选择权。判罚金者如果无力缴纳财物往往以劳役抵偿,判赎刑无力赎抵的话则要处原判刑罚,如司马迁被判宫刑,本可以用财物赎抵,但因家贫无钱财去赎,就仍被处以宫刑。《说文》:"赎,贸也。""贸"的基本意思即"交换",此外据相关资料如表5《二年律令·告律》例11中对于举报"不审"以及"有罪先自告"者可减罪一等,本该赎耐罪的则罚金四两,赎死罪赎城旦舂,赎斩罪赎黥等可知"赎刑"在汉代还有"减刑"这一层意思。在古代法律史料中,有时把赎刑单列一项,但赎刑并不是一个独立的刑种。它一般不直接适用于某一罪名,只是在判定某种罪行应科的刑罚之后,可以依律用财物或其他形式折抵刑罚,以求赎免,它不是一种独立的主刑或从刑,而是一种代用刑。是否求得赎免,被刑人及其家属没有选择权,要么赎免,要么受刑。罚金是直接判处的财产刑,而赎刑是间接判处的财产刑。

(二)罚金与赎刑的存在时间不一样

罚金的源起笔者在秦汉"罚金制度的情况"小结中已经论述,此不赘言,从中我们已知罚金在北朝魏及齐国时已被赎刑取代,退出了历史舞台。从相关记载来看,赎刑由来已久。赎刑在夏代已经出现,但这方面可供研究的资料非常少,因此夏代赎刑的情况很难探究其里。赎刑在周代得到大范围的运用,从《尚书·吕刑》"墨辟疑赦,其罚百锾,阅实其罪。劓辟疑赦,其罪惟倍,阅实其罪。剕辟疑赦,其罚倍差,阅实其罪。宫辟疑赦,其罚六百锾,阅实其罪。大辟疑赦,其罚千锾,阅实其罪"中可知,在周代墨、劓、剕、宫、大辟五种刑罚都可以赎免。

封建社会有关赎刑的规定空前增加，从《睡虎地秦墓竹简》可知秦代有赎死、赎刑、赎黥、赎耐、赎迁等等，赎刑的表现方式除金赎外还有役赎、畜力赎、爵位和军功赎等形式。汉代以金赎为主，从《汉书》、《后汉书》、居延汉简，以及张家山汉简可知在西汉可以赎耐、赎迁、赎死、赎黥、赎斩宫等，可适用赎刑的情况较秦及秦之前要多。而且，表5《二年律令·贼律》例10对于各类赎刑的赎金数额都有明确规定，最高额是赎死——二斤八两黄金。东汉赎罪诏令频繁发布，赎罪条文俱增。《后汉书·陈庞传》载，今律令“赎罪以下二千六百八一十”，即赎罪以下包括赎罪条文多到2600余条，赎刑在汉代成为定制。晋、隋、唐、宋、元、明等朝法律，对赎刑都有不同程度的论及。明代的赎刑有“律赎”、“例赎”、“俸赎”①。清代赎刑有纳赎、收赎和赎罪等形式②。此外，清代还有“捐赎”，原是一种临时筹款办法，必须“叙其情罪”，报请皇帝批准，数额很重，如三品以上官员赎斩刑的，为12000两。明清律卷首都有“纳赎诸例图”，反映了赎刑的高度发展。总之，赎刑产生于奴隶社会，繁盛于封建社会，是贯穿古代法制史的一项重要刑罚，它以灵活及适用范围广等特点取代了罚金刑，终于在南朝之后独步历史舞台。

（三）罚金与赎刑的适用罪名及所需“金”额比较

罚金适用于较轻的，对统治阶级危害较轻的罪行，如秦代赀刑惩治的是“弃妻不书”罪、“伤乘舆马”罪、“擅自制器罪”、“打架斗殴”罪等较轻的罪行，即使是较重的罪行也不过是包庇罪、举吏不直罪等。汉代适用罚金的罪行较秦代重，如矫制罪、官吏渎职罪等，但相比赎刑来说还是较轻的。从《吕刑》、《睡虎地秦墓竹简》、《二年律令》，以及明清赎刑资料来看，几乎全部罪行都可以赎。如秦代有偷盗未遂罪、隐匿户籍罪、私移地界罪、窝藏坏人罪。汉代有船人失误罪、戏杀及贼杀人罪、包庇罪、官吏失职罪、矫制罪，等等。

秦代赀刑的最高限额为“赀二甲一盾”，赀刑的等次有一盾、二盾、一甲、二甲、二甲一盾。如果按一盾＝五千钱的标准换算，那么就变成五千钱、一万钱、二万钱、二万五千钱。西汉罚金分为七等：半两、一两、二两、四两、八两、一斤、二斤。晋代罚金有五等之差，分别为十二两、八两、四两、二两、一两。赎刑的赎金数额以汉晋两代为例：从表5中例10可知西汉赎刑的等次有八两、十二两、一斤、一斤四两、一斤八两、二斤八两不等。晋代对二岁刑、三岁刑、四岁刑、死刑的赎免都有具体规定。《文献通考·晋新律》第171卷记载晋代：赎死，金二斤。赎五岁刑，金一斤十二两。赎四岁刑，金一斤八两。赎三岁刑，金一斤四两。赎二岁刑，金一斤。很明显，赎刑所需的金额要远比赀刑或罚金高。

（四）罚金与赎刑的表现形式比较

罚金在周代有金罚、货罚两种。“货”即泉贝，“金”则有金、银、铜、铁之分，统称为金，但以铜为主，而且所罚之“金”、“货”，都用来冶铸兵器。秦代赀刑包括“赀甲”、“赀盾”、“赀布”等，多用实物偿付。汉代罚金刑主要用黄金，但也用铜钱。

汉代以前，赎罪多用铜，《尚书·舜典正义》：“古之赎罪，皆用铜，汉始改用黄金，但少其斤两，令与铜相敌。”古代赎罪还用“锾”，《吕刑》有“其罚百锾”。秦代赎刑的表现形式较灵活，可以用钱、徭役、爵位、军功、戍边、畜力，以及用人（必须是正值壮年的男子）赎抵自己或他人的某种刑罚或奴隶身份。汉晋赎罪多用黄金，后魏以金难得，合金一两收绢十匹。从表7可知，汉

① 律赎就是律文规定的收赎，不能增损。例赎是用条例规定的纳赎，可以因时权宜，先后互异。俸赎，就是允许官吏以薪俸赎罪。《续文献通考》卷136载：“洪武六年春正月丙辰工部尚书王肃坐法当笞。太祖曰：‘六卿之职不宜以细故加辱。’命以俸赎罪。”

② 纳赎“以军民犯公罪和生员以上犯轻罪时为限”。收赎是“老、幼、废疾、天文生及妇人折杖，照律收赎”。赎罪“为律应决杖一百收赎余罪者而设”。

代赎刑有金赎、钱赎、爵位赎、竹赎、谷赎、粟赎、缣赎、军功赎等形式。

（五）罚金与赎刑的适用对象比较

秦代的赀刑既适用于官吏如啬夫、令丞等吏，也适用于一般的老百姓，不限定特定的阶层和身份。和秦代赀刑类似，汉代罚金刑也不限定一定的身份和阶层，它既适用于一般百姓，也针对官吏的罪行进行处罚。所不同的是汉代罚金所涉及的官吏名称较秦律为多，但大都是较低级的官吏。

一般而言，秦汉两代的赎刑没有限定适用对象，但秦代只有部分较轻的刑罚如耐、迁、黥等刑罚普通百姓可以赎，至于赎死、赎宫，是只有特权阶层才可享有的权利。汉代赎刑适用于百姓的刑罚增多，几乎全部刑罚都在可赎范围之内，所不同的是皇室宗族、高级官吏享有减刑的特权，这是基于他们的特殊地位而自动生成的特权。而老百姓想要获得减刑，则必须通过“买爵三十级”、“入缣二十匹”以及举报“不审”行为、有罪者投案自首的形式才可以实现。

（六）罚金与赎刑的特点、适用原则及历史地位比较

因同处封建社会，秦汉罚金与赎刑都具备阶级性、剥削性、苛刻性的特点。二者同属财产刑，是封建统治阶级收敛财物、增加国库收入、聚集战略物资、维护统治者等级特权的重要手段。

秦汉罚金与赎刑兼备的适用原则有“罪刑相应，维护特权”，“自出减刑”，无意之过失从轻处罚，故纵同罪原则，身份等级限制的原则，“矜恤”的原则，刑罚愈重、罚赎所需金额愈多的原则。

从法律角度而言，秦汉罚金刑和赎刑为此后的封建王朝制定法律提供了典范。从两者本身的特性而言，作为一种处罚手段，有死刑、肉刑，以及徒刑不可取代的优点，即灵活性。除此而外，对于它们所存在的社会也产生了不可忽视的作用：既满足了封建统治阶级的奢华生活，又维护了统治集团的阶级特权。从表面看似乎给劳动人民提供了一条免受苦难的路子，但实际上，无论是罚金还是赎刑对于平民百姓而言都意味着无尽的徭役，甚至悲惨地死亡。

另外，从量刑轻重来看，罚金似为赎刑的补充刑罚。重罪赎，轻罪罚，二者之间有一种承递关系。《二年律令》中几个罚金与赎刑并存的例子可以说明这一论断，如例1、9、13。

【参考文献】

[1]沈家本．历代刑法考·刑法分考十二·罚金条[M]；程树德．汉律考：三·律文考[M]；何四维．汉律残文[M]．Vol.1(Leiden,1995)134—135.

[2]睡虎地秦墓整理小组．睡虎地秦墓竹简[M]．北京：文物出版社，1990．文中引用睡虎地秦简时，只列举简号或释文注释的页数.

[3]武威地区博物馆．甘肃武威旱滩坡东汉墓[M]．文物，1993(10).

[4]江陵张家山汉简整理小组．江陵张家山汉简《奏谳书》释文(一)[J]．文物，1993(8)；江陵张家山汉简整理小组．江陵张家山汉简《奏谳书》释文(二)[J]．文物，1995(3)；张家山汉墓整理小组．张家山汉墓竹简(二四七号)[M]．北京：文物出版社，2001.

[5]傅筑夫．中国经济史论丛(下)[M]．北京：生活·读书·新知三联书店，1980：558.

[6]李均明，刘军．武威旱滩坡出土汉简考述——兼论“絜令”[M]//文物，1993(10)．本文所引编号为“武6”.

[7]陈直．两汉经济史论丛[M]．西安：陕西人民出版社，1980：247.

[8]白寿彝．中国通史[M]．上海：上海人民出版社，2000：635.

[9]唐任伍．西汉巨量黄金消失之谜考[J]．史学月刊，1989(5).

[10]佐原康夫．汉代货币经济论的再探讨[J]．中国史学：第4卷，1994：193.

第25卷第6期
2005年11月

秦汉时期军费开支、筹措与管理问题研究

上官绪智*

【摘　要】　秦汉大一统王朝,为开疆拓土,经常大规模、频繁地对外用兵。概略测算其总兵力在100万钱左右,每年军官俸禄、衣粮供给与转输费、军械装备及军马费等经常性费用30余亿钱,约占国家财政总收入比例的26.75%、大司农收入比例的80.25%。非经常性国防工程费、战争费、军功和归降赏赐费、安葬抚恤费等或以百万计,或以千万计,或以十余亿计,或以数十亿计,甚至是数十百亿计,常常使国家长期积累的赋税枯竭,“不足以奉战士”。为保障军费,除按丁、口每年常制征收算赋、口钱和更赋三项共约7866587108钱(扣除地方郡县提留,实际军费收入4302236489.36钱)外,不够用时还采取征收算缗钱、以訾征赋、赋外征调、盐铁官营、卖爵鬻官、辄贷于民等筹措军费的一些临时性措施。秦汉还建立了较完备的财务管理组织体制、财务上计制度、会计簿籍管理体系及财务平衡调剂制度等,对军费的正常收支起到有效的管理作用。

【关键词】　秦汉;军费;开支;筹措;管理

恩格斯说:“军队的全部组织和作战方式以及有关的胜负,取决于物质的即经济的条件。”[1]210 秦汉大一统王朝,为开疆拓土,经常大规模、频繁地对外用兵。尤其是秦始皇、汉武帝、王莽和东汉后期的战争不断,导致后勤费用急剧膨胀,在国家财政支出中所占比重相当大。为解决军费问题,统治者对军费的筹措与管理十分重视。学界对此问题做过一些研究,如马大英先生的《汉代财政史》[2],黄今言先生的《秦汉赋役制度研究》[3],刘不同先生的《汉武帝战时财政论》[4],黄今言、陈晓明先生的《汉代边防军规模及其养兵费用之探讨》[5]等。但因研究的视角和侧重点不同,仍有言之未尽之处。本文拟根据现有资料专就秦汉时期军费开支、筹措与财务管理情况做一些探讨,以期就教于同仁。

一、军费开支结构及其在国家财政中的比重

秦汉时期国家有一支庞大的军队。秦时南征百越用兵50万[6](卷6《秦始皇本纪》),北伐匈奴用兵30万[6](卷88《蒙恬列传》),地方兵史书无明确记载,全国36郡以上①[7](卷28《地理志》),我们按每郡5000—10000兵力计算当不为过,加卫戍京师的部队,秦代军队总数当在100万以上。汉代的兵力总数当也不少于这个数字。如据文献记载:

> 连百万之众,战必胜,攻必取,吾不如韩信。[7](卷1《高帝纪》)

---

* 上官绪智(1962—　),男,河南省光山县人,解放军信息工程大学人文社科系副教授,历史学博士,主要从事古代军事文献研究。

① 《汉书》卷28《地理志》:秦“分天下作三十六郡。汉兴,以其郡太大,稍复开置,又立诸侯王国。武帝开广三边。故自高祖增二十六,文、景各六,武帝二十八,昭帝一,讫于孝平,凡郡国一百三。”

绛侯既出，曰："吾尝将百万军，然安知狱吏之贵乎。"[6](卷57《绛侯周勃世家》)

卒然边境有急，数十百万之众，国胡以馈之？[7](卷24《食货志》)

汉已发兵百万，使太尉亚夫击破吴楚，方引兵救齐，齐必坚守无下。[7](卷38《高五王传》)

遣大司徒王寻、大司空王邑将兵百万，其甲士四十二万人，五月，到颍川，复与严尤、陈茂合。[8](卷1《光武帝纪》)

说明汉代全国军队的总数也在100万以上，这与当时大规模战争的需要和能服役的人数是一致的。据黄今言先生考证，当时有适龄应役对象2400万[9]222。武帝时仅屯田的边卒就有60万，边防军最高额应在80万—90万左右，最低时也在30万左右[10]336，加之戍卫京师的中央军和各个郡国的军队，其总兵力应该不低于秦时的100万。现在我们就以100万算，要装备这样一支庞大的军队，并保障其生存和活动，军械的制造与储备、军马的繁殖与饲养、军士的给养与消耗、烽障要塞的建筑与修缮、伤病的治疗及死亡将士的安葬抚恤、各种赏赐及战争耗费等等，军费开支在国家财政支出中所占的比重应该非常之大。

为说明这个问题，我们可依据一些零散的史料记载，将国家财政总收入与军费开支做一概略比较。

(一)国家财政总收入的情况

查考诸文献，目前已见对秦汉时期财政状况有记载的有如下三条：

(高帝)至武帝之初七十年间，国家亡事，非遇水旱，则民人给家足，都鄙廪庾尽满，而府库余财。京师之钱累百巨万，贯朽而不可校。[7](卷24《食货志》)

孝元皇帝奉承大业，温恭少欲，都内钱四十万万，水衡钱二十五万万，少府钱十八万万。[7](卷86《王嘉传》)

汉定以来，百姓赋敛，一岁为四十余万万，吏俸用其半，余二十万万，藏于都内，为禁钱。少府所领园地作务之八十三万万，以给宫室供养诸赏赐。[11](卷627引桓谭《新论》)

上述文献记载的国家掌控的财政情况：第一条是个概略数字；第二条记述很清楚，为83万万；第三条也很清楚，年总收入为123万万。黄今言先生考证汉平帝时国家财政中的租、赋总收入为12772359020[3]227，二者可相互印证。综合而论取其概略整数，我认为汉代财政年总收入平均大约120万万。这只是据史料做概略定量分析，其他费用分析也是如此，不可能精确，但总比没有定量分析要好。

(二)经常性军费开支项目及其在国家财政中的比重

就总体而言，军费开支可分为每年都要开支的经常性军费和不定期开支的临时性军费两项。

每年都要开支的经常性军费主要有军官俸禄、衣粮供给与转输费、军械装备及军马费等。

1. 军官俸禄。依据黄今言先生考证：汉代边防军的"军官与士卒的比例为1:10"，比照西汉官吏俸禄，平均每年每一军官"俸禄为1.66万钱"[10]369。我们要研究的是包括内郡在内的所有军队，考虑到内郡的郡、县尉及其所属军官的俸禄，可能已由国家(或地方)官俸财政支出的情况，我们在黄先生考证的边防军的军官与士卒比例的基础上降低一倍，为1:20。这样算来，100万军队各级军官每年的俸禄为100万×1/20×1.66万钱=8.3亿钱。

2. 衣粮供给与转输费。秦汉时士兵发放的衣服主要有袭、绔、袍、禅、履等[12]67，每样衣服的价格汉简中记述有些差别，可能是受不同时间(季节)的供求关系影响的缘故。黄先生考证，一般情况下袭、绔、袍、禅的价格分别为500钱、500钱、1000钱、300钱[10]371。至于絿、履、袜、鞋之类汉简中未见有记价格者，估计值不了几个钱，可以忽略不计，再考虑到有些衣服并非每年都全发，以其总价格2300钱的一半1150钱计，应该是最为保守的。这样军队服装费开支为100万×0.1150万钱=11.5亿钱。

关于军粮(不考虑食盐和其他副食品)供给费用，首先必须搞清军粮的月给标准问题。据居延汉简中记载制成表1。

表1 汉简军粮供给标准表

简文	编号	标准
出麦二石,以食夷胡卒徐德十一月食□□□重。	13·3[13]	2石
出麦八石,禀如意燧卒程充等四人四月食。	10·26	2石
出粟卅石,三月以食卒十五人。	160·8	2石
万年燧长武糯二石,卒魏圣取。	38·19	2石
戍田卒七十人,月食百五十九石六斗九升。	E. P. T56:30[14]	2.2石
出麦五百八十石八斗八升,以食田卒剧作之六十六人,五月尽八月。	303·24	2.2石
出穬麦二石六斗,以禀夷胡燧卒□。	253·6	2.6石
山穬麦二石六斗□以禀□。	387·23	2.6石
□□卒徐尊,七月食三石。	142·17	3石
□四月食三石。	17·27	3石
止害燧卒孙周,二月食三石三斗三升少,正月乙酉自取。	27·11	3.33石少
第十燧卒覆贺,十二月食三石三斗三升少,十一月丙寅卒冯喜取。	161·1	3.33石少
鄣卒李就盐二升,十二月食三石三斗三升少,十一月庚申自取。	244·22	3.33石少
燧长王望,五月食三石三斗三升少,四月甲午卒曾放取。	286·8	3.33石少
尉吏皇楚粟三石三斗三升少,子自取。 □□鄣尉吏郭当粟三石三斗三升少,申自取。 尉吏郭永粟三石三斗三升少十二月丙午自取。 鄣卒□□粟三石三斗三升少,十月壬申自取。 鄣卒马□粟三石三斗三升少,十月癸酉自取。 鄣卒弋南粟三石三斗三升少,十月癸酉自取。 鄣卒孟□寿粟三石三斗三升少,十一月癸酉自取。 鄣卒孔之粟三石三斗三升少,十月癸酉自取。 鄣卒徐充粟三石三斗三升少,十月癸酉自取。 鄣卒王奴粟三石三斗三升少,十月癸酉自取。 鄣卒李寿壬粟三石三斗三升少,十月癸酉自取。 鄣卒胜之粟三石三斗三升少,十月癸酉自取。	26·21	3.33石少
□月己酉卒陶□宗,陶敞禀三石三斗三升少戎赐戊午取。	326·10	3.33石少
第七燧长王庆粟三石三斗三升少陈尊取𠂎。 卒杨武粟三石三斗三升少陈尊取𠂎。 卒陈尊粟三石三斗三升少自取𠂎。	E. P. T51:60	3.33石少
第四燧长董登粟三石三斗三升少十二月癸丑卒宣取𠂎。 卒邓副粟三石三斗三升少十二月癸丑卒宣取𠂎卒范□。 粟粟三石三斗三升少十二月癸丑□。 卒威粟三石三斗三升少自取𠂎。	E. P. T51:87	3.33石少

从上表情况看,月口粮有2石、2.2石、2.6石、3石、3.33石少等五种标准,之所以如此,可能各有原因。最有可能与发放口粮时所用的量器有关。因为汉代有"大石"、"小石"之分,可能1、2、3情况所记,属大石。5所记,属小石。所谓"三石三斗三升少"的"少"即"小"。在当时大石与小石的比率为十比六,即小石一石合大石六斗。故"三石三斗三升少"则为大石2石;但4所

记“三石”，因未注少字，若以大石计，似乎偏高，以小石计，1.8 石，正合严尤劝王莽不要发 30 万大军入击匈奴时所计人均月标准[7](卷94《匈奴传》)。故此我们有理由将其以小石计。那么，汉代边兵月粮的发放量，大致为大石 2.6 石、2.2 石、2 石、1.8 石。高者 2.6 石与赵充国上奏所记 2.66 石大体一致(赵充国上奏汉宣帝曰：“愿罢骑兵，留驰刑应募及淮阳、汝南步兵与吏私从者，合凡万二百八十一人，用谷月二万七千三百六十三斛(石)，盐三百八斛。” 27363 ÷ 10281 = 2.66)[7](卷69《赵充国传》)。但仔细比较后发现上表所记 2.6 石均系麦，赵充国上奏所记 2.66 石为谷，并非与其他多数简所示粟相同，显然，应理解粟为粟米，属成品粮，麦和谷为毛粮，折合成成品粮也就是 1.8 石多。通常的月粮标准应以 2 石(大)居多，上述 34 条简文中，将 3.33 石少也折合为大石 2 石，有 28 条皆记月粮标准为 2 石(大)。1.8 石和 2.2 石上下浮动 0.2 石应属正常现象。其原因，可能与发放粮食的时间先后及士卒所承担的任务有关。汉代士兵口粮的发放时间，通常是提前一个月付给，上述汉简显示 5 月—10 月(白天较长，又是夏秋粮收获的季节)标准可能要高一些；11 月—4 月(白天较短，季节偏冷，活动量偏小)标准可能较少一些。上述记载也有 4 月和 7 月食 3 石的特例情况，若是大石，可能是“田卒剧作”或进行特种训练士卒的一种特殊标准。若是小石，可能是从事较轻工作(或其他尚不可知原因)士卒的月标准。上表还反映，粮食的发放办法有两种：一是由兵卒个人自取；二是按口粮标准发放到戍所统一使用(见上表 303·24 和 160·8 简等)。其价格史书中未见记载，陈直先生统计汉简中所见的价格分别为：

> 粟二石，直三百九十，秎三石，直三百六十。入谷六十石六斗六升大，直两千一百二十三。……籴粮粟二石，石百一十。……籴得粟五十石，石八十五。[15]95

价格波动比较大，不太一致，可能是品种及质量不同和供求关系影响的缘故，属于正常现象。我们以成品粮粟的价格为准，取上述三种价格平均值(195 + 110 + 85) ÷ 3 = 121.66 钱。《汉书·赵充国传》说：“张掖以东，粟石百余钱。”综合二者可概略取整数价 100 钱计。边兵人数，秦时是 80 万，汉武帝时 60 万，平时约 20 万—30 万[10]366—367。我们取其大概平均数值 50 万计。即内地军队口粮费为：50 万 × 12(月) × 2(石) × 0.0100 万钱 = 12 亿钱。边防军队考虑到屯田自给一部分，若以自给一半计，则其口粮费为：50 万 × 12(月) × 2(石) ÷ 2 × 0.0100 万钱 = 6 亿钱。但同时还必须考虑向边防军队转输的费用，据刘光华对汉简的研究，从酒泉郡雇车一辆运 25 石粮至金关，约需运费 1300 余钱，而这段距离不过是长安至金关的 1/10。也就是说，假如从长安运粮至金关，每辆运粮车所耗运费就高达 13000 钱[16]。但需要指出的是转运并非全部雇佣民力，平时主要是“更卒”和士兵，主要是战时要雇佣一些民力，究竟需要多少民力，尚未发现有文献记载，我们只能大致测度其为 1/5 左右的粮食需要雇佣民力。这样粮食转输费为：50 万 × 12(月) × 2(石) ÷ 2 ÷ 25 × 13000 钱 × 1/5 = 62400 万钱，取其整数即为 6 亿钱。这样衣粮供给与转输费共计为：11.5 + 12 + 6 + 6 = 35.5 亿钱。

3. 军械装备及军马费。秦汉时属冷兵器时代，虽然武器损耗不大(除箭镞外)。但其还是要损耗一些，加之要储备一定的量。这样生产、保管和修缮费用自然也不是一个小数目。当时中央和各郡国都设有工官作坊和武库。如《汉书·贡禹传》说：

> 蜀广汉主金银器，岁各用五百万。三工官官费五千万，东西织室亦然。厩马食粟将万匹。师古(注)曰：“三工官，谓少府之属官，考工室也，右工室也，东园匠也。”

三工官计岁 5000 万钱，若三者平均，则考工室一年生产兵器的费用也就是 1666 万钱。再依据《汉书·百官公卿表》注：

> 河南、南阳、济南、泰山、颍川、河内、蜀、广汉等郡，皆有工官。

则工官制作兵器费用 1666 万钱 × 8 = 1.3 亿钱。至于尚方、武库制作兵器费用因未发现有文献记载无法考证，暂且予以忽略不计。

全国制造车船的费用。据《汉书·韩延寿

传》记载:

延寿在东郡时,试骑士,治饰兵车……及治饰车甲三百万以上。

一郡300万车甲,这可能是特例,因为全国总兵力(包括步骑兵)才100万左右,即使是备一些装备,正常情况下应该也在100万左右。南方郡当为船,不管是车还是船,一件以1万钱计(黄先生考证:"车、船规格不同,市价有别。1丈的船为1200钱,轺车1乘10000钱至12000钱。"车船有大小之分,同时不同时期价格也应该有高低波动之别,这里就以船10丈和轺车的整数价10000钱计)[17],此项费用为100万×1万钱=100亿钱。若以其使用寿命20年计,费用每年也当5亿钱。

养马费。秦王朝统一后,"始皇寓海内,六万骑之国马尽归秦"[18](卷148),再加上秦统一前原有的"骑万匹"和后来在郡县及边区新牧养的马应该有相当的数量。如留侯张良劝刘邦定都关中时说"北有胡苑之利"[6](卷55《留侯世家》)。注引《索隐》崔浩云:"苑马牧外接胡地,马生于胡,故云胡苑之利。"注引《正义》、《博物志》云:"北有胡苑之塞。"可见,秦官府在易养马的上郡、北地等靠近胡的边地建有相当规模的牧马基地和牧马场,能成为汉朝定都关中的一个重要因素,说明马的数量之大。汉踵秦之制,并有发展。当时在京都附近大量养马。如《汉官仪》曰"天子六厩","马皆万匹"。在边郡也建苑养马。据《汉书·景帝纪》记载:

六月,匈奴入雁门,至武泉,入上郡,取苑马。如淳曰:"《汉仪注》太仆牧师诸苑三十六所,分布北边、西边。以郎为苑监,官奴婢三万人,养马三十万匹。"师古曰:"武泉,云中之县也。养鸟兽者通名为苑,故谓牧马处为苑。"

《汉旧仪补注》也有类似记载:

太仆牧师诸苑三十六所,分布北边西边,以郎为苑监,官奴婢三万人,分养马三十万头。

上述36所牧马场养马30万匹,加之前述天子六厩牧马场所养6万匹,有明确记载的仅属中央太仆直接管辖的牧马场地所养的马就达36万匹。《玉海》卷148引魏王朗所说,西汉王朝"西京中厩则騑騄駙马六万余匹,外牧则扈养三万,而马十之"。西京中的"厩"养马6万匹,外牧马的人3万,而每人养马10匹。6+3×10也是36万匹。与上述文献记载数字一致,二者互证。《玉海》还记载:

(汉武帝时)雄卫霍张皇之师,勒兵塞上,厩马有四十万匹。

仅中央太仆直辖的厩养马就有40万匹之多,说明汉武帝时官养马匹在进一步扩大。上述牧马数量若再加上内地各诸侯国和郡县官府养马,数字会更高。东汉刘秀建国后实行"柔道"治国方针,主张"偃武修文",边郡牧养马匹减少,但与西汉比其掳掠战马量很大(见表2)。

表2　两汉战争掳马数量表

时间	掳掠战马情况记载	史料出处
武帝元朔二年(前127年)	青复出云中,西至高阙,遂至于陇西,捕首虏数千……驱匈奴马牛羊百有余万。	《汉书·卫青传》
元朔五年(前124年)	令青将三万骑出高阙……得右贤裨王十余人,众男女万五千余人,畜数十百万,于是引兵而还。	《汉书·卫青传》
昭帝元凤元年(前80年)	度辽将军出塞千二百余里……卤获马牛羊万余。前将军出塞千二百余里……卤马牛羊二千余。蒲类将军出塞千八百余里……卤马牛羊七千余。虎牙将军出塞八百余里……卤马牛羊七万余。	《汉书·匈奴传》
昭帝时	遣校尉常惠使持节护乌孙兵,昆弥自将翎侯以下五万骑从西方入,至右谷蠡王庭,获……马牛羊驴橐驼七十余万头。	《汉书·西域传》

（续表）

时间	掳掠战马情况记载	史料出处
光武帝建武二十五年（49年）	遣弟左贤王莫将兵万余人击北单于……得其众合万余人，马七千匹、牛羊万头。	《后汉书·南匈奴传》
和帝永元元年（89年）	（班）超知二虏已出，密召诸部勒兵……追斩五千余级，大获其马畜财物。	《后汉书·班梁传》
永元元年（89年）	宪分遣副校尉阎盘、司马耿夔、耿谭将左谷蠡王师子、右呼衍王须訾等，精骑万余，与北单于战于稽落山，大破之……获生口马牛羊橐驼百余万头。	《后汉书·窦融传附曾孙宪传》
永元二年（90年）	（梁）慬临阵被创，不顾，连破走之，尽还得所掠生口，获马畜财物甚众。	《后汉书·班梁传》
永元六年（94年）	（班超）纵兵钞掠，斩首五千余级，获生口万五千人，马畜牛羊三十余万头。	《后汉书·班梁传》
永元九年（97年）	（司马寇）盱斩虏千余人，得牛马羊万余头。	《后汉书·西羌传》
安帝永初七年（113年）	骑都尉马贤与侯霸掩击零昌别部牢羌于安定，首虏千人，得驴骡骆驼马牛羊二万余头。	《后汉书·西羌传》
元初元年（114年）	遣轻骑钞击杜季贡于丁奚城，斩首四百余级，获牛马羊数千头。	《后汉书·西羌传》
元初四年（117年）	任尚又遣假司马募陷阵士，击零昌于北地，杀其妻子，得牛马羊二万头。	《后汉书·西羌传》
元初四年（117年）	乌桓大人于秩居等与连休有宿怨，共郡兵奔击，大破之，斩首千三百级，悉获其生口牛马财物。	《后汉书·乌桓鲜卑传》
元初六年（119年）	度辽将军邓遵……出塞追击鲜卑，大破之，获生口及牛羊财物甚众。	《后汉书·乌桓鲜卑传》
永宁元年（120年）春	尚将诸郡兵与马贤并进北地击狼莫……所略人男女千余人，牛马驴羊骆驼十余万头。	《后汉书·西羌传》
永宁元年（120年）夏	马贤将万人击之（西羌）。……获生口千余人，马牛羊以万数。	《后汉书·西羌传》
建光元年（121年）	马贤率兵召卢匆斩之，因放兵击其（西羌）种人，首虏二千余人，掠马牛羊十万头。	《后汉书·西羌传》
延光三年（124年）	中郎将马翼遣兵与胡骑追击，破之，斩首及自投河死者殆尽，获马牛羊万余头。	《后汉书·南匈奴传》
延光四年（125年）	（班）勇发敦煌、张掖、酒泉六千骑及鄯善、疏勒、车师前部兵击后部王军就，大破之。首虏八千余人，马畜五万余头。	《后汉书·班梁传》
顺帝永建元年（126年）	乌桓校尉耿晔发缘边诸郡兵及乌桓率众王出塞击之，斩首数百级，大获其生口牛马什物。	《后汉书·乌桓鲜卑传》
永建六年（131年）	渔阳太守又遣乌桓兵击之，斩首八百级，获牛马生口。	《后汉书·乌桓鲜卑传》
阳嘉四年（135年）	马贤亦发陇西吏士及羌胡兵击杀良封，斩首千八百级，获马牛羊五万余头。	《后汉书·西羌传》

(续表)

时间	掳掠战马情况记载	史料出处
永和三年(138年)	烧当种那离等三千余骑寇金城塞,马贤将兵赴击,斩首四百余级,获马千四百匹。	《后汉书·西羌传》
永和四年(139年)	马贤将湟中义从兵及羌胡万余骑掩击那离等,斩之,获首虏千二百余级,得马骡羊十万余头。	《后汉书·西羌传》
永和六年(141年)	武威太守赵冲追击巩唐羌,斩首四百余级,得马牛羊驴万八千余头。	《后汉书·西羌传》
桓帝延熹八年(165年)	颎凡破西羌,斩首二万三千级,获生口数万人,马牛羊八百万头,降者万余落。	《后汉书·段颎传》
灵帝建宁元年(168年)	颎驰骑于傍,突而击之,虏众大溃,斩首八千余级,获牛马羊二十八万头。	《后汉书·段颎传》
建宁二年(169年)	颎追至谷上下门穷山深谷之中,处处破之,斩其渠帅以下万九千级,获牛马驴骡毡裘庐帐什物,不可胜数。	《后汉书·段颎传》
建宁二年(169年)	凡破西羌,凡百八十战,斩三万八千六百余级,获牛马骡驴驼四十二万七千五百余头。	《后汉书·段颎传》

上表显示,史书上记载的通过战争掳获马匹30次,东汉时期就多达26次之多。仅段颎一个将领就率部掳掠西羌马牛羊近880万头。班超父子在西域征战和马贤击西羌等战斗中,每次也是成千上万或数十万地掳掠。窦宪击北匈奴,“获生口马牛羊橐驼百余万头”。东汉掳掠马匹数量真是太惊人了,不算“大获其生口牛马”等不明确数字的就有1057万,马牛羊橐驼中若马按1/6计,掳掠马匹也达175万以上。可见东汉国内军牧衰落,通过战争掳掠马已经成为东汉政权补充战马的一个重要手段。这些掳掠来的马同样需要喂养。考虑战报中可能有虚报的成分,加之战争中要消耗大量战马和并非年年都有掳掠,此就以景帝时的36万匹马作为平均数计。如以饲养为主的话,“军马一月之食,度支田士一岁”[7](卷69《赵充国传》),一匹马一年的食物消耗量是一个士兵月粮的12倍。汉代马匹多在边郡牧养,粮食消耗要大大减少,但西北边地冬季三个月,马还是要以吃粮食为主。3×2×12×36万×0.0100万钱=25.92亿钱。此外,3万养马的官奴婢也需要一笔不小的费用,但考虑到他们夏秋时要备一些草料冬用,可能要减一些喂养马的费用,故二者相抵忽略不计。这样军械装备及军马费就为1.3亿钱兵器费+5亿钱车船费+25.92亿钱养马费=32.22亿钱。

上述这些每年要开支的经常性后勤费用为:军官俸禄8.3亿钱+衣粮供给与转输费35.5亿钱+军械装备及军马费32.22亿钱=76.02亿钱①。占国家财政总收入的比例为76.02÷120×100%=63.35%。但需要明确的是,士卒的口粮和军马食用的粮食,是大司农以田租实物供给的。如果从中剔除,其费用为76.02-12-6-25.92=32.1亿钱。即使如此,它也占国家财政总收入的比例为32.1÷120×100%=26.75%,占整个大司农财政收入的比例为32.1÷40×100%=80.25%,应该说是相当高的。

① 《汉书·百官公卿表》师古注曰:“大司农供军国之用。”《汉书·毋将隆传》说:“汉武库兵器,缮治造作,皆度大司农钱。”《汉书·贾捐之传》说:“西羌之师,大司农钱尽。”《西汉会要·大司农钱》说:“帝比岁击胡,大司农陈臧(藏)钱经用既竭。”《汉书·食货志》说“汉连出兵三岁……南阳、汉中以往,各以地比给初郡吏卒奉食币物,传车马被具。……费皆仰大农”,“召工官治车诸器,皆仰给大农”。以上记述说明,装备军队的兵器、车辆制作、军马牧养费用,以及军队作战的物资给养供应等一切费用皆由大司农提供。

（三）非经常性军费开支项目及其在国家财政中的比重

所谓非经常性军费，就是一些不定期开支的临时性军费。主要是国防工程费、战争费、军功和归降赏赐费、安葬抚恤费等。这些费用无法定量考察，只能做些定性分析。

1. 国防工程费。主要是修筑军用道路、漕运河渠，军用驿站、塞城、障燧等工程费用的支出。秦汉时期的这些工程费用开支也是相当大的。如秦始皇时期，竭天下人力、物力、财力，修驰道、直道，筑长城，凿灵渠等等。致使"男子力耕不足粮饷，女子纺绩不足衣服"[7]（卷24《食货志》）。在汉代，特别是汉武帝时期，国防工程的建设规模同样很大。如：

> 卫青岁以数万骑出击匈奴，遂取河南地，筑朔方。时又通西南夷道，作者数万人，千里负担馈饷，率十余钟致一石，散币于邛、僰以辑之。数岁而道不通，蛮夷因以数攻，吏发兵诛之。悉巴、蜀租赋不足以更之，乃募豪民田南夷，入粟县官，而内受钱于都内。东置沧海郡，人徒之费疑于南夷。又兴十余万人筑卫朔方，转漕甚远，自山东咸被其劳，费数十百巨万，府库并虚。乃募民能人奴婢得以终身复，为郎增秩，及入羊为郎，始于此。

上述史实说明，修筑国防工程在当时不仅条件险恶，路途遥远，转漕困难，耗费人力、物力，而且耗费的财力也十分惊人，"费数十百巨万"。马大英先生解释巨万为"万万"[2]199。若果真如此，其一次国防工程建设数十百亿，就几乎将国家一年的财政收入耗尽。

2. 战争费。是指战争期间，国家为取得胜利而付出的费用，包括军需物资的补给及装备消耗等。如果战争规模大、作战时间长、路程遥远，其费用之大更不堪设想。秦汉四百余年间，发生的战争很多，损耗于战争的费用是相当大的。可见文献记载：

> 臣（贾捐之）窃以往者羌军言之，暴师曾未一年，兵出不逾千里，费四十余万万，大司农钱尽，乃以少府禁钱续之。夫一隅为不善，费尚如此，况于劳师远攻。[7]（卷64《贾捐之传》）

> 诸羌反叛，十有四年，用二百四十亿；永和之末，复经七年，用八十余亿。[8]（卷65《段颎传》）

贾捐之道出了当时战争耗费巨大的实情，战争"曾未一年，兵出不逾千里"，就将大司农钱40余万万耗尽，不得不动用"少府禁钱"。安帝永初年间，14年用于平定西羌的战费达240亿，平均每年耗费17亿多。仅段颎一个将领领兵万余人与羌人作战两年，就耗"费用四十四亿"[8]（卷65《段颎传》）。这些史实告诉我们，战争消耗的费用是相当大的。由此可以想见，秦朝15年，年年战争。汉武帝时期，对匈奴用兵44年，又东征朝鲜，南取南越，西战西羌、大宛，通西南夷，进行长达50年的战争①，和王莽时期"普天之下，迄于四表，靡所不至"[7]（卷99《王莽传》）的连年战争，以及到了东汉后期频繁的战争②，其耗费是多么巨大。

3. 军功和归降赏赐费。当时为鼓励将士勇猛作战和少数民族将领率部归降，政府给予奖赏也成了秦汉军费开支的重要项目。除赐爵、封侯食邑外，还赏赐大量的钱物。如《睡虎地秦墓竹简》载："'广众心，声闻左右者，赏。'将军材以钱若金赏，毋恒数。"这是秦代有关赏赐金钱的记录。汉代这方面的文献记载更多，大致情况可见表3。

---

① 参见《汉书》卷6《武帝纪》、卷55《卫青霍去病传》、卷50《汲黯传》、卷61《李广利传》、卷94《匈奴传》、卷95《西南夷两粤朝鲜传》、卷96《西域传》。

② 据《后汉书》卷7《孝桓帝纪》、卷8《孝灵帝纪》等统计，从汉桓帝建和二年（148年）至汉灵帝中平二年（185年），对鲜卑作战达18次，对南方蛮夷作战13次，对羌人作战18次，对匈奴作战5次，其他各种镇压起义、叛乱次数也有20余次。

表3 汉代对军功人员赏赐表

时间	赏赐情况	文献出处
武帝元朔元年(前128年)	卫青因击匈奴有功,被赏赐黄金千斤。	《史记·卫青列传》
武帝元朔五年(前124年)	卫青比岁十余万从击胡,斩捕首虏之士受赐黄金二十余万斤。	《汉书·食货志》
武帝元朔六年(前123年)	大将军、票骑大出击胡,赏赐五十万金。	《汉书·食货志》
武帝元狩二年(前121年)	票骑仍再出击胡,大克获。浑邪王率数万众来降于是汉发车三万两迎之。既至,受赏,赐及有功之士。是岁费凡百余巨万。	《汉书·食货志》
昭帝元凤元年(前80年)	义渠王因斩匈奴犁汗王,有功,赐其黄金两百斤。	《汉书·匈奴传》
汉宣帝甘露三年(前51年)	南匈奴单于呼韩邪朝见宣帝,严被赐以冠带衣裳……马十五匹,黄金二十斤,钱二十万,衣被七十七袭,锦绣绮縠杂帛八千匹,絮六千斤。	《汉书·匈奴传》
元帝永光三年(前41年)	冯奉世因击破陇西羌乡姐种反者,有功,赐黄金六十斤。	《汉书·冯奉世传》
成帝河平年间	陈立击败夜郎王等叛者,有功,赐黄金四十斤。	《汉书·西南夷传》
成帝鸿嘉四年(前17年)	赵护因平定广汉"贼"郑躬等有功,赐黄金百斤。	《汉书·成帝纪》
光武帝建武十一年(35年)	在对羌人的战争中,"马援中矢贯胫,帝以玺书劳之,赐牛羊数千头"。	《后汉书·马援传》
建武十二年(36年)	祭彤在辽东凡三十年,衣无兼副,显宗嘉其功,"赐钱百万,马三匹,衣服刀剑下至居室什物,大小无不悉备"。	《后汉书·祭遂传》
建武二十五年(49年)	南匈奴三四万人归附汉廷。次年正月南匈奴单于来朝,赐彩缯千匹,锦四端,金十斤……赐单于母及诸阏氏、单于子及左右贤王、左右谷蠡王、骨都侯有功者,缯彩合万匹。岁以为常。	《后汉书·南匈奴传》
明帝永平元年(58年)	鲜卑大人皆来归附,并诣辽东受赏赐,青徐二州给钱岁二亿七千万为常。	《后汉书·鲜卑传》
顺帝阳嘉年间	州兵朱盖等反,陈球等破之,"赐钱五十万"。	《后汉书·陈球传》
桓帝永寿二年(156年)	段颎击太山、琅邪贼东郭窦、公孙举等,大破斩之,"赐钱五十万"。	《后汉书·段颎传》
延熹五年(162年)	冯绲击武陵蛮夷反者,斩四千余人,降十余万人,"赐钱一亿"。	《后汉书·冯绲传》
永康元年(167年)	东羌、先零寇关中,张奂遣司马尹端、董卓并击,大破之,赐钱二十万。	《后汉书·张奂传》

从上表中可见对作战有功人员赏赐的黄金和钱物是相当多的。黄金多者20余万斤,少者数十、数百、数千斤是常事;钱多者上亿,少者也有20万。对来降的少数民族首领赏赐的钱物也是十分优厚的,黄金、钱、衣被、锦绣等成千上万,"岁费凡百巨万"、"给钱岁二亿七千万为常"。费用支出如此巨大,也是政府财政开支的一项沉重负担。

4. 安葬抚恤费。对为国家捐躯于战场的将士,政府要给一定的安葬抚恤费。秦代的情况史文简缺载,难于稽考。汉代通常给予棺和衣衾等。楚汉战争时,刘邦下令,"军士不幸死者,吏为衣衾棺敛,转送其家","归其县,县给衣衾棺葬具,祠以少牢,长吏视葬"[7](卷1《高帝纪》)。依据《汉书·成帝纪》"已葬者与钱,人二千"之记载,当时安葬一人在2000钱左右。秦汉时期,战争较多,有很多士卒战死疆场。《汉书·食货志》载:"此后四年,卫青比岁十余万众击胡……而汉军士马死者十余万。"这只是一例记载,加之其他战争死亡人数,恐怕在数十万以上,国家要安葬数十万战死者,仅安葬费就得数亿。此外还得给一些抚恤费。如《后汉书·鲜卑传》说:"延平元年,鲜卑复寇渔阳,太守张显率数百人出塞追之。……显中流矢,主簿卫福、功曹徐咸皆自投赴显,俱殁于阵。邓太后策书褒叹,赐显钱六十万……授福、咸各钱十万。"又《后汉书·西羌传》:永建六年,马贤及其二子与羌人战,"贤及二子皆战殁,顺帝愍之,赐布三千匹,谷千斛"。由此看来,对战死疆场将士的抚恤费也是一笔不小数目的开支。

这些非经常性军费开支,或以百万计,或以千万计,或以十余亿计,或以数十亿计,甚至是数十百亿计。与每年大司农40余亿比也好,或是与国家财政每年总收入120余亿比也好,其比重都可谓巨大。

综上所述,秦汉时期,无论是经常性开支的军费,还是不定期开支的军费,都是很大的。庞大的军费支出,常常使得国家"赋税既竭,不足以奉战士"[7](卷24《食货志》)。无论是定量还是定性考察,军费支出在当时国家财政中都占有极大的比例,尤其是大规模连年战争,常常导致国家经济失衡或崩溃。

二、军费的来源

上述庞大的军费支出从何而来?据《汉书·食货志》载:

> 有赋有税。税谓公田什一及工商衡虞之入也。(师古曰:"赋谓计口发(征)财。税谓收其田入也。")赋供车马、甲兵、士徒之役,充实府库赐予之用。税给郊社宗庙百神之祀,天子奉养、百官禄食、庶事之费。

所记非常清楚,赋是国家计口(按丁、口)征收的财,是"供车马、甲兵、士徒之役"的费用。"至秦…… 田租口赋,盐铁之利,二十倍于古。"[7](卷24《食货志》)"秦为乱政虐刑,残灭天下,北为长城之役,南有五领之戍,外内骚动,百姓罢敝,头会箕敛,以供军费。"[7](卷32《张耳传》)说明按人口征赋以供军费,在秦时就已然,而且还非常重。考诸史实,军费征收,除按法定丁、口常制征收算赋、口钱和更赋三项外,当战争持续时间长,造成国库空虚时,还有一些其他临时项目。

(一)常制征收项目

1.算赋。是为筹集军费对成年人征收的人头税。如《汉书·高帝纪》载:

> 八月,初为算赋。如淳(注)曰:"《汉仪注》民年十五以上至五十六出赋钱,人百二十为一算,为治库兵车马。"

这个记载明确告诉我们,凡国家编户,年龄在15—56岁者,不论男女每人都得交纳120钱的算赋①,而且这个算赋就是国家收的"为治库兵车马"的军费。算赋主要用于军费开支,除了文献资料可证外,江陵凤凰山十号汉墓出土的竹简也提供了有力的佐证。如其五号木牍记载"当利里"于正月、二月所征的算赋,主要是用于与军需有关的"转费"、"缮兵"[19]等。

2.口钱。是对儿童征收的人头税,其中有3钱为筹集军费而设立。据《汉书·昭帝纪》如淳注引《汉仪注》曰:

> 民年七岁至十四出口赋钱,人二十三。二十钱以食天子,其三钱者,武帝加口钱以补车骑马。

① 需要指出的是,算赋的赋额有个变化过程。据江陵凤凰山十号汉墓出土的简牍记载,汉初文景时期每年的算赋额多达200余钱。但作为记载两汉制度的《汉仪注》,是以两汉较长时期的通例而言的。我们还是以120钱作基本参考依据。

7—14 岁的儿童要出口钱 23 钱①，其中明确 20 钱“以食天子”，3 钱用于军费“补车骑马”。说明汉武帝时，征伐之事连年，军需剧增，便增加了口钱以补不足。

3. 更赋。是“戍边三日”的代役钱。据《汉书·昭帝纪》注引如淳曰：

> 天下人皆直戍边三日，亦名为更，律所谓徭戍也。虽丞相子亦在戍边之调。不可人人自行三日戍，又行者当自戍三日，不可往便还，因便住一岁一更，诸不行者，皆出钱三百入官，官以给戍者，是为过更也。

由此可见，更赋即过更，是代役钱。“天下人皆直戍边三日”是不可能的，由内地到边防需要很长时间，到后只“戍边三日”，得不偿失。不去可以，但你得出 300 钱，由别人代役。显然是统治者为筹措军费而巧立的一个名目。至东汉它成为固定的常设赋目。

上述法定常制赋目，依据《汉书·地理志》和《后汉书·郡国志》记载，西汉平帝元始二年和东汉和帝元兴元年人口最多，分别为 59594978 人、53256229 人。因为我们是从总体上考察当时军费情况的，故可将二者相加取其平均值，即（59594978 + 53256229）÷ 2 = 56425602（人）②。按照人口学理论，男性与女性人口大致相当，每一年龄层次的人口大致相同的一般原理，和政论家晁错在指出汉初赋役繁重时所讲的“今农夫五口之家，服役者不下二人”[7]（卷24《食货志》）的说法，我们可以大致确定各项收费科目应该交费的人数。

交算赋的人数。约为总人口的 2/5，即 56425602 × 2/5 = 22570241（人）。

交口钱的人数。我们可根据上述 15—56 岁之间的 42 个年龄层次，即每个层次人数为 22570241 ÷ 42 = 537387（人）。再依据人口学每一年龄层次的人口大致相同的原理，根据儿童 7—14 岁有 8 个层次，即可确定要交口钱的人数为 537387 × 8 = 4299096（人）。

交更赋的人数。以黄今言先生考证的服役年龄 23—56 岁③为准，其间 34 个年龄层次，但我们还要考虑已经从军的约 1000000 人和免役的官吏人员 120285 人④，这样实际每年需要交更赋的人数为 537387 × 34 − 1000000 − 120285 = 17150873（人）。

这样我们就可以依据上述数据，大略测度一年常规军费收入。

算赋：22570241 × 120 = 2708428920（钱）。

更赋：17150873 × 300 = 5145261900（钱）。

为军费筹集的口钱：4299096 × 3 = 12897288（钱）。

总额为：2708428920 + 5145261900 + 12897288 = 7866587108（钱）。

但需要说明的是，此 78 亿余的军费收入是以汉代人口最盛时计算的，由于各个时期的人口数量不一，军费收入自然会有所波动，一般情况下肯定要比此少一些。此外，这些费用是依靠地方郡县政府收缴上来的，考虑到要调动地方收取费用的积极性，和地方也要维持一些军费开支的实际情况，可能要给地方郡县提留一部分，这样收缴上来的实际钱数就没有这么多了。考据《尹湾汉墓简牍》所记东海郡向朝廷呈报的上计报告中的相关内容：

> 一岁诸钱入二万万六千六百六十四万二千五百六钱。一岁诸钱出一万万四千五百八十三万四千三百九十一[20]78。

说明确实如此，上缴比例为 145834391 ÷ 266642506 × 100% = 54.69%，这样国家掌握的实际军费收入为 7866587108 × 54.69 = 4302236489.36（钱）。故与前述《汉书·王嘉

---

① 史学界对“口钱的征收起于何时”、“口钱的起征年龄前后有无变化”这两个问题，认识不太一致。这里我们只是宏观把握口钱的多少，对此两个问题暂且不论。

② 如果是分阶段考察，我们完全可以将史书中所记的数据一一考论。此处只作总体考察，故从略。

③ 黄先生在《秦汉军制史论》第 56 页详细考论后得出结论：“秦汉时期服役者的起、止役年龄，几经更易。大致上说，秦代的始役年龄以十五岁为起点，免老年龄通常为六十岁。西汉建国之初，服役者起、止役年龄，一依秦旧。但到汉景帝二年，便改为年二十始傅。昭帝之时，又定为年二十三始傅，五十六岁免老，并从此逐渐形成为汉代的定制。”

④ 《汉书》卷 19《百官公卿表》：“吏员自佐史至丞相，十二万二百八十五人。”

传》曰“都内（大司农）钱四十万万”和桓谭《新论》中所言的“百姓赋敛，一岁四十余万万”吻合，占国家120万万财政总收入的1/3。即便是这样，史书仍然常记载，有时大司农钱尽，“不足以奉战士”，不得已而采取一些非常规的办法筹措军费。

（二）非常制征收项目

秦汉时连年大规模用兵，常常造成国库空虚、军费不足。因而，在各个不同时期，采取过若干特殊措施，以弥补军费的短缺。

1. 算缗钱。这是对工商主征收的一种特殊性税收。据《史记·平准书》载：

> 商贾以币之变，多积货逐利。于是公卿言：“郡国颇被菑害，贫民无产业者，募徙广饶之地。陛下损膳省用，出禁钱以振元元，宽贷赋，而民不齐出于南亩，商贾滋众。贫者畜积无有，皆仰县官。异时算轺车贾人缗钱皆有差，请算如故。诸贾人末作贳贷卖买，居邑稽诸物，及商以取利者，虽无市籍，各以其物自占，率缗钱二千而一算。诸作有租及铸，率缗钱四千一算。非吏比者三老、北边骑士，轺车以一算。商贾人轺车二算。船五丈一算。匿名不自占，占不悉，戍边一岁，没入缗钱。有能告者，以其半畀之。

又《汉书·酷吏传》注引《正义》曰：

> 缗音岷，钱贯也。武帝伐四夷，国用不足，故税民田宅船乘畜产奴婢等，皆平作钱数，每千钱一算，出一等，贾人倍之。若隐不税，有告之，半与告人，余半入官，谓缗。

由此可知，算缗是汉武帝为伐四夷，对商人、手工业者征收的一种税。算缗实行后，富商大贾们“皆争匿财”[7]（卷24《食货志》），于是便进行“告缗”，鼓励知情者给予告发。汉武帝时期的算缗告缗，使政府“得民财以亿计”[7]（卷24《食货志》）。这为缓解当时军费紧张状况起到了一定的作用，但也大大削弱了商业资本的发展，一定程度上造成了国家经济的停滞不前。故元封元年（前110年）“弘羊又请令民得入粟补吏，及罪以赎。令民入粟甘泉各有差，以复终身，不复告缗”。

2. 以訾征赋。这是对编户征收的一种财产税。通常叫“訾赋”或“訾算”，和当时的“算赋”、“口钱”、“更赋”的区别，在于其是以户的訾财多少为征收的依据，“算赋”、“口钱”、“更赋”是以丁口为本作征收的依据，二者迥然各异。《盐铁论·未通篇》说：

> 往者军阵数起，用度不足，以訾征赋，常取给见民。

可见“以訾征赋”，是在“军阵数起，用度不足”的情况下实行的，是为了解决军费不足问题而设置的一项非常制征收项目。

3. 赋外征调。“调”作为一种赋敛，是东汉时期筹措军费的一种措施，且作为赋外科目的“调”与军队后勤需要有密切关系。如：

> 旧幽部应接荒外，资费甚广，岁常割青，冀赋调二亿有余，以足给之。[8]（卷73《刘虞传》）

> 今复募发百姓，调取谷帛，炫卖什物，以应吏求。外伤羌虏，内困征赋。[8]（卷51《庞参传》）

> 乡官部吏职斯禄薄，车马衣服，一出于民……特选横调，纷纷不绝。[8]（卷61《左雄传》）

当时统治者根据军事需要征调的范围极为广泛，不仅调取货币，有时还调取谷帛、车马、衣物等物资。

此外，还采取了“盐铁官营”、“卖爵鬻官”、“贷王侯国租一岁”[8]（卷6《顺帝纪》）、“假公卿以下奉，又换王侯租以助军粮”[8]（卷7《桓帝纪》）和“辄贷于民”[8]（卷51《庞参传》）等筹措军费的一些临时性措施。这些由于时人多有论述，此不赘。

总之，秦汉时期，算赋、口钱、更赋征课是军费的基本来源，但在连岁征伐、国库空虚的情况下，也采取过上述一些临时性措施，以补军资之不足。

三、军费的财务管理

军费是军队赖以生存、发展的物质基础。加强对军费的管理，直接决定着它的经济效益和军事效益。管子曰：“不明于计数，而欲举大事，犹无舟楫而欲经于水险也。”又曰：“用费虽多，其数不出于计……则战之自败，攻之自毁也。”[21]（《七法第六》）可见，军费的财务管理之重要。秦汉时期的一些政治家、军事家自然知道其道理,因而在军费管理方面极为重视,亦颇具特色。

(一)形成了较完整的管理组织体制

先秦时在军队中就有了专职会计的“法筭”。如《六韬·龙韬·王翼》曰“法筭二人,主计会三军营垒、粮食、财用出入”。秦汉时主管国家军费开支的最高部门是大司农。军费的征集、支出,以及军粮马草之筹划、运输、供给均由大司农统管。史籍有多处说明:“武库兵器,天下公用,国家武备,缮治造作,皆度大司农钱。”[7](卷77《毋将隆传》)“初置张掖、酒泉郡,而上郡、朔方、西河、河西开田官,斥塞座卒六十万人成田。中国缮道馈粮,远者三千,近者千余里,皆仰给大司农。”“汉连出兵三岁……费皆仰大农。大农以均输调盐铁助赋,故能澹之。”[7](卷24《食货志》)这些都充分说明大司农是管理军费的最高行政部门主管。大司农的属官大仓令、均输令、平准令、都内令、籍田令、斡官长、铁市长等,分别职司国家粮仓、运输和物价、钱帛的库藏、田籍粮谷、盐铁专卖、铁器管理等费用的收支与管理[7](卷19《百官公卿表》)。

除中央财政管理系统外,在地方郡、县、乡、里建立了自上而下的财政机构。郡国是地方的最高行政单位。郡国长官对户口垦田、税收钱谷、社会治安皆负全面总管之责。郡国具体掌管财税者,是仓曹掾等。县一级设有“县啬夫”,负责财税事宜。乡是税收财政最基层单位,设有三老、啬夫等官员。各级地方财政机构和财政官员,皆负有保障军事需要的职能。如“啬夫”和“乡佐”的主要职责是“职听讼,收赋税,派徭役”[7](卷19《百官公卿表》)。没有他们自下而上的军费物资收支管理,军队所需财资供给就难以进行。

(二)实施了严格的财务上计制度

建立财务上计制度的目的,在于便于政府掌握全国的财政收支情况,做到胸中有数,对战事做出决策。“计必先定而兵出于境”[21](《参患第二十八》),“欲战必先算其费”[22](《孙子注·作战》)。西汉开国之初,萧何为相国,他就对天下图书计籍的人非常重视,借以熟悉并掌握全国的政治、经济和社会情况,作为施政的依据。用曾在秦代当过柱下史而熟悉秦代档案和统计数字的张苍为计相,《汉书·张苍传》曰:

> 是时,萧何为相国,而苍乃自秦时为柱下御史,明习天下图书计籍,又善用算律历,故令苍以列侯居相府,领主郡国上计者。

萧何以张苍为列侯的身份住在相府里,主持郡国上计事务,奠定了汉代上计制度的基础。汉代各郡在太守之下皆设有上计吏,主持计政。王侯国的相以下也设有上计吏。上计吏主管各郡国的财政、经济基本数字,如户口、垦田、物价、农事丰歉、灾情等等。各县要在每岁末,将上述情况核实数字上报到郡国,由郡国汇总,责成上计吏携带上项文件进京,向皇帝汇报,所以叫上计吏。记载各项财政、经济基本数字的文件叫计簿,或称上计簿。各县报到郡国的数字,郡应核实,然后上报。如《汉官解诂》曰:

> 秋冬岁尽,各计县户口,垦田,钱谷出入,盗贼多少,上其集簿。

此文献记载了与财务管理有关的上计大致内容为“户口,垦田,钱谷出入”等。我们还可以从西汉时期东海郡向朝廷呈报的上计报告详细了解其具体内容:

> 一正(正面):县、邑、侯国卅八:县十八,侯国十八,邑二。其廿四有堠(城)。郡官二,乡百七十,□百六,里二千五百卅四,正二千五百卅二人。亭六百八十八,卒二千九百七十二人,邮卅四,人四百八如前。界东西五百五十一里,南北四百八十八里如前。县三老卅八人,乡三老百七十人,孝弟力田各百廿人,凡五百六十八人。吏员二千二百三人;太守一人,丞一人,卒史九人,属五人,书佐十人,啬夫一人,凡廿七人;集簿:都尉一人,丞一人,卒史二人,属三人,书佐五人,凡十二人;令七人,长十五人,相十八人,丞卌四人,尉卌三人,有秩卅人,斗食五百一人,佐史、亭长千一百八十二人,凡千八百卌人;侯家丞十八人,仆、行人、门大夫五十四人,先马、中庶子二百五十二人,凡三百廿四人。户廿六万六千二百九十,多前二千

六百廿九;其户一千六百六十二获流。口有卅九万七千三百卌三,其四万二千百五十二获流。提封五十一万二千九十二顷八十五亩,二□……人如前。

一反(背面):□(侯)国、邑园田廿一万一千六百五十二□,□十九万百卅二……卅五万九千六……长生。种宿麦十万七千三百□十□顷,多前千九百廿顷八十二亩。男子七十万六千六十四人,女子六十八万八千一百卅二人,女子多前七千九百廿六。年八十以上三万三千八百七十一,六岁以下廿六万二千五百八十八,凡廿九万六千四百五十九。年九十以上万一千六百七十人,年七十以上受杖二千八百廿三人,凡万四千四百九十三,多前七百一十八。春令种树六十五万六千七百九十四亩,多前四万六千三百廿亩。以春令成户七千卅九,□二万七千九百廿六,用谷七千九百五十一石八斗□升,率□二斗八升有奇。一岁诸钱入二万万六千六百六十四万二千五百六钱。一岁诸钱出一万万四千五百八十三万四千三百九十一。一岁诸谷入五十万六千六百卅七石二斗二升少,□升出卌一万二千五百八十一石四斗□□升。[20]77—78

从中可以看出,财政上计内容将上述文献记载“户口,垦田,钱谷出入”情况全部包括在内。涉及的内容较广,概括而言,主要有三个方面的内容:一是管辖范围、管辖官吏、管辖区域、受奖赐复人员、郡国直属官吏等行政概况;二是郡辖民户、人口(包括新增加的户数和户口)、提封土地、侯国、邑园田、耕种亩数、植树面积等资源状况;三是赋税收支、农税收支等财政状况。尤其是对辖区吏员(俸禄支出的依据),户数、人口数量、男女性别比例、不同年龄段人数(税赋收入的依据),土地资源、区域面积、可垦土地面积与种植面积(农业税收入的依据),钱谷收支存(财务状况的依据)等情况报告得更为详细。绝对抓住了财务监管的主要矛盾,这对保证财务监督目标的实现起到了突出重点的效果。因为其直接关系到国家的财政收入。故,汉代对上计之事很重视。皇帝经常亲自听取上计吏的汇报,有时在隆重仪式中举行。仅《汉书·武帝纪》上就有三次“受郡国计”的记载:

春三月,还至泰山,增封。甲子,祠高祖于明堂,以配上帝,因朝诸侯王列侯,受郡国计。

(天汉三年)三月,行幸泰山,修封,祀明堂,因受计。

(太始)四年春三月,行幸泰山。壬午,祀高祖于明堂,以配上帝,因受计。

《后汉书·孝明帝纪》上也记载:

二年春正月辛未,宗祀光武皇帝于明堂,帝及公卿列侯始服冠冕、衣裳、玉佩、絇屦以行事。……群僚藩辅,宗室子孙,众郡奉计。

上述记载说明,上计关系到国家财政大事,皇帝非常重视,经常在隆重的场合亲自过问。正因为如此,上计被确定为一项重要的制度,在西汉、东汉整个时期一直被坚持,至少是从武帝开始,每年的春季,各个郡国必须将一年来的财政情况上报中央。不仅如此,居延汉简中也记载有向中央上计的情况:

建昭元年十月尽二年九月,大司农部丞簿录簿算及诸簿,十月旦见。(82·18B)

说明居延边塞屯田和戍边的部队也同各郡国一样,其一年的财务情况也要向中央上计。

上述是各郡国及部队向中央上计的情况。那么,郡以下的要不要上计呢?据文献和汉简记载同样如此。《后汉书·百官志五·州郡条》:

属官,每县、邑、道……皆掌治民,显善劝义,禁奸罚恶,理讼平贼,恤民时务,秋冬集课,上计于所属郡国。(注)胡广曰:“秋冬岁尽,各计县户口垦田,钱谷入出,盗贼多少,上其集簿。”

说明县及其以下组织也要分别向其上级上计。其内容肯定与郡向中央上计内容大同小异,因为每一级上计的数据都是依据其下一级上报的内容,其性质和目的也在于监管下级的财政情况。边防屯戍组织也是一样,下简也可见证:

元年岁计毋余钱。(274·22)

□三月课与计偕□。(542·2A)

□上计卒史郝卿□卿千人令史。

(503·12)

命者县别课与计偕,谨移应书一编敢言之。(47·6A)

耕庭候长仁持计一人诣官,七月辛酉蚤食入。(113·27)

以上诸简中有“岁计”、“计偕”、“持计”等上计制度中的专用术语充分说明,屯戍组织中上计制度的方法、程式和文献中记载的郡县组织上计情况基本一致。

从文献记载中发现,对上计情况不实的,要进行严肃处理。如《汉书·景武昭宣元成功臣表》上记载:

众利侯郝贤……元守二年,坐为上谷太守入戍卒财物,上计谩,免。师古(注)曰:“上财物之计簿而欺谩不实。”

尽管处分十分严重,可是问题还是不断地发生。如宣帝黄龙元年(前49年),发现上计不实,皇帝发怒,下令斥责,诏书曰:

方今天下少事,徭役省减,兵革不动,而民多贫,盗贼不止,其咎安在?上计簿,具文而已,(师古曰:“虽有其文,而实不副也。”)务为欺谩,以避其课。[7](卷8《宣帝纪》)

看来,对上计虚假的事,皇帝是深恶痛绝的,下诏书予以谴责制止。可见,对上计的真实程度,中央十分关注,管理异常严格。应该说上计制度的严格实施,对中央掌握和管理全国财经情况起到了重大作用。

(三)建立了比较完备的会计簿籍管理体系

早在西周时期,会计簿籍就已经初见端倪。《国语·周语》中记载:“月会旬修,日完不忘。”韦昭注曰:“月会,计一月之经用;旬修,十日中所成为者;日完,一日之所为。”《周礼·春官·巾车》云:“凡车之出入,岁终则会之。”《司戈盾》职又云:“掌戈盾之物而颁之。”《司弓矢》职又云:“掌六弓四弩八矢之法,辨其名物,而掌其守藏与其出入。”说明将兵器分门别类由专人登记注册管理,在当时已经成为制度。但当时的后勤保障主要是武器,因而,未形成其他的簿籍系统。

秦汉时期,就不同了,从甘肃出土的居延汉简中可以看出,这一时期的会计簿籍依据管理对象的不同分钱、粮、物进行分类核算。建立了比较完备的会计簿籍管理体系。现分述如下:

钱出入簿:

□钱出入簿□。(214·40)

阳朔元年十一月甲辰朔戊午,第廿三候长赦之敢言之,谨移钱出入簿一编敢言之。(28·4)

元寿六月受库钱财物出入簿。(286·28)

□戍卒籍所受钱财物出入簿。(E.P.T 50:35)

右张忠钱财物直钱出入簿。(E.P.T 51:88)

财物簿:

甲渠候官绥和元年八月财物簿(E.P.T 50:28)

始建国天凤一年六月以来所受枲蒲及适椠诸物出入簿。(E.P.T59:229)

谷出入簿:

甲渠候官甘露五年二月谷出入簿。(82·6)

吞远仓建昭三年二月当食案□谷出入簿。(136·48)

甲渠候官五凤二年谷二月出入簿。(E.P.T52:473)

甲渠候官神爵三年九月谷出入簿。(E.P.T52:203)

甲渠候官初元二年六月谷出入簿。(E.P.T53:222)

建武四年十一月戊寅朔乙酉,甲渠鄣守候博敢言之,谨移十月尽十二月谷出入簿一编敢言之。(E.P.F22:453)

吏受俸名籍:

第四部居摄元年十二月尽二年正月吏受奉名籍。(154·34)

□年闰月吏受奉名籍。(254·4)

□受奉名籍一编敢言之。(E.P.T 40:137)

居摄二年二月甲寅朔辛酉,甲渠鄣候放敢言之,谨移正月尽三月吏奉赋名籍一编敢言之(E.P.T8:1)

□绥和二年十一月乙未朔辛亥,第廿三候□;

□受禄钱名籍一编敢言之。(E. P. F 25:14)

吏卒廪名籍:

万岁部建平五年五月吏卒廪名籍。(55·24,137·20)

建□□年十二月吏卒廪名籍。(203·25)

甲渠候官永光五年正月廪吏卒名籍。(E. P. T52:262)

建平元年二□廪三月食名□。(E. P. T 8:3)

建平三年二月壬子朔辛巳第十五燧长□;

□廪三月食名籍一编敢言之。(E. P. T 65:123)

家属廪名籍:

□戍卒家属在署廪名籍　月小□。(191·10)

□元寿二年十一月卒家属廪名籍。(276·4A)

上述见于汉简的各类簿籍,都是将每天发生的账目按月编制上报的,完全符合现在的会计分科目结算制度的要求,即各项收支"日清月结"。这些簿籍的建立,说明当时的财务管理体系已经比较完备了。建立这些簿籍的目的,是防止财物流失,确保各种供给的正常进行。通过簿籍,随时可以查阅财物的流向,凡发现财物管理有出入者,要严格追查责任。如居延汉简记载,"将召宣诣官□以□财物故不实,臧二百五十以上"(229·1,229·2),而受到追查。正因为如此,簿籍才每月都要上交保存。如果说上述簿籍还不能说明其所记内容的话,从下简的记述中即可窥见其一斑。如:

第四燧长之菜钱二百一十六,又肉钱七十,凡二百八十六。

第一燧长万年菜钱二百一十六。

□□□百□钱(159·4)

每项开支,是谁开支的,开支多少钱,所计清清楚楚。上述簿籍,就是将一个月来的这些账目汇集成册上报的。可见,财务管理之规范和严格。

账不仅要"日清月结",还有"年报"。真谓是"一切历史都是当代史",完全如现在会计制度一样。见下列居延汉简:

阳朔三年九月癸亥朔壬午,甲渠障守候塞尉顺敢言之,府书移赋钱出入簿与计偕谨移应书一编敢言之。(35·8A)

元康三年十月尽四年九月戍卒簿。(5·14)

肩水候官地节三年十月以来尽四年九月吏卒廪食名。(13·1)

元康三年十月尽四年九月吏已得奉一岁集。(126·42A)

综上所述,会计簿籍,以财务科目分,有"钱出入簿"、"财物簿"、"谷出入簿"、"吏受奉名籍"、"吏卒廪名籍"和"家属廪名籍"等。以财务结算时间分,有"月会计簿籍"和"年会计簿籍"。充分显示,秦汉时期建立了比较完备的会计簿籍管理系统。其对官府及时、准确地掌控军队所需钱的收支、粮及其他财物的调入、拨出和储备情况,应该起到了重要作用。

(四)实行了财务平衡调剂制度

目的在于保持总体上的收支平衡和对军队战事的重点保障。如《后汉书·百官志三》记载:"大司农……边郡诸官请调度者,皆为报给,损多益寡,取相补足。"说明大司农在财务管理上有调剂全国财务平衡的职能。据《后汉书·安帝纪》记载:

调扬州五郡租米,赡给东郡、济阴、陈留、梁国、下邳、山阳。

又调滨水县谷输敖仓。

《东观汉记》"王阜"条上说:

(大将军窦)宪尝移书益州,取六百万,阜觉有奸诈,以状上。宪遣奴驺账下吏李文迎钱,阜以诏书未报,距不与文。积二十余日,诏书报,给文以钱市焉。

说明平衡调剂必须由中央统一调度,必须见皇帝的诏书,可见,财务管理是异常地严格,谁也不能随便动用国家的一分钱,即使是窦宪这样有权有势的人,在军事急需的情况下,私自要钱也被拒绝,有了皇帝命令,才办得通。可见大司农执行财务平衡调剂时,要以皇帝命令行事。

总之,秦汉时期的军费开支较大,筹措渠道较多,管理较严格。

【参考文献】

[1]马克思,恩格斯.马克思恩格斯全集:第3卷[M].北京:人民出版社,1972.
[2]马大英.汉代财政史[M].北京:中国财政出版社,1983.
[3]黄今言.秦汉赋役制度研究[M].南昌:江西教育出版社,1988.
[4]刘不同.汉武帝战时财政论[J].军事与政治,1942(5).
[5]黄今言,陈晓明.汉代边防军规模及其养兵费用之探讨[J].中国经济史研究,1997(1).
[6]司马迁.史记[M].北京:中华书局,1959.
[7]班固.汉书[M].北京:中华书局,1962.
[8]范晔.后汉书[M].北京:中华书局,1965.
[9]黄今言.秦汉军制史论[M].南昌:江西教育出版社,1993.
[10]黄今言.秦汉经济史论考[M].北京:中国社会科学出版社,2000.
[11]李昉,等.太平御览[M].北京:中华书局,1960.
[12]上官绪智.秦汉时期士兵衣服是官给还是私备问题考辨[J].南昌大学学报,2004(3).
[13]中国社会科学院考古研究所.居延汉简甲乙编[M].北京:中华书局,1980.以后此类注简均属该书,只注简号,不再详注.
[14]甘肃省文物考古研究所,等.居延新简[M].北京:文物出版社,1990.以后此类注简均属该书,只注简号,不再详注.
[15]陈直.居延汉简研究[M].天津:天津古籍出版社,1986.
[16]刘光华.西汉屯田的亩产和经济作用[N].光明日报,1988-07-27.
[17]黄今言.秦汉商品经济研究[M].北京:人民出版社,2005.
[18]王应麟.玉海:卷148[M].南京:江苏古籍出版社,1987.
[19]长江流域第二期文物考古工作人员训练班.湖北江陵凤凰山汉墓发掘简报[J].文物,1974(6).
[20]连云港市博物馆,东海县博物馆,中国社会科学院简帛研究中心,中国文物研究所.尹湾汉墓简牍[M].北京:中华书局,1997.
[21]管仲.新编诸子集成·管子[M].北京:中华书局,1994.
[22]曹操.曹操集[M].北京:中华书局,1959.

第22卷第1期
2002年1月

汉初封国经济发展及其原因探析

王　欣*

【摘　要】 汉初封国经济的发展表现在两个方面:在农业生产中,铁农具进一步发展,生产技术进步,作物品种增多,产量提高,农业人口增加,养殖业发展;在手工业方面,诸如冶铁、铸币、制盐、纺织等行业都取得了相当程度的发展。封国所处的优越地理环境和王国政府一系列政策措施的推行共同促成了封国经济的全面振兴。

【关键词】 汉初;封国;经济;发展

西汉初年,统治者在地方上推行了郡县与封国并行的双轨行政体制,局部实行分封不仅在政治上起到了辅弼中央的重大作用,而且对当时经济的发展亦起到了显著的促进作用。但由于资料不足和零散,给探讨汉初封国经济带来了诸多困难,今笔者不揣鄙陋,运用文献和考古资料,列举汉初封国经济发展的表现,并试图分析促成其经济发展的主要原因。

一

近年来,秦汉考古为我们审慎研究历史提供了新的科学依据,开辟了研究领域的新篇章,借助西汉前期地下出土资料,我们可以管窥汉初封国经济发展的诸多表现。

(一)农业

1. 铁农具的发展

汉武帝实行盐铁官营后在全国设置铁官49处[1](《地理志》)。汉初属王国的就有30处,铁矿资源王国占了大半,说明王国冶铁业发达。在战国秦汉时代,冶铁作坊制造的铁器以农具居多,王国冶铁手工业的普遍存在,说明王国人民铁农具的使用应当更为普遍。以位于"火耕水耨"之区的吴国为例,吴国素来被认为农业生产落后,但广西贵县罗泊湾出土的西汉初期墓中有一件自题为《东阳田器志》的木牍[2],记有铁锄、铁锹、铁锨、铁锸等农具,东阳(今江苏盱眙县)是吴国东阳郡(县),在南越之地发现东阳郡的铁器,无疑说明吴国生产的铁农具数量较大,除满足本国人民的需求外,还远销岭南,铁器在吴国的普遍应用自不待言。

根据考古资料统计,战国时的铁农具主要有锄、斧、镬、镰、叉、犁(铧)、铲(锸)等,种类不超过十种,而且在战国时期先进的农业区——黄河中下游地区,非铁制的农具仍占相当部分。时至汉初,封国所拥有的铁农具不论是在品种还是在质量上都比战国时期有很大增加和提高。从山东莱芜(即齐国泰山郡的嬴县)出土的汉初农具铁范来看[3],当时已有了整地工具耙,这是汉代

* 王欣(1975—　),女,汉族,江苏省丰县人,硕士研究生,徐州师范大学历史系,主要研究秦汉史。

出现的新农具。《释名》解释为“播也,除以播除物也,亦言拨也,拨使聚也”。即用于犁过的田地,以平土除草,劈碎土块,清除杂物,从而使土地平整的工具,后来农村使用的铁搭和手耙大抵是它的改进和演变。除新式工具外,与战国时期相同的工具,其具体的形制也有改进,莱芜所出铁范显示,起破土作用的犁,其犁头已由战国时的钝形变尖,犁铧的上口加宽,铧的头部角度减小,两刃内侧交接处向后延伸,这种铧头既比较坚固,耕种时又省力而深入;镢(即镬)的刃部较之战国加宽。另外,汉初的王国可能已创造出了装在铧上的翻土装置——犁壁,犁壁作为犁铧的复合设备,其效用在于翻土、做垄、灭草,这在属于齐国北海郡的安丘曾有发现[4]。铁农具品种的增多和改进不仅提高了耕作效率,同时也为提高耕作质量创造了条件。

2. 农业生产技术的提高

齐、鲁、梁、楚等国自古就是种植业生产区,农业生产技术有一定基础,农业生产工具分工已较细,从耕种到收获,田间作业的每一过程都有相应的农具与之配合,耕作栽培日趋精细,《庄子·则阳》载:“深其耕而熟耰之,其禾繁以滋。”《韩非子·解老》曰:“积力于田畴,必且粪灌。”表明战国时此地人们已认识到深耕和粪灌的必要性,好稼穑耕作的齐、鲁、梁、楚等国的农民肯定会进一步提高生产技术水平。吕后时,齐王刘襄之弟章给高后说《耕田歌》:“深耕穊种,立苗欲疏;非其种者,鉏而去之。”[5](《齐悼惠王世家》)这当是对齐国境内农业生产经验的总结。西汉初期已懂得收集人畜粪尿来作肥料,《史记·吕太后本纪》所载以戚夫人为人彘“居厕中”之厕即为与猪圈相连的厕所,说明汉初人民确已注意养猪积肥,以粪肥田。解放后,在考古发掘的西汉中期墓中有许多陶屋和陶猪圈,陶屋是干栏式建筑,上面住人,下面关牲畜,上层还设有厕所与屋下猪圈相通,人粪可以从楼上直落猪圈,与圈中的猪粪及饲料残渣充分混合,沤成熟腐的肥料,表明人们已懂得生粪需要沤制腐熟才能加速肥力的转化,提高在农田的施用效果。这种结构在西汉中期墓中普遍存在,说明汉初已经出现,这是以前生产经验的总结。

江淮以南的封国种植水稻虽仍“火耕而水耨”,但当时已很注意选择肥沃而湿润的土壤来栽培水稻。如吴王濞时东阳县有沼泽地长洲泽,麋鹿“千千为群,掘食草根,其处成泥,名曰麋畯”。这种麋畯既肥沃又湿润,当时有些农民就“随此畯种稻,不耕而获,其收百倍”[6](《郡国三·广陵郡》)。又《史记·河渠书》记载:“河东渠田废,予越人,令少府以为稍入。”《索隐》释曰:“其田既薄,越人徙居者习水利,故与之,而稍少其税,入之于少府。”越人是会稽郡人民,汉初属吴国,汉武帝时,徙居河东,因为他们栽培水稻有专长,故把河东渠旁的薄地租给他们,河东地区在春秋时已开始种水稻,但对于在贫瘠的水田上如何有效地栽培水稻的技术显然不及吴国人民。说明江南人民栽种水稻的技术已十分精湛,远远超过了北方。

3. 农作物品种丰富,产量提高,加工技术进步

汉代作为食物的农作物品种以粟、稻、小麦、大麦、黍、豆等谷类最为重要。现在我们一般认为北方宜粟、麦,南方植稻谷,但汉初王国由于农业耕作条件优越,作物品种并没有严格的地域区分,楚国不仅种麦、粟,还种植稻谷,1972 年徐州奎山一座西汉初的墓葬中即出土有稻粒[7]。由此可知黄淮流域的梁、楚等国在汉初已成为水稻和旱谷的间作区。从长沙马王堆一号汉墓出土情况来看,南方王国的水稻种植不仅已很普遍,而且稻作物的品种极为丰富,籼、粳、黏、糯并存,长粒、中粒、短粒并存,有芒和无芒并存[8]。长沙国除植稻外,还种植小麦、大麦、黍、粟、大豆、赤豆、葵、大麻等农产品[8]。除上述谷物外,作为食物的农产品还有薏苡、芋、芥菜、甜瓜、葫芦、笋、藕、生姜等类,果品方面则有栗、枣、梨、桃、李、杏、梅、杨梅等[9],这都可从汉初王国墓葬中发现,兹不赘述。

汉兴,接秦之敝“民失作业,而大饥馑。凡米石五千,人相食,死者过半”[1](《食货志》)。可谓粮食极端缺乏,到文帝时已是“天下殷富,粟至十余钱”[5](《律书》)。宣帝时则“谷至石五钱”[1](《食货志》),粮食价格的不断下跌,反映出粮食供应量的增加。当时关东广大地区绝大部分

是诸侯王统治区,汉初“漕转山东粟,以给中都官,岁不过十万石”[5](《平准书》),武帝时已“岁漕关东谷四百万斛以给京师”[1](《食货志》),仅漕粮一项就增至汉初的40倍,这一信息透露了西汉前期整个关东诸侯王国农业产量有了大幅度提高。事实证明,经过汉初短短四五十年的发展,王国人民不仅解决了温饱问题,而且对全国粮食的增加做出了突出贡献。

不仅关东诸国如此,江南诸国粮食产量也有了不同程度的增加,以农业不算发达的吴国计,汉初刘濞为吴王,措施得当,农民生产积极性高,使得“国用富饶”[5](《吴王濞列传》),粮食不仅自给,而且有了大量剩余,吴国太仓所储粮食足以与中央媲美。七国之乱爆发前,吴国郎中枚乘指出文帝后期由关东漕运西向长安的粮食,还不如吴国太仓所储的粮食多[1](《枚乘传》),汉武帝初,东海闽越王企图反叛,淮南王刘安上疏曰:“越人欲为变,必先田余干界中,积食粮,乃入伐材治船。”[1](《严助传》)余干即余汗县,隶属淮南国,说明在西汉中叶以前余干县已成为重要的粮食生产区。“是时山东被河灾,及岁不登数年,人或相食,方二三千里。天子怜之,令饥民得流就食江淮间,欲留,留处。使者冠盖相属于道护之,下巴蜀粟以振焉。”[1](《食货志》)北方人民流徙到江淮间就食,证明该地区的粮食仍自给有余,因饥民过多,方才从巴蜀调粮食来接济。

谷物加工方面,虽然不能肯定汉代画像石《庖厨图》中所表现的石磨加工、妇人杵臼舂米[10]的成套作业的现象在汉初已经出现,但当时已普遍使用改良过的石磨则是毫无疑问的,这种改良过的石磨仅徐州地区就出土不少。我国传统的石圆磨虽在战国就已出现,但其磨齿呈凹坑形,形状有枣核形、圆形、菱齿形不等,不规则地分布于磨盘上,很容易使粮食堵塞在磨齿中,难以磨碎,而且又难以送出磨体。汉初封国人民对此进行了改良,从徐州九里山出土的明器磨[11]和河南淇县发现的石磨[12]来看,上下两层磨均呈弧形,底内凹,磨齿呈斜线辐射形,这样既能充分磨碎谷物,又有利于送出谷物,大大提高了粉碎加工能力,而且有的磨已安装了磨架,更有利于操作。此次改良后的磨成为我国民间一直以来一种主要的粮食加工工具。

4. 农业人口的增长

封建社会生产力的增长在一定程度上依赖于人口的增长,农业劳动力的增加也就是农业生产发展的一个重要方面,人口与生产二者相辅相成,共同影响着汉代社会的进步。

汉初长沙国户口据文帝时贾谊“上疏陈政事”中可知:长沙国乃二万五千户耳[1](《贾谊传》)。据《汉书·诸侯王表》知吴氏长沙国南北疆界线是“波汉之阳,亘九疑,为长沙”。西部至《汉志》所载武陵郡界,东部包括豫章郡三县[13]。其疆域相当于今一个半湖南省的面积,达到30多万平方公里,可谓幅员广大,但户口却极少,若每户以5口计,长沙国只有12.5万人,平均2—3公里才有1人。贾谊陈政事疏离汉初建国仅20多年,他所提供的户口若有所据的话,很可能是汉初吴芮始封长沙国时的数字,而非文帝时的户口数,因战乱影响,民人逃亡流徙,户口可得而数者才什二三,故人口显得尤为稀少。

绘制于吕后末年的《长沙国南部驻军图》[14]对五岭山区2000平方公里的50多处居民点的户口作了详细的标注,总户数为800多户,每户以5口计,则有4000多人,平均每平方公里2人,但考虑到五岭山区的人口密度素来比江汉平原及湘、资、沅、澧等水下游平原低得多。故可估计,到高后末年,长沙国的人口密度至少已达每平方公里2人以上。全国总户数当不低于12万户,口数当不低于60万人。人口比汉初翻了两番多,说明除原来因战乱逃亡的人回归故里外,人口自然增长的数目也很高。1960年长沙杨家山发掘了一座文景之际的汉墓,出土有“洮阳长印”和“逃阳令印”,“洮”、“桃”、“逃”三字相通。《汉书·百官公卿表》曰:“万户以上为令,秩千石至六百石,减万户为长,秩五百石至三百石。”由此二枚印章知,在墓主人任职期间,洮阳已由一般不到万户的小县(洮阳长)升为万户以上的大县(洮阳令),这当是文景之际长沙国户口迅速增长的一个缩影。

另从吴国户口看,借鉴葛剑雄先生的推算,景帝三年吴国全部人口已达120万[15]。时刘濞王3郡51城,则对于地广人稀的吴国来说,平均每县已达到了四五千户,2万多人,人口已不算少。吴楚之乱时下邳人周丘为报答刘濞,要求得节征兵,“周丘得节,夜驰入下邳”,一夜得3万人[1](《荆弟燕吴传》),下邳此3万人当多是壮年男子,且匆忙之中征集肯定不彻底,故以三分之一计,则时下邳人口已达9万余人,18000户,已属万户以上人口密集的大县。下邳在秦代尚不出名,张良博浪沙阻击秦始皇失败后,亡匿下邳,作为朝廷缉拿的要犯尚能在下邳从容闲游,为任侠,可见下邳在秦不过为一个偏僻的不为人注意的小县而已,说明汉初楚国人口的增长也是相当快的。另齐国的临淄已发展成10万户50万人的大市,可谓“人众殷富,巨于长安”[1](《齐悼惠王世家》)。

另外,政区的沿革变化首先是人口盈缩的结果,汉初至武帝时陆续在封国所属的东部沿海一带增设了盐渎(今盐城)、淮浦(今涟水)、射阳(今宝应县射阳湖镇)、海陵(今泰州)、高邮、江都等县,新县的辟置当是人口繁衍生息的结果,表明人们开始从人口集中的中原地带向东部地区迁移定居[16]。以上信息均反映出汉初封国人口有了很大的增长。

5. 养殖业的新发展

养殖业是农业的重要组成部分,对于汉初封国疆域而言,黄河中下游的梁、楚、淮南及赵国的大部分,长江中下游及江淮之间的长沙、淮南、吴等国气候温润,土地肥沃,适于农作物的生长,这里的封国人民过着定居的农耕生活,一般农家极少饲养马、牛等大牲畜,但作为一种家庭副业,则多普遍饲养少量的鸡、猪、狗等牲畜,对种植业的收入略作补充,“夫一豕之肉,得中年之收”[17](《散不足》)。同时也为有效积肥壮田提供了条件。在徐州奎山一座早期汉墓中出土有小狗、鸡、鱼等的骨骼[7]。长沙国墓葬中则出土有鸡、鸭等家禽模型和猪、羊、狗、兔等家畜模型,《汉书》还记载了长沙国曾向南越国输出马、牛、羊、狗、兔等牲畜的情况,另在西汉鲁王墓中有鸡、猪、鱼等骨头[18],齐王刘襄随葬器物坑中则有大量狗骨[19],这都说明属于农业区的封国其家庭饲养业十分发达。《汉书·公孙弘传》记载淄川薛人(齐国人)公孙弘年轻时就牧豕海上。封国人民对于养猪还积累了丰富的经验。《齐民要术》卷6引用了淮南王刘安及其门客所编的《淮南万毕术》一书,该书讲到了“麻盐肥豚豕”之法,其做法是“取麻子三升,捣千余杵,煮为羹,以盐一升著中,和以糠三斛,饲豕即肥也”。说明淮南国人民确已懂得在饲料中加麻子粉和食盐可以催肥的养猪技术。另江淮以南水乡之地的渔业养殖亦相当发达,利用陂池养鱼较为普遍,专门从事捕鱼的渔民较多,故吴王濞时代就有“吴地以船为家,以鱼为食”之说[1](《五行志(中之上)》)。

封国燕、代则属于半农半牧的经济区,其地势平坦,水利资源丰富,具有发展农业的有利条件和潜力,同时又拥有大片的草场牧地,未开发的荒地极多,成为畜牧养殖的良好地区,其利用天然的畜牧资源显然比农业区单纯依赖谷物饲料喂养有利得多。《史记·货殖列传》所记的“无秩禄之奉,爵邑之入”的素封地主中,必有不少属于汉初的燕代人,其畜牧业的经营规模已颇为可观,“陆地牧马二百蹄,牛蹄角千,千足羊,泽中千足彘,水居千石鱼陂,山居千章之材。……此其人皆与千户侯等”。这样的经营规模并不完全是为自家食用,更多的则是把多余的畜产品作为商品出卖,随着商品经济的扩大,封国庶民百姓对副食的享用也会较前代为多。

(二)手工业

汉初,开关梁,弛山泽之禁,民得冶铸,汉初王国的工商业在国家宽松的政治环境中大大发展,出现了百花齐放的喜人景象。

1. 冶铁业

如前所述,汉初王国铁矿资源丰富,其冶铁业有官营和私营之分。北京大学历史系所藏的封泥中就有“齐铁官印”、“齐铁官长”、“齐铁官丞”、“临淄铁丞”四枚[20]。又据《续封泥考略》有“临淄采铁”封泥和“铁官”半通印封泥。又《临淄封泥文字目录》有“采铁”封泥四枚皆同文。这当是汉初齐设有铁官、铁器官卖的实证。而且武帝官营盐铁后,王国的反抗斗争也反证汉初王国对冶铁有官营权,如“赵国以冶铸为业,王数讼铁官事”[1](《张汤传》),赵王多次上书反对冶铁由汉王朝专营。“元鼎中,博士徐偃使行风俗,偃矫制使胶东、鲁国鼓铸盐铁。”[21]可见,汉初王国即设有铁官，此铁官管理权在王国，盐铁专卖后，各郡国铁官统由大司农设铁市长丞管理其事，武帝所设49处铁官，必有不少是原来王国所设。

除官营之外，王国私营铁业也很兴盛。“往昔豪强大家，得管山海之利，采铁石鼓铸煮盐，一家聚众或至千余人，大抵尽收放流人民也。”[17]（《复古》）《盐铁论·禁耕篇》中，大夫有言：“异时盐铁未笼，布衣有朐邴”，此“朐邴”当是《史记·货殖列传》中所讲的鲁国的曹邴氏“以铁冶起，富至巨万”。邯郸郭纵“以铁冶成业，与王者埒富”，“蜀卓氏之先，赵人也，用铁冶富”，“程郑，山东迁虏也，亦冶铸”，“宛孔氏之先，梁人也，用铁冶为业”[5]（《货殖列传》）。而以山东莱芜出土的西汉初年的农具铁范铸有的“山”、“李”、“氾”氏铭文来看，当为不同的私营冶铁手工业作坊主的姓氏。另有所铸“口”字则可能是私营冶铁手工业作坊的标记[3]。

汉初王国的冶铁规模相当大，从考古发掘看，虽然如中期及以后的大型冶铁遗址未得发现，但仅从齐王刘襄墓器物坑所藏铁器之多就可想见。而从西汉初期墓葬中均有铁器出土这一点则可推知当时冶铁经营业是十分普遍的。

再从冶铁技术来看，汉初王国已能铸造出低硅灰口铁，1972年在莱芜出土的农具铁范为此提供了佐证。铁范的金相检查及化学分析表明：石墨呈片状，含硅量为0.16%，这种低硅灰口铁的生产被认为是铸造史上的一项奇迹[22]。徐州子房山一座西汉早期墓中曾出土1件锛[23]，它是利用铸铁脱碳成钢技术制作而成的。这种工艺是在铸铁返火过程中，以碳的氧化为主，不析出石墨而形成的钢铁复合件。西汉中期以后，这种工艺才更为普遍地流行，说明汉初楚国冶铁技术已十分精湛。另从文献记载看，汉初的楚国极可能已掌握了生铁炒钢技术，《拾遗记·前汉上》记有这样一件事：秦亡汉兴之际，寓居在丰沛山中的一个冶工曾铸成一把铁钢之剑赠给刘邦之父，后藏于汉“宝库”中。一个穷冶工就能炒铁成钢，足可想见楚国整体的冶铸水平之高。这种工艺在西汉中期以后的墓葬出土物中才有更多的发现，说明汉初掌握这种工艺的冶工实在不多。

2. 铸币业

汉初，听民自铸钱，为王国、私人铸币提供了合法权利。因此，汉初吴、齐、赵等国纷纷进行铸币活动。《盐铁论·错币篇》载：“吴王擅鄣海泽，邓通专西山。山东奸滑咸聚吴国，秦、雍、汉、蜀因邓氏。吴、邓钱布天下。”齐国在临淄、安平、阻上、淳于、姑幕、高密、临朐等地均设有铸币作坊，出土有文帝四铢钱。在代郡的高柳出土有“高柳四铢”当是代国铸钱的佐证。另外，楚国的东海郡有“兰陵四铢”、“东安四铢”，沛郡有“下蔡四铢”，燕国涿郡有“高阴四铢”[24]。又据《齐鲁封泥集存》，齐鲁有“钟官火丞”封泥，“技巧钱丞”封泥。齐国还设有“齐钟官长”管理王国铸钱[25]。

从考古发掘看，1976—1987年从山东临淄齐国故城内外先后4次出土汉代半两钱范，共14件[26]。钱文大小一致，文字较为工整。齐国莒县出土榆荚钱范四块，是西汉前期大量流通榆荚钱的明证[27]。江苏六合出土吴王刘濞一个铸钱遗址，面积约210平方米，出土有铸钱的铜块和大批四铢半两。吴国采铜之地，在六合的有铜城，在扬州的有大小两铜山，在江宁的有冶山等处[28]。吴钱数量很大，有“钱布天下”之说。楚国铸的铜钱一定也不少，仅铜山北洞山楚墓出土的铜钱就有7万余枚[29]，更值得一提的是，1960年长沙5号墓出土有铁半两钱33枚，铜半两钱2枚。1956年衡阳西汉墓中出土了大量的铁半两钱。可见长沙国还有了铸造铁钱的作坊，而当时西汉都城所在地陕西尚未发现有铁钱出土[30]。

由于王国所铸之钱并非普通商品，而是财富的象征，是随时可用的绝对财富形态，铸出了多少钱就获得多少财富。故铸钱“为利甚厚”，而且私钱的质量并不比官钱差，据《汉书·食货志》注引《西京杂记》云：“时吴王亦有铜山，铸钱微量，文字肉好，皆与汉钱不异。”故能畅通无阻，布流天下，王国财富与日俱增。

3. 制盐业

在汉代工业中，制盐与冶铁、铸钱并称为三大工业，这是因为盐是五味之首，“食肴之将”，在古代社会食盐几乎成了与粮食同等重要的生活必需品，不可或缺。正如《管子》所说：“十口之家,十口食盐;百口之家,百口食盐。"

汉初王国多靠近海滨,海盐产量丰富。汉代盐产之富,莫盛于齐。虞夏之时已有青盐之贡,管仲相齐兴鱼盐之利,齐以富强。盐利富足是齐桓公得以称霸的一个重要原因。汉代的齐国依然保持这种优势,司马迁曾说:"齐带山海……人民多文采布帛鱼盐。"[5](《货殖列传》)一齐之地,设盐官12处之多。齐地出土封泥有"琅玡左盐","玡左盐印"("玡"为琅玡省文)[26],皆为齐悼惠王或齐襄王时之物。以煮盐起富的大家则有武帝时担任盐铁官的齐之大煮盐——东郭咸阳[1](《食货志》)。齐国刁间使人"逐鱼盐商贾之利"[5](《货殖列传》)。据《汉书·食货志》武帝元封元年(前110年)置盐官37处,西北所设多于东南,会稽郡只一处,广陵且无之。证以现今盐产地,唯江淮福建。福建时为闽地,不设情有可原,两淮产盐区产量极大,何以无盐官?可见产盐之处必不限于所设盐官的37处。从文献记载看,吴王濞"招致天下亡命者……煮海水为盐,以故无赋,国用富饶"[5](《吴王濞列传》)。广陵之"三江、五湖有鱼盐之利,铜山之富,天下所仰"[5](《三王世家》)。另会稽郡之"海盐县"、临淮郡之"盐渎县"、代国沃阳县之"盐泽"等地名的出现当与盛产盐有关。此外楚国东海郡之朐县也盛产海盐,《盐铁论·通有篇》说有"朐卤之盐"。燕国濒临渤海,"有鱼盐枣栗之饶"[5](《货殖列传》),盐产也颇丰,燕地有"滑盐县",在渔阳、辽东、辽西三郡均设盐官;赵、代亦有盐官。

据《汉书·地理志》,武帝所设37处盐官中,属于王国的有19处,已占半数稍强。汉王朝所辖的18处盐官有5处设于武帝开边后的新辟郡(越隽、犍为、益州、朔方、五原等五郡),显然这五处盐官在汉初并未设立。又查《西汉政区地理》,北地郡和上郡在武帝以前辖域都不及秦代,其在两郡下辖的弋居、独乐、龟兹三县设立的盐官在汉初是否属汉统辖是颇有疑问的,故能肯定汉王朝所辖的盐官只有10处,远远低于王国辖区的19处。可见从盐产地来讲,汉初的王国辖区肯定比汉朝辖区多,其盐产量自然较高,与汉朝贸易,取利必然丰厚,这又成为王国经济的一项新的增长点。

4. 纺织业

在古代自给自足的自然经济中,纺织业实与农业并重,"神农之法曰:丈夫丁壮而不耕,天下有受其饥者;妇人当年而不织,天下有受其寒者。故身自耕,妻亲织,以为天下先"[31]。

汉初王国纺织业在前代的基础上又获发展。齐国素有"冠带衣履天下"的美称,齐地"宜桑,人民多文彩布帛鱼盐",齐国都城临淄尤其久负盛名,故中央在此地设有三服官,"三服官主作天子之服,在齐地"。所谓三服是指"春献冠帻缃为首服,纨素为冬服,轻绡为夏服,凡三"[1](《刘禹传》)。据"齐国归有三服之官"[1](《元帝纪》),可知临淄三服官在秦代以前的齐国就已设置。汉初封王拥有封国内的土地和人民,汉王朝的临淄三服官当由齐王国官营,专门生产和供应皇室享用的高级奢侈丝织品,其生产规模较之战国、秦朝已有很大发展,据逄振镐先生推断,战国秦时齐三服官一年输物不过百匹,百匹不过百万钱,作工不过20人;汉中期以后,齐三服官"作工各数千人,一岁费数巨万",较之前代,工人大约增加了500倍,一年耗费增加了数百倍。由此可见,齐国官营纺织业的规模比过去扩大了数百倍,其速度之快,达到了惊人的地步[32]。

除齐国临淄外,襄邑亦设有三服官。《论衡·程材篇》曰:"齐部世刺绣,恒女无不能,襄邑俗织锦,钝妇无不巧。"襄邑在陈留郡,原属淮阳国,后属梁国[14],可见梁国的纺织业亦相当发达,故《盐铁论·本议篇》有"齐陶之缣"的说法。

汉代丝织品的主要产地是齐、蜀、襄邑,汉初王国辖区就有两个,应当说在丝织业方面,汉初王国颇盛于中央所属郡县。

从纺织品种类和技术上看,王国织物实代表了汉初纺织业的先进水平。汉代马王堆一号汉墓中的丝织品,几乎包括了整个汉代丝织品的品种,有绢、罗纱、锦、绣、绮等,其中所出各种锦袍,色彩鲜艳,花纹精美,有一件素纱蝉衣质轻而薄,突出反映了汉初缫纺蚕丝技术之高超。此外长沙国的织锦技术,彩绘印花技术和麻纤维的纺织技术都十分高超[33]。

从马王堆汉墓出土的锦、绮、菱、纹罗等提花织物看,提花束的装置——镊,在这一时期不但已广泛使用,而且机织提花技术已经具有了高度水平[34]。汉代提花机究竟始于何时,史界并无定论,范老认为是东汉明帝时方能制成织花机[35];郭老认为,西汉中期“已经使用提花机”了[36]。但从长沙马王堆机织提花技术水平如此之高看,难以排除汉初出现的可能性。对此,我们还可从文献资料找出一佐证,《西京杂记》卷一载:“霍光妻遗淳于衍蒲桃锦二十四,散花绫二十五匹。绫出巨鹿陈宝光家,宝光妻传其法,霍显(谓光妻)召入其第,使作之。机用一百二十镊,六十日成一匹,匹直万钱。”一般认为巨鹿陈宝光家所用的120镊的织机实际已是一种提花机,所织的蒲桃锦、散花绫已能大批传到汉朝大将军霍光妻手中,并被召入传其法,显然技术十分高超。考陈宝光是西汉中期昭宣时人,据此似乎可以说提花机的始出时间为西汉中期,但任何一种新发明都不是一蹴而就的,必经一个较长时期的改进和完善过程,再加上古代封建经济的闭塞性、孤立性和保守性,这一过程将更为漫长。故陈宝光家使用的120镊的提花机一定有一个较长时期的不断改进和完善的过程。因此可以说,西汉中期以前一定有了比这120镊简单的提花机了。而巨鹿在汉初属赵国,陈宝光家可能是赵国的纺织世家。作为私营小业主已使用了提花机,那么主做天子之服的齐、梁二国的官营纺织业是没有理由晚于赵国之巨鹿私家的。因此我们可以说汉初王国的纺织业水平代表了西汉前期的先进水平,极有可能高于中央所辖郡县,至少不会落后于中央区。

除以上所介绍的四种手工业王国稍盛于中央郡县外,在漆器制造、陶器制作、造船、玉石雕刻等行业上,王国与中央郡县并驾齐驱,都获得了全面发展,实不分高下。篇幅所限,此不赘述。

（三）商业

汉初的自由放任政策使商业获得很大发展,出现了许多富商大贾,仅《史记·货殖列传》中所举著名者就有赵人蜀卓氏、山东迁虏程郑、梁人宛孔氏、鲁人曹邴氏、齐人刁间、周人师史、宣曲任氏、桥姚无盐氏、关中诸田、粟氏、杜氏等十多人(家族)。中小商人之多更不待言,此中周游天下的王国籍商人必占相当部分。

汉初王国的贩运性商业比较发达,从作为商业贩运对象的各种农产品、手工业制品、天然矿产品、林牧副渔等采集猎获品来看,王国产品是颇占优势的,就司马迁所指来看:“山西饶材、竹、谷、纑、旄、玉石;山东多鱼、盐、漆、丝、声色;江南出楠、梓、姜、桂、金、锡、连、丹沙、犀、玳瑁、珠玑、齿革;龙门碣石以北多马、牛、羊、旃裘、筋角;铜、铁则往往山出棋置。”[5](《货殖列传》)山西是汉人泛言的关中,意为函谷关之中,称之为山西,是以太行山为界的一种笼统说法。傅筑夫先生认为,战国秦汉时关中经济区已向西北和西南扩展,“其界自弘农故关以西,京兆、扶风、冯翊、北地、上郡、西河、安定、天水、陇西,南有巴、蜀、广汉,皆宜属焉”[37]。大抵是汉初中央所辖区域,此地实为一个重要的农业区,可供贩运的产品总体上讲并不如王国辖区的山东、龙门碣石以北的大部和江南为多,故在贩运业上王国收入要颇丰于汉朝郡县。

汉初王国的商业性都会蓬勃兴起。细究《史记·货殖列传》,商业性的都会中央所辖有:长安、洛阳、杨、平阳、温、轵、宛、江陵、番禺;王国所辖有:陶、睢阳、邯郸、燕、临淄、陈、寿春、合肥、吴。中央所辖数量与王国所辖相等,但从其发达程度上讲,被司马迁列为亦一都会的9个之中,中央只有3个:宛、番禺、江陵(江陵是故郢都,说明自古就是都会)。王国辖区则多达6个:邯郸、燕、临淄、陶、睢阳、寿春,占67%。所谓都会是指郡国的政治中心,“亦一都会”意为“也是郡国的政治中心”,其深意是说它的主要社会作用不在于政治地位,而在于它作为商业区的经济地位,即“亦一都会”的社会价值,经济是第一位的,政治是第二位的。王国六大都会中,都是战国时即已发展起来的天下名都。以齐国邯郸为例,邯郸早在战国时就已成为工商业集中的大都会,“居五诸侯之衢,跨街冲之路”[17](《通有》),商业贸易十分发达。到西汉时,其盛自然有增而无减。到汉武帝时已是“齐临淄十万户,市租千金,人众殷富,巨于长安”[5](《齐悼惠王世家》)。无疑作为“亦一都会”的城市在带动当地经济发展的过程中,其规模和作用要比其他新兴的一般商业城市大得多,故商业都会对经济发展的作用,王国会稍大一些。

二

秦末农民战争的洗礼和楚汉拉锯式争战对代之而起的汉王朝经济的破坏十分严重,以致“民亡盖臧,自天子不能具醇驷,而将相或乘牛车”[1](《食货志》),可谓民生凋敝,百废待兴。正是在这种极为薄弱的经济基础之上,汉初封国仅用了短短50年的时间就取得了如上所述的工农业生产的进步,不能不说是经济史上的一大奇迹。而这种奇迹的出现则是内因与外因、主观和客观因素共同促进的结果。

首先从外部条件看,汉初王国所处地理环境的优越为其经济的迅速恢复和发展提供了广阔的空间,奠定了经济开发的良好基础。

汉兴,高祖“以海内初定,子弟少,激秦之无尺土封,故大封同姓,以填万民之心”[5](《齐悼惠王世家》)。高祖所封同姓九国,异姓长沙一国,“自雁门、太原以东至辽阳,为燕、代国;常山以南,大行左转,渡河、济、阿、甄以东薄海,为齐、赵国;自陈以西,南至九疑,东带江、淮、穀、泗,薄会稽,为梁、楚、淮南、长沙国:皆外接于胡、越”[5](《汉兴以来诸侯王年表》)。此后直至汉景帝大规模削藩之前,除内部调整和变迁外,封国的整体封域并无大的变化[13]。可见,西汉置王的主要地区在东部沿海一带,多为土地肥沃、物产丰富、贸易旺盛之地。齐、鲁、梁、楚等国所处之黄淮冲积平原,是中国古代人民开发最早的农业区之一,其中,“齐带山河,膏壤千里,宜桑麻”[5](《货殖列传》);“东有琅邪、即墨之饶,南有泰山之固,西有浊河之限,北有渤海之利,地方二千里”[1](《高帝纪》);“邹、鲁滨洙泗……颇有桑麻之业”,“(梁、楚)好稼穑,虽无山川之饶,能恶衣食,致其蓄藏”[5](《货殖列传》)。又梁“为大国,居天下膏腴之地。地北界泰山,西至高阳,四十余城,皆多大县”[5](《梁孝王世家》)。其田多属中等或上等[1](《地理志》)。南部地区的吴、长沙、淮南等国,虽“地广人希,饭稻羹鱼,或火耕而水耨”[5](《货殖列传》),农业生产水平自古就十分低下,但却具有极其优越的自然条件,气候温暖,雨量充沛,土地肥沃,草木繁茂,是适合发展农业的良好地区。而且物产又十分丰盈,吴“东有海盐之饶,章山之铜”,“江南出楠、梓、姜、桂、金、锡、连、丹沙、犀、玳瑁、珠玑、齿革”[5](《货殖列传》),荆扬有“皮革骨象”[17](《本议》)等。这些都是时人的喜好之物,故都可成为商品的丰富的来源。燕、代、赵之北部地属半农半牧的经济区,农业还属粗放,较之中原落后,但畜牧业比较发达,盛产“马、牛、羊、旃裘、筋角”[5](《货殖列传》)等畜产品,由于接近开发较早的三河地带,故其商品经济有一定的发展。

封国所处之地又多是河网陂塘密布、灌溉较为便利的地区。被誉为四渎的河、济、淮、江水系均流经封国区。战国中期至西汉前期,黄河下游全面筑堤,河道改徙有所控制[38],汉初封国发展正值黄河安流的大好时光。时淮河水系相对稳定,干流独自入海,支流相当密集。修筑于战国中期梁惠王时的鸿沟系统上引黄河,下通淮水,从上游把河淮之间的济、泗、汴、睢、沂、沭、汝、颍诸水联系起来,“自是之后,荥阳下引河,东南为鸿沟,以通宋、郑、陈、蔡、曹、卫,与济、汝、淮、泗会”[5](《河渠书》)。大大改变了黄淮平原上的水系面貌,扩大了诸水流域面积,使这些河流不仅可以通航,“有余则用溉,百姓飨其利。至于它,往往引其水,用溉田,沟渠甚多,然莫足数也”[1](《沟洫志》)。汉初去战国未远,此等水系仍在发挥作用,足见齐、鲁、梁、楚等国用于灌溉的水利条件十分优越。淮河下游南岸的中渎水,古称邗沟,系利用自然水系与湖沼穿凿而成的人工运道,沟通了江淮两大水系,有利于改造江淮下游地区的自然环境。江淮流域湖沼密布,如吴国之具区泽、长沙之云梦等薮泽对调节河流流量、灌溉农田起着良好作用。淮南国境内则拥有许多人工陂塘,最著名的当数春秋时楚相孙叔敖所造的芍陂,它合理利用了淮河南岸的有利地形,以北部天然湖沼为水源围堤蓄水,形成了一个大型的陂塘水利灌区,集蓄、灌、排于一体,“陂径百里,溉田万顷”[6](《王景传》)。又据《越绝书·吴地传》记载,秦始皇时会稽造起马塘陂,以蓄水溉田，又"治陵水道，到钱塘越地，通浙江"，凿通河道与钱塘江相通，两岸可种树、溉田，促进生产发展。西汉初期虽未见修建大型水利工程，但以上河网陂塘仍在发挥作用。

交通是工业发展、商业腾飞的保证。封国所处之地交通便利，以燕代地区为例，秦始皇所修驰道中的一条即是沿太行山东麓北上，经邯郸、中山而至于蓟，由于紧靠太行山脉，又处于诸水上游，地势高，不易受到洪水威胁，成为商业发展的重要通道。而封国交通的优势地位更多的是表现在水利交通方面。如邯郸拥有漳水、滏水、沁水等舟楫之便，使邯郸"北通燕、涿，南有郑、卫"，成为漳、河之间的一大都会。中原地区的鸿沟水系北通河、济，南临淮水，并通过巢肥运河、邗沟、堰渎、胥浦、古江南河和百尺渎，向南直达长江、太湖、东海及钱塘江；沿济水东下，经淄济运河可通齐都临淄；由济水北上通过濮水入卫，并可由济入河，由河入洛，"此渠皆可行舟……百姓飨其利"[1]（《沟洫志》）。流经楚、吴、淮南等封国的淮河经鸿沟等运河和河道的开凿，交通更为发达。横贯齐梁境内的济水早在春秋时期就已成为沟通东西的重要河道，齐国又利用临淄城下的淄水与济水临近的有利条件，在淄济之间开了一条运河，这样齐国的船只就由淄入济，直接通往中原各地，使临淄成为东方的一大都会。由《越绝书·吴地传》所记秦始皇"治陵水道，到钱塘越地，通浙江"之事，可知吴县（苏州）以南至钱塘江的水道秦时已可由杭州入江，北起京口，南至余杭的江南运河已基本形成。

汉初王国之封域又多以历史、地理诸因素自然形成的地方疆域为界，每一王国可成为各具特点的经济区域，这又为王国政府因地制宜地发展地方经济提供了方便。

其次从内部因素来看，王国政府积极性、主动性的发挥为其经济的发展注入了生机和活力，提供了动力支持。

汉初封藩建国与西周的封国制度有根本性区别，西汉的封国必须如同郡县一样受中央统一的管辖，其自主权力要受种种限制，但这些限制主要是针对政治军事而言（如不能自置傅、相，无调兵权，不得窃用皇帝专用仪制，必须定期朝觐、上计，按规定纳献费和酬金等），其在经济上有很大的自主权，可以在封国内自行征收赋税、征调徭役，并有权直接经营煮盐、冶铁和铸钱，推行发展王国经济的政策和措施。经济利益的推动，必然大大提高了诸侯王发展本国经济的积极性、主动性和创造性。

鉴于天下初定，百姓贫困，经济凋敝急需休养生息，故王国"各务自拊循其民"[5]（《吴王濞列传》），"从民所欲，而不扰乱"[1]（《刑法志》），诸侯王们大都能做到清静无为，与民休息，这与中央倡导的无为而治的精神是一致的。所谓"淮南王安为人好读书鼓琴，不喜弋猎狗马驰聘，亦欲以行阴德拊循百姓，流誉天下"[5]（《淮南衡山列传》），楚元王好读诗书，梁孝王喜欢文学，广交四方文士，河间王善藏诗书，实际都是在向世人示以无为而治的姿态。中央委派的王国相在辅助王国实行无为政策方面更具典型意义，如曹参为齐相，"尽召长老诸生，问所以安集百姓"，后又请来"善治黄老言"的盖公，"盖公为言治道贵清静而民自定"的主张，被曹参引为治国方略，"相齐九年，齐国安集"[5]（《曹相国世家》）。另外高帝时的赵相周昌、先相齐后相代的傅宽，文帝时的燕相栾布、先相齐后相吴的袁盎，景帝时的鲁相田叔、淮南相张释之等人，都朴质无华并敢于直言，这对于督促王国实行无为而治起到了关键作用。

诸侯王国能在与民休息的大环境下，切实关心民众疾苦，减轻人民赋役负担，吸引劳动人口，其恢复和发展经济的政策较之中央直辖的郡县更为优厚。如吴王刘濞为人"重厚"，"惠仁而好德[5]（《孝文本纪》），"居国以铜盐故，百姓无赋。卒践更，辄与平贾。岁时存问茂材，赏赐闾里。它郡国吏俗来捕亡人者，讼共禁弗予。如此者四十余年，以故能使其众"[5]（《吴王濞列传》）。淮南厉王长"聚收汉诸侯人及有罪亡者，匿与居，为治家室，赐其财物爵禄田宅"，"赦免罪人"，"厚养亡命"[5]（《淮南衡山列传》）。胶西王端"令吏毋得收租赋"[5]（《五宗世家》）。概括而言，诸侯王采取的发展经济的政策和措施主要有三点：一是减轻封国人民的赋税负担。汉初诸侯王在封国内征收的赋税主要有两项，即山川园池市肆之入和田租口赋，前者作为诸侯王的"私奉养"，由王国"少府"

管理,后者是按西汉政府统一的赋税标准征收,此项收入一部分上交中央,称为"献费",另一部分王国"公用",作为王国官吏俸禄及其他财政开支。诸侯王国为发展经济,常常从王室收入中抽出一部分交纳"献费",以减免百姓赋税,如吴王"擅山海之利",大力发展煮盐、铸钱业,百姓"以故无赋",如淳注曰:"铸钱煮海,收其利以足国用,故无赋于民也。"[1](《荆燕吴传》)"在吴王濞时代的吴国,可能是各种赋都不收,他得自铸钱和煮盐的收入是很丰足的。"[39]胶西等国也取消了压在农民头上的沉重的赋税负担。而同一时期中央所辖郡县除偶有重大灾异或特赦外,都必须定期交纳赋税。两相比较,王国区的人民,其赋税负担明显低于中央直辖郡县,为王国人民营造了一个发展经济的良好环境。二是招纳"亡命",争夺劳动人手,赦免罪人,增加劳动生力军。"亡命"是指来自中央直辖郡县的脱籍逃亡或犯罪之人,他们多系贫民,诸侯王以优惠的政策让他们在封国安顿下来从事铸钱、煮盐或从事农业,且为其治家室,赐予田宅、财物等生产生活资料,并对亡命之人予以保护,不准中央郡县前来抓捕。从生产力角度分析,由于封建时代劳动工具的变革十分缓慢,生产力的另一要素——人的作用对于发展生产就显得尤为重要,可以说从事生产和自我生产的人口的总和即人口因素是封建社会存在和发展的必要条件,在不强调人口质量且存在大量荒地的西汉初年,劳动人口数量的增多必定会加速农业生产的发展。三是减轻封国人民的徭役负担。汉制,徭役有更卒、正卒、戍卒三种。王国所辖吏民一般在封国内从事各项徭役和戍守,同远离京师的中央直辖郡县相比,徭役相对要轻一些。贾谊就曾明言:"今淮南地远者或致千里,越两诸侯而县属于汉。其吏民徭役往来长安者,自悉而补,中道衣敝,钱用诸费称此,其苦属汉而欲得王至甚,逋逃而归诸侯者已不少矣。"[1](《贾谊传》)徭役负担的沉重,使郡县人民纷纷逃往王国。而且诸侯王还很注意减轻国内人民的徭役,最为典型的要数吴王濞"卒践更,辄与平贾",对此服虔注曰:"以当为更卒,出钱三百,谓之过更。自行为卒,谓之践更。吴王欲得民心,为卒者雇其庸,随时月与平贾也。"[1](《荆燕吴传》)谓由王国政府定期出钱雇人代其国民服役,吴王濞给受雇者费用时,按"平贾"付钱,以示公平。

尤其值得强调的是,在汉初各地生产力发展极不平衡的情况下,诸侯王能根据王国国情因地制宜地发展具有地方特色的经济,充分开发利用本地的自然资源,宜农则农,宜商则商,或半农半牧,或以工商立国。以封王为首的王国统治集团与国民一起群策群力,为本国经济的迅速恢复和发展做出了重要而突出的贡献。仅以吴国为例,吴王刘濞初封,面对封国东临滨海的特殊地域,因地制宜,"东煮海水以为盐",带动国民搞起了煮盐工业,又鉴于国内铜矿资源丰富,又"内注消铜以为钱"[5](《淮南衡山列传》),领导人民采铜铸钱,并注意吸收劳动人口补充国内人力资源的不足。同时为有效地运输所煮海盐,还专门修筑了一条盐道,据《太平御览》记载:"吴王濞开莱萸沟,通运至海陵仓。"[40]《淮安府志》卷6又称:"汉吴王濞开邗沟,自扬州莱萸湾通海陵仓及如皋蟠溪。"说明这条运河又向东延至如皋,这样就可把全国范围内生产的海盐先蓄至海陵仓,经由邗沟沿淮水运销至全国,达到产运销一体化。吴王刘濞经过三四十年的苦心经营,搞活了地方经济,很快使吴国成为东方的经济强国,吴国的富强与关中汉皇室相比有过之而无不及,正如七国之乱爆发前,吴国郎中枚乘所说:"夫吴有诸侯之位,而实富于天子;有隐匿之名,而居过于中国。夫汉并二十四郡,十七诸侯(文帝后期郡国数),方输借出,运行数千里不绝于道,其珍怪不如东山之府(吴王府藏)。转粟西乡,陆行不绝,水行满河,不如海陵之仓(吴国之仓)。修治上林,杂以离宫,积聚完好,圈守禽兽,不如长洲之苑(吴苑)。游曲台,临上路,不如朝夕之池(吴以海水潮汐为池)。深壁高垒,副以关城,不如江淮之险。"[1](《枚乘传》)此话出自文人之口,难免有浮夸之嫌,但恐怕也是以一定的事实为依据的,可见其经济的发展速度是惊人的。

西汉前期,王国所辖疆域占全国的三分之一以上,人口占全国的二分之一[41],这就决定了封国的发展对全国经济起着举足轻重的作用。汉初经济的残破凋敝现象十分严重,封国利用中央下放的政治、经济权力分担了艰难的重建任务，减轻了中央的压力，仅经过短短四五十年的发展，到文景时期就出现了带有普遍意义而非局部地区、局部现象的繁荣局面，为汉武帝强化中央集权，为我国封建时代的空前强盛打下了坚实的物质基础。

任何事物的发展都包含正反两个方面，封国经济实力的强大也增强了其对中央的离心作用，“大抵强者先反”[1]（《贾谊传》），景帝三年终于爆发了吴楚七国之乱。叛乱固然不应肯定，但却不能因此而否定吴、楚等国此前几十年对推动本国经济发展所做的贡献，更不能把刘濞在吴国几十年的苦心经营统统说成是为叛乱作准备。应该看到，正是由于吴楚等国和其他各郡国的共同的经济发展才促成了西汉前期经济的全面繁荣。正是汉初封国经济的发展，使西汉中央政权具备了剿平一切叛乱的实力，貌似强大的吴楚七国之乱，仅用3个月就被平定，足以证明社会经济的发展安定了社会秩序，加强了中央集权，纵有叛乱分裂也不堪一击，远远不能构成威胁中央的强大势力。故我们不能因为封国的离心叛乱而否定其对汉初经济发展的贡献，更不能因这种分裂因素而否定封国体制在汉初存在的必要性，抹杀其捍卫中央皇室、发展地方经济的有效性。

【参考文献】

[1]班固. 汉书[M]. 北京：中华书局，1962.

[2]广西壮族自治区文物工作队. 广西贵县罗泊湾一号墓发掘简报[J]. 文物，1978(9)：25—42.

[3]山东省博物馆. 山东省莱芜县西汉农具铁范[J]. 文物，1977(7)：68—73.

[4]张振新. 汉代的牛耕[J]. 文物，1977(8)：57—62.

[5]司马迁. 史记[M]. 北京：中华书局，1959.

[6]范晔. 后汉书[M]. 北京：中华书局，1965.

[7]徐州博物馆. 江苏徐州奎山西汉墓[J]. 考古，1974(2)：121—122.

[8]湖南省博物馆，等. 长沙马王堆一号汉墓[M]. 北京：文物出版社，1973；湖南省农学院，等. 长沙马王堆一号汉墓出土动植物标本的研究[M]. 北京：文物出版社，1978.

[9]南京博物院，铜山县文化馆. 铜山龟山二号西汉崖洞墓[J]. 考古学报，1985(1)：119—133.

[10]南京博物院泗洪县图书馆. 江苏泗洪重岗汉画像石墓[J]. 考古，1986(7)：614—622.

[11]徐州博物馆. 江苏徐州九里山汉墓发掘简报[J]. 考古，1994(12)：1063—1068.

[12]耿青岩，蔡学文. 河南淇县发现西汉石磨[J]. 考古，1983(10)：949.

[13]周振鹤. 西汉政区地理[M]. 北京：人民出版社，1987.

[14]傅举有. 关于驻军图绘制的年代问题[J]. 考古，1981(2)：171—173.

[15]葛剑雄. 西汉人口地理[M]. 北京：人民出版社，1986.

[16]吴必虎. 历史时期苏北平原地理系统研究[M]. 上海：华东师范大学出版社，1996.

[17]桓宽. 盐铁论[M]. 天津：天津古籍出版社，1983.

[18]山东省博物馆. 曲阜九华山汉墓发掘简报[J]. 文物，1972(5)：39—44，54.

[19]山东省临淄市博物馆. 西汉齐王墓随葬器物坑[J]. 考古，1985(2)：223—266.

[20]罗振玉. 齐鲁封泥集存[M]. 北京：中华书局，1912：10，11，45.

[21]徐天麟. 西汉会要：卷52[M]. 北京：中华书局，1998.

[22]李众. 从渑池铁器看我国古代冶金技术的成就[J]. 文物，1976(8)：59—70.

[23]徐州博物馆. 江苏徐州子房山西汉墓清理简报[M]//文物编辑委员会编. 文物资料丛刊(4)，1981.

[24]丁福保. 古钱大辞典(下册)[M]. 影印本. 北京：中华书局，1982.

[25]陈直. 两汉经济史料论丛[M]. 陕西：陕西人民出版社，1985.

[26]张龙海. 山东临淄近年出土的汉代钱范[J]. 考古，1993(11)：1050—1053.

[27]张安礼，曹立. 山东莒县出土榆荚钱范[J]. 考古，1990(5)：476.

[28]吴学文. 江苏六合李岗楠木塘西汉建筑遗迹[J]. 考古，1978(3)：213—214.

[29]徐州博物馆. 徐州北洞山西汉墓发掘简报[J]. 文物，1988(2)：2—18，68.

[30]高至喜. 长沙、衡阳西汉墓中发现铁“半两钱”[J]. 文物，1963(1)：48—49.

[31]刘安.淮南子·齐俗训[M].北京:北京燕山出版社,1996.

[32]逄振镐.秦汉时期山东纺织手工业的发展[J].齐鲁学刊,1983(1):51—56.

[33]魏松卿.座谈长沙马王堆一号汉墓[J].文物,1972(9):64—66.

[34]张宏源.长沙汉墓织绣品的提花和印花[J].文物,1972(9):50—51.

[35]范文澜.中国通史(第二册)[M].北京:人民出版社,1978:213—214.

[36]郭沫若.中国史稿(第二册)[M].北京:人民出版社,1979:200.

[37]傅筑夫.中国封建社会经济史:第2卷[M].北京:人民出版社,1982:17.

[38]谭其骧.西汉以前的黄河下游河道[M]//长水集.北京:人民出版社,1987:56—86.

[39]马大英.汉代财政史[M].北京:中国财政经济出版社,1983:101.

[40]李昉,等.太平御览:卷75:地部四十[M].北京:中华书局,1960.

[41]柳春藩.秦汉封国食邑赐爵制[M].沈阳:辽宁人民出版社,1984.

第25卷第3期
2005年5月

汉代官营经济思想及经济政策

张 跃 王天龙*

【摘 要】 中国古代官营经济思想理论源于战国时期的管商学派。汉代从武帝时期开始在全国范围内大规模推行盐铁官营、均输、平准等官营经济政策，虽然在短时间内聚敛了大量钱财，但是给百姓生活及社会生产也带来了极为消极的影响。武帝死后，官营经济的做法受到某种程度的清算。新朝王莽上台后，倒行逆施，推行更加全面的官营经济政策，不久就被人民推翻。东汉以降，官营经济政策终于由一时的极盛走向衰落。

【关键词】 汉武帝；桑弘羊；王莽；官营经济；经济思想

一、先秦官营经济思想的形成

在中国，官府掌控部分经济事业的做法，历史非常久远。早在商、周时代，工商业即多为官府所垄断，但那时官府垄断工商业，是为了保证主要作为礼器之用的各种奢侈品的生产和交换，与后来政府有意识地借以控制整个社会经济活动、调整社会财富分配、保证财政收入的做法有本质上的不同。《史记》、《管子》载：春秋时期，管仲在齐国"官山海"、"徼山海之业"、"设轻重鱼盐之利"，大搞官营经济。不过，司马迁是西汉人，《管子》一书，多数学者也认为是战国至西汉时期的学者所撰，只是借管子之名宣扬自己的思想主张而已。我们可以肯定的是：至少在战国时期，管商学派中已经开始产生官营经济的思想。商鞅站在专制君主的立场上，认为"农、战"是富国强国之本。他提出利用人们趋利避害的天性，用名和利诱导人民努力种田、拼命打仗，为富国强国事业服务。商鞅将这一思想概括为"利出一孔"，即百姓只能将发财的机会寄托在为国家种田打仗这一条路上。为此，国家不但要控制全部的"利"，还要防止百姓从其他"孔"获"利"——重本抑末思想由此产生："治国，能抟民力而一民务（即"农战"——作者注）者，强；能事本而禁末者，富。"[1]（《一言》篇）为此，商鞅制定出一系列打击工商业者、鼓励人民务农的政策，为后世专制者树立了一个很坏的榜样。《管子》认为，只要治国者"执利之在"，对臣下百姓"牵之以利"，就可以达到富国强兵的目的。所谓"牵之以利"就是"其绩多者其食多，其绩寡者其食寡，无绩者不食。……故曰：察能授官，班禄赐予，使民之机（关键——作者注）也"[2]（《权修》篇）。即官府根据臣民对国家的贡献大小来颁爵授禄，驱使臣民为其效劳。为此，国家必须掌握大量社会财富："国有十年之蓄，而民不足于食，皆以其技能望君之禄；君有山海之金，而民不足于用，是皆从其事业交接于君上也。故人君挟其食，守其

* 张跃（1959— ），男，北京市人，北京师范大学经济与工商管理学院副教授，经济学博士，主要研究中国经济思想史。

用，据有余而制不足，故民无不系于上也。”[2](《轻重》篇)国家怎样才能掌握大量社会财富呢？《管子》将先秦儒家轻徭薄赋理论与管商学派的重本抑末理论相结合，创造出让百姓“见予之形，不见夺之理”[2](《国蓄》篇)的轻重散敛理论。就是国家运用政权力量，操纵一些主要生产和生活资料的价格变动，政府从中浑水摸鱼，取得财政上的好处。简而言之，就是“民重则君轻，民轻则君重”[2](《揆度》篇)。民间粮贵帛贱，政府就将国库中的丝帛抛售出去，低价购入大量粮食；民间粮贵帛贱，政府就粜粮籴帛，同样可以赚取一大笔差价。这样做，一可以平抑物价，二可以在不增加税收的基础上增加财政收入，三可以限制人们经商致富，所谓“塞民之羡(不让人民有多余的财物)，隘其利途(限制人们的财路)”，更有效地达到“予之在君、夺之在君、贫之在君、富之在君，故民之戴上如日月、亲君如父母”[2](《国蓄》篇)的政治效果。管商学派的这一套轻重散敛理论，为后来的西汉政权大规模推行官营经济政策提供了理论上的依据。

二、西汉武帝时期推行官营经济政策的时代背景

在中国，官营经济政策首次在全国范围内大规模实施是在西汉武帝时期。西汉建立之初，接手的是秦末战乱造成的凋敝局面。由于常年战乱，百姓流离失所，社会生产力遭到严重破坏。当时物资匮乏，连皇帝都凑不齐四匹同颜色的马驾车，不少将相出门只能乘坐牛拉的车。为了恢复社会生产力，把经济搞上去，西汉从高祖开始到文、景两代皇帝，始终贯彻“无为而治”的黄老思想，坚持“与民休息”的经济政策：在经济上尽量减少国家对经济活动的干预，甚至允许私人从事煮盐、冶铁、铸钱等获利巨大、关系到“国计民生”的大型工商业活动；同时提倡俭约治国，不铺张浪费，也不搞耗资巨大的各种工程，努力减轻百姓的赋役负担，使百姓能专心从事生产。在黄老思想指导下，经过几十年休养生息，到武帝初年，社会经济已呈现一片空前繁荣的景象，人民生活富足，国库堆满了钱财，“京师之钱累巨万，贯朽而不可校。太仓之粟陈陈相因，充溢露积于外”，连普通的守门人也都能饭粱食肉了[3](《平准书》)。

然而，温饱问题解决了，其他问题又凸显出来了。当时国家面临的主要问题，一是匈奴入侵，二是地方诸侯窥伺皇位，三是工商业者与世俗地主间的矛盾。第一个问题尤其令武帝心烦：匈奴贵族并不满足于娶汉女、受赏赐，还是经常不断地侵入汉境进行掠夺，搞得边境不得安宁。武帝天性是个好大喜功的人，加上当时社会经济的发展、国力的增强在客观上也为武帝的“有为”提供了足够的物质保障。于是，汉王朝对匈奴的政策发生了重大转变，由原来的被迫和亲、委曲求全变为武力征服、以攻为守了。

从公元前133年开始到公元前119年，经过十几年连续不断的战争，汉军终于打通了通往西域的通道，切断了匈奴的东、西两臂，孤立了匈奴并导致其内部分裂，将匈奴冒顿单于逐于大漠以北，解除了匈奴对汉王朝的威胁。然而，汉王朝也为此付出了十分巨大的代价：汉军人员的伤亡、军械的支出、运粮的费用、对将士的奖赏、安置投降的匈奴兵，以及兴建和守卫边城等，都极大地耗费了政府的财政积蓄。如《史记·平准书》所载，当时北方边境“兵连而不解，天下苦其劳，而干戈日滋”，政府“财赂衰耗而不赡”。

在西汉与匈奴进行战争的同时，汉武帝又派兵征讨不肯臣服的其他少数民族政权，如讨伐西南夷、秽貊(在今辽宁地区)、两粤及闽越等。为了对匈奴形成钳制之势，汉武帝还派兵进入西域地区，对不肯服从者也进行了武力镇压。

这些战争耗费了大量资财和民力，加上汉武帝生活极其奢侈，广建宫室、增设园圃、穷奢极欲，又笃信神仙，封禅泰山、祠汾阴、祠五岳、祭黄帝、求神仙赐福、求长生不死药，为此不惜大兴土木，动员成千上万的人力，耗用的资财以亿万计，使西汉政府已经捉襟见肘的财政状况更加窘迫。

公元前119年，山东(今黄河中下游地区)发生特大水灾，政府在拿出储备粮以及动员富豪赈济都不能完全解决问题的情况下，不得不花费巨资移民70万到关中、朔方(今内蒙古河套地区)，政府负责发给灾民路费、住房、耕地，以及衣

服、粮食,还要派人管理,“其费以亿计,不可胜数。于是县官大空”[3](《平准书》)。至此,西汉政府70多年积攒下来的财富基本上全都用光,不得不想办法增加财政收入。

公元前119年,西汉政府“收银、锡,造白金及皮币”[4](《武帝纪》)以搜刮民财。白金币是一种不足值币,又不难铸造,一时间官吏、百姓竞相偷铸,仅发行了一年就不得不废除,不再使用。皮币的情况略有不同,它是用一尺见方、价值不大的白鹿皮制成,规定价值40万钱。谁都明白:这种古代版的“百万英镑”没有什么实用价值,也不会有人主动去使用它。然而中央政府同时又规定:王侯到京城朝见拜贺时,必须用这种皮币将价值不过数千文钱的礼器——玉璧包裹起来,使皮币成为搜刮贵族的工具。然而,贵族毕竟是社会的少数,靠索取高额见面费的办法搞不到太多的钱,所以发行皮币也不是创收的好办法。

不过,西汉政府同时采取的另一项对工商业者征收财产税(“算缗钱”)的政策,却收到了空前绝后的效果。鉴于政府要求人们主动申报财产税的“算缗令”颁布后主动纳税的人寥寥无几,公元前114年,西汉政府颁布“告缗令”,规定对隐瞒财产及以多报少者不但要没收其财产,还要派去“戍边”一年;对能揭发检举别人偷漏税者,则赏给没收财产的一半。新的政策极大地调动起人们攫取别人财产的积极性,一场轰轰烈烈的“告缗”运动在全国范围内顺利展开。结果,政府“合法”没收了大量民财,暂时缓解了财政危机,而全国的中产阶级大都破了产;人民的财产得不到法律保障,从此苟且偷安,只顾鲜衣美食追求享乐,再也不愿投资发展生产了[3](《平准书》)。

虽然“告缗”运动在短时间内极大地缓解了政府的财政危机,但是对社会的负面影响太大,且不能从根本上解决财政问题。西汉政府急需“能人”出来,开出更好的“药方”,为政府能够随心所欲、持续不断地获取稳定的财源提供制度上的保障。时势造英雄,以桑弘羊为代表的西汉理财精英们就是在这样的时代背景下登上政治舞台,推行其垄断官营经济的政策主张的。

三、桑弘羊等推行的官营经济政策及其恶果

桑弘羊是先秦法家君权专制思想在经济政策上的体现者。他们把君利等同于国利,反对“放民于权利”,主张通过国家的行政干预来限制人民取得过多的经济利益,以防止富民在经济上挖专制政权的墙脚。

以桑弘羊为代表的理财精英们最大的“制度创新”,是大力推行盐铁官营、均输、平准等垄断经济政策,并且因此使政府的财政收入在短时间内得到迅速增加。元狩四年(前119年),即汉武帝发动反击匈奴的战争以后,曾下令将盐铁转属大司农管理,规定民间不许再私自煮盐、冶铁,也不许私自贩卖盐、铁。具体做法是:全国各地设盐官,由政府招募盐户,供给盐户煮盐的器具,而煮盐的费用则由盐户自己负担。盐官收购盐户煮出来的盐并且在市肆设置摊点出售,老百姓只能到这些指定的摊点买盐。关于铁器的官营,则是在产铁的郡县设置铁官,共48处;又在不产铁的郡县设置小铁官,收铸旧铁。铁器全部由铁官负责生产和销售,私人有胆敢私自煮盐、冶铁的,要被处以用脚镣钳左脚并没收所有器物的刑罚[3](《平准书》)。

元封元年(前110年),桑弘羊被提升为治粟都尉兼代理大农令,全面掌握财政大权。为了增加财政收入,他将对盐铁官营的管理迅速提高到一个新的水平。首先,他派人分头到各郡县,对原有的盐铁官进行清理整顿,进一步扩大了盐铁官的设置范围,使所有产盐、产铁的地方都有了盐官、铁官,而这些盐官、铁官又都听命于桑弘羊。这样,桑弘羊就在一个更大的范围内掌握了一支直接为政府搜刮民财的官僚队伍。

桑弘羊还大力推行均输及平准法,进一步加强政府对社会经济活动的干涉和控制。他命令各地官吏将所要征收的贡赋,折成当地出产丰饶的土特产品收上来,然后像商贾那样按贵时的价格运往需要这些物品的地区转手获利,这就是所谓“均输”;“平准”就是在京师设平准官,接受各地运来京师的货物,同时召令工官,制作车辆等运输工具和各种器具以调运调节各地的贡品物

资。这样官府完全掌握了全国主要物资,政府便部分取代了商人,实行商业官营,从商人手中夺取了大量商业利润,增加了财政收入,使一些小本商人不得不回乡务农。

均输、平准制度砸了上百万行商坐贾的饭碗,暂时缓解了政府的财政危机。然而,这种近似政府统购统销社会主要生产和生活资料的做法,却是以加重百姓负担、给百姓的生活带来极大不便以及对社会生产力的大破坏为代价的。在古代,盐和铁都是关系到人民生产、生活的最为重要的商品。食盐一但由官府垄断经营,价格即比原来高出许多,结果许多贫民百姓吃不起盐,只能干脆不吃菜。铁制农具是重要的生产工具,全国各地土质不同,人们的劳动习惯不一样,因此各地铁制农具的大小式样也都不同。政府垄断铁器的生产销售后,统一铸造出来的铁器大都粗笨,一点也不适合百姓使用。如同来自民间的代表“贤良文学”们在盐铁会议上说的那样:“民用钝弊,割草不痛。是以农夫作巨,得获者少,百姓苦之矣!”[5](《平准书·水旱》)铁器官营的弊端还不仅于此。由于只有指定的铁官才可以售卖铁器,在穷乡僻壤的农民要买铁器就必须翻山越岭到在各郡县办公的铁官那里去,耗费额外的人力物力。铁器笨重,运输起来特别困难,有时还要雇人运输,这样花费就更大。更不幸的是,往往长途跋涉到了官府,卖铁器的官吏却不在岗位上,农民买不到急用的农具,耽误了农时。铁器官营存在的诸多弊端,直接影响了铁器的销量,越来越多的农民干脆不买铁器,用木制农具耕田,用手拔草,手脚并用平整土地。铁官手里的铁器卖不掉,创收任务完不成,就对百姓加收赋税以完成指标,百姓的生活更加艰难了。

均输、平准及盐铁官营,表面上看是打击了商人,将他们在经营盐铁及其他流通领域中获得的巨额利润直接转化为政府的财政收入,同时避免了直接向百姓加税。但是,官营经济政策的实施在沉重打击了商人的同时,也直接危害了广大人民的生活及社会经济的发展。有人以桑弘羊理财使“民不益赋而天下用饶”来肯定其垄断官营经济政策的做法,其实,暂时“用饶”的只是政府,普通百姓则因为被均输、平准、盐铁官营等堵住了致富的路,变得越来越穷,虽然表面上没有被“益赋”,但实际收入的减少使原来的税赋负担显得更加沉重,等于是变相增加了税赋负担。桑弘羊只知道政府实施垄断官营经济政策可以带来财政收入的短时期增长,却不知道整个社会的财富总量并没有因此而增加,而且从长远来看,政府对社会经济活动的粗暴干涉会拖经济发展和百姓致富的后腿,从而缩小政府的税源,是在挖专制政权自己的墙脚。所以,武帝死后桑弘羊的迅速被诛,表面上看是统治阶级一场政变的偶然结果,实际上也反映出桑弘羊一伙搞官营经济统得过死,使得民不聊生,社会经济已经到了崩溃边缘时统治阶级内部的一次本能的调整。我们回顾那段历史,就会发现:桑弘羊的政敌霍光,在政变前就曾经利用来自民间的民意代表——贤良、文学,在检讨实施多年的官营经济政策的理论研讨会——盐铁会议上,间接表达了其对盐铁官营等官营经济政策的不满。

由于在盐铁会议上,来自民间的贤良、文学对官营经济政策进行了激烈的批判,更因为官营经济政策实施的结果差强人意,盐铁会议后,官营经济由膨胀转向收敛。公元前81年,政府颁布法令,改酒业官营为向卖酒者征税。又下令罢关内铁官,部分地允许私人采炼和贩运[4](《平准书》;《昭帝纪》)。另外,官府为推行均输、平准法而出动官吏等公开在市场上做买卖交易的情况此后也不再见于记载,可见贯彻均输、平准法的方式和范围都有所收敛。

元帝即位初年,遇到了全国范围的大水灾,“关东十一郡尤甚”。于是朝野儒生纷纷要求罢废盐铁官营和出租官田,反对国家“与民争利”。元帝畏惧“天怒”,接受了他们的请求。初元五年(前44年),“罢盐铁官”,又下令裁减开支。然而时隔三年,因为“用度不足”,又下令“复盐铁官”。这说明官营盐铁利润丰厚,所以尽管不利于百姓生活和社会经济的正常发展,但却已经成为政府财政难以割舍的重要支柱。汉成帝时,在翟方进做丞相期间,曾试图进一步细化官营盐铁,以求增加财政收入,结果引发百姓的强烈不满。成帝于绥和二年(前7年)下诏纠正,将罪责归之于翟方进,迫使翟方进自杀,事情才得以平息。

四、王莽的倒行逆施以及东汉时期官营经济政策的衰落

公元前8年，西汉王朝灭亡，取代它的是王莽新朝。王莽是个有异常人格的书生，志大才疏却又想建立千秋伟业。他的经济政策名目繁多，比较重要的除了在农业方面废除私人土地所有制，恢复井田制以外，还有在工商业方面实行的所谓"六莞（管）"。

王莽的"六管"，就是政府对关系到"国计民生"的六个方面的经济事务实行管制。这六个方面是铸钱、酤酒、盐、铁、山泽以及五均赊贷。不难看出，王莽新制"六管"中前五管的内容，在思想上是秉承了管商学派官营经济思想家们关于国家要驾驭整个社会经济的观点，在做法上继承了汉武帝以来盐铁官营旧法，没有太多新意。

"六管"中的最后一项，即五均赊贷，可以说是王莽的"制度创新"，也是"六管"中内容最丰富的一项。它主要包括两方面的内容，即管制物价和官营出贷。为推行五均赊贷，新朝于长安、洛阳、邯郸、临淄、宛、成都六大都市设五均官，称五均司市师；五均司市师之下，各设交易丞五人、钱府丞一人。五均司市师等官的主要职责有四项：一是确立"市平"，根据"市平"买卖货物。所谓"市平"，指正常情况下的市场标准物价。具体做法是将各种商品依其质量区分为上、中、下三等，又将一年分为四季，把每季居中的一个月的各种商品上、中、下三等的平均价格计出，即为本地的"市平"。凡商贾"卖买五谷、布帛、丝绵之物，周于民用而不雠（卖不掉）者"，五均司市师查实后依其成本收购入官，等到市场价格上涨，超过"市平"时，官府即将买来的货物卖出。由于商品货物的"成本"价与"市平"价之间存在差距，官府便可从中获得利润，有关商贾也可免于破产。二是经营赊贷。百姓（包括工商业者）经营遇到经济困难、资金不足时，可以向官府赊贷，每月收3%的利息（一说按年净利1/10计利息）。如果百姓遇到祭祀或婚、丧事，一时急需钱用，也可向官府赊贷，不收利息。但祭祀限十天，丧事限三个月，必须归还所贷。三是向居住都市的医生、巫士、算卦人、演员、开旅馆的、商贾小贩等征税，税额为各自纯收入的十分之一，其本利由被征税者自己申报，申报不实，没收全部收入，且罚为官府做苦役一年。四是兼管铸钱。此事主要由钱府丞负责，凡能采金、银、铜、锡、龟、贝者，一律在钱府丞处登记入册，听从钱府丞安排，钱府丞还兼管山泽事务。

王莽曾下诏申述推行"六管"的理由："夫盐，食肴之将；酒，百药之长、嘉会之好；铁，田农之本；名山大泽，饶衍之臧；五均赊贷，百姓所取平，卬（仰）以给澹；钱布铜冶，通行有无，备民用也。此六者，非编民齐户所能家作，必卬于市，虽贵数倍，不得不买。豪民富贾，即要（要挟）贫弱，先圣知其然也，故斡（管）之。"[4]（《食货志》）可以说，这是所谓"政府要控制关系到国计民生的行业及企业"思想的古代翻版。王莽推行"六管"与汉武帝时推行官营经济政策还有一点也很相似，那就是召募大批工商业者为推行这些政策效劳。譬如，以经营副食品起家的樊少翁、王孙大卿，"王莽以为京司市师"；洛阳巨商张长叔、薛子仲，"莽皆以为纳言士"[4]（《食货志》）。各郡推行"六管"招的经办人员"命士"，也"皆用富贾"[4]（《食货志》）。这些人"乘传求利，交错天下，因与郡县通奸，多张空簿，府臧不实，百姓俞（愈）病"[4]（《食货志》）。这同汉武帝时任用大商人出身的桑弘羊、孔仅、东郭咸阳等来主持经济工作的做法如出一辙。

王莽新朝的迅速灭亡，使得人们对官营经济的做法更加反感，官营经济政策在东汉受到明显的冷落。东汉时期从未实行榷酒，在绝大部分时间里，盐铁也未实行专卖，均输、平准更是少有举措。汉章帝时，大臣张林上奏提出三项建议：一是现在谷价贵，可将官府现有钱币封存不用，征收赋税不取钱币，一律征收实物，以降低物价水平；二是因为盐作为百姓"食之急者，虽贵，人不得不须"，所以国家应当垄断生产和出售，以扩大财政收入；三是每年交阯（东汉最南地区）、益州（东汉最西地区）官员来京上计（汇报地方治理情况）时，令其顺便运当地珍贵特产至京，再将京师货物运回去，以增加财政收入。张林称此为

“武帝时所谓均输者也”。张林的建议受到章帝的赞赏,却遭到其他大臣的反对。据汉和帝(章帝的继任者)诏书追述:“(章帝)复收盐铁,欲以防备不虞,宁安边境。而吏多不良,动失其便,以违上意。先帝恨之,故遣戒(派人告诫)郡国,罢盐铁之禁,纵民煮铸,入税县官如故事。”[6](《和帝纪》)可知虽然汉章帝力排众议,采纳了张林的建议,但实施结果并不理想,盐铁官营实施不久即被罢废。此后再也不见有人提出类似建议,也未见东汉王朝再推行盐铁官营。至于均输法,则始终未见其推行的记载。

【参考文献】

[1]商君书[M].北京:中华书局,1986.

[2]管子[M].南宁:广西人民出版社,1982.

[3]司马迁.史记[M].北京:中华书局,1959.

[4]班固.汉书[M].北京:中华书局,1962.

[5]桓宽.盐铁论[M].北京:中华书局,1992.

[6]范晔.后汉书[M].北京:中华书局,1965.

汉代思想与风俗

第26卷第4期
2006年7月

论汉代新儒家

熊铁基*

【摘 要】 在历代鼓吹儒家道统的影响下,人们很容易忽略区分不同历史时期的不同儒家,后世虽有汉儒、宋儒、清儒之类的说法,但对不同时期儒家的不同特点,注意是不够的。汉代新儒家经过叔孙通、公孙弘和董仲舒的发展,理论上日益成熟,继承了先秦儒家学说,以从政、为政为主要目标,在政治实践中不断演变。汉代新儒家适应政治统治的需要,大量吸收和运用阴阳五行学说,兼采各家思想,构造儒家思想的新体系,倡导大一统、君权神授、三纲五常等思想,把先秦儒家思想系统化、理论化、神圣化,有很高的实用价值。汉代新儒家思想理论发展到一定高度之后,加上政治、制度等方面的一些外在影响,它继续前进,又有更新的因素注入,从而继续在理论和方法上更新。东汉从专经到通儒,兼及诸子,到魏晋、隋唐士人转向佛、老探求,直至宋代新儒家的出现。

【关键词】 汉代;儒家;董仲舒;儒家思想演变

探讨秦汉新儒家,比探讨秦汉新道家更困难,因为秦汉时期以黄老面貌出现的道家,与老庄道家相比,有很大的不同,这是非常明显的。在历代鼓吹儒家道统的影响下,人们很容易忽略区分不同历史时期的不同儒家,后世虽有汉儒、宋儒、清儒之类的说法,但对不同时期儒家的不同特点,注意是不够的。汉代以董仲舒为代表的儒家,与先秦儒家有所不同,学者已有所注意。少数学者也提到汉代新儒家问题,但很少充分加以论证,这里想就此做较全面的论述。

一、先秦儒家的演变

儒家以孔子为开山祖这是确定无疑的。我们可以设想,孔子在世时,在学术思想上,一切都是他说了算,他教导学生,谈学论道,褒此贬彼,无一不体现他的政治思想、伦理思想等。学生当然会有不同的思想,但不能表达,很少反映出来。孔子死后,情况就大不一样了。《韩非子·显学》论述说:

> 自孔子之死也,有子张之儒,有子思之儒,有颜氏之儒,有孟氏之儒,有漆雕氏之儒,有仲良氏之儒,有孙氏之儒,有乐正氏之儒。……故孔、墨之流,儒分为八,墨离为三,取舍相反不同,而皆自谓真孔、墨,孔、墨不可复生,谁将定世之学乎?

照韩非的说法,因为"取舍相反不同"(思想主张不同),"儒分为八",他所说的儒家八派不一定很准确,而且时段很长,其中有的是孔子弟子,有的是再传,有的是隔了几代,如果孟氏是孟轲,孙氏是孙卿的话(不一定),其所指八派是就战国几百年的时期而言的。很少有人对此八派的演变做系统的论述。但先前儒家演变问题,在韩非的论述中已经凸现出来。

* 熊铁基(1933—),男,汉族,湖南省常德市人,华中师范大学历史文化学院教授,博士生导师,主要从事秦汉史、道教文化研究。

子思倡中庸之道,孟子讲仁义之政,还有一些其他的思想、言传的发挥,谁得孔子之真传?确是难以裁“定”。但可以肯定的是,他们发展了孔子的思想,丰富了儒家的理论,发展到汉初,司马谈眼中的儒家是:

> 儒者博而寡要,劳而少功,是以其事难尽从,然其序君臣父子之礼,列夫妇长幼之别,不可易也。
>
> 儒者则不然,以为人主,天下之仪表也。主倡而臣和,主先而臣随。如此,则主劳而臣逸。
>
> 夫儒者以六艺为法,六艺经传以千万数,累世不能通其学,当年不能究其礼。故曰“博而寡要,劳而少功”。若夫列君道、父子之礼,序夫妇长幼之别,虽百家弗能易也[1](《太史公自序》)。

什么时候儒家变成了这个样子?当然有一个发展过程,从司马谈关于儒家特点的概述中,我们不难看出:第一,儒家以为人主是天下代表,只能“主倡而臣和,主先而臣随”,政治上是尊君抑臣的;第二,强调父子和君臣一样是主从关系,相应的还要“序夫妇长幼之别”,这是一套伦理关系;第三,“以六艺为法”,强调学习“六经”,并从中究习一套繁文缛礼。简要地说,一是讲政治,二是讲伦理,三是重六经,四是搞繁文缛礼(儒者的老本行)。这些就是儒家的主要特点,是长时间逐渐发展和丰富起来的。

讲政治是诸子百家的共同之点,“百虑而一致,其务为治者也”(司马谈语),而正君臣上下,与法家完全相同;论伦理,则是儒家自己特别突出之点,把父子关系与君臣关系相联,使得伦理政治更显特色。“以六艺为法”也是它与别家不同的一个重要方面,把本来不是儒家专有的古籍,变成了似乎是儒家的专利。繁文缛礼,是为了更好地发挥“教化”作用,虽然难学难通,“劳而少功”,始终无法取消。

和其他一些学派相比,有些重要思想是儒家所欠缺的。从孔子罕言天道鬼神开始,有关自然方面的思想,儒家论述比较少。中国古代一个“道”字,内容本很丰富,老庄道家给予了充分的发挥,孔孟儒家则更多的是把它局限在伦理道德方面。儒家重礼,礼和法有着密切关系,但法家有些思想儒家最初也是很缺乏的。繁文缛礼带来的奢华,则为墨家所强烈批评。先秦儒家还有一个特点,那就是自以为是、派性十足,这从孟子非杨、墨,破口大骂人家无父无君看得出来。《荀子》“解蔽”、“非十二子”等不无道理,但唯我正确,也是给人的突出印象。不过,受“相反相成”规律的支配,为了生存和发展,儒家也非吸取别家之长不可,势必继续演变。

二、汉初儒家的状况

儒家以从政、为政为主要目标,其学说、其思想理论是在政治实践中不断演变的。司马迁在写《史记·儒林列传》时,对他以前儒家的政治命运做了如下的记述:

> 孔子闵王路废而邪道兴,于是论次《诗》、《书》,修起礼乐。……世以混浊莫能用。是以仲尼干七十余君无所遇。曰:“苟有用我者,期月而已矣。”西狩获麟,曰:“吾道穷矣。”故因史记作《春秋》以当王法。……自孔子卒后,七十子之徒,散游诸侯,大者为师、傅、卿、相,小者友教士大夫,或隐而不见。故子路居卫,子张居陈,澹台子羽居楚,子夏居西河,子贡终于齐。如田子方、段干木、吴起、禽滑厘之属,皆受业于子夏之伦,为王者师。是时独魏文侯好学。后陵迟以至于始皇。天下并争于战国,儒术既绌焉。然齐鲁之间,学者独不废也。于威宣之际,孟子、荀卿之列,咸遵夫子之业而润色之,以学显于当世。[1](《儒林列传》)

一方面,在春秋战国那种“礼崩乐坏”的政治局面下,孔子及其传人在政治上未成大的气候,孔子“干七十余君无所遇”虽有所疑问,但他在政治上没有大的作为是可以肯定的;另一方面,他在混乱的政局当中,论《诗》、《书》,兴礼乐,是做了很多工作的。在后来“儒术既绌”的情况下,他的后学,特别是在齐鲁地区的学者,继续了儒学的工作,包括孟子、荀卿这样“以学显于当世”的大学者,他们“遵夫子之业而润色之”。这个“润色”就是儒学的丰富、儒家的发展,如果从儒学、儒家演变来做文章,是有很多要做的。

众所周知,秦始皇的“焚书坑儒”,对儒家、儒学是一次重创,司马迁也注意到了,并且说“六艺从此缺焉”[1](《儒林列传》),这仅是从儒家经典而言的。而习“六艺”之人并未被斩尽杀绝,秦始皇坑杀的“术士”并非全是儒家,这一点是毋庸置疑的。

秦末汉初,见于记载有名有姓的儒生,是以齐、鲁为中心的一批学者及其弟子。战国时期,齐鲁是文化中心,也是儒学最发达的地区,所以在秦末时,“鲁诸儒持孔氏之礼器,往归陈王,于是孔甲为陈涉博士”[1](《儒林列传》)。汉高祖“举兵围鲁”时,“鲁中诸儒,尚讲诵,习礼乐,弦歌之音不绝”[1](《儒林列传》),不是一两个人,而是一群群的人。到了文、景之时,“招方正贤良文学之士”就有:

> 言《诗》,于鲁则申培公,于齐则辕固生,于燕则韩太傅。言《尚书》,自济南伏生。言《礼》,自鲁高堂生。言《易》,自菑川田生。言《春秋》,于齐鲁自胡毋生,于赵自董仲舒[1](《儒林列传》)。

在这段记述中,“六艺”各经的传人,主要都在齐鲁。当然也不完全局限在齐鲁之间,齐鲁的学者如申公,汉初也游学长安。汉初的齐、鲁、韩三家诗,韩诗作者韩婴就是燕人,“燕赵间言诗者由韩生”,而且“其语颇与齐鲁间殊”,还“以《易》授人”[1](《儒林列传》)。应该说,当时其他一些重要文化区,如长安、洛阳,也有不少传经之人。

这里想指出的是,上述传经的儒生之中,有不少人不太识“时务”,如申培公、辕固生都是几次征召,几次罢免。而另一批儒生则不同,能够审时度势,并且能够创造性地用其所学,其中最突出的代表应该是叔孙通。司马迁对他的评语是:

> 叔孙通希世度务,制礼进退,与时变化,卒为汉家儒宗。

我认为这是一个比较客观、恰当的评价。叔孙通希世迎合世俗对不对?这是价值判断的问题,能够“与时变化”应该无可厚非,当然主要看他究竟做了些什么。“卒为汉家儒宗”这句话很有意思,原文是说他的所做所为终于成汉代儒家之祖,汉家儒之宗师。“汉家儒”即指汉代之儒家,这里透露出汉代儒家不同于先秦之儒家。借用这句话,我认为汉代新儒家可以从叔孙通开始,他算是新儒家的开山祖。下面根据司马迁的记述来说说他的事迹:秦时先是以“文学”被征召为待诏博士,后转为博士,文学虽泛指文章博学,其原本为孔门四科之一[2](《述而》),应该属于儒家。他有弟子百余人,和那些儒学专经人士教授弟子一样,以何为教?正史无明文,但可推想是以《礼》为教。记载说,在秦末汉初“矢石”之中,叔孙通带着“儒生弟子百余人”无所事事,刘邦为皇帝之后:

> 叔孙通就其仪号高帝,悉去秦苛仪,法为简易。群臣饮酒争功,醉或妄呼,拔剑击柱,高帝患之。叔孙通知上益厌之也。说上曰:“夫儒者难与进取,可与守成。臣愿征鲁诸生,与臣弟子共起朝仪。”高帝曰:“得无难乎?”叔孙通曰:“五帝异乐,三王不同礼。礼者,因时世人情为之节文者也。故夏商殷周之礼,所因损益可知者,谓之不相复也。臣愿率古礼,与秦采杂就之。”上曰:“可试为之……”叔孙通使征鲁诸生三十余人。鲁有两生不肯行,曰:“公所事者且十主,皆面谀以得亲贵。今天下初定……公所为不合古……”叔孙通笑曰:“若真鄙儒也,不知时变。”遂与所征三十人西,及上左右为学者,与其弟子百余人,为绵蕞。……乃拜叔孙通为太常……[1](《叔孙通列传》)

由此可见,叔孙通是儒家,是通《礼》学的一位专家,熟悉古今礼仪,并且对“礼”有较深刻的认识。叔孙通是汉朝第一个掌礼之官——太常,他继承秦及以前的古礼,创造了汉朝的礼仪,是否为其后的整个古代朝仪所继承,有待详考。从“六艺”之一的礼学看,叔孙通“为汉家儒宗”是名副其实的。他与申培公、辕固生不同的是能够“制礼进退,与时变化”。被后世视为“繁文缛礼”的一套东西,该如何评价?是一个值得深入讨论的问题,在当时一套“礼仪”不可缺少,则是不可否认的。

除叔孙通之外,在汉代新儒家形成过程中,公孙弘、董仲舒等人也是起过很大作用的人。公孙弘是一个颇有争议的人物,司马迁为他立传,对当时的争议写得很具体,粗读很容易给人以圆滑世故的印象,但仔细分析一下,他人品还是很好的,他“养后母孝谨”,在地方上声望很高,一再被地方上推举,“其行敦厚,辩论有余,司文法吏事,而又缘饰以儒术”[1](《平津侯列传》),为汉武帝所赏识。至于对“有郤者”,是否“虽详与善,阴报其祸”?杀主父偃、徙董仲舒,是否“皆弘之力”?恐怕都是值得讨论的问题。司马迁在公孙弘的本传中,纠缠于争议,没有列举其“贡献”,但在《儒林列传》的序言中有所记录,那就是在公孙弘为丞相期间,为“独尊儒术”所做的影响极大的实际工作,记载的有关文字是:

> 公孙弘以《春秋》,白衣为天子三公,封以平津侯,天下之学士,靡然乡风矣。公孙弘为学官,悼道之郁滞,乃请曰:“……劝学修礼……为博士官置弟子五十人,复其身。太常择民年十八已上,仪状端正者,补博士弟子。郡国县道邑,有好文学、敬长上、肃政教、顺乡里、出入不悖所闻者,令、相、长、丞上属所二千石,二千石谨察可者,常与计偕,诣太常,得受业如弟子。一岁,皆辄试,能通一艺以上,补文学掌故缺,其高第可以为郎中者,太常籍奏,即有秀才异等,辄以名闻。其不事学,若下材,及不能通一艺,辄罢之。而请诸不称者罚。……以文学礼义为官,迁留滞,请选择,其秩比二百石以上,及吏百石,通一艺以上补左右内史、大行卒史,比百石已下,补郡太守卒史,皆各二人,迁为一人。先用诵多者,若不足,乃择掌故中二千石属,文学掌故补郡属,备员。请著功令,它如律令。”制曰:可。自此以来,则公卿大夫士吏,斌斌多文学之士矣。

这是一个相当详细的记述。公孙弘本人因为通《春秋》而为三公封侯,榜样使得“天下之学士,靡然乡风矣”。由他提出并且实行的重要政策是:第一,在已有五经博士的基础上,明确设置正式的弟子五十人,享受一定待遇,并且从各地陆续选定一些品学兼优者“受业如弟子,员额不定”,成为“太学”的一种制度。第二,“通一艺”与否成为选拔、升迁或罢免官吏的重要标准。其结果是:“自此以来,则公卿大夫士吏,斌斌多文学之士矣。”“文学”实际是“儒学”(回到孔门四科的原本意义),具体即指后称为“经学”的“六艺”。“儒学能尊”,公孙弘“功莫大焉”。

汉初的儒家人士很多,学界、政界都有,公孙弘是最成功的代表之一。

三、董仲舒是汉代新儒家的理论代表

研究董仲舒的文章和专著相当多(包括思想史、哲学史中的专章专节),人们似乎在一些问题上也形成了共识,几乎一致肯定他在儒学发展史上有重要地位。但是,细究起来,有些问题是值得置疑的。

首先,董仲舒在当时的地位及影响,不像后人想象得那么高大。关于董仲舒最早的两个传,是《史记》和《汉书》的“董仲舒传”,《史记》的记载相当简略,当然也肯定他是当时大儒之一,“学士皆师尊之”,教授过不少弟子,政治上并未得到重用,为江都相也未能长久,而且“中废为中大夫”,且曾获死罪被赦免。《汉书·董仲舒传》则不同,篇幅增加近十倍,详细记述了他的“天人三策”(有人说是班固之伪作,且不采纳),而且有不同于《史记》的一些主观论述:

> 及仲舒对策,推明孔氏,抑黜百家,主学校之官,世郡举茂材、孝廉,皆自仲舒发之。[3](《叔孙通列传》)

对策是这些内容,结合上述公孙弘的建言及其实行,再参照当世思想学术界的实际,就很难说“皆自仲舒发之”,这方面辩驳的文章是不少的。班固在传末的“赞曰”中写道:

> 刘向称董仲舒有王佐之材,虽伊吕亡以加,管、晏之属,伯者之佐,殆不及也。至向子歆,以为……曰管晏弗及,伊吕不加,过矣。至向曾孙龚笃论君子,也以歆之言为然。

这应该说还比较客观,但班固的态度比较肯定这个“大儒”,也可看得出来。董仲舒的地位从刘向、班固开始就被“炒作”起来,这有儒学已据统治地位的背景,此处就不详论了。

其次,“天人三策”如何评价?从记载情况

看，他是在汉武帝一再启发下①，不断揣摩汉武帝的心思和意愿而逐渐明确起来的。当然有他一些基本思想，如"天人相与"的思想（包括"天不变，道亦不变"）、大一统的思想、兴学修礼的思想以及"更化"、"阴阳灾异"等思想。这里要指出以下两点。第一，这些多半是当时的时代思潮，并非董仲舒的单独发明，例如讲天人关系。众所周知，司马迁就公开说要"究天人之际，通古今之变"，公孙弘在奏言中也有："诏书律令下者，明天人分际，通古今之义……"[1]（《儒林列传》）而公孙弘代拟之诏制，也一再说"劝学修礼"[1]（《儒林列传》）。"大一统"更不消说，不仅是汉武帝的追求和实践，也是当时所有政治家、学者毫无异议的共识。至于"更化"，实即跟上形势的变化，叔孙通、公孙弘都是这样做的，董仲舒的贤良对策本身就是在不断"更化"。第二，董仲舒对上述思想又是有自己的贡献的，结合他所著"数十篇十余万言"，更是"切当世，施朝廷者"[1]（《儒林列传》）。（下面再说）

从上述情况看，董仲舒当时地位并不是太高，影响远不及公孙弘治《春秋》封侯的榜样力量，在政治上更无大的作为。要说他的贡献，主要还是在儒学理论上，他留下的《春秋繁露》为我们全面论述他的思想和理论提供了原始的资料。在已有的众多论述基础上，这里着重指出如下几点。

1. 切合汉朝统一的时势，利用其明于《春秋》的专长[1]（《儒林列传》），大倡和深化"大一统"的政治理论。

董仲舒认为，孔子作《春秋》是为了讲"大一统"，司马迁写《太史公自序》时引用了他的话：

> 余闻董生曰：周道衰废，孔子为司寇，诸侯害之，大夫壅之。孔子知言之不用，道之不行也。是非二百四十二年之中，以为天下仪表，贬天子，退诸侯，讨大夫，以达王事而已矣。

董仲舒在提出对策时，始终是"谨案《春秋》"，最后说出："《春秋》大一统者，天地之常经，古今之通谊也。"根据这天经地义的"大一统"理论，进一步提出了"绝""百家殊方"、"灭""邪辟之说"的主张（当然可理解为"罢黜百家"）。

2. 论"天人相与"，倡君权神授。

孔子敬天[2]（《泰伯》）、畏天[2]（《季氏》），但讲得不多，而且不认为天会发号施令[2]（《阳货》）。孟子也说"天不言"[4]。孔孟儒家讲天的问题是不多的。董仲舒则和汉初许多讲"天人之际"的学者一样，大讲"天人相与"，创立天人感应学说，明确倡导君权神授。他的贤良对策被称为"天人三策"，就是因为他处处都把"天"抬出来，大讲"天命"、"天意"，或者"上天就之"，或者"天乃先出灾害以谴告之"等等。在《春秋繁露》中"天人相与"、天人合一的论述更多、更详。他关于天人感应的思想，研究者已经从各个不同的方面进行了很多论述，这里不想多说了。

但其"君权神授"的思想，要是不算他首创，也是他大力宣扬的，在他的思想中，天是有喜怒、司赏罚的神：

> 天者，百神之君也，王者之所最尊也。[5]（《郊义》）
>
> 天者，百神之君也，事天不备，虽百神犹无益也。[5]（《郊祭》）

天是至高无上的神，主宰天上诸神，人间帝王当然要尊崇它。

人间帝王被称为天子，虽也是古已有之，但董仲舒做了更多的阐述：

> 受命之君，天意之所予也，故虽为天子者，当视天如父，事天以孝道也。[5]（《深察名号》）
>
> 传曰：惟天子受命于天，天下受命于天子。一国则受命于君，君命顺则民有顺命……故曰一人有庆，万民赖之，此之谓也。[5]（《为人者天》）

天子乃天之子，他"受命于天"，天下则"受命于天子"，天子是替天行事，或者如其《天人三策》中所说"王者承天意以从事"。天是至高无上的，天子自然也就神圣而唯我独尊了。这就是君权神授的基本思想，是有利于巩固统治的。当

① 诸如"子大夫其精心致思"，"子大夫其尽心靡有所隐"，"各悉对著于篇，毋讳有司，明其指略，切磋究之，以称朕意"，"其悉之、究之、孰之、复之……朕将亲览焉"。

然,君王、天子是承天意行事,替天行道,这样有些问题就好解释了。《春秋繁露》中有《尧舜不擅移,汤武不专杀》一篇,似乎回答了景帝时辕固生与黄生的那场关于“汤武革命”的争论,“有道伐无道此天理也”,“王者天之所予也,其所伐者皆天之所夺也”。一切都归之于天意、天命。被人称引的一句名言,“天不变道亦不变”[3](《董仲舒传》),曾有过一些不同的理解,其实看它的前后文更清楚一些,其前面一句是“道之大原出于天”,其后面说的是“是以禹继舜,舜继尧,三圣相受而守一道,亡救弊之政也”。而且他说这话是针对汉武帝的发问而做的回答,汉武帝之疑问是:“夫三王之教所祖不同皆有失,或谓久而不易者道也,意岂异哉!”似不必往什么“形而上学”之类的话题上引。

3. 论三纲五常。

儒家所重视的伦理思想,可概括为“三纲五常”,应该是董仲舒明确提出并予以具体论证的。“三纲”的思想在他之前有各种表述,从孔子到荀子,都讲君臣、父子、兄弟、夫妇关系,韩非子甚至是规范了“三纲”,他说:

> 臣事君,子事父,妻事夫。三者顺则天下治,三者逆则天下乱,此天下之常道也。[6]

“三纲”呼之欲出。而董仲舒则明确把这三种关系称为“王道之三纲”:

> 君臣、父子、夫妇之义,皆取法阴阳之道。君为阳臣为阴,父为阳子为阴,夫为阳妻为阴。阴道无所独行其始也,不得专其终也,不得分功有所兼之义。……王道之三纲可求于天,天出阳为暖以生之,地出阴以成之,不暖不生,不清不成。然计其多少之分,则暖暑居百,而清寒居一。德教之与刑罚犹此也。[5](《基义》)

董仲舒的阐述,首先,不忘记的是“天”,“三纲可求于天”,“三纲”是符合天道的,这就天经地义了。而且,天与地、阳与阴是百与一的比分,那当然是天尊地卑、阳尊阴卑了,这在《阳尊阴卑》、《顺命》等篇多有论述。其次,他又把阴阳学说纳入,以充实其论证。其顺便谈到的德教与刑罚之比,足见其思想之周密。

“五常”也是如此。孔子、孟子的言论中,仁、义、礼、知、信、忠、孝、仁、悌、恭等有不少论述,最终概括成“五常”的人,似亦为董仲舒:

> 夫仁、谊、礼、知、信五常之道,王者所当修饬也。五者修饬,故受天之佑,而享鬼神之灵,德施于方外,延及群生也。[3](《董仲舒传》)

讲这“五常”之道,就会“受天之佑”,同样与神圣的天联系在一起。此外他也用阴阳、五行的学说来论述“五常”,这里就不多说了。

把“三纲”、“五常”明确提出的应该是董仲舒,但后世讲儒家伦理道德,“三纲五常”连用是东汉后期的事,马融注《论语·为政》“殷因于夏礼”、“周因于殷礼”,认为“所因,谓三纲五常”。

4. 兼采各家思想,大量引用阴阳五行学说。

战国时期思想领域的“百家争鸣”,一方面是互为水火,争论得相当激烈;另一方面又相生相灭、相反相成。这就是班固所说的:

> 其言虽殊,辟犹水火,相灭亦相生也。[3](《艺文志》)

还有一个发展趋向,就是相互吸取,为了完善和发展自己的理论,采纳他人甚至论辩对方的思想。越往后,这一趋向越明显。到了汉代,不仅是道家“因阴阳之大顺,采儒墨之善,撮名法之要,与时迁移,应物变化”[1](《太史公自序》),成为秦汉新道家。以董仲舒为理论代表的新儒家同样如此,他兼采道(黄老)、墨、名、法,充分吸取阴阳五行学说。这些问题,又被或多或少地论证。这些年董仲舒的黄老思想是被研讨得最多的,如台湾学者陈丽桂的《董仲舒的黄老思想》“结论”说:

> 一代儒宗在推阐阳尊阴卑的“三纲说”与大一统思想时,吸取了相当分量的黄老帛书一系阴阳大义、《管子·心术》、《内业》乃至法家申韩一系静因无为的刑名技巧与权谋独断之术,或以为推论的理据,或加以诠释与疏解,终于完成了他天道与治道通贯、厚德简刑的思想纲领,与君尊臣卑、君暗臣明、君静臣动,契名考质的君道思想,以为其天人合一、灾异感应说的基础,并为此后刘汉朝廷阳儒阴法、王霸杂治的统治方向与形态提供了重要的理论基础。[7]

这是一个相当全面、准确的结论,从采纳各

家思想来看,一目了然,无需多说了。虽言黄老,实际上阴阳、名、法都讲到了。诸子的主要流派,没有提到的只有墨家,但20世纪30年代,顾颉刚先生曾写过《董仲舒思想中的墨教成分》[8],笔者一时尚未见到原文,无法多说,也不必在此多说,这里主要说的是董仲舒采纳各家的学说和思想。

还要补充说明的是,阴阳五行是邹衍的学说,但是没有得到流传,董仲舒则大量吸取了阴阳五行思想,甚至有创造性的发明和运用,前面已经提到他用阳尊阴卑来证明"三纲",用五行来阐释"五常"。所以说他是以阴阳五行为框架建立了汉代新儒学的体系。《汉书·五行志》写道:

> 董仲舒治《公羊春秋》,始推阴阳,为儒者宗。

就是讲他大量吸取并发挥阴阳五行学说,"推"就是推广、推求之意,《春秋繁露》中有《阳尊阴卑》、《阴阳位》、《阴阳终始》、《阴阳义》、《阴阳出入》、《天地阴阳》等篇名,而虽无篇名却讲阴阳之处数以百计。阴阳与五行是紧密相连的,专讲五行的篇名有《五行对》、《五行之义》、《五行相生》、《五行相胜》、《五行逆顺》、《治水五行》、《治礼五行》、《五行变极》、《五行五事》,从各个方面阐释五行。"推阴阳"实际是包含五行,阴阳五行是一个整体,《汉书》也是在《五行志》中讲他"始推阴阳"的。一个"始"字,一个"推"字,还有一个"宗"字,都是值得仔细玩味的,邹衍的阴阳五行学说失传了,董仲舒开始进行推求,而又是他开始把阴阳五行思想推广到儒学之中,阐释"天人之际",论证"三纲五常"。这里的"为儒者宗"和前述叔孙通"为汉家儒宗"不同,是他的吸收和运用阴阳五行为后来的儒者所尊崇效法。事实也是讲阴阳五行成为汉代新儒家的主要特点。

这里自然会产生另一个问题,董仲舒的这一套体系,与司马谈讲的道家(我认为是新道家)的"因阴阳之大顺",采、撮各家之善要又有何不同?不同也是显然的,一个重天,一个重道;一个大讲君权神授、"三纲五常",一个强调君子无为、虚静为要。各有自己的理论重心和体系。

除上述四个主要方面,董仲舒还有一些重要思想,也是有发明意义的。例如他根据五德终始,提出"三统"、"三正"的历史观,也是有一定影响的。

四、汉代新儒家的演变

学派的思想理论是动态的,始终处于发展变化之中。大的阶段有自然的呈现,如先秦儒学、汉儒、宋儒、清儒等,同一大阶段中也有不少演变,不过变化的程度、条件、性质等不同罢了。

如前所述,汉代新儒家从叔孙通算起,到公孙弘、董仲舒前后,适应统治的需要("务为治者也"),制度上、理论上日益成熟。汉代新儒家的主要特点是,适应形势的潮流,大量吸取和运用阴阳五行学说,兼采各家思想,构造儒家思想的新体系,倡导大一统、君权神授、"三纲五常"等思想,把先秦儒家的思想系统化、理论化、神圣化,有很高的实用价值。当然基本定型之后,小的变化又不断发生。班固在说董仲舒推阴阳为儒者宗之后写道:

> 宣元之后,刘向治《穀梁春秋》,数其祸福,传以《洪范》,与仲舒错(师古曰:错,互不同也)。至向子歆治《左氏传》,其春秋意亦已乖矣,言五行传又颇不同。是以揽(师古曰:谓引取之)仲舒,别向、歆,传载眭孟、夏侯胜、京房、谷永、李寻之徒所陈行事,讫于王莽……[3](《五行志》)

一个阴阳五行问题,前后就不知有多少不同的阐释,一个《五行志》分写成五大篇,足见这个问题在当时的意义和影响。

在新儒学的发展过程中,人们对经义的理解会产生不同,"五经异同"的问题常常出现,为了更好地符合社会政治的要求,统治者有时会出面组织研讨,诸如西汉的石渠阁会议,东汉白虎观会议,后者甚至形成了"法典化"的《白虎通义》。统一是不可能的,但政治干预,例如立五经博士或者争立某一经博士,设置博士弟子,当然会影响儒学的发展。最为明显的就如《汉书·儒林传》"赞曰":

> 自武帝立五经博士,开弟子员,设科射

策,劝以官禄,讫于元始百有余年,传业浸盛,枝叶繁滋,一经说至百余万言,大师众至千余人。盖利禄之路然也。

学习五经的人多了,学问成了利禄工具,学问本身日趋烦琐,造成儒学本身的衰落。又如《汉书·艺文志》所说:

后世经传既已乖离,博学者又不思多闻阙疑之义。而务碎义逃难,便辞巧说,破坏形体。说五字之文,至于二三万言。后进弥以驰逐,故幼童而守一艺,白首而后能言。安其所习,毁所不见,终以自蔽。此学者之大患也。

这简直是对人的摧残,难怪说魏晋士人是求解放。

汉代新儒学演变的另一个重要事项,就是谶纬之学的兴起。据记载,西汉末到东汉,出现了大量谶纬图书,一度影响极大,甚至成为政治斗争的直接工具。它就是受今文经学的影响,特别是受董仲舒《春秋繁露》的影响发展起来的,据研究:

不论从《春秋繁露》中天人感应的主导思想,对《春秋》大义微言的阐述,礼制、训诂以及篇目命名都可以看出董仲舒的著作是谶纬的先导,谶纬是董仲舒思想论著的继承和发展,甚至援用董子之文,不改一字。[9]

这里我们不做再多论述,谶纬之学不必简单予以否定,后来的衰微也是事实,作为汉代新儒家演变出来的一种学问,也有一定的历史地位和影响。

从以上演变的主要情况看,汉代新儒家思想理论发展到一定高度之后,加上政治、制度等方面的一些外在影响,它继续前进,又必须有更新的因素注入,必须继续在理论和方法上更新,东汉时期从专经到"通儒",兼及诸子,到魏晋、隋唐的士人转向佛、老的探求,直至宋代新儒家的出现。

【参考文献】

[1]司马迁.史记[M].北京:九州出版社,1996.
[2]孔子.论语[M].台北:文致出版社,1980.
[3]班固.汉书[M].上海:学林出版社,2005.
[4]孟子.孟子·万章上[M].北京:中华书局,1982.
[5]董仲舒.春秋繁露[M].上海:上海古籍出版社,1986.
[6]韩非子.韩非子·忠孝[M].北京:中国国际广播出版社,1999.
[7]陈鼓应.道家文化研究(第6辑)[M].上海:上海古籍出版社,1995.
[8]顾颉刚.董仲舒思想中的墨教成分[J].文澜学报,1937(1).
[9]钟肇鹏.谶纬略论[M].沈阳:辽宁教育出版社,1991.

第26卷第4期
2006年7月

汉代“蚩尤”崇拜

王子今*

【摘 要】 “蚩尤”神话在汉代得以演绎充实,形成内容丰满的故事。不仅官方祭祀体系中重视“蚩尤”祭祠,民间也有广泛的“蚩尤”信仰。特别是齐鲁地方“蚩尤”崇拜尤为浓重,反映了汉文化内涵丰富的特色。如果期求全面地说明汉代意识史,似乎不宜用“独尊儒术”做简单化的概括。

【关键词】 汉代;蚩尤;兵主;社会意识

“蚩尤”神话在先秦已经出现,在汉代则流传日广,传说的情节也愈为曲折复杂。汉代官方祭祀体系中有“蚩尤”的地位,民间信仰内容中也多见“蚩尤”的影响。作为与先古圣王的正统体系持敌对立场的“蚩尤”,其勇武精神的渲染和悲剧故事的架构,很可能是在汉代完成的。我们在认识汉代意识史的时候,似乎不应当忽略这一现象。

一、“蚩尤”:反正统的战神

“蚩尤”,是传说时代神而非圣的部族联盟领袖,曾经挑起与黄帝部族和炎帝部族的战争。关于“蚩尤”与黄帝涿鹿决战的形势,《逸周书·尝麦》有如下记载:“蚩尤乃逐帝,争于涿鹿之阿,九隅无遗。赤帝大慑,乃说于黄帝,执蚩尤,杀之于中冀。”《山海经·大荒北经》如此记录涿鹿战事:“蚩尤作兵伐黄帝,黄帝乃令应龙攻之冀州之野。应龙畜水,蚩尤请风伯雨师,纵大风雨。黄帝乃下天女曰魃,雨止,遂杀蚩尤。”《史记·殷本纪》记述汤“作《汤诰》”,其中说道:“昔蚩尤与其大夫作乱百姓,帝乃弗予,有状。先王言不可不勉。”按照司马贞《索隐》的解释:“帝,天也。谓蚩尤作乱,上天乃不佑之,是为‘弗予’。‘有状’,言其罪大而有形状,故黄帝灭之。”

《山海经·大荒北经》说:“蚩尤作兵。”《太平御览》卷270引《世本》也写道:“蚩尤作兵。”《吕氏春秋·荡兵》则说:“人曰‘蚩尤作兵’,蚩尤非作兵也,利其械矣。未有蚩尤之时,民固剥林木以战矣。”又《管子·地数》说:“葛卢之山,发而出水,金从之,蚩尤受而制之,以为剑、铠、矛、戟;雍狐之山,发而出水,金从之,蚩尤受而制之,以为雍狐之戟、芮戈。”《史记·五帝本纪》司马贞《索隐》则写道:“《管子》曰:‘蚩尤受卢山之金而作五兵。’”《路史·后纪四·蚩尤传》注引《世本》也说:“蚩尤作五兵:戈、矛、戟、酋矛、夷矛。”

至今人们习惯以“炎黄”为民族血脉之正统,而“蚩尤”则是与“炎黄”相攻伐的对立政治势力的领袖。

* 王子今(1950—),男,河北省武安县人,山东师范大学齐鲁文化研究中心校外专职研究人员,中国人民大学国学院教授、博士生导师,中国秦汉史研究会会长,主要从事秦汉史研究。

二、汉代人意识中的“蚩尤”形象

在汉代历史文献中,可以看到比较集中的关于“蚩尤”故事的记录。

司马迁在《史记·五帝本纪》中写道:“诸侯相侵伐,暴虐百姓,而神农氏弗能征。于是轩辕乃习用干戈,以征不享,诸侯咸来宾从。而蚩尤最为暴,莫能伐。炎帝欲侵陵诸侯,诸侯咸归轩辕。轩辕乃修德振兵,治五气,艺五种,抚万民,度四方,教熊罴貔貅驱虎,以与炎帝战于阪泉之野。三战,然后得其志。蚩尤作乱,不用帝命。于是黄帝乃征师诸侯,与蚩尤战于涿鹿之野,遂禽杀蚩尤。而诸侯咸尊轩辕为天子,代神农氏,是为黄帝。”

据《史记·五帝本纪》,“蚩尤”败死之后,“而诸侯咸尊轩辕为天子,代神农氏,是为黄帝”。张守节《正义》引《龙鱼河图》:“黄帝慑政,有蚩尤兄弟八十一人,并兽身人语,铜头铁额,食沙石子,造立兵仗刀戟大弩,威振天下,诛杀无道,不慈仁。万民欲令黄帝行天子事,黄帝以仁义不能禁止蚩尤,乃仰天而叹。天遣玄女下授黄帝兵信神符,制伏蚩尤,帝因使之主兵,以制四方。蚩尤没后,天下复扰乱,黄帝遂画蚩尤形象以威天下,天下咸谓蚩尤不死,八方万邦皆为弭服。”值得注意的是,在新的政治文化秩序建立之后,失败者“蚩尤”仍然表现出重要的历史影响。所谓“铜头铁额,食沙石子,造立兵仗刀戟大弩,威振天下”,反映“蚩尤”所在的部族很可能确实是早期冶金业的开创者。

《龙鱼河图》,清人朱彝尊《经义考》卷164归入纬书一类①。日本学者安居香山、中村璋八辑《纬书集成》在“河图编”中列入《龙鱼河图》。按照纬书研究者的意见,“纬书是对一批流行于西汉末年至东汉末年的带有相当神秘色彩的书籍的总称。其内容极为庞杂,涉及天文、地理、哲学、伦理、政治、历史、神话、民俗,以及医学等自然科学”。“纬书实已涉及当时社会、人文、自然科学的大部分领域。”[1]上册2—3“纬的命名,本以配经而言。汉代的纬学实际是经学的一部分,在考察汉代经学的时候,如果摒弃纬学,便无法窥见经学的全貌。”[1]上册2“《龙鱼河图》等多为古帝王传说资料,虽属史事谶,但从某些方面来说,应属纬类。”[1]上册69《龙鱼河图》记录的“蚩尤”传说,也可以从“伦理、政治、历史、神话、民俗”等角度进行文化分析。

《史记》所谓“蚩尤没后,天下复扰乱,黄帝遂画蚩尤形象以威天下,天下咸谓蚩尤不死,八方万邦皆为弭服”,反映“蚩尤”虽然战败,但是其军事威望和文化影响仍然长期存在。《太平御览》卷79引《龙鱼河图》记述此事,又写作:“蚩尤没后,天下复扰乱,黄帝遂画蚩尤形象以威天下,天下咸谓蚩尤不死,八方万邦皆为殄服。”吕思勉先生曾经写道:“所以兼祠蚩尤者,蚩尤为黄帝所灭,其后或服黄帝;又蚩尤故盛强,黄帝亦或席其旧名,以劫制天下,故其事迹颇相混。”“蚩尤”故事,“传说虽不足据,亦必略有所本也”[2]284—285。有的学者指出,《龙鱼河图》中的“蚩尤”神话,是基于《史记·五帝本纪》“蚩尤作乱,不用帝命”以及“于是黄帝乃征师诸侯,与蚩尤战于涿鹿之野,遂禽杀蚩尤”的说法“繁衍而成,这一点没有问题”。论者又指出,“当然,类似的传说在《山海经·大荒北经》中也有”,“纬书的传说和《山海经》的立说年代何者在前很难

① 朱彝尊写道:“按《龙鱼河图》,贾思勰《齐民要术》屡引之。有云:‘瓜有两鼻者杀人,羊有一角食之杀人。玄鸡白头食之病人。此服食家言尔。’又云:‘各以腊月鼠断尾,正月旦日未出时,家长斩鼠著屋中,祝云:付敕屋吏,制断鼠虫,三时言功,鼠不敢行。’又云:‘埋蚕沙于宅亥地,大富。得蚕丝吉利,以一斛二斗,甲子日镇宅大吉,财致千万。’又云:‘岁暮夕四更中,取二七豆子,二七麻子,家人头发少许,合麻豆著井中,咒敕井,使其家竟年不遭伤寒,辟五方疫鬼。’又《太平御览》引其文云:‘妇人无以夫衣合浣之,使不利。’又云:‘以卖马钱娶妇,令多恶疾,夫妻离别。’又云:‘悬艾虎鼻门上,宜官,子孙带印绶。悬虎鼻门中,周一年,取烧作屑,与妇饮之,二月中便有娠,生贵子,勿令人知之,泄则不验也,亦勿令妇见之。’又云:‘七月七日,取小赤豆,男吞一七,女吞二七,令人毕岁无病。是日取乌鸡血,和三月三日桃花末,涂面及身,三日后,肌白如玉。’观其大略,无异道家厌胜之术,与经义何裨?至谓‘蚩尤兄弟八十一人,皆铜头铁额,食砂石子’,尤属不伦。诸谶纬中邪说诬民盖未有甚于此书者已。”

断定,大约它们都是依据有关黄帝的古老传说先后形成的"。论者还注意到,相关传说有情节更为丰富的情形,例如,"黄帝、蚩尤之争成了旱魃传说,即假托为风伯雨师之争"[1]上册72。

"蚩尤"作为传说中的悲剧人物,在民间长期保持着影响。《述异记》记载了有关"蚩尤"崇拜的传说与民俗:"蚩尤能作云雾。涿鹿今在冀州,有蚩尤神,俗云:人身牛蹄,四目六手。今冀州人掘地得髑髅,如铜铁者,即蚩尤之骨也。今有蚩尤齿,长二寸,坚不可碎。秦汉间说,蚩尤氏耳鬓如剑戟,头有角,与轩辕斗,以角抵人,人不能向。今冀州有乐名'蚩尤戏',其民两两三三,头戴牛角而相抵。汉造'角抵'戏,盖其遗制也。太原村落间,祭蚩尤神,不用牛头。今冀州有蚩尤川,即涿鹿之野。汉武时,太原有蚩尤神昼见,龟足蛇首;□疫,其俗遂为立祠。"《皇览·冢墓记》说:"蚩尤冢,在东平寿张县阚乡城中,高七丈,民常十月祀之。有赤气出如匹绛帛,民名为'蚩尤旗'。肩髀冢,在山阳巨野县重聚,大小与阚冢等。传言黄帝与蚩尤战于涿鹿之野,黄帝杀之,身体异处,故别葬之。"此外,沈括《梦溪笔谈》卷3写道:"解州盐泽,方百二十里。久雨,四山之水,悉注其中,未尝溢。大旱,未尝涸。卤色正赤,在陂泉之下,俚俗谓之'蚩尤血'。"蚩尤作为败死于黄帝之手的传说人物,在民间长久地保留着影响,是值得重视的民俗文化现象。种种后世相关传说,不排除原生于汉代的可能。

所谓"秦汉间说,蚩尤氏耳鬓如剑戟,头有角,与轩辕斗,以角抵人,人不能向",所谓"今冀州有乐名'蚩尤戏',其民两两三三,头戴牛角而相抵。汉造'角抵'戏,盖其遗制也",所谓"汉武时,太原有蚩尤神昼见,龟足蛇首",正以民俗遗存的形式曲折反映了汉代蚩尤传说在民间的盛行。

三、"兵主"之祷:祭蚩尤、祠蚩尤

民俗文化遗存中有关"蚩尤"故事的记忆,体现了相关传说在民间的久远影响。司马迁在《史记》中的有关记述,也保留了同样的文化信息。《史记·高祖本纪》记载,秦末各地民众暴动,刘邦初起兵,行军祭之礼:

> 祠黄帝,祭蚩尤于沛庭,而衅鼓,旗帜皆赤。

裴骃《集解》引如淳曰:"蚩尤好五兵,故祠祭之求福祥也。"又引瓒曰:"管仲云:'割卢山交而出水,金从之出,蚩尤受之以作剑戟。'"而司马贞《索隐》则说:"《管子》云:'葛卢之山,发而出金。'今注引'发'作'交'及'割',皆误也。"刘邦起沛祭"蚩尤"事,《史记·封禅书》也有记载:

> 高祖初起,祷丰枌榆社。徇沛,为沛公,则祠蚩尤,衅鼓旗。

《高祖本纪》"祭蚩尤",《封禅书》"祠蚩尤",应是对同一事件的不同表述。

据《史记·郦生陆贾列传》,刘邦与项羽争天下,使郦食其说齐王,有夸耀汉军军功的言辞:

> 夫汉王发蜀汉,定三秦;涉西河之外,援上党之兵;下井陉,诛成安君;破北魏,举三十二城;此蚩尤之兵也,非人之力也,天之福也。

梁玉绳《史记志疑》卷32引翁孝廉曰:"郦生以蚩尤比汉王,毋乃失辞①。《汉书》改作'黄帝'是。""蚩尤之兵"和"黄帝之兵"的差异,亦反映吕思勉先生所谓"其事迹颇相混"的情形。

"蚩尤"因勇战好胜著名,于是在司马迁所处的时代,曾经被看作战神的形象,也曾经被视为兵争的象征。《史记·天官书》写道:

> 秦始皇之时,十五年彗星四见,久者八十天,长或竟天。其后秦遂以兵灭六王,并中国,外攘四夷,死人如乱麻,因以张楚并起,三十年之间,兵相骀藉,不可胜数。自蚩尤以来,未尝若斯也。

有所谓"蚩尤之旗"的星象,被看作天下兵战的预警:

> 蚩尤之旗,类彗而后曲,象旗。见则王者征伐四方。

> 元光、元狩,蚩尤之旗再见,长则半天。

① 原注:"《新序》同。"

其后京师师四出,诛夷狄者数十年,而伐胡尤甚。

长沙马王堆汉墓三号汉墓出土以天文气象现象占验吉凶的帛书,整理者拟名为《天文气象杂占》,并以为其中“最最珍贵的,是在它最下面一列的中段,有29个彗星图”。其中最后一幅,就是所谓“蚩尤之旗”的图像。在画面以下有文字标识,写作:

蚩又(尤)旗

兵在外归[3][4]

据《史记·封禅书》记载,秦始皇时代,曾经“东游海上,行礼祠名山大川及八神”,所谓“八神”之中,列为第三位的就是战神“蚩尤”:

三曰“兵主”,祠蚩尤。蚩尤在东平陆监乡,齐之西境也。

汉定天下后,重新明确祭祠制度。在被确定为国家正式祭祀体系的诸祠之中竟然有“蚩尤之祠”赫然居于前列:

令祝官立蚩尤之祠于长安。

《汉书·郊祀志下》记载,汉宣帝时,曾经又设立蚩尤祠:

(祠)蚩尤于寿良。

这是在地方的又一处“蚩尤”之祠,然而是由最高执政者决策设置。

《后汉书·马援传》说,汉明帝时,马援兄子马严“拜将军长史”,将兵屯西河美稷,卫护南单于,据记载:

听置司马、从事,牧守谒敬,同之将军。敕(马)严过武库,祭蚩尤,帝亲御阿阁,观其士众,时人荣之。

李贤注引《前书音义》曰:

蚩尤,古天子,好五兵,故今祭之。

可见出师之军祭蚩尤,大约已经成为一种传统。

《史记》中,还有一条有关“蚩尤”的史料值得注意。《建元以来侯者年表》褚少孙补记:“(富民侯)田千秋,家在长陵,以故高庙寝郎上书谏孝武曰:‘子弄父兵,罪当笞。父子之怒,自古有之。蚩尤畔父,黄帝涉江。’上书至意,拜为大鸿胪。征和四年为丞相,封三千户。”“子弄父兵”,以蚩尤为例,仍然突出其习兵好战的品性。所谓“蚩尤畔父,黄帝涉江”,语不易解,或许说明了当时蚩尤传说尚有今人已经不能确知的其他情节。遗憾的是,田千秋著名上书中的这一段话,在《汉书》中竟然没有反映。《艺文类聚》卷60有晋顾恺之《祭牙文》:“维某年某月日,录尚书事豫章公裕敢告黄帝蚩尤五兵之灵:两仪有政,四海有王。奉命在天,世德重光。烈烈高牙,阗阗伐鼓。白气经天,简扬神武。”清人秦蕙田《五礼通考》卷237又录有“后汉滕辅《祭牙文》”:“恭修太牢,洁荐遐灵。推毂之任,实讨不庭。天道助顺,正直聪明。敬建高牙,神武攸托。雄戟推锋,龙渊洒锷。”秦蕙田在此文和晋顾恺之《祭牙文》之后写道:“蕙田案:此祭黄帝蚩尤五兵。”“黄帝蚩尤五兵”的说法,值得注意。

汉代民间以蚩尤为战神的崇拜心理,通过某些文物遗存也能够得到体现。美国华盛顿弗利尔美术馆藏有造型颇为生动的汉代蚩尤形带钩。与沂南汉画像石所见者不同,蚩尤头上没有弩弓,而口中衔矛,右手持剑,又以左手举盾,成为钩首。两足所抓,左为刀,右为钺。《太平御览》卷354引《东观汉记》曰:“诏令赐邓遵金蚩尤辟兵钩一。”所谓“蚩尤辟兵钩”,可能就是这种带钩[5]252—253。这件汉代蚩尤形带钩,刘铭恕先生以为收藏在“美国波斯顿博物馆”,与孙机先生说不同[6]。河北石家庄东岗头东汉墓出土的同类器物,蚩尤“手持剑和盾,足握刀和斧”,身侧又有四神形象[7]。日本学者林巳奈夫在《汉代鬼神的世界》中又引录另一件同类器物,而注明“出土地不明”[8]130。可知蚩尤作为主兵之神,在汉代社会有相当广泛的影响。《初学记》卷26引《搜神记》曰:“元康中,妇人饰五兵佩。”《说郛》卷77下宇文氏《妆台记》也写道:“惠帝元康中,妇人之饰有五兵佩,又以金银玳瑁之属为斧钺戈戟以当笄。”联系汉代文物所谓“蚩尤辟兵钩”的“五兵”装饰,可知“五兵佩”自有由来。不过晋惠帝时竟然以为“妇人之饰”,于是被看作预示天下将要发生战乱的异象。

四、齐鲁民间的蚩尤纪念

山东沂南汉墓出土画像石可见“神话人物、奇禽异兽”画面。《沂南古画像石墓发掘报告》

有"关于神话人物奇禽异兽的考证"一节，其中写道："第14幅有一神怪，头上顶着弩弓和箭，四肢均持兵器，和武氏祠后石室第三石所见我们前认为是装豹戏的很相似。"据"拓片第14幅"文字说明，这幅画面的位置，在"前室北壁正中的一段"，"即通中室门的当中支柱"。从画面看，"神怪"正面直立，身似被甲，前臂后有羽。头顶张弩，三矢共一弦，中央一枚最为长厉。或许即象征古兵器"三连弩"①。"神怪"左手挥戟，右手舞铍，两足各持刀剑，身下又有盾护卫。据《沂南古画像石墓发掘报告》描述："朱雀之下为一神怪，虎首，头上顶着插三支箭的弩弓，张口露齿，胸垂两乳，四肢长着长毛，左手持着短戟，右手举着带缨的短刀，右足握一短剑，左足握一刀，胯下还立着一个盾牌。"[9]43—44,15收入《中国画像石全集》第1卷《山东汉画像石》的这幅图，题"沂南汉墓前室北壁中柱画像"。《图版说明》写道："画面上边饰锯齿纹、垂幛纹和卷云纹，左右边饰锯齿纹、卷云纹。画像上刻一朱雀展翅站立，头上三长羽，尾披地而分左右上翘。中刻一虎首神怪，头上顶着插三箭的弩弓，手执短矛、短戟，足趾挟刀、剑，胯下立置一盾。下刻龟蛇相交缠的玄武。"[10]（第1卷《山东汉画像石》，《图版》，《图版说明》）这一"神怪"形象的原型，应是传说时代的战神"蚩尤"。

《沂南古画像石墓发掘报告》说到的与第14幅"神怪"图"很相似"的"武氏祠后石室第三石所见我们前认为是装豹戏的"画面，有人描述说，"近右方的一个怪物，据说是方相氏。它一手执短戟，一手持剑，足举勾镶和矛，头顶弩弓，使用五种兵器"[11]116。也有学者认为这一"头戴以弓，左右手一持戈，一持剑，左右足一登弩，一蹑矛，睹其形状，至为狞猛"的画像应与"蚩尤"传说有关，题其图为《黄帝蚩尤战图》[12]。又有学者做如下表述："一怪右向，人首兽身，头顶弩，左手执刀，右手持戟，左足挟勾镶，右足挟矛，似为蚩尤，一榜无题。"[13]81有的研究者也将其主题定义为"蚩尤战斗"。在刘兴珍、岳凤霞编写的《中国汉代画像石——山东武氏祠》一书中，以画面第三层为"蚩尤战斗图"，有解说文字："所谓蚩尤，是中国传说中九黎族的首领，曾经起风呼雨，以金属制作兵器。后来与黄帝战于涿鹿（今河北涿鹿），兵败被杀。"编者并绘有"蚩尤线描图"。对于第二层画面，有"风伯图"的认定。不过，编者误将"第二层"写作"第三层"。事实上，第三层原本确有"风伯"形象的表现，然而与第二层以橐鼓风不同，这位在以壶倾水的"雨师"身后的"风伯"，是挥舞着一件长柄扇形物扇风。在他的身后，一位不知名的神怪头发飞扬，显示着风力强大[14]130—131。第二层画面则是"风伯"在"雨师"之前，且以自己头发扬起表现风力。画面所见"蚩尤"形象与"风伯雨师"的接近，与"蚩尤请风伯雨师，纵大风雨"的传说相合。武氏祠"蚩尤"画像，头顶弩，左手持剑，右手持戟，左足用勾镶，右足似使用矛头。

刘铭恕先生曾经注意到，沂南汉墓"前室北面石刻（原图24），其中有一非人非兽的怪物，面貌狰狞，左右手分别拿着刀剑"。他说，"这种形象和握持武器的情况，都很和武氏祠后石室第三石上面所见的那个持有5种兵器的怪物，以及美国波斯顿博物馆所藏的持有5种兵器的怪物带钩，有些相像，不过沂南的怪物画像，少拿了3种武器而已。这个持有5种兵器的怪物，我们曾经根据历史的记载……证明他就是蚩尤的画像和铸像"②，"沂南画像的这个持有两种武器的怪物，也就是蚩尤的一个比较简单的画像，我想是可以肯定的。何况汉代还有把蚩尤的五兵，简为一兵的"[6]。今按：刘铭恕先生所说"前室北面石刻（原图24）"，是根据1954年发表的沂南汉画像石墓发掘简报[15]。在《沂南古画像石墓发掘报告》中，此图为"拓片第8幅，前室北壁上横额"。可以定名为"蚩尤五兵"图的画面，发掘简报没有发表。而"沂南画像的这个持有两种武器

① 《汉书·李广传》："广身自以大黄射其裨将。"颜师古注引孟康曰："太公陷坚却敌，以大黄参连弩也。"又《李陵传》："发连弩射单于。"颜师古注："服虔曰：'三十弩共一弦也。'张晏曰：'三十絭共一臂也。'师古曰：'张说是也。'"

② 作者原注："参阅《中国文化研究汇刊》第2期拙作：《武梁祠画像石上所见的黄帝蚩尤古战图考》。"今按：原题应为《武梁祠后石室所见黄帝蚩尤战图考》，《中国文化研究汇刊》第2期，1942年2月。

的怪物,也就是蚩尤的一个比较简单的画像”的看法,似乎缺乏“肯定”的论证。这种“左右手分别拿着刀剑”的形象,其实或与“方相氏”形象有关。《后汉书·马融传上》李贤注引《周礼》:“方相氏掌执戈扬楯,帅百隶以驱疫。”《献帝纪》李贤注引《续汉书》:“方相氏黄金四目,蒙熊皮,玄衣朱裳,执戈扬楯。”《续汉书·礼仪志中·大傩》和《礼仪志下·大丧》都有“方相氏黄金四目,蒙熊皮,玄衣朱裳,执戈扬盾”的文句。方相氏使用两件兵器。只是沂南汉画像所见左右各持刀戟,与“执戈扬盾”不同。还应当注意到,这幅图即《沂南古画像石墓发掘报告》中编号为第8幅者,即“前室北壁上的横额”,位置与“前室北壁正中一段”的第14幅十分接近。对于这一“神怪”,曾昭燏等先生写道:“虎首豹纹,首上长出五个人首,四肢生着长毛,胸垂两乳,左手握着带缨的刀子,右手握着带缨的短戟。”[9]14所使用文句,与对第14幅我们称之为“蚩尤五兵”图者的描述中所谓“胸垂两乳,四肢长着长毛,左手持着短戟,右手举着带缨的短刀”,实在相似。至于这一“神怪”头上的“五个人首”所具有的象征意义是否与“五兵”有某种关联,也是值得讨论的课题。

《史记·封禅书》说,秦始皇“东游海上”,“行礼祠”、“八神”之中,有被称作“兵主”的“蚩尤”之祠。“蚩尤在东平陆监乡,齐之西境也。”据《汉书·郊祀志下》,汉宣帝“(祠)蚩尤于寿良”。寿良,颜师古注:“东郡之县也。”汉成帝时,丞相匡衡、御史大夫张谭建议,各地“所祠凡六百八十三所”中,“四百七十五所不应礼,或复重,请皆罢”,“奏可”。实施时,“孝宣参山、蓬山、之罘、成山、莱山、四时、蚩尤、劳谷、五床、径路、黄帝、天神、原水之属,皆罢”。从所列序次看,蚩尤祠的设置地点亦当在齐鲁之地。按照《中国历史地图集》标注的位置,寿良在今山东东平南[16]第2册19—20,44—45。而《皇览·冢墓记》所谓“蚩尤冢,在东平寿张县阚乡城中”,“肩脾冢,在山阳巨野县重聚”。其地也都在齐鲁地方。寿张在今山东东平南,巨野在今山东巨野东北[16]第3册37—38。在这一人文地理认识的基础上理解沂南和嘉祥汉墓“蚩尤五兵”画像出现的背景,应当是有益的。

早期“蚩尤”传说所谓“涿鹿之阿”、“冀州之野”,说其征战在北地。而《管子》记录“蚩尤”开发矿冶,改进“五兵”的所谓“葛卢之山”、“雍狐之山”,有学者指出其方位,正在齐鲁地方①。

沂南汉墓“蚩尤五兵”画像上为朱雀,下为玄武,其位居中的现象,也可以给我们某种有关区域信仰文化的启示。汉代以齐鲁为文化胜地,《汉书·地理志下》说:“汉兴以来,鲁、东海多至卿相。”据《史记·三王世家》褚少孙补述,燕王刘旦争权谋位,汉武帝感叹道:“生子当置之齐鲁礼义之乡,乃置之燕赵,果有争心,不让之端见矣!”然而“齐鲁礼义之乡”竟长期沿承着对战神“蚩尤”的崇拜,可见古代文化构成因素的复杂。《龙鱼河图》所谓“黄帝以仁义不能禁止蚩尤,乃仰天而叹”体现的“蚩尤”行为反“仁义”的性质,特别值得注意。齐鲁地方“蚩尤”崇拜尤为浓重,反映了汉文化内涵丰富的特色。由此理解《汉书·元帝纪》所见汉宣帝“汉家自有制度,本以霸王道杂之,奈何纯任德教,用周政乎”语,或许可以增进对汉代文化真实面貌的认识。看来,如果期求全面地说明汉代意识史,似乎不宜用“独尊儒术”作简单化的概括。

五、关于“蚩尤五兵”

传说中的“蚩尤五兵”,被看作发明史上的重要成就。《太平御览》卷339引《尚书》曰:“黄帝之时,以玉为兵。蚩尤之时,烁金为兵,割革为甲,始制五兵。”

汉代已经以“五兵”作为主要兵器的统称。《太平御览》卷241引《汉旧仪》曰:“期门骑者,陇西工射猎人及能用五兵材力二百人,王莽以为

① 郭沫若《管子集校》引张佩纶说:“葛卢,《续汉书·郡国志》东莱郡葛卢有尤涉亭,疑即葛卢山也。”“雍狐者,《典论》‘周鲁宝雍狐之戟,狐父之戈’。”“沫若按:张说是也。”《郭沫若全集·历史编》第8卷,人民出版社1985年版,第183—185页。黎翔凤《管子校注》下册也引录张佩纶此说,中华书局2004年6月版,第1359—1360页。

虎贲郎。”“能用五兵”应是军人有“材力”者的基本条件。“五兵”虽然已经成为指代武器的一种通用符号，然而其具体所指，却未能一致。《太平御览》卷339引《周礼》：“五兵者，戈、殳、戟、矛、牟夷。”《北堂书钞》卷79“亭长”条引《汉旧仪》：“亭长习调五兵。五兵，言弩、戟、刀、剑、铠也。”《太平御览》卷353引《说文》：“弓矢围，殳矛守，戈戟助（五兵长短各有所宜，因事而施），凡五兵。”《日知录》卷7“去兵去食”条说，“古之言兵，非今日之兵，谓五兵也，故曰天生五材，谁能去兵。《世本》：‘蚩尤以金作兵，一弓，二殳，三矛，四戈，五戟。’《周礼·司右》‘五兵’注引《司马法》曰：‘弓矢围，殳矛守，戈戟助是也’”。有人甚至认为车兵和步兵各有不同的“五兵”。《太平御览》卷339引樊文渊《七经义纲格论》曰：“车上五兵：戈、殳、车戟、酋矛、牟夷。步卒五兵：戈、殳、车戟、酋矛、戟。”正是因为对“五兵”的解说各有不同，汉代画像中所表现的“蚩尤五兵”的具体形式也有差异。

宋代学者多以“蚩尤五兵”与“李斯篆隶”并列，以为虽人物品德恶劣，然而其发明“不以人废”。《说郛》卷89下欧阳修《集古录》“秦二世诏”条说：“右秦二世诏，李斯篆。天下之事，固有出于不幸，苟有可用于世，不必皆圣贤之作也。蚩尤作五兵，纣作漆器，不以二人之恶而废万世之利也。小篆之法出于李斯。”王十朋《梅溪集》后集卷4《次韵梁尉秦碑古风》：“上蔡猎师妙小篆，奴视俗体徒肥皮。东封太山南入越，大书深刻光陆离。沙丘风腥人事变，鬼饥族赤谁嗟咨。汉兴万事一扫去，惟有篆刻余刑仪。磨崖欲作不朽计，其如历数不及期。蚩尤五兵纣漆器，人物美恶宁相疵。我虽过秦爱遗画，南山入望频支颐。”黄震《黄氏日钞》卷39引李浩说：“蚩尤五兵，李斯篆隶，苟便于世，不以人废。”又张栻《南轩集》卷37《吏部侍郎李公墓铭》说李浩事：“公白宰相执政：蚩尤五兵，李斯篆隶，苟便于世，亦不当以人废。”明代学者杨慎《丹铅余录》卷8也说：“蚩尤五兵，李斯篆书，苟便于世，人其舍诸？鲧之城也，桀之瓦也，秦之边防也，隋之漕河也，至今赖之。故曰：善用人者无弃人，善用物者无弃物。”“五兵”发明的意义得到肯定，于是“蚩尤”在文明史中的地位也得到了肯定。

【参考文献】

[1]安居香山，中村璋八.纬书集成[M].石家庄：河北人民出版社，1994.

[2]吕思勉.吕思勉读史札记[M].上海：上海古籍出版社，1982.

[3]席泽宗.马王堆汉墓帛书中的彗星图[J].文物，1978(2).

[4]长沙马王堆三号墓出土西汉帛书《天文气象杂占》[J].中国文物，1979(1).

[5]孙机.汉代物质文化资料图说[M].北京：文物出版社，1991.

[6]刘铭恕.关于沂南汉画像[J].考古通讯，1955(8).

[7]王海航.石家庄市东岗头村发现汉墓[J].考古，1965(12).

[8][日]林巳奈夫.汉代の神神[M].东京：临川书店，1989.

[9]曾昭燏，蒋宝庚，黎忠义.沂南古画像石墓发掘报告[M].北京：文化部文物管理局，1956.

[10]蒋英炬，主编.中国画像石全集[M].济南：山东美术出版社，2000.

[11]朱锡禄.武氏祠汉画像石[M].济南：山东美术出版社，1986.

[12]刘铭恕.武梁祠后石室所见黄帝蚩尤战图[J].中国文化研究汇刊，1942(2).

[13]蒋英炬，吴文祺.汉代武氏墓群石刻研究[M].济南：山东美术出版社，1995.

[14]刘兴珍，岳凤霞.中国汉代の画像石——山东の武氏祠[M].北京：外文出版社，1991.

[15]华东文物工作队山东组.山东沂南汉画像石墓[J].文物参考资料，1954(8).

[16]谭其骧，主编.中国历史地图集[M].北京：地图出版社，1982.

第27卷第1期
2007年1月

汉代学术主体评论研究

赵国华*

【摘　要】 汉代学术主体评论在不同的社会领域、学术体系、派别和个人之间进行,涉及学术研究者的立场、方法和成就诸层面,已经铸成一系列相对固定的概念,其中有代表性的是儒宗、通儒、俗儒和耆儒。一般儒生较为推崇儒宗、通儒,通儒比较轻视俗儒、浅儒,朝廷除任用一批名儒或大儒外,也很敬重宿儒、耆儒。这一学术主体评论的基本倾向,从政治和学术两方面影响着汉代学术的发展。

【关键词】 汉代;学术;学术主体;学术主体评论

任何时期学术的发展,都离不开学术评论。任何时期的学术评论,都绕不过学术主体。学术主体评论涉及学术研究者的立场、方法和成就诸层面,是学术评论的一个组成部分。在中国学术史上,学术主体评论始于战国后期,进入西汉中期以后,伴随着经学时代的到来,呈现出浓厚的学术特色。汉代学术主体评论已经铸成一系列相对固定的概念,其中有代表性的是儒宗、通儒、俗儒和耆儒,另如纯儒、文儒、雅儒、名儒、大儒、鸿儒、硕儒、宿儒、浅儒和鄙儒,也被用于评论学术主体。通过分析有关历史资料,揭橥这些概念的基本内涵,对于认识汉代学术来说,是一个很重要的问题。

一

先谈儒宗。儒宗是儒生的宗师,在学术领域里有着突出的成就,特别受儒生的尊崇,堪称汉代的学术权威。在汉代学术史上,最早被视为儒宗的人,应该是叔孙通①。叔孙通熟悉礼仪,秦末被辟为博士,曾经追随项羽,继而归附刘邦,汉初仍聘为博士,主持制定朝仪,从而进入统治集团,为很多儒生所尊崇。也许是这个缘故,司马迁为叔孙通做传,结尾评论说:"叔孙通希世度务制礼,进退与时变化,卒为汉家儒宗。"[1](《刘敬叔孙通列传》)然而,叔孙通制定朝仪,只是传承前代制度,不是纯粹的学术。从学术角度来看,真正意义上的儒宗,应在设立五经博士之后,才可能成批地出现。

西汉中期以后,随着五经博士的设立、太学的创办,经学成为学术的主流。汉代经学分为今、古文经学两大系统,以今文经学为主流。每个系统内部受师承关系的局限,传习经典和经典文本的不同,分为若干个学术派别,每个派别各

* 赵国华(1962—),男,河南省镇平县人,华中师范大学历史学教授,主要从事中国秦汉史、军事史研究。

① 西汉初期,经历秦朝焚书之劫,礼学典籍荡然无存,更谈不上学术宗师。所以,司马迁说:"诸学者多言《礼》,而鲁高堂生最本。《礼》固自孔子时而其经不具,及至秦焚书,书散亡益多,于今独有《士礼》,高堂生能言之。"刘歆说:"时独有一叔孙通略定礼仪,天下唯有《易》卜,未有它书。"分别见《史记·儒林列传》、《汉书·楚元王传》。

有家法，创立家法者即儒宗。自文帝时期起，已设立诗博士。武帝设立五经博士，“《书》唯有欧阳，《礼》后，《易》杨，《春秋》公羊而已。至孝宣时，复立大、小夏侯《尚书》，大、小戴《礼》，施、孟、梁丘《易》，穀梁《春秋》。至元帝世，复立京氏《易》”[2]（《儒林传》）。以上14家博士，都属于今文经学系统。西汉末年，王莽托古改制，又立左氏《春秋》、毛《诗》、逸《礼》、古文《尚书》于学官，则属于古文经学系统。进入东汉初期，光武帝拨乱反正，“立《五经》博士，各以家法教授，《易》有施、孟、梁丘、京氏，《尚书》欧阳、大小夏侯，《诗》齐、鲁、韩，《礼》大小戴，《春秋》严、颜，凡十四博士”[3]（《儒林传》）。古文经学被逐出学官，今文经学再度称雄。但在此后，古文经学依托私学，日渐发展壮大起来。直到章帝时期，“又诏高才生受古文《尚书》、毛《诗》、穀梁、左氏《春秋》，虽不立学官，然皆擢高第为讲郎，给事近署，所以网罗遗逸，博存众家”[3]（《儒林传》）。在近300年间，今、古文经学互绌互补，相辅相成，促使经学走向兴盛，而就学术主体来说，则造成“儒宗林立”的局面。

在儒宗群体中间有一小部分儒宗，世代与学术为伍，或者供职于太学，或者执教于皇室，形成学术世家。这样的学术世家，以琅邪伏氏、千乘欧阳氏、沛郡桓氏最为典型。伏氏世传《诗》、《书》，其中伏胜口授《尚书》，成为《尚书》学宗；伏理以《诗》教授成帝，成为当世名儒，伏无忌参与校订《五经》、诸子百家，“又自采集古今，删著事要，号曰《伏侯注》”[3]（《伏侯宋蔡冯赵牟韦传》）。欧阳氏“自欧阳生传伏生《尚书》，至歙八世，皆为博士”[3]（《儒林传》）。桓氏“自荣至典，世宗其道，父子兄弟代作帝师，受其业者皆至卿相，显乎当世”[3]（《桓荣丁鸿传》）。这类儒宗名声显赫，既缘自他们的学术成就，也由最高统治者尊崇所致，在汉代学术主体评论中，可说是一种特殊现象。

还有纯儒，应该放在儒宗之列①，就学术成就而言，甚至高于一般儒宗。《汉书》、《后汉书》所载名儒以百计数，只见董仲舒、郑玄两人，获得纯儒的称号。董仲舒精通《春秋》，景帝时为博士，武帝即位之初，“推明孔氏，抑黜百家，立学校之官，州郡举茂材孝廉，皆自仲舒发之”[2]（《董仲舒传》）。班固评论说：“抑抑仲舒，再相诸侯，身修国治，致仕县车，下帷覃思，论道属书，谠言访对，为世纯儒。”[2]（《叙传》）郑玄初入太学受业，继而游学关中，师从马融，经过长期研讨，汇通今、古文经学，以至“经传洽孰，称为纯儒，齐鲁间宗之”[3]（《张曹郑传》）。郑玄倾毕生的精力，注释和阐发经学典籍，写成一百多万字的学术论著，当今、古文经学纷争之际，“括囊大典，网罗众家，删裁繁诬，刊改漏失，自是学者略知所归”[3]（《张曹郑传》）。在汉代经学史上，董仲舒开掘先河，郑玄集其大成，都有突出的贡献。

儒宗作为学术权威，有不同的研究范围，仅就学术取向而言，其中有专精一经者，如胡毋生治《公羊春秋》，景帝时为博士，“年老归教于齐，齐之言《春秋》者宗事之，公孙弘亦颇受焉”[2]（《儒林传》）；洼丹治《孟氏易》，光武帝时为博士，“学义研深，《易》家宗之，称为大儒”[3]（《儒林传》）；牟长治《欧阳尚书》，光武帝时为博士，后调任河内太守，“诸生讲学者常有千余人，著录前后万人”[3]（《儒林传》）。也有贯通群经者，如董仲舒“通《五经》，能持论，善属文”[2]（《儒林传》）；夏侯始昌治《尚书》，能“通《五经》”[2]（《儒林传》）；鲁丕“兼通《五经》，以《鲁诗》、《尚书》教授，为当世名儒”[3]（《卓鲁魏刘传》）；卢植通古、今文经学，“名著海内，学为儒宗”[3]（《吴延史卢赵传》）。后者因为贯通群经，又时常被视为通儒。从学术发展来看，儒宗强调师承关系，各以家法教授，必然引发学术弊端。“自武帝立五经博士，开弟子员，设科射策，劝以官禄，讫于元始，百有余年，传业者寖盛，支叶蕃滋，一经说至百余万言，大师众至千余人，盖禄利之路然也。”[2]（《儒林传》）其中较典型的例子，如“秦近君能说《尧典》，篇目两字之说至十余万言，但说‘曰若稽古’三万言”[2]（《艺文志》注引《新论》），这真太烦琐

① 董仲舒、郑玄被誉为纯儒，同样被视为儒宗。如班固为董仲舒做传，结尾评论说：“汉兴，承秦灭学之后，景武之世，董仲舒治《公羊春秋》，始推阴阳，为儒者宗。”曹魏后期，太尉华歆上表说：“故汉大司农北海郑玄，当时之学，名冠华夏，为世儒宗。”分别见《汉书·儒林传》、《三国志·魏书·三少帝纪》注引《魏名臣奏》。

了！何况光武中兴以后，因为统治阶级的提倡，谶纬之学开始泛滥。“儒者说《五经》，多失其实。前儒不见本末，空生虚说；后儒信前师之言，随趣述故，滑习辞语。苟名一师之学，及时早仕。汲汲竞进，不暇留精用心，考实根核。故虚说传而不绝，实事没而不见，《五经》并失其实。”[4](《正说》)这又太空虚了！正因为烦琐和空虚，经学发展到东汉后期，就急剧地走向衰败。

与现实政治相联系，儒宗所持的政治立场，完全与统治阶级相一致，因而受到朝廷的扶植。这些儒宗以学术起家，步入最高统治集团，扮演不同的政治角色，也招致不同的评价。如叔孙通制定朝仪，擢升太常一职，却“见非于齐鲁之士”[2](《礼乐志》)。特别是“自孝武兴学，公孙弘以儒相，其后蔡义、韦贤、玄成、匡衡、张禹、翟方进、孔光、平当、马宫及当子晏咸以儒宗居宰相位，服儒衣冠，传先王语，其醖藉可也，然皆持禄保位，被阿谀之讥”[2](《匡张孔马传》)。这些儒宗身居高位，却没能得到好评，是因为他们的政治行为实在有负众望。当然，也有极少数儒宗，进入统治集团之后，仍能保持高尚的品德，颇为世人称道。如萧望之以治《诗》、《论语》著称，曾担任御史大夫、太子太傅、前将军光禄勋，辅佐元帝多所匡正，终遭宦官陷害而死。班固评论说：“望之堂堂，折而不桡。身为儒宗，有辅佐之能，近古社稷臣也。”[2](《萧望之传》)卢植刚毅有节操，早年师事马融，与郑玄为学友，著有《尚书章句》、《礼记解诂》，担任过北中郎将、尚书，当汉末朝廷颠沛之际，敢于挺身而出，与宦官团伙、董卓做斗争，维护皇室的权威，深受同辈的称道。曹操北征乌桓路过卢植的家乡，还特别命令当地官员修葺卢植的坟墓，其中说道：“故北中郎将卢植，名著海内，学为儒宗，士之楷模，乃国之桢幹也。”[5](《魏书·卢毓传》注引《续汉书》)显然，人们评论这些儒宗，不但看重他们的学问，而且敬佩他们的品行。

二

次论通儒。通儒，作为汉代学术主体评论的基本概念，并不单纯指有学问的儒生，而有其特殊的内涵，应劭解释为：“儒者，区也，言其区别古今，居则玩圣哲之词，动则行典籍之道，稽先王之制，立当时之事，此通儒也。”[3](《宣张二王杜郭吴承郑赵传》注引《风俗通》)应劭另有解释说：“援先王之制，立当时之事，纲纪国体，原本要化，此通儒也。”①[3](《郑范陈贾张传》注引《风俗通》)这说明通儒不仅精通经学典籍，熟悉先王制度，更重要的是推演经典旨意，参照先王制度，积极投身于现实社会，为政治服务。

汉代学术以通经为本，在“通”一面或指精通一经，或指博览群经，还包括精通一经，兼通群经；在“经”一面或指今文经典，或指古文经典，还包括经学以外的著作。大抵四百年间，时间上越往后面，博通就越是明显。西汉时期，较为知名的学者，大都崇尚专精，但也有特别博通者，如司马迁著《史记》，“究天人之际，通古今之变”[1](《太史公自序》)，囊括所有经典。刘歆“受诏与父向领校秘书，讲六艺传记，诸子、诗赋、数术、方技，无所不究”[2](《楚元王传》)。班固曾做评论：“自孔子后，缀文之士众矣，唯孟轲、孙况、董仲舒、司马迁、刘向、扬雄。此数公者，皆博物洽闻，通达古今，其言有补于世。”[2](《楚元王传》)到了东汉时期，学术取向的博通，成为通儒的特质。如班固不仅穷究《五经》、百家之言，通晓今、古文经学，参与白虎观会议，还撰成《汉书》，树起一座史学丰碑。马融不仅精研《诗》、《书》、《三礼》、《易》、《论语》、《孝经》，还为《老子》、《淮南子》、《离骚》、《列女传》作注。徐稚、刘宽等人，不仅精通《诗》、《书》、《易》和《春秋》，而且通晓星官、风角、算历、推步诸方技。东汉末期，高诱注《淮南子》，甚至明确指出：“夫学者不论《淮南》，则不知大道之深也，是以先贤通儒、述作之士莫不援采，以验经传。”[6](《淮南鸿烈集解序》)由此可见，汉代通儒的博通固然偏重于经学典籍，但已涉猎经学以外的著作。

在汉代学者中间，依照博通的标准来衡量和区分儒生，较为明确的论断，是王充提出来的。

① 以上两段引文，今本《风俗通义》均未见载，吴树平校释《风俗通义》，原书十卷之外，辑有一卷佚文，也未加以收录。

王充评论学术主体，分出四个等级："儒生"、"通人"、"文人"、"鸿儒"。他解释"通人"说："通书千卷以上，万卷以下，弘畅雅闲，审定文读，而以教授为人师者，通人也。"[4]（《超奇》）又说："夫能说一经者为儒生，博览古今者为通人，采掇传书以上书奏记者为文人，能精思著文连接篇章者为鸿儒。"[4]（《超奇》）经过相互比较，王充明确指出："儒生过俗人，通人胜儒生，文人逾通人，鸿儒超文人。"[4]（《超奇》）这种"儒生"、"通人"、"文人"、"鸿儒"的区分，与应劭的说法不完全一致。从学术主体评论来看，应劭的解释近乎共识，王充的理解更多个性。不过，以博通为评论的标准，则是两人认识上的共同点，代表着汉代学术主体评论的基本倾向。

然而，博通并非评论通儒的唯一标准，较之更为深层的政治要求，则是强调通儒必须经世致用。对于汉代通儒来说，博通只不过是手段，经世致用才是目的。一方面，通儒比较关心朝廷政治，力求以自己的学术见解去影响统治者的决策。刘向身为汉室宗亲，目睹外戚专权、官僚腐败的局面，相继作《洪范五行传论》、《列女传》、《说苑》和《新序》，向成帝陈述己见，希望强化皇权。桓谭、郑兴等人不顾个人安危，对于光武帝提倡图谶予以讥刺，来抗拒图谶迷信势力。荀悦身处汉末乱世，针对皇权沦丧、军阀混战的形势，先后作《汉纪》、《申鉴》，为献帝提供统治经验。另一方面，博通经学典籍本是汉代儒生获取政治权力的主要途径，因而大多数通儒都被纳入整个官僚系统，从三公、九卿到太守、县令，均有任职。夏侯胜精通《尚书》，通晓阴阳、礼仪和《论语》，西汉中期历任光禄大夫、长信少府、谏大夫、太子太傅等职。杜林"博洽多闻，时称通儒"[3]（《宣张二王杜郭吴承郑赵传》），光武帝时历任侍御史、光禄勋、少府、大司空等职。马融"才高博洽，为世通儒"[3]（《马融传》），东汉后期历任校书郎中、河间王厩长史、郡功曹、议郎、武都太守、南郡太守。通儒作为统治阶级的一员，积极参与社会实践，把个人有限的精力投入到时政中去，维护了汉朝的统治。

值得注意的是，为了传播儒家学说，提高学术地位，增强学术影响力，通儒重视开展教育活动。大批被授为博士的通儒，固然把传授经学典籍作为一种职业，毕生从事儒学教育。即便是开办私学的通儒，也常常广泛招收门徒，培养儒生成千上万。如马融"才高博洽，为世通儒，教养诸生，常有千数"[3]（《马融传》）。在博通的学术氛围里，有些皇族成员能广涉经典，如沛王刘辅"好经书，善说《京氏易》、《孝经》、《论语》，传及图谶，作《五经论》，时号之曰《沛王通论》"[3]（《光武十王传》）。甚至某些贵族女性，也由此倾心向学，如和熹皇后邓绥"自入宫后，遂博览《五经》，百家图谶无不毕览，善《易》及阴阳占候希有者"[7]（《和帝纪》）。邓绥所为虽非学问，却仍有博通的气象。

三

再看俗儒。关于俗儒，荀子最早做过解释，指那些"不知法后王而一制度，不知隆礼义而杀《诗》《书》"[8]（《儒效》），衣冠行为与世俗相同，借助先王来混取衣食，一味地顺从显贵人物，比较缺乏主见的儒生。这是把俗儒与"俗人"、"雅儒"、"大儒"相区别而言的①。时至汉末，应劭撰写《风俗通》，把俗儒与通儒相对应，并明确解释说："儒者，区也，言其区别古今……若能纳而不能出，能言而不能行，讲诵而已，无能往来，此俗儒也。"[3]（《宣张二王杜郭吴承郑赵传》注引《风俗通》）据此解释，只会死记硬背经典，而不讲究学术创新；只能照本宣讲经典，而不懂得经世致用，就是俗儒的主要特征。

本来，按照统治阶级的意愿，选聘博士教授

① 荀子讨论儒生的社会效用，把儒生分为四类："有俗人者，有俗儒者，有雅儒者，有大儒者。"对于每一类儒生的特点，做出具体的解释，并且就他们的政治作为，明确地推测说："人主用俗人，则万乘之国亡；用俗儒，则万乘之国存；用雅儒，则千乘之国安；用大儒，则百里之地，久而后三年，天下为一，诸侯为臣，用万乘之国，则举措而定，一朝而伯。"这一观点的提出，对于汉代学术主体评论，产生了深刻的影响。

弟子，应有较广博的学问。“儒林之官，四海渊原，宜皆明于古今，温故知新，通达国体，故谓之博士。”[2]（《成帝纪》）但事实并非如此，出现了很大的偏差：学术取向越来越狭隘，学术方法越来越僵化。“汉人治经，各守家法；博士传授，专主一家。”[9]75“当时经学分野，惟博士章句家法与博通大义之两途，而大抵治今学者，以守博士章句者为多；通古学者，以不守章句举大义者为多。”[10]45按道理说，章句之学对于弄通经学典籍是一个不可或缺的途径，尤其是当谶纬之学日渐猖獗之际，准确地揭示经学典籍的本义，就显得格外重要。所以，汉代经学的主要成果，以章句之学呈现出来。到了和帝时期，司空徐防“以《五经》久远，圣意难明，宜为章句，以悟后学”，就经学流弊和博士考试问题，上疏朝廷说：“今不依章句，妄生穿凿，以遵师为非义，意说为得理，轻侮道术，寝以成俗，诚非诏书实选本意。改薄从忠，三代常道，专精务本，儒学所先。臣以为博士及甲乙策试，宜从其家章句……解释多者为上第，引文明者为高说；若不依先师，义有相伐，皆正以为非。”[3]（《邓张徐张胡传》）这一奏疏的主旨，强调专精而责斥博通，注重家法而不务创新，实际上正合俗儒的意愿。因为朝廷采纳了这一建议，致使俗儒在一段时期垄断官学，形成一幅章句泛滥的景象。所谓章句之学，往往是抄来抄去，或者钻一些牛角尖，很难看到学术创新。对此，一些通儒痛心疾首，竭力予以匡正。如王充反思章句之弊，就“以为俗儒守文，多失其真”，因而闭门潜思，写成《论衡》一书，“释物类同异，正时俗嫌疑”[3]（《王充王符仲长统传》）。到了东汉后期，蔡邕倡立《熹平石经》，也正是以“经籍去圣久远，文字多谬，俗儒穿凿，疑误后学”为主要原因[3]（《蔡邕传》），希望通过朝廷的干预，给儒生提供一个标准的经典文本。

俗儒在学术上狭隘僵化，对待社会、政治问题也大都是眼界不开，缺乏必要的才智。元帝为太子时，“柔仁好儒”[2]（《元帝纪》），鉴于宣帝治国偏重刑名，所用朝官多为文法吏，大臣杨恽、盖宽饶倾向儒学，因为进谏而被诛灭，就趁着宴饮之际，进劝宣帝：“陛下持刑太深，宜用儒生。”谁知宣帝勃然大怒，当即严厉训斥说：“汉家自有制度，本以霸王道杂之，奈何纯任德教，用周政乎！且俗儒不达时宜，好是古非今，使人眩于名实，不知所守，何足委任？”[2]（《元帝纪》）显然，在宣帝看来，俗儒不懂得现实的需要，只知道依傍先贤圣哲来非议现实，不足以担负朝廷重任。两汉之际，苏竟“以明《易》为博士、讲《书》祭酒，善图纬，能通百家之言”，因见刘龚充当谋主，图谋割据南阳，就以长辈的口吻加以劝导说：“世之俗儒末学，醒醉不分，而稽论当世，疑误视听。或谓天下迭兴，未知谁是，称兵据土，可图非冀；或曰圣王未启，宜观时变，倚强附大，顾望自守。二者之论，岂其然乎？”[3]（《苏竟杨厚传》）这一批评相当严厉，从当时的形势来看，应该有一定的道理。安帝时期，朝廷政治相对稳定，而边陲形势骤然吃紧，“俗儒世士以为文德可兴，武功宜废，遂寝搜狩之礼，息战阵之法，故猾贼从横，乘此无备”[3]（《马融传》）。马融作为一代通儒，综观天下的形势，“以为文武之道，圣贤不坠；五才之用，无或可废”[3]（《马融传》）。根据自己的主张，撰写出《广成颂》，向朝廷提出讽谏，甚至主动请缨，愿为朝廷领兵平乱。这一“通”“俗”之争的典型事例，说明俗儒不切实际的政治主张，及其直面现实社会的无能。

当然，对于通儒的做法，俗儒也会感到不满意，并且加以攻击。两汉之际，扬雄最为博通，“以为经莫大于《易》，故作《太玄》；传莫大于《论语》，作《法言》；史篇莫善于《仓颉》，作《训纂》；箴莫善于《虞箴》，作《州箴》；赋莫深于《离骚》，反而广之；辞莫丽于相如，作四赋，皆斟酌其本，相与放依而驰骋云”[2]（《扬雄传》）。这种学术上的创新，竟然因为不守章句，遭到恶意的攻击。“诸儒或讥以为雄非圣人而作经，犹春秋吴、楚之君僭号称王，盖诛绝之罪也。”[2]（《扬雄传》）把学术问题政治化，与圣人对立起来，然后全盘抹杀，这也太过分了。与此相比较，俗儒攻击通儒的理由主要是不为章句之学。东汉初期，桓谭“博学多通，遍习《五经》，皆诂训大义，不为章句”，又“性嗜倡乐，简易不修威仪，而喜非毁俗儒，由是多见排抵”[3]（《桓谭冯衍传》）。东汉后期，荀淑“少有高行，博学而不好章句，多为俗儒所非，而州里称其知人”[3]（《荀韩钟陈传》）。只强调学术形式，不注重学术创新，这又太浅薄了。这样攻击通儒治学，反过来恰好表明,自以章句为学问,恪守师承和家法,正是俗儒的学术取向。

与俗儒一样,浅儒也为通儒所轻视。浅儒与俗儒大体相同,但在认识水平上面,似有某些差别。东汉初期,图谶、符命之说十分流行,桓谭曾就此指出:"天道性命,圣人所难言也,自子贡以下不得而闻,况后世浅儒能通之乎?今诸巧慧小才伎数之人,增益图书,矫称谶记,以欺惑贪邪,诖误人主,焉可不抑远之哉!"因而规劝光武帝"宜垂明听,发圣意,屏群小之曲说,述《五经》之正义,略雷同之俗语,详通人之雅谋"[3](《桓谭冯衍传》)。在这一段话里,那些玩弄图谶、符命的"巧慧小才伎数之人"被作为浅儒看待,他们对于经学典籍的随意曲解及其惯用的那些俗语套话,也被视为有害无益的东西。这说明浅儒较之俗儒更为浅薄、荒诞。如果说俗儒在阐释经学典籍方面还有一得之功的话,那么,浅儒对于学术几乎没有什么可足称道之处。浅儒利用图谶、符命之说来欺惑最高统治者,为个人捞取政治资本,自然要受到通儒的抨击。

四

复说耆儒。耆儒,或称宿儒,指年逾花甲、素有声望的儒生。汉代学术的开篇,承接秦朝"焚书坑儒"的余波,本为耆儒所支撑。司马迁撰写《儒林列传》,专门记述申培、辕固、伏胜、韩婴等人的事迹。文帝时期,伏胜通晓《尚书》,已经年过九旬,生活不能自理,文帝诏令太常选派掌故晁错前往济南,根据伏胜的口述,把《尚书》记录下来。武帝即位之初,申培以传授《诗经》著称,已经年过八旬,在御史大夫赵绾、郎中令王臧的举荐下,"天子使使束帛加璧,安车驷马迎申公,弟子二人乘轺传从"[3](《儒林传》)。与申培治学相当,辕固通晓《诗经》,曾经担任博士、清河王太傅,业已年过九旬,被武帝征为贤良。东汉建武年间,桓荣以传授《尚书》得名,已经年过六旬,受到光武帝的召见,"令说《尚书》,善其说,拜郎,赐钱十万,入授皇太子,甚见尊重"[7](卷9《明帝纪》)。文帝、武帝、光武帝如此尊重耆儒,除倡导以孝治天下之外,也有关注学术事业、寻求治国方略的考虑。

实际上,有些德高望重的耆儒,在体察民情、移风易俗诸方面可以发挥一定的作用。东汉中期,顺帝选派侍中杜乔,光禄大夫周举,守光禄大夫郭遵、冯羡、栾巴、张纲、周栩、刘班等八人"分行州郡,班宣风化,举实臧否"[3](《顺帝纪》)。这都是"耆儒知名,多历显位"[3](《张王种陈传》),有着较高的社会声望,加上同一时间领命,竟被称为"八俊"。因为皇帝重视耆儒的作用,所以一些大臣论及朝廷政治,特别看重耆儒。李膺曾经上书议事:"一日朝会,见诸侍中并皆年少,无一宿儒大人可顾问者,诚可叹息。"因而举荐宿儒黄琼、周举、杨伦、杨厚等人[3](《李杜传》)。桓帝时期,朱穆在朝担任尚书,反对宦官团伙,就上书建议桓帝:"宜皆罢遣,博选耆儒宿德,与参政事。"[3](《朱乐何传》)李膺、朱穆的建议不只是个人的意见,也代表了一批大臣的看法。

从制度层面来看,汉代耆儒出身于学官,在学有所成之后,往往受朝廷的征召,进入朝廷补充为郎、舍人,或者出为诸侯王国郎,从而成为皇帝、诸侯王的侍从。顺帝时期,鉴于太学长期废弛,为了振兴学术事业,着手重新修建太学。等新的太学建成,根据尚书令左雄的建议,顺帝诏令"除郡国耆儒九十人补郎、舍人",稍后"除京师耆儒年六十以上四十八人补郎、舍人及诸王国郎"①[3](《顺帝纪》)。这项有关选举制的做法,体现出对于耆儒的尊重。汉朝廷尊重耆儒的倾向,与其说是肯定耆儒的学术成就,毋宁说是利用他们的社会价值。这种做法随政治的变动而变动,自然不会一直贯彻下去。

还有一部分耆儒,作为博士弟子,长期栖身于太学,未能通过相应的考试,已经进入老年阶段,尚未获取功名。献帝时期,当军阀混战之际,"试耆儒三十余人,上第赐郎中,次太子舍人,下

① 《后汉书·左雄传》记述此事,称"除京师及郡国耆儒年六十以上为郎、舍人、诸王国郎者百三十八人",是将两次选举统言之。

第者罢"①[7](卷27《献帝纪》)。这次考试的结果,对于下第者来说,实在是严酷的打击。也许有鉴于此,献帝遂下诏:"今耆儒年逾六十,去离本土,营求粮资,不得专业。结童入学,白首空归,长委农野,永绝荣望,朕甚悯焉。其依科罢者,听为太子舍人。"[3](《献帝纪》)这批耆儒年过花甲,也许来自全国各地,饱受战乱的困苦,长期滞留在京城,生活还很拮据。朝廷任用他们为太子舍人,应是一种照顾和抚慰,目的在于争取社会舆论的支持。因此,当时长安就有歌谣:"头白皓然,食不充粮,裹衣褰裳,当还故乡。圣主悯念,悉用补郎,舍是布衣,被服玄黄。"[3](《献帝纪》注引刘艾《献帝纪》)汉代学术的末端,上演着这样一幕悲剧,确实令人心酸。

五

末为申论。透过上述分析可知,汉代学术主体评论包含两个标准:政治标准和学术标准。政治标准是衡量学术主体的社会政治作用的内在尺度,学术标准则是判定学术主体的学术成就及其影响的客观依据。前者反映汉代统治阶级对于学术发展的基本要求,代表着统治阶级的政治立场;后者在汉代不同时期官方与个人、各个学派之间都有一定的差异,说到底无外乎从博通与专精,抑或把两者结合起来展开评论。两者相比较,政治标准引领着学术主体的学术取向,学术标准支配着学术主体的学术成就。

汉代学术主体评论是在不同的社会领域、学术体系、派别和个人之间进行的。自从设立五经博士、创办太学之后,汉朝廷征辟官僚,选拔和聘任博士,对于学术主体具有较强的引领作用;今、古文经学两大系统相互排斥、相互渗透,反映出对于学术经典的不同态度和对于经学的不同理解,也包含着对于学术主体的不同评论;即使同一学术系统内部,受不同家法、师法或者学术取向的局限,又形成不同的学术派别,各个学术派别的产生,则标志着学术主体的不同抉择;还有一些知名学者,基于自身的学术认识,对于学术主体做过这样那样的评论。特别是太学作为全国最高学府,儒宗、通儒云集,太学生成千上万,既是研究和传播学术的文化中心,又是学术主体评论的重要场所。许多儒宗、通儒都是最初得名于太学,尔后著称于天下。如:杨震曾经在京师求学,"明经博览,无不穷究,诸儒为之语曰:关西孔子杨伯起"[3](《杨震传》);井丹"受业太学,通《五经》,善谈论,故京师为之语曰:《五经》纷纶井大春"[3](《逸民传》);许慎"博学经籍,马融常推敬之,时人为之语曰:《五经》无双许叔重"[3](《儒林传》);戴凭曾经担任侍中,擅长解释经义,常在廷议中折服诸儒难诘,所以京师流传说"解经不穷戴侍中"[3](《儒林传》)。各种方式的学术主体评论,因为所依据的标准不完全相同,没有也不可能达成一致的认识。

尽管如此,汉代学术主体评论表明:一般儒生较为尊崇儒宗、通儒,通儒比较轻视俗儒、浅儒,朝廷除任用一批名儒或大儒外,也很尊重耆儒、宿儒。相比较而言,西汉时期推崇博士之学,大致偏重于专精;东汉时期崇尚通人之学,大致偏重于博通。儒宗大多出自学官,有较高的学术成就,既受一般儒生的尊崇,又得到朝廷的重用。通儒作为一个学术群体,具有博通、经世致用和注重教育诸特征。在通经致用的氛围里,汉代学术取得长足进步,出现许多新的气象。因此,在做学术主体评论时,给予儒宗、通儒较高的评价,就是自然而然的事情。这一学术评论的基本倾向,无论对于广大学者的成长,还是对于学术的发展,都会产生一定的影响。

汉代学术主体评论的兴起,实际上促进了学术的发展。因为学术的发展过程,首先是学术主体在对于学术经典的认识和理解上的正确与谬误、进步与保守的矛盾运动,学术主体评论作为这一矛盾运动的外在表现形式,无疑对于学术发展起着推动的作用。同时,学术主体评论总是依照统治阶级对于学术发展的政治诱导和学术发展的自身要求,对于调节学术主体的学术取向、

① 此处引自《后汉纪》,而《后汉书·献帝纪》称"试儒生四十余人","儒生"作"耆儒",依据下引诏令,应当更为准确;唯"三十"作"四十",未知孰是孰非。

学术取向与现实社会之间的关系，起着必要的中介作用。正是在这两层意义上，学术主体评论作为学术评论的组成部分，是汉代学术日臻兴盛的重要条件。

【参考文献】

[1]司马迁.史记[M].北京:中华书局,1959.
[2]班固.汉书[M].北京:中华书局,1962.
[3]范晔.后汉书[M].北京:中华书局,1965.
[4]王充,黄晖.论衡校释[M].北京:中华书局,1990.
[5]陈寿.三国志[M].北京:中华书局,1959.
[6]刘安,刘文典.淮南鸿烈集解[M].北京:中华书局,1989.
[7]袁宏.后汉纪[M].北京:中华书局,2002.
[8]荀况.荀子集解[M].北京:中华书局,1978.
[9]皮锡瑞.经学历史[M].北京:中华书局,1959.
[10]钱穆.中国学术思想史论丛(三)[M].合肥:安徽教育出版社,2004.

第31卷第6期
2011年11月

《汉书·文帝纪》"养老令"新考

赵　凯*

【摘　要】《汉书·文帝纪》所载"养老令",是研究汉代养老制度最重要的史料之一,但是传世文本的记述中存在着一些令人生疑并且经不起推敲的地方,比如80岁以上老人与90岁以上老人一样,成为"受鬻法"的福利对象;又如皇帝对高年的赐物不是一次性的行为,而是每月重复的常设制度,而其中赐物价值即"赐格"之高,尤其令人难以置信。参照武帝元狩元年四月诏、顺帝阳嘉三年五月诏的相关内容,推测"养老令""年八十已上,赐米人月一石,肉二十斤,酒五斗。其九十已上,又赐帛人二匹,絮三斤"中的"月"字为衍字。正是"月"字之衍导致文献信息失真,歧义纷生。"养老令"关于赐物发放流程的规定,是后世遵行的常设制度,赐格的部分内容在东汉时期仍然以先帝"故事"的方式产生着影响。由此判断,"养老令"在文帝之后似乎并没有被完全废止。

【关键词】养老令;受鬻法;高年;养老;汉文帝

《汉书·文帝纪》记载文帝元年事:

三月,有司请立皇后。皇太后曰:"立太子母窦氏为皇后。"

> 诏曰:"方春和时,草木群生之物皆有以自乐,而吾百姓鳏寡孤独穷困之人或阽于死亡,而莫之省忧。为民父母将何如?其议所以振贷之。"又曰:"老者非帛不暖,非肉不饱。今岁首,不时使人存问长老,又无布帛酒肉之赐,将何以佐天下子孙孝养其亲?今闻吏禀当受鬻者,或以陈粟,岂称养老之意哉!具为令。"有司请令县道,年八十已上,赐米人月一石,肉二十斤,酒五斗。其九十已上,又赐帛人二匹,絮三斤。赐物及当禀鬻米者,长吏阅视,丞若尉致。不满九十,啬夫、令史致。二千石遣都吏循行,不称者督之。刑者及有罪耐以上,不用此令。[1](《文帝纪》)

这段文献中"又曰"之后提到的养老内容,通常被称为"养老令"①。它以诏令的方式,申明国家对80岁以上老人提供养老福利,明确规定了不同年龄级别的老人享受的不同的福利待遇,并且对福利物品的发放程序也有严格要求,真实体现了汉代"以孝治天下"的治国理念和文帝"宾礼长老"的惠民政风。研究汉代敬老养老领域的问题,文帝"养老令"是最基本的史料之一,故在相关研究成果中被反复征引,屡见不鲜。

值得注意的是,《汉书·文帝纪》此处的记载,似乎存在着叙述上的缺漏。《史记·孝文本纪》载:

> 三月,有司请立皇后。薄太后曰:"诸侯

* 赵凯(1970—　),男,内蒙古自治区和林格尔县人,博士,中国社会科学院历史研究所副研究员,主要从事秦汉社会史研究。

① 明确将文帝元年三月诏中的养老内容冠以"养老令"之名,不知始于何时。沈家本《汉律摭遗》卷19之《养老令》,程树德《九朝律考》卷1《汉律考》之《养老令》,都收录此诏,"养老令"一词延用至今。

皆同姓,立太子母为皇后。"皇后姓窦氏。上为立后故,赐天下鳏寡孤独穷困及年八十已上孤儿九岁已下布帛米肉各有数。[2](《孝文帝纪》)

汉代但逢皇帝加元服、册皇后、立太子、祥瑞现等吉庆之事,往往会下诏赏赐臣民。此类诏书的内容,基本上都是由"赐由"、"受赐对象"、"赐格"三部分组成。《史记》所载,便是其典型,即文帝元年三月诏赐的"赐由"是立皇后。"受赐对象"是"天下鳏寡孤独穷困及年八十已上孤儿九岁已下"。"赐格"是"布帛米肉各有数"①。两相对照,《汉书》的"赐由"亦是立皇后;"受赐对象"为"鳏寡孤独穷困之人"及高年两个群体,与《史记》基本相同,唯孤儿一类,《史记》特列"九岁已下",《汉书》则未作强调。"赐格"方面,二者差异较大,《史记》的表述较为含混,对于什么样的人应该得到什么样的赐物,没有明确说明;《汉书》对高年群体的赐物分配有明确说明,对"鳏寡孤独穷困之人"却语焉不详,单从文本角度看,我们甚至不知道这个群体是否属受赐之列②。由此看来,《汉书》传世文本在文帝元年三月诏的记述上,存在着一些值得推敲的问题③,而其中赐物价值即"赐格"之高,尤其令人生疑。学界已有成果多根据"养老令"之赐格来论述汉代养老福利政策的变化,如果这个赐格不实,那么对于相关问题就需要重新审视了。笔者不揣浅陋,试考述如下。

一

文帝"养老令"所谓"年八十已上,赐米人月一石,肉二十斤,酒五斗。其九十已上,又赐帛人二匹,絮三斤",按照常规的释读,可以理解为:80岁以上老人,每月可得米1石、肉20斤、酒5斗;90岁以上老人,每月除1石米、20斤肉、5斗酒外,还可得2匹帛、3斤絮④。细细研磨,这段史料中至少存在着三个令人费解的地方。

其一,80岁以上90岁以下的老人每月受米1石,意味着这一年龄段的老人事实上成为了"受鬻法"的实施对象,值得怀疑。"受鬻法"是西汉前期最重要、最基本的养老制度之一,其福利条件是90岁以上老人[3]。吕后时期,拥有大夫以上爵位者,年龄达到90岁,每月可受鬻米1石,公卒、士伍之类的无爵者95岁方可享受此项福利⑤。武帝时期,受米者的年限基准笼统规定

---

① 史书经常用"各有数"或"各有差"这样的术语来表述,而忽略具体的数字。

② 清代学者王鸣盛比较《史记》与《汉书》之异同,认为:"马意主行文,不主载事,故简,班主纪事,详赡。"(《十七史商榷》,上海书店出版社2005年版,第49页。)这一论断之合理性,在此处有明显体现。又,文帝元年三月诏,亦见荀悦《汉纪·孝文皇帝纪上卷》:"诏曰:'今方春和,草木群生之物皆有以自乐,而吾百姓鳏寡孤独穷困之人,或阽于死亡,而莫之省忧。朕为民父母,将何如?其议所以振贷之。'于是出布帛米肉之赐,其肉刑耐罪已上不用此令。"《汉纪》只记录了鳏寡孤独穷困之人而忽略了高年,不知何故。

③ 王文涛先生即认为:"文帝前元元年(前179年)三月所下赐物诏令,《史记》与《汉书》的记载不同,都有令人不解之处……《史记》所载当有所本,此系帝王诏令,非比录常之事,可率意而写。班固对《史记·文帝本纪》的这一修改令人难以理解,疑有脱漏。"参见氏著《秦汉社会保障研究——以灾害救助为中心的考察》,中华书局2007年版,第143—144页。

④ 《资治通鉴》卷13《汉纪五》文帝前元元年:(三月)"诏振贷鳏、寡、孤、独、穷困之人。又令:'八十已上,月赐米、肉、酒;九十已上,加赐帛、絮。赐物当禀鬻米者,长吏阅视,丞若尉致;不满九十,啬夫、令史致;二千石遣都吏循行,不称者督之。'"其表述保留了赐物的品类,略去了赐物的数量,又将"月"字置于赐物前,用以说明每月所赐物包括米、肉、酒(80岁以上)和米、肉、酒、帛、絮(90岁以上)。这样的理解,实际上与今人无异,说明我们对"养老令"的解读符合逻辑,代表了最常规的释读方法。

⑤ 《二年律令·傅律》:"大夫以上[年]九十,不更九十一,簪袅九十二,上造九十三,公士九十四,公卒、士五(伍)九十五以上者,禀鬻米月一石。"张家山二四七号汉墓竹简整理小组:《张家山汉墓竹简[二四七号墓]》,文物出版社2001年版,第181页。

为“九十以上”①。显然,文帝时期的80岁受米与其前其后的90岁受米规定存在着矛盾。有学者据此认为,文帝放宽了吕后时期的90岁受米限制,“八十岁以上者即可享受月赐廪米一石的待遇”[4]。对于“受鬻法”这样重要的制度,文帝为什么要“放宽”年限?如果文帝之“放宽”是事实,那么武帝为什么舍文帝之制而遵吕后之制?

其二,“年八十已上,赐米人月一石,肉二十斤,酒五斗。其九十已上,又赐帛人二匹,絮三斤”,史料中将“赐”与“月”联系起来,意味着“赐物”的行为结束后,与之相应的“受物”的行为却在每月重复,有些不同寻常②。从道理上讲,这样的“赐”法不是不可以,帝王予物臣民的许多行为方式都可以称“赐”,天子愿意怎么赐就怎么赐;但是从《二年律令》专设《赐律》一门的事实来看,在汉代,“赐”也是有章甚至有法可循的,并非想赐什么就赐什么,想怎么赐就怎么赐。而且从文本的角度细究,汉代文献记载中但凡皇帝赐物于臣民,通常的格式基本上都是“赐某人(或某群体)某物若干”,张家山汉简《二年律令·赐律》中关于“赐”的条文,全部遵此格式。“赐某人某物每月若干”,就笔者阅史所及,这种表述方式尚无二见③。如果这种判断不误,那么在“赐”与“月”之间应该存在着一些我们尚未注意到的问题。

其三,赐物异常优厚,规格与价值过高。仅以90岁以上老人群体而言,他们每月得1石米、20斤肉、5斗酒、2匹帛、3斤絮。根据西北汉简所揭示的汉代物价水平④,猪肉价格约为每斤3钱至7钱,取其平均数5钱,则20斤肉约值100钱。酒价每斗为50钱,5斗则合250钱。帛价每匹约为325钱至800钱,以平均400钱计算,2匹帛则合800钱。絮有“阜绔橐絮”、“堵絮”、“络絮”、“襄絮”、“系絮”等品类,其中用来装棉衣之“堵絮”,价格大约是每斤150钱,3斤则合450钱。如此,90岁以上老人每月所受肉、酒、帛、絮四项合计为1600钱。又,居延汉简所见禀食名籍中,大男每月禀食量为3石,大女、使男为2石1斗6升,使女、未使男为1石6斗6升,未使女为1石1斗6升。90岁以上老人的食量,与使女、未使男较为接近,其每月所得米1石,基本上解决了月需口粮的一半以上。按照这样的统计,90岁以上老人的月度收入,已经超过了一些低级官吏的月俸⑤。虽然汉代倡导以孝治天下,优遇高年,但是国家对这一群体的福利支出超过特定官吏群体俸禄支出,这样的现象,实在罕见。

我们还可以从另外一个角度来考虑这个赐格的不合理性。文帝诏称“老者非帛不暖,非肉

① 《汉书·武帝纪》载建元元年夏四月诏曰:“古之立教,乡里以齿,朝廷以爵,扶世道民,莫善于德。然即于乡里先耆艾,奉高年,古之道也。今天下孝子顺孙愿自竭尽以承其亲,外迫公事,内乏资财,是以孝心阙焉。朕甚哀之。民年九十以上,已有受鬻法,为复子若孙,令得身帅妻妾遂其供养之事。”

② 有学者称之为“定期赐物”,以区别于史书中常见的“临时性赐物”。参见尹怡朋《秦汉养老政策研究》“汉代对老人的赐物活动”,山东师范大学2006年硕士论文。

③ 《二年律令·傅律》的“禀鬻米月一石”,不能等同于皇帝的“赐”。对于政府向高年发放粥米这种行为,文帝“养老令”亦云“吏禀当受鬻者”、“当禀鬻米者”,用“禀”而不用“赐”,这种表述方法值得关注。汉代行政文书(如居延汉简集簿)中的“禀食”,往往是指官府供给粮食,而“赐”则突出强调恩惠来自皇帝。“受鬻法”用“禀”而不用“赐”,暗含着这种福利是国家义务而非皇帝恩赐的意思。君主专制国家,公共权利与皇权也有各自的势力范围。因此,严格地说,“受鬻法”的发放粥米行为不能用“赐”、“赐物”来概括或指代。山田胜芳认为,“吕后时代是赐物于90岁以上老人,而文帝则将其降低到80岁以上”(《鸠杖与徭役制度》,庄小霞译,《简帛研究》二〇〇四,广西师范大学出版社2006年10月版)。这种说法如果不是认可文帝将受粥米者年龄降至80岁,便是混淆了“赐”的临时性特征与“受鬻法”的常制特征。

④ 以下各类物品的价格,参见刘金华《汉代西北边地物价考——以汉简为中心》,《中国社会经济史研究》,2008年第4期。

⑤ 据陈梦家先生考证,西汉后期,百石之吏俸钱720钱,其下的斗石、佐史为600钱。见《汉简所见俸例》,《文物》1963年第5期。又据《汉书》卷65《东方朔传》,待诏公车的东方朔,其月俸为“一囊粟,钱二百四十”。又据居延汉简,西北边地烽燧之候长,月俸亦不过1200钱。

不饱”①,所以赐米、肉、酒,帮助他们解决饮食问题;赐帛、絮,帮助他们解决穿衣问题。这里的“二匹帛、三斤絮”,尤应引起我们的重视。汉初的衣服用料有相对固定的尺寸数量,如《二年律令·赐律》规定:

赐衣者六丈四尺,缘五尺、絮三斤,襦二丈二尺、缘丈、絮二斤,绔(袴)二丈一尺、絮一斤半。

又《金布律》规定:

诸内作县官及徒隶,大男,冬禀布袍表里七丈、络絮四斤,绔(袴)二丈、絮二斤;大女及使小男,冬袍五丈六尺、絮三斤,绔(袴)丈八尺、絮二斤;未使小男及使小女,冬袍二丈八尺、絮一斤半斤;未使小女,冬袍二丈、絮一斤。夏皆禀禅,各半其丈数而勿禀绔(袴)。夏以四月尽六月,冬以九月尽十一月禀之。布皆八稯、七稯。以裘皮绔(袴)当袍绔(袴),可。

汉制,布帛长4丈、幅宽2尺2寸为一匹。2匹即8丈,加上絮3斤,基本可以裁制“衣”或“袍”一件。90岁老人每月都可得2匹帛、3斤絮,那么每位老人每年可得96丈帛、36斤絮,至少可制成“衣”或“袍”12件,或冬夏衣至少各4套(“衣”、“襦”、“绔”俱全),如此多的帛絮,几乎足够一个五口之家一年的服饰之用②,这是不是有些太“奢侈”了?这样的“养老”政策,不但能给当事人提供足够的生活所需,还能顺带解决当事人所在家庭的生活问题。所谓“佐天下子孙孝养其亲”,明确表示养老的主要承担者是老人所在家庭,国家只是起着辅助即“佐”的作用。“养老令”关于国家在养老保障方面的这种功能定位,意味着此次赏赐高年的福利物品仍然有限,而不会是包吃包穿。显然,“养老令”中的赐物价值,已经高到与这个前提极不匹配的地步。

另外,从国家对“三老”和“高年”两个老年群体的政策待遇上看,也能发现一些问题。汉代县、乡皆设三老一名,由50岁以上“有修行,能帅众为善”的男子担当[1](《高帝纪》)。既为“众民之师”[1](《文帝纪》),又参与基层行政事务管理,三老之受重视程度,通常要高于高年群体。高祖二年初即设三老并“以十月赐酒肉”,而未顾及高年群体,或多或少已经反映了其不同之处。从史实记载来看,天子赐及三老及高年的时候,三老得到的赐物往往更为优厚,或者说至少不比高年薄少。如《汉书·武帝纪》载武帝元狩元年立皇太子,“使谒者赐县三老、孝者帛,人五匹;乡三老、弟者、力田帛,人三匹;年九十以上及鳏寡孤独帛,人二匹,絮三斤;八十以上米,人三石”。可以清楚地看到,90岁、80岁这样的高年,在待遇上逊于三老。文帝时期也有赐及三老的例子,如《文帝纪》载文帝十二年三月诏曰:“孝悌,天下之大顺也;力田,为生之本也;三老,众民之师也;廉吏,民之表也……其遣谒者劳赐三老、孝者帛,人五匹;悌者、力田二匹;廉吏二百石以上率百石者三匹。”与“养老令”90岁以上老人每月“帛二匹、絮三斤”的规格相比,却明显低了许多。文帝时期三老待遇不及高年,这又是令人生疑的地方。

从以上分析可以看出,“养老令”赐格之高,可谓“前无古人,后无来者”。文帝为人恭俭仁爱,在位期间多有善政,如废肉刑、减免税赋等,在尊老政策上更为惠厚,似乎也是可以理解的。但是,如此高规格的赐予,意味着巨大的财政支出,当时的西汉政府能否承受得起?从已有研究成果来看,研究者在论证过程中通常是径直使用这一材料,甚至将之作为赞颂文帝尊老惠政的论据,却忽视了西汉政府财政承受能力的问题。也有学者注意到了“养老令”赐格过高的问题,并

① 典出《礼记·王制》:“五十始衰。六十非肉不饱。七十非帛不暖。八十非人不暖。九十虽得人不暖矣。”汉人常引用,如《盐铁论·未通》文学曰:“饮酒之礼,耆老异馔,所以优耆耄而明养老也。故老者非肉不饱,非帛不暖,非杖不行。今五十已上至六十,与子孙服挽输,并给徭役,非养老之意也。”《盐铁论·孝养》丞相史曰:“八十曰耋,七十曰耄。耄,食非肉不饱,衣非帛不暖。”

② 黄今言先生说,“假设汉代每人每年夏、冬二季各做一套衣裳,又不论大人小孩,平均每套用布2丈即半匹,则全家五口,一年做衣需要用去5匹布上下”。参见黄今言:《汉代自耕农经济的初步探析》,《秦汉经济史论考》,中国社会科学出版社2000年版。

由此对"养老受鬻令"是否成为制度提出质疑①。当然可以认为,执政者制定政策时脱离了现实,使所具之令沦为"具令"。诚然,一项制度,如果成本太高,得不到现实条件的支持,出发点再好,也难以贯彻实施下去。文帝时期推行的一些变革,也确实有迫于现实压力而未能入令者,甚至有最终流产者②。从赐格过高这个角度理解,"养老令"或许也是执政者考虑不周而出台的不切实际的政策。但是,从以上诸多令人费解之处综合考虑,"养老令"不单赐格过高,还存在着与立法精神背离、文本表述不合规制等问题,如果复以"立法不谨"视之,似乎未免有些过于简单化了。那么,问题到底出在哪里呢?

二

翻检史书,西汉时期与文帝"养老令"赐例最为相近者,是武帝元狩元年四月派遣谒者巡行天下并存问致赐事。《汉书·武帝纪》载:

> 丁卯,立皇太子。赐中二千石爵右庶长,民为父后者一级。诏曰:"……朕嘉孝弟、力田,哀夫老眊、孤、寡、鳏、独或匮于衣食,甚怜愍焉。其遣谒者巡行天下,存问致赐。曰:'皇帝使谒者赐县三老、孝者帛,人五匹;乡三老、弟者、力田帛,人三匹;年九十以上及鳏寡孤独帛,人二匹,絮三斤;八十以上米,人三石。有冤失职,使者以闻。县乡即赐,毋赘聚。'"

就关涉高年的内容而言,二者都将80岁以上、90岁以上老人分成两个群体分别行赐。就90岁以上群体而言,二者都有帛2匹、絮3斤的内容;就80岁以上群体而言,米3石与米1石、肉20斤、酒5斗相比,品类不同,价值大致相匹。二者也都对发放程序作出了规定。唯一不同的是,文帝"养老令"在发放数量前置一"月"字,使得二者的赐物规格形成巨大差别。文帝是因立皇后而赐,武帝是因立太子而赐,二者都是最重要的行赐事由,赐物规格却是如此悬殊。而导致这种匪夷所思情形出现的直接原因,唯在一"月"字之有无。那么,文帝"养老令"中的"月"字,会不会是衍字呢?

查《汉书》百衲本及其他后世校勘补注成果③,均不见可征之据。但顺帝阳嘉三年五月戊戌诏提供了新的线索。《后汉书·顺帝纪》载:

> 昔我太宗,丕显之德,假于上下,俭以恤民,政致康乂。朕秉事不明,政失厥道,天地谴怒,大变仍见。春夏连旱,寇贼弥繁,元元被害,朕甚愍之。嘉与海内洗心更始。其大赦天下,自殊死以下谋反大逆诸犯不当得赦者,皆赦除之。赐民年八十以上米,人一斛,肉二十斤,酒五斗;九十以上加赐帛,人二匹,絮三斤[5]。

"赐民年八十以上米,人一斛,肉二十斤,酒五斗;九十以上加赐帛,人二匹,絮三斤",这个赐格未见于东汉诸先帝,倒是与文帝"养老令"颇为相似。所不同者,一是米的数量由"一石"改为"一斛";二是"米人月一石"改为"米人一斛",少一"月"字。石与斛是同级的计量单位,在汉代经常互通使用,一斛即是一石④。如此,二诏之差异,只在"月"字之有无。如果文帝诏中剔除"月"字,那么两诏之赐格规定与语言表述几

① 如杨振红将"养老令"与《二年律令·傅律》以及武帝元狩元年夏四月诏比较研究之后,推测认为"文帝所具养老令在当时的社会条件下难以长期实行","养老受鬻令是否成为制度亦因此成了问题"。分见杨振红《从〈二年律令〉的性质看汉代法典的编纂修订与律令关系》,《中国史研究》2005年第5期;《月令与秦汉政治再探讨——兼论月令源流》,《历史研究》2004年第3期。

② 文帝时有"九十者一子不事"的优复政策(《汉书·贾山传》),武帝时又有"民年九十以上……为复子若孙"的诏令,沈家本据此即怀疑文帝此法"未著为令"(《汉律摭遗》卷14《户律一》"年九十一子不事八十二算不事"条,《历代刑法考》1985年版,第1632页)。又文帝二年废除犯罪"相坐"之法,后来又恢复了这条酷法,以"夷三族"惩治了新垣平(《汉书·文帝纪》)。

③ 张元济《百衲本二十四史校勘记·汉书校勘记》,商务印书馆1999年版;张舜徽《二十五史三编·汉书之属》,岳麓书社1994年版;徐蜀《两汉书订补文献彙编》,北京图书馆出版社2004年版。

④ 陈梦家《汉简缀述》:"在通常计量之时,则可以石代斛。"中华书局1980年版,第149页。

乎完全相同。这种高度相似,难道纯属偶然?

按太宗即汉文帝。顺帝诏书先述文帝之德政,复言自己"嘉与海内洗心更始",不难看出,发布诏书的目的是为了消除天灾人祸,手段便是按照文帝"故事"施行仁政,因此,诏令中赏赐高年的规格与"养老令"雷同,似乎可以理解为是一种"复制"行为。如果这种理解不误,那么就可以由此反推,文帝"养老令"中本无"月"字。如果"月"字确实为衍字,那么"养老令"的赐格内容相应变为:"年八十已上,赐米人一石,肉二十斤,酒五斗。其九十已上,又赐帛人二匹,絮三斤。"如此,前文提到的各种令人费解之处,也就自然冰释了。

顺帝阳嘉三年诏,我们当然可以理解为是对文帝"养老令"的"扬弃"——在继承其福利人群二重分类方式和福利品种、基准数量的同时,变更其月度发放方式为一次性发放方式,从而使之具有可操作性。但是从情理上推测,顺帝既然有意效法文帝,把"养老令"内容作为自己的施政模板,那么就不应该在福利标准上"大打折扣"。如果打了折扣,则是心不诚,心不诚则事不济,事不济则功不显,徒为人笑。因此,我更倾向于认为,《汉书》文本在流传过程中出现讹误,"月"字之衍导致文献信息失真,使原本现实的政策变得不现实了。从《资治通鉴》对《汉书·文帝纪》相关内容的阐述来看,最晚到北宋,"月"字之衍就已出现。

三

日本学者大庭脩曾指出:"在汉代,作为天子的诏令,在具有长期必须遵行的重要诏令中,在文中或结尾附有定令、着令、着于令、着以为令等用语。"[6]从文帝元年三月诏书反复出现"令"字的情形来看,"养老令"应当属于那种"长期必须遵行的重要诏令",故有学者据此推测,这条诏令"大约在整个汉代一直是必须遵行的"[7]。但是也有学者对此表示怀疑,认为养老令在当时的社会条件下难以长期施行①。那么,"养老令"到底是在文帝之后即被废止了,还是作为法令而为后世所遵行了呢?

本文篇首已经指出,传世《汉书·文帝纪》所载文帝元年三月诏,内容斑杂,需要结合《史记》相关内容来仔细辨析。其中涉及养老的内容,可以大致划分为三部分。一是以立皇后故,对80岁以上、90岁以上两个年龄段的高年赐物,即"年八十已上,赐米人一石,肉二十斤,酒五斗。其九十已上,又赐帛人二匹,絮三斤"。二是对赐物的发放环节予以强调,即"赐物及当禀鬻米者,长吏阅视,丞若尉致。不满九十,啬夫、令史致。二千石遣都吏循行,不称者督之"。其中提到的"禀鬻米者",实际上是"受鬻法"的对象(按照本文"月"为衍字的推断,当指90岁以上老人),由于基层官吏在发放鬻米的过程中存在着以次充好即"或以陈粟"的渎职行为,令文帝深为不满,所以诏令在细化赐物发放流程的同时,顺带对鬻米的发放流程作出规定。三是对受赐人群的身份予以严格界定,即"刑者及有罪耐以上,不用此令"。对"养老令"作如是解析,目的在于从其内容本身而不是从空泛的概念出发,来寻找其在汉代政治生活中的轨迹。通过比较研究,我们发现,"养老令"中的部分内容,在文帝之后政治实践中确实有所体现。

其一,赐物发放环节方面。《汉书·武帝纪》载武帝元狩元年四月派遣谒者巡行天下并存问致赐:

> 赐县三老、孝者帛,人五匹;乡三老、弟者、力田帛,人三匹;年九十以上及鳏寡孤独帛,人二匹,絮三斤;八十以上米,人三石。

① 杨振红先生即认为,"必须具有普适性和长期法律效力,并且符合后主的治国思想、仍然可以施之于当代的令"才能被编辑入律,"文帝元年颁布的养老令,由于无法永久施行,故在景帝修订律令时便未将其编辑入律"。她还指出,武帝建元元年四月诏所谓"民年九十以上,已有受鬻法","显然指的是《二年律令·傅律》的规定。武帝诏不提文帝元年所具养老令,反而提《二年律令·傅律》的律条,表明文、景修订法典时并未将文帝所具养老令编辑入律。之所以如此,大概是文帝所具养老令在当时的社会条件下难以长期实行吧"。参见氏著:《从〈二年律令〉的性质看汉代法典的编纂修订与律令关系》,《中国史研究》2005年第5期。

有冤失职,使者以闻。县乡即赐,毋赘聚。

这里的“县乡即赐,毋赘聚”,就是赐物发放时的注意事项。如淳曰:“赘,会也。令勿擅征召赘聚三老孝弟力田也。”师古曰:“即,就也。各遣就其所居而赐之,勿会聚也。”可见武帝诏要求县乡基层官吏“送物上门”,不得将受赐者召集会聚在一起统一散发。之所以有这样的强调,一方面是为了体现对受赐者特别是高年之人的优渥敬重;另一方面是为了避免愁扰百姓,或者影响他们的农作安排①。

又《后汉书·安帝纪》载元初四年七月诏曰:

……《月令》“仲秋养衰老,授几杖,行糜粥”。方今案比之时,郡县多不奉行,虽有糜粥,糠秕相半。长吏怠事,莫有躬亲,甚违诏书养老之意。其务崇仁恕,赈护寡独,称朕意焉。

东汉的仲秋行糜粥制度,是西汉“受鬻法”的流变[3]。所谓“长吏怠事,莫有躬亲,甚违诏书养老之意”,意指按照规定,地方长吏应该亲自到场发送糜粥,这与“养老令”关于地方官吏亲自发放鬻米的规定,也是基本一致的。

武帝诏和安帝诏在发放物品环节的规定,表述不尽相同,但是似乎都是在遵循着一种既有制度。制度之源,应该就是文帝“养老令”中所谓“赐物及当禀鬻米者,长吏阅视,丞若尉致。不满九十,啬夫、令史致”。虽然武、安二诏的表述远不如“养老令”细致,但是其内在关联不应被忽视。从这个角度上说,从文帝时期一直到东汉,“养老令”的部分规定似乎始终以制度的形式存在并被遵行。

其二,文帝“养老令”赐格方面的规定,在文帝之后似乎也是有迹可循的。前引武帝元狩元年四月诏,赐“年九十以上及鳏寡孤独帛,人二匹,絮三斤;八十以上米,人三石”,90岁以上老人所得帛、絮的数量,与“养老令”完全相同。武帝此项赐格所援引的模式,或许就是文帝的“养老令”。东汉顺帝阳嘉三年五月诏在赐格上几乎完全“复制”文帝“养老令”,而其后的桓帝建和二年春正月的赐例②,亦与“养老令”的赐格相类。不过,需要指出的是,两汉时期的各个朝代,即使是在相同或相近的行赐背景下(比如皇帝加元服、册皇后、立太子),不同的君主对高年的赐格往往存在着差异,说明当时不大可能存在着整齐划一的相关制度。但是,这并不意味着先帝的模式和规格对后世没有任何约束力,在某个特定时期,先帝的模式和规格仍然可能以“故事”的方式对后世施加着影响。从顺帝阳嘉三年诏、桓帝建和二年诏的例子来看,文帝“养老令”所扮演的角色,不是编入典册的律令制度,而是在政治法律生活中具有重大作用的先帝“故事”。

从以上两个方面的分析来看,“养老令”在文帝之后似乎既未被完全弃置,也未被严格遵行。

综合以上分析,传世《汉书·文帝纪》“养老令”中存在着若干经不起推敲的疑点,“年八十已上,赐米人月一石”中的“月”可能为衍字。如果“月”字之衍属实,那么“受鬻法”的福利对象在文帝时期并未发生调整,“养老令”的赐格虚高问题不复存在。文帝“养老令”是否作为一个完整的“令”被纳入后世法典暂且不论,其个别规定演化成为后世遵行的常设制度,个别内容在东汉时期仍然以先帝“故事”的方式产生着影响,却是事实。从这个意义上讲,严格说来,如果不是把“养老令”之“令”理解为“诏令”之“令”,而是视为“律令”之“令”的话,那么所谓文帝“养老令”的提法是不能成立的,所以,为避免歧义,不如把文帝“养老令”改称为“养老诏”。

① 《后汉书·和帝纪》载和帝永元五年二月诏曰:“去年秋麦入少,恐民食不足。其上尤贫不能自给者户口人数。往者郡国上贫民,以衣履釜为赀,而豪右得其饶利。诏书实核,欲有以益之,而长吏不能躬亲,反更征召会聚,令失农作,愁扰百姓。若复有犯者,二千石先坐。”

② 《后汉书·桓帝纪》:“(建和)二年春正月甲子,皇帝加元服。庚午,大赦天下……年八十以上赐米、酒、肉,九十以上加帛二匹,绵三斤。”

【参考文献】

[1]班固.汉书[M].北京:中华书局,1962.
[2]司马迁.史记[M].北京:中华书局,1959.
[3]赵凯.西汉"受鬻法"探论[J].中国史研究,2007(4).
[4]朱红林.汉代"七十赐杖"制度及相关问题考辨——张家山汉简《傅律》初探[J].东南文化,2006(4).
[5]范晔.后汉书[M].北京:中华书局,1965.
[6][日]大庭脩.秦汉法制史研究[M].林剑鸣,等译.上海:上海人民出版社,1991.
[7]高大伦.尹湾汉墓木牍《集簿》中户口统计资料研究[J].历史研究,1998(5).

第17卷第4期
1997年4月

秦皇汉武文化政策比较研究

郭炳洁*

【摘 要】 秦始皇"焚书坑儒",采取了政治、法律等强制性手段统一思想文化,背离了宗法社会的文化传统。汉武帝"罢黜百家,独尊儒术",在人们的思想文化领域内,采取教育、引导等手段统一思想文化,顺应了宗法制社会的文化传统。秦皇汉武的文化政策都适应了当时政治、经济、文化发展的要求,反映了历史发展的必然规律。

【关键词】 秦皇汉武;文化政策;异同;作用

秦汉时期处于封建社会的上升阶段。这一时期在政治、经济方面的措施都体现了逐渐加强封建君主专制的特点。与此相适应,思想文化领域内也发生着类似的运动。秦始皇"焚书坑儒"和汉武帝"罢黜百家,独尊儒术",即是这一文化运动的集中体现。因此,开展秦皇汉武文化政策的比较研究,对认识秦汉以后的历史走向将会有所助益。

一、秦始皇的文化政策

公元前221年,秦始皇"续六世之余烈,振长策而御宇内",建立了空前统一的封建国家。他在政治、经济方面采取了一系列巩固封建政权的措施,确立了君主专制的中央集权制政体。在思想文化领域内,虽然法家思想占主导地位,但对其他各派也采取兼容并包的态度。如设置七十博士、吕不韦集门人编写《吕氏春秋》等,就是很好的证明。但秦始皇在政治上的专制统治,则预示了这种文化兼容政策不会长久,必然要配合其专制政治的需要而发生逆转。秦始皇三十四年(前213年),淳于越在朝议时建议分封同姓王,以为屏藩。淳于越的建议虽然与秦的郡县制相冲突,但却属于政见之争,而李斯则把它片面地与文化领域的学术之争、与社会舆论对秦政的批评联系起来,认为学派林立、私学存在对政治不利,建议禁绝各家,一尊于法。秦始皇接受建议,开始了思想文化领域内的统一运动。

秦始皇统一思想文化的政策,是封建经济政治发展的必然要求,同时也是战国时期百家争鸣发展的逻辑归依。

秦自商鞅变法后的基本国策便是重视并奖励耕织,重本抑末,对小农采取扶植和保护的政策。秦对封建国家土地加以提封并实行授田制,造就了一个广大的个体小农阶层以及小农经济,为秦开辟了丰富的兵戍、徭役、赋税之源,从而使个体小农成为秦兼并诸侯统一天下的基本力量。公元前236年,"使黔首自实田"[1](《秦始皇本纪》),正式宣告了土地私有制的确立,使土地私有制迅速发展起来。小块土地私有制的发展,造就了专制

* 郭炳洁(1972—),女,河南省新乡市人,河南大学历史文化学院硕士研究生,主要从事中国秦汉史研究。

主义封建政权的牢固基础，正如马克思分析法国农民阶级所指出的那样："他们不能以自己的名义来保护自己的阶级利益……他们不能代表自己，一定要别人来代表他们。他们的代表一定要同时是他们的主宰，是高高站在他们上面的权威，是不受限制的政府权力，这种权力保护他们不受其他阶级侵犯，并从上面赐给他们雨水和阳光。所以，归根到底，小农的政治影响表现为行政权力支配社会。"[2]（卷1《路易·波拿巴的雾月十八日》）这样一个广大的小农阶层的存在，就要求强大的专制主义集权统治，要求政治、思想与文化上的集中与统一。

秦灭六国后，建立了一套以皇帝为核心的官僚政治制度，确立了皇权至高无上的地位。始皇大权独揽，"天下之事无小大皆决于上"[1]（《秦始皇本纪》）。还建立了一套比较完备的中央政府官僚组织机构，保证了专制制度实施于全国。但秦帝国是在奴隶制度废墟上建立起来的，宗法制的残余深深影响着人们，在统治集团内部存在着郡县制和分封制之争。秦是用武力统一全国的，秦和关东六国文化传统和心理上的隔阂并没有消除。那些被镇压的六国旧贵族很有可能利用民族意识反抗秦王朝。因此，加强思想上的统一也是巩固政权的必然要求。

战国时期，绚烂多彩、五花八门的各种思潮、学说和流派，互相攻讦、争鸣，一派繁盛的学术局面。然而，仔细考察各种学派的政治思想脉络，就会发现，争鸣的每一家都不把对方的存在当作自己存在的条件而给予应有的尊重，几乎都要求独尊己见，禁绝他说。由于争鸣和争霸是一个过程的两个方面，因此争鸣形成的合力是朝文化专制或统一的方向迈进。战国后期，它们在长久相互抵制、颉颃和论辩后，出现了相互吸收、融合的新趋势。《吕氏春秋》自觉地综合百家，以求思想上的一统天下："听众人议以治国，国危无日矣。何以知其然也？老耽贵柔，孔子贵仁，墨翟贵廉，关尹贵清……有金鼓，所以一耳也；必同法令，所以一心也；智者不得巧，愚者不得拙，所以一众也；勇者不得先，惧者不得后，所以一力也；故一则治，异则乱；一则安，异则危。"[3]（《不仁》）这段话反映了思想家们对思想统一的认识和要求。

秦统一后的政治、经济、文化等方面都对思想上的统一提出了要求。但是，这种要求并没有指明应用什么思想去进行统一。秦始皇之所以选定法家思想，是有历史和现实诸多因素决定的，甚至包括了秦始皇个人的某些因素。

秦国传统文化的一个主要特征，如宗法观念薄弱，轻伦理、重功利的价值观等，是法家思想成为统治思想的基础。秦处在周的西部，和戎人接近，是在征服融合西戎的过程中发展起来的，文化远远落后于关东，被称为"戎夷"之国。商鞅变法，虽然改变了一些原始习俗，但更把法家的功利主义价值观与秦国固有的文化结合了起来，使人与人之间唯功利是尚，刻薄寡恩，毫无温情可言。贾谊说："故秦人家富子壮则出分，家贫子壮则出赘。借父耰鉏，虑有德色；毋取箕帚，立而谇语。抱哺其子，与公并居；妇姑不相说，则反唇而相讥，其慈子耆利，不同禽兽者亡几耳。"[4]（《贾谊传》）秦国吏卒在与六国的战争中，为了爵位、田宅，唯杀掠是务，"左契人头，右挟生虏"[5]（《韩策一》）。秦国君臣为了兼并战争的胜利，军事进攻和外交讹诈交互运用，更无信义可言。秦人这种功利主义的价值观念，使秦能摆脱宗法制的束缚，任人唯贤，使秦人积极进取的精神得到充分发挥，对秦国的发展和壮大以及统一中国都起到积极作用。法家这种功利主义的价值观如此深入秦人的心理层次，为法家思想的独尊奠定了思想基础。

秦统一后，新的统治思想的选择主要是在《吕氏春秋》和《韩非子》这两种思想体系之间进行的。思想文化领域的斗争反映着统治阶级内部的矛盾。《吕氏春秋》是吕不韦召集门人编写而成的。"吕不韦相秦十余年，此时已有必得天下之势，故大集群儒，损益先王之礼，而作此书，名曰《春秋》。欲将为一代兴王之典礼也。"[6]"此书所尚，以道德为标的，以无为为纲纪，以忠义为品氏，以公方为检格。"[7]它反映了以吕不韦为首的主要来自关东地区的士人所组成的客卿集团的利益，有着深厚的东方传统。在秦统治阶级内部还存在着一批由奖励耕战传统培植起来的军功集团。这个集团借助法家的政策逐步发展起来，并深受其影响。他们大多数是本地出身的武将,如白起、王翦父子、蒙恬兄弟等。以秦始皇为首的由秦文化熏陶出来的军功集团,则崇尚集法家思想大成的《韩非子》。公元前237年,秦王追究吕不韦对嫪毒叛变应负的责任,免去他的相国职务。公元前235年,吕不韦服毒自杀。这样,秦始皇铲除了政敌,为法家思想取得独尊奠定了基础。

秦始皇本人对法家更是有特殊的兴趣。秦王见《孤愤》、《五蠹》之书,曰:“嗟乎,寡人得见此人与之游,死不恨矣!”[1](《老子·韩非子列传》)并且为得到韩非发动了侵略韩国的战争。随着统一大业的完成,他过高地估计了自己的作用,“以为自古莫及己”[1](《秦始皇本纪》),不愿听取不同的意见,喜欢独断专行,连太子扶苏的劝谏都听不进去。法家主张君主专制、中央集权和用术重势尚刑的思想,为始皇的独裁专制提供了理论基础。因此,法家思想被始皇选中,成为秦的统治思想。

秦始皇实现统一思想文化的措施主要有:

焚书。李斯认为读书人“不师今而学古,以非当世,惑乱黔首”,是由于读书的缘故,因此建议秦始皇焚书。具体办法是:凡秦记以外的史书,非博士所藏的《诗》、《书》百家语都要烧掉,只准留下医药、卜筮、种树之书。这次焚书使中国文化遭到巨大的损失,先秦许多重要文献古籍都被付之一炬。更重要的是春秋末叶以来百家争鸣、自由思索的精神,遭受了一次致命的打击。

坑儒。卢生和侯生为始皇献不死药之方无效验,怕被处死刑,因此相谋脱逃。始皇听到这个消息以后大怒,他说:“吾前收天下书不中用者,尽去之。悉召文学方术士甚众,欲以兴太平,方士欲练以求奇药。今闻韩众去不报,徐市等费以巨万计,终不得药,徒奸利相告日闻。卢生等吾尊赐之甚厚,今乃诽谤我,以重吾不德也。诸生在咸阳者,吾使人廉问,或为妖言以乱黔首。”[1](《秦始皇本纪》)就在焚书的次年(前221年),始皇叫御史把咸阳诸生捉来审问,诸生互相告密,始皇便亲自圈定460余人,把他们活埋在咸阳。

制定法律。为了保证思想文化统一政策的贯彻实施,始皇制定了一系列法律条文。“有敢偶语《诗》、《书》者弃市”[1](《秦始皇本纪》),偶即对也,就是禁止人民聚众议论,诽谤皇帝。“以古非今者族,吏见不举与之同罪。令下三十日不烧,黥为城旦。”[1](《秦始皇本纪》)挟书律。“挟,藏也。张晏曰:秦律敢有挟书者,族。”[4](《惠帝纪》)

禁止私学。李斯分析了私学对政权的危害,建议始皇禁止私学。规定学习的内容只有法令条文,老师应是精通法令的吏。这样,政府就垄断了教育。

通过以上措施,秦始皇实现了在思想文化领域内的统一。秦的思想文化统一是靠行政权力和野蛮的暴力实现的,因而也只能是短暂的、不巩固的。

二、汉武帝的文化政策

雄才大略的汉武帝亲政后即“令郡国举孝廉”,随后又诏令“贤良对策”。董仲舒的儒家思想最适合统治阶级的政治需要。于是,武帝接受董仲舒建议“罢黜百家,独尊儒术”。这一政策,是他以后数十年不断加强封建专制主义统治的开始,也是汉代统治思想变化的重大标志。

汉初社会经济的凋敝残破,以及秦朝二世而亡的教训,使汉初的统治者在统治思想上选择了“黄老之学”。黄老之学吸收了老子无为而治的治国思想,摈弃其小国寡民、绝圣弃智的政治主张,既言无为,又言刑名,即在国家君臣名分法制制度既定的前提下,人人各司其职,各安其业。政府对人民的社会、经济行为不横加干涉,不烦民,不扰民,让人民自由发展。这套统治策略对消除秦苛政之弊、休养生息、恢复和发展生产、安定封建秩序起到了重要作用。但随着经济的复苏,无为政治使封建政府面临着严重危机。

首先是社会上涌现出一批富埒封君的“素封”之家。汉初,由于封建统治者对商业采取放任政策,从而使商业和商品经济得到顺利发展,商人在社会上十分活跃。据《史记·货殖列传》记载:“汉兴,海内为一,开关梁,弛山泽之禁,是以富商大贾周流天下,交易之物莫不通,得其所欲。”社会上出现了一批拥有大量财富的富商大贾。“邑有人君之尊,里有公侯之富”[4](《食货志》),形成一股不容忽视的势力。有些富商大贾的豪华生活不仅远远超过贵族地主，破坏封建等级制，而且连“封君”对他们也要以礼敬之。他们有的违法越制，武断于乡曲，有的甚至与官府分庭抗礼。更严重的是商人兼并土地使农民破产、流亡，从而使农业生产遭到破坏，动摇了封建王朝赖以生存的基础。晁错曾尖锐地指出：“……商贾大者积贮倍息，小者坐列贩卖，操其奇赢，日游都市，乘上之急，所卖必倍。故其男不耕耘，女不蚕织，衣必文采，食必粱肉；亡农夫之苦，有阡陌之得。因其富厚，交通王侯，力过吏势，以利相倾，千里游敖，冠盖相望，乘坚策肥，履丝曳缟。此商人所以兼并农人，农人所以流亡者也。”[4]（《食货志》）这些“素封”之家，以其强大的经济实力，构成了对中央政权的潜在威胁。

其次，诸侯王势力威胁中央政权。自景帝平定“吴楚七国之乱”，实行王国制度上的改革后，武帝时，诸侯王的实力已远不如以前。但他们仍是一股不可轻视的地方势力，是专制主义中央集权统治的障碍。许多诸侯王骄奢淫逸，破坏封建法制，有的甚至“杀人取物，以为戏”，“与其亡命少年数十人行剽”[4]（《文三王传》）。还有一些企图逃脱中央政权约束，设法谋害中央政府派来的官吏。如胶西王刘端，“故胶西小国，而所杀伤二千石甚众”[4]（《景十三王传》）；赵王彭祖“立六十余年，相二千石无能满二岁，辄以罪去，大者死，小者刑。以故二千石莫敢治，而赵王擅权”[4]（《景十三王传》）。如放任诸侯势力发展，必将对西汉王朝的统一和稳定造成威胁。

再者，匈奴族的侵扰和掠夺，对汉王朝及中原地区人民的生命安全构成严重威胁。汉初对匈奴妥协退让并未能给边境带来安宁，相反却助长了匈奴的气焰和贪欲。《汉书》载文帝、景帝时，匈奴屡次入侵边境，有时竟威胁到京都长安。贾谊在《治安策》中痛陈匈奴为患之害：“今匈奴嫚侮侵掠，至不敬也，为天下患，至亡已也，而汉岁致金絮采缯以奉之。……今西边北边之郡，虽有长爵不轻得复，五尺以上不轻得息，斥候望烽燧不得卧，将吏被介胄而睡……可为流涕者此也。”[4]（《贾谊传》）匈奴的侵扰，直接威胁着西汉政权的长治久安。

经过汉初 70 年的休养生息，西汉社会经济得到恢复和发展。武帝即位时，西汉王朝已达到空前繁荣的阶段：“民人给家足，都鄙廪庾尽满，而府库余财。京师之钱累百巨万，贯朽而不可校。太仓之粟陈陈相因，充溢露积于外，腐败不可食。”[4]（《食货志》）经济实力的加强，使西汉政府具备了强化专制主义中央集权的物质基础。而要将地主阶级国家的各项制度牢固地确立起来，必须首先改变“无为而治”的统治思想，代之以强有力的思想理论。

秦王朝以法为教，以吏为师，靠的是行政强制手段，不能完全改变业已形成的深层的文化结构和人们的心态。汉初的无为而治，在文化上无力多加干涉，思想控制骤弛。与中国古老社会传统有更深的现实联系，以血缘宗法关系为其深厚根基的儒家思想，则在黄老思想统治期间得以发展，其作用日益明显。陆贾在高祖面前称说《诗》、《书》，并著《新语》，提醒他要施行“仁政”。叔孙通为汉制礼仪，得到高祖称赞。贾谊从儒家立场出发提出加强中央集权的主张。儒学的研究和传授活动也随之活跃。文帝时，置儒学专经博士，景帝又进一步起用儒家学者，并增立治《春秋》的胡毋生、董仲舒和辕固生为博士。文景之时，儒家势力不断壮大，出现“儒老相绌”的局面。儒学争夺学术霸主的地位初露端倪。

生长在帝王之家的武帝，其特殊的家庭环境培养了他唯我独尊、刚愎自用、热衷于权势和好大喜功等性格特征。他执政后，面对错综复杂的社会矛盾，发愤要有所作为。正是在这样的背景下，董仲舒奏上了著名的天人三策：“春秋大一统者，天地之常经，古今之通谊也。今师异道，人异论，百家殊方，指意不同，是以上亡以持一统；法制数变，下不知所守。臣愚以为诸不在六艺之科，孔子之术者，皆绝其道，勿使并进。邪辟之说灭息，然后统纪可一而法度可明，民知所从矣。”[4]（《董仲舒传》）董仲舒把统治阶级的统治永久化，把君权神化，强调统纪和思想的“大一统”，正顺应了武帝的心理。因此，儒学被确立为统治思想。

汉武帝之所以能独尊儒术，也是因为董仲舒的儒学已不再是早期儒学的简单重复，而是在不违背儒学基本原则的前提下，把儒家的基本理论与战国以来风行不衰的阴阳五行论具体地配置起来,从而使儒家的伦常政治纲领有一个系统论的宇宙图式作为基石,并且还吸收道家和法家学说中对己有用的成分,使新儒学含相当浓厚的刑名特色,从而确定了君主专制权力和社会统治秩序,能有效地起到维护封建统治秩序的作用。

汉武帝用以确立儒学统治地位的措施及途径,大体有以下几条:

推行全面儒学化教育。儒家的治国方略是"礼教德治",培养"修身、齐家、治国、平天下"的具有儒家政治道德理想的人才。这是巩固封建统治最可靠的措施。武帝建元五年(前136年)置五经博士。元朔五年(前124年),为博士置弟子员50人。选补博士弟子的条件是"好文学,敬长上,肃政教,顺乡里,出入不悖"[4](《儒林传》)。儒学化教育的主要途径是设立学校,中央设太学,地方官学按行政区划设置,郡县道邑分别设学、校、庠、序。儒学的经典著作是教科书。

实行与儒学相联系的取士制度。汉代学子趋骛儒学,以至"天下之学士靡然乡风矣"[4](《儒林传》)。这主要是因为儒学是通向仕途的一块敲门砖。博士弟子每年都进行考试,"一岁皆辄试,能通一艺以上,补文学掌故缺;其高第可以为郎中太常籍奏。即有秀才异等,辄以名闻"[4](《儒林传》)。另外,汉代察举的主要科目虽有孝廉、贤良方正、秀才、童子等,但真正有代表性的科目只有孝廉。儒家强调为人立事以孝为本,任官为政以廉为主,因此,孝廉便是符合儒家思想的孝子廉吏。

把《春秋》作为决定国家大事和法律的标准。《春秋》是孔子根据鲁国的国史编写的编年体史书,体现了孔子的政治思想和社会理想。但在汉儒看来,其意旨主要有:为汉制法,拨乱反正,大一统,正是非,礼义之大宗(即君臣父子之义),褒贬诸侯,断事决狱,灾异谴告等。因此,《春秋》便成为对社会各个领域起指导作用的圣典。"凡朝廷决大疑,人臣有献替,必引《春秋》为断"[8](卷8),它的另一种作用即"《春秋》决狱"。《春秋》记事的基本指导思想和判断是非的标准是儒家提倡的礼义学说。武帝时,张汤为廷尉,即奏请征用博士弟子通《尚书》、《春秋》者补为廷尉史。他们拿《春秋》的精神和内容作为决狱判案的根据,把儒家的经典当成法律。治淮南狱是《春秋》决狱的典型体现,深得武帝的赞叹,于是《春秋》断狱形成风气。"《春秋》之听狱也,必本其事而原其志"[9](《为人者天》),即原心定罪。这无疑就是通过对越轨行为的外在强制性方式,使儒家教义深入人心,从而现实社会生活方式亦得以儒家教义作具体引导。

循吏的教化。武帝独尊儒术之后,那些诵习儒学出身的循吏在为政一方时,其政策体现了《论语》所讲的为政原则,"富之"、"教之"、"无讼"。中国封建社会的官吏集政教于一身,既是官又是师,兼有重大的教化使命,而教化即是普及儒家的精神,如武帝时左内史倪宽、南阳太守召信臣在为官时,行为无不处处体现着儒学的精神。其示范和教化作用,更能使儒学深入民间。

汉武帝通过以上措施或途径真正确立了儒学在中国政治生活、经济生活以及意识形态领域的独尊地位,将儒家思想深入到人们的心灵深处,使统一思想的企图变成了思想统一的现实。

三、秦皇汉武文化政策的比较分析

秦皇汉武的文化政策,都是封建社会初期统治者从专制主义中央集权制国家的大一统需要出发而采取的措施,但又因其历史条件的不同,呈现出各自不同的特点。以下,我们粗略探讨二者的相同及差异之处。

首先,我们讨论二者的相同点。

秦皇汉武都实行了统一思想文化的专制政策,反映了当时历史发展的必然要求,是秦汉之际政治、经济以及文化发展的必然产物。

秦汉封建政权是建立在以一家一户为生产单位的孤立分散的小农经济基础上的,但小农经济的封闭性、分散性始终是一种对统一的瓦解力量。历史唯物主义认为:在一个以小农经济为基础的社会中,必然存在着两种自发的趋势。一种是小农经济的分散性所导致的封建统治权力和土地所有权的日益紧密的结合。受封者变为世袭领主、贵族,分裂割据势力日益猖獗。另一种是农奴化,即封建主对生产者的经济剥削和人力控制合二为一。这种趋势的发展必然导致官僚阶级的贵族化。随着贵族化的发展,那些看起来貌似强大的封建帝国就必然瓦解。因此,加强思想领域的统一是克服小农经济分散性的必然要求。

秦汉之际,中国社会的政治统一已经完成,而政治的统一,则要求有思想文化的统一相伴随。

春秋战国时期,中国区域文化已形成。秦统一后,仍然起着巨大历史作用的当属秦文化、齐鲁文化和楚文化。区域文化的特征不仅仅表现在风俗习惯、物质器用上的不同,更主要的是在于行为准则和价值取向的不同。秦的统一只是在政治、军事上的统一,并未能实现文化上的统一。它的一系列行政命令,无法消除关东地区人民业已形成的文化心理。不同的价值取向给统一造成了离心力。统一后,政治形势十分严峻,特别是被镇压的六国贵族残余对秦政府虎视眈眈,企图利用民族意识进行反秦斗争。公元前218年,始皇第三次巡行至阳武博浪沙时,遭到韩国贵族张良与力士的狙击,差一点送了性命。楚国的大将项燕叔侄在吴中时,“每吴中有大徭役及丧,项燕常为主办,阴以兵法部勒宾客及子弟,以是知其能”[1](《项羽本纪》)。待机反抗秦政府。关东六国的人民群众对秦王朝多抱着敌对态度,公元前211年,有一颗陨石落到东部,有人在上刻字“始皇死而地分”,表达了对秦统治者的仇恨。当时的知识分子阶层“士”则是“不师今而学古,以非当世,惑乱黔首”[1](《秦始皇本纪》)。表现出不能认同秦文化的离心倾向。分析表明实现思想领域的统一,已成为巩固政治统一的必要条件。

秦朝二世而亡,统一思想的任务并没有完成。汉初实行郡国制,中央直辖的地区仅占全国土地的三分之一。而诸侯大如齐、楚等,除中央委派丞相外,其余官署同制京师,诸侯势力膨胀,漠视皇帝,分裂活动不断发生。如淮南厉王刘长“废先帝法,不听天子诏,居处无度,为黄屋盖拟天下”[4](《淮南王传》)。骄奢纵恣,为逆无道。汉初不仅诸侯心目中无汉王朝,南越、匈奴也是如此。南越虽表面称臣,实际“其居国,窃如故号”。匈奴屡屡寇边,视皇帝不过是“以皇帝之号,为戎人诸侯而已”。武帝即位,正是诸侯王势力削弱,中央威信提高之时。政治上中央集权逐渐强固了,思想上也要与之相适应。

秦汉之际在思想文化领域内,也形成了汹涌澎湃的思想统一潮流。当时思想界共同的主题是,怎样用思想的统一来巩固政治上的统一,以及用什么思想来统一。

从秦统一前夕起,以《吕氏春秋》为代表的寻找思想统一的潮流已经开始。该书的整个“八览”中,都贯穿着强调大一统的思想。从汉兴直到武帝即位的七十余年间,统治阶级始终在探讨秦亡的教训。在完成思想统一过程中,各种思想、各派人物竞相登场。主要的有《淮南子》,它继承《吕氏春秋》的道路,兼容百家,试图建立一套有效的社会制度,以规范社会,统一人心。最后,董仲舒以儒家思想为根基,以阴阳五行为骨架,兼采诸家学说,建立了一个以天地人感应为核心的天人合一的哲学体系,为大一统的刘汉王朝的合理性和永恒性作论证。这种新儒学用文教、文官制度加强社会对人的外在控制,用三纲五常为核心的伦理规范加强对人的内在控制,使社会的稳定性大大加强,完成了思想统一的任务。

秦皇汉武文化政策的不同点,主要表现在以下两个方面:

其一,秦王朝在思想文化范围之外来寻找思想文化统一的途径,采取政治、法律等强制性手段,来对待人们自由思想的发生。而汉武帝则在思想文化范围之内来寻找解决问题的办法,顺从思想发展的规律,来引导人们思想什么,如何思想,给人们一个思想的导向。这就是“禁之便”与“民知所从”两种思想文化政策的根本区别。

建立在武力征服基础上的秦帝国,自诞生之日起就面临着重重矛盾:农民与地主阶级及封建政府之间的矛盾,封建国家与关东六国贵族残余势力之间的矛盾等。由于秦始皇的暴政,使各种矛盾日益激化,各地的反抗斗争在秦统一后长时间内从来没有停止过。统一后的始皇帝在巨大的欣慰和无穷颂扬声中,个性的劣质不断膨胀。他自以为功过三皇,德兼五帝,不能容忍对其自尊与自信的强烈刺激和损伤。全国各地频繁出现反抗现象,使他充满忧虑、憎恨和恐惧,便更加相信刑罚的威力。他巡行至湘山祠时,因遇大风不得渡江,就令刑徒三千人“皆伐湘山树,赭其山”[1](《秦始皇本纪》)。在咸阳微行遇盗后,下令“关中大索二十日”[1](《秦始皇本纪》)。于是,在解决思想领域的问题时,便采取了强制性手段,企图用行政命令和法律来统一思想。他以法作为人们思想行为的规范,并且明确规定了思想罪:“言行而不轨于法令者必禁。”[10](《问辩》)人们不仅在行动上要遵守法,在思想上也必须是法的婢女,这样就从根本上扼杀了人们的精神活动。这和具有丰富多彩的精神生活的思想发展规律完全相悖。它不仅行不通,而且会引起人们强烈的反抗。

秦文化政策失败的教训和汉初文化政策的弊端,为武帝提供了丰富的历史借鉴,董仲舒认为,继续推行秦代严刑峻法的统治,只能是“法出而奸生,令下而诈起,如以汤止沸,抱薪救火,愈甚亡益也……退而更化,更化则可善治”[4](《董仲舒传》)。武帝的政策抛弃强制性的手段而采取因势利导,注意教化的作用。汉王朝在中央设立太学,在地方设庠、序,以儒家的经典为教材,并且通过取仕制度,使人们自觉地学习儒学。于是,君权至上的权威意识和“三纲五常”的观念便深深地植根于读书人的思想里。并且那些做地方官的儒生,以儒家思想教化一方百姓。他们一方面将儒家的思想体现在政治行为之中,对老百姓是一种无形的影响,对儒家起到一种潜在的宣传作用;另一方面兴学措施是对儒学的直接宣传;再加上平时理讼断案,处理民事纠纷,无不以儒学为宗旨。这样,在人民的意识里也牢牢地树立了忠、孝等观念,在复杂的人际关系中,找到了自己的位置。这一切,对封建统治的长治久安极为有利。武帝的文化政策并没有禁止人们的思维,而是规定了思维的范围。人们只能在这个范围内进行思考,跳出就是大逆不道的。教化使人们自觉不自觉地将思维纳入了这个范围。因此,武帝独尊儒术的文化政策便很容易实现。

其二,秦皇汉武所选定的两种统治思想的文化性格不同。

秦始皇选定的法家思想,主张绝对君主专制,以严刑峻法治国,将人与人的关系简化为一种单纯的法律关系。完全脱离了中国农业社会的文化特点,与宗法制社会历史传统严重对立。

西周建立初年,周王大分封,周王既是普天之下最高统治者,又是全体姓氏族的“大宗”。诸侯国君又分封自己的兄弟,建立卿大夫之家,卿大夫以下还分出他们的亲属,建立各自的父权家长制家庭。这种家庭各有一定的田地,自给自足,这就是宗法制度下以家庭为单位的小农生产方式。在这种以族权为经、政权为纬的组织网络中,通过内部亲亲尊尊、尊祖敬宗的宗法秩序维系内部的协调稳定。每一个氏族成员都以一定的宗法身份出现,持有特定的称谓和名分,担负着与之相符合的一定的社会功能。它的核心是血亲关系。为了维护这种宗法关系便制定出了一套行为规范,是为周礼,并孕育出体现血亲关系的“孝”、“友”、“忠”等伦理道德。虽然,春秋战国时期,奴隶制的宗法制度已寿终正寝,然而封建宗法制却又在创立。也就是说,这个宗法制度又部分保留在封建制之中。新的统治者的营垒里有不少原是贵族转化而来,他们与贵族有千丝万缕的联系。由于社会生产的进步,在宗法共同体内部,小家庭对共同体的依赖慢慢减弱,逐渐成为独立的生产实体,大量小自耕农出现,使他们在观念上要求把血亲家庭的道德标准作为社会道德标准。因此,孕育于宗法社会里的伦理道德观念,在人的心里还有着重要的地位。而法家思想,却在批判旧制度、旧伦理道德时,走向了极端。它透过血亲关系温情脉脉的面纱,看到人与人的关系;即使是父子关系,也是建立在冷冰冰的个人利害关系之上的。人除开自私自利的考虑外,其他感情与社会舆论因素都不起任何作用。为了实施对整个社会的统治并保持社会的相对稳定,便主张建立绝对的君主独裁专制和实行严刑峻法。法家否定伦理道德的作用,企图利用以国家政权为后盾的刑罚来推行和建立行为规范。在其思想体系里,不存在什么道德规范,更不承认道德的社会作用。人与人之间的关系,只是单纯的法律关系。这完全和宗法社会孕育出来的农业社会中人们的心理对立。因此,不能被广大社会成员所接受。

儒家的初期学说，就是从有着典型父权家长制的宗法组织的鲁、卫、齐一带产生的。目的是为了挽救日趋崩溃的奴隶制宗法体系。春秋晚期，面对着内外交困中一个个崩溃、灭亡的宗法家族体系，孔子提出了“仁”。“仁”是孔子伦理思想的核心，“仁”指人与人之间的关系。“仁者爱人，克己复礼为仁”，即克制自己的欲望和行为，多为他人着想，恢复周礼，以符合“尊尊亲亲”的氏族内部秩序，强调氏族成员之间关系的和谐。儒家把宗法血缘关系视为“群”的关系中最根本的关系，由此产生了适应宗法制封建生产关系的宗法观念、忠孝观念、等第观念等一套封建主义伦理道德规范。董仲舒将先秦儒家思想进行改造，重捡起孔孟孝悌之道，确立“父为子纲”，同时又承袭宗法制的夫权思想，改造成为反映地主制夫权统治的“夫为妇纲”。另外又大力发展了忠君思想，定为三纲之首的“君为臣纲”，并且提倡“忠、孝、仁、义”等。儒家思想不仅是宗法思想的直接产物，而且其“忠孝”观念更有利于稳定政权，巩固统治。

从秦皇汉武所选定的两种思想文化属性、风格上的差异及其所造成的不同后果，可以得出这样的结论：主流文化的选择，必须符合社会经济基础与历史文化背景及文化传统的需要。

【参考文献】

[1]司马迁.史记[M].北京：中华书局，1959.

[2]马克思，恩格斯.马克思恩格斯选集：第1卷[M].北京：人民出版社，1995.

[3]包瑞峰.百子全书：吕氏春秋[M].沈阳：辽宁民族出版社，1996.

[4]班固.汉书[M].北京：中华书局，1962.

[5]刘向.战国策[M].上海：上海古籍出版社，1985.

[6]陈澔.礼记集说[M].上海：上海古籍出版社，1987.

[7]陈奇猷.吕氏春秋校释[M].上海：学林出版社，1984.

[8]唐晏.两汉三国学案[M].北京：中华书局，1986.

[9]董仲舒.春秋繁露[M].上海：上海古籍出版社，1989.

[10]韩非.韩非子[M].上海：上海古籍出版社，1989.

第22卷第4期
2002年7月

东汉末年的“求真”思潮

向晋卫*

【摘　要】 东汉末年社会上产生了一股强大的“求真”思潮,在理想与现实、真理与谬误、虚妄与真实等多方面的矛盾与对立中寻找出路,构成了东汉思想的主要趋向。“求真”思潮的产生有多方面的原因,同时其表现形式也是多方面的,其产生的后果也是多方面的,其中之一就是儒家思想自身的修正与道家思想的兴起。

【关键词】 东汉;求真;思潮

从西汉独尊儒术以来,经学成为了汉代主导的学术形态,儒家的一系列价值观念也逐渐被社会化,但是物极必反,儒家思想在学、术、道等许多层面都出现了弊端,东汉末年的“求真”思潮正是在此基础上出现的。“真”的文化意蕴有多重含义,相对于不同的对象,“真”可以解释为不同的意义,如与“理想”相对的“现实”,与“虚伪”相对的“真诚”,与“假象”相对的“真实”等,本文的目的就是从以上几方面去分析东汉中后期出现的“求真”思潮的文化意蕴,这对认识汉魏之际的思想变迁也是有意义的。

一、理想与现实

从汉武帝“独尊儒术”开始,汉代的政治演进与儒学便紧密结合起来,不仅在最终的理念上确立了儒家思想,而且在具体制度上也为儒生参政并进而实现自己的理想确立了现实的途径。儒家思想逐渐成为了国家的指导思想,儒生也逐渐成为了政治上的“领导阶层”,“内圣外王”的理想追求似乎终于有了现实的落脚处。但是专制政权对儒家思想的提倡与利用并不能掩盖其与儒家思想的矛盾。专制政权想尽办法在改造儒生以使之为己所用,而儒生也在努力改造政治的演进方向,以使自己之理想得以实现,二者之间的矛盾始终存在。儒生追求的理想就是在现世中实现其理想中的“三代盛世”,他们相信那是在历史上真正存在过的理想制度,所以他们的目标就是要“复古”,实行王道政治,而现实中的政治实践却是“霸王道杂之”。两汉时期,儒家对现实的社会批判从来不曾消失,并且有越来越强烈的趋势,但是思想在现实面前总是那样软弱,任凭儒生如何苦心孤诣、殚精竭虑,专制政权的发展还是循着自己的规律在发展、演变,“豪杰之当天命者,未始有天下之分者也。无天下之分,故战争者竞起焉。于斯之时,并伪假天威,矫据方国,拥甲兵与我角才智,程勇力与我竞雌雄,不知去就,疑误天下,盖不可数也。……及继体之时,民心定矣。普天之下,赖我而得生育,由我而得富贵,安居乐业,长养子孙,天下虽然,皆归心于我矣。豪杰之心既绝,士民之志已定,贵有常家,尊在一人。……彼后嗣之愚主,见天下莫

* 向晋卫(1975—　),男,汉族,山西省壶关县人,北京师范大学历史系2000级博士研究生,主要从事中国古代思想史研究。

敢与之违，自谓若天地之不可亡也，乃奔其私嗜，骋其邪欲，君臣宣淫，上下同恶。目极角抵之观，耳穷郑、卫之声。入则耽于妇人，出则驰于田猎。荒废庶政，弃亡人物，澶漫弥流，无所底极。信任亲爱者，尽佞谄容说之人也；宠贵隆丰者，尽后妃姬妾之家也。使饿狼守庖厨，饥虎牧牢豚，遂至熬天下之脂膏，斫生人之骨髓。怨毒无聊，祸乱并起，中国扰攘，四夷侵叛，土崩瓦解，一朝而去。昔之为我哺乳之子孙者，今尽是我饮血之寇仇也。至于运徙势去，犹不觉悟者，岂非富贵生不仁，沉溺致愚疾邪？存亡以之迭代，政乱从此周复，天道常然之大数也”[1]（《仲长统传》）。仲长统对历史发展的总结清楚地展示了东汉一朝的衰败历程，政治肌体在统治阶级内部的斗争中腐烂、变质，外戚、宦官的交替掌权，对东汉政权的破坏以及对儒家士人理想的打击可以想见，尤其是东汉末年的“党锢”之祸更是对儒生的“当头棒喝”，士人的理想在现实面前已经彻底崩溃，完全失去了西汉初年的气概与抱负。东汉桓帝时有乡人劝安阳人魏桓入仕，魏桓说：“夫干禄求进，所以行其志也。今后宫千数，其可损乎？厩马万匹，其可减乎？左右悉权豪，其可去乎？”乡人说：“不可。”于是魏桓感慨道：“使桓生行死归，与诸子何有哉！”[1]（卷53）残酷的现实使儒生逐渐从理想的虚幻中回归现实，不得不对儒家的政治思想重新审视，对自身的定位也出现了多元化的趋向，相应地在思想领域内也出现了分化的趋势，法家、道家思想又重新引起了大家的注意，“固宜量力度德，《春秋》之义。今既不能纯法入世，固宜参以霸政，则宜重赏深罚以御之，明著法术以检之。……固圣人能与世推移，而俗士苦不知变，以为结绳之约，可复理乱秦之绪，《干戚》之舞，足以解平城之围。……盖为国之法，有似理身，平则致养，疾则攻焉”[1]（《崔寔传》）。是汉末的政治实践与政治现实使得儒家士人在对以往的政治理想与政治实践进行反思的过程中，对自身与儒家的思想都进行了必要的调整，而其中心之一即是从理想向现实的回归。

有论者曾经指出儒家思想中含有相当浓厚的“乌托邦”色彩，的确，从思想的终极目的上来讲儒家思想中确实存在着一种理想主义的东西，但是在现实社会的实践中儒家思想也在不断地改变，不过是“有改道之名，无改道之实”而已，儒家思想的终极目的是没有变化的，只是暂时承认了现实的“真实性”。正是这种在“理想”与“现实”的张力中突现了儒家思想的革命性，而正确区分“应然”与“实然”则体现了儒家思想的“现世性”倾向，也许这也是儒家思想能绵延几千年的原因之一。总之，对“真”的追求是对理想执着追求的信仰基础，同时也是对现实关怀的社会原因，两种思想倾向看似矛盾，实则相辅相成。

二、真理与谬误

经学是两汉占主导地位的学术形态，经学本身虽然有很强的经世致用倾向，但是作为一种学术形态其“求真”的特点还是存在的。两汉的经学处在独尊的地位，而如何去发现与正确阐释经典中的真正的“圣人之道”则是两汉经学的主要任务，所以说“求真”的风气也始终激荡在经学发展过程之中，而学术领域内的“求真”思潮又突出体现在两汉时期的“今古文之争”。

历来论汉代今古文之争的学者，似乎都偏重于强调政治因素的影响，而忽略了学术发展过程中的其本身的特点与要求，即对“真”的追求，其实无论是在终极目的的层次上还是在攻击对手的手段上，“求真”都是一个极其重要的方面。今文经学是在秦的基础之上发展起来的，对先秦以来的历史记载本来就是“文献不足征也”，但是由于其初期明显的经世致用倾向，得到了政治权力的利用与提倡，最终导致了今文经学的虚妄化、空虚化、繁琐化。例如刘歆在攻击今文经学家时，就认为“缀学之士，不思废绝之阙，苟因陋就寡，分文析字，烦言碎辞，学者罢老且不能究其一艺。信口说而背传记，是末师而非往古，至于国家将有大事，若立辟雍、封禅、巡狩之仪则幽冥而莫知其原。犹欲保残守缺，挟恐见破之私意，而无从善服义之公心，或怀妒疾，不考情实，雷同相从……若必专己守残，党同门，妒道真，违明记，失圣意，以陷于文吏之议，甚为二三君子不取也”[2]（《刘歆传》）。可以看出，今文经学的表现在刘歆看来就是繁琐失真，对“道真”不仅没有宣明之功，反而有遮蔽之嫌。稍后的班固对此也有同样的看法：“古之学者耕且养，三年而通一艺，存其大体，玩经文而已，是故用日少而蓄德多，三十而五经立也。后世经传即已乖离，博学者又不思多闻阙疑之义，而务碎义逃难，便辞巧说，破坏形体；说五字之文，至于二三万言……安其所习，毁所不见，终以自蔽，此学者之大患也。”[2]（《艺文志》）班固同刘歆一样，一方面批评了经文经学学术的繁琐化，另一方面批评了他们不明“圣人之道”，终以自蔽的结果。与此同时，今文经学家虽然不同意古文家的批评，但是其在反驳时却同样是从“真实”的角度来立论的，如范升在反对立《费氏易》、《左氏春秋》博士时说：“左氏不祖孔子，而出于丘明，师徒相传，又无其人，且非先帝所存，无因得立。”“今费、左二学，无有本师，而多反异，先帝前世，有疑于此，古京氏虽立，辄复见废。疑道不可由，疑事不可行。”[1]（《范升传》）今文学者从传承与文献两个方面表示了对古文经的怀疑，因为其不祖孔子，从而判定其属于“疑道”。在经学家看来，“六经”是载道之书，只要否认了其文献上的真实性，其所阐述的圣人之道就不攻自破了，这是经学家在争论时常用的方法，“仲尼作经，本一而已，古今文不同，而皆自谓真本经；古今先师，义一而已，异家别说不同，而皆自谓古今。仲尼邈而靡质，昔先师殁而无闻，将使谁折之者？”[3]（《时事》）荀悦的论述很明确地指出了维护自己的“真”而攻击对方为“假”是今古文两家共同的目的，也是两家相互攻击的共同手段。

“求真”是学术发展的最终动力，在学术的发展过程中，其他力量虽然可以发挥一时的影响，但是最终的结果还取决于对“真理”的认识程度，东汉章帝时下诏说：“《五经》剖判，去圣弥远，章句遗辞，乖疑难正，恐先师微言将遂废绝，非所以重稽古，求道真也。其令群儒选高才生，受学《左氏》、《穀梁春秋》、《古文尚书》、《毛诗》，以扶微学，广异义焉。”[1]（《章帝纪》）很明确地说明了他对古文经学的重视正是出于“重稽古，求道真”的学术目的，而这在一定程度上也可以说明古文经学在东汉兴起的原因。政治应该为学术发展提供一个宽松的外部条件，而学术则应该为政治提供学理上的研究与指导，但是二者的根本追求是不同的，学术的“致用”必须建立在“求真”的基础之上，否则其发展必将没落，东汉今文学的衰落、古文学的兴起也证明了学术与政治的关系应该“和而不同”，而不应该“同而不和”。今文经学在西汉被立为“学官”，地位独尊，身份显赫，但是时隔不久，古文经学在东汉逐渐成为了“显学”，这在很大程度上就是因为古文经学在文献的真实性上与学风的谨严扎实上都是今文经学不能相比的。古文学家杜林曾对其弟子卫宏讲：“古文虽不合时务，然愿诸生无悔所学。”[1]（《杜林传》）不求一时的显耀，而追求真理的精神，颇有点“为学术而学术”的味道，也正是古文家的这种对学术真实性的追求，才会有后汉学术的进一步发展。

三、虚妄与真实

汉末“虚妄不实”的社会风气是儒生批判的又一个焦点。东汉中后期儒家士人参政的途径遭到了严重的破坏，汉初以来形成的“征辟察举”选举制度出现了严重的危机。由于世家大族对选举权的实际垄断，广大士人凭真才实学已很难进入官场，而巧佞之徒却能凭自己的社会关系与社会声名顺利进入官场，由此形成的恶性循环是汉末社会一个突出的社会问题，也是汉末以来士人争论的一个中心话题，对这一社会问题当时人也多从“真”的角度出发加以批判。一般来讲，儒者的价值预设是“圣”与“王”的合一，是“内圣外王”，主体本身所具有的“道德素养”与“真才实学”是其能否获得社会身份与地位的主要条件，但是在汉末“经明行修”却不足以保证能进入官场，现实的情况是朱紫不分、良莠混杂，“汉末之世，灵、献之时，品藻乖滥，英逸穷滞，饕餮得志，名不准实，贾不本物，以其通者为贤，塞者为愚”[4]（《名实篇》）。“贡士者，非复依其质干，准其才行也，直虚造空美，扫地洞说。”[5]（《实贡》）“凡今之人，言方行圆，口正心邪，行与言谬，心与口违……虚谈则知以德义为贤，贡荐则必阀阅为前。”[5]（《交际》）面对严峻的社会现实，一方面在政治领域对虚妄不实的社会风气加强了整治，如三国时期魏文帝就下诏:“世之质文,随教而变,兵乱以来,经学废绝,后生进趋,不由典谟。岂训导未洽,将进用者不以德显乎？其郎吏学通一经,才任牧民,博士课试,擢其高第者,亟用;其浮华不务道本者,皆罢退之。”[6](《明帝纪》)对浮华不实的社会风气予以严厉打击。另一方面,儒家士人也开始对自身的理想进行反思,如王充就认为:“才行高洁,不可保以必尊贵;能薄操浊,不可保以必卑贱。”[7](《逢遇篇》)同样的话王符也有:“所谓贤人君子者,非必高位厚禄富贵荣华之谓也,此则贤人君子之所宜有,而非其所以为君子者也。所谓小人者,非必贫贱冻馁辱厄穷之谓也,此则小人之所宜处,而非其所以为小人也。”[5](《论荣》)“经明行修”与高官厚禄并没有一定的因果关系,他们都不再幻想“贤”与“贵”的一致性,而是更加强调了作为士人本身在道德学养上的自足性与优越性。对理想重新确认的过程就是对社会适应的过程,这在汉末是十分明显的,士人逐渐淡化了对外在事功的关注,而更多地关注于自身;并且对自身价值的确认也已不再专注于外界对自己的承认和认可,而更多地依靠于自己内在的道德感与自我价值评价。

儒家向来强调“诚”,尤其是在伦理关系上,强调人与人之间的关系要出于真心实意,但是“诚信”问题同样遇到了严重的挑战。比如“孝”的问题,儒家提倡的“孝”是发自内心的对父母长辈的尊敬,是以“诚”为前提的,而当时的人却更多的是为了哗众取宠、博取名声,“养生顺志,所以为孝也。今多违志俭养,约生以待终。终没之后,乃崇伤丧纪以言孝,盛宾旅以求名,诬善之徒,从而称之,此乱孝悌之真行,而误后生之痛者也”[5](《务本》)。此外在夫妇、朋友以及其他社会关系中,也多有这样的虚假现象出现,造成了汉末社会的“伦理危机”。这种虚伪风气的盛行引起了一些人的忧虑与反感,一些人更是抛开了虚假的面具,率身行事,以追求与表达自己真实的情感,魏晋时期的旷达之风实导源于此。

此外在思想领域也出现了一股批判之风,首当其冲的就是“天人感应”说。“天人感应”学说在历史上曾经发挥了很大的作用,但是由于其建立的知识基础不牢固,加之东汉末年皇权的衰落与社会的动荡,这种曾经风行一时的学说逐渐失去了其生命力,不少人群起而攻之。如王充,就认为“天”是自然无为的,天道与人事是不相关的。人应该关注自己的事,而不应该舍本逐末,舍人事而任鬼神,“夫人不能以行感天,天亦不随行而应人”[7](《明瘼篇》)。仲长统也主张重视人道:“故审我已善,而不复恃乎天道,上也;疑我未善,引天道以自济者,其次也;不求诸己,而求诸天者,下愚之主也。”[8](《昌言》)另外他们对当时民间崇信鬼神、迷信、巫术、禁忌之风也大加鞭挞。“《诗》刺‘不绩其麻,市也婆娑’。今多不修中馈,休其蚕织,而起学巫祝,鼓舞事神,以欺诬细民,荧惑百姓。妇女羸弱,疾病之家,怀忧愦愦,皆易恐惧,至使奔走便时,去离正宅,崎岖路侧,风寒所伤,好人所利,盗贼所中,益祸益祟,以致重者不可胜数。或弃医药,更往事神,故至于死亡,不自知为诬所欺误,乃反恨事巫之晚,此荧惑细民之甚者也。”[5](《浮侈篇》)对社会风气的不满是汉末社会批判思潮的因缘之一,如王充在他的《论衡》一书中指出的:“诗三百,一言以蔽之,曰:思无邪。《论衡》篇以十数,亦一言也,曰:疾虚妄。”[7](《佚文》)他们本着自己的知识与学养,用理性去批判神学的宣言,用经验去反驳虚假的信念,在一定程度上为当时的社会风气注入了一剂清新剂,也为以后思想文化的发展准备了积极的条件。

四、儒家与道家

对儒道两家在汉魏之际思想领域内的消长变化,研究者做出了许多评价,但是从“求真”的视角对两家思想进行比较研究的则不多。先秦诸子百家在后世思想领域内的影响以儒、道两家为主,而之所以两家在后世能长期流传并共同发生作用,正是因为二者之间存在一定的张力,各自构成对对方的一种纠偏作用,也就是所谓的“儒道互补”。

儒、道两家思想的不同是十分明显的,首先在理想的确认与追求上,三代盛世是儒家奋斗的目标,儒家所向往的是“郁郁乎文哉”的礼乐盛世;而道家的理想却恰好与之相反,他们心目中的黄金时代是远古曾经存在过的“小国寡民”时期。由于其在社会发展目标上的差异,所以在具体的社会治理手段上也相当不同,其中对“仁义礼乐”的作用是双方争论的焦点之一。儒家追求的是礼乐盛世,认为仁义是人本身所具有的,只是受到了后天的蒙蔽,所以需要圣人去教化,以“化性起伪”,成就礼乐盛世;而道家却极端反对“仁义礼乐”,认为“夫礼考,忠信之薄,而乱之首”[9](《三十八章》)。“绝圣弃智,民利百倍;绝仁弃义,民复孝慈。”[9](《十九章》)仁义礼乐不仅仅是对人性的一种矫饰与扭曲,而且会成为一些人用来欺世盗名的工具。最后两家在对个人理想的设计上也是完全不同的。儒家讲究人格修养,用圣人之道来净化自己,而其最终的目的却是成就“外王”之功,其指向主要是外向的。而道家注重的是自身的修身养性,认为自己是最为重要的,外界的一切都是身外之物,强调“贵生重己”,其指向是内向的。不过,虽然两家在学术观点上有诸多不同,但是双方各自都对自己的学术思想充满了自信,都认为自己的学术观点是真理,而对方是虚假的说教,所以表现在两家的争论上也多与“求真”的思潮有关。

与此相对应,东汉末年儒家的政治理念破产,儒家自身都在逐渐改变,作为其对立面的道家思想的兴起就是很自然的了,其中一个重要的表现就是“无为”思潮的兴起;“仁义礼乐”等儒家主张的价值规范在现实生活中表现出来的歪曲与变异,也是道家思想兴起的一个直接原因,因为道家早就对儒家政治思想可能产生的后果做出了预言,“捐仁义者寡,利仁义者众”[10](《徐无鬼》)。东汉末的情况正好证明了道家的先见之明;同样在个人的人格修养与处世方式上,也出现了从儒家到道家的转变与更替,从对外在事功的强调转向了对个人心性修养的关注。而这一切变化都是在对“真”的追问下产生的,理想的破产促使儒家向现实回归,儒家思想在现实中遇到的困难使得道家思想的“真理性”日益明显,加之儒家自身也反躬自省从而汲取别人的优点,这一切最终都导致了道家思想的崛起。

【参考文献】

[1]范晔.后汉书[M].北京:中华书局,1985.
[2]班固.汉书[M].北京:中华书局,1962.
[3]荀悦.申鉴(诸子集成本)[M].上海:上海书店,1986.
[4]杨明照.抱朴子外篇校笺[M].北京:中华书局,1991.
[5]汪继培.潜夫论笺校正[M].北京:中华书局,1985.
[6]陈寿.三国志[M].北京:中华书局,1959.
[7]黄晖.论衡校释[M].北京:中华书局,1990.
[8]仲长统.全后汉文·昌言[M].北京:商务印书馆,1999.
[9]朱谦之.老子校释[M].北京:中华书局,1984.
[10]庄子.诸子集成本[M].上海:上海书店,1986.

第27卷第4期
2007年7月

从"懿筐"到"桑笼":汉人审美情趣的变化与求新

李　立*

【摘　要】　汉人对桑女采桑活动的描绘,在诗歌和绘画的层面上已经呈现出一种超越于一般生活的唯美意义的艺术追求与艺术创作。"桑笼"虽小,但其小巧而精美的造型与刻画,从一个侧面表现和反映了两汉时期独特的审美情趣。这种审美情趣的生成,显示出汉人在继承前代审美传统基础上的变化与求新。其生活基础是汉代家族生活和庄园经济,而其艺术基础,则是与之相适应的汉代"庄园艺术"。是汉代"庄园艺术"之乖巧、灵动与精美的艺术特点与艺术追求,给予了这种审美情趣以新鲜的活力和生存的根基。

【关键词】　诗经;懿筐;汉诗;桑笼;审美情趣;庄园艺术

《诗经·豳风·七月》在描述女子采桑时,有"女执懿筐,遵彼微行,爰求柔桑"诸句,知当时桑女采桑的用具是"懿筐"。宋子侯《董娇饶》一诗中所描绘的采桑女子是"提笼行采桑"。乐府古辞《陌上桑》虽然没有描绘罗敷是否"提笼采桑",但诗中两次提到"青丝为笼系"、"桂枝为笼钩",可知《陌上桑》中的罗敷同样是"提笼行采桑"。上述"懿筐"与"桑笼"虽然都可以称之为"受桑器",但并非同指一物。从《诗经·豳风·七月》深而大的"懿筐"到《董娇饶》、《陌上桑》的"桑笼",桑女们拿筐的动作由"执"到"提",盛桑之筐由"大"到"小",更在"小巧"的基础上走向艺术的精美与华丽。"桑笼"虽小,但其小巧而精美的造型与刻画,从一个侧面表现和反映了两汉时期独特的审美情趣。

一

关于《诗经·豳风·七月》中的"懿筐",朱熹《诗集传》释为"深美也"[1](《诗卷第八·豳一之十五》)。采桑用筐,这是毫无疑问的,但筐有大小、深浅之分,《诗集传》释"懿"为"深美"还是准确的。所谓懿筐,就是采桑用的深而大的筐。《诗经·召南·采蘋):"于以盛之,维筐及筥。"《诗集传》:"方曰筐,圆曰筥。"[1](《诗卷第一·召南之二》)《淮南子·时则训》:"季春之月……鸣鸠奋其羽,戴鵟降于桑。具扑曲筥筐,后妃斋戒,东乡亲桑。"[2]高诱注云:"圆底曰筥,方底曰筐。皆受桑器。"[2]"懿筐"是为了盛桑叶所用,而筐小,所盛桑叶不多,不利于采桑的工作,故所谓"懿筐"就是深而大的筐。筐底或方或圆,但都能平稳置于桑树或蚕席之下。因为是深而大的筐,所以筐上无梁。筐满时或二人同抬,筐空时或一人手执。

值得注意的是,《诗经·豳风·七月》中虽然没有对"懿筐"做更多的描述,而《淮南子·时则训》中高诱"圆底曰筥,方底曰筐,皆受桑器"的注语也仅是大概的介绍,但"懿筐"作为采桑的用具缘于桑蚕业的发展还是应该有一个器型

---

* 李立(1959—　),男,黑龙江省呼兰县人,东北师范大学文学院教授、博士生导师,主要从事先秦两汉文学与古代文化研究。

上的规范的，不大可能因为时代甚至地域的不同而发生大的变化。关于这一点，我们可以在南宋高宗时期翰林院图画院根据楼璹所进《耕织图》摹画的《蚕织图》中找到根据。

今所见《蚕织图》是南宋高宗时期翰林院图画院根据楼璹所进《耕织图》摹画的[3]。此图所绘内容包括养蚕、织帛等生产全过程，由24个场面组成，“虽为摹本，但在表现我国古代养蚕、织帛的生产技术，反映我国古代社会经济情况、风俗习尚，以及体现我国绘画的现实主义传统等方面，均有重要价值”[3]。图1是《蚕织图》局部画面。其中桑树下和房间内所置盛桑叶的筐，即有圆底与方底之别；且“深而大”，没有提梁。

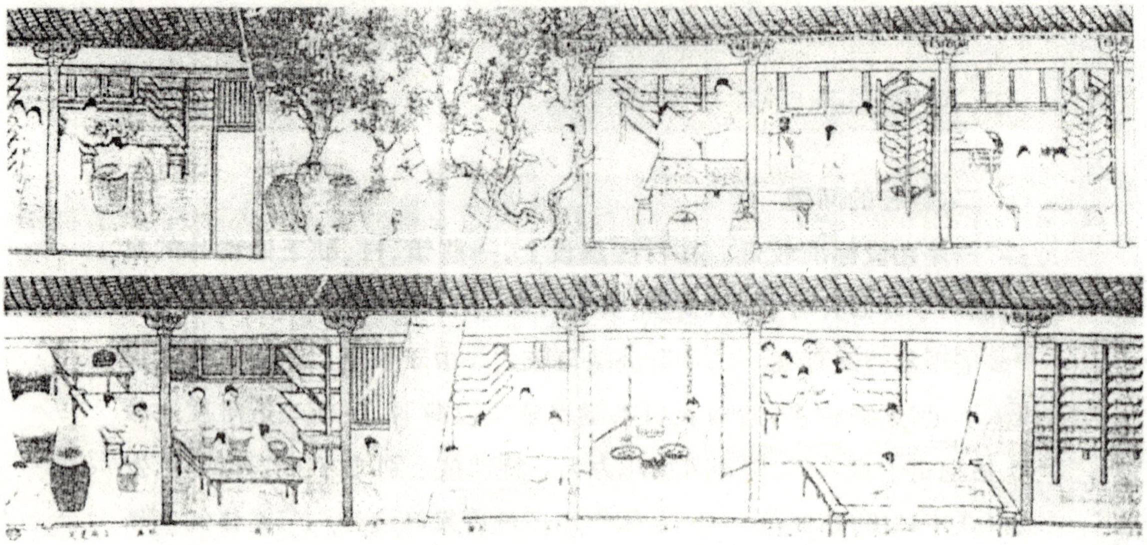

图1 宋《蚕织图》局部

由此可知，《诗经·豳风·七月》在叙述女子采桑时，以“女执懿筐”来描述，句中“执”字的运用已经极为准确了。上述情况说明，在《诗经·豳风·七月》所描述的女子采桑劳动中，盛桑叶的筐和执筐的动作，虽然都是细小的环节，但恰恰是在这种细节上的“真实”，反映出了《豳风·七月》现实主义的创作风格。这说明，《豳风·七月》“女执懿筐，遵彼微行，爰求柔桑”所描述的是名副其实的采桑劳动。

宋子侯《董娇饶》中描绘了一位陌上采桑的女子，但诗中对这位女子采桑用具的描写却与《豳风·七月》“女执懿筐”不同，而是“提笼行采桑”。乐府古辞《陌上桑》虽然没有描绘罗敷是否“提笼采桑”，但诗中两次提到“青丝为笼系”、“桂枝为笼钩”，可知《陌上桑》中的罗敷同样是“提笼行采桑”。“笼”比“筐”小，类似于竹篮，又如诗歌所言既有“系”又有“钩”，故可以手提。从诗歌对“桑笼”的上述描写中可知，《董娇饶》、《陌上桑》中的“桑笼”并不是《豳风·七月》中的“懿筐”。

图2是四川彭山崖墓石函一侧画像[4]（第7集第202图），画像左侧二人构图所表现的是秋胡戏妻的故事。刘向《列女传》“秋胡”故事中的“秋胡妻”以桑蚕为业，故画像表现的正是其躬身采桑的劳动，值得注意的是，在“秋胡妻”身旁的地上，即放有一圆底有梁的“小筐”。从形象刻画上看，“小筐”筐身应为编织而成，且小巧而精致，高高的提梁，便于手提，也便于悬挂，应该就是《董娇饶》、《陌上桑》“提笼行采桑”中的“桑笼”。

图2 四川彭山崖墓石函一侧画像

二

从《诗经·豳风·七月》深而大的“懿筐”到《董娇饶》、《陌上桑》的“桑笼”，桑女们拿筐的动作由“执”到“提”，反映了盛桑之筐由“大”到“小”的变化。尤其汉画像石所刻画的“桑笼”，在形象造型上更向“小巧”的方向发展；而汉代诗歌（《董娇饶》、《陌上桑》）中对“桑笼”的刻画，更是在“小巧”的基础上走向艺术的精美与华丽。是否可以这样认为：“桑笼”虽小，但其于汉画中小巧而精致的造型和诗歌中精美而华丽的刻画，从一个侧面反映了汉代审美观念的变化。

《陌上桑》中对“桑笼”近乎精雕细刻的描写，是与罗敷美丽形象的塑造联系在一起的。“青丝为笼系，桂枝为笼钩”诗句，以“青丝”、“桂枝”装饰桑笼。装饰物的高贵与精美，映衬和反映出被装饰物的高贵与精美。同时，这种“高贵而精美”的“桑笼”又与“倭堕髻”、“明月珠”、“湘绮裙”、“紫绮襦”一道，构成一个立体的修饰群体，在采桑用具、发型首饰、衣着颜色等方面表现桑女罗敷高贵、华丽、绝妙与精致的形象和形象特征。显然，桑女罗敷高贵、华丽、绝妙与精致的形象和形象特征同包括“桑笼”在内的装饰物精巧与艳丽的形象特点，在审美情趣上是一致的。宋子侯《董娇饶》中“不知谁家子，提笼行采桑”的描写，同样也是与采桑女“纤手折其枝，花落何飘扬”的娇媚形象联系在一起的。总之，桑笼的小、精、美与桑女的娇、纤、媚，在审美情调上构成一致，在形象构成上体现和谐，在风情意蕴上相得益彰。因此，“提笼行采桑”即使是一种真实的采桑劳动，但于诗中也已经被艺术化为一种内含浪漫情怀而外现万种风情的行为了。而甘肃嘉峪关市郊区魏晋时期墓葬出土的桑女提笼采桑画像砖（见图3）和嘉峪关市东郊戈壁滩汉代墓葬出土的桑女提笼采桑画像砖（见图4），采桑女子均手提小笼，穿戴整齐，尤其前者，采桑女头后梳髻，颈上似有项链，上身着襦，襦底边饰有漂亮的连缀。整个形象衣着华丽，桑笼精美而小巧，与《陌上桑》、《董娇饶》中“提笼行采桑”的描绘极为一致。

图3 嘉峪关市郊区魏晋时期墓葬采桑画像砖

图4 嘉峪关市东郊汉代墓葬采桑画像砖

上述情况能够说明，汉人对桑女采桑活动的描绘，在诗歌和绘画的层面上已经呈现出一种超越于一般生活的唯美意义上的艺术创作了。古诗《孔雀东南飞》在描绘刘兰芝“新妇起严妆”时写道：“足下蹑丝履，头上玳瑁光。腰若流纨素，耳著明月珰。指如削葱根，口如含朱丹。纤纤作细步，精妙世无双。”上述描写同样突出“新妇”刘兰芝的小巧、精致、娇美与艳丽的特点，其与《陌上桑》、《董娇饶》中桑女的娇、纤、媚，在审美情趣上完全一致。

需要指出的是，这样一种审美情趣是在继承前代审美传统基础上的变化与求新。

“硕”在《诗经》“风”诗中是使用较多的字，并往往与对“人”的形容或赞美联系在一起。在十五“国风”中习惯以“孔硕”为男性之美。《邶风·简兮》赞美善于舞蹈的勇士，说他是“西方美人”，而其最大的特点是“硕人俣俣”，身材高大魁梧。《卫风·考槃》描写一位“隐居山林”的人，诗歌反复述说这个人“硕人之宽”、“硕人之薖”、“硕人之轴”，虽然对“宽”、“薖”、“轴”有不同的理解，但“硕人”的高大之美，还是得到共识的。《陈风·泽陂》被认为是一首描写女子于荷塘边爱恋心上人的诗歌。“有美一人，硕大且卷”、“有美一人，硕大且俨”，这是女子心中爱人的形象：壮大而雄伟。《豳风·狼跋》是赞美一个名叫“公孙”的人的诗歌，诗中说“公孙硕肤”。“硕肤”者当是心宽体胖之象。朱熹《诗集传》

言:"硕,大。肤,美也。"[1](《诗卷第八·豳一之十五》)均是以"大"为"美"。值得注意的是,十五"国风"中也习惯以"硕大"为女性之美。《卫风·硕人》描写了卫庄公夫人庄姜的美丽,诗歌第一句"硕人其颀"即是对庄姜美丽的总的概括:高大而修长。《唐风·椒聊》被认为是一首以"花椒"喻女子多子的诗歌,诗中描写那位女子"彼其之子,硕大无朋"、"彼其之子,硕大且笃"。魁梧高大是这位女子的优点。《鄘风·君子偕老》是一篇赞美贵妇人的诗歌,说她是国中的美人,"邦之媛也"。诗歌在描写这位贵妇人服饰华美的同时,更强调了其额头的宽广与额角的丰满:"扬且之皙也"、"扬且之颜也"。显然,宽阔而丰满的额头,也是女性美丽的标准。

《诗经》"风"诗中关于"美"的认识,直接来自于生活感受和生产劳动经验,是以上述感受和经验为基础的总结和概括。《秦风·驷驖》是一首描写田猎的诗歌,诗中说:"奉时辰牡,辰牡孔硕。"显然,对于肥大野兽的赞美,与对"彼其之子,硕大无朋"的赞美一样,均来自于生活感受和生产劳动经验。据朱熹《诗集传》,《魏风·葛屦》"疑即缝裳之女所作"[1](《诗卷第五·魏一之九》)。诗歌第一章前四句描写女仆葛鞋履霜为贵妇人缝裳,其中说道:"掺掺女手,可以缝裳。"毛传:"掺掺,犹纤纤也。"谓女子手的纤美。其以"掺掺"形容"女手",与宋子侯《董娇饶》对采桑女子"纤手"的描写是一样的。但《董娇饶》是"纤手折其枝,花落何飘扬","纤手"表现的是采桑女子的柔弱与娇媚;而《葛屦》则是"掺掺女手,可以缝裳","掺手"表现的是缝裳女子的聪明与能干。后者纯粹从美的角度出发,而前者则从劳作的视角着眼。后者的审美情趣符合《陌上桑》、《董娇饶》中桑女的娇、纤、媚的特点,而前者的审美感悟则缘于生活感受和生产劳动经验。

三

如前所述,"桑笼"虽小,但其于汉画中小巧而精致的造型和诗歌中精美而华丽的刻画,从一个侧面反映了汉代审美观念的变化。这是在继承前代审美传统基础上的变化与求新。其出现与形成并非偶然,而是与汉代社会家族体制与庄园经济生活联系在一起的,是汉代"庄园艺术"的产物。

汉代社会家族体制与庄园经济使得人们的生活和审美视野从《诗经》时代的族群与旷野进入家族与庄园。在家族体制与庄园经济面前一切都试图寻求一种于可视范围内的存在和实现。汉代社会生活的丰富与人们思想情感的细腻和复杂,是与上述情况紧密联系在一起的,而两汉时期独特审美情趣的生成,也是与上述情况紧密联系在一起的。

这里以四川成都曾家包汉墓后室壁上两幅画像为例[4](第7集四川汉画像石第43图)(见图5)。左面画像画面分为三个部分:上部是双羊仙草图,中部是养老图,下部是农作图。中部的养老图左为仓房,右为一双层楼房,中间立一大树,树旁席地坐一手扶鸠杖的老者。右面画像画面同样分为三个部分:上部是狩猎图;中间部分画面分别刻画酿酒、织锦、马厩、牛车送粮、列成排的酒坛、犬、仙鹤等;下面部分画面左面一井,一人提水,井右一灶,一人烧火,右侧画面为散落的犬、鸭、鸡等家畜、家禽。上述两幅画面合在一起,所表现的正是一幅汉代家族庄园生活图景。家族的一切生活和生产活动,都被固定在画面所涵盖的范围之内,包括精神方面的娱乐活动。再以山东曲阜城关镇出土的庭院画像为例[4](第2集山东汉画像石第25图)(见图6)。画像中庭院四周有围墙,中有几重院落;在庭院大门后正堂前的空地上,有人在表演节目,另有人伴奏和观看。

图5 四川成都曾家包汉墓后室壁上的两幅画像

图6　山东曲阜城关镇庭院画像

上述画像意味着这样一个事实的存在：与汉代庄园经济生活相适应的汉代“庄园艺术”应运而生了。汉代“庄园艺术”表演于家族私密空间，或庭院，或厅堂，或内室；缘于表演场地的限制，其表演形式多以个体杂技、小型舞蹈或数人演唱为主。如四川郫县一号石棺画像[4](第7集四川汉画像石第122图)（见图7）。画面所表现的是典型的庄园庭院生活：右侧上层是一厨房，下层一马车正要进入大门；大门里是内院，上有楼房，楼下厅内是宾主宴饮的场面，而厅外则是乐舞、杂技表演。

图7　四川郫县一号石棺画像

值得注意的是，汉代“庄园艺术”缘于表演场地家族私密空间的要求，势必形成乖巧、灵动与精美的艺术追求和艺术特点。如河南方城县博望镇出土的“七盘舞”画像[5]31(第80图)（见图8）。画面右侧一女子单腿立于“盘”上，周围另有四盘。其双臂平伸，一手执长巾，倾身折腰，翩翩起舞。身形之乖巧、灵动与精美，已经到了精湛的程度。

图8　河南方城县博望镇“七盘舞”画像

综上所述，上述分析与论述试图得出这样的认识：汉人对桑女采桑活动的描绘，在诗歌和绘画的层面上已经呈现出一种超越于一般生活的唯美意义的艺术追求与艺术创作。“桑笼”虽小，但其小巧而精美的造型与刻画，从一个侧面表现和反映了两汉时期独特的审美情趣。这种审美情趣的生成，显示出汉人在继承前代审美传统基础上的变化与求新。同时，上述审美情趣的生成，也并非个别、孤立的现象，其生活基础是汉代家族生活和庄园经济，而其艺术基础则是与之相适应的汉代“庄园艺术”。是汉代“庄园艺术”之乖巧、灵动与精美的艺术特点与艺术追求，给予了这种审美情趣以新鲜的活力和生存的根基。

【参考文献】

[1]朱熹．诗集传[M]．长沙：岳麓书社，1994.

[2]刘安．淮南子：卷5[M]//高诱，注．诸子集成(七)．北京：中华书局，1954.

[3]林桂英，刘锋彤．宋《蚕织图》卷初探[J]．文物，1984(10).

[4]中国画像石全集编辑委员会．中国画像石全集[M]．济南：山东美术出版社；郑州：河南美术出版社，2000.

[5]刘玉生．方城汉画[M]．香港：香港天马图书有限公司，2003.

第27卷第6期
2007年11月

两汉时期丧葬风水信仰

张齐明*

【摘　要】 源于战国时期的"葬先荫后"风水观念,在汉代已经渗透到社会各阶层,并成为人们解释命运吉凶的一种社会心理模式。镇墓文和买地券所投射出的"鬼福及人"观念,也进一步证实风水信仰已经成为两汉时期社会生活中一项重要内容。而《太平经·葬宅诀》所提出的"魂神还养"理论,则标志着风水理论体系在两汉时期已经初步形成,从而将丧葬风水理论的形成时间由魏晋南北朝上溯到了两汉时期。

【关键词】 风水;丧葬;汉代

丧葬风水①是中国古代风水信仰的重要内容,但学术界的研究力度相对薄弱,尤其是在两汉这一丧葬风水信仰的形成时期,至今未见专题研究论文。本文通过对相关史料的爬梳,并借助考古发现,试图对汉代丧葬风水观念和理论体系作粗浅的勾勒。笔者认为汉代是丧葬风水观念形成和发展的重要历史时期,丧葬风水的基本信仰,正是在这个历史时期得以确立,并受到了社会的广泛尊奉。

一、丧葬风水观念的缘起

吕思勉在论及风水时曾经提出中国的风水观念源于丧葬,并引《吕氏春秋·节丧》篇中的择葬原则作为中国风水的起源。他说:

> 风水之始,避风及水而已。《吕览·节丧》篇曰:"故凡藏必于高陵之上,以避狐狸之患、水泉之湿。"此风水之说之起源也。[1]313

应当说,单纯从择葬形式来推断丧葬风水的起源,理由是不充分的。风水术的核心是关于人们命运吉凶的预测和趋避方法,阳宅如此,阴宅也是如此。不可否认,人类早期丧葬中的自发择地行为从结果上看确实与后世丧葬中的风水行为具有某些共性,但却不能就此断定这种行为就是后世的风水术。关于人类早期的丧葬行为,唐

* 张齐明(1972—　),男,汉族,安徽省泗县人,清华大学历史系博士研究生,主要从事汉魏六朝时期民间信仰研究。

① 风水,作为中国传统数术之集大成者,又名堪舆、地理、卜宅、相宅、图宅、青乌术、青囊术,也称形法等。风水乃后起称谓,在汉代见于文献记载的名称为图宅术、卜宅、安宅、形法等。虽然本文的研究时段界定为两汉时期,但为了叙述方便,通以风水名之。可参见史箴《风水典故考略》(载王其亨主编:《风水理论研究》,天津大学出版社,1992年版)。一般认为风水术中关于阳宅的选择要远远早于阴宅,而且在早期风水术中阳宅的宅法与阴宅的葬法有着不同的缘起和相对独立的吉凶推演体系。本文所使用的"丧葬风水"的概念是对两汉时期有关丧葬中风水行为的概括。正式见于文献的有关汉代丧葬风水的名称并不十分明确,如《后汉书·循吏列传》中记载有王景撰有"冢宅禁忌"书,王充《论衡》中提到《葬历》,《太平经》中有《葬宅诀》、《地谶》等,去汉不远的嵇康在《宅无吉凶摄生论》中提到"世有安宅、葬埋、阴阳度数、刑德之忌"等。

人吕才在《叙葬书》中指出：

> 《易》曰："古之葬者，衣之以薪，不封不树，丧期无数。"后世圣人易之以棺椁，盖取诸《大过》。《礼》云："葬者，藏也，欲使人不得见之。"然《孝经》云："卜其宅兆而安厝之。"以其顾复事毕，长为感慕之所；窀穸礼终，永作魂神之宅。朝市迁变，不得豫测于将来，泉石交侵，不可先知于地下。是以谋及龟筮，庶无后艰，斯乃备于慎终之礼，曾无吉凶之义。[2]（《吕才传》）

吕才的论述，揭示了人类早期丧葬行为的本质，确无"吉凶之意"。

人类有意识的埋葬观念和行为，到底出现于何时，由于目前文献和考古手段的局限，很难明确地加以界定。根据目前的考古推测，在旧石器时期人类已经有了埋葬死者的习俗，当然在不同时期和种族中会有不同的丧葬手段和仪式。作为一种自发的行为，早期的墓地选择可能更多地考虑死者的安放，并没有赋予它以吉凶的意义。考古发现也证明，在这个时期内墓地的选择更多表现为随意性。

将安葬与生者吉凶相联系是很晚才出现的。《吕氏春秋·节丧》针对古人丧葬行为追溯道："古之人有藏于广野深山而安者，非珠玉国宝之谓也，藏不可不藏也。藏浅则狐狸抇之，深则及于水泉。故凡藏必于高陵之上，以避狐狸之患、水泉之湿。"也就是说作者认为古人丧葬并没有吉凶意识，既然这里是追溯古人，据此就可以推知到了战国时期人们的丧葬行为就肯定不同于"古之人"了。

文献资料显示，到了战国时期，对安葬之地的选择有了明确的要求。如《礼记·杂记》中就已经明确地提出"大夫卜宅与葬日"，孔颖达疏说："宅谓葬地。大夫尊，故得卜宅与葬日。"可见，选择葬地已经成了丧礼中重要的一个环节。当然必须指出，我们不能把"大夫卜宅与葬日"的行为与阴宅风水术做简单的比附，至少在战国时期，还没有确定无疑的文献材料来证明它就是阴宅风水术。但其透露出的一种观念确值得我们重视，那就是死者的墓室被视同活人的住宅，而这恰是阴宅风水术得以成立的一个重要基础。

战国时期，丧葬制度和模式出现了许多重要变化，其中坟丘的兴起对风水观念的形成具有重要影响。一般认为，"古之葬者，厚衣之以薪，不封不树"。西汉时刘向也曾指出："殷汤无葬处，文、武、周公葬于毕，秦穆公葬于雍泉宫祈年馆下，樗里子葬于武库，皆无丘陇之处。"[3]（《楚元王传》）从考古发现来看，也证明刘向的说法是正确的。有关学者研究，坟丘式墓产生于春秋晚期，到了战国时期就已经相当普遍。甚至当时的一些礼法条文还对坟丘规模做出了明确的规定，如《吕氏春秋》、《礼记》等都有相关的记载。我们知道阴宅风水术中的吉凶模式和判断原则是建立在坟丘与周围环境的关系上的，可以说坟丘是阴宅风水中吉凶模式的基点。因此，战国后期坟丘的普及是阴宅风水术产生的一个重要前提。

翻检相关史料，可以发现至少在战国后期，墓地和吉凶祸福相关联的观念就已经出现。据《史记·樗里子传》记载：

> 昭王七年，樗里子卒，葬于渭南章台之东。曰："后百岁，是当有天子之宫夹我墓。"樗里子疾，室在于昭王庙西渭南阴乡樗里，故俗谓之樗里子。至汉兴，长乐宫在其东，未央宫在其西，武库正直其墓。[4]（《樗里子传》）

在这里，不对其预测做出评判，我们感兴趣的是它所反映的一个基本推理逻辑，那就是墓地可以预测百年之后的吉凶。或许正因为如此，后代的风水家在谱系构建和追溯时，总是忘不了樗里子。

如果说上面有关樗里子的史实，似乎仅仅是一种预测，与本人或后人的吉凶并无直接关系，那么再看看以下几个例子。

《史记·蒙恬列传》记载，秦二世与赵高、李斯谋夺帝位后，派特使赐蒙恬自裁。蒙临终前喟然叹曰："我何罪于天，无过而死乎？"良久，徐曰："恬罪固当死矣。起临洮属之辽东，城堑万余里，此其中不能无绝地脉哉？此乃恬之罪也。"[4]（《蒙恬列传》）于是吞药自杀。蒙恬把非命之原因解释为破坏了地脉，足以说明地脉与人的吉凶是密切相关的。与后世的风水之术特别重视所谓龙脉如出一辙。

司马迁在解释韩信命运时，把他的命运与其母亲之葬地相联系。“太史公曰：吾如淮阴，淮阴人为余言，韩信虽为布衣时，其志与众异。其母死，贫无以葬，然乃行营高敞地，令其旁可置万家。余视其母冢，良然。”[4](《淮阴侯列传》)它说明先人墓地的好坏可以影响甚至决定生者的吉凶福祸，这正是后世风水术的基本原则。从司马迁的记述还可以看出，风水之观念在其时已经深入人心，一个贫穷无法葬母的布衣之士尚且“行营高敞地，令其旁可置万家”，那么那些达官贵族之士就更不必说了，这足以说明当时人们的风水观念。

考古发现和研究也为我们提供了这个历史时期丧葬风水行为的实例。有学者研究，秦东陵修建在骊山西麓、灞水之边，地势高敞，确实符合风水原则①。

根据以上论述，不难看出随着丧葬制度的变化，在战国时期，人们在丧葬行为中就已经有了明确的风水意识，到了秦汉时期“葬先荫后”的观念已经成为人们选择葬地行为的指导原则，也成为人们解释命运吉凶的理论依据，可见丧葬风水行为已经成为社会生活中一个重要内容。

二、汉代丧葬风水观念和吉凶推演模式

不论丧葬风水观念的最初源头可以上溯到哪一历史时期，到了两汉时期，丧葬风水信仰已经正式确立，其吉凶推演和理论都已经相当成熟。但有关汉代丧葬风水的文献材料甚少，很难对汉代丧葬风水观念和吉凶模式做出一个全面的评判。只能借助一些零散的材料，一窥端倪。

首先来看《后汉书》提供的两段非常重要的史料。《后汉书·袁安传》记载：

> 初，安父没，母使安访求葬地，道逢三书生，问安何之，安为言其故，生乃指一处，云“葬此地，当世为上公”。须臾不见，安异之。于是遂葬其所占之地，故累世隆盛焉。[5](《袁安传》)

又《后汉书·郭镇传》：

> 顺帝时，廷尉河南吴雄季高，以明法律，断狱平，起自孤官，致位司徒。雄少时家贫，丧母，营人所不封土者，择葬其中。丧事趣辨，不问时日，巫皆言当族灭，而雄不顾。及子䜣、孙恭，三世廷尉，为法名家。[5](卷46《郭躬传附弟子镇传》)

袁安在汉明帝时官拜“楚郡太守”，章帝时又为司徒，后来虽遇窦太后兄妹专擅朝政，但其政治地位并未受到影响，而且子孙“累世隆盛”。而这一切，在时人看来却是因为他父亲的墓地选择得好。与袁氏相反，另一段史料中的吴雄在汉顺帝时官至“司徒”，“少时家贫”，葬母不择地，“不问时日”，巫言其当族灭，然而吴家却“三世廷尉”。

上面这两段史料，虽然一正一反，但都说明了风水术在当时社会中的风行程度和在人们观念系统中的重要地位。仔细分析这两段材料，以下几点必须引起我们的重视。

第一，讲求葬地吉凶的观念已经深入人心。上引材料中，袁安的父亲死后，其母命其为父访求葬地，这说明当时人死后，寻求吉地而葬，是一种普遍现象，这与风水大行的后世几乎没什么区别。吴雄少时家贫，从其社会地位看，应当处于社会下层，因为葬母不择地，而被巫者预言当“族灭”。可见当时讲求葬地吉凶之风非常盛行，“鬼福及人”的风水观念已经渗透到社会各阶层。

第二，风水吉凶的观念已经成为人们预测和改变命运的普遍的社会心理模式。我们知道，风水术从本质上讲，就是人们预测和改变命运的一种手段。从上引史料可以看出，在汉代人们不仅讲求葬地，而且认为葬地的吉凶直接决定子孙的祸福。不论是袁家的“葬此地，当世为上公”，还是吴雄的当“族灭”，无一不说明了葬地与子孙命运的决定性关系。这一社会心理模式，是丧葬风水术出现和发展的基础。

第三，通过上引史料，大致还可以了解当时

① 参见韩养民、韩小晶：《风水与西汉陵》，三秦出版社，2003 年版。

丧葬风水术中的吉凶推演模式。首先,从吴雄葬母行为中可以看出,择葬时要避开“不封土者”。所谓“不封土者”就是后世风水术所说的“不可葬之地”。如《葬书》中就提出“不可葬者五”,《青乌葬经》中也有所谓“不蓄之穴”,大约与之相类。其次,吉凶模式中还包括“时日之忌”。关于丧葬中的“时日之忌”,王充在《论衡》中提供了更加详实的文献材料,王充提到当时人们在丧葬行为中已经按照书籍《葬历》来选择时间。“《葬历》曰:‘葬避就空,地臽,及日之刚柔,月之奇耦。日吉无害,刚柔相得,奇耦相应,乃为吉良。不合此历,转为凶恶。’”“雨不克葬,庚寅日中乃葬。”[6]998 据此,我们大致可以了解当时人们的丧葬中的时日禁忌。时日之忌仍然是后世风水术的重要组成部分,如《葬书》中就将“岁时之乖”列为“六凶”之一,提出所谓“穴吉葬凶,与弃尸同”[7]4。

第四,从上引材料可以看出,从墓地的选择到葬日的选定都有一套完整、明确的吉凶原则,说明风水术已经出现了知识化、专职化趋势。吴雄营建坟墓于“人所不封土者”,而巫者以为当“族灭”。这个巫者可能就是后世通常所说的“阴阳先生”之类的风水术专职人员。之所以这么说,是基于有众多的材料可以说明当时确实有专职的“卜工”、“工伎”①。

通过以上分析,我们对汉代丧葬风水观念和吉凶模式有了大致的了解,为进一步分析汉代丧葬风水吉凶推演模式打下了基础。

风水观念固然表现为对葬地的选择,但在实质上它是一种祸福的评判和表达人生祈愿的行为模式。但令人遗憾的是,由于历史记载的缺失,已无法对当时的阴宅风水理论模式进行深入的了解和分析。根据已有的材料,似乎可以看出其与后世风水观念应该没有什么本质的区别,如上文材料中的所谓“行营高敞地”、“地脉”等观念与后世风水术中寻龙脉、重形势是相同的。从一些史料中,大致可以看出当时人们在墓地选择中的吉凶原则。

先看《后汉书·冯衍传》中的一段史料,冯衍在述其先祖之墓地时,讲道:

> 先将军葬渭陵,哀帝之崩也,营之以为园。于是以新丰之东,鸿门之上,寿安之中,地势高敞,四通广大,南望郦山,北属泾渭,东瞰河华,龙门之阳,三晋之路,西顾,周秦之丘,客观之墟,通视千里,览见旧都,遂定茔焉。[5](《冯衍传》)

按照冯衍的叙述,可以看出“先将军”的墓地“定茔”的原则:

一是要“地势高敞,四通广达”。结合上文韩信为其母选择葬地时“乃行营高敞地,令其旁可置万家”的记述,可以知道,“高敞地”是当时的风水吉凶推演模式中的一个重要原则。正如《葬书》所言:“土高水深,郁草茂林。贵如千乘,富如万金。”[7]4

二是观形势,要求“南望郦山,北属泾渭,东瞰河华,龙门之阳,三晋之路,西顾,周秦之丘,客观之墟”。从这些要求看,定茔中特别强调所谓山水走势,这与后世风水术中的“寻龙捉脉”如出一辙。

汉代的考古研究也可佐证上述的吉凶推演原则。根据学者研究,总体上看西汉陵墓选择偏重山岗台地,注重山川河流的走向。如汉代的帝王选择陵墓营造地点都很重视周围山川和河流的走向,除了文帝的霸陵依山建筑外,其他诸陵都选择在渭水北岸一线排列,营造在面临河川的高原台地[8]127。

再看张衡的《冢赋》中为我们所展现的墓地景观,可能会使我们更清楚地看出当时人们在墓地选择中所遵循的原则。他在《冢赋》中写道:

> 载舆载步,地势是观。隆此平土,陟彼景山。一升一降,乃心斯安。尔乃隳巍山,平险陆,刊丛林,凿盘石,起峻垄,构大椁。高冈冠其南,平原承其北,列石限其坛,罗竹藩其域。系以修隧,洽以沟渎。曲折相连,迤靡相属。乃树灵木,灵木戎戎……宅兆之形,规矩之制,希而望之方以丽,践而行之巧以广。幽墓既美,鬼神既宁,降之以福,于以

---

① 《后汉书》、《论衡》、《潜夫论》等文献中多次提到有关宅墓吉凶的“卜工”、“巫者”、“工伎”。

之平。如春之卉,如日之升。[9]

关于《冢赋》,元人赵汸曾经敏锐地指出:

余尝读张平子《冢赋》,见其自述上下岗陇之状,大略如今葬师寻龙捉脉之为者,岂东汉之末,其说已行于士大夫间?[10](《古今图书集成》卷680)

赵汸所言是正确的,《冢赋》中所描写的就是一种墓冢吉凶推演模式。如强调“地势是观”,选择升降起伏的高山等,这些与后世风水术并无不同。

作为一种推断吉凶数术的系统,风水术是一个完全开放的系统,其方法和理论是非常丰富的。在两汉时期除了上述这种“地势是观”的风水吉凶模式外,毫无疑问还有许多趋吉避凶的手段和方法。比如墓门解除术,也是汉代丧葬风水术的重要内容。此外,根据一些记载可知,周易占断的方法可能也用于墓地的选择。比如《上虞县古冢砖文》就载有:“居在本土厥姓黄,卜葬于此大富强,《易》卦吉,龟卦凶。”[9]

三、解注瓶与买地券的风水意义

北周时佛教徒释道安在攻击道士时,指出他们沿用东汉张鲁等人的方术,列出“三张鬼法”十一事,其一就是“左道余气,墓门解除”。那么什么是“墓门解除”呢?汉代的“墓门解除”究竟是一个什么样的形态?

近代以来,汉代墓葬中出土的大量用于解除巫术的铭刻材料,如镇墓陶瓶、铅券等,给我们提供了一个准确的答案。据统计,在出土材料中,仅书写有解除文、道符等文字的陶器,就有100件以上。这些陶器,以前多被称作镇墓陶瓶,自吴荣曾在《镇墓文中所见到的东汉道巫关系》一文中提出上面的文字是用于解除以后,研究者亦将类似铭刻称为“解除文”①。比较典型的有洛阳邙山出土的东汉延光元年朱书陶罐、陕西户县出土的东汉阳嘉二年曹氏陶瓶、陕西宝鸡铲车厂出土的朱书陶瓶、陕西长安县南李王村出土的朱书陶瓶,及见于《古明器图录》、《贞松堂集古遗文》、《居贞草堂汉晋石影》等著录的传世器物铭刻。

“墓门解除”的观念和行为是源于汉代人们的鬼神观。两汉时期人们普遍相信,在人类生活的世界外,另有“鬼神世界”。从当时遍布各地的各种祭祀场所,如祀祖先之祀堂、祀社神的“社”,祀山川、人鬼、物怪的“祠”、“庙”等,可知当时人们大多相信有鬼神的存在。从汉代所遗留至今的各种物具,如铜镜、画像石、帛画等诸物所刻画的种种图像中,也可清楚地看到当时人们的鬼神观念。汉代人认为人死后的世界有天上与地下之分,而两者皆是人世生活的另一种延续。再者,汉代人承继了商、周的观念,都认为鬼神有异于常人的能力,能支配生人的吉凶祸福。生人为求福避祸,因而就出现了所谓“墓门解除”的种种行为。

先来看一段初平四年王氏朱书陶瓶解除文:

初平四年十二月己卯朔十八日申直危。天帝使者谨为王氏之家后死黄母当归旧阅,慈告丘丞、墓柏、地下两千石、蒿里君、墓黄、墓主、墓故夫人、决曹、尚书令、王氏冢中先人。无惊无恐,安稳如故。令后增益财口,千秋万岁无有殃咎。谨奉黄金千两,用镇冢门。地下死籍削除。……转要道中人。和以五石之精。安冢墓,利子孙。故以神瓶镇郭门。如律令。[11]

正如很多学者所指出的,东汉墓中随葬的“镇墓瓶”与瓶上的“朱书镇墓文”,其意在于使生人的家宅安宁,使死者的冢墓稳定,以“天帝使者”之类名义为生人解罪,为死者求福,安慰并约束亡灵,使其认识生死有别,不要为祸生者。特别应当指出的是随葬“镇墓瓶”的使用在汉代相当普遍,即使是官僚中极有名望的士大夫亦不能免俗,渔关吊桥弘农杨氏墓中所出的“镇墓瓶”便是有力证明。

在这一时期,除了上述的镇墓解除文以外,还大量盛行所谓的“买地券”。《贞松堂集古遗

① 可参看吴荣曾:《镇墓文中所见到的东汉道巫关系》,《文物》1981年第3期,第56—63页;王育成:《东汉道符释例》,《考古学报》1991年第1期,第45—56页。

文》卷15收录了汉代延熹四年的《买地券》一篇，其文如下：

延熹四年九月丙辰朔，卅日乙酉直闭。黄帝告丘丞、墓伯、地下两千石、墓左、墓右、主墓狱吏、墓门亭长，莫不皆在。今平阳偃人乡苌富里钟仲游妻薄命蚤死。今来下葬，自买万世冢田。贾直九万九千。钱即日毕……自今以后，不得干扰生人。有天地教。如律令。[12](卷15)

关于镇墓文和买地券很多学者已经做了较为充分的研究，他们主要关注的是镇墓文和买地券所反映的汉代巫道观念和信仰，在这里不必画蛇添足。我们主要想讨论的是它们所投射的汉代人们对死者坟墓的观念，这种观念在当时人们的丧葬风水观念和行为模式中又具有什么样的重要意义。

首先，无论是镇墓文还是买地券，它们都强调和确认了这么一种观念：死者是可以影响和决定生者祸福的。诚如很多镇墓文所一再强调的要"安冢墓，利子孙"。这样死者的安顿就和他们的子孙祸福相关联，建立了因果关系。而这种观念正是丧葬风水术的基本理论依据。正如上文在讨论两汉时期丧葬风水观念时所提出的，"鬼福及人"是风水理论的核心。而镇墓文和买地券所投射出的观念其实质也就是"鬼福及人"。

其次，无论是镇墓文还是买地券都强调，在死者和子孙祸福之间所建立的因果关系中，坟墓本身具有重要的意义。我们知道丧葬风水术强调"鬼福及人"，而其实现的中介就是死者的坟墓是否符合一定的吉凶判断和推演原则。也就是说坟墓是"鬼福"能否及人的关键因素。镇墓文和买地券其实质也是如此，它们都强调坟墓是实现安顿和约束亡魂、保佑和降福生者的重要手段。

最后，镇墓文和买地券也反映了人们试图摆脱死者控制和对亡灵的恐惧之情，曲折地投射了当时人们的某种宗教情感。还必须看到，镇墓文、买地券和后世风水术中符镇法具有高度的一致性，从中大致可以看出符镇法的缘起和流变过程。

四、丧葬风水理论的形成

《太平经》卷50所载的《葬宅诀》是汉代丧葬风水术的重要文献材料，为研究汉代风水理论提供了许多重要的历史信息，有必要加以认真分析和研究。

《葬宅诀》在开篇就提出了"魂神还养"的丧葬风水理论，这是我们目前所见到的最早关于丧葬风水理论的系统论述。一般研究者都认为，阴宅风水理论出现于六朝时期，以托名郭璞的《葬书》作为阴宅风水理论的开端。当然从系统性和完整性来讲，《葬书》的确是风水理论的奠基和集大成者，这一点我们并不否认。但成书于东汉后期的《太平经》中所载的《葬宅诀》却将丧葬风水理论的开端向上延伸到了汉代，也就是说在汉代丧葬风水理论就已经初步形成了，这个判断具有重要的文献价值和理论意义。

在死者墓地和生者的祸福之间建立起吉凶感应的关系，是风水术必须解决的首要的理论问题。《葬宅诀》在开篇就对此展开了论述：

葬者，本先人之丘陵居处也，名为初置根种宅地也。魂神复当得还养其子孙，善地则魂神还养也，恶地则魂神还为害也。五祖气终，复反为人，天道法气，周复反其始也。[13]182

从上述论述，可以看出《葬宅诀》的作者认为墓地是"先人"的"根种宅地"，是亡魂生活和居住的场所。认为人死后虽然埋葬地下，但仍将影响生者的生活和命运。而这种影响，则将根据死者之埋葬地或善或恶的性质，而相应地对生者及后世子孙的生活与命运产生截然不同的或利或害的作用。从风水术中的宅法角度看，住宅是生者沟通天地的基本手段，必然决定居住者的吉凶祸福。同样的，死者的安置也是如此，只不过这种吉凶祸福不是对死者的，而移置于死者的后代。

《葬宅诀》一再强调"魂神还养"。所谓"魂神还养"从本质上说就是一种祖灵崇拜。远在殷商时期，祖灵崇拜的观念就极为兴盛。通过一套严格的祭祀、祈愿仪式，赋予死者以超自然的力量。到了春秋战国时期,亡者为鬼的观念得到了进一步强化,他们把祖先和亲人的亡魂视作鬼,而且在特定的情况下会作祟,危及生者。比如《日书》中就多次出现相关文辞:“甲乙有疾,父母为祟”,“丙丁有疾,王父为祟”等。人们坚信亡魂不灭,而且能祸福生者,因而对之充满了敬畏。到了两汉时期,传统的灵魂不灭的观念有了较大的发展,而且出现了新的因素,阴阳五行、谶纬、神仙方术等观念深深地渗透到社会各阶层,使得汉代各个阶层的人们均倾心于鬼神之事。汉代人普遍持有“人死则为神鬼而有知”的观念,“谓死如生。闵死独葬,孤魂无副,丘墓闭藏,谷物乏匮,故作偶人以待尸柩,多藏食物,以歆精魂”。墓地不仅是安顿死者尸首的场所,而且也是死者开始另一种生活的世界,人们按照现实社会去构想着他们在另一世界的生活。不论是出于对死者的崇敬还是恐惧,他们都认为死者是可以影响和决定生者祸福的。正如汉代很多镇墓文所一再强调的“安冢墓,利子孙”。这样,死者的安顿就通过“魂神还养”和他们的子孙祸福之间建立了因果关系。

之所以魂神可以还养子孙,《葬宅诀》的作者认为是因为“五祖气终,复反为人,天道法气,周复反其始也”。也就是说五祖和子孙同属一气,相互感应,周而复始。如果说感应思维模式为丧葬风水提供了观念的基础,那么气论就为丧葬风水提供了吉凶感应观念的方法论。“气”作为一种哲学范畴,早在先秦时期就已经广泛使用。但到了汉代,“气”的概念进一步得到了升华,将气作为一种本质的存在成为一种普遍的共识。正如有的学者所指出的,在中国古代,“气”的概念具有哲学和数术的两重性①。在两汉时期的思想观念中,“气”不仅是构成世界的一种物质形式,而且还充当着天人、人神之间遥相感应的媒介。《葬宅诀》就是运用这种观念和知识来解决“魂神还养子孙”的方法论问题。

如果把上述《葬宅诀》中的有关理论和《葬书》中的风水理论做一比较,我们就可以清晰地看出《葬宅诀》中“魂神还养”理论的重要意义。正如上文所强调的,在死者的墓地和生者的祸福之间建立起吉凶感应关系是丧葬风水理论的基石,是风水术无法回避的一个核心问题。托名晋代郭璞所作的《葬书》是这么阐述的:

> 葬者,乘生气也。五气行乎地中,发而生乎万物。人受体于父母,本骸得气,遗体受荫。《经》曰:气感而应,鬼福及人。[7]89

这段论述是《葬书》的总纲。按照《葬书》理论,虽然生死殊途,但却情气相感,父母与子孙同为一气,气同则相感,枯骨得荫,生人受福。即所谓“气感而应,鬼福及人”。如果我们不抱任何先入为主的成见,把《葬书》和《葬宅诀》做一比较,我们不得不说无论是内容上还是论述逻辑上,二者都是高度一致的。当然毋庸讳言,在理论上、形态上,《葬宅诀》无疑还略显稚嫩。

这种比较不仅有助于我们理解《葬宅诀》的理论实质,而且有助于认识《葬宅诀》的重要文献价值。它不仅将风水理论的形成延伸到了汉代,而且为我们考察《葬书》的成书年代和文献源流提供了宝贵的文献材料。

在此,必须强调“魂神还养”理论,并非《葬宅诀》所独有。“魂神还养”观念在汉代应该相当盛行,我们可以从上引张衡《冢赋》中找到一种更为文学化的表述。《冢赋》结尾说:“幽墓既美,鬼神既宁,降之以福,于以之平。如春之卉,如日之升。”在文采斐然的背后,其实质也就是“善地则魂神还养”的“鬼福及人”观念。

《葬宅诀》不仅系统地提出了丧葬风水的理论,而且还提出了一种葬地吉凶的判断原则和方法。它说:

> 欲知地效,投小微贱种于地,而后生日兴大善者,大生地也;置大善种于地,而后生日恶者,是逆地也;日衰少者,是消地也。……本根重事,效生人处也,不可苟易;而已成事,□□邪文为害也,令使灾变数起,众贤人民苦之甚甚。故大人小人,欲知子孙相传者,审知其丘陵当正,明其故,以占来事,置

① 参见[日]小野泽精一、福光永司、山井涌等编著:《气的思想——中国自然观和人的观念的发展》,上海人民出版社1990年版。

五五二十五丘陵，以为本文，案成事而考之。录过以效今，去事之证以为来事。真师宜详，惟念书上下，以解醉迷，名为占阴覆文，以知祖先，利后子孙，万世相传，慎无闭焉。[13]182

风水术固然需要一种理论形态，但就其本质来说它更强调的是一种吉凶推演原则和趋吉避凶的方法。《葬宅诀》的吉凶推演原则非常特殊也非常简单，就是投种于地，然后根据其生长情况，判断其地是属于“生地”、“逆地”还是“消地”。仅就吉凶推演方法而言，《葬宅诀》与《葬书》中复杂而又众多的吉凶原则相比显得非常单一和稚嫩，准确地反映了在丧葬风水术早期方法论不足的状况。但“投种于地”以判吉凶的方法，是完全符合丧葬风水吉凶判定的基本原则的。我们知道丧葬之地的选择就是要寻求所谓的生气之地。而所谓生气之地，目不可见，只能依循某些手段来判断，生气聚于地，气壮则地肥，土地肥沃则草木茂盛，所以《葬宅诀》认为“投小微贱种于地，而后生日兴大善者，大生地也”。根据以上分析，可以看出《葬宅诀》中所提到的“投种于地”以判吉凶是一种直接而又有效的寻求“生气”之地的方法。其实，这一原则在后世风水术中一直得到了坚持，如《葬书》中就提出“童山不葬”、“茂草乔木，开府建国”[7]104。《青乌葬经》中也强调“草木郁茂，吉气相随”[14]12。

以上探讨了丧葬风水观念的缘起，重点考察了汉代丧葬风水的吉凶模式和理论演进。笔者认为无论是在观念领域还是在理论构建上，汉代的丧葬风水都已经是一种较为成熟的形态。但从总体上讲，由于材料的缺乏，关于汉代丧葬风水的研究还是不充分的，有些判断还需要进一步的文献支持。

【参考文献】

[1]吕思勉．中国制度史[M]．上海：上海教育出版社，1985．

[2]刘昫．旧唐书[M]．北京：中华书局，1975．

[3]班固．汉书[M]．北京：中华书局，1962．

[4]司马迁．史记[M]．北京：中华书局，1959．

[5]范晔．后汉书[M]．北京：中华书局，1965．

[6]黄晖．论衡校释[M]．北京：中华书局，1990．

[7]丛书集成初编．葬书[M]．北京：中华书局，1991．

[8]黄晓芬．汉墓的考古学研究[M]．长沙：岳麓书社，2003．

[9]严可均．全上古三代秦汉三国六朝文·全后汉文[M]．北京：中华书局，1958．

[10]赵汸．葬书问对[M]//古今图书集成．台北：鼎文书局，1977．

[11]唐金裕．汉初平四年王氏朱书陶瓶[J]．文物，1980（1）．

[12]罗振玉．贞松堂集古遗文[M]．北京：北京图书馆出版社，2003．

[13]王明．太平经合校[M]．北京：中华书局，1960．

[14]丛书集成初编．青乌葬经[M]．北京：中华书局，1991．

第 29 卷第 1 期
2009 年 1 月

从马王堆一号汉墓出土香料与香具探析汉代用香习俗

陈东杰　李　芽*

【摘　要】 马王堆一号汉墓中出土植物性香料十余种,分别为花椒、佩兰、茅香、辛夷、杜衡、藁本、桂、高良姜、姜等;香具四种,分别为香奁、香枕、香囊、熏炉(配有竹熏罩)。它们基本代表了西汉初期贵族熏香习俗的物质概貌。汉代人对香料的使用,既有着美味饮食、宗教祭祀、香身、保健、防腐等实际用途,更有着对香料所蕴含的精神气象的迷恋,反映了当时的用香习俗。

【关键词】 马王堆一号汉墓;香料;香具;用香习俗

马王堆一号汉墓的挖掘,使一位在地下“长眠”2000 多年的西汉初期软侯夫人辛追重见天日,也为我们揭开了探究汉初贵族妇女用香习俗的面纱。在妆饰文化中,对香的运用是一个很重要的部分。香料不仅可以芳香身体,使人未见其面,便可先嗅其香,收到一种妆容服饰所无法达到的神秘、诱人之效;而且香料还有着美味饮食、香身、保健、防腐等实际用途。马王堆一号汉墓中出土了诸多的香料与香具,不仅保存得非常完好,而且香具的制作也非常有特色,有一些甚至是国内考古首次发现,有着非常重要的史料价值。通过对它们的研究与分析,我们对汉代上层贵族的用香习俗可以有一个基本的认知。

一、出土香料与香具

马王堆一号汉墓中出土了众多的香料,今天可以辨认出来的有十余种之多,这些香料分别盛放在草药袋、香囊、枕头、妆奁和熏炉中,为我们研究汉代的用香习俗提供了非常宝贵的实物资料。

1. 墓中五子漆奁内的两个较大的小奁是专门放置香料的。一个小奁内绷绛色绢,绢上放花椒,另一个放的是香草类植物。

2. 香枕 1 个,用精美的丝绸缝制而成,上下两面为精美的信期绣。高 12cm,长 45cm,宽 10.5cm。枕内填塞着香草佩兰。这是在我国第一次发现的古代绣花香枕。

3. 香囊 6 个。其中女尸辛追两手各握绣花绢面香囊一个,香囊长约 12cm,直径约 4cm,囊内盛香草。另外 4 件形制相同,但大小不一,腰部都有带,腰以上的颈部和囊里都用斜裁的素绢缝制。其中“信期绣”绢香囊出土于北边箱,另三件放在东边箱出土的 65 号竹笥中。出土时均装有香料。一个全装有茅香根茎,一个全装花椒,两个装有茅香和辛夷。

4. 草药袋 6 件。放在西边箱的 355 号竹笥中,形制相同,均作圆筒状,用单层烟色素绢缝制

* 陈东杰(1977—),男,天津市人,华东师范大学艺术学院讲师,硕士,主要研究艺术学。李芽(1977—),女,汉族,浙江省海宁县人,上海戏剧学院舞台美术系讲师,硕士,主要研究妆饰文化。

而成，腰缀绢带。出土时，五个袋内都盛有花椒、桂、茅香、高良姜和姜；其中两袋除这五种药草外，又有辛夷和杜衡，三袋又有藁本，另外一袋则仅盛花椒。

5. 彩绘陶制熏香炉 2 个。一个炉高 13.3cm，口径 11.2cm，盖上镂孔，以便发散香烟。炉内装有高良姜、茅香、藁本和辛夷等香草。另一个炉盘内满盛燃烧后残存的茅香炭状根茎。

6. 竹熏罩 2 件，大小各一，出土于北边箱。均为截锥形，用宽 1cm 的竹篾编成，孔眼甚大，外蒙细绢。用时罩在装有香料的香炉之上，炉内药物徐徐燃烧，缕缕香烟通过细绢均匀地散发，阵阵清香扑鼻，既可熏衣，又可使室内空气变得清新[1]。

二、香料分析

（一）花椒

在以上介绍的香料中，我们发现有一种香料好像被给予了与众不同的特别重视，那就是花椒。它不仅被单独放在五子妆奁当中最大的一个小奁内，而且都有单独的香囊和药袋来专门盛放。此外，在另外的五件草药袋中，也均有花椒的成分。花椒是芸香科植物花椒树的果实。对于今天的我们来说它已是日常佐餐之物，其实花椒被用于菜肴中调味，是直到宋元以后才较为普遍的。在汉代，它有着特殊的意义。

首先，椒香沁腑，它在先秦和汉代被视为一种重要的香料。《诗经·周颂》说“有椒其馨，胡考之宁”，就是说花椒芳香的气味，使人长寿安康；《荀子·礼论》也云“椒兰芬苾，所以养鼻也”；屈原的《九歌》里也有“播芳椒兮盈堂”的佳句，都吟咏了当时人们对花椒气味的喜爱。因为花椒的种实和枝叶中含有挥发油，的确具有特别的强烈芳香气，辛麻而持久。成书于公元 2 世纪的《神农本草经》将药物分为上、中、下三品，而把花椒列入下药，并说：“下药除病能令毒虫不加，猛兽不犯，恶气不行，众妖并辟。”由此可见，2000 年前的古人已认识到花椒的气味还具有杀虫、防腐、防霉、防潮、去湿的药性，有利于人体保健，或许这正是古人喜爱其味道的主要原因。

其次，花椒籽粒繁多，象征多子，这对于崇尚子孙满堂的古人来说是很吉祥的。《诗经·唐风·椒聊》中便写道：“椒聊之实，蕃衍盈升。彼其之子，硕大无朋。椒聊且，远条且。”这是一首赞美多子的诗。它以花椒起兴，正是源于椒的多籽。另外，《诗经·陈风·东门之枌》中也写道：“穀旦于逝，越以鬷迈。视尔如荍，贻我握椒。”描绘的是：在美好的日子里，小伙子乘机约会有意的姑娘，两人相识相恋，一次次流连于芳草地，爱情之花越开越盛。在小伙子的眼里，姑娘像花一样美丽，而姑娘情意之下，送了他一把香花椒。这里之所以以花椒作为定情之物，也是取其多子之意，表明自己愿意与对方共结连理的心意。因此，在辛追这座女性墓中出土有大量的花椒，除了取其芳香除秽之功外，取意多子之吉祥也是一个重要的原因。

其三，花椒还有着非常重要的药用保健价值。花椒药用首载于 2000 年前的《神农本草经》：其可以“坚齿发，明目，久服轻身好颜色，耐老增年通神”。《本草纲目》亦载：“椒，阳刚之物，乃手足太阳、右肾命门气分之药。其味辛而麻，其气温而热，入肺散寒，治咳嗽；入脾除湿，治风寒湿痹，水肿泻痢。”《千金翼方》载，花椒“治下痢，腰腹冷，兼温中暖胃，除湿，止腹痛”。可见，花椒能养颜抗衰，治疗多种疾病。早在 2000 年前，我国就用酒浸花椒制成椒浆，用来祭祀祖先，送神迎神，借其药性驱邪辟疫。汉代崔寔《四民月令》载：“正月之朔，是谓正日……子妇曾孙，各上椒酒于家长，称觞举寿，欣欣如也。”《楚辞》中也有“巫咸将夕降兮，怀椒糈而要之”和“奠桂酒兮椒浆”的词句。另外很重要的一点就是，花椒其性温，对于女性寒凉之体有着特殊的治疗滋补意义。故此，从汉代起，“椒房”就成了后妃住所的代称。《汉书·车千秋传》：“颜师古注：椒房，殿名，皇后所居也，以椒和泥涂壁，取其温而芳也。”《汉官仪》也载：“椒房，以椒涂壁，取其温也。”可见，椒房的由来，在功用上，除了取其芬芳之气外，还取其温热之性，起到对女性的保健作用，以利于为帝王传宗接代，达到其多子的象征含义。故此，在辛追这样的女性墓中大量出土也就不足为奇了。

(二)佩兰

墓中出土有精美的绣花香枕1个,内部装的是佩兰的叶子。

佩兰就是菊科植物中的兰草。《神农本草经》列兰草于上品,其后历代本草均有收载其别名,有蘭、永香、香水兰、女兰、香草、燕尾香、大泽兰、省头草、都梁香、孩儿菊、水香、鸡骨香、针尾凤等等。佩兰之名,始见于《本草再新》。《中国药学大辞典》载:“本品夏月佩之辟秽,气香如兰,故名。”《本草纲目》也载:“嫩时并可挪而佩之。”可见,佩兰是一种非常适合贴身佩挂的有芬芳气味的兰草。《楚辞》中就有“纫秋蘭以为佩”。陆玑《诗疏》载:“蘭,即兰,香草也。……藏衣,著书中,辟白鱼也。”李时珍曰:“《离骚》言其绿叶紫茎素枝,可纫可佩,可藉可膏可浴。”[2]可见,佩兰是一种与日常生活联系紧密、非常多用的芳香植物。它既可以随身佩戴,芳香身体,驱虫除秽(可纫可佩),又可以做成香枕,坐卧于其上(可藉),也可以做成香泽以润发(可膏),还可以“浴兰汤会沐芳”(可浴)。

佩兰不仅芳香,也有很好的药用价值。它性平味辛,能芳香化湿,醒脾和胃,清暑辟秽,可以治疗头晕、胸痞、呕吐及水湿内阻等病。用它做香枕,既有芳香化湿和抑菌消毒辟秽的作用,又具养血安眠之功效。

(三)茅香

茅香在墓中的使用频率是仅次于花椒的一种香草。在5件草药袋和至少3件香囊中,都发现有茅香,其中一件香囊全装有茅香根茎。另外,在其中一个熏香炉的炉盘内也满盛燃烧后残存的茅香炭形根茎。

茅香又名香麻(《本草图经》)、香茅(《本草纲目》)、香草等。为禾本科茅香属植物茅香的花、叶。《唐本草》云:“生剑南诸州,其茎叶黑褐色,花白,非白茅也。味苦,温,无毒。主中恶,温胃,止呕吐。叶苗可煮汤浴,辟邪气,令人香。”另外,其最重要的特性是可用来驱虫,是防止蚊虫叮咬、防止衣料被虫蛀的重要香料[3]。这可能是墓中频繁出土的最主要原因。

(四)辛夷

辛夷出自2件香囊、2件草药袋中,在彩绘陶熏炉中也有发现。

辛夷属木兰科木兰属落叶乔木。《本草纲目》载:“辛夷之辛温,走气而入肺,能助胃中清阳上行通于头。所以能温中,治头面目鼻之病。”既可作面脂,使面生光泽,也是散风寒、通鼻窍的良药。从辛夷中提炼出的挥发油,具有较为浓郁的清凉香,香气质好,味浓清雅,无杂气,稀释后有清新飘逸的薄荷香气,是一种重要的香料[4]。

辛夷作为香草,在先秦时已经被人们所认知,屈原就在他的作品中多次提及。《九歌·山鬼》:“乘赤豹兮从文狸,辛夷车兮结桂旗。”《九歌·湘夫人》:“桂栋兮兰橑,辛夷楣兮药房。”

(五)高良姜

高良姜出自5件草药袋和彩绘陶熏炉中。

高良姜别名良姜、小良姜,是一种热带多年生长的山姜,属食药兼用的植物资源。高良姜始载于《名医别录》。因出于高良郡(今广东省湛江、茂名一带),故名高良姜。据《本草纲目》记载:“其性甘辣、清凉,有除烦热、利津小便,通三焦团壅、塞气抗寒、散气之功效,且明目驱瘴。”在中国唐宋时期即为皇家贡品,成为著名的南药。具有温胃散寒、行气止痛的功能,还有行香消滞提神之妙用。高良姜中挥发油含量较高,有一种辛香之气。风靡全世界的著名汉药二天油、驱风油、清凉油、万金油等的最主要原料是高良姜素,而这种高良姜素即提取自高良姜。从高良姜中提取的精油既可制药,又是一种重要的香料。具有辛香、果香、花香、甜香等香气[5],是一种很好的熏香香料。

(六)姜

姜出自5件草药袋中。

姜的繁体字为“薑”,据宋代王安石《字说》认为“能疆御百邪,故谓之薑”。可见其功效之强烈。姜味辛性温,长于发散风寒、化痰止咳,又能温中止呕、解毒,常用于治疗外感风寒及胃寒呕逆等症，被晋代葛洪称为“呕家圣药”。按中医理论，生姜是助阳之品，自古以来中医素有“男子不可百日无姜”之语。宋代诗人苏轼在《东坡杂记》中记述杭州钱塘净慈寺80多岁的老和尚，面色童相，“自言服生姜40年，故不老云”。

生姜不仅可以入药，也富含挥发油，有一种香辛之气，可作为香料。西汉司马相如《上林赋》：“揭车衡兰，槀本射干，茈姜蘘荷，葴持若荪……应风披靡，吐芳扬烈，郁郁菲菲，众香发越。”文中的茈姜指的就是生姜，在这里便是作为一种芳香植物，被诗人吟咏赞叹。

（七）杜衡

杜衡出自5件草药袋中。

杜衡是马兜铃科植物杜衡的全草，有散风逐寒、消痰行水、活血平喘、定痛等药效。而且，它富含挥发油，气味芬芳，先秦时就已经是一种重要且常见的香草。常见于诗词歌赋之中。屈原《离骚》有“畦留夷与揭车兮，杂杜衡与芳芷”；《九歌·山鬼》有“被石兰兮带杜衡，折芳馨兮遗所思”；《九歌·湘夫人》有“芷葺兮荷屋，缭之兮杜衡”。西汉司马相如《上林赋》中也有：“其东则有蕙圃，衡兰芷若”；“揭车衡兰，槀本射干……应风披靡，吐芳扬烈，郁郁菲菲，众香发越”。可见杜衡是先秦及汉代文人非常喜爱且常见的一种香草。

（八）藁本

藁本出自5件草药袋和彩绘陶熏炉中。

藁本是伞形科植物藁木或辽藁本的干燥根茎及根，为中医常用的祛风散寒止痛药，主要用于治疗风寒感冒、风湿关节痹痛等[6]。其富含挥发油，气浓香，味苦而辛。明《本草汇言》中载：“藁本……其气辛香雄烈，能清上焦之邪，辟雾露之气，故治风头痛，寒气犯脑以连齿痛。”西汉司马相如《上林赋》中述及香草时，不仅提到了杜衡、泽兰，也提到了藁本。

（九）桂

桂出自5件草药袋中。

桂分两种：一种是肉桂，属樟科，在作香料使用时，主要取其树皮，就是我们通常所说的桂皮；一种是桂花，也叫木犀，属木犀科，在作香料使用时，主要取其花香。这两种香料在我国都有非常悠久的历史，是深受人们喜爱的香料[7]。

墓中草药袋中的是肉桂，其不仅气味芳香，而且有很好的药用价值。《神农本草经》载：“箘桂，主百病，养精神，和颜色，为诸药先聘通使。久服轻身不老，面生光华，媚好常如童子。”这里的箘桂即为肉桂的一种。因《神农本草经》是汉以前劳动人民在实践中所积累的用药经验的总结，可见早在先秦时期，人们就充分地了解了肉桂的药用价值，并和花椒一样，取其芬芳与药性，将之泡入酒中，制成芳香的药酒，从而衍生出一个专用成语“桂酒椒浆”，作为祭祀迎宾时的高级香酒。《楚辞·九歌·东皇太一》：“蕙肴蒸兮兰藉，奠桂酒兮椒浆。”《汉书·礼乐志》中也有：“牲茧栗，粢盛香，尊桂酒，宾八乡。应劭曰：‘桂酒，切桂置酒中也。’”除了置于酒中，肉桂的芳香之气更是被文人士大夫们所喜爱。《汉书·礼乐志》：“都荔遂芳，窅窊桂华。……”晋灼曰：“桂华似殿名，次下言‘桂华冯冯翼翼，承天之则’，言树此香草以絜齐其芳气，乃达于宫殿也。”《汉书·司马相如传上》：“桂椒木兰，檗离朱杨。”《汉书·扬雄传上》：“瓶桂椒，郁移杨，香芬茀以穷隆兮，击薄栌而将荣。师古曰：‘言桂椒香气乃击薄栌及屋翼也。’”文中言及桂树，无不是香冲殿霄。

以上提到的九种香料植物并不是墓中香料的全部，其实还有很多香草没有探明明确的称谓，但其基本已经可以概括墓中香料的全貌。通过以上分析，我们可以得出以下结论。

第一，中药未必都是香料，但香料基本上都是中药。它们除了具有芳香的气味，还有着不同程度与类型的药性，在芳香人体与环境的同时，也能起到除病保健的作用，这是用香习俗在中国起源早，并得到广泛喜爱与传承的一个很重要的因素。

第二，从一号墓出土的香料看，西汉初期贵族所使用的香料都为国产的香草，基本都比较常见，并无名贵香药。这些香草风干后缝于香囊中佩戴尚可,用于焚烧的话,烧出来的烟并不会很香。而可供焚烧的香料,如乳香、沉香、檀香、郁金香、苏合香等,多为热带产物,不产于黄河流域和长江流域。后世的名贵香料主要靠从西域和南海进口。汉武帝时期,在通西域、平南越之后,才打通陆上的丝绸之路,开辟了南方的海上交通。中国这时候才和世界取得较为广泛的联系,香料贸易也从这时起才提到日程上来,而中国与西域、南海比较深入的贸易往来是从东汉才开始的[8]。辛追死于汉文帝十五年(前 165 年)左右,自然是享受不到对外贸易的好处的。

从辛追墓中的香囊与香炉中所存香料来看,是直接采自植物,称为天然香料。随着东汉香料品种的增多,人们已开始研究各种香料的作用和特点,并利用多种香料的配伍调和制造出特有的香气,于是出现了"香方"的概念,即指由多种香料依香方调和而成的"合香"。从天然香料演进到合成香料,这是用香方式的一个重要发展。东汉时期《汉建宁宫中香》的香方就显示了东汉的这一用香的进步:

> 黄熟香四斤、白附子二两、丁香皮五两、藿香叶四两、零陵香四两、白芷四两、乳香一两、檀香四两、生结香四两、甘松五两、茅香一斤、沉香二两、苏合油二两、枣五两研为细末,炼蜜和匀,窨月余作丸,或饼爇之[9]。

三、香具分析

香具是使用香料时所需要的一些器皿用具,也称为香器(严格说来,制香时使用的工具称为"香器",用香时的工具称为"香具")。马王堆一号汉墓中所见香具主要有:香奁、香枕、香囊、熏炉和竹熏罩。造型丰富的香具,既是为了便于使用不同类型的香品,同时也是美观的饰物。

(一)香奁

"奁",古时泛指盛放器物的匣子,有食奁(盛放饭食的匣子)、妆奁(盛放梳妆用品的匣子),在这里特指专门盛放香料的匣子,称为"香奁"。

在一号墓中,出土有两个妆奁:一个为单层五子漆奁,另一个为双层九子漆奁。两个妆奁中存放有非常精致的化妆品和梳妆器具。其中五子漆奁内两个最大的圆形小奁专门放置香料,一个小奁内绷绛色绢,绢上放花椒,另一个放的是香草类植物,故称"香奁"。香奁又称香筥、香合、香函、香箱等。形状多为扁平的圆形或方形,多以木、铜、铝等制成,大小不等。其既可作为子奁,放置于妆奁之内,也可单独成器,作为香案、居室的饰物。

(二)香枕

人的一生,有 1/3 的时间是在枕上度过的。因此,利用枕来为人类的健康服务,正是香枕产生的客观原因。因为所有的香草皆可入药,因此香枕也可称为药枕。香草药经过炮制之后,置于枕芯之内,或浸在枕套之中,令人在睡卧之时枕之,既可以使药性透过皮肤直接吸收,也可以通过嗅其香气使药性渗透进体内,同时可以起到驱虫除秽的作用,的确是用以防治疾病和延寿抗衰的一种自然芳香疗法[10]。

从辛追墓中出土的佩兰香枕,我们可以得知,早在西汉初期,人们就懂得利用芳香药物的功效为自己服务,也为生活增加了情趣。

东晋道士葛洪所撰《神仙传》中有这样一个故事:

> 泰山老父者,莫知姓字。汉武帝东巡狩,见老翁锄于道旁,头上白光高数尺,怪而问之。老人状如五十许人,面有童子之色,肌肤光华,不与俗同。帝问有何道术。对曰:"臣年八十五时,衰老垂死,头白齿落。遇有道者,教臣绝谷,但服术饮水。并作神枕,枕中有三十二物。其三十二物中,有二十四物以当二十四气,八毒以应八风。臣行之,转老为少,黑发更生,齿落复出,日行三百里。臣今一百八十岁矣。"帝受其方,赐玉帛。老父后入岱山中。每十年五年,时还乡里。三百余年,乃不复还。

这一"泰山老父"的故事虽有些夸张,但至少说明汉武帝时已有治病保健的药枕这一事实。西汉文学家司马相如的文学名著《长门赋》中,汉武帝的陈皇后用的就是类似辛追的香枕。文载“拵芬若以为枕兮，席荃兰而茝香”，这里的芬、若、荃、兰皆香草也。另外，1968 年在河北省满城县发掘的西汉中山靖王刘胜墓中，身着玉衣的死者头下枕有精美的镶玉铜枕，内装芳香的花椒。不论是文字记载，还是我们亲眼目睹的“佩兰枕”、“花椒枕”，都说明 2000 多年前的汉代皇室贵族，已在普遍使用香枕。

（三）**香囊**

一号墓中出土香囊 6 个。其中女尸辛追两手各握绣花绢面香囊 1 个，1 个“信期绣”绢香囊出土于北边箱，另 3 个放在东边箱出土的 65 号竹笥中。

盛装香料的香囊古时又称香包、香缨、香袋、香球、佩伟、荷包等，古人佩戴香囊的历史可以追溯到先秦时代。据《礼记·内则》：“男女未冠笄者，咸盥、漱、栉、縰、拂髦、总角、衿缨，皆佩容臭。”郑玄注：“容臭，香物也，以缨佩之，为迫尊者，给小使也。”就是说未成年人去见父母长辈时要佩戴“衿缨”，即编织的香囊，一身香风，以示敬意。同时，佩戴香药也确能增强人体抵抗力，起到防病治病的作用，保护他们幼小的身体健康成长。这种“衿缨”大概是最早形态的香囊了。

汉代的香囊是如何佩戴的呢？魏繁钦《定情》诗曰：“何以致叩叩，香囊系肘后。”即把香囊系在肘臂下，让它藏身在袖子中，让馨香幽幽地从袖筒向外放送。据说，在汉代宫廷中，尚书郎必须“怀香袖兰”，一身香气地侍奉天子。袖底生香，那美丽是既含蓄又诱惑。除此之外，从出土图像上看，也有系于腰间与胸前的。

但辛追墓中出土的香囊尺寸都比较大，其手握的香囊目前尺寸不详，另 4 件通长最长者达 50cm，最小者也有 32.5cm。系于肘后或挂于腰间、胸前都显得有些过于突兀了。因此，其或许是出于香囊的另一个功能，即挂于内室的帷帐之间熏香所用。乐府古诗《孔雀东南飞》中刘兰芝被休回娘家，与焦仲卿临别时将自己的衣物留与新人，其中便有“红罗覆斗帐，四角垂香囊”。当时的床是室内多功能家具，其四周张设的帷帐，由色泽鲜艳的丝织品制成，有保暖、防风、避虫等作用，常被人们精心装饰，从宫廷到民间都流行帐角垂香囊。

当然，由于这 4 件香囊中有 1 件全装有茅香根茎，2 件也装有茅香，我们前面分析过，茅香最重要的特性是可用来驱虫，是防止蚊虫叮咬、防止衣料被虫蛀的重要香料。因此，它们也极有可能是放在箱中作为防虫剂来使用，类似于现在常用的樟脑丸。

（四）**熏炉**

丝绢的香囊虽然美观，其局限性也很明显，即香气挥发缓慢，熏陶范围有限。要想使香气能更浓郁地散发于较大的空间，就必须将之熏炙，而且有些进口的末、块、片状香料也只有在燃烧时方能散发出浓烈幽远的香味。而且熏香也可在一定程度上代替燃料，祛除湿气，提高室内温度。宋代陈元靓《岁时广记》引《述异记》曰：“汉武帝时外国贡辟寒香，室中焚之，虽大寒，必减衣。”又引《云林异景志》云：“宝云溪有僧舍，盛冬若客至不燃薪火，暖香一炷，满堂如春。”出于这样的原因，可以焚香的熏香器诞生了，这就是熏炉。

焚香之俗早在先秦时就已经形成了，《庄子·让王》篇中就有“越人熏之以艾”的记载；《韩非子·外储说左上》也有“熏以椒桂”的记载。在我国战国时期，就已经出现了凤鸟衔环铜熏炉，而辛追墓中出土的是陶熏炉，是一种比较朴素的熏炉，多为汉代一般百姓家庭使用，可能是作为明器的。汉代墓葬中出土的熏炉数量是非常庞大的，仅《广州汉墓》一书中介绍的一批汉墓葬中，就共出土熏炉 100 件。西汉前、中期墓出土的还不多，仅占墓数的 1/10 左右。自西汉晚期到东汉期间，大约半数的墓都有熏炉随葬[11]。这与我们前文提到的香料进口历程是吻合的。

除了陶制熏炉，在汉代中原地区的王公贵族墓葬中，则发现了更加精美的博山炉。这是一种炉盖高而尖，雕镂成山形，象征海上仙山“博山”的铜制熏炉。秦汉时期，人们普遍相信海上有仙山的神话。《史记》便载：“此三神山者……诸仙人及不死药皆在焉。”博山炉盖上山峦群峰，山间雕有灵禽瑞兽,还有各种神仙人物,穿插在云气之间,以模拟神仙传说故事。下设承盘,贮有热水(兰汤),以助蒸香气,亦象征东海。山间有孔,当香料在炉中燃烧时,袅袅香烟从层层镂空的镂孔中高低散出,缭绕于炉体四周,加之水汽的蒸腾,宛如云雾盘绕海上仙山,呈现极为生动的山海之象。《西京杂记》记载,汉成帝时,长安的著名工匠丁缓,就曾制作了极为精巧的九层博山炉,镂以奇禽异兽,"穷诸灵异,皆自然运动"。河北满城汉中山王刘胜墓出土的"错金博山炉"、陕西兴平汉武帝茂陵陪葬墓中出土的"竹节状熏炉"等实物,使我们目睹了这类熏炉中的极品。由此也可以看出汉代上层贵族把焚香看得多么重要。

熏香除了芳香净化空气外,还有一种用途就是熏衣被。《汉官仪》中记载:"尚书郎入直台中,给女侍史二人,皆选端正,指使从直,女侍史执香炉烧熏以从入台中,给使护衣。"[12]辛追的香熏炉,上有网罩,是用竹篾编成骨架,上蒙细绢,炉内所焚的香物通过细绢过滤,既可熏香衣物,又能驱逐秽气。至于熏香被褥,则有一种设计更为精巧的熏香器。《古文苑·司马相如〈美人赋〉》:"于是寝具既设,服玩珍奇,金鉔熏香。"章樵注:"鉔音匝,香毬,衽席间可旋转者。"这种用于被褥熏香的金鉔,宋朝高承在《事物纪原》卷8"舟车帏幄部"下"香毬"条引《西京杂记》曰:"长安巧工丁缓者,作卧褥香炉,一名被中香炉。本出防风,其法后绝。至缓始更为之。为机环转连,而炉体常平,今香毬是也。"所谓"被中香炉"就是金鉔,实际上是一种金属制的香囊,因其多为球形,故也称"香球"或"熏球"。香球在汉墓中尚未发现实物,但在唐墓中发现很多。其是由金属制作的镂空圆球,上半球体为盖,下半球体为身,两者之间以合页相连,子母口扣合。下半球体内有两个同心持平圆和一枚焚香盂。两持平环之间以及持平环与香盂之间均以垂直的活轴相连,并将外环与球壁铆接在一起,持平环和香盂都可随重力作用保持盂面与地面呈平行状态,因此,无论球体如何转动,盂面始终朝上,香盂盛装香料,点燃时火星不会外漏,烧尽的香灰也不至于撒落出来将被褥烫坏,是一种设计极其精巧的微型熏炉。

四、汉代用香习俗

辛追的丈夫利苍受封仅700户,从户数看,只是一个不大的百户侯。但其墓中出土的香料和香具数量不少,品种也比较齐全,说明对香料的使用在汉代初期已经趋于成俗了。

(一)饮食需要

"民以食为天,食以味为先。"在中国这个极其注重饮食文化的国度,植物香料一直是饮食加工中不可缺少的点缀。辛追墓中出土的香料,如花椒、桂皮、姜,到现在已然是中国人日常烹饪中的常客。

当然,在先秦以至汉代,香料还是比较名贵的,其在饮食中使用,只是在一些隆重的节日及祭祀场合才会出现,并不是百姓日常所用。如《楚辞·九歌·东皇太一》曰:"蕙肴蒸兮兰藉,奠桂酒兮椒浆。"王逸注:"桂酒,切桂置酒中也;椒浆,以椒置浆中也。言已供待弥敬,乃以惠草蒸肴,芳兰为藉,进桂酒椒浆,以备五味也。五臣云:蕙、兰、椒、桂,皆取芬芳。"即在祭祀的时候,要把惠草放入肉中,衬垫上兰草,然后蒸熟,并奉上用桂皮和花椒泡制的芳香的琼浆。汉代崔寔《四民月令》也载:"正月之朔,是谓正日……子妇曾孙,各上椒酒于家长,称觞举寿,欣欣如也。"即在春节这天,晚辈要向长辈奉上椒酒,恭祝长寿安康。

(二)香身需要

用香花、香草芳香身体,让人的身体终日萦绕在香气之中,在先秦时就已经得到人们的普遍喜爱了。《楚辞》中有关这类的论述非常之多,如:"扈江离与辟芷兮,纫秋蘭以为佩"、"制芰荷以为衣兮,集芙蓉以为裳"、"被薜荔兮带女萝……被石兰兮带杜衡"等等。从楚辞的诗句来看,楚人是从野地里采来新鲜的香花、香草,编串成花环、花链等形式,直接佩戴在身上,这往往比较受季节和场景的局限。因此,在大多数的情况下,人们是把阴干的香草盛在精美的丝袋里,这就是我们前文提到的香囊,将之佩戴在身上,香气就会更持久地保留。

让身体散发动人的香气,仅仅依靠佩戴香囊还是不够的。在先秦时,古人就已经懂得在加热洗澡水的时候,将香草投入其中,煮成香喷喷的"香汤",用来清洗并芳香身体。汉代《大戴礼》云:"午日以兰汤沐浴。"即在端午时以兰草汤沐浴去污。因为端午正值仲夏,是皮肤病多发季节,古人认为兰(即佩兰)汤可以香身除病,祓除不祥。所以端午节也被称为"浴兰节",而佩兰也就得到了另一个美称"香水兰"。《九歌·云中君》中就有"浴兰汤兮沐芳,华采衣兮若英"。《荆楚岁时记》:"五月五日,谓之浴兰节。"《五杂俎》记明代人因为"兰汤不可得,则以午时取五色草拂而浴之"。后来一般是煎蒲、艾等香草洗澡。《赵飞燕外传》中则有:"后浴五蕴七香汤,踞通香沉水,坐燎降神百蕴香;婕妤浴豆蔻汤,傅(敷)露华百英粉。"这里的"五蕴七香汤"和"豆蔻汤"则是专供后妃使用的更为高级的香汤了。

除了沐浴香汤,将香料掺入化妆品,直接涂抹于身上则是更为重要的。辛追墓中出土的两个妆奁中,共放了大大小小9个盛放各种化妆品的小奁,其中所盛物质有粉状的、油状的、块状的。其具体配方和用途目前暂时无法考证。但根据对汉代化妆史的研究,汉代的化妆品已有面脂(即涂面的香膏,汉朝刘熙《释名·释首饰》:"脂,砥也。著面柔滑如砥石也。")、香泽(涂发的香膏,汉朝刘熙《释名·释首饰》:"香泽,香入发恒枯悴,以此濡泽之也。")、妆粉(妆面用的香粉,《赵飞燕外传》:"婕妤浴豆蔻汤,傅(敷)露华百英粉。")、胭脂(《中华古今注》曰:"燕脂盖起自纣,蓝花汁凝作燕脂。")、唇脂(汉代刘熙《释名·释首饰》:"唇脂,以丹作之,像唇赤也。")、眉黛(汉代刘熙《释名·释首饰》:"黛,代也,灭眉毛去之,以此画代其处也。")等。自古女子妆品,无不含香。面脂、口脂也称"香脂",洗发之露称为"香泽",妆面之粉称为"香粉",而盛放梳刷镜篦、胭脂油粉的梳妆奁,又被称为"香奁",香料与化妆品是密不可分的。

为了身香,除了外用,还有内服。应劭《汉官》曰:"侍中刁存,年老口臭,上出鸡舌香含之。"即以鸡舌香掩盖口臭。这应是中国古代内服香药的最早记载了。

(三)保健需要

中药未必都是香料,但香料基本上都是中药。因为,香料植物基本都含有芳香性挥发油、抗氧化剂、杀菌素,可以驱虫除秽,用于治病的香品,也称为"香药",是中药的一个重要组成部分。辛追墓中的香料很多都是出于草药袋中,利用香药的药性来除病保健,则是古人爱香的另一个重要原因。

1. 镇静安神,悦情益智

许多香料的香气都具有镇静安神的作用,例如薰衣草,是治疗中枢神经、舒解焦虑、改善失眠等神经系统的原料药。再如檀香、沉香等,也都能令人感到安宁镇静,具有洁净身心的功效。因此,在古人的卧室里,不仅要四角垂香囊,而且一般都会有一个焚香的香炉,来营造一个香雾萦绕、兰麝氤氲的氛围。以此增添韵味无尽的诗趣、雅兴和生活情调,引发遐思,助人情兴,畅怀舒神,催成好梦;驱走蚊蝇虫虱,使人安宁、洁净。

2. 开窍醒神,行气启闭

芳香能走窜,可通关醒神,开九窍。心藏神,主神明,心窍通则神明有主,心窍阻则神明内闭,出现神志昏迷症状。开窍药味辛,芳香,善于走窜,皆入心经,有通关开窍之功,如麝香、冰片、苏合香、石菖蒲等。《神农本草经疏》中将这类药单列一类,为"开窍"药。《本草纲目》中也明确指出:"盖麝香走窜,能通诸窍之不利,开经络之壅遏";冰片"通诸窍,散郁火";苏合香"气香窜,能通诸窍脏腑"。《本草从新》对石菖蒲通窍之功亦作了概括,认为其"辛苦而温,芳香而散,开心窍,利九窍"。故芳香药有疏调气机、畅达情志的作用。司马迁在《史记》中,记载了汉代名医淳于意用熏治法,治愈了济北王侍者韩女因忧郁所致之疾病。张仲景《伤寒论》中载:"阳气怫郁在表,当解之、熏之。"民间也常用香熏法救治昏睡不醒、酒醉不醒、癫狂昏迷之病人,往往具有独特效果[13]。

此外,芳香性温能通行,故芳香药还有疏理气机的作用。《神农本草经疏》将具有行气作用的芳香药归为降气药,如降香、郁金、沉香、乌药等。《本草求真》中记载“气塞宜通,在心与肺,则有宜于薰香、安息香;在脾,则有宜于川芎、香附”。其所用之药亦多为芳香药。

3. 芳香化湿,祛邪辟疫

芳香化湿,也可称为“芳香辟秽”,其中秽与湿同指湿邪之病,湿邪致病多侵犯脾脏,使脾困失于运化。芳香药性多偏温燥[14]。《神农本草经疏》将这类芳香药单列为“香燥药”,包括沉香、龙脑、藿香、豆蔻、丁香、乌药、香附、木香等,这类药具有醒脾化湿、燥湿健脾之功效。在《神农本草经疏》所列的“脾虚十二证”中就有“八证”使用了芳香来醒脾健脾。

芳香药也能够祛邪辟疫,化腐生肌。马王堆汉墓出土的帛书《五十二病方》中就有:“用柳蕈一捼、艾二,焚熏治疗朐养(指外阴和肛周皮肤痰痒),痔兑兑然出。”张华《博物志》云:“天汉二年(前99年),长安大疫,燃返魂香,宫中病者,闻之即起。香闻百里,数日不歇。疫者未三日者,熏之皆瘥。”再比如端午节在门上悬挂菖蒲、艾叶,薰苍术的习俗。在先秦时代,普遍认为五月是个毒月,五日是恶日。《夏小正》中记:“此日蓄药,以蠲除毒气。”此时五毒尽出,因此端午风俗多为驱邪避毒。而菖蒲、艾叶、苍术都是含有挥发性芳香油的草药,它们所产生的奇特芳香,可驱蚊蝇、虫蚁,净化空气,并能祛寒湿、提神通窍、健骨消滞、杀虫灭菌,故此深受人们喜爱,并成为一种固定的习俗流传至今。

(四)宗教祭祀需要

宋朝洪刍《香谱·天香传》说:“香之为用从上古矣,可以奉神明,可以达蠲洁。三代禋祀,首惟馨之荐。”就是说对香料的使用可以追溯到上古时代,用香来供奉神明,可以达到除秽求法的目的。夏、商、周三代祭祀,首先推出的是馨香之祭。《礼记·郊特牲》也云:“至敬不飨味,而贵气臭也。”即最好的敬奉不是享用美味而是重在闻馨香之气。袅袅香烟,灵动飘逸。上通苍穹,感格鬼神;下怡性情,净化环境,因此香在大多数的宗教和各种祭祀活动中都是必不可少的供品与用品。例如在自西汉传入中国的佛教中,其认为“香为佛使”,“香为信心之使”,因而香被视为一项重要的供品,在各种佛事活动中,焚香上香几乎是必有的内容。佛家认为香对人的身心有直接的影响。好香不仅芬芳,使人心生欢喜,而且能助人达到沉静、空净、灵动的境界,于心旷神怡之中达于正定,证得自性如来。而且好香的气息对人有潜移默化的熏陶,可培扶人的身心根性向正与善的方向发展。好香如正气,若能亲近多闻,则大为受益。所以,佛家把香看作是修道的助缘。因而香在佛教中常被用来比喻高尚的德行、修正境界与佛国的庄严。如《戒德香经》说,持守戒德的人具有“戒香”,此无上之香普熏十方,非世间众香所能相比。佛教徒修习戒、定、慧三学,则能成就戒香、定香、慧香,这被视为无漏真香[15]。

(五)防腐需要

香料在葬礼中一个很重要的作用就是杀菌防腐。香料之所以能散发出浓烈的气味,是因为其中含有大量的挥发油。挥发油,又名精油,其含有复杂的化学成分,主要是由萜类和芳香族化合物以及它们的含氧衍生物,如醇、醛、酮、酸、酚、醚、内酯等组成。此外,还包括含氮及含硫化合物。我国古代早就有应用含挥发油中药治病的记载,现代研究表明,中药挥发油的生物活性是明显的,在药理方面多具有抑菌、杀虫的作用[16]。

因为香料具有这样的作用,因此,我国古代的丧礼中很早就有用香草熬制香汤药酒给尸体洗澡,使之“香美”去秽,以防尸腐的记载。《周礼·春官·鬯人》:“大丧之大渳,设斗,共其秬鬯。凡王之齐事,共其秬鬯。”其中的“衅鬯”,汉郑玄注:“衅尸以鬯酒,使之香美者。”孙诒让《正义》:“鬯酒,即秬鬯之酒,取其芬芳条畅以衅尸,又以和浴汤,去其臭恶,使之香美也。”专家在检查辛追的身体状况时,就发现在她身上残留着香酒洗浴过的痕迹[17]。这和礼制是相符的。此外,在辛追的草药袋中发现的大量芳香类中草药,也说明这些药物是辛追平时经常喜欢服用的,长期服用这些药物和香料对清洁人体内部积腐物质也起到了一定的作用。香料正是造就女尸千年不腐的一个重要因素之一。

通过以上对马王堆一号汉墓出土香料与香具的分析及对汉代用香习俗的介绍,我们可以知道,尽管在西汉初期,香料的品种还很有限,香具的制作也很朴素,但随着汉代经济与对外贸易的发展,香文化得到了长足的发展。不仅香料的品种日益丰富,香具设计也美轮美奂,对香料的使用已经非常普及,而且应用的范围也很广泛。实际上,在汉代以前,人们对香料的喜爱,就不仅仅出自饮食、香身、保健、防腐等实际用途,其更重要的意义在于香所蕴含的精神气象。香具有一种超越有形世界的美感,它看不见、摸不到,却能让人真真切切地感受到它的存在。尤其是那淡淡的幽香,似有若无,氤氲流荡,使它成为具象世界之外境界气象的最好象征。先秦时的楚辞中就有香草美人的传统,诗人笔下的香草美人,并非花间的柔腻,而是他们内在心念的表征,他们要在美人香草中寻找自己原有的活泼、原有的天真、原有的生命馨香。或许正是香所具有的这独特魅力和其昭示的内在品格,成就了中国香文化的博大与绵长。

【参考文献】

[1]湖南省博物馆,中国科学院考古研究所编.长沙马王堆一号汉墓(上/下)[M].北京:文物出版社,1973:1—100.

[2]魏道智,宁书菊,林文雄.佩兰的研究进展[J].时珍国医国药,2007,18(7):1782—1783.

[3]梁明龙,徐汉虹,朱彩云,张竟立.香茅属植物活性成分在病虫害防治中的研究与应用[J].广东农业科学,2005(6):60—62.

[4]李晓,姚光明,邬亚萍,李宏,王恒哲.辛夷挥发油化学组分的GC/MS分析及在卷烟加香中的应用[J].烟草科技/烟草工艺,2002(4):6—8.

[5]熊安言,马林.高良姜精油的制备及加香试验[J].烟草科技/烟草工艺,2003(12):11—12.

[6]陈若芸,于德泉.藁本化学和药理研究[J].中医药通报,2002,1(1):44—48.

[7]阎燕."桂酒"及其他[J].辞书研究,2003(4):141—143.

[8]陈连庆.汉晋之际输入中国的香料[J].史学集刊,1986(2):8—17.

[9]常正.香品、香具与香文化(上)[J].法音(The Voice of Dharma),2005(7):33—39.

[10]章秀明.药枕治疗机理浅谈[J].中医药临床杂志,2005,17(3):303—304.

[11]赵超.《香谱》与古代焚香之风[J].中国典籍与文化,1996(4):47—54.

[12][宋]洪刍.香谱[G]//《中华饮食物语》编委会编.中华饮食物语·物之语.昆明:云南人民出版社,2004:213.

[13]王志浩,郑序先,王水信.汉代青铜熏炉及其医疗保健价值的研究[J].内蒙古文物考古,1994(1):7—19.

[14]李瑛,卢健.试论芳香药的功用[J].江西中医药,2001,32(5):50—51.

[15]常正.香品、香具与香文化(下)[J].法音(The Voice of Dharma),2005(8):42—46.

[16]彭任辉.挥发油与中药[J].家庭中医药,1999(2):46.

[17]林零.神秘气体造就女尸不腐[J].大科技(科学之迷),2006(1):24—25.

第19卷第4期
1999年7月

荀悦对史学理论的贡献

郑先兴*

【摘　要】 荀悦在史学理论上的贡献是较大的。在他看来,历史学是一门政治学,其作用是进行道德教育和历史借鉴;历史发展主要在于人类自身的活动,主要在于统治者,但历史也有其自律性;历史认识的方式是"以小知大,近取诸身",其标准是儒家思想和客观历史;历史研究可采用辩证分析法、理论分析法、比较分析法和统计分析法;史料编写要遵循"善恶"、"为法式"、"立功事"等原则,要达到真实有用的要求;史家研究历史的动机是"达道义"、"彰法式"、"通古今"、"著功勋"、"表贤能"。

【关键词】 荀悦;史学理论;政治史学

荀悦一生著述颇丰,其中《崇德》、《正论》及诸论数十篇早已失传;传世的只有他专为汉献帝所著的《申鉴》五卷和据班固《汉书》改写而成的《汉纪》三十卷。在这两部著述里,荀悦的思想和学术观点得以充分展示。因此,受到历代史学家、思想家的重视。在这里,我们也以此为据,考察一下荀悦在史学理论上的贡献和成就。

一

历史学作为一门古老的学科,自从它产生以来,除了其浓郁的文化意蕴之外,更多的是服膺于政治,是政治的工具。荀悦以其敏锐的政治眼光,一开始就看到了历史学的这一特征。他说:"昔晋之乘,楚之梼杌,鲁之春秋,虞夏商周之书,其揆一也,皆古之令典。立之则成其法,弃之则坠于地,瞻之则存,忽焉则废。故君子重之。汉《书》、《纪》,其义同矣!"[1](《序》)也就是说,史学就是政治学,你要搞政治,就必须重视史学。

作为政治学的史学,其研究的对象自然是政治,是与皇帝活动密切相关的军国大事,而其任务,首先当是记录和保存这些军国大事。荀悦说:"古者天子诸侯,有事必告于庙。朝有二史,左史记言,右史记动。动为《春秋》,言为《尚书》。君举必记,臧否成败,无不存焉。下及士庶,等各有异,咸在载籍。"[2](《时事》)其次,记功司过,彰善弹恶。用荀悦的话说:"内史执其彤管,记善书过,考行黜陟,以彰好恶。"[2](《时事》)最后,研究天人关系。天人关系是有汉一代研究历史发展动因的最重要课题。他把探讨天人感应看作是史学的又一重要任务:"天人之应,所由来渐矣。故履霜坚冰,非一时也。仲尼之祷,非一朝也。……若是王都未见之,无闻焉尔。官修其方,而先王之礼,保章视祲,安宅叙降,必书云物,为备故也。太史上事无隐焉,勿寝可也。"[2](《时事》)

作为政治学的历史学有哪些作用呢?荀悦认为,史学作为政治的工具,可以进行道德教育,以辅助法制。他说,史学记事是"得失一朝,而荣辱千载。善人劝焉,淫人惧焉。故先王重之。以

* 郑先兴(1961—　),男,河南省南阳市人,南阳师范专科学校历史系副教授,主要从事秦汉史研究。

副赏罚,以辅法教"[2](《时事》)。他著《汉纪》的目的是"惩恶而劝善,奖成而惧败"[1](《序》)。

史学可以提供借鉴,为人们的言行寻求依据。他说自己著的《汉纪》就可以使人"质之事实而不诬,通之万方而不泥。可以兴,可以治,可以动,可以静,可以言,可以行"[1](《序》)。在荀悦看来,借鉴历史就是执行了"天道":"鉴于三代之典王,允迪厥德。功业有尚,天道在尔。"[2](《政体》)

史学还可砥志励气,陶冶情操:"或问厉志。曰:若殷高宗能葺其德,乐瞑眩以瘳疾。卫武箴戒于朝,勾践悬胆于坐。厉矣哉。"[2](《杂言》)

二

荀悦从其政治史学的观念出发,对历史的发展、历史发展的本质、人与历史的关系等问题作了探讨。

在荀悦看来,历史的本质在于人类自己的活动。他依据儒家的观点,把事物分为天、地、人三个方面,并指出它们各有其"道","各当其理而不相乱也"[1](《孝武皇帝纪四卷第十三》)。也就是说,历史发展是按其内在的规律而进行的。这一内在的规律性,从荀悦多次论说看,在"天","曰阴与阳";在"地","曰柔与刚";在"人","曰仁与义"[2](《政体》)。在这里,"天"、"地"即我们现在所说的自然,仅是荀悦所处时代的人们认识世界的一种方式、一个工具,其真正的本质则在于认识"人"即人类社会,从而来管理社会。"故圣人则天,贤者法地,考之天道,参之典经,然后用于正矣!"[1](《孝元皇帝纪下卷第二十三》)这里的"正"就是政治。"孔子曰:政者,正也。夫要道之本,正己而已矣。"[1](《孝元皇帝纪中卷第二十二》)

荀悦认为,作为人类政治活动的历史,其本质在于"仁与义"。而仁义外在的表现即在于社会有序,"仁义之大体在于三纲六纪,上下咸序,五品有章"[1](《孝成皇帝纪二卷第二十五》)。内在的表现则是"下足以代耕,上足以克祀"[1](《孝惠皇帝纪卷第五》)。"帝耕籍田,后桑蚕宫,国无游民,野无荒业,财不虚用,力不妄加。"[2](《政体》)仁义的实施主要在于内政的确立。也就是说,历史的发展主要在于人类自身的活动。"问明于治者其统近,万物之本在身,天下之本在家,治乱之本在左右,内政立而四表定矣!"[2](《政体》)无疑,内政之确立主要在于统治者。因此,仁义之实施,亦即历史之正常的发展,对统治者作了极高的要求。第一,要克己无我,以民为本。"圣王之有天下,非所以自为,所以为民也。不得专其权,利与天下同之。唯义而已,无所私焉。"[1](《孝惠皇帝纪卷第五》)第二,要顺应历史发展的规律。"圣人之道,必则天地,制之以五行,以通其变。"[1](《孝元皇帝纪下卷第二十三》)"在上者则天之经,因地之义,立度宣教,以制其中。施之当时,则为道德,垂之后世,则为典经。皆所以总统纲纪,崇立王业。"[1](《孝成皇帝纪二卷第二十五》)第三,要正确决策。荀悦分析说:"夫立策决胜之术,其要有三,一曰形,二曰势,三曰情。形者言其大体得失之数也,势者言其临时之宜也,进退之机也。情者言其心志可否之意也。故策同事等而功殊者何,三术不同也。"接下来,荀悦举了历史上很多"同事"由于"异形"、"异势"、"异情"采取了不同的决策,指出:"故曰,权不可预设,变不可先图,与时迁移,应物变化,决策之机也。"[1](《高祖皇帝纪卷第二》)这就是说,在历史发展中,不能固守教条,而应审时度势作出决策。

总之,历史的发展,历史的存亡兴替,主要在于统治者。在《汉纪·孝昭皇帝纪》中,荀悦指出,由君臣构成的统治集团,对历史发展起着决定性的作用:"或有君而无臣,或有臣而无君。同善则治,同恶则乱,杂则交争。""六主之有轻重,六臣之有简易,其存亡成败之机,在于是矣!"

历史的治乱存亡,取决于人类自身的所作所为。但在历史发展中,人们自己却不能随心所欲,心想事成,因为历史有其自律性。列宁曾说,据说历史喜欢与人开玩笑,你想进入这个房间,却走进了那个房间。荀悦也看到了这一点。他说,历史发展有"三势":"夫事物之性,有自然而成者;有待人事而成者,有失人事不成者;有虽加人事终身不可成者,是谓三势。凡此三势,物无不然。"荀悦这样说的目的是告诉汉献帝,汉代的灭亡已是大势所趋;即使我辈如何努力,恐怕也与世无补。应早一点做好心理准备:"凡三势之数,深不可识。故君子尽心力焉,以任天命。

《易》曰:穷理尽性,以至于命。其此之谓乎?”[1](《高后纪卷第六》)平心而论,荀悦对汉献帝的这些分析劝谏还是客观的、正确的。

三

荀悦在历史研究中,在发表自己的政论中,对历史认识论也作了一些独到的论述。

在荀悦看来,历史是可以认识的。他说:“自汉兴以来至于兹,祖宗之治迹,可得而观也。”[1](《孝元皇帝纪下卷第二十三》)历史认识是人的知识和智慧的源泉。“生而知之者寡矣,学而知之者众矣!悠悠之民,泄泄之士,明明之治,汶汶之乱,皆学废兴之由,敦之不亦宜乎?”[2](《杂言》)又,“君子”“审物明辨,故不惑”[2](《杂言》)。

在历史认识过程中,认识主体的作用是非常大的。“人皆可以为尧舜”,“人皆可以为桀纣”,“尧舜、桀纣之事,常并存于世,唯人所用而已”[2](《杂言》)。这就是说,人的成败得失取决于人们自己对历史的认识。所以,荀悦一再告诫人们要“慎所用”、“尽而深览”[1](《孝昭皇帝纪卷第十六》)。

如何认识历史?荀悦说,“以小知大,近取诸身”[1](《高后纪卷第六》)。这就是说,历史认识有两个方式。一个方式是“以小知大”,知微察著。因为历史的发展,“其事皆始于纤微终于显著”[1](《孝哀皇帝纪上卷第二十八》)。在荀悦看来,历史发展的这一特征,是互相影响、互相谴告的。在这里,荀悦用“天人感应”的思想予以解释。“凡三光精气变异,此皆阴阳之精也。其本在地,而上发于天也。政失于此,则变见于彼,由影之象形,音之应声,是以明王见之而悟,敕身正己,省其咎,谢其过,则祸除而福生,自然之应也。”[1](《高后纪卷第六》)人们从自然现象的变异中可以领悟到未来历史发展的趋向,谨慎言行,以避免不利的情况出现。由此,自然现象的变化是人们认识历史的向导和指南,透过它,可以把握当时人们历史活动的功过是非。所以,荀悦在叙述前汉历史时,先叙“祥瑞”、“灾异”。可见,荀悦是把“天人感应”作为认识历史的方式。论者不解这一点,多加毁誉。不合于荀悦的思想矣!

另一个方式是“近取诸身”,即以自己所掌握的知识去理解、认识历史。荀悦在谈到人与历史的关系时,说有三种情况,即“三势”,“有自然而成者;有待人事而成者,有失人事不成者;有虽加人事终身不可成者”。怎样理解这“三势”呢?荀悦说:“譬之疾病,有不治而自瘳者;有治之则瘳者,有不治则不瘳者;有虽治而终身不可愈者,岂非类乎?”又如教育,“人有不教而自成者;待教而成者,无教化则不成者;有加教化而终身不可成者”[1](《高后纪卷第六》)。这样,一步一步地推演下去,人们就可以认识历史了。可见,荀悦已看到了历史认识的过程是由此及彼,由表及里,循序渐进的。

荀悦在探讨历史认识过程时,也看到了历史认识是受到各种因素制约的。这些因素客观上在于时代和环境:“皇民敦,秦民弊,时也;山民朴,市民玩,处也。”[2](《时事》)又:“夫潜地窟者而不睹天明;守冬株者而不识夏荣。”[1](《孝成皇帝纪二卷第二十五》)主观上在于史家个人的思想和情感:“以毁誉为荣辱不核其真,以爱憎为利害不论其实,以喜怒为赏罚不察其理。”正是由于这些主客观因素的影响,使历史认识出现“虚”、“伪”、“诬”、“罔”:“实不应其声者谓之虚,情不覆其貌者谓之伪,毁誉失其真谓之诬,言事失其类者谓之罔。”[1](《孝武皇帝纪一卷第十》)

那么,如何排除影响历史认识的不利因素,从而得出正确的历史认识呢?荀悦认为,主观上,史家要“无简小忌,去淫祀,绝奇怪”,“致精诚,求诸己,正大事”[2](《时事》)。又说:“尊天地而不渎,敬鬼神而远之,除小忌,去淫祀,绝奇怪,正人事。”[1](《孝武皇帝纪一卷第十》)这就是说,史家要排除杂念,专心研究人的历史。客观上,就是要树立正确的认识标准。在荀悦看来,历史认识是可以检验的。“夫事验,必若上田之张于野也,则为私者寡矣;若乱之坠于澳也,则可信者解矣!故有事考功,有言考用,动则考行,静则考守。”[2](《时事》)历史认识正确的标准有两个。一是理论上要以儒家思想为标准。凡符合儒家思想的,都是正确的;否则都是错误的,应该摒弃。他说:“放邪说,去淫智,抑百家,崇圣典,则道义定矣!”[2](《时事》)“息华文,去浮辞,禁伪辨,绝淫智,放百家之纷乱,一圣人之至道,则虚诞之术绝,而道德有所定矣!”[1](《孝武皇帝纪一卷第十》)他批判一些人不知道用儒家思想评析历史:“博览之家不知其秽,兼而善之,是大田之莠与苗并兴,则良农之所悼也。质朴之士不择其美兼而弃之,是昆山之玉与石俱捐,则卞和之所痛也。故孔子曰:博学以文,约之以礼,亦可以弗畔矣!”[1](《孝武皇帝纪二卷第二十五》)二是以客观历史实事为标准,检验历史认识是否符合历史事实。他说,史家认识历史“必本乎真实而已”。“善恶要于功罪,毁誉效于准验,听言责事,举名察实。”[2](《政体》)“听其言而责其事,举其名而指其实。”[1](《孝武皇帝纪一卷第十》)“去浮华,举功实,绝末伎,同本务,则事业修矣!”[2](《时事》)总之,作为史家,必须“不受虚言,不听浮术,不采华名,不兴伪事,言必有用,术必有典,名必有实,事必有功”[2](《俗嫌》)。

四

荀悦在历史方法论方面,不仅作了许多的尝试,而且也作了一些独到的论述。从《申鉴》、《汉纪》看,荀悦史学方法主要是历史辩证分析法、历史理论分析法、历史比较法和历史统计法。

历史辩证分析法也就是历史主义的方法,它是指史家在分析历史问题时,用矛盾的方法、发展的眼光,“由小知大”,把握历史的发展趋势。荀悦说:“民寡则用易足,土广则物易生,事简则业易定,厌乱则思治,创难则思静。”[2](《时事》)任何事物有不利必有其利,有利也必有其不利。“损益之符,微而显也。赵获二城,临馈而忧;陶朱既富,室妾悲号;此知益为损之为益者也。屈伸之数,隐而昭也。有仍之困,复夏之萌也;鼎雉之异,兴殷之符也。邵宫之难,隆周之应也;会稽之捷,霸越之基也;子之之乱,强燕之征也。此知伸为屈之为伸者也。”[2](《杂言》)任何事物的存在和发展都有相应的“兆候”,只要人们敏锐地去发现考察,就能把握其未来的发展。剔去荀悦论述中的迷信成分,荀悦的认识方法是很正确的。

历史理论分析法。荀悦把儒家的思想作为一种理论工具去分析历史问题。但他又不恪守儒家观点,而是主张“与时迁移,应物变化”。如在分析土地制度发展时,荀悦说:“夫土地者,天下之本也。《春秋》之义,诸侯不得专封,大夫不得专地。”但是西汉时一些豪族地主占田数百公顷,买卖由己。武帝、哀帝多次“限民占田”,都没有结果,王莽又实行井田制,激起了众怒。只有汉光武“宜以口数占田,为立科限,民得耕种,不得买卖,以赡民弱,以防兼并”,“虽古今异制,损益随时,然纪纲大略,其致一也”[1](《孝文帝纪下卷第八》)。

比较法是人类思维的最基本的方式。荀悦在历史研究中也多次使用历史比较的方法。而且,他运用比较方法的目的是寻求历史的个性,寻求历史发展的特征,并不是为比较而比较。如“以复六国自为树党”一事,陈余曾建议陈涉这样做,郦生也曾建议刘邦这样做。虽为同一事,但由于历史条件不同,对陈涉是“所谓取非其有以与人,行虚惠而获实福也。立六国于汉王,所谓割己之有以资敌,设虚名而受实祸也”[1](《高祖皇帝纪卷第二》)。由此,荀悦认为,在进行历史比较时,应该依据具体的条件而抽演出正确的结论,不应该先有成见。用他的话说,就是“权不可预设,变不可先图,与时迁移,应物变化,设策之机也”[1](《高祖皇帝纪卷第二》)。

历史统计分析法。荀悦治史述事,最长于统计,《汉纪序》开篇说:“凡汉纪十二世十一帝,通王莽二百四十二年。”

“凡祥瑞:黄龙见,凤凰集,麒麟臻,神马出,神鸟翔,神雀集,白虎仁兽获,宝鼎升,宝磬神光见,山称万岁,甘露降,芝草生,嘉禾茂,玄稷降,醴泉涌,木连理。”

“凡灾异,大者:日蚀五十六,地震十六,天开地裂五,星集于东、井各一,太白再经天星孛二十四,山崩三十四,陨石十一,星陨如雨二,星昼见三,火灾二十四,河、汉水大泛溢为人害十,河泛一,冬雷五,夏雪三,冬无冰二,天雨血、雨草、雨鱼,死人复生,男子化为女子嫁为人妇生子,枯木更生,大石自立。”

——这样的统计,对于人们认识西汉的历史概况,无疑具有很大的帮助。

这种方法在荀悦这里,也可以说是一种由博求约的方法。“或曰:至德要道,约尔。典籍甚富,如而博之,以求约也?语有之曰,有鸟将来,张罗待之。得鸟者一目也。今为一目之罗,无时得鸟矣。道虽要也,非博无以通矣!博其方,约其说。”[2](《时事》)这也就是说,只有全面地占有史料,掌握各种情况,才能够由博返约。换句话说,只有全面统计各种历史现象,予以概括分析,才能归纳出历史的共性,寻求出历史发展的规律性来。

五

荀悦论述了史料编写的原则和要求,体现了史学发展中史家主体意识的进一步觉醒。

荀悦认为,史家研究历史,记存历史,并不是什么样的事情都要进行研究和记存的,而是有其自身的史学价值准则的。这些价值准则是“善恶”、“言行足以为法式”、“立功事”、“兵戎动众”、“四夷朝献”、“皇后贵人太子拜立”、“公主大臣拜免”、“福淫祸乱”、“祥瑞灾异”等等[2](《时事》)。历史上凡是与这些相关的事即可以研究,否则就不用去记存了。荀悦在编纂《汉纪》时,就是以此为自己的价值标准的。他自豪地说:“凡《汉纪》,有法式焉。”[1](《序》)

史料编纂除了有一定的价值准则,还有其基本的要求。第一是要真实,“质之事实而不诬,通之万方而不泥”[1](《序》)。第二是要“经纬天地,观象立法”,“永世作典”[1](《高祖皇帝纪卷第一》)。第三是要“省约易习”、“有便于用”[1](《序》)。

六

难能可贵的,是荀悦对史家治史的动机进行了论述。在荀悦看来,史家治史有五个动机。“夫立典有五志焉。一曰达道义,二曰彰法式,三曰通古今,四曰著功勋,五曰表贤能。”在这里,“达道义”可说就是表明政治思想,“彰法式”即规范人们的言行,“通古今”是传播历史知识,“著功勋”、“表贤能”是培养人们奋发向上的精神和高尚的品格。由此,荀悦认为史学是文化建设最重要的事情。“天人之际,事物之宜,灿然显著,罔不能奋矣!”因而,史学也是一项永久的事业,“世济其轨,不殒其业,损益盈虚,与时消息,虽臧否不同,其揆一也”[1](《高祖皇帝纪卷第一》)。

综上所述,荀悦不仅编纂了著名的《汉纪》,首创了编年体断代史的先河,而且在史学理论上也做出了独到的贡献。他无愧于古代伟大史家的称号。梁启超说:“自有左丘、司马迁、班固、荀悦、杜佑、司马光、袁枢诸人,然后中国始有史。”[3]的确,在辉煌的中国史学史上,自应有荀悦的一席之地。

【参考文献】

[1]荀悦. 汉纪[M]. 台北:台湾“商务印书馆”,1986.

[2]荀悦. 申鉴[M]. 上海:上海古籍出版社,1990.

[3]梁启超. 中国历史研究法[M]. 上海:上海古籍出版社,1998.

第31卷第3期
2011年5月

汉代告地书及其文体渊源述论

郗文倩*

【摘 要】 告地书是西汉初年使用比较普遍的随葬文书，它模仿地上通关文书“传”、“过所”的文本形式，借鉴政府公文在人世间的文体权威，向地下冥府告知死者户籍、财产等信息，由此希望死者借此在阴阳两界顺利而合法地通行，且如愿入登冥府户籍，安于地下生活。告地书发生于户籍制度较为严格的西汉初期，承载着特殊的社会心理需求。

【关键词】 汉代；告地书；传；过所；文体功能

在中国古代传统的有关生死信仰中，对于灵魂和死后冥世的观念由来已久。然而较前代相比，秦汉人对死后世界的想象和理解显得更为具体，由此形成对后世产生极大影响的丰富的丧葬文化。复杂的丧葬活动将凄凉哀痛、无法回避的死亡演变成对死者一次重大出行的隆重安排，这在很大程度上抚慰了死者亲属的哀戚。与地面之上热闹丰富的墓葬建筑、雕像绘画相比，伴随亡者下葬的文书却悄无声息地以其特有的文字方式传达出特定时期、特定地域的人们面对死亡时所采取的态度。秦汉人认为，阴阳二世属于不同的世界，由不同的人所掌管，死者需要出示相关证件来证明自己的身份、财产，如此方能有资格进入这个相对陌生的世界，获得在那里生活的合法权，因此，借鉴地上通关公文写就的随葬文书——告地书就出现在西汉墓葬中。时人希望凭借这特殊的通行证，亡者能在阴阳两界顺利而合法地转换，并能如愿入登冥府户籍，安于地下生活，也就不再干扰生人。告地书多出土于西汉初年楚国故地墓葬，有着较为明显的地域和时代特点。对此考古学者已对相关文书作了文字上的疏通与考释以及历史背景的考察，但并未将其作为文体类别作通盘研究，故对有些问题认识上还较为模糊，比如同为随葬文书，告地书与其后出现的镇墓文、买地券都有镇墓性质，也都模仿地上文书，但何以随时代而发生变化？相关文书究竟产生于怎样特殊的历史语境、承载何种特殊的社会心理需求？文体“借用”行为的发生条件是怎样的？本文将对此进行探索①。

告地书通常写在木牍上，其行文格式略同人间官方文书，主要记录日期，死者姓名、籍贯、所携带物品以及移交对象等。而且，常常和遣策（即随葬物品清单，记载随葬物品名称、数额等）同出，目前所见最早的一则是荆州高台十八号汉

* 郗文倩(1971—)，女，汉族，河北省深州市人，文学博士，福建师范大学文学院副教授，主要从事先秦两汉文学及文体学研究。

① 有关镇墓文的文体借用行为可参见拙文《东汉镇墓文的文体功能及其文体借鉴》，《广西师范大学学报》2010年第5期。

墓(文帝前元七年,即前173年)所出告地书,该书置于遣策之前,其文云:

七年十月丙子朔,庚子,中乡起敢言之,新安大女燕自言:与大奴甲乙、大婢妨徙安都,谒告安都,受名数。书到为报,敢言之。

十月庚子,江陵龙氏丞敬移安都丞,亭手。[1]

这是一名叫“起”的中乡长官替由江陵徙往安都的墓主人燕向江陵丞提出迁徙的申请,该申请获得江陵丞龙氏的批准。据汉制,平民若出行,需按例“自言”(自我介绍)提出申请,由县丞或与县丞相当的官吏批办,因此文中写明“徙安都”乃大女燕“自言”即自愿迁徙,同时文书中还写明与之同行的还有大奴甲、乙和大婢妨以及时间和地点。“名数”在这里就是指户籍(或名籍),名籍要填写户主与同住家属、佣人的名字,以及奴婢与应报之财产数,在这则告地书中,名叫“起”的官员请求江陵丞将此事告知安都长官,希望能接受大女燕的“名数”,登报户籍,故下文云“书到为报”。这是江陵丞发函给安都丞的主要目的。关于“安都”,研究者曾一度认为是具体的地名,而“安都丞”就是实际的地方官吏,但研究者从南朝时期墓葬出土的同样作为明器的两款买地券中发现,“安都”均和“黄神后土”、“土黄土祖”、“土文土武”、“墓上、下、左、右、中央墓主”、“丘丞冢伯”等诸多掌管亡人的冥府官吏并列,因此,显而易见,这里的“安都”即地下冥府,相当于后世所谓“冥都”;“安都丞”就是江陵的“地下丞”[2]444—448。这里是向地下官吏通报燕到来的文书,告地书即成为进入冥世的身份和报到证明。

文末的“亭手”,似有些难以理解,不过研究者认为,由于这是一则模拟的公文,书写者不必一定为江陵丞龙氏,极有可能是中乡下设之亭的长官代为书写,如此,则“亭手”应当是亭长(或亭父)的手书。此牍背面另有“产手”二字,极有可能与“亭手”之意相同,或者“产”即为书写者名,只不过非公文正文,故书于背面。秦汉时期乡以下置亭,十里一亭,亭设亭长或亭父、求盗等职,掌管“关闭扫除”、“逐捕盗贼”[3](卷一〇四注引应劭云)等事务,是最基层的行政长官,替辖区内亡人书写证明文书也在情理之中[4]224—225。

不过,在笔者看来,所有这些官方口吻和签名可能都是对正式官方文件的模仿,即仿其体例,求其权威。因为从后世同为陪葬文书的买地券、镇墓文看,书写者多为巫道等神职人员,这些文体尽管各自有其独特的功能,但作为陪葬明器,它们与许多镇墓类器物一样,都有镇墓之意,希求生者、死者各得其所,相安无事。早期告地书也有同样的功能,应当也是出自这类人员之手。尽管汉代有较为浓重的神秘主义信仰,巫祝等神职人员在社会生活中也发挥着重要的作用,但汉代知识分子和官吏对巫祝人员无甚好感,甚至有贱视、拒斥之意[5],因此,政府官员当不会插手冥界事务。

我们再来看江陵凤凰山一六八号墓(汉文帝前元十三年,即前167年)所出告地书(与遣策同出):

十三年五月庚辰,江陵丞敢告地下丞:市阳五(夫)[大夫]遂自言:与大奴良等廿八人,大婢益等十八人,轺车二乘,牛车一两,口马四匹,聊马二匹,骑马四匹,可令吏以从事,敢告主。[6]

这则文书仍然模仿地上文书,以地上江陵丞的口吻书写这则证明文书,由他根据本地市阳里居民“遂”的自我介绍,将其情况批转移告给冥世掌理相关事务的地下丞。告地书记载随他下葬的奴婢人数合计46人,车3辆,各种马合计10匹。有趣的是,同出的遣策也标明随葬物品包括“车三乘,马十匹,人四十六,船一艘”。而从考古发现所见实际出土明器中也有车三、马十、船一以及圆雕木偶四十六,三者基本相符。可见,这是地下模仿地上,显示出时人处理冥世事务时的一丝不苟。

不过,并非所有告地券书写的内容都如此详尽,有些则比较简单,如江陵凤凰山十号墓(景帝四年,即前153年)所出告地书与遣策为同一木牍,写在遣策之后:

四年后九月辛亥,平里五大夫伥(张)偃(敢)告地下主:偃衣器物,所以□(撰)具器物,可令吏以律令从事。[7]

“偃衣器物”就是死者所携带的随葬用品,即遣

策所开列"撰具"的内容。又如长沙马王堆三号墓(汉文帝前元十二年,即前 168 年)所出告地书置于遣策之后,其文亦较简:

> 十二年二月乙巳朔,戊辰,家丞奋移主藏郎中:移藏物一编,书到,先选[撰]具奉主藏君。[8]

这里强调"移藏物一编",即将遣策所载物品移告地下主藏君。主办者为一名叫奋的家丞。

上述买地券中所谓"地下丞"、"地下主"、"主藏郎中"、"主藏君",显然都是地下主吏,"(敢)告地下丞"、"敢告地下主"模仿的是秦汉政府文移中的常用套语,如云梦秦简爰书(治狱文书)就有"敢告某县主"、"敢告主"的说法①。

那么,时人为什么将这样的文书与亡者一同埋葬?他们希望这样模仿人世公文的告地书能发挥怎样的效力呢?

一些研究者认为,从出土文物看,告地书秦以前不见,目前所出多为西汉初年(上引诸文牍就为文、景时期),这就和秦汉时期严格的户籍制度有密切关系。户籍受到特别的重视是因为它关系到服兵役、纳口钱、算赋等事宜。秦国商鞅变法,富国强兵,首先就是改革行政区划(并诸小乡聚集为大县)与田制(开阡陌)、户籍制度(伍邻连坐),秦国还创立"占"即如实自报的登报制度,如果不如实全面登报就要受到严厉惩罚。故秦律规定出生登报户籍(名数),死时削籍,如果匿户,将获得严重处罚。刘项楚汉之争进行了四年的拉锯战,不仅人口死亡众多,逃亡散失数量更大,秦时建立的户籍制度基本崩溃,所以,刘邦一登帝位,首先就进行户籍登报与相关制度的整顿改革,建立汉代新的户籍制度并制定相关法律法规。高祖五年即皇帝位,第一道诏书即令民"各归其县",奴婢可免为庶人,显然是要重新登报户口,此令应即紧接其后。登报户口限期 30 日,逾期不报,即"耐为隶臣妾"也就是被判 3 年徒刑,沦为奴隶[9]。秦以及汉初统治者对户籍制度的看重显然对时人心理产生强烈影响,故反映在墓葬中。生着死削,地下生活也要模仿地上,所以到地下第一件事就是要登报户籍,一点儿也不能马虎,这就是告地书产生的社会心理。

另外,研究者发现,出土告地书的墓葬多在原楚国故地,即今湖北江陵、湖南长沙及江苏北部地区,因此这一风俗也许还有一定的地域性特点。据江陵《包山楚简》所载,楚国对户籍登记制度极为重视,楚王亲自过问,中央与各地皆设官专管,户籍藏于"王府之籍",封以三合之鉨,启视与更动至少也要三个官吏一同进行。而失报户口则称为"溺籍",因何失报?谁人负责?这些都要认真追查到底。按《周礼》规定,三年"大比",即三年进行一次大的户口查登,这项制度楚国也已实行。因此告地书皆发现于楚地就和楚地严格的户籍传统有一定的关系[1]。

以上我们分析了汉初告地书产生的社会心理,当地上户籍制度被严加强调的时候,对于"视死如生"的汉代人而言,他们也将地下着籍看得十分重要,并且相信死者一旦持有相关的身份和财产证明,即能较为顺利地得到冥世官方认可,从而获得合法居住生活的权利,故有的告地书要强调"受名数,书到为报"。不过,从告地书的运用情况看,登报户籍似乎只是将这类证明书随葬的重要心理动因,而从告地书的书写内容和具体功能来看,似乎更多模仿的是秦汉时期的一种类似通行证性质的文书,这类文书早先称为"传",东汉时又有"过所"的称谓。

传,《说文》注:"递也。""传递者",乘传奔走之信使也。《周礼·秋官》就记载有信使类官员,即行夫,主要负责掌理各邦国无需行礼的福庆丧荒等小事,乘车传达王命。出使时,必持旌节标明身份,以使行程畅通无阻。行夫时常还要随从大小行人出使他国,做传递信息的中介。"传"遂用来指称官方信使的凭证,《地官·掌节》曰:"凡通达于天下者,必有节以传辅之。"郑玄注:"辅之以传者,节为信耳,传所赍操及所

① 爰书,是一种专用文书,秦时主要用于记录囚犯供词,汉代适用范围有所扩大,似乎一切文书证明材料,凡为法律认可其合法性的,在一定条件下都可以称为爰书。参见薛英群:《居延汉简通论》,甘肃教育出版社 1991 年版,第 146—147 页;高敏:《释"爰书"——读秦汉简牍札记》,《益阳师专学报》1987 年第 2 期。

适。”[10]740《司关》:“凡所达货贿者,则以节传出之。”郑玄注:“商或取货于民间,无玺节者,至关,关为之玺节及传出之,其有玺节亦为之传。”[10]739

在这则注释里,郑玄还说:“传如今之过所文书。”可见,“过所”名称的出现要晚于“传”,大约在东汉时已通用。刘熙《释名》亦称:“过所,至关津以示之也。”晋崔豹《古今注》释“传”:“如今之过所也。”[11]28可知“过所”的名称在晋时还在使用。

秦汉时期,“传”已发展为一般吏民出入关道河津及行止的身份证明或通行凭证。“传”的使用在汉文帝时曾有过一些波动,《汉书·文帝纪》十二年载:“除关无用传。”[12]123《汉书·景帝纪》元年诏曰:“孝文皇帝临天下,通关梁,不异远方。”张晏注:“孝文十二年,除关不用传,令远近若一,四年复置诸关用‘传’出入。”为什么四年复置诸关用“传”出入,这是由于七国叛乱的缘故,应劭解释说:“文帝十二年出关无用传,至此复用传,以七国新反,备非常。”[12]143因此,“传”首先是作为维护社会治安、巩固国家政权、整顿社会秩序的重要措施而推行使用的。

有关“传”的形制,崔豹《古今注·问答释义》曾有这样的描述:“凡传皆以木为之,长五寸,书符信于上,又以一板封之,皆封以御史印章,所以为信也。”[11]28这应是官传的标准形制。从居延汉简出土的木传看,既无“御史印章”,其大小也无定制,内容更是有繁有简,可见在实际使用的过程中形制并不是非常严格。而对于“传”的内容,相关概括性的介绍比较少,不过,贾公彦在《周礼·地官·司关》疏中曾对“过所”的内容和使用方法做过描述:“过所文书……当载人年几及物多少,至关至门,皆别写一通,入关家门家,乃案勘而过,其自内出者,义亦然。”[10]739另外,居延汉简中也保存有较为完整的“传”,可作为贾说的例证,如:

> 永始五年闰月己巳朔、丙子,北乡啬夫忠,敢言之:义成里崔自当,自言为家私市居延,谨案自当毋官狱讼事,当得取传谒移肩水金关,居延县索关,敢言之。
>
> 闰月丙子,觻得丞彭,移肩水金关,居延县索关,如律令。掾晏,令史建。[6]202

这则“传”是义成里一个名叫崔自当的人持有的,他要去居延为家里买东西,便首先提出申请,北乡啬夫忠为他开了证明,证明崔自当没有犯罪,也没有徭役,意即他是一个清白的人,不是为了逃避什么才离开本地的,该证明上报获得批复。可见,从使用程序上看,一般庶民如需出行用“传”,当先由本人言明事由,即“自言”,申请于乡啬夫这一基层长官,证明申请人无讼狱、欠税之事,然后再上报县丞,待批准后,由掾、令史书将“传”交申请人,各关津验“传”放行。而“传”上一般书写持传者姓名及乡里籍贯,所去目的和理由以及批准书,承办者的签署,等等。

这则“传”的文字内容与前面介绍的荆州高台十八号汉墓(文帝前元七年,即前173年)所出告地书非常相似。前文引大女燕的告地书还配有文书封套,所谓“书函之盖也”,上面“江陵丞印”四字分两行书写,排列成正方形,如同印章一般,这种形制也正是模仿的官“传”的标准形制即被称为“检”或“封”,作为出入津关的通行凭证之用[4]。

从居延汉简看,传(过所)的文字内容无定制,根据出行的不同情况分别撰写,如170·3A为公务用传,特别强调持行者应享受的待遇,如:

> 元延二年七月乙酉,居延令尚、丞忠移过所县道河津关:遣亭长王丰以诏书买骑马酒泉、敦煌、张掖郡中,当舍传舍,从者如律令。守令史诩、左褒。七月丁亥出。[13]

这里申明持传者王丰可以在传舍停留休息,由传舍按官爵等级提供膳食。

有的则只证明持传者的名姓身份、出行事由,请沿途按律放行,如:

> 元始元年九月丙辰朔乙丑,甲渠守候政移过所,遣万岁燧长王迁,为燧载垩门亭坞辟,市里勿苛留止,如律令,/掾□。[14]141

“垩”,指黑色土。“坞辟”即“坞壁”,指防御用的土障、土堡。这则“过所”由一名叫“政”的甲渠守候签发,他派遣名叫王迁的万岁燧长在门亭等防守工事处建立烽燧并备土,希望沿途所经过的市、镇、乡里予以放行。

然而尽管如此,由于有着特定的功能,“传”

在撰写时一些文体基本要素如时间、持传者、出行事由、公文的申报和接受官员(部门)等都是必备的,甚至"如律令"之类显示政府公文权威的言辞也是常见的套语,而告地书模仿的正是这些内容。在汉人眼里,死者从阳世到冥府,意味着一次特殊的重大出行或迁徙①,生死两界,旅程中必需途经重重关卡,故须按律逐层申请获得通关文书,于是,凭借对阳世严格的户籍和出行制度的理解,人们就替亡者准备了随身携带的通关身份证明,并在文书中向地下土主通报名籍以及身份、财产等内容。考古发现,告地书有时与记录随葬物品清单的遣策放置在一起,有时与表明户籍、财产的名数牍捆绑在一起,显示出时人对此类明器一丝不苟的态度,如前面所谈到的大女燕墓中,死者随身携带的告地书牍和名数牍(户籍簿)正面相向而合,二牍背面均有丝绸捆缚的痕迹,说明这两牍原本就是捆缚在一起的,原属同一件公函中的两个部分(即所谓"合檄"的形式)。

由此看来,在时人的观念里,人间社会普遍使用的政府公文有着足够的信誉和权威,只要地上与地下的官僚体制一并运转正常,只要死者如生前一样遵循国家行政体制的管理,那么,手持这样的证明文书,死者就可以在去往冥界的长途跋涉中通行无阻,并最终在冥世安家落户。从随葬的生活实用器具、仆从、偶人到一本正经地书写文牍证明,甚至携带户籍簿,诸如此类细密周到的安排让我们感受到时人对地下世界真实性的认可。因此,告地书用以随葬与其说是象征性的,不如说是现实功利的,时人尽可能地在为亡者——也为将来的自己——平安进入另一个实在的世界作出各种稳妥的安排。

由此我们可将汉代告地书、买地券和镇墓文三类随葬文书放在一个文体序列中进行观察。这三类文体尽管各有自己的独特功能,但作为墓葬文体,它们从最本质的功能上看又是无甚差别的,其大量出现在汉代墓葬中,有着前后承传、相互影响的关系。以往研究者认为,西汉初年告地书与东汉镇墓文、买地券不仅存在时间断档,同时也有分布区域上的差异,如告地策多集中于湖北、湖南及江淮地区等楚国故地,而镇墓文与买地券则出现在以长安、洛阳为中心的关洛地区,特别是洛阳周围地区,在同时期其他地区特别是原楚国故地反而甚少见到,对此,虽然可以从考古发现的局限、书写载体的变化乃至楚文化习俗的传播与变异等多方面加以解释,但毕竟缺乏强有力的可靠证据,所以说它们之间存在"传承"又不是很准确[15]。事实上,如果我们从文体自身形成、发展和演变的角度考虑,就会发现上述现象的出现有其内在逻辑。汉代各类文体特别是包括官府公文、民间契约等在内的实用性文体已经发展得十分成熟,社会应用也较为普遍,其功能和效力深深地烙印在社会民众心里,这就为模仿地上公文的随葬文体的出现提供了现实可能性。使用这些墓券的人们相信,户籍身份证明、土地契约、政府公文等有着人间社会、国家法律所赋予的权威性,这种权威性并不因地上、地下世界的不同而发生改变,而是具有某种共通性,是生者安排亡人生活时可资信赖的文书样式。与此同时,汉代人对冥界的想象和信仰、"视死如生"的丧葬习俗以及传统的镇墓风俗也为这些墓券的使用进一步提供了较为普遍的社会心理支撑。在这样的情形下,不同时间、不同地域的人们就以某种具有普遍意义的文字形式来表达自己对冥世基本的理解和信仰,并尽量用彼时彼地所认定的最为重要的方式对阴阳两界的平衡进行干预,对自己和他人即将进入的地下世界的生活做尽可能稳妥的安排,这就使得在人世间最具一般意义的实用文书形式进入墓葬,同时又在地域、时代和使用群体上表现出一定的特殊性。

可见,当文人以个性化的创作表达独特的才华、思想和情感的同时,众多程式化的实用性文体却以其略显呆板的样态,悄无声息却又绵绵不绝地传递和表达着"一般的知识、思想、信仰",由此也可以促使我们进一步思考这些民间信仰

① 这一点在汉代墓葬壁画中有着生动鲜活的展现,可参见巫鸿:《从哪里来? 到哪里去? ——汉代丧葬艺术中的"柩车"和"魂车"》,选自《礼仪中的美术——巫鸿古代美术史文编》,北京三联书店2005年版。

仪式文书在乡土社会生活所具有的独特意义。

【参考文献】

[1]黄盛璋.江陵高台汉墓新出“告地策”、“遣策”与相关制度发覆[J].江汉考古,1994(1).

[2]刘国胜.高台汉牍“安都”别解[M]//中国古文字学会,中山大学古文字研究所.古文字研究:24辑.北京:中华书局,2002.

[3]司马迁.史记[M].北京:中华书局,1982.

[4]湖北省荆州博物馆.荆州高台秦汉墓:宜黄公路荆州段田野考古报告之一[M].北京:科学出版社,2000.

[5]林富士.汉代的巫者[M].台北:稻香出版社,1988.

[6]黄盛璋.历史地理与考古论丛[M].济南:齐鲁书社,1982.

[7]黄盛璋.江陵凤凰山汉墓出土称钱衡、告地策与历史地理问题[J].考古,1977(1).

[8]湖南省博物馆,中科院考古研究所.长沙马王堆二、三号汉墓发掘简报[J].文物,1974(7).

[9]黄盛璋.邗江胡场汉墓所谓“文告牍”与“告地策”谜再揭[J].文博,1996(5).

[10]郑玄,注.贾公彦,疏.周礼注疏[M]//十三经注疏.北京:中华书局,1980.

[11]崔豹.古今注[M].北京:商务印书馆,1956.

[12]班固.汉书[M].北京:中华书局,1962.

[13]谢桂华.居延汉简释文合校[M].北京:文物出版社,1987.

[14]薛英群.居延汉简通论[M].兰州:甘肃教育出版社,1991.

[15]鲁西奇.汉代买地券的实质[J].中国史研究,2006(1).

第22卷第2期
2002年3月

20世纪汉赋分类研究述评

蒋文燕*

【摘　要】 20世纪是汉赋分类研究的重要发展时期，研究成果丰硕，新的观点纷呈，经过系统的总结与梳理，从题材内容上把汉赋分为苑猎京都大赋、抒情言志赋、咏物赋和俗赋，在体裁形式上苑猎京都大赋以散体大赋为主，抒情言志赋包括骚体赋和散体赋两种形式，咏物赋以小赋为主，俗赋则是以口语为主的通俗小赋。

【关键词】 汉赋分类；汉赋发展；描述

说起汉赋的分类，其实是一个老话题、大问题。说它“老”，是因为千百年来人们为了对这一代文学之主流有一个清晰完整的认识和把握，从班固《汉书·艺文志》、萧统《文选》到历代赋集和各类研究著作，都从不同的角度对汉赋进行着分类。说它“大”，是因为每一种分类方法不仅代表了研究者本人对汉赋发展状况的观点与看法，而且反映出他对汉赋的其他问题，特别是有关“汉赋的源与流”这种本质性问题的认识和体会。遗憾的是我们至今没有看到过有关对20世纪汉赋分类研究成果的整理与论述，但20世纪其实也是这一问题本身的重要发展时期，从最初的单篇介绍评议之文到各种文学史专著的系统总结，再到断代文学史著作、汉赋研究专著以及相关文章的深入探讨，那林林总总、许许多多的观点都是在20世纪中得以形成、加以完善。所以我们有必要对20世纪汉赋分类研究进行一次系统的梳理和总结。此外，就汉赋发展的实际状况而言，文学史、辞赋史、汉赋研究专著以及散见于研究文章中有关对汉赋分类和发展状况的描述是否还有进一步补充的可能？而这正是本文在对20世纪汉赋分类研究进行介绍、评议的同时所要试图表达的本意。

在进入正题之前有两个重要的政治文化背景虽无需过多陈述，但始终应有所把握。一个是我们的文学批评在1949年之后很长一段时间里受到了极左路线的控制和影响，因而许多非文学的标准常常出现在文学评论文字中，批评汉赋的常见论调集中于它在封建政治中的粉饰作用及其对形式美的刻意追求，这些都会对如何描述汉赋各种体式的发展产生影响。所以，1949年对于文学评论而言，无论从内容上还是从时间上来说都是一个分水岭。另一个具有分水岭意义的政治文化背景是改革开放所带来的思想解放，对于文学评论而言，环境上的相对宽松使得研究者开始有机会对前一阶段文学评论上的诸多结论进行反思学意味上的完善。那么回到20世纪的汉赋分类研究，我们就以1949年和1980年为标志，从时间上分为三个阶段，第一阶段是从20世纪之初至1949年，第二阶段是从1949年至1980

* 蒋文燕(1971—)，女，湖南省益阳市人，讲师，北京大学中文系博士研究生，主要从事先秦两汉文学研究。

年,第三阶段是从1980年至20世纪末。当然,有时因为某种观点被广泛认可而具有了延续的生命力,所以在我们的具体论述中时间是一条线索,观点也是一条线索,本文试图在时间流程中对汉赋分类研究的主要观点进行介绍和评议,但又不会严格地以这三个阶段为限。

一

总体而言,在20世纪汉赋分类研究的第一阶段,相关研究文章有许世英《辞赋与骚赋》[1]和蒋天枢《汉赋之双轨》[2]。这两篇文章的一个共同特点是在对班固《汉书·艺文志》汉赋分类原则进行考辨的基础上都提出了自己的看法,如许世英在《辞赋与骚赋》一文中将有关汉赋分类的想法列表如下:

汉赋
- 陆贾赋——由纵横家变出
- 骚赋
  - 宣怀的(重情)——例如:《吊屈原赋》
  - 骚体的(宗屈)——例如:《七谏》、《九怀》、《九叹》、《九思》等
- 辞赋
  - 方物的(重知)——例如:《鹏鸟赋》
  - 以对唱排比为体的(宗荀)——例如:司马相如《子虚赋》
- 杂赋

汉赋的两大主干是骚赋和辞赋

从上表中我们可以看出这种描述方式受到了章太炎先生的启发和影响,章先生在《国故论衡·辨诗》中对《汉志》分赋为四家的做法分析道:“《七略》次赋为四家:一曰屈原赋,二曰陆贾赋,三曰孙卿赋,四曰杂赋。屈原言情,孙卿效物,陆贾赋不可见,其属有朱建、严助、朱买臣诸家,盖纵横之变也。然言赋者多本屈原。汉世自贾生《惜誓》上接楚辞,《鹏鸟》亦方物《卜居》。……孙卿五赋,写物效情,《蚕》、《箴》诸篇,与屈原《橘颂》异状。其后《鹦鹉》、《鷦鷯》,时有方物。”而许文在此基础上又作了进一步的补充,他认为楚辞和荀卿赋是汉赋两大渊源,所以由此而来的骚赋和辞赋则成为汉赋发展的两支主脉:骚赋包括“藉赋以宣怀者”和“摹拟骚体而本身无愁思者”两类,即上表所列之“重情”与“宗屈”;辞赋有“方物者”和“摹拟荀法以对偶排比为法者”,即上表所列之“重知”与“宗荀”。那么,关于骚赋和辞赋在汉代的演变状况,许文的最后结论是:“骚赋行于汉初而衰于司马相如之世。辞赋则大盛于司马相如之后,终汉世此派气焰始渐减。”以上这种“单线对应、二体分流”描述方式的好处是使汉赋发展的脉胳能够比较清晰地显现在读者面前。但作者关于骚赋和辞赋的划分标准并不统一,像“宣怀的”和“骚体的”、“方物的”和“以对唱排比为体的”分别是从作品内容与作品体裁着眼,因而不具有统一标准下的对应关系。而且像宗屈的拟骚之作能说没有“宣怀”的成分在其中吗?另外,《鹏鸟赋》和《鹦鹉赋》固然是以物命名,但鹏鸟和鹦鹉只是一种表层物象,赋家其实是要借此表达内心更深的宣怀和愤世的感情,因此将它们归入“方物”类似乎也失之于简单。还有所谓“宗荀”的、“以对唱排比为体”的大赋不也有许多“方物”的描写在其中。

从蒋天枢《汉赋之双轨》一文的标题我们可以看出作者对汉赋的描述亦是采用了“二体论”。这篇文章根据扬雄的“辞人之赋”、“诗人之赋”的说法将汉赋的发展分为“双轨”,作者认为所谓辞人之赋,即体兼诗骚、文杂诡辩、义赅雅颂、“铺采摛文”之辞;其风格倾向于写实,内容畸重事与物,是汉赋的正宗,这是汉赋之甲轨。所谓诗人之赋者,形式化于屈宋,内容畸重于抒情;虽非楚人,文楚杂语,亦美人芳草以喻思,鸱鸮凤凰以寄志,是汉赋的旁支,这是汉赋之乙轨。这种“双轨制”的描述方法似乎比许世英之文的“二体论”更具有说服力,多年之后的研究者亦表示出相似的观点,如香港的何沛雄先生在《汉魏六朝赋论集·略论〈汉书〉所载录的辞赋》一文中认为汉赋是分两路发展,其云:“从汉赋的发展历史来看,《吊屈原赋》、《鹏鸟赋》可代表汉赋

形成初期的作品,《子虚·上林赋》是汉赋确立时期的作品,也可说是汉赋的典型,成为后代作者模拟的对象。在汉赋兴盛时期,像扬雄的《甘泉赋》、《河东赋》、《羽猎赋》、《长杨赋》,甚至班固的《两都赋》,都是模仿《子虚·上林赋》。司马相如的《哀秦二世赋》、《大人赋》,是源自楚辞演变成骚赋发展而来的,武帝的《悼李夫人赋》,班婕妤的《自悼赋》,班固的《幽通赋》,都是这类辞赋的延续。由此可见,汉赋分两路发展,或循骚体而'写志',或沿新制而'状物'。"[3]97台湾文津出版社1987年出版的曹淑娟《汉赋之写物言志传统》[4]亦持此看法。应该说,"状物"、"写物"的提法比"写实"更贴近汉赋发展的实际,因为像以司马相如为代表的散体大赋多虚构想象,"写实"似无从谈起。

第一阶段还有几本专著值得注意,它们是中国最早的两部汉赋研究专著——金秬香《汉代词赋之发达》[5]和陶秋英《汉赋之史的研究》[6],以及对文学史写作形成深远影响的刘大杰《中国文学发展史》[7]。金秬香先生的《汉代词赋之发达》是中国文学史上第一本汉赋研究专著,它由商务印书馆1934年出版。作者对汉赋的分类问题用力最勤,因而第九章"汉代词赋之种类"在全书中所占篇幅最长。该书也是以《汉志》作为研究的出发点,然后在此基础之上将汉赋分为摅情、骋词和记事析理三类,其中"摅情者,言深思远,以达一己之中情者也,其源出于《诗经》,屈平以下二十家似之。骋词者,纵笔所之,以才藻擅长者,其源出于纵横家,陆贾以下二十一家似之。记事析理者,词必类物,语皆蹈实,以形容其精微者也,其源出于儒道二家,荀卿以下二十五家似之"[5]16。这种见解基本上可以接受,但是接下来的作品举例却产生了一些让人疑惑的归类。比如说,作者在"摅情类"中除了收录一般意义的抒情言志赋之作外,还收有不少咏物赋,像枚乘《菟园赋》、《柳赋》,路乔如《鹤赋》,公孙诡《文鹿赋》,邹阳《酒赋》、《几赋》,公孙乘《月赋》,羊胜《屏风赋》等,以及张衡《髑髅赋》和蔡邕《青衣赋》这样明显具有谐趣色彩的赋作。这种情况还同时存在于"骋词类"和"记事析理类"的作品举例中,如在"骋词类"中作者除收录大赋外,还收有扬雄《逐贫赋》和蔡邕《短人赋》;在"记事析理类"中既有《谏格虎赋》、《太玄赋》,又有《洞箫赋》、《长笛赋》,颇令人莫衷一是。由此可见作者在具体赋作的性质认定上还有些不甚明晰之处。

《汉赋之史的研究》是陶秋英先生在燕京大学国学院时的毕业论文,后来由昆明中华书局1939年出版,浙江古籍出版社在1985年再版时改名为《汉赋研究》。该书以赋家为标志将汉赋分成四派:第一派叫屈宋派,是指继承屈宋骚体影响的纯粹骚体作品,代表者有西汉的贾谊、严忌、东方朔、刘向,东汉的王逸、王延寿等。第二派叫荀卿派,指的是本为学者或史家,而又兼能赋的一些人,如淮南王刘安、孔臧、董仲舒、司马迁等。其作文词朴茂,近于荀卿赋,故名荀卿派。第三派是司马派,因为司马相如集各体之大成,屈宋派的抒情,荀卿派的说理、寓言、讽谏,以及枚乘的散韵相间、问答体都兼而有之,成为汉赋第一大家。其后扬雄、班固、张衡即自此出。第四派是王褒派,王褒的作品又分为两类:一类如《九怀》,被列入《楚辞》,其"体犹不脱《离骚》,而句法结构已极整齐,班彪、班婕妤、班昭、祢正平等作品近之"。另一类是《洞箫赋》,"纯非骚体,极尚排偶,开魏晋六朝骈俪之风,冯衍、崔骃、蔡邕等宗之"[6]105。这就出现了一个问题,即同一个赋家创作有风格完全不同的作品,比如同归于"司马派"的司马相如、扬雄、班固、张衡在创作《子虚》、《上林》、《甘泉》、《羽猎》、《两都》、《二京》等大赋的同时,还有《大人》、《长门》、《反骚》、《幽通》、《思玄》、《归田》这样的抒情言志之作,所以"司马派"并不能概括他们全部的创作和多样的风格。因此刘大杰先生在1941年初版的《中国文学发展史》中表达了与陶秋英《汉赋研究》相反的观点,他认为由于在同一个作家的集子里并列着内容、形式以及风格完全不同的作品,所以用某种派别来说明汉赋的作家,还不如从时代上来看汉赋的发展更为妥当。因此他从时代上把汉赋分成汉初的赋家(自高祖至武帝初年)、汉赋的全盛期(武、宣、元、成时代)、模拟期(西汉末年至东汉中叶)和转变期(东汉中叶以后)四个时期,然后结合历史背景对各个时期的代表作家进行逐一分析。这种将汉赋发展分为四个时期的做法被后来的许多研究者所继承,如马积高、黄钧二位先生主编的《中国古代文学史》[8],张清钟先生的《汉赋研究》[9],李曰刚先生的《辞赋流变史》[10]都与之相同。但与此同时又会产生另一个问题,因为就汉赋的某种体式来说,不同赋家以其不同的创作对该种体式进行了推动,我们以汉大赋为例,司马相如、扬雄、班固、张衡是这种汉赋体式发展过程中的四大环节,他们各自的创作之间有相承处亦有不同点。因此,在时间的流程中除了有必要对散体大赋这条发展线索下的每一个赋家进行介绍外,还不应忽略大赋本身的发展变化以及它与其他汉赋体式之间的联系。而对于其他汉赋体式的描述亦同此理。

二

在20世纪汉赋分类研究的第二阶段最重要的研究成果来自文学史著作,这就是人民文学出版社1963年出版的由游国恩、王起、萧涤非、费振刚四位先生主编的《中国文学史》[11]。尽管该书的某些结合不可避免地带上了时代的烙印,但书中有关汉赋分类、发展等诸多问题的描述却相当经典,从而成为最具影响力的文学史著作。具体而言,游本《中国文学史》是以时间为线索,采用三段式的方法来描述汉赋分类和发展的全过程。首先是汉初以贾谊为代表的骚体赋;其次是枚乘《七发》对散体大赋的开创作用,以及散体大赋在司马相如、扬雄、班固等人手中的定型、成熟与发展,而这成为一代文学——汉赋的主干;最后是以张衡为代表的抒情小赋的出现。这种描述方法为读者搭建起汉赋分类和发展的总体框架,并对其中最重要的几个发展点作出了精辟的理论总结,所以骚体赋、散体大赋、抒情小赋的提法已成为文学史写作的定性结论,像姜书阁先生的《中国文学史纲要》[12]、郭预衡先生的《中国古代文学简史》[13]、袁行霈先生主编的《中国文学史》[14]以及万光治先生的《汉赋通论》[15]均采用了这种说法。但该书关于汉赋分类和发展的描述亦有不尽如人意之处,一是有关骚体赋、散体大赋、抒情小赋三种称谓的分类标准不统一,骚体赋、散体大赋是就体裁而言,而抒情小赋则是从内容上着眼;二是这种三段式的描述方式易使读者认为以上三种形式的赋作是按从前往后、由彼及此的顺序来发展,但实际上小赋在西汉就有不少,并不是至东汉时才开始流行;三是这种描述方式遗漏了西汉末年至东汉初年的一批以说理、纪行等方式来抒情言志的作品,如刘歆的《遂初赋》、崔篆的《慰志赋》、班彪的《北征赋》、冯衍的《显志赋》等,而这些赋作的艺术表现和思想价值在汉赋发展史上都独具风貌。

三

因为时代的变化,20世纪汉赋分类研究的第三阶段呈现出多、新、细的特点。“多”指的是各种文学史、(辞)赋史、汉赋研究专著和断代文学史著作纷纷涌现,“新”指的是各种新观点异彩纷呈,“细”指的是许多观点本身亦能细致深入。为了能对同一问题之不同观点的发展变化有一个清楚的了解,我们以时间为序,对辞赋史、文学史、汉赋研究专著以及断代文学史著作中有关汉赋分类的观点逐一进行述评。

李曰刚先生的《辞赋流变史》由台湾文津出版社1987年出版。作者认为汉赋的创作在枚乘、司马相如二人之后已经糅合了荀赋的形骸、屈宋的辞藻以及纵横家的风范,所以像《汉志》那样欲以屈原、孙卿、陆贾等人为限进行归类是不科学的。而且,“同一作家,往往叙事赋、咏物赋、说理赋、拟骚赋,杂厕于其集中”,这些赋作“无论外形、内容、风格、情调,前后迥不相同。是知以若何派别强分汉赋作家,终难免削足适履之嫌”。因此作者提出:“不取硬性分类,但以时代为经,作家为纬,陈其兴衰变化之迹已足。”[10]100这种观点以及书中接下来对汉赋的描述方式与刘大杰《中国文学发展史》都大致相同,所以我们的问题和疑惑也是相同的。

姜书阁先生的《汉赋通义》[16]由齐鲁书社1989年出版。在这本书中作者从时间上将汉赋分为“丽则骚赋时期”、“丽淫大赋时期”和“抒情小赋时期”。在“丽则骚赋时期”收有庄忌和淮南王刘安及其宾客群臣的作品；“丽淫大赋时期”起于司马相如，止于刘歆的《遂初赋》，而书中没有谈到东汉的创作情况；“抒情小赋时期”起于东汉之初的冯衍，止于汉末建安时的王粲。由此可见姜书阁先生对汉赋范围的认识与考虑。

万光治先生的《汉赋通论》1989 年由巴蜀书社出版。该书从文体的角度将汉赋分为四言赋、骚体赋和散体赋三种类型。所谓“四言赋”是指汉赋中以四言为句、隔句为韵的赋作，有些作品还具有俳谐色彩，如扬雄的《逐贫赋》。而骚体赋则包括了王逸《楚辞章句》收录的汉人拟骚之作。关于散体赋，作者认为这是随着南北文化交汇而崛起的一种综合性文体，它汲取了先秦各文体之所长，不拘篇制，句型丰富，韵散结合，时空容量大，富于韵律美。由此可见，该书对汉赋分类提出了自己独到的看法，但遗憾的是它对汉赋各体发展的描述却没有循此线索进行下去，而是采用了游本《中国文学史》的三段式描述方法。

曲德来先生的《汉赋综论》[17]由辽宁人民出版社于 1993 年出版。在这本书中作者首先提出了有关文学作品分类的一个理念，他认为一个时代的文学作品分类不外两种方法，一是按作品题材内容的不同，一是按作品语言形式的差异，这两种方法可同时使用，也可单独使用。该书则采取了双结合的分类方法，根据题材内容的不同将汉赋分为抒情、咏物、叙事和说理四大类，根据形式的差异将这四类汉赋又分成散体赋、骚体赋和四言赋。具体说来，抒情赋包括从汉初至东汉末年的抒情言志之作，以及王逸《楚辞章句》中所收录的拟骚作品；咏物赋包括一般意义的、以物名篇的赋作，梁孝王群臣的咏物之作也被收录其中；叙事赋以散体大赋为主；说理赋则以对问体赋作为主，所以贾谊《鵩鸟赋》、张衡《骷髅赋》亦在其中。从中我们可以看出曲德来先生对有关汉赋范围问题的思考：首先他把一般视为“楚辞”余绪的王逸《楚辞章句》中的汉人拟骚之作也看成是汉赋；其次他将建安文学划入汉代文学，将“建安七子”归入汉代作家，所以这一时期的赋作也相应被归入汉赋的范围。与以上著作相比，《汉赋综论》是第一本以纵横交叉的方式对汉赋分类进行定位分析的著作，但是由于一篇赋作内容的丰富性与手法的多样性，使我们有时很难在抒情、咏物、叙事和说理之间找出明显的界限，比如贾谊的《鵩鸟赋》是借物来抒情言志，其中有物、有情、有理，因此将其归入说理赋似乎并不合适。所以我们认为以抒情、咏物、叙事、说理来作为划分汉赋题材内容的分类标准亦未尽如人意。

阮忠先生的《汉赋艺术论》[18]由华中师范大学出版社 1993 年出版。书中作者以汉赋题材内容为准则将汉赋分为讽颂赋、抒情赋、说理赋和咏物赋四大类。作者认为讽颂赋是汉赋的主流；抒情赋在形式上有骚体抒情与非骚体抒情之分，在风格上有真情与矫情之别；说理赋以借物说理和主客问答的赋作为主；咏物赋则以咏物来表达人悲欢喜忧的情感需求。另外，作者将汉赋的发展分为初兴、确立和全盛、模拟渐衰、中兴、转变五个时期，这比刘大杰先生的“四分法”更细致些。但我们对“讽颂赋”的提法颇有疑惑，因为在“说理赋”和“咏物赋”的某些篇章中亦有“讽”之精神，而“讽颂赋”的主旨在于“颂”，但在不同的历史阶段和不同的赋家身上“颂”的内容又有所不同。

聂石樵先生的《先秦两汉文学史稿》[19]是北京师范大学出版社 1994 年出版的一部断代文学史。该书体例精密细致，颇异于一般的断代文学史著作，其中关于汉赋分类、发展状况的描述也比较特别。聂先生认为赋源于楚辞，到汉代却分为文赋和骚赋两派，文赋是真正的汉赋，而骚赋是摹拟楚辞之赋。所以书中以这两派为描述线索，又结合刘勰《文心雕龙·铨赋》篇所论汉赋发展的时代顺序将汉赋的发展分为“赋之勃兴”和“赋之流变”两个部分。具体说来，“赋之勃兴”指的是西汉赋作的发展情况，这其中又分成“文赋作家贾谊、枚乘、司马相如、王褒、扬雄”和“骚赋作家庄忌、淮南小山、东方朔、刘向”两部分。关于五位“文赋作家”的创作，该书介绍了他们存留可见的全部赋作，包括《鵩鸟赋》、《吊屈原赋》、《长门赋》、《洞箫赋》等这些被通常认为是骚体的赋作。而四位“骚赋作家”的赋作则指的是王逸《楚辞章句》所收录的拟骚之作，由此可见聂先生认为汉人拟骚之作是赋而非辞。

“赋之流变”主要指的是文赋在东汉的发展情况,作者认为东汉骚赋渐无,而文赋则从京都赋、纪行赋、情理赋三条途径另辟新境。京都赋指的是杜笃、班固、张衡三人上承西汉之苑猎大赋,但以京都为描写主题的巨制;纪行赋指的是班彪、班昭、蔡邕三人以记述旅途所见发为感慨的赋作;情理赋指的是班固、张衡、赵壹三人在社会动乱、宦海沉浮中用以宣寄情志的赋作。总的来说,我们对《先秦两汉文学史稿》,对汉赋分类、发展的描述有三点不同意见:一是汉代的一些赋家身兼文赋和骚赋作家两种身份,如司马相如、扬雄、班固、张衡等,所以将他们完全归入文赋作家之类似乎不能揭示其作品的全貌;二是贾谊到底是文赋作家还是骚赋作家尚值得商榷;三是在对纪行赋进行介绍时还应该加入刘歆的《遂初赋》,这篇借史事、行旅来抒怀的赋作实际上开纪行赋之先河。

1996 年复旦大学出版社出版了由章培恒、骆玉明两位先生主编的《中国文学史》[20]。该书关于汉赋发展的主要观点与游本《中国文学史》亦有一脉相承处,但它对汉赋发展中晚期一些特点的描述表现出新时代下的新见解,而这正好弥补了游本《中国文学史》的某些不足。例如,该书谈到西汉后期和东汉前期辞赋创作出现的新特点和新题材,所谓新特点是指这一时期赋作用典情况的增多,新题材是指以刘歆、班彪为代表的纪行赋和以杜笃、班固为代表的京都赋的出现。书中还谈到东汉中后期辞赋的一些重大转变,即阐发儒教思想的成分明显减少,抒情意味更为浓厚,表现世俗生活的内容显著增加,因而显得活泼有生气。这些总结都颇能切中肯綮。

郭维森、许结二人合著的《中国辞赋发展史》[21]是由江苏教育出版社于 1996 年出版,全书一开篇首先就谈到了辞赋的关系,作者认为从细目上看,辞与赋各有特点:从广义的角度来看,辞赋又可看作一种文学体裁,辞含赋内,是文体中的一大类别的统称。这也许就是该书命名的缘由。但书中有关汉赋分类、发展的具体论述与游本《中国文学史》基本一致。《两汉大文学史》[22]也是本巨著,其字数高达 91 万余言,它是由赵明、杨树增、曲德来三位先生主编,吉林大学出版社 1998 年出版。该书第一编《赋体文学的鼎盛》的执笔者是曲德来,他也是《汉赋综论》一书的作者,虽然《两汉大文学史》成书在后,但在对汉赋分类问题的论述上它却不及《汉赋综论》那样全面细致。书中只是对从汉初贾谊到汉末王粲所作的那些在形式上模仿屈原《离骚》、《九歌》,在内容上以抒发情志为主的骚体赋作了专门的论述,除此之外,该书没有再对汉赋的其他体式进行归纳和总结。这也许是由于著作性质不同而造成写作体例上的差异。

四

以上是对 20 世纪汉赋分类研究之主要观点的搜罗评述,仿佛每一种说法都有其不尽如人意处,我们无意也没有能力为它们评出高下之别,但这并不能否认高下之别的事实存在。也许可以这样说,每一家学说、每一种观点都为有关汉赋分类问题本身的丰富完善开启了一条可能的思考途径。之所以还有这样那样的不同,是因为每一位研究者都是站在各自论点的基础之上尽可能地接近事实发展的全貌。而我们的评述亦是如此,所以也才有了这样那样的遗憾,但这并不意味着我们的水平有多高,也只是因为我们在用自己的观点去衡量别人的想法。那么,有关汉赋发展的事实是什么？最接近汉赋发展事实的分类方法又是什么？

这里,我们着重介绍一下曹道衡先生在《汉魏六朝辞赋》[23]一书中的观点,该书于 1989 年由上海古籍出版社出版。我们认为,在 20 世纪汉赋分类研究的诸多观点中,这是最有价值和启发的一种认识。虽然该书只是本 10 万字的“小册子”,但其分量却是许多皇皇巨著所无法比拟的。在这本书中曹道衡先生对汉代辞赋分类和发展提出了一个非常重要的认识,他认为苑猎京都大赋是汉代辞赋的代表,而与苑猎京都大赋同时产生的还有两类从内容与形式上都有所不同的作品,其中一类是内容略近荀赋而形式与技巧多学屈赋的咏物赋,另一类是继承了屈原作品传统的抒情之作。这种汉赋分类的认识之所以重要,是因为它在汉赋描述发展史中较早地提出了与苑猎京都大赋、抒情赋同时并存的还有咏物赋的观点。而且这种三体并列发生、发展的描述非常符合汉赋发展的实际。此外,曹先生认为在这些文人作品之外还有一种比较通俗的辞赋流行于民间,这便是俗赋,它对文人创作也产生了影响。而且,1993 年尹湾汉简《神乌赋》的考古发现更证实了汉代民间俗赋的存在。我们认为这些结论都非常具有说服力。遗憾的是,曹先生在书中没能继续以此线索来描述汉赋的发展,而是按时间顺序介绍了西汉、东汉重要的赋家与赋作,但其中亦多有精辟之见解,使人从其细致、简洁、平实的语句概括中即有所获益与启发。

所以就汉赋发展的实际而言,我们认为从题材内容上将其分为苑猎京都大赋、抒情言志赋、咏物赋和俗赋是言之成理的。从体裁形式上来说,苑猎京都大赋以散体大赋为主,抒情言志赋包括骚体赋和散体赋两种形式,咏物赋以小赋为主,俗赋则与以上三种体式差别较大。另外,苑猎京都大赋、抒情言志赋和咏物赋这三种汉赋体式在汉代各有一条贯穿始终的发展线索,但它们并不是按着由此及彼的顺序来发展,相反,这三条线索几乎是同时发生、演进与变化的,所以它们既各自独立,却又彼此关联。由于资料的缺乏,俗赋的发展脉络相形之下显得没有以上三种汉赋体式那么连贯。但有两点这四者是一致的,一是不同的汉赋体式具有不同的创作来源,进而在作品风格、思想倾向、创作意图、写作方式以及赋作用途等诸多方面都呈现出不同,所以我们有必要对此逐一细究。另一个相同之处在于它们之间的相互影响上,这具体表现在同一个赋家对不同体式赋作的创作实践中。因此我们认为,如果能以苑猎京都大赋、抒情言志赋、咏物赋和俗赋为四条纵向的"线",以各体发展中的重要作家作品为"点"来描述汉赋的发展,一方面对这四种汉赋体式的创作源头、写作方式、创作意图、作品风格、思想倾向以及赋作用途进行细致分析,另一方面又能尽力挖掘和揭示它们与赋家、赋作之间的相互影响以及赋家游刃于不同体式之间的创作心态。这也许可以成为描述汉赋发展的一种新尝试。

【参考文献】

[1]许世英.辞赋与骚赋[J].文学月刊,1932,3(1):28—57.

[2]蒋天枢.汉赋之双轨[J].志林,1940(1).

[3]何沛雄.汉魏六朝赋论集[M].香港:联经出版事业公司,1991.

[4]曹淑娟.汉赋之写物言志传统[M].台北:文津出版社,1987.

[5]金秬香.汉代词赋之发达[M].北京:商务印书馆,1934.

[6]陶秋英.汉赋研究[M].杭州:浙江古籍出版社,1985.

[7]刘大杰.中国文学发展史[M].上海:上海人民出版社,1973.

[8]马积高,黄钧.中国古代文学史[M].长沙:湖南文艺出版社,1992.

[9]张清钟.汉赋研究[M].台北:"商务印书馆",1975.

[10]李曰刚.辞赋流变史[M].台北:文津出版社,1987.

[11]游国恩,王起,萧涤非,费振刚.中国文学史[M].北京:人民文学出版社,1963.

[12]姜书阁.中国文学史纲要[M].西宁:青海人民出版社,1984.

[13]郭预衡.中国古代文学简史[M].北京:北京师范大学出版社,1992.

[14]袁行霈.中国文学史[M].北京:高等教育出版社,1999.

[15]万光治.汉赋通论[M].成都:巴蜀书社,1989.

[16]姜书阁.汉赋通义[M].济南:齐鲁书社,1989.

[17]曲德来.汉赋综论[M].沈阳:辽宁人民出版社,1993.

[18]阮忠.汉赋艺术论[M].武汉:华中师范大学出版社,1993.

[19]聂石樵.先秦两汉文学史稿[M].北京:北京师范大学出版社,1994.

[20]章培恒,骆玉明.中国文学史[M].上海:复旦大学出版社,1996.

[21]郭维森,许结.中国辞赋发展史[M].南京:江苏教育出版社,1996.

[22]赵明,杨树增,曲德来.两汉大文学史[M].长春:吉林大学出版社,1998.

[23]曹道衡.汉魏六朝辞赋[M].上海:上海古籍出版社,1989.

汉画与简牍

第21卷第1期
2001年1月

焱焱炎炎　扬光飞文

——秦汉绘画概论

刘晓路*

【摘　要】　绘画在秦汉时代已发展为美术最重要的门类之一。它在所反映的内容上,历史现实、神话传说、人间冥界、天象地理、山水植物、动物祥瑞无所不包;在表现技法上,发展了以毛笔为主要工具、以墨为主要材料、以线描为主要造型手段的各种手法及相关的各种造型观念;在画家构成上,以黄门画工、民间画工为主体,并已有文人投入画事。多种可利用的载体被用于绘画、帛画、壁画、漆画、陶器画等,成为秦汉最有时代特色的画种。在秦汉绘画中,存在着文献绘画和出土绘画两种形态,存在着先帛后壁的发展线索和南帛北壁的分布格局。

【关键词】　秦汉;文献绘画;出土绘画;帛画;壁画

"图画之妙,爰自秦汉,可得而记。"这是唐人张彦远在《历代名画记》中的一句名言。他指出中国有记载的高水平绘画是从秦汉开始的,从而充分说明了秦汉绘画在中国绘画史上的开拓地位。

确实,绘画在秦汉时代已发展为美术最重要的门类之一。它在所反映的内容上,历史现实、神话传说、人间冥界、天象地理、山水植物、动物祥瑞无所不包;在表现技法上,发展了以毛笔为主要工具、以墨为主要材料、以线描为主要造型手段的各种手法及相关的各种造型观念;在画家构成上,以黄门画工、民间画工为主体,并已有文人投入画事。多种可利用的载体被利用于绘画、帛画、壁画、漆画、陶器画等,成为秦汉最有时代特色的画种。秦汉绘画多方面的发展和完善,奠定了中国美术的雄厚基础,使其以后在与外来的佛教美术的交流中从容不迫,得到更广博的发展。秦汉以后,绘画便无可争议地成为中国美术最主要的代表。

但是秦汉绘画却屡遭厄难。尤其在秦末、西汉末、东汉末、西晋末,分别蒙受项羽、王莽、董卓、五胡之乱,秦咸阳、西汉长安、东汉和西晋洛阳等名都,被兵火焚烧一空,建筑壁画、宫室藏缣帛绘画化为灰烬。历经长期的战争,不仅正史记载的,而且所有地面上传存的秦汉绘画已经消失,以致自称遍览天下名画的张彦远也不得不叹惜:上古"画之踪迹,不可具见"[1]。以后,历代文人、史家无不发出秦汉绘画早已绝迹的悲鸣。傅抱石在20世纪30年代还令人痛心地断言,秦汉时代"纯绘画的遗品没有存留。自清代以来,关于建筑雕刻的画像石、墓碑、墓阙之类,已是考察汉代绘画的唯一标本"。

随着近代西方考古学的引入和20世纪对秦汉帛画、壁画考古成果的总结,我们对于秦汉绘画的历史,才有了较全和正确的认识。

* 刘晓路(1953—　),男,汉族,湖南省邵阳市人,中国艺术研究院研究员,南阳师范学院兼职教授,主要从事中国和外国美术比较研究。

一、大一统的历史文化背景

(一)"上者不美不饰之,不足以一民"

秦代的疆域之广是中国史无前例的,但国祚极短,不过15年。在考古上由于缺乏精确的断代依据,很难把秦代绘画从秦国(传统的继承上)、六国(横的交流和总的汇合上)、西汉早期(对后代的影响上)的绘画截然分割出来。然而,这也说明秦代绘画正是在继承秦国传统、汇合六国之萃的基础上形成的,它对汉代产生了极大影响。

早在商鞅(约前390—前338年)任秦国大良造时,秦国就重视美术的政治功能。秦孝公十二年(前356年),秦国由雍(今陕西凤翔南)迁都咸阳,遂仿效魏宫,营造冀阙,以扬秦威。处于蓬勃上升期即统一中国前的秦国和统一中国后的秦朝,分别受荀子、吕不韦、韩非、李斯以及方术的思想影响较深。荀子(约前313—前238年)是战国末期从孔而变的儒学大师,秦昭王时赴秦,曾见昭王游说。他的思想主要是通过两个学生——韩非和李斯间接作用于秦国和秦朝的。吕不韦(?—前235年)的思想见《吕氏春秋》,特点是崇道,"兼儒、墨,合名、法",史称"杂家"。公元前238年,秦王政亲理国事,罢免吕不韦相职。韩非(约前280—前233年)集战国法家思想之大成,秦王政读其著作大为赞赏,邀其入秦。李斯(?—前208年)先入秦为郎、长史,后为秦国廷尉,官至秦朝丞相。于是,荀子、吕不韦、韩非、李斯的思想成为秦国和秦朝的主流。当时的历史注定战国社会只能在由最贪婪的欲望所激发的最残酷的斗争中前进,秦国要征服六国、统一天下,必须彻底抛弃孔孟温良恭俭让的仁义道德。荀子认为:"上者不美不饰之,不足以一民也";"必将雕琢刻镂,黼黻文章,以塞其目"(《富国》);"不全不萃之,不足以为美也"(《劝学》)。由此,美化装饰被帝王用于维护、巩固和扩大自己统治和尊严的手段。因此,秦朝美术建立在彻头彻尾的功利主义的基础上。韩非论画认为描述现实事物"难",表现幻想世界"易"。他强调其难,正是鼓励人们去表现。

另一方面,秦地方术盛行,辄通过阴阳五行之说来解释自然的变异现象,并推测吉凶祸福,分析气数命运。以秦居水德,水色黑,因而规定服装、旌隆、节旗皆尚黑。秦始皇尤信神仙方术,多次巡狩各地,又遣人求仙,求长生不老之药。

据史籍记载:"秦每破诸侯,写放其宫室。"[2](《秦始皇本纪》)因此秦朝宫殿集六国宫室之精华,并且有辉煌的壁画。它显示出大统一后艺术之博大恢宏的气魄,令司马迁极其赞叹:"北至九峻甘泉,南至长杨五柞,东至河,西至泾渭之交。东西八百里,离宫别馆相望属也。"[3](《秦始皇本纪》)然而"楚人一炬,可怜焦土",项羽入兵关中,焚烧秦宫,居然烧了3个月。壁画随之烟消云散。另据《世说新语·无为篇》记载:"秦始皇骄奢靡丽,好作高台榭、广宫室。则天下豪富制屋宅者莫不仿之。房闼备,厩库缮。雕琢刻画之好博,取黄琦玮之色,以乱制度。"由此可见,从中央到地方,从宫廷到民宅,壁画制作盛行。

(二)"非壮丽无以重威"

汉代绘画以其雄浑的气魄和阔大的胸怀,包容了春秋战国以来各国的精华,尤其是周秦理性绘画和楚巫奇幻画的精华。由于处于长达400年的大统一时代,汉代才有可能达到荀子、秦始皇崇尚而未能完成的雄大伟美的境界,又出现他们因时代局限而不能预见的新特点。它正如班固在《两都赋》中所描绘的那般壮观:"焱焱炎炎,扬光飞文,吐烂生风,吹野燎山,日月为之夺明,丘陵为之振摇。"在汉以前,绘画从未达到如此灿烂多彩的程度。

汉代绘画以汉武帝"罢黜百家,独尊儒术"为界,明显分为两个阶段,以前为汉代绘画风格的初创期,以后为其完善发展期。

汉初的绘画并没有形成汉代本身的风格。汉高祖刘邦"马上得天下",并不重视绘画。他在思想上是急功近利的法家最后的代表人物,本质上与秦始皇有许多共同之处。这对于"汉承秦制"起关键作用。另一方面,刘邦本人及开国文武勋臣,几乎全是楚人,这又保证了汉文化深受楚文化的影响。所谓"汉文化就是楚文化,楚汉不可分”[4]之极论,实际上概括汉初文化较为妥当,但泛用于整个汉文化就有失偏颇了。在汉代绘画和文化的总体发展上,存在着从“巫”到“史”的过程。汉初,则明显是楚巫文化和绘画占优势。

汉朝开国丞相萧何是刘邦最重要的助手和管家。早在随刘邦入兵咸阳时,其他部将皆去抢夺宫室财宝、美女,唯独萧何先封取图书,为文化的继承和发展立下头功。秦以前的图书都是有“图”的,实际上也就是继承了图画。难怪《历代名画记》为之记道:“萧何先收,沛公乃王。”汉高帝九年(前198年),“萧丞相营作未央宫,立东阙、北阙、武库、太仓。高祖还,见宫阙壮甚,怒谓:‘天下匈匈,共战数岁,成败未可知。是何治宫室过度也!’萧何曰:‘天下方未定。故可因遂旧宫室。夫天子以四海为家,非壮丽无以重威,且无令后世有以加也。’高祖乃说(悦)”。萧何所谓“非壮丽无以重威”,是对荀子“上者不美不饰之,不足以一民”思想的继承。这种追求壮美风格和使美术为政治服务的思想,对汉代绘画发展起着积极的作用。

曹参在萧何卒后继为丞相,“萧规曹随”。因战争创伤未愈,经济疲惫,曹参采取清静无为、与民休息的政策。这种源于黄老的无为思想,为惠帝、吕后、文帝、景帝四代的指导思想。发展经济成为当务之急,认为:“雕文刻镂,伤农事者也;锦绣纂组,害女红者也。”因此,美术的发展暂时受到一定限制。尤其是汉文帝刘恒自奉节俭,在位23年,宫室苑囿、车骑服御,一无增添。他屡次下诏禁止郡国贡献奇珍异物。所宠爱的慎夫人也衣不曳地,帷帐不施文绣。凡史家无不赞及,文帝曾想造一座露台,听说花钱百金,等于中人十家之产,便毅然作罢。但即使在这个时候,刘恒却很重视绘画“恶以戒世,善以示后”的政治作用。汉文帝三年(前177年),“于未央宫承明殿画屈轶草、进善旌、诽谤木、敢谏鼓、獬豸焉”[4]。从而,开创了汉代政治性绘画的先河。

自称遍览古画的张彦远也不由得悲叹:“汉魏三国,名迹已绝于代。”[1]直到2000年后的今天长沙马王堆汉墓的发掘,才略见一斑。马王堆汉墓的13幅帛画(文帝年间及以前)、2具棺画(文帝年间),以其精彩的画面昭然面世。

二、鲜明的时代特色

(一)“文献绘画”和“出土绘画”

虽然有记载的绘画从秦汉开始,而且不能不说很丰富。但在考察秦汉绘画时,不能不面对这样一个遗憾的事实:凡见于文献记载的绘画作品全部失传,并且历经秦汉本身及三国两晋南北朝的多次战乱和浩劫,最迟在唐代就全部荡然无存;而幸存到今天的所有绘画遗品全都不见于文献记载,都是20世纪以来的田野考古从地下发掘的。因此,秦汉绘画在理论上可以截然分为虚、实两大部分:虚,即以文献记载为中心的绘画;实,即以出土文物为中心的绘画。为了方便叙述,把前者称为“文献绘画”,后者称为“出土绘画”。应该说,文献绘画是当时最重要的和水平最高的,出土绘画是次要的和水平相对较低的。

在秦汉以前,绘画作品一般都不见于文献,而全部得之于出土,即全部为出土绘画;秦汉以后,绘画作品虽见于文献,但主要以传世的方式保存至今,即大多为传世绘画。唯有秦汉绘画中,文献绘画和出土绘画两者泾渭分明。它们又虚实相生,互为印证,构成中国美术史研究中的奇特现象。痛失文献绘画,只能从支离破碎的文字记录上凭借想象去构筑当时的宏伟图景;复得出土绘画,有幸亲睹甚至作古千年的张彦远也未曾知晓的遗宝。

由此,它导致了秦汉绘画研究中的两种基本方法:文献研究和出土研究。文献研究是在田野考古未传入中国前最为普遍的传统研究方法。它根据遍查《史记》、《汉书》、《后汉书》等文献典籍,得到一大堆由只言片语汇集的文字材料。这些材料大多是信史,但它们主要记载宫廷绘画,而对地方和民间的绘画则语焉不详。更致命的弱点是所描绘的作品已不存在实物。因此实际上无法从中判断秦汉绘画的水平。出土研究是20世纪产生的方法,主要依据出土的绘画实物。它的可视性使人百闻不如一见,它所带来的真切感受和审美体验是文献说千道万所不能替代的。

但是,出土绘画毕竟是有限的,还远远不能反映秦汉绘画所达到的高度和广度。因此,文献研究往往容易导致苍白干瘪、人云亦云、千篇一律的材料堆砌,而零散的出土物又不足以反映出秦汉绘画的博大精深。真正的秦汉绘画史,只有在文献研究和出土研究两者结合的基础上才能写成。文献研究的意义在于把握秦汉绘画的发展脉络,鸟瞰它的概要。出土研究的意义在于以生动的直观材料,使文献研究有骨有肉。

(二)强烈的功利目的

秦汉绘画大多服从于一定的功利目的。功利目的中主要的有三种:教化作用、象生意愿、升天理想。这是秦汉绘画的一个最重要的特色。如前所述,秦汉绘画分为文献绘画和出土绘画两种形态。文献绘画属于地上人间的绘画,如宫廷壁画,主要服从于政治教化的作用;出土绘画大多是地下墓室的壁画和帛画,主要服从于冥间象生意愿;升天理想则同时存在于文献绘画和出土绘画中。

张彦远所强调的绘画"成教化,助人伦"的作用,在秦汉的绘画中表现得最为突出。从反映现实生活、直接为政治服务的角度看,没有哪一个朝代的绘画像秦汉绘画那样强烈。它之所以如此,既有政治上的原因,也有绘画本身发展的原因。秦汉以前,绘画长期附属于工艺美术,人们对绘画潜在的巨大政治作用尚未充分认识。至战国,绘画所具备的反映现实生活的表现能力比美术的其他门类,如建筑、雕塑、书法和工艺美术,都更直接、更强烈,并且制作方便,表现力丰富。所以,秦汉的统治者大多高度重视绘画,将绘画作为自己的统治手段之一。又由于秦汉人对绘画政治作用的认识,还笼罩着商周美术祭祀作用的影子,所以当时的绘画带有浓厚的祭祀列祖列宗的色彩,但又增加了思贤戒恶的时代意义。文献绘画大都为三皇五帝、先哲古贤造像,也为本朝建功立业的帝王勋臣树碑立传,兼绘亡国之君桀、纣之像,以达到吸取经验教训、巩固统治、加强中央集权的目的。

(三)先帛后壁的发展和南帛北壁的格局

出土绘画中的棺椁帛画和墓室壁画,在黑暗的地下沉睡了2000年左右才重见天日。秦汉人"事死如事生",所以,这些绘画表达了一种象生意愿和死后升天的理想。秦汉人的生死观和丧葬观比前人有很大转变,即由薄葬变为厚葬,厚葬之风盛行。中国墓制在汉代发生划时代的变化,横穴式洞墓开始取代竖穴式洞墓,墓的建筑材料由木头变成砖石。在关中和中原等政治中心地区,这种变化最先发生,横穴式洞墓中已用砖和石料构筑坚固的墓室,形制上完全模仿死者生前的地面府邸的内空间。内壁上绘有壁画,有的照搬府邸的建筑壁画,有的专为墓室而作。壁画内容主要有墓主的生平事迹、经史故事、神灵祥瑞、天象星云等,表明墓主试图将人间生活照搬到冥间,甚至在冥间也不忘求仙升天。

以长江流域为代表的南方,以及北方的边远地区,竖穴式木椁墓则一直延续到西汉后期乃至整个汉代。木椁墓不适合作壁画,侧安置帛画。有的帛画类似旌幡,带有明显的招魂、安魂性质,画面既有墓主在龙凤等神灵引导下升天的图像,也有墓主生活的图像。从升天图像可看出与楚帛画有直接的继承关系,生活图像是楚帛画所没有的,可看出汉代的新内容。另一类帛画则直接表现墓主的生活内容,没有升天的意义,是墓室壁画的先驱。

从考古的年代上看,帛画墓起源于战国中期,目前最早者为江陵马山1号楚墓,盛行于西汉早期,以后衰落;壁画墓始见于西汉中期,目前最早者为商丘梁王墓,东汉大盛;画像石墓始见于西汉晚期,目前有纪年的最早的墓是南阳冯君孺人墓(新莽天凤五年,即18年),东汉大盛。而从形式上,帛画出自先行的竖穴式木椁墓,壁画出自后起的横穴式砖石墓。即使是同期的帛画和壁画,帛画也代表着更古老的传统。此称之为先帛后壁的发展。

从出土的地域看,帛画墓在西汉初期主要见于湘江一带,中期少量流布于淮海和河西地区;壁画墓在西汉中晚期最初集中于黄河中游的关中和中原,东汉以后扩散于长城沿线、辽河流域和河西,淮河秦岭以南则除了广州南越王墓的壁画图案外绝无仅有。因此在本质上,帛画墓基本上属于长江流域的文化,壁画墓基本上属于黄河流域的文化,称之为南帛北壁的格局。

从文化的内涵上看,汉代的帛画属于泛楚文化,早期的壁画如梁王墓、卜千秋墓壁画虽带有帛画的某些性质,但已属于真正的汉文化。帛画以楚巫文化为特色,壁画以汉史文化为特色,存在着从巫到史的发展过程。打虎亭汉墓并存壁画和画像石,说明这两种样式在此交替。

(四)多样化的表现形式

中国绘画的基本表现形式,随秦汉绘画的繁荣发展已大体完成。第一,秦汉绘画尝试了各种工具、材料、载体后,最后形成了中国画以毛笔为基本工具、以墨为基本材料、以绢纸和壁画为基本载体的传统。中国画最主要的形制——卷轴画,可以在帛画中找到它的源头。第二,秦汉绘画已完成中国画以线条造型的特点,讲究笔墨色彩,通过笔墨色彩的状物传神,表现主观的审美感受,工笔重彩画已见成熟。第三,秦汉绘画虽以人物画为主,但人物画中已出现山水、花鸟的画面。第四,秦汉绘画对于对象的观察认识,是在流动中从多角度形成的。其对空间关系的表达和位置的经营,已初步形成了中国绘画的特点,并能以概括性较强的形色语言表现对象的神韵。

三、文献绘画

(一)“四渎五岳,龙凤骞翥”的神仙绘画

王子年《拾遗记》载:“始皇元年,骞霄国献刻玉善画工名烈裔。使含丹青以漱地,即成魑魅及诡怪群物之像。刻玉为百兽之形,毛发宛若真矣!皆铭其臆前,记以日月。工人以指画地长百丈,直如绳墨。方寸之内,画以四渎五岳列国之图。又画为龙凤骞翥若飞,皆不可点睛。或点之,必飞走也。”虽然如鲁迅指出,《拾遗记》“其文笔颇靡丽,而事皆诞漫无实”[5],但它对于窥察秦代一些绘画现象还是有意义的。所谓“魑魅及诡怪群物之像”、“四渎五岳列国之图”、“龙凤骞翥若飞”之画,应是当时流行的神灵祥瑞题材。再与前述《太平御览》中秦始皇令人画海神的故事相联系,可知都与秦始皇求仙访道、企求升天长生的思想有关。汉武帝亦醉心于封禅、郊祀。尊礼方士,迷信神灵,幻想升仙。这些题材在宫廷绘画中时有表现。元封二年(前109年),汉武帝“又作甘泉宫,中为台室,画天、地、泰一诸神,而置祭具以致天神”[2](《孝武本纪》)。

(二)“明劝戒,著升沉”的宫廷绘画

在汉代绘画尤其是文献的绘画中,教化的题材代表主流。它主要体现在宫廷绘画中。经过70多年的休养生息,经济获得空前繁荣。“都鄙廪庾皆满。而府库余货财,京师之钱累巨万,贯朽而不可校。太仓之粟陈陈相因,充溢露积于外,至腐败不可食。”[2](《平准书》)汉武帝刘彻为了巩固统一的封建国家,加强中央集权,在思想上“独尊儒术”,在政治上开疆拓土,打开中外交通,鼓励人们建功立业,使汉朝由无为走向有为,由幼弱走向强盛。

刘彻在中国绘画史上有划时代的作用。他用绘画形式为古代圣贤、当世勋臣树碑立传,借以巩固和扩大统一。他又谨记前朝灭亡的教训,亦绘夏桀、商纣等亡国之君作反面教材以戒世。由此,壁画进入鼎盛期。

未央宫麒麟阁、甘泉宫、桂宫明光殿是宫廷壁画集萃之地。这些壁画的政治意义姑且不论,在绘画史上则促进了肖像画、历史画的兴旺发展。在汉代,尤其在宫廷中。肖像画并不是可以任意为之的,被画肖像的人必须具备相应的资格和地位。这种资格和地位主要是:(1)古代圣王,如三皇五帝;(2)古代贤臣和哲人,如周公、孔子;(3)开国元勋,如张良;(4)当世功臣,如赵充国。当世人物入画麒麟阁肖像者掌握极严,需经特别的批准。

麒麟阁的肖像画据说画得生气勃勃,以后司马迁在看到其中的张良像时曾叹道:“余以为其人计魁梧奇伟,至见其图,状貌如妇人好女。”[2](《留侯世家》)张彦远也在《历代名画记》中记载了麒麟阁功臣图的粉本。

金日磾之母，“教诲两子，甚有法度，上闻而嘉之。病死，诏图于甘泉宫，署曰‘休屠二阏氏’”[6]（《霍光金日磾传》）。甘泉宫中，汉武帝还使人图绘了他追怀德李夫人肖像。太初四年（前101年），汉武帝令人在桂宫明光殿“画古列士，重行书赞”。在其晚年的征和二年（前91年），汉武帝不得不考虑死后依赖霍光辅助他的幼子继承帝位，“乃使黄门画者画《周公负成王朝诸侯》以赐光”[6]（《霍光金日磾传》）。这在形式上仅是图绘历史故事，实质上则是借绘画肯定霍光今后的政治地位，表达托孤于他的重大决策。

西汉晚期，由于对匈奴战争和安抚羌人的胜利，“四夷宾服”。“甘露三年（前51年），单于始入朝”，汉宣帝刘询感怀勋臣功绩，“思股肱之美，乃图画其人于麒麟阁，法其形貌，署其官爵姓名”[6]（《李广苏建传》）。该图总计十一功臣，中有武、昭、宣三朝重臣霍光，入匈奴坚贞不屈的苏武，安羌功臣赵充国，皆有传。这些画像的粉本还一直流传到唐代。以后，汉成帝刘骜在西羌再次骚乱时，“思将帅之臣，追美充国，乃召黄门郎杨雄即充国图画而颂之”[6]（《赵充国辛庆忌传》）。东汉思想家王充特别援引汉宣帝图绘当世功臣的例子，说明它激励后人的作用：“宣帝之时，画图汉烈士，或不在其图上者，子孙耻之，何则？父祖不贤，故不画图也。”由此可见，被图绘于麒麟阁是功臣最高等级的象征，所以被大家羡慕和追求。班固在其《西都赋》中，用华丽的辞藻极其铺陈了西汉长安宫廷壁画的盛况：“屋不呈材，墙不露形。裛以藻绣，络以纶连。随侯明月，错落其间。金钉衔壁，是为列线。翡翠火齐，流耀含英。悬黎垂棘，夜光在焉。”

到了东汉，古代圣帝贤后壁画进入庙堂。曹植《画赞序》载：“昔明德马皇后，美于色，厚于德。帝用嘉之，尝从观画。过虞舜庙，见娥皇、女英像，帝指之戏后曰：‘恨不得为妃如是。’又前见陶唐之像，后指尧曰：‘嗟乎！群臣百僚，恨不得为君如是！’”这段故事说明图绘圣帝贤后的意义乃在思贤戒恶。以后，这种绘画有增无减。“汉明（刘庄）雅好丹青，别立画室。又创立鸿都学，以集奇艺。天下之艺云集。”[1]鸿都学中，画孔子及七十二弟子像。还为鸿都文学三十二人画像立赞，以劝学者。永平三年（60年），汉明帝“追思前世功臣，乃图画二十八将于南宫云台”[7]（《二十八将论》）。张彦远由此联想到汉武帝对绘画的贡献而评道：“以忠以孝，尽在于云台；有烈有勋，皆登于麟阁。见善足以戒恶，见恶足以思贤。留乎形容，式昭盛德之事；具其成败，以传既往之踪。”[1]汉明帝也是汉代有作为的皇帝之一，他对绘画的重视一如汉武帝。

汉灵帝刘宏沿袭明帝风气，使戒恶思贤的绘画再度大盛。他“诏（蔡）邕画赤泉侯五代将相于省，兼命为赞及书。邕书、画及赞皆擅名于代，时称三美”[1]。由此开诗、书、画三绝之先声。熹平六年（177年），“灵帝思感（胡广）旧德，乃图画广及太尉黄琼于省内，诏议郎蔡邕为其颂之”[7]（《邓张徐张胡传》）。蔡邕死时，“缙绅诸儒莫不流涕……兖州、陈留，皆画像而颂焉”[7]（《蔡邕传》）。顺烈梁皇后则“常以列女图画置于左右，以自监戒”[7]（《皇后纪》）。

西汉的各诸侯王国也上行下效，大肆营造小朝廷宫室，绘制壁画。汉景帝之子鲁恭王刘余“好宫室、台榭、苑圃、狗马”。中元元年，又建灵光殿并满绘壁画。东汉辞赋家王延寿（顺帝和桓帝之间人）游鲁时，感叹于西汉宫室皆毁，唯鲁灵光殿岿然独存，因而作《鲁灵光殿赋》。赋中对其栋宇结构、彩绘雕刻、雄伟气势作了细致而丰富的描绘。其中，描述彩绘的生动多姿：“图画天地，品类群生。杂物奇怪，山海神灵。写载其装，托之丹青。千变万化，事各缪形。随色象类，曲得其情。上纪开辟，遂古之初。”又记壁画画面有：奔虎攫拏、虬龙腾骧、朱鸟舒翼、白鹿孑蜺、五龙比翼、人皇九头、伏羲鳞身、女娲蛇躯、黄帝唐虞、下及三后、淫妃乱主、忠臣孝子、烈士贞女……它之所以“贤愚成败，靡不载叙”，是为了“恶以诫世，善以示后”。

（三）“宣示汉德，威怀远夷”的州郡绘画

汉代各郡国州部也有相应的制度，凡殿堂、祠庙、官署、府第、驿站都有壁画。东汉各州郡首领，也受命利用壁画图绘当地历代官吏的图像和事迹以示鉴戒。《汉书·郡国志注》载：“郡府厅事壁诸尹画赞，肇自建武（25—56年），迄今阳嘉

(132—135年)。注其清浊进退,所谓不隐过,不虚誉,甚得述事之实。后人是瞻,是以劝惧。”延熹末年,司隶校尉应奉“下诏官府郡国,各上前人像赞”。其子应劭根据征集的材料,编纂了《状人纪》一书[7](《杨李翟应霍爰徐传》)。司隶校尉是汉代监督京师和地方的监察官,在朝廷中举足轻重。东汉时,它的权势更大,常常劾奏三公等尊官,故为百僚所畏惮。应奉下令各官府郡国上报前任首官的图像和事迹,当是表明了东汉皇帝的旨意。

各州还应用壁画表彰在军事上或政绩上有所建树的属吏,益州尤甚。永平年间(58—75年),益州刺史梁国朱辅好立功名,慷慨有大略,以壁画“宣示汉德,威怀远夷”。“是时,郡尉府舍皆有饰,画山神海灵、奇禽异兽,以眩炫之。夷人益畏惮焉。”郡尉是东汉州部下属郡的军事长官,他们的府舍有使夷人畏惮的壁画,证明当时西南边郡对夷人采取武力征服兼攻心怀柔的两手策略。直至东汉末年,益州画事不衰。汉献帝时,益州刺史张收在成都学画有盘古、三皇五帝、三代君臣、孔子及七十二弟子于壁间。张彦远甚至将成都学壁画与汉明帝的宫殿画并列,极赞绘画的重大政治意义:“图画者,有国之鸿宝,理乱之纪纲,是以汉明宫殿,赞兹粉绘之功;蜀都学堂,义存劝诫之道。”[1]可见,东汉绘画的经史内容比重加大,教化作用发挥得最为充分。

对于两汉绘画的教化作用,三国初人曹植曾有精辟的总结:“观画者,见三皇五帝,莫不仰戴;见三季异主,莫不悲惋;见篡臣贼嗣,莫不切齿;见高节妙士,莫不忘食;见忠臣死难,莫不抗节;见放臣逐子,莫不叹息;见淫夫妒妇,莫不侧目;见令妃顺后,莫不嘉贵。是知存乎鉴戒者,图画也。”[1]

因此,从文献绘画的发展看,也存在着由“巫”到“史”的发展过程。

四、从黄门工匠到名人儒士的画家

(一)秦代随军画工和丹青濑地的烈裔

有绘画,便有画工。从“秦每破诸侯,写放其宫室”看,秦国已有画工随军,至六国绘制六国宫殿图。《太平御图》载:“秦始皇求与海神相见,神云:‘我形丑,约莫图我形,当与帝会。’始皇入海三十里与神相见。左右有巧者,潜以脚画神形。”这个“巧者”可能是随行画工。尽管这个故事有浓厚的神话色彩,但秦始皇曾去海上求仙却有史有据。而且,既然有画工随军,那么画工随驾也并非不可能。至于骞霄国所献“刻玉善画工名烈裔”,则是秦代唯一存名的画家。

(二)两汉黄门画工和民间画工

汉高帝时,萧何营作未央宫,当有画工绘制壁画。文帝“于未央宫承明殿画屈轶草”等,当为黄门画工所作。精美的马王堆帛画和棺画、梁王墓壁画也应出自诸侯国名匠之手。汉武帝重用董仲舒,表彰六艺,尝置秘阁,搜集天下法书名画。其使令之臣,隶属于黄门者,亦有画士以备诏。诸如麒麟阁、甘泉宫、明光殿的大规模壁画,无一不是这些黄门画工的作品。黄门令官署的画工集体,甚至成为以后宫廷画院的雏形。

汉元帝时,毛延寿是第一个知名的黄门画工,以擅长人物画而著称,尤其是直接导致昭君出塞这一传颂千秋的历史故事而闻名天下。《西京杂记》记其曰:“杜陵人,画人形,丑好老少必得其真。元帝时,后宫既多,不得常见,乃使画工图形,案图召幸之。诸宫人皆赂画,独王嫱(昭君)不肯,遂不得见。后匈奴入朝求美人为阏氏。上案图以昭君行。及去,召见,貌为后宫第一。帝悔之,而名籍已定,乃穷案此事。画工毛延寿等皆同日弃市。”同日弃市者,还有画工陈敞、刘白、龚宽、阳望、樊育等5人。弃市的6人,竟然是西汉名存史籍的全部画家,并且都出生于关中、中原一带,都是宫廷画家。《历代名画记》载:“陈敞、刘白、龚宽并工牛马,但人物不及延寿。阳望、樊育亦善画,尤善布色。”

昭君出塞的意义,历代人见仁见智,或曰深宫秋怨,或曰大义和亲,但对于毛延寿则多加痛责。只有宋人王安石为其叫屈:“意态由来画不成,当时枉杀毛延寿。”从纯绘画艺术的角度看,毛延寿无愧为出色的人物画家,“丑好老少必得其真”,汉元帝可按其图召幸后宫美女。而且,他还可以按照个人意图将人美化,使“诸宫人皆赂”,得以受幸于皇帝;或将人丑化,使“貌为后宫第一”的王昭君因不肯贿赂而“不得见”,以致皇帝误以为其貌丑而发配匈奴为阏氏。总之,毛延寿的故事从一个侧面印证了西汉绘画的较高水平。另外,比之更早的马王堆、金雀山帛画上均有相应的墓主人像,其水平之高亦可反证毛延寿的肖像画水平并非空穴来风。

东汉时期,统治者更重视宫廷画工,人数扩大。汉明帝“雅好图画,别立画宫……取诸经史故事,命尚方画工图画,谓之画赞”。从而,绘画与历史、文学结合起来,历史画获得长足发展,宫廷画工的分工更为细致。和熹邓太后(80—121年)的一份诏令中,就曾提到画工达39种之多。

名存史籍的东汉画家与西汉一样,恰巧也是6人,即张衡、蔡邕、赵岐、刘褒、刘旦、杨鲁。其中,“刘旦,杨鲁,并汉灵帝光和中画手,待诏尚方,画于洪(鸿)都学”[1]。

汉代民间画工姓名大多湮没无闻,只有极少数通过漆画留名而流传下来。汉乐浪郡(今朝鲜平壤)出土的西汉漆器上,记有画工名字数十人之多,如“画工半”、“画工文”、“画工定”、“画工长”、“画工恭”、“画工壶”、“画工谭”、“画工武”、“画工广”、“画工敖”……从长沙、江陵出土的漆器彩绘上,都可以见到民间画工的精湛技艺。

(三)名人儒士从画:张衡、蔡邕、赵岐、刘褒

西汉和东汉的画家相比,西汉的6名画家皆为宫廷画工,又全都因中国绘画史上首号冤案才得以留名,东汉的6名画家中有4名是著名人物,即大科学家张衡、大文学家蔡邕、名士赵岐、高官刘褒。

张衡(78—139年),字平子,是东汉中期杰出的科学家、文学家。年轻时曾去洛都学六艺,亦有画名。《历代名画记》载其“高才过人,性巧,明天象,善画”。“昔建州浦城县,山有兽,名‘骇神’,豕身人首,状貌丑恶,百鬼恶之,好出水边石上。平子往写之,兽入潭中不出。或云:‘此兽畏人画,故不出也。可出纸笔,兽果出。’平子拱手不动,潜以足指画兽,今号为‘巴兽潭’。”张彦远为之作按:“《三齐记》云:‘昔秦始皇见海神,使左右巧者以足画之。’又按应劭《风俗通》云:‘公输班见水上(上豕下虫)形,以足画之。’”从而评道:“巧者非止于手,运思脚,亦应乎心也。”历史上的张衡却是极力主张写实的,他在批驳图纬虚无时指出:“譬犹画工,恶图犬马而好作鬼魅,诚以实事难形,而虚伪不穷也。”[7]“可出纸笔”,证明张衡已用纸作画,因而张衡是第一个被记载用纸作画的人。纸是中国古代四大发明之一。1957年在西安灞桥西汉早期墓中发现一些麻类纤维残片,据说是世界上最早的纸。1986年又在甘肃天水放马滩西汉早期墓中发掘出纸质地图残块,更有力证明西汉早期已将纸用于书写。东汉和帝年间(88—106年),蔡伦集中前人经验,生产出价格低廉、便于书画的“蔡侯纸”。张衡活跃的年代恰与蔡伦同期而滞后,他利用纸来作画是可能的。

蔡邕(132—192年)是东汉末期文学家,“工书画,善鼓琴。建宁中为郎中,校书东观,刊正六经文字,书于太学石壁,天下模学,又创八分书体”。如前所述,汉灵帝曾诏蔡邕画赤泉侯五代将相于省,兼命其作赞并书。蔡邕遂以诗书画擅名于世,时称三美,有《讲学图》、《小列女图》传世。

赵岐(约110—201年),多才艺,善画,“先自为寿藏,图季札、子产、晏婴、叔向四像居宾位,由自画其像居主位。皆为赞颂”[7](《赵岐传》)。赵岐的记事表明东汉人未死即为自己修墓室、作壁画,而且由名士自己画,并作赞。自画像居主位,经史人物居宾位,实际上是儒家礼仪受到削弱,画家个性得到加强。这种方法为今见东汉墓室壁画普遍模式。

刘褒在汉桓帝时任蜀郡太守,“曾画《云汉图》,人见之觉热;又画《北风图》,人见之觉凉”[1]。是直接以绘画表现《诗经》中《云汉》和《北风》这两首诗的意境。它无论从题名还是从内容看,都应该是山水画。由此,山水画的滥觞期可以追溯到东汉。

从画家队伍的发展可以看出:(1)绘画越来越普及,由宫廷走向社会;(2)已有文人士大夫从事画艺,有助于提高绘画的社会地位,成为士人画的先兆;(3)墓室壁画普遍流行;(4)西汉出现一些善画牛马的画工,东汉出现山水画的苗头;(5)纸已开始运用于绘画。

【参考文献】

[1]张彦远.历代名画记[M].上海:上海人民美术出版社,1964.
[2]司马迁.史记[M].北京:中华书局,1982.
[3]李泽厚.美的历程[M].桂林:广西师范大学出版社,2000.
[4]李昉,等.文苑英华[M].北京:中华书局.1966.
[5]鲁迅.中国小说史略[M].北京:北新书局,1931.
[6]班固.汉书[M].北京:中华书局,1962.
[7]范晔.后汉书[M].北京:中华书局,1965.

第30卷第5期
2010年9月

松柏西汉墓簿籍牍考释

杨振红*

【摘 要】 湖北荆州松柏西汉墓48号木牍"二年西乡户口簿"中的大男、大女,指15岁以上包括免老和罢癃的成年男女。53号木牍性质应为"南郡事复口算簿",簿中的小男、小女指7岁至14岁需交纳口钱的使男、使女。47号木牍为"南郡卒更簿",簿中数字经计算大体吻合。三种簿书均存在大男与大女比例、小男与小女比例、使大男与大女比例、使男与使女比例、卒与使大男比例严重失衡,而男、女人口总数比例大致平衡的情况。这应是为了逃避赋役人为造假所致。

【关键词】 松柏西汉墓木牍;簿书性质;大男大女;小男小女;簿书作伪

2004年年底湖北省荆州市荆州区纪南镇松柏村挖掘的汉墓M1中,出土了63块木牍,其中包括各类簿册。据荆州博物馆《湖北荆州纪南松柏汉墓发掘简报》(以下简称"《简报》"),木牍内容包括南郡及江陵西乡等地的户口簿、正里簿、免老簿、新傅簿、罢癃簿、归义簿、复事算簿、见(现)卒簿、置吏卒簿等。M1的年代为汉武帝早期,墓主人为江陵西乡有秩啬夫周偃[1]。但《简报》只公布了"南郡免老簿"的图版和释文。2009年,荆州博物馆编著《荆州重要考古发现》公布了另外4枚木牍的图版[2]210—211,除1件为令外,其余3件应分别为《简报》所说的南郡户口簿、江陵西乡户口簿和现卒簿。随后,彭浩、胡平生、陈伟等先生分别发表《读松柏出土的四枚西汉木牍》[3]333—344、《松柏汉简五三号木牍释解》[4]、《简牍资料所见西汉前期的"卒更"》[5]等文,对松柏出土木牍进行了释文和解读,为进一步的研究奠定了基础。松柏汉墓出土的南郡各种簿籍对研究汉代的人口情况、户籍的制作和管理、徭役编制等具有重要价值。本文拟在以往释文和研究基础上,对此作进一步的讨论。错谬之处敬请赐正。

一、"二年西乡户口簿"中大男、大女的身份

出土编号为48号的木牍,牍文如下:

上栏:

·二年西乡户口薄(簿)

户千一百九十六

息户七十

秏户卅五

相除定息卌五户

大男九百九十一人

小男千卌五人

大女千六百九十五人

小女六百卌二人

下栏:

息口八十六人

* 杨振红(1963—),女,黑龙江省虎村县人,博士,中国社会科学院历史研究所研究员,主要从事秦汉史与简帛学研究。

秏口卌三人

相除定息口卌三

·凡口四千三百七十三人

牍文的第一行写有“·二年西乡户口薄(簿)”,应是此簿的题名。关于其内容和年代等,彭浩先生文已进行了详细的解说,请参阅。关于此簿中的大男、大女、小男、小女,彭浩先生引述杨联陞先生意见:“据居延汉简,六岁以下为未使男、未使女,七岁至十四岁为使男、使女,十五岁及以上为大男、大女,其使男、使女与未使男、未使女统称为小男、小女。”但彭浩先生认为此簿中“大男、大女的年龄上限应是《二年律令》规定的免老的年龄,到达免老年龄者,不再承担劳役,另行统计”[3]337。如果是这样,此簿记录的户口就不包括免老以上老年男女。然而,该簿既然题名为“户口簿”,记有二年西乡的总户数,增加的户数(息户)、口数(息口),减少的户数(秏户)、口数(秏口),大男、大女、小男、小女数,以及总人口数,而且大男、大女、小男、小女数相加之和(991+1045+1695+642=4373)恰为总口数4373人,因此,此簿性质正如其题名为“户口簿”,记录的户口数包括全部的户数和人口,自然也应包括免老以上老年人口。否则,其簿籍的性质反而变得不明确。因此,此簿中的大男、大女,应指15岁以上包括免老和罢癃的成年男女,小男、小女指14岁以下至刚出生的未成年男女。

二、53号牍应为“南郡事复口算簿”

出土编号为53号的木牍,没有书题。其牍文如下①:

江陵,使大男四千七百廿一人,大女六千七百六十一人,小男五千三百一十五人,小女二千九百卅八人。·凡口万九千七百卅五人。延②大男八百卅九人,延大女二百八十九人,延小男四百卌三人,延小女三百六十八人,延口千九百卅九人,其千五百卅七人外越。

宜成,使大男四千六百七十二人,大女七千六百九十五人,小男六千四百五十四人,小女三千九百卅八人。凡口二万二千七百五十九人,其廿九人复,二百卌四人浧③中。

临沮,使大男二千三百六十人,大女四千廿六人,小男二千四百一十一人,小女千九百七人。延大男一人。凡

安陆,使大男四百七十五人,大女八百一十八人,小男五百五十八人,小女三百六十九人。·凡口二千二百廿人,其二百廿九人复。

沙羡,使大男五百八十五人,大女九百五十九人,小男六百七十二人,小女四百卌五人。·凡口二千六百六十一④人,其八人复。

州陵,使大男三百九十三人,大女六百卌四人,小男六百七十六人,小女三百八十八人。·凡口二千九十一人,其卌九人复。

显陵,使大男三百卌二人,大女六百一十一人,小男三百九十五人,小女二百六十人。凡口千六百八人,复。

便侯国,使大男千七百八十一人,大女二千九百九十四人,小男千九百卌二人,小女千七百卅人。凡口八千四百卌七人,其十六人复。

邔侯国,使大男三千六百廿四人,大女五千六百六十四人,小男五千一百六十人,小女三千四百八十九人。凡口万七千九百

① 此释文在彭浩先生释文基础上进行了标点,以便理解。

② 彭浩先生释作“延”,认为指“来自外地的移民”[3]339。胡平生先生认为“延”及下文彭文释作“外越”的“外”均应释为“死”[4]。

③ 彭浩先生认为“浧”疑读作“阺”。《说文》:“阺,秦谓陵阪曰阺。”段注:“大皋曰陵,坡曰阪,秦人方言皆曰阺也。”牍文“二百四十四人浧中”,即住在山中的居民[3]339。胡平生先生认为“涅”应读作“浧”,通“氐”。“二百四十四人中浧”,指244人前往氐人地区服役,或作战,或进行运输等后勤任务[4]。

④ 彭浩先生释作“二”,此据胡平生先生《松柏汉简五三号木牍释解》文改。

卅七人,其千三百五十二复。

襄平侯中卢,使大男千四百九人,大女二千四百七十八人,小男千七百五十一人,小女千七十人。凡口六千七百八人,其百廿三人复。

此牍分别记录了南郡所属部分县道侯国的"使大男"、大女、小男、小女数和人口总数、复除数等。彭浩先生认为,此牍"对各县、侯国内的人口按性别、年龄统计,似属户口类簿册"[3]339。使大男、大女"指年十五至免老年龄的身体健全的男、女性",小男、小女"指十四岁及以下男性和女性"。并且指出,"汉代的户口和人口是分类统计的,除上述各类人口外,在《简报》中还提到有'免老簿'、'新傅簿'、'罢癃簿'、'归义簿'等"[3]339—340。彭浩先生把53号木牍文看成是与"免老簿"、"新傅簿"等一样的分类户口簿,提出了很好的理解方向。

此牍上栏第一行称"使大男",而非"大男"。"使大男"作为一个概念出现,据笔者所知是首次。笔者赞同彭浩先生对使大男、大女的理解。使大男、大女指15岁至免老身体健康可使役的成年男女,不包括免老和罢癃。免老、罢癃基本上不承担国家法定的徭役赋税。笔者将松柏出土免老簿、罢癃簿、卒更簿以及53号木牍数字综合作成表1。从表1中可以看出,除安陆、邔侯国外,其余县道侯国的免老数、罢癃数都高于复除数,由此可以证明复除的对象不包含免老和罢癃,这是因为免老和罢癃本就不计在课口(这里使用的隋唐时概念,即需课赋役的人口)之内。进而可进一步反推,53号木牍簿籍中的"使大男"不包括免老和罢癃,而只能是15岁以上至免老的健康男子。相应地,此簿中的大女也应当与"使大男"一样,指15岁以上至免老的健康女子,即有算义务的女子①。

表1　53号木牍数字综合表

县道侯国	免老	罢癃	可事	卒	使大男	延大男	复
巫	278	116	74	1115			
秭归	246	160	133	1052			
夷道	66	48	40	125			
夷陵	42	22	17	253			
醴阳	61	26	15	87			
孱陵	97	76	62	108			
州陵	74	61	48	122	393		49
沙羡	92	51	40	214	585		8
安陆	67	28	24	207	475		229
宜成	232	643	570	1697	4672		29
临沮	331	199	134	841	2360	1	
显陵	20	45	40	143	342		
江陵	538	363	316	1067	4721	839	
襄平侯中卢	162	218	169	523	1409	123	
邔侯国	267	275	223	2169	3624		1352
便侯国	250	307	264	371	1781		16
轪侯国	138	70	59	446			
合计	2966	2708	2228	10470			
实得	2961	吻合	吻合	10540			

① 关于两汉三国时期的"算"的问题,请参见拙文《从出土"算"、"事"简看两汉三国时期的赋役结构》,待刊。

但是,关于此簿中的小男、小女,笔者认为应当指7岁至14岁需交纳口钱的使男、使女,而不包括6岁以下的幼儿。因为如果此簿的成年男女中不包括免老和罢癃,而只包括那些有算义务的人口,而M1中同出有免老簿、新傅簿、罢癃簿、归义簿等有关课役的专门类户籍,那么可以推想53号木牍簿籍也应属此类户籍。此簿中15岁至免老的健康男子和女子同记一簿的原因应当是因为他们都有算的义务。由此可推,此簿中的小男、小女应当是需交纳口钱的7岁至14岁的使男、使女,这样才可找到使大男、大女与小男、小女之间的共通性,明确此簿的性质。这一推论还可以从"二年西乡户口簿"与53号木牍江陵的人口比例得到间接证明。西乡大男与江陵"使大男"的比例为1:4.76,大女之比为1:3.98,小男之比为1:5.09,小女之比为1:4.58。四者比例大体相当。也就是说,53号木牍中小男、小女所占比例和"使大男"、"大女"在江陵总人口中所占比例大致相当。由于使大男、大女只是15岁以上成年男女的一部分,那么,相应地,53号木牍中的小男、小女也只应占14岁以下儿童的一部分,而非全部。如果认为53号木牍中的小男、小女指14岁以下至0岁的儿童,那么,小男之比就会上升为1:10.2,小女之比为1:9.2,这样的比例过于失衡。因此,53号木牍簿籍的性质应为专门登记南郡各县道侯国有算和口钱义务的人口数以及复除数的簿籍,汉魏三国时期承担赋役泛称为"事",故此簿或应称作"南郡事复口算簿"。

由此也可以看到,此簿和"二年西乡户口簿"对大女、小男、小女的定义不统一,这或者因为此时尚未形成规范的用语,而到了居延汉简时代即西汉中后期,由于长期的行政实践,已将这些用语进行了规范;或者此簿籍中的大女、小男、小女前均省略了"使"字。

三、47号木牍"南郡卒更簿"

出土编号为47号的木牍,牍文如下①:

第一栏:

巫卒千一百一十五人,七更,更百卌②九人,余卅九人。

秭归千五十二人,九更,更百一十六人,其十七人助醴阳,余八人。

夷陵百廿五人,参更,更卅六人,余十七人。

夷道二百五十三人,四更,更五十四人,余卅七人。

醴阳八十七人,参(叁)更,更卌二人,受秭归月十七人,余十二人。

孱陵百八人,参(叁)更,更百卌六人③,不足五十一人,受宜成五十八人,临沮三十五人。

州陵百廿二人,参(叁)更,更卅七人,余十一人。

沙羡二百一十四人,参(叁)更,更六十人,余卅四人。

安陆二百七人,参(叁)更,更七十一人,不足六人。

宜成千六百九十七人,六更,更二百六十八人④,其五十八人助孱陵,余八十九人。

江陵千六十七人,参(叁)更,更三百廿四人,余九十五人。

临沮八百卅一人,五更,更百六十二人,其卅五人助孱陵,廿九人便侯,余卅一人。

显陵百卌三人,参(叁)更,更卌四人,余十一人。

第二栏:

邔侯国二千一百六十九人,七更,更二

① 此释文在以往释文基础上略有修改,修改部分将专门注出。

② 以往释文将简文中的"卌"全部改写作"四十","卅"写作"三十","廿"写作"二十"。本释文按照原简恢复为"卌"、"卅"、"廿"。

③ 彭浩先生释文作"更百四十六十人","六"后的"十"为衍字。

④ 从图版和数字统计来看,原释文"更二百六十一人"中的"一"应为"八"。

百七十一人①,其卌一人助便侯,廿九轪侯,余二百二人。

中卢五百廿三人,六更,更八十四人,余十九人。

便侯三百七十一人,参更,更百八十六人,受邔侯卌一,临沮廿九②,余廿三人,当减。

轪侯四百卌六人,参更,更百七十人,受邔侯廿九人,余廿三人,当减。

·凡万四七十人。

月用卒二千一百七十九人。

此牍无书题,从内容看应就是《简报》所称“见(现)卒簿”。彭文认为此牍内容是“南郡属县和侯国的用卒数量”,但没有给其定名。陈伟先生将其定名为“南郡卒更簿”[6],可从。

牍文的第一个数字如“巫卒千一百一十五人”、“秭归千五十二人”等,应是县(或道或侯国)现有卒的总数③。卒即傅籍的正卒(详见后文)。第二个数字如“七更”、“九更”、“三更”等,如彭浩先生所说,指卒分为几批(更)服役,“七更”即分为七个更次。第三个数字如巫“更百卌九人”,指每更的人数,各县(或道或侯国)每更的人数是固定的④。第四个数字有的县(或道或侯国)为“若干人助某县”,有的县(或道或侯国)为“受某县若干人”。前者指从本县(或道或侯国)每月更卒中抽调若干人支援某县(或道或侯国),后者指每月从某县(或道或侯国)接收调配来的卒数,两者可以完全对应。进行这样调配的原因,应是前者更卒人数充裕,超过了本县(或道或侯国)每月用卒的需要,而后者卒数不足,无法满足更役的需要,故从前者抽调若干卒支援后者。需要注意的有两点:第一,并非所有的县道侯国都需要调配;第二,这些调配的卒必须是每月调配的,而非指特定的某一个月。第五个数字,有的县(或道或侯国)为“余若干人”,有的县(或道或侯国)为“不足若干人”,如巫“余卅九人”、安陆“不足六人”,这应是将卒总数按若干更、每更若干人分配,并在县道侯国之间进行调配后的余数或不足数。计算方法是:

有余的情况:卒数 = 每更人数 × 更数 + 余数

不足的情况:卒数 = 每更人数 × 更数 - 不足数

某县(或道或侯国)抽调卒支援他县(或道或侯国)的情况下,计算时不必考虑抽调卒的因素,但是在计算某县(或道或侯国)接受他县(或道或侯国)调配卒的情况时,则需要考虑这一因素,其计算公式为:

卒数 =(每更人数 - 受人数)× 更数 + 余数(或 - 不足数)⑤

按照上述公式对此簿中的数字进行核算,可发现只有巫、临沮两县不吻合,其余县道侯国的数字均吻合。临沮的数字相差 10 人,“临沮八百卅一人”的“卅”若为“卌”,其数字就可吻合(见表 2)。因此怀疑记录抄写时可能误将“卌”写作“卅”。巫县相差较多,牍文记录的卒数为 1115 人,而对牍文计算的结果只有 1082 人,比牍文记录的 1115 人少 33 人,不知何故。不排除官吏误写的可能,但是巫县在牍文第一行,就记录或抄写错误,实在有些难以理解。

---

① 从图版和数字统计来看,原释文“更二百八十一人”中的“八”应为“七”。

② 原释文作“受邔侯四十一[人]临沮廿九[人]”,本释文未加[人]。

③ 彭浩先生认为是县或侯国“用卒的人数”[3]341。

④ 对此,陈伟先生有不同看法。他认为西汉前期卒更普通实行三更之制,即每隔两个月,就更一月。或到郡或到县就更。松柏 47 号木牍可能属于在南郡郡中就更的簿籍,四更以上的县,其更卒分四更、五更、六更、七更或者九更践更郡中;其他的当更时间,则大概是在县中就更。他们在郡县就更的合计,仍应是三更,即休更二月、践更一月[5]。

⑤ 本文完成后,见到陈伟先生文,其计算方式不同。他列举醴阳的例子,列公式为:[87 +(17 ×3)] - 42 ×3 = 138 - 126 = 12[5]。亦即[卒数 +(每月受卒人数 × 更数)] - 每更人数 × 更数 = 余数。

表2　47号木牍簿文数字核算表

牍文卒数	更	更人数	余	助、受情况	计算结果	吻合度	
巫	1115	7	149	39		(149×7)+39=1082	少33人①
秭归	1052	9	116	8	17人助醴阳	(116×9)+8=1052	吻合
夷道	125	3	36	17		(36×3)+17=125	吻合
夷陵	253	4	54	37		(54×4)+37=253	吻合
醴阳	87	3	42	12	受秭归17人	(42-17)×3+12=87	吻合②
孱陵	108	3	146		受宜成58人 受临沮35人	(146-58-35)×3-51 =108	吻合
州陵	122	3	37	11		(37×3)+11=122	吻合
沙羡	214	3	60	34		(60×3)+34=214	吻合
安陆	207	3	71	-6		(71×3)-6=207	吻合
宜成	1697	6	268	89	58人助孱陵	(268×6)+89=1697	吻合③
临沮	831 (841?)	5	162	31	35人助孱陵 29人助便侯	(324×3)+95=1067	少10,若为841 则吻合④
显陵	143	3	44	11		(162×5)+31=841	
江陵	1067	3	324	95		(44×3)+11=143	吻合
襄平侯中庐	523	6	84	19		(271×7)+41+29 +202=2169	吻合
邔侯国	2169	7	271	202	41人助便侯 29人助轪侯	(84×6)+19=523	吻合
便侯国	371	3	186	23	受邔侯41人 受临沮29人	(186-41-29)×3+23 =371	吻合
轪侯国	446	3	170	23	受邔侯29人	(170-29)×3+23=446	吻合
合计	10470 (?)		2179			10530	多483人
实际数	10530 (10540?)		2220			不考虑调配因素为2220 考虑调配因素为2011	多41人 少209人

"南郡卒更簿"倒数第二行的"·凡万四七十人",显然是总计数,即南郡现有总的卒数,即各县道侯国卒数的总和。"凡万四七十人",彭浩先生认为"四"下有脱字,可能是"百"字[3]342,则其总数为10470人。然而,将各县道侯国卒数相加后的总数为10530人,比牍文记录的10470

① 彭文已指出这一错误,认为牍文记"余三十九人"或有误。按:失误也可能发生在"巫卒千一百一十五人"上。

② 彭浩先生文认为醴阳、孱陵、宜成、临沮、便侯国、轪侯国数字均有误。广濑薰雄[6]和陈伟[5]先生认为醴阳、孱陵、便侯国、轪侯国4个数字无误。笔者同意广濑和陈伟先生意见。

③ 广濑薰雄[6]和陈伟[5]先生认为宜成数字有误。笔者认为简文"更二百六十一人"中的"一"应释为"八",若以268人来计算则无误。

④ 以往论者已指出此数字有误。

人多60人,若将其中临沮县的831人改为841人,那么,总计为10540人,与牍文记载的相差70人。为何会出现这样的误差?或许与巫县数字不合有关,但即使将巫县1115人改为1082人,数字仍然不吻合。最后一行为“月用卒二千一百七十九人”,月用卒应是各县道侯国每更人数相加后的总和。将牍文中各县道侯国每更人数相加后,其和为2220人,即:

149+116+36+54+42+146+37+60+71+268+324+162+44+271+84+186+170=2220

比牍文的2179人多41人,数字不吻合①。若考虑到县(道侯国)与县(道侯国)之间卒的调配因素,如果在调出县(道侯国)计算了月用卒数,那么,在接收县(道侯国)就不应计入,若计入则属重复计算。例如秭归抽调17人助醴阳,这17人显然包含在每更116人中,也就是说已被计算在全郡月用卒内,那么,在计算醴阳月用卒时就不应当再计入。但若把这类数字全部刨除,即减掉醴阳受秭归17人,孱陵受宜成58人、临沮35人,便侯受邔侯41人、临沮29人,轪侯受邔侯29人,那么,

2220-17-58-35-41-29-29=2011

月用卒数为2011人,仍然与牍文的2179人不符,少了168人。

那么,“南郡卒更簿”中的“卒”到底指什么?所服的“更役”到底是什么性质的徭役抑或兵役?彭浩先生认为合于《汉书·食货志》“月为更卒”颜师古注:“更卒,谓给郡县一月而更也。”[3]陈伟先生也将其理解为更卒,但对于更期作了更进一步的探讨[5]。由于传世文献对秦汉时期卒、更役的记载多歧,现代学界的认识也存在很大分歧,因此,可借此牍的出土作更深入的讨论。

由于53号木牍记载了南郡所属部分县道侯国“使大男”的人数,为我们分析卒在各县道侯国户口中所占比例提供了条件。笔者将记录有使大男数的县道侯国的使大男数与卒数进行对比(见表3)。

表3　53号木牍所记使大男数与卒数对比表

县道侯国名	卒数	使大男	卒占比	复	复占比	延大男	占比
州陵	122	393	31.0%	49	12.5%		
沙羡	214	585	36.6%	8	1.4%		
安陆	207	475	43.6%	229	48.2%		
宜成	1697	4672	36.3%	29	0.6%		
江陵	1067	4721	22.6%			839	17.8%
临沮	831	2360	35.2%			1	0.00042%
显陵	143	342	41.8%				
邔侯	2169	3624	59.9%	1352	37.3%		
中卢	523	1409	37.1%	123	8.7%		
便侯	371	1781	20.8%	16	0.9%		
总计	7344	20362	36.1%				

由表3可以看到,州陵至便侯国“卒”占“使大男”的比例为20.8%—59.9%,平均为36.1%。也就是说,卒只占使大男(15岁以上至免老的健康男子)的1/3。若将“复”和“延大男”的因素考虑进去,除安陆、江陵、邔侯外,对整体比例影响不大,何况复除并不仅仅针对男性,还包括大女、小男、小女。那么,决定是否为卒的必要条件是什么?结合文献,其答案应当就是傅

① 彭文认为月用卒2179人,与各县、侯国每更人数之和相合。

籍者。汉代傅籍的起始年龄前后有变化，秦时为17岁[7]7[8]15，景帝二年时改为20岁①，昭帝时为23岁。终止年龄也有变化，从张家山汉简《二年律令》可知，在免老②之前有睆老，睆老服半役③，应当就是除籍的年龄，后一律改为56岁④。由于傅籍的年龄只占使大男年龄段的部分时段，傅籍者的数量小于使大男数是理所当然的。因此，此簿中的卒应指傅籍者，此簿是记录南郡所属县道侯国各自拥有的卒数，以及如何安排服更役的簿籍，可称作"南郡卒更簿"。

四、南郡簿籍中的造假数字

笔者将53号牍"南郡事口算簿"各县道侯国使大男与大女、小男与小女数的比例，以及各县道侯国男性、女性的比例数进行了统计（见表4）。由此可以看到几个奇怪的现象：第一，在有算义务的人口中，使大男的比例远远低于大女数，两者总数之比为100∶160；第二，在需交纳口钱的人口中，小男、小女的比例恰恰相反，小男的比例远远高于小女，两者总数之比为153∶100；第三，从有算、口钱义务的男性、女性比来看，又大致平衡，两者总数之比为100∶108，女性略高。

表4　53号木牍南郡簿使大男与大女、小男与小女数及男女的比例统计表

县名	使大男	大女	使大男、大女比	小男	小女	小男、小女比	男性数	女性数	男、女性比
江陵	4721	6761	100∶143	5315	2938	181∶100	10036	9699	103∶100
宜成	4672	7695	100∶165	6454	3938	164∶100	11126	11633	100∶105
临沮	2360	4026	100∶171	2411	1907	126∶100	4771	5933	100∶124
安陆	475	818	100∶172	558	369	151∶100	1033	1187	100∶115
沙羡	585	959	100∶164	672	445	151∶100	1257	1404	100∶112
州陵	393	634	100∶161	676	388	174∶100	1069	1022	105∶100
显陵	342	611	100∶179	395	260	152∶100	737	871	100∶118
便侯	1781	2994	100∶168	1942	1730	112∶100	3723	4724	100∶127
邔侯	3624	5664	100∶156	5160	3489	148∶100	8784	9153	100∶104
襄平侯中卢	1409	2478	100∶176	1751	1070	164∶100	3160	3548	100∶112
总计	20362	32640	100∶160	25334	16534	153∶100	45696	49174	100∶108

我们再来看一下48号木牍《二年西乡户口簿》的人口比例（参见表5），同样是大男的比例远远低于大女，小男的比例远远高于小女，其比分别为100∶171和163∶100，而男性总数的比例虽然也低于女性，但差距缩小了很多，为100∶115。这一情况与53号牍的比例情况基本一致。

① 《史记·孝景本纪》："男子二十而得傅。"

② 《二年律令·傅律》简356："大夫以上年五十八，不更六十二，簪褭六十三，上造六十四，公士六十五，公卒以下六十六，皆为免老。"

③ 《二年律令·傅律》简357："不更年五十八，簪褭五十九，上造六十，公士六十一，公卒、士五（伍）六十二，皆为睆老。"简407："睆老各半其爵（徭）员，人独给邑中事。"

④ 《汉书·高帝纪下》颜师古注引如淳说："《汉仪注》民年十五以上至五十六出赋钱，人百二十为一算，为治库兵车马。"《汉旧仪》："秦制二十爵，男子赐爵一级以上，有罪以减，年五十六免。无爵为士伍，年六十乃免老。"

表5　二年西乡人口比例

大男数	大女数	大男、大女比	小男数	小女数	小男、小女比	男性总数	女性总数	男、女性总数比
991	1695	100:171	1045	642	163:100	2036	2337	100:115

南郡簿籍反映的南郡人口比例情况，显然不符合人口自然规律。现代中国汉族男、女性出生时比为107:100，在世界各民族中最高[9]。男性略高于女性，但男婴死亡率却高于女婴①。彭浩先生认为二年西乡小男、小女比例严重失衡，“显然是强烈的人为干扰所致，反映当时普遍存在的重男轻女风气”[3]338。彭先生应是指当时存在杀女婴现象。的确，中国古代普遍存在杀女婴现象②，但是，即使考虑到杀女婴的现象，南郡小男、小女的比例也太过悬殊。而且，如果小男的比例远远高于小女，那么，相应地大男(包括使大男)的比例也应高于大女，但是情况却恰恰相反。或以为这种情况与秦汉之际有较多的成年男性死于战乱有关。然而，“据墓主周偃自占功劳文书所记履历，于武帝建元一年(前140年)任江陵西乡有秩啬夫”[3]336，“第48号牍《二年西乡户口簿》的‘二年’有两种可能，即武帝建元二年或元光二年，似以武帝建元二年可能性最大”[3]333。武帝建元二年(前139年)距汉高祖统一中国(高帝五年—前202年)已过去63年，秦汉之际时的人口比例已通过人口的自然更替完成了一个轮回，特别是使大男、大女这一15岁至免老人群，应当全部是汉统一后出生的。因此，其男女比例的失衡应是其他因素所致。

综合以上各种因素，笔者认为“二年西乡户口簿”、“南郡事口算簿”、“南郡卒更簿”中的数字并非真实的数字，而存在人为造假因素。其主要表现为瞒报、谎报15岁以上成年男子的年龄和身体状况，以逃避国家的法定赋役。因为15岁以上至免老的成年男子是国家赋役的基本和主要承担者。瞒报、虚报的直接结果是需服算义务的“使大男”以及需服国家正役的卒的数量远远低于实际人数。由于使大男和卒的数量大幅度减少，小男、使男、罢癃、免老的数量必然会相应增加，而在总人口数和男女总比例不变的情况下，其结果必然是大男与大女比、小男与小女比、使大男与大女比、使男与使女比、卒与使大男比等严重不平衡。由此可进一步推断，松柏出土南郡免老簿、新傅簿、罢癃簿、归义簿、复事算簿等有关赋役的簿籍，可能均相应存在造假行为。

这一推测可以从传世文献和出土材料中找到凭依。《后汉书·刘隆传》载东汉光武帝建武十年，因“天下垦田多不以实，又户口年纪互有增减”，遂“诏下州郡检核其事”，这就是著名的“度田事件”。虽然被称作“度田事件”，但当时光武帝下诏“检核”的应不限于垦田，还应包括户口、年纪。而后代关于户口、年纪不实以避赋役的记载不绝于史书，此处不赘。出土材料方面，高大伦在《历史研究》1998年第5期发表的《尹湾汉墓木牍〈集簿〉中户口统计资料研究》一文，通过缜密翔实的考证，证明江苏连云港尹湾出土西汉后期东海郡《集簿》中的户口统计与实际情形有较大出入，尤其是少儿和高龄人口数。

那么，造假者是谁？汉代实行户籍自行申报政策，每年八月各家各户要到乡申报家庭人口变更情况，乡据此制成各种簿籍，上报到县。县汇总后，制成县簿籍，上报到郡。郡在县簿籍的基础上，制成郡簿籍，上计时上报中央。因此，造假作伪行为首先应发生在户籍制作的第一个环节，即各家各户在申报户籍情况时，为了逃避赋役，瞒报、虚报成年男子的年龄和身体情况。照例，乡以上至郡地方政府对户籍的申报、登记负有直

① 据现代医学统计，男性在胎儿期的死亡率较女性高12%，男性在新生儿期的死亡率较女性高130%，在新生儿期，男婴更容易患严重的细菌感染，以及主动脉和肺动脉畸形[10]37。

② 《韩非子·六反》说：“父母之于子也，产男则相贺，产女则杀之。此俱出父母之怀妊，然男子受贺，女子杀之者，虑其后便、计之长利也。”《太平经·分别贫富法第四十一》云：“天下所以杀女者，凡人少小之时，父母自愁苦，绝其衣食共养之……少者还愁苦老者，无益其父母，父母故多杀之也。”参见彭卫、杨振红：《汉代妇女史》，第四章《育子》，杭州出版社2010年待版。

接监管、核实的责任,若每一级政府都严格履行自己的职责,个体家庭的虚报、瞒报行为完全可以被发现,并加以纠正。但是,松柏出土南郡簿籍却出现如此严重的数字作伪的情况,它至少表明南郡各级政府在户籍、赋役的登记、管理上严重失职。而且,不仅如此,从尹湾汉墓出土《集簿》的情况可推知,地方政府或者为了政绩,或者因为地方保护主义,或者因为腐败,都会成为簿籍作伪的共谋甚至始作俑者。松柏西汉墓簿籍牍是反映中国古代吏政之弊的又一个有力实例。

【参考文献】

[1]荆州博物馆. 湖北荆州纪南松柏汉墓发掘简报[J]. 文物, 2008(4).

[2]朱江松. 罕见的松柏汉代木牍[M]//荆州博物馆,编著. 荆州重要考古发现. 北京:文物出版社, 2009.

[3]彭浩. 读松柏出土的四枚西汉木牍[M]//武汉大学简帛研究中心,编. 简帛:第4辑. 上海:上海古籍出版社, 2009.

[4]胡平生. 松柏汉简五三号木牍释解[DB/OL]. 简帛网,2009[2009-04-12]. http://www.bsm.org.cn/show_article.php?id=1020.

[5]陈伟. 简牍资料所见西汉前期的"卒更"[J]. 中国史研究, 2010(3).

[6]广濑薰雄. 论松柏1号墓出土的记更数的木牍[G]//"复旦大学出土文献与古文字研究中心. 出土文献与传世典籍——纪念谭樸森先生逝世两周年学术研讨会"论文,2009.

[7]舒之梅. 珍贵的云梦秦简[M]//中华书局编辑部,编. 云梦秦简研究. 北京:中华书局, 1981.

[8]于豪亮,李均明. 秦简所反映的军事制度[M]//中华书局编辑部,编. 云梦秦简研究. 北京:中华书局, 1981.

[9]邬沧萍. 中国人口性别比的研究[M]//刘铮,等. 中国人口问题研究. 北京:中国人民大学出版社, 1988.

[10][美]科克汉姆(Cockerham W. C.). 医学社会学[M]. 7版. 杨辉,等译. 北京:华夏出版社, 2000.

第30卷第3期
2010年5月

居延简《宣与幼孙少妇书》

——汉代边吏的私人通信

马　怡*

【摘　要】《宣与幼孙少妇书》是居延汉简中一件颇值得辨识和研究的书信。有的研究者认为“此西汉夫寄妇书也”;有的研究者认为此与家书无干,“实乃某一烽燧戍卒对另一烽燧戍卒即‘宣’对‘幼孙少妇’之函件”,“幼孙”为男子名,“‘少妇’乃‘幼孙’之字”。以上两说皆有误。从《宣与幼孙少妇书》的释文、格式、称谓、礼节和内容来看,此信之写作是汉代边吏间的私人问讯与联络,而非公干;作信人“宣”是一位都吏,受信人“幼孙少妇”是一位候长及其妻子。

【关键词】居延汉简;书信格式;称谓;候长;都吏

在20世纪30年代出土的居延汉简中,有一件颇值得辨识和研究的书信。该书信写于木牍之上,编号为10·16,即《宣与幼孙少妇书》。木牍长22.4厘米、宽2.2厘米,A面(正面)的墨迹大部较模糊,局部清晰;B面(背面)的墨迹基本清晰。字体为汉隶,每面各3行,无天头地脚,共计144字①。

陈直先生很早就注意到这件书信,认为“此西汉夫寄妇书也”[1]492—493。他在1986年出版的《居延汉简研究》一书之《居延汉简解要》中对该信作了释读、标点和解说。其释文是:

> 宣伏地再拜请,幼孙少妇足下,甚苦。塞上暑时,愿幼孙少妇,足衣弥食,慎塞上。宣毕得幼孙力,过行边,毋它急。幼都以闰月十日,与长史君俱之居延,言丈人毋它急,发卒(猝)不审得见幼孙不也。不足数来记,宣以十一日对候官,未决,谨用使奉书,伏地再拜幼孙少妇足下,朱幼季书,愿高掾幸为到临渠燧长。对幼孙治所书。即日起,候官行矣,使者幸未到,愿豫自办,毋为诸部殿。

陈直先生的见解影响颇大②。1994年,林剑鸣先生的《汉简中一封奇怪的信》一文对此提出了不同的意见。他认为,该木牍与家书无干,“实乃某一烽燧戍卒对另一烽燧戍卒即‘宣’对‘幼孙少妇’之函件”;“幼孙”为男子名;“孙”通“愻”,“妇”通“服”,“‘少妇’乃‘幼孙’之字”③。

以上二说皆有未安之处。陈直先生的释读

* 马怡(1952—　),女,山西省定襄县人,中国社会科学院历史研究所研究员,主要从事秦汉历史和简牍研究。

① 见中国社会科学院考古研究所:《居延汉简甲乙编》(上),中华书局1980年版,甲图版拾伍。

② 参看林剑鸣:《汉简中一封奇怪的信》,《陕西历史博物馆馆刊》第一辑,三秦出版社1994年版,第78页;彭砺志:《尺牍书法所见平阙形制研究》,中国书法家协会学术委员会编:《全国第六届书学讨论会论文集》,河南美术出版社2004年版,第97页。

③ 《汉简中一封奇怪的信》,《陕西历史博物馆馆刊》第一辑,第78—79页。

和断句不够准确①,加之对简牍书写方式的忽略、对书信所用称谓的误解,影响了他对该信性质的判断。而林剑鸣先生将"幼孙"与"少妇"当作同一受信人的名与字,则有违书信之礼。笔者认为,《宣与幼孙少妇书》是汉时边地官吏之间的私人通信,"幼孙"是受信人之字,"少妇"是其妻子。今重新整理释文,研究该信的格式、称谓和礼节等,以期对汉代书信有进一步的了解。并通过分析该信的内容和作信、受信人的身份,对汉代边吏的私人联络试作探讨。

一

笔者所整理的《宣与幼孙少妇书》的释文如下:

正面:

[第1行]宣伏地再拜请

[第2行]幼孙少妇足下:甚苦塞上。暑时,愿幼孙少妇足衣强食,慎塞上。宣幸得幼孙力,过行边,毋它急。

[第3行]幼都以闰月七日与长史君俱之居延,言丈人毋它急。发卒(猝),不审得见幼孙不?它不足。数来

背面:

[第1行]记。宣以十一日对候官,未决。谨因使奉书。伏地再拜➡

[第2行]幼孙、少妇足下➡②。朱幼季书,愿高掾幸为到临渠燧长。

[第3行]刘幼孙治所➡。·书即日起候官。行兵使者幸未到,愿豫自辩(辦),毋为诸部殿③。

这是一封完整的书信,其大意是:

宣伏地再拜,致

幼孙少妇足下:塞上很是辛苦。暑天之时,愿幼孙少妇留意衣食,在塞上谨慎行事。我有幸得到幼孙出力帮助,在边地巡行,平安无事④。幼都于闰月七日同长史君一起去居延,他说家中老人平安无事。幼都动身仓促,不知道他见到了幼孙没有?其他事不详述。多来信。我于十一日到候官查对公事,未出结果。谨托使者送上此信。宣伏地再拜,致幼孙少妇足下。朱幼季的信,愿有幸由高掾代为送达临渠燧长。

交刘幼孙办公处。·信即日从候官发出。巡行边兵的使者幸好没有到达,望幼孙自己预先作准备,不要成为各部中的最末位。

"宣",作信人之名。作信人在信的起首具名(或姓名),是为汉代书信通常格式。"伏地再拜",汉代拜礼,这里用作书信中的礼敬辞。《周礼·春官宗伯·大祝》:"辨九拜:一曰稽首,二曰顿首,三曰空首……"郑玄注:"稽首,拜头至地也。顿首,拜头叩地也。空首,拜头至手,所谓拜手也。"贾公彦疏:"空首者,先以两手拱至地,乃头至手,是为空首也。以其头不至地,故名空首。顿首者,为空首之时,引头至地,首顿地即举,故名顿首。一曰稽首,其稽,稽留之字。头至地多时,则为稽首也。"可知稽首、顿首、空首三者之中,稽首最重,顿首次之,空首又次之。在汉代书信中,作为礼敬辞的"稽首",仅用于臣子给君王的上书。作为礼敬辞的"顿首",常用于给上司、长辈以及平交之较尊者的书信。而对一般的平交对象,则往往以"伏地"为礼敬辞。在今存汉代书信中,未见有以"空首"为礼敬辞的例子。而行"空首"之礼时,"先以两手拱至地,乃头至手",其动作特点是拱手而至地,这恰与"伏地"

① 如释文中"弥"当作"强","毕"当作"幸","十"当作"七","也"当作"它","用"当作"因","对"当作"刘","亭"当作"高","矣"当作"兵","办"当作"辩"。

② 释文中的符号"➡",表示此前的那个字有粗大而显著的长垂笔。符号"➡",表示此前的那个字有粗大而显著的短垂笔。

③ 笔者整理的《宣与幼孙少妇书》释文,参考了《居延汉简释文合校》,并略作改动,加以标点。谢桂华、李均明、朱国炤:《居延汉简释文合校》,文物出版社1987年版,第15页。本文所引其他居延汉简释文,皆出此书。

④ "平安无事",原文为"毋它急",即没有其他紧急。此为书信中惯用语,意即平安无事。类似的例子,如敦煌汉简7A:"子渊舍中,皆毋它急。"居延汉简81·8D:"言夫人坐前,毋它急。"

相合。"伏地"又轻于稽首、顿首,故疑此即空首之礼。礼敬辞"伏地"与"再拜"常连用。《白虎通·姓名》:"所以必再拜何?法阴阳也。"[2](卷9《姓名》)"再拜",拜两次。

"幼孙少妇足下","幼孙少妇"是受信人,"足下"是提称语。使用"足下"这一提称语,表明作信人与受信人是平交。该信将受信人之称谓及其提称语换行顶格书写,使用了平阙之式中的"平出",汉代书信中常见①。从《宣与幼孙少妇书》的内容及此信题署"刘幼孙治所"来看,"幼孙"与"少妇"是两个人,而"刘幼孙"为此信的主要受信人,其身份是一个边吏。"刘",原释为"对"②。但细查本木牍图版,该字(尤其是右部的"刂")与居延汉简76·13、东汉司徒刘琦墓砖文中的"刘"字的写法极为相似,而与居延汉简51·11、198·13、123·55中的"对"字有较大差别③。而且,作为此信的题署,"刘幼孙治所"似亦较"对幼孙治所"顺畅。故释该字为"刘"④。

"幼孙"应当是这位受信人的字。在古代的人际交往中,称呼名与称呼字是重要的礼节。古人敬名。《仪礼·士冠礼》:"冠而字之,敬其名也。"郑玄注:"名者质,所受于父母。冠成人,益文,故敬之也。"[3](卷3《士冠礼》)《白虎通·姓名》:"《礼·服传》曰:'子生三月,则父名之于祖庙。'于祖庙者,谓子之亲庙也。明当为宗庙主也。"因"名者质",受之父母,得于宗庙,故敬之。对幼卑者呼其名。《白虎通·姓名》:"名者,幼小卑贱之称也。"[2](卷9《姓名》)男子成年行冠礼后,他人便不再呼其名而呼其字,50岁以后则呼其行辈。《礼记·檀弓》:"幼名,冠字,五十以伯仲,死谥,周道也。"孔颖达疏:"名以名质,生若无名,不可分别,故始生三月而加名,故云幼名也。冠字者,人年二十有为人父之道,朋友等类不可复呼其名,故冠而加字。"[4](卷7《檀弓上》)《尚书·周书》"父义和,汝克绍乃显祖"条《孔氏传》:"重称字亲之,不称名尊之。"[5](卷20《周书·文侯之命》)对于成年男子,一般情况下只有其父、君等尊长呼其名。《礼记·曲礼》:"父前子名,君前臣名。"[4](卷2《曲礼上》)尊长以外的他人呼其名则属违礼,是不妥当的。

在汉代,受过教育的成年男子多有名、有字。一般称自己时用自己之名,呼对方时用对方之字,卑己而尊人,这是通常的礼节。书信亦同。在私人书信里,作信人在信的起首自具名(或姓名),对受信人则呼其字(或其行辈、官名、称号等),而不直呼其名,也没有将受信人的名与字并呼的做法。例如,司马迁《报任少卿书》,其起首为"太史公牛马走司马迁再拜言少卿足下"⑤,作信人自具姓名"司马迁",对受信人任安则呼其字"少卿"。又如悬泉出土的汉代帛书《元与子方书》⑥,其起首为"元伏地再拜请子方足下","元"是作信人之名,"子方"是受信人之字。汉简中的例子亦很多,如居延汉简《受与子丽书》⑦,其起首为"受叩头言子丽足下","受"是作信人之名,"子丽"是受信人之字。

从汉代人之名、字的特点来看,"幼孙"不像是名,而应当是字。汉代人之名一般用单个字。《礼记·曲礼》:"二名不偏讳。"郑玄注:"为其难辟也。"[4](卷3)《春秋公羊传》哀十三年:"二名非礼也。"[6](卷28)《白虎通·姓名》:"《春秋》讥二名何?所以讥者,乃谓其无常者也。"陈立疏证:"此文有脱讹,当云'《春秋》讥二名何?为其难讳也。或曰所以讥者,乃谓其无常者

① 对汉代书信中的平阙之式的研究,可参看马怡:《读东牌楼汉简〈侈与督邮书〉——汉代书信格式与形制的研究》,《简帛研究二〇〇五》,广西师范大学出版社,2008年版。

② 陈直前引文,林剑鸣前引文,谢桂华、李均明、朱国炤《居延汉简释文合校》等,皆释为"对"。本文之初稿亦释为"对"。

③ 参看陆锡兴:《汉代简牍草字编》,上海书画出版社1989年版,第49、246页。

④ 此字的改释,系承邢义田先生提示,谨谢。

⑤ [梁]萧统:《文选》卷41《书上·报任少卿书》,上海古籍出版社1986年版,第1854页。

⑥ 胡平生、张德芳编撰:《敦煌悬泉汉简释粹》二七一,上海古籍出版社2001年版,第187页。

⑦ 《居延汉简释文合校》142·28A、B。

也。'"[2](卷9《姓名》)"二名",即以两个字为名。以两个字为名会造成避讳的困难,且"无常",故终属非礼。西汉时,虽有以两个字为名者,但数量不多。王莽曾禁止"二名"。《汉书·匈奴传》:"莽奏令中国不得有二名,因使使者以风单于,宜上书慕化,为一名。"[7](卷94《匈奴传》)此制为东汉所沿袭。欧阳修《集古录·后汉杨震碑阴题名》曰:"后汉时人见于史传者,未尝有名两字者也。"①其实不独后汉史传,包括《三国志》在内,以两个字为名者皆极罕见②。

"幼孙"亦颇似汉代人之字。汉代人之字,有用单个字的③,也有用两个字的。而后者之人数众多,远胜于前者,至东汉尤甚。史料中字"幼某"的人颇不少见。载于《汉书》者,如杜延年、陈万年皆字"幼公"[7](卷60《杜周传》;卷66《陈万年传》),云敞字幼孺[7](卷67《云敞传》);载于《后汉书》者,如尹敏字幼季[8](卷97《儒林传》);载于《三国志》者,如管宁字幼安等[9](卷11《管宁传》)。载于碑刻者,如《孔宙碑》之"韦勋字幼昌"、"徐璜字幼文"④,《孔彪碑》之"刘麟字幼公"⑤,《西狭颂》之"任诗字幼起"等⑥。在《宣与幼孙少妇书》中,有"幼都以闰月七日与长史君俱之居延,言丈人毋它急"之句,此"幼都"亦应是某男子的字。该男子与"幼孙"不仅相识,且有共同的"丈人"。"丈人",即家中老人,汉时对尊亲长辈的通称,不论男女⑦。故"幼都"和"幼孙"应当是兄弟⑧。而"幼都"、"幼孙",看起来也像是兄弟之以字排行。"都",大者,首位者。《广雅·释诂》:"都,大也。"[10](卷1《释诂》)则此兄弟二人中,"幼都"当为兄长。

既然"幼孙"是字,那么"少妇"就不可能是"幼孙"的字。从字义看,将"少妇"当作"幼孙"的字也嫌生硬。名与字往往相配。《论衡·诘术篇》:"其立字也,展名取同义。名'赐'字'子贡',名'予'字'子我'。"[11](卷25《诘术篇》)《白虎通·姓名》:"或旁其名为之字者,闻名即知其字,闻字即知其名。"[2](卷9《姓名》)林剑鸣先生认为"幼孙"之"孙"通"逊","少妇"之"妇"通"服",这种说法过于牵强。而且,在通常情况下,古人的名、字是不用通假字的⑨。疑"少妇"同"新妇"。"少",年少;"新",新幼,二者字义相近。"少妇"、"新妇",犹今之"媳妇",指较为年轻的妻子或妇人,可以是本人妻、他人妻、卑者妻。《史记·滑稽列传》:"(东方朔)徒用所赐钱帛,取少妇于长安中好女。"[12](卷126《滑稽列传》)此"少妇"就是妻子。

史料中关于"新妇"的记载颇多。《风俗通·怪神·世间多有精物妖怪百端》:"楼上新妇,岂虚也哉!"王利器校注:"汉、魏、六朝人通

---

① [宋]欧阳修:《集古录》卷下,载[宋]洪适:《隶释·隶续》,《隶释》卷22,中华书局1986年版,第234页。

② 参见张孟伦:《汉魏人名考》,兰州大学出版社1988年版,第76—77页。

③ 如刘邦字"季",陈胜字"涉",彭越字"仲"等。见《史记》卷8《高祖本纪》,第341页;卷48《陈涉世家》,第1949页;卷90《彭越列传》,第2591页。本文所引《史记》,皆中华书局标点本。

④ 《隶释·隶续》,《隶释》卷7,第82页。

⑤ 《隶释·隶续》,《隶释》卷8,第98页。

⑥ [清]王昶:《金石萃编》卷14,国家图书馆善本金石组编:《先秦秦汉魏晋南北朝石刻文献全编》第1册,北京图书馆出版社2003年版,第679页。

⑦ 《史记》卷86《刺客列传》《索隐》引韦昭曰:"古者名男子为丈夫,尊妇妪为丈人。故《汉书·宣元六王传》所云丈人,谓淮阳宪王外王母,即张博母也。故古诗曰'三日断五匹,丈人故言迟'是也。"《论衡》卷1《气寿篇》亦曰:"人形一丈,正形也,名男子为丈夫,尊公妪为丈人。"是"丈人"为女性。但《汉书》卷71《疏广传》曰:"广子孙窃谓其昆弟老人广所爱信者曰:'……宜从丈人所,劝说君买田宅。'"此"丈人"则为男性。

⑧ 陈直先生认为"幼孙"与"幼都"是弟兄,而"丈人"是其父或妻之父。参见《居延汉简研究》,第493页。

⑨ 此承吴荣曾先生赐教,谨谢。

称妇为新妇,故上文言妇,此又言新妇也。"①其实,该称谓秦时已见使用。湖北云梦睡虎地四号秦墓所出木牍家书:"惊多问新负妴:得毋恙也,新负勉力视瞻丈人。""惊多问新负妴:皆得毋恙也。"②"负"通"妇"③,此"新负"即"新妇",指作信人"惊"的妻子,其名"妴"。值得注意的是,"惊"在信中称呼其妻子的方式为"女性配偶称谓(新负)+人名(妴)",将女性配偶称谓放到人名之前。而在《宣与幼孙少妇书》中,女性配偶称谓"少妇"是在"幼孙"之后。这似乎也可以从旁证明:"幼孙"应当不是"少妇"之名,而"幼孙少妇"也不会是宣的妻子。

"新妇"还特别用作对弟妻的称谓。《尔雅·释亲》:"女子谓兄之妻为嫂,弟之妻为妇。"郭璞注:"犹今言新妇是也。"郝懿行义疏:"其男子于兄弟之妻称号亦同。"④"新妇"也用作对较年轻的亲友之妻的称谓。《右军书记》:"庾新妇入门未几……缅然永绝,痛之深至。"⑤这是王羲之写给其堂兄弟王恬的书信。"庾新妇"是庾亮侄女,王恬之妻⑥。王羲之(303—379 年,一说 321—379 年),王导从子;王恬(314—349 年),王导次子,故王羲之有可能比王恬年长。而从王羲之在信中使用了"庾新妇"这一称谓看,他应是王恬的堂兄。通览《宣与幼孙少妇书》全文可知:信中所用礼敬辞为"伏地再拜",是较轻的平交之礼;宣与受信人刘幼孙有私交,且与可能是刘幼孙兄弟的"幼都"相熟,为他们传递"丈人"的消息;宣通知刘幼孙行兵使者尚未到达,"愿豫自办,毋为诸部殿",颇有告诫之意。这些都表明,宣应当是与刘幼孙关系较为密切的兄长辈人物。虽然宣在信中向"幼孙少妇"伏地再拜致礼,但除了"愿幼孙少妇足衣强食,慎塞上"之句外,所叙诸事皆与"少妇"无关,而只与"幼孙"有关。将上述情况同"少妇"这一称谓对照,可知"少妇"应当是"幼孙"的妻子,"幼孙少妇"则指夫妻二人。

古人称呼某夫妻时,往往用"夫之称谓+女性配偶类称谓"来表示。例如,《奏谳书》一九:"异时狱□曰:为君夫人治食不谨,罪死。今宰人大夫说进炙君,炙中有发长三寸;夫人养婢媚进食夫人,饭中有蔡长半寸,君及夫人皆怒。"⑦此处用"君夫人"来表示"君及夫人"。又《郎中郑固碑》:"君大男孟子有杨乌之才……年七岁而夭,大君夫人所共哀也。"⑧"大君夫人",即"大君"及其夫人。在汉代书信中,当受信方是夫妻二人时,也用"夫之称谓(其字、称号、行辈等)+女性配偶类称谓"来表示。例如,居延汉简 74·2A:"奉尹掾夫人。"这是一件木谒的题署,进谒对象是一位姓尹的掾及其夫人。又如悬泉出土帛书《建与中公夫人书》(Ⅱ0114③:610),其起首为"建伏地请中公夫人足下",而该信内容显示,受信人"中公夫人"并非"中公"的夫人,而是其夫妻二人⑨。《宣与幼孙少妇书》的情形与之类似。此信

① [汉]应劭撰,王利器校注:《风俗通义校注》卷 9《怪神》"世间多有精物妖怪百端"条,中华书局 1981 年版,第 428、433 页。校注并引王彦辅《麈史辨误》:"《吕氏春秋》曰:'白圭……何事比我于新妇乎?'按今之尊者斥卑者之妇曰新妇,卑对尊称其妻及妇人,凡自称者则亦然,则世人之语,岂无所稽哉?而不学者辄易之曰媳妇,又曰室妇,不知何也。"(原载吴曾《能改斋漫录》卷 5《辨误·息妇新妇》)

② 湖北孝感地区第二期亦工亦农文物考古训练班:《湖北云梦睡虎地十一座秦墓发掘简报》、附录及图版,《文物》1976 年第 9 期。

③ [清]段玉裁:《说文解字注》虫部"蟠,鼠妇也"注:"负,又作妇。"《汉小学四种》,巴蜀书社 2001 年版,第 679 页。

④ [清]郝懿行:《尔雅义疏》上四《释亲》,《汉小学四种》,巴蜀书社 2001 年版,第 1042 页。

⑤ [晋]王羲之:《右军书记》,载张彦远:《法帖要录》卷 10,人民美术出版社 2005 年版,第 338 页。

⑥ 参见刘茂辰:《王羲之王献之全集笺证》,山东文艺出版社 1999 年版,第 64 页。

⑦ 张家山二四七号汉墓竹简整理小组:《张家山二四七号汉墓竹简[二四七号墓]》,文物出版社 2001 年版,第 225 页,《奏谳书》简 162—163。

⑧ 《隶释·隶续》,《隶释》卷 6,第 77 页。

⑨ 《敦煌悬泉汉简释粹》二七〇,第 184 页。

起首为“宣伏地再拜请幼孙少妇足下”，而受信人“幼孙少妇”是指“幼孙”及其妻子。

在汉简里，有不少关于边地防御组织中吏卒之妻的记载。例如：

为候粟君载鱼之觻得卖……恩到觻得卖鱼尽，钱少，因卖黑牛，并以钱卅二万付粟君妻业。（居延新简 E. P. F22: 4,22: 10）①

□月禄帛三丈三尺。八月癸卯，妻取。（居延新简 E. P. T6: 6）

第十桼候长赵彭，十一月食一斛五斗，十月丙寅，妻取。（居延新简 E. P. T65: 11）

候丞野妻吕☐。（居延汉简 50・4）

士吏孙习，十一月食一斛五升，十月丁卯，妻□☐。（居延新简 E. P. T65: 294）

不侵𨽻长石野，腊钱八十，十二月壬戌，妻君宁取。（居延新简 E. P. F22: 206）

隧长张奇妻大女真孜，取一石七斗一半。（敦煌汉简 833）②

毋伤队（隧）卒陈谭：妻大女捐，年卅四；子小女小婢，年八。七月旦居署尽晦。（居延新简 E. P. T40: 17）

这些记载涉及候、候长、候丞、士吏、燧长等各级官吏和燧卒的妻子。简文显示，她们颇为活跃地参与了边塞的日常生活，包括为丈夫管理财物、代领月禄帛和腊钱、支取粮食、照料子女等。

从《宣与幼孙少妇书》中宣对刘幼孙的告诫“愿豫自办，毋为诸部殿”，以及该信的题署“刘幼孙治所”来看，刘幼孙的身份应是某个部的长官，即候长。汉简见张掖郡有居延、肩水两个部都尉，部都尉下设候官，候官下辖若干个部。例如，甲渠候官有 10 个部，吏卒总数约 400 人或 300 人③。候官的长官是候，部的长官是候长。候长官秩百石④，月俸 1200 或 1800 钱⑤，有属吏数人，卒员约 20 人，辖数座烽燧⑥。

候长须具有“能书会计、治官民，颇知律令”等才干⑦，“主领吏，迹候，备寇虏、盗贼为职”⑧。汉简记载还显示，候长往往由本郡人担任。例如：

公乘，居延广地里，年卅二岁，姓孙氏，建武六年正月中除为甲渠城北候长。（居延新简 E. P. F22: 355）

居延甲渠塞有秩候长昭武长寿里公乘张忠，年卅三。（居延新简 E. P. T51: 11）

甲渠塞候长居延肩水里公乘窦何，年卅五。（居延新简 E. P. F22: 440）

张掖居延甲渠塞有秩候长公乘淳于湖……年卅六岁，长七尺五寸，觻得□□里。（居延新简 E. P. T50: 14）

候长觻得万岁里公乘郑赦，年卌七。

---

① 甘肃省文物考古研究所等：《居延新简》，文物出版社 1990 年版，第 475 页。本文所引居延新简释文，皆出此书。

② 吴礽骧、李永良、马建华：《敦煌汉简释文》，甘肃人民出版社 1991 年版，第 85 页。本文所引敦煌汉简释文，皆出此书。

③ 李均明先生的估计是 400 人左右，李振宏先生的估计是 300 人左右。李均明：《汉代甲渠候官规模考（上）》，《文史》第三十四辑，中华书局 1992 年版，第 29 页；李振宏：《居延汉简与汉代社会》，中华书局 2003 年版，第 96 页。

④ 例见居延新简 E. P. T4: 87：“□□□□□□□□□□□国里大夫□□□自占书功劳：秩百石，颇知律令，文。□□□□甲渠候官□有秩候长，一岁五月十二日。”并参李均明：《汉代甲渠候官规模考（上）》，《文史》第三十四辑，第 27 页。陈梦家认为候长秩比二百石。陈梦家：《汉简缀述》，中华书局 1980 年版，第 145 页。劳干认为，候长是下百石一级的“斗食”吏，加秩到百石者称“有秩候长”。劳干：《从汉简中的啬夫、令史、候史和士吏论汉代郡县吏的职务和地位》，《历史语言研究所集刊》第五十五本，台北 1984 年版，第 9 页。

⑤ 例见居延汉简 279・26：“鉼庭候长王强，三月奉钱千二百。”甲附 1：“第四候长夏侯放，三月奉钱千八百。”参见李均明：《汉代甲渠候官规模考（上）》，《文史》第三十四辑，第 27 页。

⑥ 参见李均明：《汉代甲渠候官规模考（下）》，《文史》第三十五辑，中华书局 1992 年版，第 82 页。

⑦ 例如，居延汉简 562・2：“候长，公乘蓬士长，当中劳三岁六月五日，能书会计、治官民，颇知律令，武。”居延新简 E. P. T50: 14：“张掖居延甲渠塞有秩候长，公乘淳于湖，中功二劳一岁四月十三日，能书会计、治官民，颇知律令，文。”

⑧ 居延新简 E. P. T68: 68—70：“公乘，居延中宿里，年五十一岁，姓陈氏，今年正月中府补业守候长，署不侵部，主领吏，迹候，备寇虏、盗贼为职。”关于候长的职责，可参看刘军：《甲渠塞临木部候长考——兼论候长的职责》，《简帛研究》第一辑，法律出版社 1993 年版，第 189—191 页。

(居延汉简 145·30)

甲渠守候长居延鸣沙里公乘尚林,年五十。(居延新简 E. P. T68:77)

以上例子中的候长,其爵位都是“公乘”,此系汉代二十等爵的第八级[7](卷19上《百官公卿表上》);其年龄大约在30岁到50岁之间;其籍贯“觻得”、“昭武”、“居延”等,皆张掖郡属县[7](卷28《地理志下》)。从《宣与幼孙少妇书》所述看,幼孙和幼都的“丈人”应当就在本郡,他可能与幼都同居一处,或相距不远。这说明幼孙、幼都籍属张掖的可能性是相当大的。假如这一推测不误,则幼孙、幼都不仅是籍属边郡者在本郡为官吏的例子,也是籍属边郡之兄弟二人同在本郡为官吏的例子。

候长作为秩次百石的官吏,其办公处称“治所”。例如:

廿五日,贤诣候长夏常治所。(居延新简 E. P. T53:16)

候长李卿治所。(居延新简 E. P. S4. T2:38)

诚南候长王士治所,以亭行。(居延汉简 81·2)

部治所录曰:移财物出入簿。谨移应书如牒,敢言之。(居延汉简 169·18)

西部候长治所,谨移九月卒徒及守狗当廪者人名。(敦煌汉简 1985)

《宣与幼孙少妇书》出土于肩水候官遗址①。该信提到托“高掾”捎书给“临渠长”,“临渠”亦肩水候官所辖②。据此,可知刘幼孙所在的部当属于肩水候官。候长治所设在较大的烽燧。20世纪70年代,甘肃居延考古队曾对甲渠候官第四部候长治所遗址作过发掘。考察发现,该遗址包括一个较大的夯土烽台和坞,坞墙东西长21米、南北长15.2米,内分两个院落,共有5间房舍③。“刘幼孙治所”或与之类似。

二

上文谈到,宣可能是刘幼孙的兄长辈人物,其本人的身份亦可探究。陈直先生认为“宣为曹宣”[1]493,是由于居延汉简中有一件《曹宣与董房冯孝卿书》(502·14A、B),内容涉及“部”与“卒”,亦边人传递音讯的私信。但是,将该信与《宣与幼孙少妇书》对比,可见二者的笔迹有所不同④。而且,曹宣是“在驩喜”,“迹候为事”,其身份地位明显低于与刘幼孙通信的宣,“驩喜”亦别属于卅井候官⑤。林剑鸣先生指出,居延汉简中有“宣”字之简30余例,“甚难断定书信所称之‘宣’为谁,姑以陈直先生所指‘为曹宣’而论,亦无非一戍卒而已(或为候长、燧长,皆为广义的戍卒)……本件信函内容为宣致幼孙少妇之公函”。此说亦未安。因为《宣与幼孙少妇书》的作信人宣不会是曹宣,他的身份也不是戍卒(或候长、燧长),此信更不是一件公函。

《宣与幼孙少妇书》虽仅百余字,但也提供了不少有关宣的信息。其一,宣的职责是巡行边地。信中说,“宣幸得幼孙力,过行边,毋它急”,可知宣的日常活动是“过行边”。需要注意的是,在这种以“幸赖对方之力(或恩德等)”为前提来简述自己现况的表达方式中,彼前提与此现况之间实际上未必有直接或必然的联系。该表达方式往往只是一种客套,常见于汉代书信。例如:

贲且赖厚德,到东郡,幸毋恙。(安徽天长西汉墓《贲且与孟书》)

建不肖奴(驽)衄[顿](钝),赖中公恩泽,幸得待罪侍御史。(悬泉帛书《建与中

---

① 《宣与幼孙少妇书》(居延汉简10·16A、B)的出土地点A33在地湾,为肩水候官遗址。《额济纳河流域障隧述要》、附表,见中国社会科学院考古研究所:《居延汉简甲乙编》(下),中华书局1980年版,第314、324—325页。

② 见居延汉简183·10:“二月癸亥,除为肩水临渠隧长。”

③ 甘肃居延考古队:《居延汉代遗址的发掘和新出土的简册文物》,《文物》1978年第1期。

④ 例如,同见于两件书信中的“宣”、“毋”、“书”等字,其笔法或字形有明显差异。《曹宣与董房冯孝卿书》(居延汉简502·14A、B)之图版,见《居延汉简甲乙编》(上),甲图版壹肆贰。

⑤ 驩喜隧属累虏部,见居延汉简170·5A;累虏部属卅井候官,见居延汉简181·8。

公夫人书》)①

前一条是作信人"责且"对远在南方的受信人叙述现况,说自己到东郡后平安无事。而该信全文并未显示此现况同受信人的"厚德"有何关联。后一条是作信人"建"对敦煌的受信人叙述现况。而他在京师的职务是御史大夫属官"侍御史",此现状也不大可能是依赖于受信人的"恩泽"。故宣所说"过行边,毋它急",并不是在追述既往的某次经历,而是指其近一段时间以来的情形。宣又说自己"以十一日对候官",可知其职责还包括"对候官",即前往候官查对或报告公务。这说明宣的工作同候官有联系,但他并不长驻候官。

其二,宣似乎同郡府有联系,消息较为灵通。他在信中说,"幼都以闰月七日与长史君俱之居延,言丈人毋它急。发卒(猝),不审得见幼孙不?……宣以十一日对候官,未决",可知在闰月七日幼都与长史去居延之前,宣应与幼都同在一地,曾听幼都说到丈人的情况,且知其与长史的出行日期及动身之急促。长史是郡府的重要官员。西汉时,边郡在郡丞之外复置长史,佐太守掌兵马,秩六百石,东汉时则以丞为长史②。故长史应是自郡府出发而前往居延。"宣以十一日对候官",可知宣在数日后抵达候官。这说明宣原本不在候官,而很可能是自郡府来到了候官。如前所述,此候官当指肩水候官,而张掖郡府则在觻得。汉简中有关于两地间距离的记载,如:

肩水候官并山㸑长公乘司马成……年卅二岁,长七尺五寸。觻得成汉里,家去官六百里。(居延汉简13·7)

肩水候官始安隧长公乘许宗……年卅六,长七尺二寸。觻得千秋里,家去官六百里。(居延汉简37·57)

以上简文记录了两个隧(㸑)长的年龄、身高和其家在觻得的居址。"家去官六百里","官"指肩水候官。是觻得至肩水候官的距离为600汉里。1汉里约合0.414公里,600汉里约合248公里。居延新简E. P. S4. T2:8A:"书一日一夜当行百六十里。"160汉里约合66公里,这是步行递送文书的速度,马行的速度要更快③。据此,可知宣在数日内完成自觻得至肩水候官的行程当无问题。此外,宣对本郡的要事也颇为了解,他知道长史的出行,也知道"行兵使者"将到而未到的消息。

其三,宣认识各级官吏。他和候长刘幼孙及其妻子通信。他熟悉同"长史君"一道去居延的幼都,此人有可能是郡府官吏。他在信中说"朱幼季书,愿高掾幸为到临渠隧长",委托"高掾"将"朱幼季书"捎给"临渠隧长"。掾为候官属吏,秩百石以下④。此"高掾"不仅是转递"朱幼季书"的人,可能同时也是携送《宣与幼孙少妇书》的人,即"谨因使奉书"之"使"。"朱幼季",未知是"朱幼季书"的作书人还是受书人。若为后者,该人便是"临渠隧长","幼季"应是其字。

其四,宣的地位可能比刘幼孙略高或相似。如前所述,一方面,《宣与幼孙少妇书》中所用礼敬辞的规格属较轻的平交之礼;另一方面,宣告诫刘幼孙"愿豫自辩(办),毋为诸部殿",口气直率,颇不客气。这不仅提示宣可能比刘幼孙年长,也透露出他的地位可能比幼孙略高。

在汉简记载中,曾涉及"行边"、"行塞"、"循行"的人员,有将军、太守、都尉、尉丞、假千人、假千人丞、司马、县令、县丞、候、尉、都吏、士吏、候长、令史、尉史、候史,以及"行亭"的㸑长等各级

---

① 《责且与孟书》,见天长市文物管理所、天长市博物馆:《安徽天长西汉墓发掘简报》图版二六,《文物》2006年第11期。《建与中公夫人书》,见《中国书法》1992年第2期封三图版。"𢁓","《敦煌悬泉汉简释粹》二七〇作"□",今据图版释。

② 《汉书》卷19《百官公卿表》:"郡守,秦官,掌治其郡,秩二千石。有丞,边郡又有长史,掌兵马,秩皆六百石。"《汉书》,第742页。《后汉书志·百官五》:"郡当边戍者,丞为长史。"《后汉书》,第3621页。

③ 1汉尺约合0.23米,6汉尺为1步,300汉步为1汉里,则1汉里约合0.414公里。以步递和马递方式传送文书的速度,可参看马怡:《"始建国二年诏书"册所见诏书之下行》,《历史研究》2006年第5期。

④ 参见《汉代甲渠候官规模考(上)》,《文史》第三十四辑,第28页。

官吏①。宣属于哪一种身份？在上述官吏中，应首先剔除候长(秩百石，月俸1200或1800钱)和那些地位低于候长的人，包括候官属吏令史(秩斗食，月俸900钱)、塞尉属吏尉史(月俸600或900钱)、候长属吏候史(月俸600钱)和燧长(月俸600或900钱)②。然后，再剔除那些官位较高且职司明显与宣不同的人，包括军事统帅将军、郡府最高行政长官太守(秩二千石)，军事长官都尉(秩比二千石)及其副手尉丞，武官假千人(秩次或与司马接近)及其副手假千人丞③、司马(秩六百石或比六百石)，县廷长官县令(秩千石或六百石)及其副手县丞④，候官长官候(秩六百石或比六百石)⑤。两次剔除之后，剩下了地位比候长略高或相似的人，他们是尉、士吏和都吏。

尉，即塞尉，候之副手，秩二百石，月俸2000钱⑥，地位略高于候长。在汉简里，有关尉的巡行的记载较少。例如：

> ☐移尉、丞，行塞验问第廿九长王禹☐。(居延新简 E. P. T5: 107)
>
> 大(太)守君当以七月行塞，候、尉循行课马齿五岁至十二岁。(居延新简 E. P. S4. T2: 6)

第一条中的"丞"当指候丞，该职不常设，故不论。从尉的身份和有关其巡行的记载较少来看，尉的巡行大约不是经常性的活动，其内容可包括验问燧长和检查马匹。

士吏，候官属吏，秩百石，月俸1200钱⑦。设2—3人，"主亭隧候望，通烽火、备盗贼为职"⑧。士吏由候(鄣候)派驻各部。与候长相比，士吏亦候之属下，秩次相同，但职司偏重于监督。额济纳汉简中的扁书"专部士吏典趣辄"开列了士吏的诸项责任，其内容主要是对所驻部候长、候史及燧卒的监督⑨。在汉简里，有关士吏巡行的记载比尉稍多。例如：

> ☐□□士吏孟行塞☐。(居延新简 E. P. T51: 688)
>
> 五月癸巳，甲渠鄣候喜告尉：谓第七部士吏、候长等：写移檄到，士吏、候长、候史循行。(居延汉简 159·17, 283·46)
>
> 告尉：谓部士吏、候长等，写移檄到，循行(居延新简 E. P. T51: 536)
>
> 起万岁，候长、士吏传行，各尽界，毋得迟，时必坐之。(居延新简 E. P. T57: 40)

从以上记载看，士吏的巡行往往是为了执行檄书之类的军事命令，而且是协同候长、候史的活动。

---

① 将军，例见居延新简 E. P. T59: 3；太守，例见居延新简 E. P. S4T2: 6；都尉，例见居延新简 E. P. T52: 97；尉丞、司马，例见居延汉简 12·1A；假千人，例见居延新简 E. P. T48: 158；假千人丞，例见居延汉简 73·17；县令、县丞，例见居延新简 E. P. T20: 4A；候，例见居延新简 E. P. F22: 459；令史、候史，例见居延汉简 14·6, 213·21；尉史，例见居延汉简 285·4；候长，例见居延汉简 159·17, 283·46；"行亭"之燧长，例见居延汉简 229·6。并参见于振波：《汉代官吏的考课时间与方式》，《北京大学学报》(哲学社会科学版)1994年第5期，该文列举了13种涉及巡行活动的官吏及相应的汉简记载。本文对有关尉、士吏、都吏之汉简记载的分析详后。

② 候长至燧长的秩次和俸钱，参见《汉代甲渠候官规模考(上)》，《文史》第三十四辑，第27—28页。

③ [汉]卫宏：《汉旧仪》卷下："边郡太守各将万骑……置部尉、千人、司马、候、农都尉，皆不治民。"孙星衍校集：《汉官六种》，四部备要本。

④ 郡太守至县令的秩次，参见《汉书》卷19上《百官公卿表上》，第738、742页；《后汉书》志第二十八《百官五》，第3621页；《后汉书》志第三十《舆服下》注引《东观书》，第3676页；《通典》卷36《职官十八》，中华书局1988年版，第984—988页。

⑤ 居延新简 E. P. T65: 104："甲渠鄣候敦煌广至□□庆里张获，秩六百石。"居延汉简 259·2："右鄣候一人，秩比六百石。"

⑥ 居延汉简 282·15："右塞尉一人，秩二百石。已得七月尽九月积三月奉用钱六千。"

⑦ 见居延新简 E. P. T68: 4："甲渠塞百石士吏居延安国里公乘冯匡，年卅二岁。"E. P. T5: 47："五凤四年八月奉禄簿：候一人六千，尉一人二千，士吏三人三千六百。"

⑧ 见居延汉简 465·4。并参见《汉代甲渠候官规模考(上)》，《文史》第三十四辑，第27页。

⑨ 魏坚主编：《额济纳汉简》，广西师范大学出版社2005年版，第73页，99ES16ST1: 1—8；马怡：《扁书试探》，《简帛》第一辑，上海古籍出版社2006年版，第421—422页。

其巡行范围当在本部之"界"内。

士吏有时也赴"府"公干。居延汉简266·4:"万岁士吏就,对府还诣官。"284·22:"调□士吏贺,持诣府。"但此处的"府",应是指防御组织总部——都尉府,而不是郡府。在防御组织内部,通常以"府"作为本都尉府的简称。例如居延新简E.P.T52:168:"北书四封。其一封大(太)守章,诣府。"文书有太守章而"诣府",可知此"府"不是郡府,而是本都尉府。又E.P.T58:29:"府移大(太)守府所移武威大(太)守书。"起首的"府"字,亦指本都尉府。至于士吏与郡府之间是否有直接的公务联系,因无证据,不能推定。

都吏,郡府属吏,秩亦百石,或略高于百石①。《汉书·文帝纪》:"二千石遣都吏循行,不称者督之。"注引如淳曰:"律说:都吏,今督邮是也。"②汉代每郡有二至五部督邮,掌监察,宣达教令,其权势颇重③。但是,在悬泉汉简中有"都吏"与"督邮"并见之例,这表明都吏未必专指督邮④。"都吏"即大吏,"循行"即巡行⑤。都吏大约是指由郡府派出执行使命的郡府属吏,其中亦包括督邮。同尉和士吏相比,汉简里有关都吏巡行的记载较多。例如:

[1]书到,各明白大扁书市里、官所、寺舍、门亭、燧候中,令吏卒民尽讼知之。且遣都吏循行,问吏卒不知令者,案论尉丞、令丞以下。毋忽,如律令。(甘肃敦煌酥油土汉简)⑥

[2]谨以文理遇士卒,毋令冤失职,务称令意。且遣都吏循行廉察,不如护大(太)守府书,致案毋忽,如律令。(居延汉简10·40)

[3]书到,光等长丞宿夜思维改过,厉经更始,务称府及有成功校事。其解(懈)随(惰)废不以为意者,致案。且遣都吏循行廉察,愿毋忽,如律令。(悬泉汉简ⅡTD115②18A)[13]175

[4]毋得贳卖衣财物,大(太)守不遣都吏循行☐。(居延汉简213·15)

[5]万岁部,四月,都吏□卿行塞。(居延新简E.P.T50:44)

[6]都吏当行塞,言候长建。(居延新简E.P.T52:384)

[7]☐官并司马君、都吏郑卿、督史周卿行塞,即日宿吞远,具吏卒☐省卒赵宣伐财用,檄到,召□□诣官,毋后司马、都吏。(额济纳汉简2000ES7SF1:6AB)

还有一些简文,虽未直接提到巡行,但内容与之相关,例如:

[8]记到,辄持羊诣官,会今,毋后都吏。(额济纳汉简2000ES7SF1:16)

[9]第二隧长景褒不在署,谨验问……十月廿六日,褒之居延郭东取卒周贤,廿九日还到隧,后都吏郑卿。(居延汉简194·17)

[10]候史广德坐不循行部涂亭、趣具诸当所具者,各如府都吏举,部糒不毕,又省官檄书,不会会日,督五十。(居延新简E.

① 《汉旧仪》卷下:"郡国百石,二千石调。"严耕望据此认为郡府属吏秩百石。严耕望:《中国地方行政制度史——秦汉地方行政制度》,上海古籍出版社2007年版,第108—109页。陈梦家据《汉书·淮南王传》注引如淳曰"《汉仪注》,吏四百石已下,自除国中",认为郡府属吏当有高于百石者。陈梦家:《汉简缀述》,第104页。

② 《汉书》卷4《文帝纪》,第113、114页。有学者据此认为都吏即督邮,如劳干:《居延汉简考证·都吏》,史语所集刊专刊之四十《居延汉简考释之部》,台北,1960年版,第15—16页;陈梦家:《汉简所见太守、都吏二府属吏·汉简诸曹》,《汉简缀述》,中华书局1980年版,第121页。

③ [汉]应劭:《汉官仪》卷上:"督邮、功曹,郡之极位。"孙星衍校集《汉官六种》,四库备要本。

④ 悬泉汉简ⅡT0210①99:"□都吏冯卿治所,□督邮孙卿治所,六月乙未夜半时,受不知□。"参见吴礽骧:《说"都吏"》,甘肃省文物考古研究所等编:《简牍学研究》第四辑,甘肃人民出版社2004年版,第174—179页。该文认为督邮可泛称都吏,但督邮并不等同于都吏,其说是。但该文认为,"除丞相、御史、太守、都尉、候、千人、司马等高级官员,尊称其官名外,一切主管各级各类职能或承担某项使命的掾、史、守属、令史、士史等属吏,均可泛称都吏",疑未安。

⑤ 参见严耕望:《中国地方行政制度史——秦汉地方行政制度》,第138页。

⑥ 李均明、何双全编:《散见简牍合辑》,文物出版社1990年版,第20页,简178。

P. T57:108A)

[11]书到,遣都吏与县令以下逐捕搜索部界中,听亡人所隐匿处,以必得为故。诏所名捕重事,事当奏闻,毋留,如诏书律令。(居延汉简179·9)

[12]出粟一石,送都吏程卿捕案官徒四人、马五匹。建平三年。(悬泉汉简91C:14)[13]176

[13]永光元年六月丙申朔,甲渠鄣候喜敢言之:府移大(太)守府都吏书曰:如县籲得仰府所失亡。(居延汉简甲附36A)

[14]九日诣官,都吏薛卿使之居延。(额济纳汉简2000ES9SF4:33)

[15]入粟,给都吏壮卿橐戒塞上。绥和元年六月庚戌,新沙置卒马受次东候长章。(居延汉简155·15)

[16]☐一石三斗三升,八月甲午,以食察事都吏王卿、庄卿,从者(悬泉汉简T0112②89)[13]176

[17]各遣都吏督赋课……七月丙申,张掖肩水司马章以☐(居延汉简213·43)

[18]告肩水候官:候官所移卒责不与都吏□卿,所举籍不相应,解何?(居延汉简183·15B)

[19]第廿三部,建始二年□月,都吏戴卿(居延新简E. P. T65:80)

由以上简文可知,都吏系郡府属吏(据简[1]、[2]、[3]、[4]、[10]、[11]、[13]),由郡府派出巡行(据简[1]、[2]、[3]、[4]),此可与前引《汉书·文帝纪》相印证;巡行是都吏经常性的工作,其内容包括监督法律、政令和条规的颁布与执行情况(据简[1]、[2]、[3]、[11]),逮捕罪犯(据简[11]、[12]),召集吏卒(据简[7]、[9]),监察、举报官吏(据简[2]、[3]、[10]、[16]),“督赋课”(据简[17]),收受有关公文(据简[18])等;其活动涉及候官(据简[7]、[8]、[14]、[18])和部(据简[5]、[6]、[7]①、[10]、[15]、[19]);边塞以羊、粟招待和供应都吏(据简[8]、[12]、[15]、[16])。

通过这些分析和梳理,可知在尉、士吏、都吏三者中,宣的身份与尉有明显差别,与士吏、都吏则相对接近。而将士吏、都吏二者相比较,从《宣与幼孙少妇书》所透露的有关宣的信息来看,他的日常活动“过行边”,他和郡府的联系,他同郡府、候官、诸部的官吏的交往,他的可能略高于候长的地位等,似乎皆与都吏更为相符。

就《宣与幼孙少妇书》本身来说,该书信在相关的时间、人地关系以及所传递的消息等方面,亦与以上对宣身份的推测无扞格之处。《宣与幼孙少妇书》的来龙去脉大致是这样的:闰月七日之前,宣曾在郡府所在地停留,并与幼都(其身份可能是郡府官吏)交谈;十一日,宣前来“对候官”,在此给刘幼孙(该候官下辖某部候长)写信;同一天,宣将此信连同“朱幼季书”托人捎走②。《宣与幼孙少妇书》是一件传递消息的信。信中除了问候受信人、告知其亲属的情况外,主要讲了三件事:幼都和长史已去居延;自己正在“对候官”;行兵使者尚未到,愿受信人做好准备。将这三者联系起来看,它们似乎都指向同一重要事件——行兵使者即将到来。《汉旧仪》卷下记载:“边郡太守各将万骑,行障塞烽火,追虏。置长史一人,掌兵马。……当兵行,长史领。”居延是张掖郡的防御组织总部之一——居延都尉府的所在地。长史此时的“之居延”,宣此时的“对候官”,以及宣对幼孙的告诫等,当与行兵使者的视察活动有直接关联。而如果宣是都吏,则以上情节皆能一一照应。

尽管《宣与幼孙少妇书》的作信人与受信人双方都是官吏,但该信并不是一件“公函”。汉代的官文书,无论上行、下行或者平行,皆须遵守

---

① 简[7]“即日宿吞远”,“吞远”是甲渠候官所辖部之一。见《居延新简》E. P. T10:19,并参《汉代甲渠候官规模考(下)》,《文史》第三十四辑,第87页。

② 《宣与幼孙少妇书》(居延汉简10·16A、B)的出土地A33为肩水候官遗址(即地湾,见前文注),简文曰“书即日起候官”,可知该信当自此发出。但不知何原因,《宣与幼孙少妇书》却留在了肩水候官遗址。或该信因故未能发出,或今所见者系该信之草稿。

制度,有一定的程序和专用的词语①。而《宣与幼孙少妇书》显然与官文书不同。《宣与幼孙少妇书》的受信人是一位候长及其妻子。该信所用格式、称谓、礼节、套语等,皆异于官文书或不见于官文书,而与汉时私人书信的特征相符。该信的写作目的,是官吏之间的私人问讯与联络,而非公干,其内容还涉及亲属。该信无封缄,其题署"刘幼孙治所"在信的正文之末、补白之前,只写了受信人的姓、字,而没有交代其官职或治所的正式名称。该信的传递方式,是托人捎送,而没有像一般官文书那样交付信差,通过邮路来传递。以上种种,都表明《宣与幼孙少妇书》不是一件"公函",而是汉代边吏之间的私人通信。

[说明:本文初稿于2008年6月提交韩国第3届"中国古中世史学会国际学术研讨会"。2010年1月,重作修订]

【参考文献】

[1]陈直.居延汉简研究[M].天津:天津古籍出版社,1986.

[2]陈立,撰.吴则虞,点校.白虎通疏证[M].北京:中华书局,1994.

[3]郑玄,注.贾公彦,疏.仪礼注疏[M].北京:中华书局,影印十三经注疏本,1980.

[4]郑玄,注.孔颖达,疏.礼记正义[M].北京:中华书局,影印十三经注疏本,1980.

[5]孔安国.尚书正义[M].北京:中华书局,影印十三经注疏本,1980.

[6]何林,注.徐彦,疏.春秋公羊传注疏[M].北京:中华书局,影印十三经注疏本,1980.

[7]班固.汉书[M].北京:中华书局,1962.

[8]范晔.后汉书[M].北京:中华书局,1965.

[9]陈寿.三国志·魏书[M].北京:中华书局,1959.

[10]王念孙.广雅疏证[M].南京:江苏古籍出版社,2000.

[11]王充.论衡[M].北京:中华书局,1990.

[12]司马迁.史记[M].北京:中华书局,1959.

[13]吴礽骧.说"都吏"[M]//甘肃省文物考古研究所,西北师范大学文学院历史系.简牍学研究:第四辑.兰州:甘肃人民出版社,2004.

① 参看李均明、刘军:《简牍文书学》第5章"通行文种之体式",广西教育出版社1999年版;汪桂海:《汉代官文书制度》第3章"官文书及其程序(二)"、第4章"官文书的制作与运行",广西教育出版社1999年版。

第30卷第3期
2010年5月

长沙东牌楼东汉简牍《光和六年自相和从书》研究

邬文玲*

【摘　要】 长沙东牌楼所出东汉简牍《光和六年自相和从书》是有关亲属间诤田并最终达成和解的文书案卷,在一定程度上展示了当时民事诉讼与和解的实态,学界在对此文书的文本解读方面颇有分歧。但从该文书的结构和内容来看,本文书应该与"列言"文书相类;原释文存疑的"娉(?)取"之"娉"字,应是"娉"字,"娉取"即"聘娶";李升的身份为"民",而非"赘婿"。

【关键词】 东牌楼东汉简牍;自相和从;民事诉讼;娉取;赘婿

长沙东牌楼所出东汉简牍中包含一则有关亲属间诤田并最终达成和解的文书案卷,即光和六年九月"监临湘李永例督盗贼殷何言实核大男李建与精张诤田自相和从书"(以下简称"自相和从书"),在一定程度上为我们了解当时民事诉讼与和解的实态提供了契机。此文书自公布以来,即引起学界的广泛关注,但在文书结构分析、部分简文的释读与理解、涉案人物身份界定等方面颇有分歧,需再商榷。本文拟对此展开进一步的讨论,以就教。

一、文书结构分析

根据发掘报告,"自相和从书"写在"C型封检"①的槽内,标本号为1001,整理编号及图版号为五,7号古井第二层出土。残损,长23厘米,宽8.4厘米,厚0.8—2.6厘米②。除了整理者

* 邬文玲(1971—　),女,重庆市武隆县人,历史学博士,中国社会科学院历史研究所副研究员,主要从事秦汉历史和简牍研究。

① 长沙东牌楼东汉简牍中,包含两种形制比较特别的简牍,整理者分别称之为"B型封检"和"C型封检"。B型封检两侧向下倾斜,封泥槽居中,有间隔三道槽;C型封检形体较大,文字书写于槽内,部分简字数较多,书写规整,有完整内容。二者显现出一种组合关系,即可用契合的方式进行封盖。虽然在这批简牍中没有找到二者能够完全契合的实物,殊为遗憾,但是根据简影图版、简文内容、封检形制、封检书写格式以及实物检测等方面来看,这种所谓契合式的封检形制,很可能是"合檄"的形制和样式之一。

② 参见王素:《长沙东牌楼东汉简牍选释》,《文物》2005年第12期;长沙市文物考古研究所:《长沙东牌楼七号古井发掘报告》第21页"长沙东牌楼七号古井出土简牍统计表",以及第34页"彩版二",载长沙市文物考古研究所、中国文物研究所《长沙东牌楼东汉简牍》,文物出版社2006年版。

在《长沙东牌楼东汉简牍》①一书中所公布的释文之外，北京大学中古史研究中心发起主办的“长沙东牌楼东汉简牍研读班”②就某些句读和个别文字提出了校订意见。仔细审视图版、揣摩简文，发现其中仍有可商榷之处，兹在综合二者释文的基础之上，参照简影图版，重新释读如下，并在后文中对改动之处详加说明。

1. 光和六年九月己酉[朔][十]日戊午，监临湘李永例督盗贼殷何叩头死罪敢言之。

2. 中部督邮掾治所檄曰：[民]大男李建自言大男精张、精昔等。母姃有田十三石，前置三岁，[田]税禾当为百二下石。持丧葬皇宗

3. 事以，张、昔今强夺取[田]八石；比晓，张、昔不还田。民自言，辞如牒。张、昔何缘强夺建田？檄到，监部吏役摄张、昔，实核[田]

4. 所，畀付弹处罪法，明附证验，正处言。何叩头死罪死罪。奉桉檄辄径到仇重亭部，考问张、昔，讯建父升，辞皆曰：

5. 升罗，张、昔县民。前不处年中，升[娉]取张同产兄宗女姃为妻，产女替，替弟建，建弟颜，颜女弟条。昔则张弟男。宗病物

6. 故，丧尸在堂。后[姃]复物故。宗无男，有余财，田八石种。替、建[皆]尚幼小。张、升、昔供丧葬宗讫，升还罗，张、昔自垦食宗

7. 田。首核张为宗弟，建为姃敌男，张、建自俱为口，分田。以上广二石种与张，下六石悉畀还建。张、昔今年所[畀]

8. 建田六石，当分税。张、建、昔等自相和从，无复证调，尽力实核。辞有[后]情，续解复言。何诚惶[诚]

9. 恐，叩头死罪死罪敢言之。

10. 监临湘李永例督盗贼殷何言实核大男李建与精张诤田自相和从书　诣在所

11. 　　　　　　　　九月　其廿六日若

第1行“光和六年九月己酉[朔][十]日戊午，监临湘李永例督盗贼殷何叩头死罪敢言之”：“光和六年九月己酉[朔][十]日戊午”，为文书起首所署日期，“光和六年”即东汉灵帝光和六年，为公元183年。“监临湘”，整理者注云，可能就是下文的“中部督邮”。《续汉书·百官五》州郡条云：“其监属县，有五部督邮。”临湘县正属长沙郡中部督邮监管③。不过有学者对此提出了异议，认为“监临湘”应是中部督邮的属吏④。究竟何者为是，有待进一步探讨。

“监临湘李永例督盗贼殷何叩头死罪敢言之”，整理者原读作“监临湘李永、例督盗贼殷何叩头死罪敢言之”，是以“例督盗贼”为殷何之官职，并注云“‘例督盗贼’，可能就是临湘县尉”，则本文书为监临湘李永与例督盗贼殷何两人联名署治。《释文校订稿》改如前读。据文意，“例督盗贼”似非为职官，“督盗贼”才是官职，为“门下督盗贼”之省称，系郡国以上机构所置属吏，亦有“门下督”、“督盗”、“府后督盗贼”等异称[1]127—128。此处“例”通“列”，意为条列呈报或者列言。本文书实际上是监临湘李永转呈督盗

① 长沙市文物考古研究所、中国文物研究所：《长沙东牌楼东汉简牍》（以下简称《东牌楼简》），文物出版社2006年版。

② 长沙东牌楼东汉简牍研读班：《〈长沙东牌楼东汉简牍〉释文校订稿》（以下简称《释文校订稿》），《简帛研究二〇〇五》，广西师范大学出版社2008年版。

③ 长沙市文物考古研究所、中国文物研究所：《长沙东牌楼东汉简牍》，文物出版社2006年版，第74页。下文凡言整理者注云均出自此书，不再另注。

④ 裘锡圭先生认为“监临湘李永”可能是中部督邮派驻临湘的一个属吏（参见氏著：《读〈长沙东牌楼七号古井(J7)发掘简报〉等文小记》，《湖南省博物馆馆刊》第3期，岳麓书社2006年版）。叶玉英博士认为“监临湘”是中部督邮的属吏（参见氏著：《东汉简牍〈和从书〉所见东汉若干制度探索》，《厦门大学学报》2009年第6期。此文信息蒙侯旭东先生见告）。侯旭东先生认为督邮之下按县设监部吏，具体监察各县的政务，李永所任的“监临湘”则是“监部吏”从具体职务分工角度而来的官称（参见氏著：《长沙东牌楼汉简〈光和六年自相和从书〉考释与研究》，待刊）。

贼殷何所报告的关于实核大男李建与精张诤田自相和从的案卷,并非二人联名署治,故简文当连读①。理由如下:

首先,从内容和结构来看,本文书共 11 行,其主体部分即从第 1 行“监临湘李永例”以下“督盗贼殷何叩头死罪敢言之”至第 9 行末“何诚惶[诚]恐,叩头死罪死罪敢言之”止,均以殷何一人的名义写就,起首云“督盗贼殷何叩头死罪敢言之”,结尾署“何诚惶[诚]恐,叩头死罪死罪敢言之”,可见此乃殷何向上呈报的内容,实即一份完整的文书。而在殷何所呈报的文书中实际上又包含了两部分内容:从第 2 行“中部督邮掾治所檄曰”以下至第 4 行“何叩头死罪死罪”之前,为殷何呈文时所录“中部督邮掾治所檄”的内容;从第 4 行“何叩头死罪死罪”以下至第 9 行“何诚惶[诚]恐,叩头死罪死罪敢言之”止,是殷何关于奉命前往仇重亭部调查处理李建与精张诤田一案,并将有关结果向上呈报的内容。其中“中部督邮掾治所檄”的内容亦由两部分构成:从第 2 行“[民]大男李建自言大男精张、精昔等”至第 3 行“张、昔不还田”止,是对李建“自言”内容的概述;从第 3 行“民自言,辞如牒”至第 4 行“正处言”止,是对下级执行机构提出的具体要求或者命令。

其次,从文书性质来看,第 1 行署“监临湘李永例”,表示文书开头,第 10 行再署“监临湘李永例”,表示文书结束。从其首尾皆署“监临湘李永例”等语,可知本文书的性质,当是监临湘李永在收到督盗贼殷何所呈报的文书之后,再将其文书内容向有关部门条列呈报,因此这里的“例”当作“列”解,意为条列呈报或者列言。这类列言文书很可能通常对所列内容照样移写,或者摘其要点,不作增饰。史籍中有“条列”、“列言”等用例,或可相参。比如,《后汉书·张堪传》载:“成都既拔,堪先入据其城,捡阅库藏,收其珍宝,悉条列上言,秋毫无私。”《后汉书·礼仪志中》“拜王公条”注引蔡质所记立宋皇后仪云:“今吉日已定,臣请太傅、太尉、司徒、司空、太常条列礼仪正处上,群臣妾无得上寿,如故事。”《三国志·吴书·诸葛恪传》裴注引《吴书》曰:“诸法令有不便者,条列以闻,权辄听之。”《宋书·南蛮传》载:“兴造塔寺精舍,皆先诣在所二千石通辞,郡依事列言本州。须许报,然后就功。”《魏书·世祖太武帝纪》载:“太守覆检能否,核其殿最,列言属州。”

第 10 行“监临湘李永例督盗贼殷何言实核大男李建与精张诤田自相和从书”:整理者原读作“监临湘李永、例督盗贼殷何言实核大男李建与精张诤田自相和从书”,《释文校订稿》改如前读,据文义,“监临湘李永”不宜与后文断开,亦当连读,详见上文。

“诣在所”:“诣”,往,到。“在所”,即所在之处,此处指监临湘李永的上级长官所在之处。当时天子所在之处称“行在所”,其他人等所在之处称“在所”。

第 11 行“九月其廿六日若”:其字迹明显不同于文书正文,整理者注云,“九月”二字墨色甚淡,似为废字。“其廿六日若”五字为浓墨草书。最后一字“若”即“诺”,为该上级长官所“画”之“诺”。据此可断定本件文书为上级长官已经批复过的案卷,“若”前“其廿六日”四字,亦应为该上级长官所写。本件文书为九月十日所上,同月二十六日即批复,时间亦可以衔接②。不过裘锡圭先生的看法与此不同,认为此处的“若”字应

① 这一看法是侯旭东先生在读简班上首先提出来的,庄小霞博士继之撰文作了比较详细的讨论,参见“长沙东牌楼东汉简牍研读班”《长沙东牌楼东汉简牍释文校订稿》(《简帛研究二〇〇五》,广西师范大学出版社 2008 年版),以及庄小霞《东牌楼东汉简牍所见“督盗贼”补考》(待刊)。不过,侯旭东先生认为,这里的“督盗贼”当为“监临湘”的属下,而不是郡吏“门下督盗贼”(参见氏著:《长沙东牌楼汉简〈光和六年自相和从书〉考释与研究》,待刊)。而韩国梨花女子大学李明和先生则在读简班上指出,有将“例”字冠于官职名之前的例子,见洪适《隶续》卷 16《繁长张禅等题名》“县例掾杜长字子阳”、“夷浅口例掾赵陵字进德”,因此“例督盗贼”可能是县吏(参见氏著:《关于〈李建与精张诤田自相和从书〉中财产继承的诸问题》,待刊)。厦门大学叶玉英博士认为“例督盗贼”是督邮的属吏,其职守是捕斩群盗、核查各类案件(参见氏著:《东汉简牍〈和从书〉所见东汉若干制度探索》,《厦门大学学报》2009 年第 6 期)。

② 详见王素:《长沙东牌楼东汉简牍选释》,《文物》2005 年第 12 期,第 69—75 页、第 40 页。

是草书“发”字,“其廿六日发”是说这份文书在九月二十六日打开①。究竟何者为是,亦待再探。

二、简文释读与理解

“[民]大男李建自言大男精张、精昔等”:“大男”,成年男子。“李建”,人名。即本案中的原告。“自言”,自诉告发,类似于现今的原告直接向司法机关提起诉讼。“精张”,人名,为李建的外叔祖父。“精昔”,人名,为李建的堂舅舅。二者为本案中的被告。

“母姃有田十三石”:“姃”,人名,即李建的母亲精姃。“石”,此处指田地计量单位。周立波《山乡巨变》上六:“在王家村,有两石田,一个瓦屋,还有一座茶子山。”原注:“一石田是六亩三分。”按,周立波《山乡巨变》中所描述的地域乃作者的家乡湖南益阳清溪乡一带,与本文书中所涉及的临湘县地理位置相近,可见在这一地区用“石”作为土地计量单位的传统甚为久远②。

“石”之所以被用作田地计量单位,当与耕种一定面积的田地所需种粮数量有关。一石田,很可能就是指按照通常的种植方式,需要耗用一石种粮的田地面积,同简下文有“田八石种”(第6行)、“上广二石种”(第7行)等说法,可资为证。如此,只要知道当时这些田地所种植的作物种类以及一亩田地的耗种量,就可大致推算出一石田所对应的亩数。或者通过耗种量与收获量的比例,即可推算出十三石田的总收获量,再据当时的亩产量亦可推算出十三石田所对应的亩数。

下文有“[田]税禾当为百二下石”等语,可知这些田地主要用于种“禾”。“禾”在北方地区通常指“粟”,但在南方地区时常把“稻”也称作“禾”,比如《三国志·吴书·吴主传》载“由拳野稻自生,改为禾兴县”。加上当时南方地区粟、稻皆有大面积耕种,因此很难判定这里的禾是指粟还是稻,只能在两种情形下分别进行推算。关于“稻”、“禾”的耗种量,云梦秦简《仓律》云:“种:稻、麻亩用二斗大半斗;禾、麦一斗;黍、荅亩大半斗;菽亩半斗。利田畴,其有不尽此数者,可也。”[2]29 又江陵凤凰山十号汉墓所出郑里廪簿,完整记录了郑里25户居民各户的户主、能田人数、人口数、土地亩数,以及所贷种粮数[3]70—71,每户所贷种粮数与田地数皆相对应,均为一亩田贷种一斗。与云梦睡虎地秦简《仓律》关于禾、麦亩用种一斗的记述相符。此墓葬年代为西汉初年,与秦相去不远,虽然当时江陵地区稻、禾、麦均有种植,但根据一亩田贷种一斗的情况来看,很可能郑里一带当时主要种植禾、麦。当然秦简《仓律》关于耗种量的规定是针对大量普通品质的田地而言,在当时的耕作技术下,肥沃良田的耗种量低于普通品质的田地,因

① 详见裘锡圭:《读〈长沙东牌楼七号古井(J7)发掘简报〉等文小记》,《湖南省博物馆馆刊》第3期,岳麓书社2006年版。

② 曹旅宁先生亦指出:“石”是行用于长沙及其周边地区的土地计量单位,自古一直沿用到解放前。田一石相当于旧制六亩三分(参见氏著:《长沙东牌楼东汉简牍“李建与精张诤田案”中“石”的解释》,武汉大学简帛研究网2007年6月24日)。周群先生指出,其他地区如安徽、太湖、霍邱、兰州等亦有用“石”或者“斗”、“升”作为田地计量单位的习俗,即以耗费种子的数量来表示其田地面积的大小,但各地之“一石”所对应的“亩数”则各不相同,有五亩、六亩、六亩三分、七亩三分、十亩乃至一百二十五亩者,因而主张不能用“六亩三分”来直接换算东牌楼简中的石(参见氏著:《用“六亩三分”来解释长沙东牌楼东汉简牍“石”时应谨慎》,武汉大学简帛研究网2007年7月1日)。比较有意思的是,在笔者的家乡重庆市武隆县、南川县的部分地区,民间亦习用“石”作为田地面积的计量单位,不过情况稍显复杂。首先,虽然升、斗、石的换算均采用十进制,但各地的量器大小并不统一,对应的重量自不相同,比如最常用的升,南川县行用小升、架升,1架升=5斤,1小升=2.5斤;武隆县行用合升、米升,1合升=6斤,1米升=5斤;如此则南川县的1石=500斤,武隆县的1石=600斤。其次,计量的对象不同,对应的重量也有别,比如以武隆县的量器为准,1石玉米=600斤,而1石稻谷=350斤。再次,用“石”作土地计量单位又包括两种情况:一是按耗种量计,以稻田为例,通常表述为“若干石种的田”;二是按产量计,仍以稻田为例,通常表述为“若干石谷的田”。以武隆县为例,据父辈所言,在集体生产时期,1亩稻田的耗种量为10斤左右,亩产量为300斤左右,大约“1石种的田=100亩田”,“1石谷的田=1亩田”。本简中因后文有“田八石种”、“二石种”之说,故以耗种量计进行讨论。

此云梦秦简《仓律》亦云:“利田畴,其有不尽此数者,可也。”《氾胜之书》有“稻,地美,用种八升”的记载,可能是特例,并非普遍情形。

如果本文书中所说的十三石田种植的是禾(粟),参照秦简《仓律》和江陵凤凰山所出郑里廪簿的记载,按每亩田耗种一斗计,则十三石田的面积当为130亩。如果种植的是稻,按每亩田耗种二又三分之二斗计,则十三石田的面积当为48.75亩①。

“前置三岁”:多理解为“已经耕种了三年”,疑未安。因为简文后面陈述案由时提到“替、建[皆]尚幼小。……张、昔自垦食宗田”,表明原告李建一方似乎没有耕种过其外祖父留下的八石田。疑这里的“置”意为“置办”、“购置”,《史记·萧相国世家》载:“(萧)何置田宅必居穷处,为家不治垣屋。”揣摩李建的意思,大约是想申明母亲名下的十三石田,在三年前就置办好了。在李建看来,三年前这十三石田的所有权就已明确归属其母亲。而从下文可知,这十三石田中有八石是精宗所留下的遗产,即两边诤讼的标的,而另外五石没有争议,但未交代其来源,很可能是李建的母亲精娫通过购买或者别的方式所获得的。“置”意味着是自置的产业,而非为国家或者官府所授。李建很可能为了强调这十三石田本该都属于母亲所有,因而统称是其母所置办的田产。后来经过调查核实,所谓被精张等抢占的八石田实际上是精宗留下的遗产,并不是其母所自置的田产。可见李建作为控方,主要是从自身利益和立场出发,尽量做出对自己有利的陈词。

简文前言“大男李建”,后有“替、建[皆]尚幼小”等语,表明从诤田案发生到李建提起诉讼之间,时日颇久。据简文可知,李建的母亲去世的时候,他和姐姐李替均未成年,按照居延汉简,男、女15岁以上称大男、大女,则二人当时皆不满15岁,因此称“幼小”。根据“前置三年”推断,李建的外祖父精宗很可能于三年前(即光和三年)去世,去世之后其留下的八石田即为李建的母亲所继承,不久母亲也去世,由“丧尸在堂。后[娫]复物故”等语可知,其外祖父和母亲是在极短的时间内相继去世的。如按最大年龄假设,当时李替14岁,李建13岁,到中平六年提起诉讼时,李建当为16岁。

“[田]税禾当为百二下石”:“[田]税禾”,此处似非为向国家缴纳之赋税,而是指土地所有者每年所能获得的收益,即租税收入。如为向国家缴纳的田税,即使按照130亩田计,也未免过高。假定13石田等于130亩或者48.75亩田的推断成立,则就算精宗、精娫均在世时,根据其劳动力状况,不大可能全凭己力耕种,很可能会租佃给无地或者少地的人耕种,从而收取租税。汉代出租田地的租税收入可高达50%,比如《汉书·食货志》记载董仲舒在给汉武帝的上言中提到贫民“或耕豪民之田,见税什五”。《后汉书·文苑传上·黄香传》记载黄香为魏郡太守时,“郡旧有内外园田,常与人分种,收谷岁数千斛”。《晋书·慕容皝载记》记载封裕在给慕容皝的谏言说:“且魏晋虽道消之代,犹削百姓不至于七八。将官牛田者,官得六分,百姓得四分,私牛而得田者,与中分,百姓安之,人皆悦乐。”

“百二下石”,据图版来看,“二”字颇为可疑,一是其与同简后文的“上广二石”之“二”的写法明显不同,二是从整篇文书的文字大小以及文字间隔来看,似应为两个数字。“下”字亦可疑,汉简中有“大石”、“小石”,未见“下石”之用例。但从图版上很难确切判识这几个字,此处拟借助推算来尝试校补。不过推算又需分两种情形:

一是不认同“下石”释文,汉简中虽有“大石”、“小石”,但未见“下石”之用例。此处图版有些漫漶,“下”字很可能是数字“六”,同简后文“下六石”之“下”与“六”字写法极为近似,可参。如“六”字不误,则可确定此数额的个位为六,而“六”之前必为“十”。那么“百二下石”或可改释作“百[一十六]石”。

二是认同“下石”释文(虽然此前未见“下

① 需要说明的是,这里的推算没有考虑时代、地域、亩制、量制以及耕作技术等方面的差异,因此并不能代表实际情形,只是提供参照而已。

石”用例，但不能排除其为民间习用之语，如本简中用“石”作为田地计量单位，虽然民间一直习用，却不见于正史记载。且从同简文字来看，虽然“下六石”之“下”与“六”写法近似，但“下石”之“下”与“下六石”之“下”的写法更为相似），那么从前后文来看，原释作“二”之处，应分别为十位和个位的数字。但从图版来看，此处并无明显的漫漶痕迹，如将两字径释作“一一”，似又与当时的数字表述方式不合。看来还需另辟蹊径。

简文统言十三石田，表明这些田地的土质、播种粮食种类、耗种量大致相同，那么其收成也当大致相同，租税收入当然亦大体相同，因此“[田]税禾”的数量很可能应该是一个能够被13除尽的数字。而在100—200间能被13除尽的数字有104、117、130、143、156、169、182、195等8个。现在残存的笔画为较长的两横笔，从“一到十”的数字中，首先可以排除“四、八、九”，因为这几个数字的写法中都不包含一长横，如此则包含四、八、九的104、143、169、182、195等5个数字可排除在外。再分析“百”后的第一个数字即十位，首先可以排除“三、五”，因为间距不够，则包含三、五的130、156两个数字可排除在外。现在只剩下117这个数字。果如此，则“百二下石”或可改释作“百[十七]下石”①。

假定“[田]税禾当为百[十七]下石”，且权以“下石”为“石”，并按照50%的租税率计算，则十三石田的年产量为234石，一石田的产量为18石，其耗种量和收获量的比例为1∶18。如按种禾即130亩计，则其亩产量为1.8石；如按种稻即48.75亩计，则其亩产量为4.8石。

“比晓”：“比”，连续；频频。《战国策·燕策二》载：“人有卖骏马者，比三日立市，人莫之知。”鲍彪注：“比，犹连。”《汉书·文帝纪》：“间者数年比不登，又有水旱疾疫之灾，朕甚忧之。”颜师古注：“比，犹频也。”“晓”，告知使明白。司马迁《报任少卿书》：“仆终已不得舒愤懑，以晓左右。”鉴于“比”有连续、多次之意，“晓”有告知使明白之意，则“比晓”之意为多次劝告②。按照逻辑情理，在精张、精昔强行占夺田地之后，李建一方首先会私下跟他们二人进行交涉，希望说服他们主动还田，但经过多次交涉劝说，根据前面的推断，其交涉的时间可能长达三年之久，精张、精昔二人仍然不还田，于是李建最终决定提起诉讼，向官府控告他们。据此可见，当发生财产争夺等民事纠纷时，当事双方通常首先选择私人交涉或者私下调解的方式来解决争端，在私下调解无效的情况下，才诉诸法律或者官府。

“民自言，辞如牒”：“牒”本义指可供书写的简札，可以编联成册。《左传·昭公二十五年》载：“右师不敢对，受牒而退。”孔颖达疏：“牒，札也。于时号令输王粟具成人。宋之所出人粟之数书之于牒。”《汉书·路温舒传》：“取泽中蒲，截以为牒，编用写书。”颜师古注：“小简为牒，编联次之。”而根据汉简资料来看，写在牒上的文书也称为牒或者牒书，通常是作为主文书的附属文书出现，相当于现在我们所说的“附件”。即李建的完整而详细的供词是单独记录在牒上的，这件牒会附在公文后面。所以“辞如牒”的意思是“李建的供词详见牒书”。正因为附有牒书，主文书即“中部督邮掾治所檄”只对李建的陈词做简要交代，省略了很多细节，在为我们留下极大的想象空间的同时，也为我们理解简文、复原事实真相带来很多困难。

“实核[田]所，畀付弹处罪法，明附证验，正处言”：《释文校订稿》改“畀”为“界”，属上读，并将本句改读作“实核田所界，付弹处，罪法明，附证验，正处言”。据图版，“畀”字下部略有漫漶，不能确定其为“界”字，且同简后文有“畀还”的用例，此处作“畀付”意思可通，不宜断开，故应保留整理者原释文及读法。其所改“付弹处，

① 需要说明的是，不论“百[一十六]石”还是“百[十七]石”，都只是推测，并不足以据此否认整理者原释文，在这里提出来仅供参考而已。

② 在修订本文的过程中，看到裘锡圭先生曾讨论过“比晓”的解释，他指出，“比晓，张、昔不还田”，当读作“比晓张、昔，不还田”，意思是“接连晓谕张、昔二人，但他们仍不还田”。参见氏著：《读〈长沙东牌楼七号古井(J7)发掘简报〉等文小记》，《湖南省博物馆馆刊》第3期，岳麓书社2006年版。

罪法明,附证验,正处言”之句读亦值得商榷,按照文意,当以整理者的句读为是,即读作“畀付弹处罪法,明附证验,正处言”。

“弹处罪法”,意即“处断罪法”,史籍中有“平其罪法”、“正其罪法”、“断罪法”等用例,含义与此相同。比如《后汉书·百官志五》州郡条本注曰:“凡郡国皆掌治民,进贤劝功,决讼检奸。……秋冬遣无害吏案讯诸囚,平其罪法,论课殿最。”《后汉书·左雄传》说:“有不承科令者,正其罪法。”《三国志·吴书·诸葛恪传附滕胤传》注引《吴书》曰:“胤每听辞讼,断罪法,察言观色,务尽情理。”因此,“弹处罪法”当连读,不宜断开。如果将“罪法”断开属下读,则“弹处”便无着落。“明附证验”,即清楚明白地附上证验或者证据。

“正处言”,即正确处理评判上报,意同“正处以闻”、“正处上”。汉蔡邕《故太尉乔公庙碑》曰:“(公)收阿罗多、卑居,系炖煌,正处以闻。”《后汉书·蔡邕传》注引《邕集》其奏曰:“邕属张宛长休百日,郃假宛五日。复属河南李奇为书佐,郃不为召。太山党魁羊陟与邕季父卫尉质对门九族,质为尚书,营护阿拥,令文书不觉,郃被诏书考胡母班等,辞与陟为党,质及邕频诣郃问班所及,郃不应,遂怀怨恨,欲必中伤郃。”制曰:“下司隶校尉正处上。”《后汉书·律历志中》熹平论历条说:“延光元年,中谒者亶诵亦非《四分》庚申,上言当用《命历序》甲寅元。公卿百僚参议正处,竟不施行。”

按照《释文校订稿》的读法“付弹处,罪法明,附证验,正处言”,则“罪法明”等语似表明案件已经审理完毕,定罪量刑清楚明白,现附上有关证验,将处理结果如实上报,如此则此段话为下对上之辞,即殷何给中部督邮掾的呈辞。但就整件文书来看,从“中部督邮掾治所檄曰”至“何叩头死罪死罪”之前,均当为殷何所录写的“中部督邮掾治所檄”中的内容,故“付弹处罪法明附证验正处言”等语,当为上对下之辞,即中部督邮掾在下达给督盗贼殷何的文书中对其提出的要求或者命令,此时案件还没有开始审理,不可能给出“罪法明”的断语。因此读作“畀付弹处罪法,明附证验,正处言”,更加切合原意。

“考问张、昔,讯建父升,辞皆曰”:整理者原读作“考问张、昔,讯建父升辞,皆曰”。《释文校订稿》改如前读。按,“讯”的对象是“建父升”,即李建的父亲李升,而非“建父升”之“辞”,因此“辞”当属下读。而且此处之“辞”并指张、昔、升三人之辞,故云“辞皆曰”,当以《释文校订稿》为是。“讯”,即讯问、审问。张家山汉简《奏谳书》简140:“吏讯氏,氏曰……”《奏谳书》简199—201:“讯婢:人从后,何故弗顾?曰:操簦,簦鸣匈匈然,不闻声,弗顾。讯婢:起市中,谁逢见?曰:虽有逢见,弗能智(知)。”①

“升罗,张、昔县民”:“罗”,整理者注云,其下疑脱“人”字。“罗”,长沙郡属县。《史记·屈原列传》“于是怀石遂自沉汨罗以死”条《正义》:“故罗县城在岳州湘阴县东北六十里。春秋时罗子国,秦置长沙郡而为县也。”“县民”,本县民,即临湘县民。根据文意,“罗”下不一定脱“人”字,很可能是省写,意思是“升是罗县民,张、昔是本县民”。

“前不处年中”:“不处年中”系当地习语,同出的3号简牍背面亦有“玄不处年中,备邮亭掾”之说。“处”有“辨察”、“辨别”之意,如《吕氏春秋·有始览》:“察其情,处其形。”“不处年中”当指无法确定具体哪一年。

“升[娉]取张同产兄宗女姃为妻”:“[娉]取”之“娉”,整理者原作“娉(·)”,是释作“娉”字而存疑。但从图版来看,其字形似与“娉”字有别。细审图版,其字左为“女”;右下颇类“丁”,实即“丂”,同简“考问”之“考”下部“丂”正写作“丁”形;右上略漫漶,残存部分作“田”形,从笔势来看,很可能是“由”之残笔,故此字疑当释作“娉”为是②。《说文·女部》:“娉,问

① 分别参见张家山二四七号汉墓竹简整理小组:《张家山汉墓竹简[二四七号墓]》(释文修订本),文物出版社2006年版,第104、109页。

② 叶玉英博士将此字释作“得”(参见氏著:《东汉简牍〈和从书〉所见东汉若干制度探索》,《厦门大学学报》2009年第6期),亦未安,因从图版来看,其字左部从“女”无误。

也。"段玉裁注:"凡娉女及聘问之礼,古皆用此字……而经传概以'聘'代之。"《后汉书·袁术传》:"(袁术)乃遣使以窃号告吕布,并为子娉布女。"

"娉取",即"娉娶"、"聘取"、"聘娶",汉代文献中几者常通用。比如,《史记·滑稽列传》记载邺地三老、廷掾与巫祝勾结,以为河伯娶妇的名义赋敛百姓,"当其时,巫行视小家女好者,云是当为河伯妇,即娉取"。《后汉书·姜肱传》注引《谢承书》记载姜肱与兄弟外出遇劫盗欲杀其兄弟,肱谓盗曰:"弟年幼,父母所怜悯,又未娉娶,愿自杀身济弟。"《后汉书·方术传上·谢夷吾传》注引《谢承书》曰:"县人女子张雨,早丧父母,年五十,不肯嫁,留养孤弟二人,教其学问,各得通经。雨皆为娉娶,皆成善士。"《汉书·元后传》:"先帝弃天下,根不悲哀思慕,山陵未成,公聘取故掖庭女乐五官殷严、王飞君等。"《后汉书·窦武传》:"胡腾及令史南阳张敞共逃辅于零陵界,诈云已死,腾以为己子,而使聘娶焉。"

"张、升、昔供丧葬宗讫":《释文校订稿》改读作"张、升、昔供丧,葬宗讫"。按,此处"丧葬"二字可断开,亦可连读,上文有"持丧葬皇宗事以"(第2、3行),无论断开与连读,前后文当保持一致。

"张、建自俱为口,分田":整理者原读作"张、建自俱为口分田",《释文校订稿》改如前读。按,据文意,"分田"二字断开,句意更加明确,即精张和李建两方自行协商,按照双方的人口数,瓜分田地。如果连读,则易误解为后代的"口分田"。

"以上广二石种与张,下六石悉界还建":"广",整理者注云"广",原字如此。"广"本为字,有鱼检、鱼堎二切,意指小屋。但用于此处不词。细审原简,下部确实未见墨痕,不像是下部漫漶,上部从"广"的残字。推测有可能就是"廣"字之简体。今按,《说文解字》云:"广,因厂为屋也。从厂,象对刺高屋之形。"则广字意指依山建造的房屋。用于简文之中很可能是取其本字之义,而非"廣"字之简体。汉代临湘县即今长沙一带,其地势多有山丘,某个形似依山建造的房屋之状的山丘,很可能被人们径直名之曰"广",本案所牵涉的田地很可能正是位于这样一个丘陵地带,一些田地在高处,即上广之地,一些田地在低处,即下广之地。因此这里的上下很可能是表示田地所处的方位。

"张、昔今年所[界]建田六石,当分税。张、建、昔等自相和从":整理者原读作"张、昔今年所界建田六石,当分税张、建、昔等。自相和从",《释文校订稿》改如前读。据文意,"张、建、昔等"当属下读,为"自相和从"之主语。这里的"分税",当指分取六石田地的税入或者收成,而非分担向国家缴纳的赋税。根据文书所署日期来看,为光和元年九月,已经到了收获庄稼的季节,表明这些土地当年仍是由精张、精昔负责耕种或者经营,虽然李建收回了田地的所有权,但是精张、精昔二人付出了劳动,因此双方达成协议,共同享有收益,并按照一定的比例进行分配。也正因为精昔是"分税"人之一,虽然他没能分得土地,亦同样作为当事人参与"和从"。从"张、昔今年所界建田六石,当分税"一语中"今年"的时间限定来看,大约李建放弃了对前两年田地收益的索讨,既往不咎。

三、涉案人物身份及相关问题探讨

根据简文可知,本案由原告方李建提起诉讼,并最终与被告方精张、精昔达成和解。换句话说,无论是在诉讼过程中还是在达成和解的过程中,原告方始终是以李建的名义进行交涉。李建的父亲李升除了接受一次讯问之外,始终没有以控方的面目出现过,在达成和解的分田协议中,也没有提到过李升。由此导致了对李升的身份问题的质疑。目前有三种意见。

一种意见认为李升是赘婿。主要理由是:第一,本案的案发地为临湘县,李建向临湘官府提起诉讼,临湘官府亦负责审理此案,表明所诤之田必系临湘县辖管;第二,原告李建和被告精张、精昔均为临湘县人;第三,精妊在其娘家当地有自己名下的口分田,表明她婚后一直在娘家当地生活;第四,继承精妊遗产的是儿子李建,而非丈夫李升,表明李升没有继承遗产的合法权利,这应与他的赘婿身份有关①。一种意见认为李升不是赘婿,他为岳父精宗操办完丧事之后"还罗",表明他一直居住在罗县,而不是入赘精家②。还有一种意见认为,李升与精妅的婚姻带有少数民族地区"走婚"或者"不落夫家"的性质,因此李升很可能居妇家,但不能算是赘婿。

仔细分析简文,以及检讨主张李升为赘婿者所提出的几点理由,可以认定李升的身份当为普通的编户齐民,而非赘婿。

首先,分析简文中直接涉及李升身份的几处文字。

简文"升罗,张、昔县民"一句中,整理者认为"罗"后可能脱"人"字,但也很可能因其身份与精张、精昔一样为民,因而省写,如果补充完整,此句或当作"升罗民,张、昔县民"。在司法文书中,通常要明确交代重要涉案人物的身份,而汉代赘婿的身份极其特殊,如果李升是赘婿的话,当会特别注明。另外简文提到李升之子李建的身份为"民",那么李升作为父亲,其身份至少应该跟儿子一致为"民"。

简文"前不处年中,升[娉]取张同产兄宗女妅为妻"一句中,"娉取"之"娉"字,原释作"娉"而存疑,细审图版,其字疑当作"娉"。"娉取"意同"聘娶"。详见上文。全句的意思是:"若干年前,李升聘娶精张之兄精宗的女儿精妅为妻。"既言"娉取",就是将女子接过来成亲,则李升不为赘婿,他和精妅的婚姻属于居夫家的常态婚姻,精妅当是出嫁到李升家,跟李升共同生活在罗县,他们所养育的四个子女也同样一起居住在罗县。即使"娉"字存疑,根据"取"字也基本可以判定李升不为赘婿,如果是赘婿的话,当言"入赘",而非"取"。而且李升和精妅的子女从父姓"李",如果是入赘婚的话,很可能子女应从母姓"精"。

简文云李升在与精张、精昔一同办理完精宗的丧事之后"还罗",从逻辑上讲,这表明李升一直居住在罗县,他的"还",是正常回家。如果是因为某种压力被迫回到罗县,作为司法文书当会明确交代。"替、建皆尚幼小"等语,并不能证明李建兄妹四人是居住在临湘县,由精张、精昔等母方宗族所抚养,相反,很可能正是因为孩子们都还幼小,需要父亲李升的照顾。而且据不久精妅即去世的情形来看,当时精妅很可能也正在病中,需要照料,所以李升在办理完岳父精宗的丧事之后很快就回到罗县家中,无暇对精宗留下的田产进行妥善的安排处理,导致精张、精昔等有了可乘之机。

其次,检讨主张李升为赘婿的几条理由。

第一,关于原告李建是向临湘县官府提起诉讼并由临湘县官府负责审理此案的判断有误,主要是将"监临湘"、"督盗贼"理解为县吏所致。根据简文,受理此案的机构并非临湘县官府,而是督盗贼殷何和监临湘李永,二者均为郡吏,则负责审理此案的机构为长沙郡,而不是临湘县。

第二,关于原告李建和被告精张、精昔均为临湘县人的判断不确。精张、精昔确为临湘县人,但李建应为罗县人。简文云"张、昔县民",意即精张、精昔为本县县民,这样的表述方式只能表明当时审理案件的地点即仇重亭部位于精张、精昔所属县境之内。前文提到临湘县归中部督邮监管,但中部督邮所监管之地当不只临湘一县,简文特别以"监临湘"冠之,则临湘县当是重要的涉案区域。原告李建应该跟父亲李升一样是罗县县民,那么被告精张、精昔当为临湘县县民。可见,虽然本案的审理地点选在临湘县的仇重亭部,但本案所牵涉的区域则不只临湘一地,还包括罗县。这正是本案由两县所隶属的郡级机构负责审理的原因所在。

据简文,负责处理此案的督盗贼殷何、监临湘李永,均当为郡吏。而且从中部督邮掾治所檄来看,未提及有任何县级司法机关审理过此案,表明此案应是由郡级司法机关直接经手的。之所以出现这种情况,当是李建直接向郡级司法机

① 参见黎石生:《长沙东牌楼东汉简牍〈李建与精张诤田自相和从书〉初探》,《湖南省博物馆馆刊》第3期,岳麓书社2006年版。

② 参见贾丽英:《从长沙东牌楼简牍看汉代出嫁女的财产继承》,《光明日报》2007年7月13日史学版;叶玉英:《东汉简牍〈和从书〉所见东汉若干制度探索》,《厦门大学学报》2009年第6期。

关提起了诉讼。因为原告李建是罗县人,而涉及的田产及被告属于临湘县管辖,如果他单独向罗县或者临湘县提起诉讼,很可能面临两县司法机关均无权越界调查处理此案的问题,因此他直接向两县所属的郡级机关即长沙郡提起诉讼。长沙郡受理此案后,派出郡级属吏直接调查处理此案。所以在本案中是由"监部吏役"即中部督邮的下属吏役将有关涉案人员拘押至仇重亭部,由郡吏"督盗贼殷何"亲自审理,并没有见到李建、精张各自所属的县乡官吏参与此案的迹象。这表明,当时跨行政区域的案件很可能通常需要由涉案区域所隶属的更高一级机构直接负责审理,与此相应,跨区域的诉讼很可能也通常越级提起,即直接向有权监管所涉区域的更高一级机构提起,而不必遵循乡、县、郡逐级诉讼的程序。

第三,关于精姃在其娘家当地有自己名下的口分田,以及她婚后一直在娘家当地生活的判断,是对相关简文的误读所致,不确。主要是将简文"张、建自俱为口,分田"读作"张、建自俱为口分田",把其中的"口分田"连读、误解为后世计口授田制度下的"口分田",从而推断精姃名下另外五石没有争议的田地是她在娘家当地的"口分田"。实际上本案中的"自俱为口,分田"是指诉讼双方按人口数量分取精宗留下的八石田地,并非指国家计口授田。

同时,田产所在地不必一定是居住地。东汉时期土地买卖盛行,也存在异地购置、经营田产的现象。在本案中,精姃名下共有十三石田,其中八石田为继承父亲精宗的遗产而获得,而田产属于不动产,出嫁到罗县的精姃自然只能异地继承和经营,当然这不排除她有权通过置换、出售等方式转移财产。另外五石田没有交代来源,很可能是通过购买等方式获取的。

另外精姃名下拥有田产,并不意味着她一定是户主。普通的汉代妇女在公共生活领域如政治生活中的地位虽然不如男性,但她们在私人生活领域尤其是日常生活中所发挥的作用则并不一定在男性之下。即使不是户主,女性也可以拥有属于自己名下的财产以及对这些财产的处分权,比如司马迁的外孙杨恽的后母即拥有数百万财产,并在死后将其全部留给了杨恽①。有资料表明,即使在同居共财的家内,女性也可以拥有私财,《后汉书·独行传·李充传》载:(李充)"家贫,兄弟六人同食递衣。妻窃谓充曰:'今贫居如此,难以久安,妾有私财,愿思分异。'"

汉代妇女和男子一样,可以充当契约主体,从事买卖、借贷等活动。比如中平五年"房桃枝买地券",买卖双方均为女子,完成了一亩土地的交易,价值三千②。扬州甘泉出土东汉"刘元台买地砖券",买方为男子,卖方为女子,完成了一处冢地的交易,价值二万③。王褒《僮约》虽有夸张之辞,但据其"买奴券",可知买方为男子,卖方为女子,完成了一名男奴的交易,价值一万五千④。吴汉的妻子曾经自行购买田产,《后汉书·吴汉传》说"(吴)汉尝出征,妻子在后买田业"。汉代妇女也可以充当债权人,赊贷钱物。居延汉简中保存下来许多债务文书,根据内容可知,其中有一部分债权人是女性。如:"女子周舒君等自言责隧"(58·15A)[4]103,"女子王恩等责候史徐光隧长王根钱四百卌粟五石谓吞远鉼庭候长"(E. P. T52:201)[5]243等。

第四,关于李升是赘婿以及李升对妻子精姃的遗产没有继承权的判断,不充分。主张李升是赘婿的一个重要原因是沿用整理者关于"婥取"一词的释读,认为李升是采取某种手段与精姃成婚,他们的婚姻是非常态的入赘婚。实际上这一

① 《汉书·杨敞传附弟恽传》载:"初,恽受父财五百万,及身封侯,皆以分宗族。后母无子,财亦数百万,死皆予恽,恽尽复分后母昆弟,再受訾千余万,皆以分施,其轻财好义如此。"

② 其券文云:"中平五年三月壬午朔七日戊午,雒阳大女房桃枝,从同县大女赵敬买广德亭部罗西造步兵道东冢下余地一亩,直钱三千,即日毕……"(罗振玉:《贞松堂集古遗文》卷15)

③ 其券文云:"嘉平五年七月庚寅朔十四日癸卯,广武乡乐成里刘元台从同县刘文平妻买得代夷里冢地一处,贾钱二万,即日钱毕……"(蒋华:《扬州甘泉山出土东汉刘元台买地砖券》,《文物》1980年第6期)

④ 其券文曰:"神爵三年正月十五日,资中男子王子渊从成都安志里女子杨惠买夫时户下髯奴便了,决卖万五千……"(严可均:《全汉文》卷42,王褒《僮约》)

理由恰好与李升为赘婿的结论相悖,如果李升为赘婿,其地位低下,则他不太可能采取某种非常手段强制达到与精延结婚的目的(认为李升和精延的婚姻与南方地区少数民族“走婚”以及“不落夫家”的婚俗有关,也主要是基于整理者对“娉取”一词的释读,从而将其与“抢婚”习俗相联系,本文不赘述)。认为李升对妻子的遗产没有继承权的理由是,在本案中李升没有出面提起诉讼,在分田的和解协议中也没有提及李升。事实上,本案中的诉讼提起人为李建,只能说明本案的控方代表为李建,并不意味着李建是母亲精延财产的唯一继承人。实际上也不难判断,如果李建胜诉,则全家人包括李升及儿女们都是受益者。且已成年的李建作为家中的“嫡长子”,既有责任也有资格代表全家提起诉讼,更何况从策略上考虑,以嫡长子的身份出面“讨回”母亲留下的田产,更容易获得司法同情和舆论同情,从而增加胜算。

[说明:本文在修改过程中,得到中国社会科学院历史研究所马怡先生、赵凯先生及清华大学历史系侯旭东先生的指教和帮助,与韩国梨花女子大学李明和先生的讨论亦受益良多,谨此一并致谢]

【参考文献】

[1]严耕望.秦汉地方行政制度[M].上海:上海古籍出版社,2007.

[2]睡虎地秦墓竹简整理小组.睡虎地秦墓竹简[M].北京:文物出版社,1990.

[3]李均明,何双全.散见简牍合辑[M].北京:文物出版社,1990.

[4]谢桂华,李均明,朱国炤.居延汉简释文合校[M].北京:文物出版社,1987.

[5]甘肃省文物考古研究所,甘肃省博物馆,文化部古文献研究室,中国社会科学院历史研究所.居延新简[M].北京:文物出版社,1990.

第26卷第3期
2006年5月

简牍所见西汉马政

黄敬愚*

【摘　要】 马政是古代国家对于官用马匹的采办、牧养、管理、使用等方面所实施的行政管理制度。它是古代兵制、邮驿制度、财赋制度的重要组成部分。汉简中的材料显示，西汉政府对马政相当重视，汉武帝想通过天马来改良马的品种，但效果并不明显；汉廷对厩马食粟有统一的规定，厩马食粟的多少折射出西汉不同时期的经济状况；西汉官方马厩遍布全国，各有分工，相互配合，政府对马厩有较严格的管理，显现出西汉政府良好的行政秩序。

【关键词】 西汉；马政；传置；汉简

一、天马入华考

西汉一代，北部边疆常常受到匈奴的侵扰，战事不断。战争不仅需要大量的马匹，而且马的品种是十分重要的，晁错就曾感叹中国的马与骑不如匈奴[1]（《晁错传》）。战争的需要使汉武帝迫切地想改良中原马的品种。汉武帝初“得乌孙马好，名曰‘天马’。及得大宛汗血马，益壮，更名乌孙马曰‘西极’，名大宛马曰‘天马’云”[2]（《大宛列传》）。

天马的品种优于中国境内的蒙古马和中原马，蒙古马比较矮小，平均体高在125cm上下，而优良骑乘一般为150—165cm[3]21。从秦始皇兵马俑出土的马俑来看，秦俑一号坑所出陶马，其肩高最低者124cm，最高者147cm，平均约高135cm。秦俑坑陶马，是对照秦宫厩苑内之马塑造的[4]373，这应是秦马的实际高度。汉初马的高度也应与此相当。

天马的具体体高今天虽然我们不得而知，但应是高于蒙古马和中原马的。在阿尔泰地区的巴泽雷克古墓中发现有10匹金黄色和枣红色公马，学者认为是汉血马。巴泽雷克古冢下面的冻土使马的尸体得以完全保存，经维土教授研究认为，这些马完全不像“蒙古马”。它们躯体高大匀称，强壮结实，与阿哈耳贴卡的“土库曼马”极其相似[5]28。维土教授的研究表明汗血马比蒙古马高大。

汉武帝十分喜好天马，曾做《西极天马歌》抒怀，其辞曰：“天马来兮从西极，经万里兮归有德。承灵威兮降外国，涉流沙兮四夷服。”这首诗歌显示汉武帝求天马的动因是为了“降外国”，“四夷服”，开拓疆土。为了获取天马，汉武帝甚至不惜发动战争。汉人初得天马在太初四年（前101年），贰师将军李广利斩大宛王首，取其善马数十匹，中马以下牝牡3000余匹[1]（《李广利传》）。此后，大宛岁献天马2匹，成为常制，汉政府所获天马逐渐多了起来，史载“及天马多，外国使来

* 黄敬愚（1971—　），女，汉族，四川省成都市人，北京大学国学研究院在读博士研究生，主要从事汉魏六朝文化史研究。

众,则离宫别观旁尽种蒲萄、苜蓿极望"[2]（《大宛列传》）。

敦煌悬泉汉简也表明公元前74年,汉宣帝之时,西汉政府仍从大宛获取天马,汉与大宛在宣帝时保持着良好的关系。

元平元年十一月己酉,□□诏使甘□□迎天马敦煌郡。为驾一乘传,载御一人。御史大夫广明下右扶风,以次为驾,当舍传舍,如律令。(Ⅱ0115④:37)[6]104

那么汉政府获取天马以后,马的品种是否得到改良了呢?敦煌悬泉出土的《传马名籍》反映了汉马的平均体高:

传马一匹,駹,牡,左剽,决两鼻两耳数,齿十九岁,高五尺九寸……(Ⅴ1610②:10)

私财物马一匹,騩,牡,左剽,齿九岁,白背,高六尺一寸,小畜。补县(悬)泉置传马缺。(11简)

传马一匹,騩,乘,白鼻,左剽,齿八岁,高六尺,驾,翟圣,名曰全(?)厩。厶卩。(12简)

……尺六寸,驾,名曰葆橐。(13简)

传马一匹,骓,乘,左剽,决右鼻,齿八岁,高五尺九寸半寸,骖,名曰黄爵(雀)。(14简)

传马一匹,駹,乘,左剽,八岁,高五尺八寸,中,名曰仓波,柱。(15简)

传马一匹,骝,乘,左剽,决两鼻,白背,齿九岁,高五尺八寸,中,名曰佳□,柱,驾。(16简)

传马一匹,赤骝,牡,左剽,齿八岁,高五尺八寸,驾,名曰铁柱。(17简)

传马一匹,骍驹,乘,左剽,决两鼻,白背,齿九岁,高五尺八寸,骖,吕戟,名曰完幸。厶卩。(18简)

私财物马一匹,駹,牡,左剽,齿七岁,高五尺九寸,补县(悬)泉置传马缺。(19简)

建始二年三月戊子朔庚寅,县(悬)泉厩啬夫欣敢言之:谨移传马名籍一编,敢言之。(20简)(Ⅴ1610②:11—20)[6]81—82

以上是汉成帝建始二年(前31年)悬泉置的传马名籍。中间或有脱落,但传马的情况由此可见一斑。名籍中最高的马高六尺一寸,一般马高五尺八九寸。西汉尺与周尺同,一尺合今23cm,六尺一寸合140.3cm,五尺八寸合133.4cm,五尺九寸合135.7cm。也就是说,传马的高度大体在130cm至140cm。结合景帝时禁止马高五尺九寸以上者出关的禁令,我们可以大体认为汉马平均高度在135cm左右,同秦代基本一致。

从以上分析,我们得知汉武帝急切求得天马的原因在于改良中原马种,以便在同异族的战争中取得优势,从而开拓国疆。太初四年,贰师将军取大宛中马以下牝牡3000余匹,从牝牡对称来看,这批马应是作为种马用的,但效果如何呢?从成帝时的传马名籍来看,在普遍意义上,马种似乎没得到什么改良。

二、厩苑考

《汉书》卷19《百官公卿表第七上》曰:

太仆,秦官,舆马,有两丞。属官有大厩、未央、家马三令,各五丞一尉。又车府、辂軨、骑马、骏马四令丞。又龙马、闲驹、橐泉、騊駼、承华五监长丞。又边郡六牧师菀令,各三丞。又牧橐、昆蹏令丞皆属焉。中太仆掌皇太后舆马,不常置也。武帝太初元年更名家马为挏马,初置辂軨。

西汉养马机构主要由长安及其附近的马厩、各传置的马厩与边郡牧马苑构成。长安及其附近的马厩、边郡牧马苑由太仆主管,其令、监、丞也是太仆属官。太仆位列九卿,可见汉政府对马政的重视。

(一)长安及长安附近的马厩

天子六厩　《后汉书·百官志》曰:"本注曰:旧有六厩,皆六百石令。"这六厩的具体名称各家说法不一。《汉旧仪》云:"天子六厩,未央、承华、騊駼、骑马、辂軨、大厩也,马皆万匹。"[1]（《百官公卿表第七上》）《三辅黄图》中将辂軨厩列在"未央宫"条下,又曰:"辂軨厩在未央宫中,掌宫舆马,亦曰未央厩。"《汉书·五行志》载"宣帝黄龙元年,未央殿辂軨中雌鸡化为雄",此亦可证辂軨厩在未央宫中。据此,则辂軨厩似应即是未央厩。然《汉书·百官公卿表》中未央厩、辂軨明为二厩,其下设属官亦不相同,《三辅黄图》的说法并不可信。

六厩的设置不是一成不变的,在不同的时代有变化。在秦始皇兵马俑马厩坑出土的器物上有“大厩四斗三升”(铜盆)、“中厩”(陶罐)、“小厩”(陶盆、陶罐)、“宫厩”(陶罐)、“左厩容八斗”(陶盆)的字样,此为五厩,加上《史记·李斯列传》中有“外厩”的说法,秦代大概已有六厩之设。汉代六厩是承秦之制,但是名称基本都变了。《汉官仪》曰“未央宫六厩、长乐、承华等厩令皆秩六百石”,按《汉官仪》的说法未央宫设有六厩,此六厩具体之名今已不可考。《汉官仪》将长乐列为六厩之一,可能是六厩的一种变化。《后汉书·百官志》注云:“《前书》曰,有大厩、未央、家马三令,各五丞一尉。又车府、辂軨、骑马、骏马四令丞。晋灼曰:‘六厩名也,主马万匹。’”则家马、骏马应曾是六厩之一。

未央厩　设令一人,下设五丞一尉。《后汉书》云未央厩令为六百石,但是张家山汉简二四七号墓中“秩律”云未央厩令八百石,“丞、尉各半之”[7]195。《汉书·成帝纪》载成帝阳朔二年(前23年)除八百石、五百石秩。注引李奇曰:“除八百就六百,除五百就四百。”就是说未央厩令在成帝阳朔二年以前是八百石吏,以后才降为六百石。《十钟山房印举》举二有“未央厩丞印”,《十六金符斋印存》中收有“未央厩监”印,六厩监、令大概可能通称。又武帝时期门郎上官桀迁为未央厩令。未央厩属未央宫,《三辅黄图》曰“未央、大厩在长安故城中”[8]135—136,掌宫中舆马,马万匹。按,金日磾曾养马金马门,那么未央宫金马门也设有马厩。

辂軨厩　设令一人,六百石,下设五丞一尉,马万匹,设于武帝太初元年(前104年),“主乘舆路车,又主凡小车。軨,今之小马车曲舆也”[1](《百官公卿表第七上》注引)。

承华厩　设监一名,秩六百石,下设长承,马万匹。

騊駼厩　设监一名,秩六百石,下设长丞,马万匹。如淳曰:“騊駼,野马也。”师古曰:“騊駼出北海中,其状如马,非野马也。”[1](《百官公卿表第七上》注引)未详孰是。厩在长安城外。

骑马厩　设令一人,六百石,下设五丞一尉,马万匹。《汉书·严安传》载严安为骑马令。师古曰:“主天子之骑马也。”

大厩　设令一人,六百石,下设五丞一尉,马万匹,在长安城中。

骏马厩　设令一人,六百石,下设丞一人。《汉书·傅介子传》中载“元凤中,介子以骏马监求使大宛”,骏马监应就是骏马令。从马厩名称看,此厩养的应是品种优良的马。

家马厩　设令一人,六百石,下设五丞一尉,皆属太仆。颜师古曰:“家马者,主供天子私用,非大祀戎事军国所须,故谓之家马也。”[1](《百官公卿表第七上》注引)武帝太初元年(前104年)更名家马为挏马,主乳马,马万匹[1](《地理志》)。

除天子六厩外,西汉还在各地设厩养马,悬泉置Ⅱ0214②:556简提到长安、新丰、郑、华阴、渭成(城)、扶风诸厩,分布在长安东、西两面。东线:长安、新丰、郑、华阴属京兆尹,西线:渭城、扶风属右扶风,均为三辅地区。从史籍上来看,长安附近的马厩尤多,现在考释如下。

车府厩　设令一人,六百石,下设丞一人,主乘舆诸车[9](《百官志二》)。秦有车府令,赵高曾任此职。

龙马厩　设监一名,秩六百石,下设长丞。《周礼·夏官》庾人说“马八尺以上为龙”,周尺八尺合今184cm,可见龙马指的是高头大马。汉郊祀天马歌中有“太一贡兮天马下,沾赤汗兮沫流赭。骋容与兮跇万里,今安匹兮龙为友”,“天马来,龙之媒”之句,所以龙马厩可能就是大宛厩,主养天马。

闲驹厩　设监一名,秩六百石,下设长丞。师古曰:“闲,阑,养马之所也,故曰闲驹。”[1](《百官公卿表第七上》注引)

都厩　天子车马所在。《汉书·惠帝纪》载,惠帝三年(前192年),秋七月,都厩灾。

中厩　皇后车马所在,设令[2](《高惠高后文功臣表》),八百石[7](《秩律》)。秦有中厩,《史记·李斯列传》提到“中厩之宝马”。

交道厩　晋灼曰:"交道厩去长安六十里,近延陵。"[1](《谷永传》注引)

栘中厩　设监,苏武曾任栘中监。应劭曰:"栘,地名。监,其官也,掌鞍马鹰犬射猎具。"如淳曰:"栘,《尔雅》'唐棣,栘也'。栘园之中有马厩也。"[1](《昭帝纪》注引)

果马厩　张晏曰:"汉厩有果下马,高三尺,以驾辇。"师古曰:"小马可于果树下乘之,故号果下马。"[1](《霍光传》注引)《后汉书·东夷传·濊传》言濊产果下马,大概果马厩所养乃一种特殊的小马,这种马的产地在濊。

霸昌观　《三辅黄图》曰"霸昌观马厩在长安城外",《正义》引《括地志》云:"汉霸昌厩在雍州万年县东北三十八里。"

橐泉厩　设监一名,秩六百石,下设长丞。如淳曰:"橐泉厩在橐泉宫下。"《正义》庙记云:"橐泉宫,秦孝公造。祈年观,德公起。盖在雍州城内。"橐泉厩也应该在雍州城内。

《三辅黄图》中提到翠华厩、大辂厩、軶梁厩、胡河厩在长安城外,但其他情况不详,从名字看大辂厩、軶梁厩应是主管车马的。

(二)各传置马厩

汉代在全国各地设传置以传递邮件,因此各传置都设有马厩养马备用。《晋书·刑法志》引《魏新律序》曰:"秦世旧有厩置、乘传、副车、食厨。汉初,承秦不改。后以费广稍省,故后汉但设骑置而无车马,而律犹著其文,则为虚设,故除厩律取其可用合科者,以为《邮驿令》。"汉初承秦而有传车、驿马,后来则主要使用驿马。汉代对于传置中的马根据其高度而分别使用,《汉书·高帝纪》如淳曰:"律,马高足为置传,四马中足为驰传,四马下足为乘传,一马二马为轺传,急者乘一乘传。"

那么传置的设置情况如何呢?据《续汉书》志第29《舆服上》载,汉制"驿马三十里一置,卒皆赤帻绛鞲云"。但是事实上传置并非按照30里一置设置的。甘肃居延和悬泉出土了记载西北传置名称和它们之间相距里程的简牍,是了解当时交通的珍贵史料。

长安至茂陵七十里
茂陵至茯置卅五里
茯置至好止七十五里
好止至义置七十五里(以上为第一栏)
月氏至乌氏五十里
乌氏至泾阳五十里
泾阳至平林置六十里
平林置至高平八十里(以上为第二栏)
媪围至居延置九十里
居延置至觻里九十里
觻里至㯪次九十里
㯪次至小张掖六十里(以上为第三栏)
删丹至日勒八十七里
日勒至钧著置五十里
钧著置至屋兰五十里
屋兰至氐池五十里(以上为第四栏)(E. P. T59:582)[10]

仓松去鸾鸟六十五里
鸾鸟去小张掖六十里
小张掖去姑臧六十七里
姑臧去显美七十五里。……(A 第一栏)
……
氐池去觻得五十四里
觻得去昭武六十二溜府下
昭武去祁连置六十一里
祁连置去表是七十里……(A 第二栏)
……
玉门去沙头九十九里
沙头去乾齐八十五里
乾齐去渊泉五十八里
右酒泉郡县置十一·六百九十四里(A 第三栏)(Ⅱ0214①:130)[6]56

以上31个置属于8郡27个县,除茯置、平林、钧著、祁连四置为小地名、山名或水名外,其他27置均为县名。各置间相隔的距离最远的99里,最近的35里,基本是按照一天的里程设置的。这些传置多是因河而设,靠近山麓,这一方面是为了交通的便利,另一方面也有利于牧马。各传置养马的情况今不甚详,现在出土的汉简仅明确提到昭武与吞远两个厩。

昭武厩　居延汉简51·23曰:“昭武厩令史,乐成里公乘尹昌,年卅二。”[11]89昭武厩设有令,应是一个大厩。《汉书·地理志》张掖郡下有昭武县。张掖郡位于祁连山北麓,是丝绸之路与居延古道的交会处,自古就是游牧民族的居住地。春秋至秦月氏居其地,其后是匈奴人,武帝太初元年置郡。昭武居张掖之中,6世纪中亚的昭武九姓就是昭武月氏人的后代。张掖郡是汉代重要的北部边郡,常屯住大量骑兵,而张掖的自然环境又适合放牧,因此在昭武设厩是有战略意义的。

吞远厩　居延汉简174·17简曰:“吞远厩甘露元年十月出食。”[11]276情况不详。

(三)牧马苑

汉代又在秦边郡牧马苑的基础上“益造苑马以广用”,设牧苑“三十六所,分布西边北边,以郎为苑监,官奴婢三万人,分养三十万头”[1](《景帝纪》)。牧马苑的马主要应是战马。《汉书·百官公卿表》曰:“边郡六牧师菀令,各三承,又牧橐、昆蹏令丞。”六牧师菀设在哪里呢?《汉书·地理志》载北地郡灵州县有河奇苑、号非苑,归德县有堵苑、白马苑,郁郅县亦云“有牧师菀官”,则北地郡一郡就有五苑[1](《地理志下》)。《补注》引钱大昭曰:“汉制牧师苑官有六郡,谓陇西、天水、安定、北地、上郡、西河也。”[12]786《周叔弢生捐献玺印选》中录有“西河马丞”印[13],《汉印文字征》第十记有“北地牧师骑丞”印[14],可与钱说相证。综合《汉书·地理志》与钱说,则汉代六牧师苑可能分布于陇西、天水、安定、北地、上郡、西河六郡,而各郡牧师苑下面又设有分苑。

从上面的考证可以看出,汉代的长安及长安附近的马厩、各传置的马厩、边郡的牧马苑在功能上各不相同,互为补充。长安及长安附近的马厩所养之马主要是供皇室车马、骑乘之用,各传置的马厩之马主要是用于传车、驿马,而边郡牧马苑的马则主要应是军马。

三、厩马食粟

汉初国家贫弱,马匹十分匮乏,“天子不能具钧驷,而将相或乘牛车……马一匹则百金”[2](《平准书》),高祖、孝文、孝景皇帝,厩马仅百余匹[1](《贡禹传》)。西汉政府鼓励民间大力养马,文帝前元二年(前178年),政府颁行“马复令”,“令民有车骑马一匹者,复卒三人”[1](《食货志上》),用养车骑马一匹,免三人徭役的办法鼓励民间养马。汉初朝廷一方面发展养马,另一方面也极力防止马匹的流失,故立法禁马私出入关,诏令如:

> □议,禁民毋得私买马以出扜(扞)关、郧关、函谷[关]、武关及诸河塞津关。其买骑、轻车马、吏乘、置传马者,县各以所买名匹数告买所内史、郡守,内史、郡守各以马所补名为久久马,为致告津关,津关谨以藉(籍)、久案阅,出。诸乘私马入而复以出,若出而当复入者,出,它如律令。御史以闻,请许,及诸乘私马出,马当复入而死亡,自言在县官,县官诊及狱讯审死亡,皆津关。制曰:可。[7]208

买马出关者要在当地登记所买匹数,各县上报内史、郡史,经注册批准后,通知津关,然后才能出关,可见汉代对于私马出关控制是相当严格的。汉景帝更进一步规定:“禁马高五尺九寸以上,齿未平,不得出关。”[1](《景帝纪》)

为了同匈奴作战,汉时经常保持一支10万人左右的骑兵队伍。每次出兵匈奴,少则三四万,多则近20万骑兵。《汉书·百官公卿表》载汉代置八校尉,其中四校尉掌骑兵——屯骑校尉掌骑士,越骑校尉掌越骑,长水校尉掌长水宣曲胡骑,又有胡骑校尉,掌池阳胡骑。另有羽林骑。骑兵的增加,大大增强了对马的需求。汉武“为伐胡,盛养马,马之来食长安者数万匹”[2](《平准书》)。到武帝初年,民间养马遍及城市大街小巷,千家万户,乡村田间道路更是到处充斥着来往的马群。至此,西汉的养马业初具规模。《玉海》卷148引魏王朗说汉武帝“雄卫霍张皇之师,勒兵塞上,厩马有四十万匹”。加上地方养马,数字会更高。

秦汉养马精饲料与粗饲料并用,精饲料以菽、粟等粮食为主,粗饲料主要是谷物的草秸,如茭。马匹数量的增多必然要消耗大量粮食,那么汉代的农业经济能够为养马业提供足够的粮食吗？史载汉马食粟的情况是不清楚的,但是出土的汉简弥补了这一空白。

> □□马日匹二斗粟、一斗尌(?)传马、使都、都厩马日匹尌一斗半斗(张家山汉简二四七号墓四二五))[7]190

这是《金布律》中的内容,反映了汉初厩马食粟的情况。马前字缺,但是二斗粟是清楚的,“尌”字疑是“菽”字,无论如何都应是粮豆类的精饲料。因此可推测,汉初厩马食粟每匹每日应在一斗半至两斗左右。

汉武养马最盛之时有马40万匹,按匹日斗五升算,则日需粟6万斛,则一年要消耗粟2190万斛。这2190万斛对汉政府来说意味着什么呢？我们来算笔账。

> 粟一石,直百一十(居延汉简167·2)[11]268。
>
> 出钱二百廿,籴粱粟二石,石百十一……出钱二百一十,籴黍粟二石,石百五。(居延汉简214·4)[11]334

可见汉代边郡一石粟在百钱左右,低时也可至每石35钱,“入谷六十六石,直钱二千三百一十八”(居延汉简303·3)。《汉书·冯奉世传》载永光二年,“京师谷二百余,边郡四百,关东五百”,如果按此比例,则边郡谷价贵京师近一倍。平均下来,按谷斛70钱算,40万匹马食粟一年约需15亿钱。即使汉武帝时谷贱,按斛30钱算也需6亿多钱。《汉仪注》曰:“民年七岁至十四出口赋钱,人二十三。二十钱以食天子,其三钱者,武帝加口钱以补车骑马。”[1](《昭帝纪》注引如淳语)公元2年全国的人口统计是59594978人[15]632,假定1/5的人口是7—14岁的儿童,每人交纳口赋3钱以补车马,那么总额是3.575千万钱,这笔钱显然是远远不够40万匹马的费用的。而汉武帝时人口数应比元始时要少,所得应更少。养马的费用恐怕很大一部分要从算赋中出,《汉仪注》曰:“民年十五以上至五十六出赋钱,人百二十为一算,为治库兵车马。”[1](《高帝纪》注引如淳语)《新论·谴非》曰:“汉宣以来,百姓赋钱一岁为四十余万万,吏俸用其半,余二十万万藏于都内,为禁钱。少府所领园地作务之八十三万万,以给宫室供养诸赏赐。”[16]22假定汉武时代的算赋收入与宣帝时相当,那么要用至少1/7的收入来养马,这显然是国家财政无法承担的。但是汉武初年,因前代的积累,国家很富庶,“都鄙廪庾尽满,而府库余财。京师之钱累百巨万,贯朽而不可校。太仓之粟陈陈相因,充溢露积于外,腐败不可食”[1](《食货志上》)。因此,汉武帝是凭着前代的积累,用国家仓廪之陈粟、国库之余财负担着40万匹马食粟的巨额开支。

游牧民族以拥有马匹的多寡来计算财富,而在西汉数量众多的马匹却成为国家的一个负担,原因在于对于游牧民族来说,其居住环境适合放牧,养马不需要消耗大量的粮食,同时马匹是重要的食物来源;而对于以农业为基础的汉民族来说,马匹的作用主要在于战争与交通,为了饲养马匹要消耗掉大量粮食,这就决定了马的消耗者的地位。这种差异是不同的生产、生活方式造成的。

随着对匈奴战争的展开,战马大量死亡,军马死者十余万匹[2](《平准书》),马匹十分匮乏。史载,“元狩五年(前118年)天下马少,平牡马匹二十万”[1](《武帝纪》);元鼎五年(前112年),“车骑马乏绝,县官钱少,买马难得”[2](《平准书》);太初二年(前95年)五月,籍吏民马,补车骑马[1](《武帝纪》),都说明元狩四年以后相当长的时间内马不足用。汉武帝为此采取了一系列措施:“乃着令,令封君以下至三百石以上吏,以差出牝马天下亭,亭有畜牸马,岁课息。”[2](《平准书》)征和以后又重修马复令[1](《西域传·渠犁传》)。通过免役的方式鼓励养马。又在边郡大力发展畜牧业,“令民得畜牧边县,官假马母,三岁而归,及息什一,以除告缗,用充仞新秦中”[2](《平准书》)。

武帝时频繁的大规模战争消耗了国家财富,到昭帝时注重深根固本,轻徭薄赋,发展农业生产,而养马的规模大大缩减。“罢天下亭母马及马弩关”[1](《昭帝纪》),又“颇省乘舆马及苑马,以补边郡三辅传马”[1](《昭帝纪》)。元凤二年,令郡国毋敛当年马口钱。元凤四年、五年又免收两年口钱,而口钱的一部分是用来养马的。昭帝不如武帝盛养马,国家经济又回到了大力发展扶持农业的轨道上。

宣帝时本始三年(前71年)曾一次发兵15

万骑击匈奴，加上置传马、车舆马等，保守估计宣帝时官马在20万匹以上。

元帝初年，厩马食粟将万匹，大臣贡禹批评说“厩马食粟，苦其大肥”[1]（《贡禹传》），认为这是一种浪费，建议裁损至数十匹。贡禹的态度在当时应是有代表性的。元帝即位之初，天下大水，关东11郡尤甚。二年，齐地饥，谷石三百余。因此元帝省苑马，太仆减谷食马，厩马食粟定额恐怕要低于《二年律令》的规定。

敦煌悬泉出土了成帝建始元年给厩马加食的令文，使我们可以了解到成帝以后的情况：

制曰：下大司徒，大司空，臣谨案：令曰：未央厩、骑马、大厩马日食粟斗一升、叔（菽）一升。置传马粟斗一升，叔（菽）一升。其当空道日益粟，粟斗一升。长安、新丰、郑、华阴、渭成（城）、扶风厩传马加食，匹日粟斗一升。车骑马，匹日用粟、叔（菽）各一升。建始元年，丞相衡、御史大夫谭。（Ⅱ0214②:556）[6]5

据《汉书·百官公卿表》：丞相更名大司徒在元寿二年（前1年），御史大夫更名为大司空在绥和元年（前8年），此简当是元寿二年后追述成帝建始元年（前32年）事。

按建始元年令，食粟最多的是当空道的置传马，每匹日食粟二斗二升，菽一升，最少的是车骑马，每匹日食粟、菽各一升。成帝建始二年（前31年）秋，减乘舆厩马[1]（《成帝纪》），此事在厩马加食一年后，二者间应有联系。成帝时政府总体上奉行与民休息的政策，又建始元年十二月大风，郡国受灾十四以上，令不收田租，遂有次年减乘舆厩马之事。

以上两个厩马食粟的规定其实际执行状况如何呢？

右令史以下百二人，马百二匹，匹一斗五升，用粟十五石三斗。校尉、候、司马以□用廿一石三斗。（悬泉置Ⅱ0214①:48）

□马八匹十月食，积二百廿匹，匹一斗二升。（居延汉简65·2）[12]112

孙卿食马廪，计月晦日食马二斗，月二日食粟二斗，三日食二斗，四日食二斗，十月廿三日食马二斗。（居延汉简414·1A）[12]557

出糜二石六斗。以食候史吴偃私马一匹，五月壬戌尽甲戌十三日食。出糜一石四斗三升，以食候史吴（偃），五月壬戌尽甲戌十三日食。（敦煌汉简九OD八:四五）[17]

悬泉置当空道按建始元年规定应食粟二斗二升，菽一升，但仅食粟一斗五升，在《二年律令》中也是低额。而敦煌疏勒河北三墩简中食候史私马又为匹日二斗，居延简也为匹日二斗，由此可看出厩马食粟的规定在实际执行的过程中并不十分严格，并且多数更接近《二年律令》的规定，当然这并不排除这些简的时代都在建始之前的可能性。

总之，张家山和悬泉置汉简关于厩马食粟定额的记载，为我们提供了对汉政府不同时期养马的数额和官马食粟定额的变化分析依据。通过分析我们看到，西汉在汉武时代国力强大，同匈奴战事也最盛，汉武帝大力鼓励畜牧业的发展，养马业也随之繁荣。但是汉代在根本上是一个农业社会，农业的发展是畜牧业发展的前提，因此就决定了养马业随农业的波动而波动的态势，往往是农业发展，养马业也随之发展，农业的衰落也会带来养马业的衰落。

四、厩马的管理

悬泉置汉简显示，汉代对于马的饲养管理都是相当完善的，反映了汉政府管理的细密与有序。

告县、置食传马皆为□札，三尺廷令齐壹三封之。（Ⅱ0114S:36）[6]18

《传马名籍》已经说明，汉代的传马皆一一登记在册，从颜色、标记、体高到年龄都有详细记录。此简更进一步说明，甚至对于向上级报告县、置饲养传马的账目都统一规定要用简册。

汉代有《厩律》，《晋书·刑法志》曰：“汉承秦制，萧何定律，除参夷连坐之罪，增部主见知之条，益事律《兴》、《厩》、《户》三篇，合为九篇。”悬泉置汉简（87—89C:9）上有“厩令”二字。张家山二四七号墓出土中有汉律出土，虽不见《厩律》，但是《金布律》、《津关律》、《传食律》中有几条是有关马的。睡虎地秦墓竹简中出土了部分秦代“厩苑律”,大体是讲放牧的官马牛死后,归当地政府,入官不及时令肉质腐败的,要按价赔偿;厩马死后,筋、革等所卖之价归官;乘马死在外地的,死后卖得之钱归所死之县。悬泉置汉简所反映的情况与秦“厩苑律”比较类似。

传马死二匹,负一匹,直(值)万五千,长、丞、掾、啬夫负二,佐负一。(Ⅰ0205②:8)[6]18

建昭元年八月丙寅朔戊辰,悬泉置厩佐夫欣敢言之:爰书:传马一匹骍驳,牡,左剽,齿九岁,高五尺九寸,名曰骍鸿。病中肺,欬涕出睾,饮食不尽度。即与啬夫遂成、建杂诊:马病中肺,欬涕出睾,审证之。它如爰书。敢言之。(Ⅱ0314②:301)[6]24

五凤四年九月己巳朔己卯,悬泉置丞可置敢言之:廷移府书曰,效谷移传马病死爰书:悬泉传马一匹,骊,乘,齿十八岁,高五尺九寸,送渠犁军司[马]令史……(Ⅱ0115③:98)[6]116

若有传马死了,要将死因等情况一级级上报,然后再指定专人核查是否属实。若管理人员对马的死负有责任,那么就按市价做出赔偿,主管官员及饲养人员按比例分摊。传马死后,骨肉、革等所卖之钱入归国库。

传马一匹,骢骍,乘,左剽,齿九岁,高五尺六寸,名曰蒙华。建昭二年十二月丙申病死,卖骨肉,受钱二百一十。(Ⅱ0111②:2)[6]84

效谷移建昭二年十月传马薄(簿),出悬泉马五匹,病死,卖骨肉,直钱二千七百,校钱薄(簿)不入,解……(01162②:69)[6]85

……骢,乘,齿十八岁,送渠犁军司马令史勋,承明到遮要,病柳张,立死,卖骨肉临乐里孙安所,贾(价)千四百,时啬夫忠服治爰书,误脱千以为四百。谒它爰书,敢言之。(A)

守啬夫富昌。(B)(Ⅱ0114③:468)[6]112

此三简是关于传马死后卖骨肉的记载,第二简,是核对传马簿时发现有一匹马死后卖得之钱未入钱簿,而责问的书简,第三简是关于传马骨肉所卖之价的一个更正,说明当时的管理是很严格的。

汉武帝十分重视养马的情况,他曾视察未央厩马,见马瘦而大怒,也曾于游宴之时阅马,金日磾因马肥好而受到提拔。因此可推想对马官的考课大概是通过上级主管官吏视察马之肥瘦、多寡而论赏罚。悬泉置汉简也证明了这一点。

护羌使者方行部,有以马为盗,长必坐论。过广至,传马见四匹,皆瘦,问厩吏,言十五匹送使者,太守用十匹。(Ⅱ0215③:83)[6]156

护羌使者巡行辖区,发现广至的传马只有四匹,而且都很瘦,于是询问是怎么回事。这里透露出对厩吏的两个考课标准:马的肥瘦与多寡。如果马被盗,主管之官员就要受到处罚。

可见,西汉政府对厩马的管理是有成法可依的。其基本模式是自上而下,层层考课,责任到人。如果有什么差错,从令史到啬夫都要受罚。

综上,我们可以看到,西汉政府对马政是相当重视的。他们注重改良马的品种,全国各地的马厩也各有分工的不同,马的使用与管理都有一套行之有效的制度。马政在一定程度上,透露出了西汉政府管理的有序。

【参考文献】

[1]班固.汉书[M].北京:中华书局,1962.
[2]司马迁.史记[M].北京:中华书局,1959.
[3]谢成侠.中国养马史[M].北京:科学出版社,1959.
[4]陕西省考古研究所,始皇陵秦俑坑考古发掘队.秦始皇陵兵马俑坑一号坑发掘报告(1974—1984)[R].北京:文物出版社,1988.
[5]吉谢列夫.南西伯利亚古代史:下册[M].乌鲁木齐:新疆社会科学院民族研究所,1985.
[6]胡平生,张德芳.敦煌悬泉汉简释粹[M].上海:上海古籍出版社,2001.

[7]张家山二四七号汉墓竹简整理小组.张家山汉墓竹简二四七号墓[M].北京:文物出版社,2001.
[8]陈直.三辅黄图校证[M].西安:陕西人民出版社,1980.
[9]范晔.后汉书[M].北京:中华书局,1965.
[10]甘肃省文物考古研究所,中国社会科学院历史研究所.居延新简[M].北京:中华书局,1994.
[11]谢桂华,李均明,朱国炤.居延汉简释文合校[M].北京:文物出版社,1987.
[12]王先谦.汉书补注[M].北京:书目文献出版社,1995.
[13]天津市艺术博物馆.周叔弢先生捐献玺印选[M].天津:天津人民美术出版社,1984.
[14]罗福颐.汉印文字征[M].北京:文物出版社,1978.
[15]崔瑞德,鲁惟一.剑桥中国秦汉史[M].北京:中国社会科学出版社,1992.
[16]桓谭.新论[M].上海:上海人民出版社,1977.
[17]甘肃省文物考古研究所.敦煌汉简[M].北京:中华书局,1991.

第25卷第1期
2005年1月

汉画资源与学科建设

陈江风*

【摘　要】　汉画像是学术价值高、研究范围广的传统学术门类,文物保存量大,从业人员多,应该设立培养专门人才的学科。从汉画像研究悠久的历史、汉画本身负载的文化传统、汉画创作遵从的理论、汉画像研究的传统理论的整理与探究、汉画像文物保护与研究及从业人员专业化水平提高等方面看,国家亟须设立汉画学学科,以利于社会科学的协调发展。

【关键词】　汉画;学科建设;依据

鲁迅先生生前十分关心汉画事业。平生收集、整理、研究汉画像凡20余年,且对整理、研究和学科发展前景多有创造性的论述。1935年,鲁迅先生在百忙之中抱病收集南阳汉画像,成为学术史上的一段佳话。在鲁迅先生收集南阳汉画像暨南阳汉画馆建馆70周年纪念日即将到来之际,笔者身为汉画重镇南阳的人文科学工作者,缅怀鲁迅先生的为人和卓越学术见识,感慨近百年学术发展的历史,尝试对汉画学科建设有关问题撰文思考,既抒发对鲁迅先生苦心孤诣保护民族文化遗产的敬意,又寄希望有关方面及学界同仁参与、关注和支持该学科建设。

一

客观地看,汉画学已经具备了成为独立学科的条件。

首先,汉画研究具有丰厚的历史积淀和悠久的历史传统。这门至今没有形成现代学科概念的学术门类发源很早。回顾汉画研究的历史,汉初继承周代及春秋战国以来的文化传统,在现实生活中利用画像装点生活、实施教化已见端倪。就墓葬而言,马王堆汉墓及梁孝王家族墓的发掘,证明汉代初年墓葬中已通行使用画像之俗。今天可以看到的典籍中著录汉人墓葬画像的时间稍晚,大抵迟至《后汉书》卷64《赵岐传》。该书有云:"建安六年(201年)(赵岐)卒。先自为寿藏(即墓葬),图季札、子产、晏婴、叔向四像居宾位。又自画其像居主位,皆为赞颂。"赵岐墓虽然不一定就是画像石墓,但其墓中绘有图画是可以肯定的。学术界可以确认最初著录汉画像石刻的是晋人戴延之。他在《西征记》中说:"焦氏山(北数山,有汉司隶校尉)鲁恭穿山得白蛇白兔,(不葬,更葬山南,凿而得)金,故曰金乡山。

* 陈江风(1953—　),男,湖南省宁乡县人,文学教授,硕士生导师,南阳师范学院副院长,主要从事汉画与民俗学研究。

山形峻峭，冢（前有石祠石庙，四壁皆）青石隐起。自书契以来，忠（臣、孝子、贞妇、孔子）及弟子七十二人形象，像边皆（刻石记之，文字分）明。”[1]

稍后有东晋常璩《华阳国志·蜀志》的记载：“周失纲纪，蜀先称王，有蜀侯蚕从，其目纵，始称王。死，作石棺石椁，国人从之，故俗以石棺椁为纵目人冢。”

生活在北魏时期的郦道元，除了在《水经注》中转引了戴延之记录的材料外，还广泛记录了一批各水系旁有关汉代画像石以及地面石祠、石室画像建筑物的材料。这一批宝贵的原始材料具有重要的研究价值和史料价值，但还不是现代意义上的研究文字。

对汉画像的正式研究始于宋代。宋人对汉画像的研究是从山东嘉祥武氏祠的碑刻研究开始的。宋初，欧阳修提倡诗文革新运动，努力复兴古道，开宋代金石学之先河。他在《集古录》中记录了汉代嘉祥武氏祠中鲁峻、武荣两块碑，并对碑文作了跋语。到北宋末年，金石学家赵明诚考察了武氏祠。在他著述的《金石录》中不仅记录了武班、武荣、武开明、武梁四碑和阙铭，还详细记录了有关该石祠画像石刻的信息，将武氏祠汉画像石刻公之于世。略后于赵明诚的洪适，所著《隶释》、《隶续》收录了武氏祠的大部分碑文、画像题字，以及武梁祠画像摹本。他在研究了武梁碑文中关于武氏子孙为先人建造画像石室的内容后写道：“似是谓此画也，故予以‘武梁祠堂画像’名之。”[2]一般认为，画像石的命名就由此开始。

从史料上看，宋以后的金、元、明三代尚未见有关画像石的文字记载。在这一历史过程中，岁月的风尘将武氏祠堂淤于土中大半，无人问津。到清王朝乾、嘉之际，朴学兴起，金石之风又盛。乾隆五十一年（1786 年），浙江仁和（今杭州）人黄易出任济宁运河同知，他根据《金石录》的记载，亲自调查了武氏祠、碑和石阙，派人清理了淤土，开始建房将所整理出的汉画像镶嵌于墙内予以保管，开官方保护画像石的先河。黄易等人对文化遗产的整理和保护行动，受到社会赞扬，引起当时金石学家对画像石的重视，一度出现了“登梯捶拓烦千张，牛腰大卷鲍门读”的现象。于是，著录评跋纷纷问世，形成了早期的汉画像石热。此后的著名学者翁方纲、阮元、毕沅、容庚等对汉画像的调查、收集、保护和著录都做出了重大贡献。但此期的研究都沿袭传统金石学的研究方法，偏重文字考释，对于汉画像的描述和考证十分简略。

民国时期的汉画研究进入一个发展期。武氏祠画像的研究，使河南的学者开始认识出土已久，历来被弃作桥梁、屋宇建筑材料的汉画像的价值。最早是以研究甲骨文而闻名的南阳籍考古学家董作宾，他于 1923 年拓得数石拓本，引得不少学者对南阳汉画像石刮目相看。1927 年以后，张中孚、陈簠斋在南阳拓印汉画像石拓本数十幅予以保存。1930 年，河南博物馆关百益编成《南阳汉画像集》，在中华书局出版。1932 年，孙文青撰写《南阳县草店汉墓画像石》发掘报告后共收集 140 余幅画像石拓本，编成《南阳汉画像汇存》。1935 年，旅居上海的鲁迅先生开始收集南阳汉画像石拓片①。他委托王冶秋、王正朔、王正今等人数次拓印，共得南阳汉画拓片 230 余幅，拟编一本精致图册。然而宏愿未果，病魔就夺去了他宝贵的生命。20 世纪 30 年代前后，四川汉代崖墓画像、河南登封汉三阙画像和洛阳西汉画像空心砖也先后被发现和认识，汉画作为被研究对象已蔚为壮观。此期学者除了广泛发现、收集汉画像外，已开始出现专题的研究。徐中舒的《古代狩猎图像考》、赵邦彦的《汉画像游戏考》、滕固的《南阳汉画石刻之历史及风格的考察》等文章，是这一时代研究成果的代表。滕文提出的汉画像的表现形式应分为拟绘画和拟浮雕两类的观点，至今仍被人延用。

中华人民共和国成立后的几十年是汉画研究的繁荣期。20 世纪 60 年代，随着经济的恢复和基本建设的发展，山东、江苏、河南、四川、陕西、山西、河北等省发现了大批汉壁画墓和画像

① 鲁迅开始收集山东画像的时间是 1913 年，而收集南阳汉画像则迟至 1935 年开始。

砖、石墓,出土了丰富的汉画资料,吸引了不少学者从事汉画研究。汉画像的概念最初指汉画像石,以后扩大到画像砖、画像镜等。汉墓壁画虽然在20世纪初就有发现,但未引起学术界的关注。20世纪60年代以后诸如河南密县(今新密市)打虎亭壁画墓等一批大型汉代精美壁画墓的出现,拓宽了汉画的概念。进入20世纪70年代,汉画研究更有了突破性发展。长沙马王堆汉墓帛画、洛阳卜千秋壁画墓、内蒙古和林格尔汉代壁画墓的研究,使研究者叹为观止。此期无论是内容考证还是艺术分析、民俗文化研究均达到前所未有的高度和深度,研究范围也从考古学、历史学的角度向文学、艺术、民俗和科技等诸多方面做了有力的拓展。

由此可见,由宋至今,汉画像的研究具有悠久的历史传统和良好的发展势头。该领域的丰厚积淀、绵延的历史传统和庞大的研究及从业队伍使之具备了独立成为一门学科的坚实基础。

二

从学科发展的角度看问题,汉画研究除了具有丰厚的历史积淀和悠久的历史传统这一特点之外,汉画艺术本身还具有其独特的文化传统和丰厚的历史资源。

根植于中国农业文明的文化土壤,汉画自然而然地汲取华夏文化的营养,服务于当时社会的审美标准与历史功用,反映当时的民风民俗。于是,它便带有了当时社会鲜明的民间功利目的。从民俗文化学这一角度看问题,汉画像的功利目的的主要表现在实施教化作用和追求天国理想。前者是重道德伦理教化的儒学传统影响的结果,后者是重畅神逍遥于天国世界的道家传统的影响。正如学者们指出的那样,汉画“以其雄浑的气魄和阔大的胸怀,包容了春秋战国以来各国的精华,尤其是周秦理性绘画和楚巫奇幻画的精华”[3]。很显然,学者们的确注意到了汉画中流动着的周秦理性的睿智和楚巫奇幻的浪漫传统。

那么,“周秦理性绘画和楚巫奇幻画”的传统是什么呢?

文献记载,春秋晚期孔子曾到过周王城,在雒邑(洛阳)的周明堂内看到过巨幅壁画,其内容多为理性与教化的内容。《孔子家语·观周》说:“孔子观乎明堂,睹乎四门之牖,有尧舜、桀纣之像,而各有善恶之状、兴废之诫焉。又有周公相成王,抱之而负扆,南面朝诸侯之图焉。”这是关于周代以来绘画艺术理性与教化传统的较早记载,是儒学理性传统在该领域中的早期表露。孔子所见到的内容,到汉末的武氏祠堂画像中的一不走样的继承,可见这一传统的源远流长。而楚巫奇幻的特点大抵可以从置身楚国先庙中的屈原面对奇诡怪诞的神话壁画,一连发出172个疑问中看到端倪。《楚辞章句》在谈及《天问》时引用最早的注文材料说:“屈原放逐,忧心愁悴。……见楚有先王之庙及公卿祠堂,图画天地、山川、神灵,琦玮僪佹,及古贤圣,怪物行事,周流罢倦,休息其下,仰见图画,因书其壁,呵而问之,以泄愤懑,舒泻愁思。”屈原呵问故事是关于楚画神奇传统较早的例证,是所谓庄骚浪漫传统在艺术领域中的早期文字记录。这两种绘画传统在后来的汉画中同时得到了继承与发展。

汉初经过了一个实行黄老政治,清静无为、与民休息的时期,以恢复与发展经济为务。然而,对于建立礼制、国威,实行政治教化却一点也没有因发展经济而疏忽。汉高祖九年(前198年),“萧丞相营作未央宫,立东阙、北阙、武库、太仓。高祖还,见宫阙壮甚,怒谓:‘天下匈匈,共战数岁,成败未可知。是何治宫室过度也!’萧何曰:‘……天子以四海为家,非壮丽无以重威,且无令后世有以加也。’高祖乃说(悦)”[4](《高祖本纪》)。萧何阐述的“非壮丽无以重威”,是对先秦以来所谓“上者不美不饰之,不足以一民……必将雕琢刻镂,黼黻文章,以塞其目”思想的继承[5],目的是借美化装饰,为维护、巩固统治尊严服务。而“无令后世有以加也”的思想,本身就有建立制度、垂训后世的教化意味在其中。汉文帝刘恒一生奉行节俭,但却很重视绘画“恶以戒世,善以示后”的政治作用。汉文帝三年(前177年),刘恒下诏“于未央宫承明殿画屈轶草、进善旌、诽谤木、敢谏鼓、獬豸”[4](《孝文本纪》),给群臣以警示,从而使汉代政治性绘画更加普及,“成教化,助人伦”成为汉代绘画自觉遵奉的原则。

教化的题材代表汉代绘画主流。它一方面体现在宫廷绘画中，另一方面体现在墓葬石祠的教化思想中。经过70多年的休养生息，汉代经济空前繁荣。汉武帝刘彻为了巩固统一的封建国家，加强中央集权，在思想上“独尊儒术”，在政治上开疆拓土。为达此目的，他十分重视教化百姓，尊奉儒学。武帝用绘画形式为古代圣贤、当世勋臣树碑立传，借以巩固和扩大统一，同时警惕前朝灭亡教训，亦绘夏桀、商纣等亡国之君做反面教员以诫世人。这种为当世勋臣树碑立传、图绘肖像的手段，极大地促进了汉代美术事业的发展。未央宫麒麟阁、甘泉宫、桂宫明光殿是宫廷壁画集萃的地方。在当时，被画肖像的人必须具备相应的资格和地位。这些人要么是像三皇五帝那样的古代圣王，周公、孔子那样的古代贤臣圣贤；要么是像张良、萧何那样的开国元勋，赵充国、霍光那样的当世功臣。可见，当世人物入画麒麟阁规定极严，需经特别的批准。如西汉晚期，由于对匈奴战争和安抚羌人的胜利，四海宾服。“甘露三年（前51年），单于始入朝”，汉宣帝刘询感怀勋臣功绩，“思股肱之美，乃图画其人于麒麟阁，法其形貌，署其官爵姓名”[6]（《李广苏建传》）。此次画图麒麟阁共11人，其中有武、昭、宣三朝重臣霍光，入匈奴坚贞不屈、不辱使命的苏武，安抚羌人的功臣赵充国。东汉思想家王充后来特别援引汉宣帝图绘当世功臣的例子，说明它激励后人的作用：“宣帝之时，画图汉烈士。或不在其图上，子孙耻之，何则？父祖不贤，故不画图也。”[7]此足以证明，画图麒麟阁是功臣中最高荣誉的象征，所以令人钦羡，所以蔚成民风。

到了东汉，古代圣帝贤后壁画进入庙堂。曹植《画赞序》载：“昔明德马皇后，美于色，厚于德。帝用嘉之，尝从观画。过虞舜庙，见娥皇、女英像，帝指之戏后曰：‘恨不得为妃如是。’又前，见陶唐之像，后指尧曰：‘嗟乎！群臣百僚，恨不得为君如是！’”汉明帝刘庄雅好丹青，别立画室，又创立鸿都学，以网罗身怀绝技的艺人，在鸿都学中，画有孔子及七十二弟子像，还为鸿都文学三十二人画像立赞，以劝学者。永平三年（60年），汉明帝“追思前世功臣，乃图画二十八将于南宫云台”[3]。唐代画家张彦远评道：“以忠以孝，尽在于云台；有烈有勋，皆登于麟阁。见善足以戒恶，见恶足以思贤。留乎形容，式昭盛德之事，具其成败，以传既往之踪。”[8]

皇家如此，诸侯王国也上行下效，大肆营造封地宫室，刻石绘画。景帝之子鲁恭王刘余于中元元年（前149年）建灵光殿并满绘壁画。东汉辞赋家王延寿游鲁，感叹于西汉宫室皆毁，唯鲁灵光殿岿然犹存，因而作《鲁灵光殿赋》。赋中对该殿的栋宇结构、彩绘雕刻、雄伟气势作了细致而丰富的描绘。其中描述彩绘之生动说道：“图画天地，品类群生。杂物奇怪，山海神灵。写载其装，托之丹青。千变万化，事各缪形。随然象类，曲得其情。上纪开辟，遂古之初。”这里的“图画天地，品类群生”也好，“杂物奇怪，山海神灵”也好，“千变万化，事各缪形”也好，都是对汪洋恣肆、奇诡飘逸的楚文化之风的继承，都与各地汉画像的形象相辉映，折射出共同的文化主题。至于记鲁灵光殿的壁画画面则更是活灵活现：奔虎攫拿、虬龙腾骧、朱鸟舒翼、白鹿孑蜺、五龙比翼、人皇九头、伏羲鳞身、女娲蛇躯、黄帝唐虞、下及三后、淫妃乱主、忠臣孝子、烈士贞女等不一而足。这些画面也是二者兼而有之，同样展示着所谓“周秦理性和楚巫奇诡”的结合，而又弹奏着“贤愚成败，靡不载叙”，“恶以诫世，善以示后”的传统教化的主题曲。

正是这种“劝善惩恶”的儒学传统和“四渎五岳，龙凤骞翥”①畅神逍遥的庄骚传统，熔铸了汉画的辉煌。植根如此丰厚的文化传统和如此长久、宏大的美术实践，理所当然地催生了汉画像石刻艺术的不朽成就。

三

从艺术创作理论的角度看，不仅汉画的创作

① 王嘉：《拾遗记》记秦汉时画像语。

有其遵循的原则,而且在汉画研究的历史过程中,也逐渐形成了它所遵循的理论传统。

汉画是两汉时代的产物,作为墓葬石祠的建筑装饰,它立足于当时的民俗实用。其用途一是服务于墓葬主人的阴间生活,二是服务于地面石祠、石室中的哀思、祭祀活动。两类用途的内容、表现的主题大抵一致。但石祠和墓葬因各自的功能不同,表现内容应该稍有差异。

从总体看,汉画创作的艺术形象的功利目的不外有三:升天的理想追求;阴世间生活场景、生活意愿的显现;明善恶、宣教化的主题流露等。这三个功利目的涉及时代观念、理想追求和物质追求,决定了它一定要具有广泛的意义;又由于从皇帝到百姓,人人固有一死,因此作为民俗的汉画墓葬,虽然可能带有不同地域的风俗差异,但是,通过各地汉画像的比较研究,其表现出来的理念和理论依据,并不仅仅是乡土的、民间的、某一地域性的。所以,在汉画奇瑰丰富的形象背后贯穿的思想、意识、观念形态,确应是当时社会宇宙观、人生观、价值观的具体显现,具有鲜明的时代烙印和广泛的代表性。

刘勰在总结两汉以来的文艺理论时,将传统文学艺术理论的宏观特征概括为"原道(明道)"、"宗经"、"征圣"等。用这些理论考察汉画内容,的确十分切近实际。汉画"图画天地,品类群生,杂物奇怪,山海神灵",传导着一种"文之为德也大矣,与天地并生"[9]的思想。汉画中的日月合璧、伏羲女娲、诸神四灵、天文地理,表现的显然也是"夫玄黄色杂,方圆体分,日月迭璧,以垂丽天之象,山川焕绮,以铺理地之形,此盖道之文也"[9]一类的思想,而这些又确实是"原道"文艺观的要旨。刘勰说:"道沿圣以垂文,圣因文而明道。"[9]汉画的明道作用除了表现在对上述的哲学道理的揭示之外,还表现在对伦理道德、政治教化的昭示之上。汉代人所谓"观画者,见三皇五帝,莫不仰戴;见三季异主,莫不悲惋;见篡臣贼嗣,莫不切齿;见高节妙士,莫不忘食;见忠臣死难,莫不抗节;见放臣逐子,莫不叹息;见淫夫妒妇,莫不侧目;见令妃顺后,莫不嘉贵"等现象,无非体现了当时时代"存乎鉴戒"[8]、"成教化,助人伦"[8]的教化思想。

在保存至今的各地汉画像中,多有伏羲执规、女娲执矩,伏羲捧日、女娲捧月者。为什么到处图绘伏羲执规、女娲执矩?其用意在于昭示"不以规矩,不成方圆"的治世说教。为什么要图绘伏羲捧日、女娲捧月?其用意在于昭示"大明(日)升于东,月升于西,此阴阳之分,夫妇之位也"①的伦理说教。汉画像中诸如此类的例证无非是在彰显汉人"明道"的自觉传统。汉画像把黄帝尧舜商汤文武、周公孔子、七十二贤人图绘于壁、刻像于石,沿用的也无非是所谓"征圣"的传统。由此可见,汉画像的创作受当时社会思想的制约,遵循着它自己的理论原则,有其一套自成体系的象征语汇。这种传统的揭示对于认识中华文化的特征有其重要的借鉴意义和研究价值。

转到汉画研究史所用传统理论的话题上来,我们说,自宋以来汉画研究基本沿袭金石学的治学传统。金石学是国学精粹,自有其遵循的一套理论话语与学术规范,这套理论话语虽然比较复杂,宏观概括起来,仍不外"义理"、"考据"、"辞章"一脉。

中国学术研究中,"辞章"是孔子遵从"郁郁乎文哉"的周文化以来形成的学术传统,渊源既久。在中华文化的土壤上,历百代而不衰。讲"义理"则从魏晋玄学开始形成传统,到程朱理学成为广泛的学术研究的指导性理论。而"考据"之风,虽古已有之,却是至金石学兴起方成洪钟大吕。而真正把上述三者整合成一套文艺理论,则是到了桐城派的姚鼐才确定下来的。尽管如此,这三位一体的学术理论,实在是中国学术研究的理论精华,也是传统汉画研究实践中的具有指导性意义的理论体系。

自桐城派学者姚鼐首次系统地提出和阐述了义理、考据、辞章三者相统一的观点,即树立了桐城派的理论纲领。三者统一包含了三层意思:其一,三者各有存在的需要和价值,不可偏废;其

① 《礼记·礼器》。此节有注云:"大明,日也。"

二,三者互相补充,以使研究更加完善;其三,三者的关系是有层次的,即所谓"义理为干,而后文(章)有所附,考据有所归"[10]。义理、考据、辞章相统一的理论既是从传统逐渐发展而来的理论,又是主要限于研究汉、宋之学的理论。这种理论对汉画像的研究实践,具有重要的指导意义。

具体考察中国学术史,金石学家中,义理、考据、辞章三者俱佳者大有人在。然而,对于汉画像的研究,因为特殊的历史原因,主要是金石学重文字考据,而不十分注重图像研究的原因,早期的汉画像研究中,义理、考据、辞章三者功力俱佳者,把全部精力放在汉画像研究上的并不多,直到20世纪初也多是收藏、注录、简单考据。这一现象恐怕应从国学的文化传统上找原因。直到清人黄易保护、收藏、整理汉画像以后,情况开始朝向枯木逢春时期转化。清人翁方纲在《西汉金石记》中,对武梁祠画像做了详细研究,提出"古今著录家、鉴赏家所未有之大局面"开始形成,而且即兴作《武氏祠堂画像诗》说:"五六百载无此奇,地灵光怪要腾出。"此后出现的阮元、瞿中溶、容庚等人的卓越研究,极大地提高了汉画像的学术品位。这些学者大多立足于传统的理论,在义理、考据、辞章一类理论的指导下,此期学者做出了重要的学术贡献。

五四新文化运动以后,一些学者仍沿用义理、考据、辞章一类传统理论研究汉画像,而新文化运动的先驱们在收集、整理与研究汉画像方面则开始了新的探索。这其中鲁迅先生应该是杰出的代表。根据鲁迅先生的日记,他收集汉画类的文物早于收集南阳汉画像。早在1913年9月,鲁迅先生就曾让友人胡孟乐收集山东汉画像。以后,先生在汉画像研究整理方面用力持久而殷勤,形成自己颇具创造性的新眼界、新方法。特别是1935年开始收集南阳汉画像以后,更激发了他整理这一遗产的自觉性。同年9月,鲁迅在致李桦的信中说:"汉人石刻,气魄深沉雄大,唐人线画,流动如生,倘取入木刻,或可另辟一境界也。"还是在致李桦的信中他又说:"倘参酌汉唐的石刻画像,明清的书籍插图,并且留心民间所玩赏的所谓'年画',和欧洲的新法融合起来,也许能够创造出一种更好的版画。"从鲁迅先生的论证中,我们可以看出一种古为今用、洋为中用、兼收并蓄、推陈出新的创造性改造传统艺术成就的思路。在深入研究汉画像和其他传统艺术门类之后,鲁迅先生带领艺术青年开始了新的艺术实践。他在《〈木刻纪程〉小引》中号召从事木刻的青年艺术家说:"采用外国的良规,加以发挥,使我们的作品更加丰满是一条路;择取中国的遗产,融合新机,使将来的作品别开生面也是一条路。"鲁迅先生在继承文化遗产和吸收外来文化方面的确为我们做出了典范。此后,越来越多的汉画研究者开始冲出传统的义理、考据、辞章三位一体的理论体系,尝试使用中西理论结合,多学科、多角度共同研究的方法,使汉画研究走进一个新的历史阶段。

尽管如此,我们说,当大量使用西方理论,并使我们的研究成果别具一格后,按照鲁迅先生所提倡的"择取中国的遗产",利用民族文化自身的成果和优势回头反思和重新阐释传统的理论方法,另有一番天地,又是一种气象。比如,"义理"的方法对于揭示汉画像中的文化意蕴和时代精神具有理论意义和工具作用;"考据"更是汉画研究不可或缺的功夫;而"辞章"是形成研究成果的重要载体。因此,这种纯正的民族艺术研究的话语对传统学术具有很强的阐释作用。在今天全球经济一体化、文化西方化的形势下,民族文化理论一度出现"失语"现象。要改变这种现象,首要任务是重建民族文化话语理论体系,用自己的民族理论话语和世界对话。在汉画像和人文社科研究领域,像义理、考据、辞章这样的民族传统文艺理论恰正是文化重建中可以进行现代理论阐释的理论资源。正因为如此,从金石学以来积淀的汉画像研究的理论成果,应该很好地研究与继承。

综上所述,汉画研究不仅具有其悠久的历史传统,而且具有其独特的文化传统;不仅汉画创作具有自己的理论传统,而且汉画研究的历史也有自己的理论传统。尽管我们今天使用的以西方理论为主要特征的文学艺术理论武器看似已经科学、严谨,但是,这一理论体系存在着缺少民族化过程的严重缺陷,致使我们在进行传统文学艺术门类的研究时,往往出现捉襟见肘的尴尬局面。正因为如此,作为本土文化的汉画学科,存在大有用武之地的广阔前景。汉画学的学科和理论自觉,必然成为中华文化伟大复兴的重要内容之一。可以相信,汉画研究的历史及其已然形成的学术传统,将会成为民族文化重建过程中一份足资借鉴、弥足珍贵的遗产。

汉画研究具有相当扎实而丰富的学术基础,又有着重要的现当代学术研究的宝贵实践期和文物发掘、保护的重要发展期,它有涉及范围极广的天地和良好的学术前景。它如此浑厚的积淀,如此令人钦羡的文物拥有量,如此广泛的从业队伍,的确具备了成为独立学科的条件。1989年,中国汉画学会的成立,使汉画研究步入了一个新的时期。但是汉画研究的事业不能止步于此,作为泱泱大国一个具有千年优良传统的学术门类,应该尽快在高等学校设立自己的学科,发展自己的硕士点、博士点,最终形成一个完整的现代意义的独立学科,旗帜鲜明地在教育部部颁专业目录中显现自己的名字,理直气壮地在高等学府培养本专业的人才。这是一种重要的学术建设和弘扬民族精神的文化建设,也是提高汉画保护与研究队伍整体水平的必由之路。如果在我们这代人手上把汉画研究的事业做出成就,我们就可以毫无愧色地面对我们的先哲,面对像鲁迅先生这样的对汉画像和文化艺术事业做出过重要贡献的伟大先驱。

【参考文献】

[1]王国维.水经注校·济水[M].上海:上海人民出版社,1984.
[2]洪适.隶释:卷16[M].北京:中华书局,2003.
[3]刘晓路:焱焱炎炎　扬光飞文——秦汉绘画概论[J].南都学坛,2001(1).
[4]司马迁.史记[M].北京:中华书局,1983.
[5]荀况.荀子·富国[M].广州:广州出版社,2001.
[6]班固.汉书[M].北京:中华书局,1962.
[7]王充.论衡[DB/OL].国学网,2005. http://www.guoxue.com/zibu/lunheng/lhml.htm.
[8]张彦远.历代名画记[M].上海:上海人民美术出版社,1964.
[9]刘勰.文心雕龙·原道[M].北京:人民出版社,1981.
[10]王先谦.续古文辞类纂[M].上海:商务印书馆,1907.